Michael Jürgs

DIE TREUHÄNDLER

Michael Jürgs

DIE TREUHÄNDLER

*Wie Helden und Halunken
die DDR verkauften*

List Verlag
München · Leipzig

ISBN 3-471-79343-7

© 1997 Paul List Verlag GmbH & Co. KG München
Alle Rechte vorbehalten. Printed in Germany.
Lektorat: Doris Janhsen
Satz: Franzis-Druck GmbH, München
Druck und Bindung: Mohndruck, Gütersloh

INHALT

Die Wiedervereinigung,

jene anfangs begeistert, dann freundlich, später mal auch unfreundlich aufgenommene Übernahme der DDR durch die Bundesrepublik vor mehr als sechs Jahren, ist Geschichte, die Euphorie von einst ist längst gesamtdeutscher Tristesse gewichen. Die real existierende DDR war anders, als man sie den satten Westlern beschrieben hatte: Ein Sanierungsfall, der bis Ende 1996 rund tausend Milliarden DM gekostet hat. Die real existierende Marktwirtschaft wiederum war anders, als es den Ostlern versprochen worden war: Sie erzeugte nicht blühende Landschaften über Nacht, sondern vor allem Arbeitslosigkeit am Tag. Klagelieder steigen aus dem deutschen Jammertal. Die guten Tage der unblutigen Revolution, des Mauerfalls und der Freudengesänge, Herbst 1989 und Herbst 1990, sind vorbei und vergessen. Vergessen die Zeiten hilfloser Selbstrettungsversuche des anderen deutschen Staates, verblaßt die Erinnerung an die letzten DDR-Regierungen unter Hans Modrow und Lothar de Maizière, verdrängt der Sommer gesamtdeutscher Freiheit, als die Denker das Nachsehen hatten, weil die Handelnden so schnell die Welt veränderten. Unvergessen aber jenes graue Monster in Ostberlin, jenes riesige Gebäude, in dem die DDR vermarktet wurde, der Sitz der Treuhandanstalt. Diese Anstalt ist zum Mythos geworden, so ungeliebt sie auch sein mag, und Mythen sind unsterblich. Die Treuhändler, zwischen 1990 und 1994 mitten im atemberaubenden Wandel und selten darauf vorbereitet, oft von Politikern als Sündenböcke benutzt, waren mit der historisch einmaligen Aufgabe überfordert, einen ganzen Staat zu privatisieren. Das glau-

9

ben nach einer Allensbach-Umfrage aus dem Jahre 1996 über 83 Prozent der Bevölkerung in der ehemaligen DDR. Sie wurden und werden von den Ostdeutschen als Plattmacher gehaßt, die ihre Existenzen zerstörten, und von den Westdeutschen verachtet, weil sie ihr gutes Geld verschleudert haben. Helmut Kohl hat bei Gorbatschow die Einheit an Land gezogen, managen mußten sie andere, die Treuhändler. Nicht immer gut, nicht immer schlecht. Hier ist ihre Geschichte, die mit dem Zustand der DDR in jener Zeit beginnt, als es noch zwei deutsche Staaten gab. Also vor ihrer, der Treuhand Zeit. Aber so fangen alle guten Geschichten an: *Es war einmal...*

KAPITEL
1

Deutschland auf der Couch

Am 16. November 1989 betritt Professor Albert Jugel aus Dresden das Büro eines westdeutschen Managers, der in Dortmund am Beispiel eines maroden Betriebes vorgeführt hat, wie man durch konsequente Sanierung wieder in die schwarzen Zahlen kommt. Industriekonzern West trifft symbolisch auf heruntergekommene Staatswirtschaft Ost. Vergleiche zwischen beiden sind in der neuen Zeit nicht nur erlaubt, sondern angebracht. Detlev Rohwedder, Chef des mittlerweile sanierten Stahlriesen Hoesch, begrüßt seinen Gast aus dem nahen Osten gemessen freundlich, bietet ihm einen Stuhl an, sagt aber gleich, etwas von oben herab, wie es seine Art nun mal war, jetzt sei es 17.30 Uhr, er habe zehn Minuten Zeit und worum es denn genau gehe. In zehn Minuten, antwortet Jugel, der eigentlich für 16 Uhr mit Rohwedder verabredet war und nicht in bester Stimmung ist, kann ich Ihnen nichts erzählen, da fange ich gar nicht erst an. War aber nett, Sie kennenzulernen, und erhebt sich halb.

Woraufhin Rohwedder verschmitzt grinst, wie es eben auch seine Art war, und Jugel zum runden Tisch in seinem Zimmer geleitet, wo sie dann die nächsten vier Stunden miteinander reden werden. Über die beiden so unterschiedlichen Staaten einer Nation, über die Klischees in den Köpfen der jeweils anderen Deutschen, hier Rotkäppchen, dort der böse Wolf, über Plan- und Marktwirtschaft und darüber, wie man etwas ändern könnte, ohne gleich alles in Frage zu stellen. Deutschland auf der Couch. Detlev Rohwedder hört oft nur zu, er speichert die wichtigsten

Aussagen Jugels, der nicht nur Professor, sondern Berater von Hans Modrow und Wolfgang Berghofer ist.

Die Gabe des Managers, zuhören zu können und die eine für seine Entscheidungen nötige Information aus den vielen Informationen zu filtern, rühmen heute noch alle, wenn sie von den Monaten erzählen, in denen Detlev Rohwedder die Treuhandanstalt geführt hat.

Eine Woche zuvor, an einem grauen, verregneten Mittwochmorgen, war Albert Jugel noch ein bißchen nervös und hatte eigentlich erwartet, daß ein paar staatstragende Genossen ihn besuchen und fragen würden, was er sich denn bei seinem Anschlag ans Schwarze Brett der Technischen Universität Dresden gedacht hätte. Als aber keiner was von ihm wollte und seine Forderungen den ganzen Tag über hängen blieben zwischen verschiedenen Aufrufen zur Erfüllung irgendwelcher sozialistischer Planvorgaben, ahnte er, daß es mit der DDR, so wie er sie kannte, wohl zu Ende ging.

Immerhin hat er, ermutigt durch die deutsche Oktober-Revolution unter dem Motto »Wir sind das Volk« auf den Straßen vor allem von Dresden und Leipzig, den Rücktritt des gesamten Politbüros gefordert. Nicht nur Erich Honecker mußte weg – Jugel verlangte eine radikale Reform des Staatsapparats, den Abbau der zentralistischen staatlichen Planung und die Zerschlagung der bisherigen Wirtschaftsstrukturen. Er hat dies im Aushang nicht nur den Kollegen und Studenten in Dresden mitgeteilt, sondern per Telegramm nach Berlin auch den Mitgliedern des Politbüros, außerdem hat er eine Kopie an alle DDR-Zeitungen geschickt.

Das war am 8. November 1989, am Tag, bevor durch einen im Fernsehen übertragenen Versprecher des SED-Bezirkssekretärs Günter Schabowski über Nacht in Berlin die Mauer fiel. Wer live spricht, den bestraft manchmal das Leben.

Vermittelt hatte das Gespräch zwischen Jugel und Rohwedder ein gewisser Wolf Schöde, als leitender Ministerialrat im Wirtschaftsministerium von Nordrhein-Westfalen zuständig unter anderem für Technologieparks. Das ist eine der vielen Ideen, alternative neue Arbeitsplätze zu schaffen, mit denen das Land, das so viele Einwohner hat wie die ganze DDR, seine Strukturkrise – Bergbau, Stahl – bekämpft. Um ein solches Technologiezentrum für Dresden ist es vordergründig bei dem Informationsaustausch zwischen dem westdeutschen Beamten und dem ostdeutschen Professor am selben Tag in Dortmund offiziell gegangen. Aber Schöde, der Jugel anschließend zum Treffen mit Rohwedder begleitete und mit ihm im Vorzimmer wartete, hat aufgrund der diesseits aller Parteizugehörigkeit üblichen guten Kontakte unterhalb ministerieller Ebenen mehr für seinen Gast getan. Er hat dafür gesorgt, daß der Mann aus Dresden in den Staatskanzleien vieler Bundesländer einen Termin mit den richtigen Leuten bekam und denen hüben aus erster Hand berichten konnte, wie es drüben bestellt ist um die Wirtschaft, und wie grau alle aus Statistiken abgeleiteten Theorien. Wobei letzteres vor allem für die Statistiken von drüben und die Theorien von hüben, die sich auf diese Zahlen berufen, gilt.

Manager aus Deutschland West riechen nach dem Mauerfall zwar schon ziemlich früh einen interessanten Markt in Deutschland Ost, falls erst einmal alle bisherigen ideologischen und vor allem praktischen Schranken gefallen sind, aber sie wissen nicht, worauf sie sich da einlassen und wie teuer das Vaterland sie noch kommen wird. Weltweit wird die DDR unter den zehn, zwölf stärksten Industriestaaten geführt, und das ist sozusagen als amtlich verbriefte Sicherheit in den westdeutschen Köpfen aller Politiker und, wichtiger noch, aller Wirtschaftsexperten gespeichert.

Als sich Anfang 1990 das Desaster abzuzeichnen begann und klar wurde, daß die DDR kein so guter Deal sein würde, rein wirtschaftlich gesehen, sondern ein Zuschußgeschäft auf Jahre und eigentlich ein Fall für den Konkursverwalter, wurden Schuldige gesucht, um von der eigenen frühen Blindheit abzulenken. Die Wahrheit aber war ganz simpel. In den lakonischen Worten von Professor Claus Köhler, ehemals Mitglied des Direktoriums der Deutschen Bundesbank und ab Mitte Juli 1990 im Aufsichtsgremium der Treuhandanstalt: »Wir hatten einfach nicht die geringste Ahnung, wie es da drüben aussah.« Manfred Lennings, von 1992 bis Ende 1994 Präsident des Verwaltungsrates, gibt dem Kollegen Banker recht: »Weder unsere Geheimdienste noch unsere Forscher waren über den wahren Zustand der DDR-Volkswirtschaft auch nur annähernd informiert.« Die Journalisten nicht und die Industriellen nicht und die Politiker erst recht nicht.

Was haben die, fragt deshalb der Unternehmensberater Roland Berger, Fachmann Ost für Interessen West, bei den Leipziger Messen eigentlich gesehen außer den günstigen schönen Mädchen?

Einer der wenigen Westler, vielleicht sogar der einzige, der dank hervorragender Kontakte zu Honeckers oberstem Devisenbeschaffer Alexander Schalck-Golodkowski die Wahrheit wußte, war schon ein Jahr tot, als die Mauer fiel: Franz Josef Strauß, erzkonservativer Männerfreund der damals zum sozialistischen Wundermann hochgeschriebenen grauen Stasi-Eminenz.

Jugel kommt deshalb nicht nur als Bittender, sondern auch als Aufklärer aus dem Osten. Bei seinem mehrstündigen Gespräch mit dem künftigen Treuhandchef Rohwedder und dessen künftigem Pressesprecher Schöde doziert er über die Reformen, die man im System DDR jetzt brauche, und darüber, wie es überhaupt weitergehen werde im plötzlich nicht mehr so fernen Osten. Er spricht nicht als irgendein weltfremder Professor im nur eigenen Auftrag. Dresdens Oberbürgermeister Wolfgang Berghofer und der ehemalige SED-Bezirkssekretär Hans Modrow, der an diesem 16. November schon seit drei Tagen als Nachfolger Willi Stophs neuer Ministerpräsident der DDR ist, haben den akademischen Geheimkurier im Rahmen ihrer Erkenntnisse mit ein paar Zahlen gespickt, bevor er in den Westen fuhr.

Die wiederum hatten sie nicht nur aus eigener Erfahrung vor Ort, sondern auch gehört von Alexander Schalck-Golodkowski, Staatssekretär im Außenhandelsministerium. Bei der Frühjahrsmesse 1989, als im offiziellen Schaufenster draußen gutgläubigen Westmanagern eine blühende DDR vorgegaukelt wurde, in Wahrheit aber nur die kaum noch japsende Volkswirtschaft mit allen Tricks auf Miß Germany geschminkt war, saßen in einem Hinterzimmer ebenjener Schalck-Golodkowski und sein Stellvertreter Manfred Seidel mit einigen jüngeren Funktionären und Dresdens aufmüpfigem, aber höchst populären Oberbürgermeister Wolfgang Berghofer am Konferenztisch. Hans Modrow wußte vom Treffen, war aber nicht dabei. Noch herrschten Honecker und Konsorten, man mußte sich taktisch klug verhalten, denn das Spiel war noch lange nicht entschieden. Schalck berichtete von seinem Gespräch mit DDR-Wirtschaftsminister

Günter Mittag, der so wie er seit einigen Monaten die echten Zahlen aus allen Branchen bilanziert als Geheimsache auf dem Tisch liegen und versprochen hatte, vorsichtig mit dem Nierenkranken Erich Honecker über die immer dringlicheren Probleme zu sprechen, um die nötigen Reformen anzuregen.

Und, was hat Mittag ihm gesagt, wie hat Honecker reagiert? Schalck zuckte nur mit den Schultern, vergiß es. Der Feigling Mittag hat nur eitel Sonnenschein verbreitet, damit der Kranke sich nicht aufrege. Unsere üblichen sozialistischen Planlügen, alles wie gehabt. Nach diesem frustrierenden Gespräch, meint Berghofer im Rückblick, muß Schalck, nach der Troika Honecker, Mittag und Mielke der mächtigste Mann der DDR, in kühler Einsicht und tiefer Resignation den Entschluß gefaßt haben, alles für seinen Abgang in den Westen vorzubereiten.

Daß ausgerechnet in Dresden mehr gesagt als anderswo in der DDR überhaupt gedacht wurde, hat mehrere Gründe. Die Sachsen hatten die Zentralisten in Berlin noch nie gemocht und riechen jetzt die einmalige Chance, sich im Zuge der Umwälzungen endgültig vom Hauptstadtdiktat zu befreien und eigenständige regionale Wirtschaftspolitik jenseits der Kommandowirtschaft des ZK-Sekretärs Mittag zu machen. Sogar in den Hochzeiten des Systems hatten sie immer schon mit allen Tricks versucht, die Anweisungen aus der allwissenden Zentrale zu unterlaufen. Modrow eher verhalten, aber stur in seiner Listigkeit. »Das konnte man einfach nicht alles akzeptieren«, beschreibt er ein besonders schwachsinniges Beispiel für Zentralwirtschaft, »die wollten tatsächlich mal bestimmen, auf welche Art man an die Kühe auf den Landwirtschaftlichen Produktionsgenossenschaften des Bezirks das Futter verteilte.« Modrow übte früh die List des stillen Widerstandes im Amte. Was übersetzt heißt: Immer im Chor mitsingen, aber schon mal andere Notenblätter vorbereiten, falls Musikrichtung und Dirigent wechseln. Berghofer wiederum war ohne Furcht, weil ihn seine Popularität bei denen ganz unten vor denen ganz oben schützte. »Mir war als Bürgermeister ziemlich bald klar, wie es wirklich in der DDR aussah. In Berlin, wohin zu Lasten der anderen Städte alle vorhandenen Mittel gepumpt und alle möglichen Baubrigaden hinkommandiert wurden, weil man sich vor dem Westen herausputzen wollte, merkte man das nicht.

Am einfachen Beispiel: In Dresden waren rund sechstausend Dächer kaputt, und jeden Monat wurden es mehr, aber es gab nur neunzehn staatliche Betriebe mit Dachdeckern.« In Sachsen weiß man deshalb den Scherz zu würdigen, hoffentlich bricht der Kapitalismus, wie auf jedem SED-Parteitag beschworen, nicht schon morgen zusammen. Wir sind so schlecht vorbereitet.

Das besondere und für die Zone nicht typische frische Klima der Universitätsstadt Dresden kann sogar an einem Namen festgemacht werden: Am Elbhang thront Manfred von Ardenne, der berühmte Vorzeigephysiker der DDR mit seinem wissenschaftlichen Institut, Mitglied der Volkskammer, hoch geachtet selbst von denen, die sonst nichts achten außer Parteitagsbeschlüssen. Allein seine Gegenwart verspricht im Rahmen der nun mal herrschenden Verhältnisse gewissen Freiraum, obwohl alle rührenden Versuche des greisen Erfinders, sich bald nach der Wende zum aktiven Widerstandskämpfer zu stilisieren, heute wie nachgetragener Mut und deshalb ein wenig peinlich wirken. Es gibt in seinen Memoiren zu viele Fotos, die ihn ziemlich staatsnah zeigen, Hand in Hand mit der Obrigkeit. Manchmal schadet Eitelkeit halt der Legendenbildung. Eher bescheiden deshalb der Beleg für Aufsässigkeit, den er stolz in seinen Erinnerungen anführt:»Kurz vorher hatte ich am 1. 9. 1989 am Ende einer Volkskammersitzung an Egon Krenz folgende Worte gerichtet: ›Ich möchte Sie heute mit Nachdruck an meinen Brief vom 31. 10. 1985 mit meinen konkreten Vorschlägen zu Reformen erinnern. Sie müssen jetzt offensiv handeln und den Reaktionen zuvorkommen, welche demnächst an der Basis zu erwarten sind.‹ Krenz hörte aufmerksam zu.«

Ardenne artikuliert aber zur Wendezeit endlich öffentlich und nicht nur im Kreise der eingeweihten Greise, woran es der staatlichen Mangelwirtschaft am meisten mangelt: Risikolust statt Planwirtschaft, beweglicher Mittelstand statt unbeweglicher Kombinate, Leistungsbereitschaft statt bürokratischer Faulpelze, Fachwissen statt Parteizugehörigkeit, Information statt Verschleierung. Als er das alles zwei Tage vor Honeckers Sturz im Dresdner Kulturpalast sagt, wird er nach jedem Satz von langem Beifall unterbrochen. Abgenickt war Ardennes Vortrag übrigens Satz für Satz von den beiden mächtigen Männern der Stadt, die immer schon ein wenig weiter vorn waren als andere, von Hans Modrow und Wolfgang Berghofer, die beide wissen, daß sie wenige Freunde in der Hauptstadt besitzen und deshalb eh nicht viel zu verlieren haben. Die aber beide, um nicht die nächste Legende zu stricken, kein anderes System wollen, sondern einen anderen Sozialismus, der eine weniger, der andere mehr. Einen Sozialismus, der immer nur versprochen worden war, nie jedoch verwirklicht.

Zum erstenmal hatte Berghofer dem Alten vom Berge seine Ansichten über den wirtschaftlichen Kurs der DDR im Frühjahr 1988 anhand vieler Beispiele aus der täglichen Praxis begründet und um Hilfe gebeten, schließlich ist Manfred von Ardenne ein Mann mit Einfluß in die Spitzen des maroden Staates. Ardenne hörte höflich zu und nickte immer wieder, gab seinem Bürgermeister recht. Rief dann allerdings seine beiden Söhne zu sich, die bei dieser Unterredung dabeisein sollten. Nach einer Minute war die Sitzung beendet, wir sind doch nicht verrückt – Blick nach oben, wo die Wanzen wohnten, gerade bei Ardenne mit seinen bekannt vielen Westkontakten – und begeben uns mit staatsgefährdenden Äußerungen in Gefahr. Der Erfinder war zwar ein unerbittlicher Kämpfer, kannte und benutzte alle Tricks, aber nur wenn es um sein Institut ging.

Das alles erzählt Jugel, der Mann aus Dresden, als er für Rohwedder die Chronik der laufenden Ereignisse kommentiert, sozusagen den Hintergrund ausmalt zu den atemberaubend schnell wechselnden Bildern des deutschen Herbstes 1989. Die Runde in der Sitzgruppe endet schließlich mit der Zusage des westdeutschen Machers, angesichts der undurchschaubaren Lage in der DDR beim Unternehmen Hoesch eine Arbeitsgruppe Deutschland unter seiner Leitung einzurichten – »Deutschland ist jetzt wohl Chefsache« – und außerdem beim Aufbau eines technologischen Zentrums in Dresden zu helfen. Jugel notiert abends im Hotel: »Dr. Rohwedder bildet unter seiner persönlichen Leitung ab 20.11.89 eine konzerninterne AG DDR-Kooperation zur Umsetzung der vorgeschlagenen Zusammenarbeit. Er beabsichtigt, am 18.12.89 zu weiteren Kooperationsbesprechungen nach Dresden zu kommen. Treffen mit … Berghofer ist vorgesehen.« Selbstverständlich gehen beide davon aus, daß es in naher

17

Zukunft noch zwei deutsche Staaten geben wird, die Wiedervereinigung, von der offiziellen Politik inoffiziell längst abgehakt, ist kein Thema, es geht nur um das gute Miteinander von Nachbarn. Rohwedder macht klar, ohne demokratischen Fortschritt in der DDR wird es keine Hilfen geben.

Wer kann denn ahnen, wie wild plötzlich der Osten werden und wie schnell das geflügelte westdeutsche Wort, »Geh doch rüber, wenn es dir hier nicht paßt«, eine ganz andere Bedeutung bekommen sollte. Als ab Sommer 1990 die Treuhandanstalt dringend erfahrene West-Manager sucht, müssen viele eher rübergeschubst werden, weil ihnen der patriotische Drang gen Osten fehlt. Nachdem die Zeit der Sonntagsreden überraschend vorbei ist und das Vaterland wirklich ruft, entschließen sich nämlich nicht wenige der Besten, erst einmal abzuwarten und vielleicht später zurückzurufen.

Albert Jugel ist kein Dissident, er hat eine typische DDR-Karriere hinter sich und gehört zu denen, die sich als privilegiert betrachten dürfen. Die ihrem Staat alles verdanken, was sie wurden, und deshalb sogar jetzt, im Spätherbst der DDR, als die letzten Blätter fallen und sie plötzlich nackt im Wind steht, geradezu störrisch noch an einen dritten Weg glauben. Den halten sie für einen Ausweg aus ihrer Misere. Zwar Marktwirtschaft, ja doch, denn sonst wird man keine einzige richtig harte Mark an Investitionen bekommen, aber eben eine andere Art von Marktwirtschaft, eine sagen wir mal sozial-ökologische, bloß kein Duplikat der Bundesrepublik. Solche Träume teilt er mit vielen. Das Volkseigentum soll erhalten bleiben, weil die enttäuschten Sozialisten diese immer wieder stolz verkündete Errungenschaft als soziale Gerechtigkeit empfinden und keiner aussprechen will, was einige wenige da drüben ahnen: Das Volk ist ein Volk ohne Vermögen, und die meisten Volkseigenen Betriebe sind Potemkinsche Dörfer.

Mehr noch: Die andere deutsche Republik, laut Statistik einer der stärksten Industriestaaten der Welt, ist eigentlich seit ein paar Jahren pleite. Ohne den von Franz Josef Strauß vermittelten Milliardenkredit wäre sie es lange schon gewesen, spätestens seit Anfang der Achtziger. Nicht etwa wegen der im Vergleich zu den Schulden eher lächerlichen westdeutschen Geldspritze, sondern weil dieser Deal in Europa als Beleg dafür gewertet wurde, daß die Firma DDR noch kreditwürdig war. Eine Zukunft hatte.

Aber: Die meisten Maschinen der Betriebe sind mindestens vierzig Jahre alt und eigentlich ein Fall für den Schrotthändler. Um den nötigen Ersatz zu besorgen, hätte man Devisen gebraucht, und von denen hat man in der Mangelwirtschaft DDR trotz aller Tricks von Schalck-Golodkowskis Jongleuren nicht genügend. Was die Kombinate im klassischen Sinne verdienen, falls sie denn einen Ertrag haben und nicht nur zwecks Planerfüllung die Bücher frisieren, dürfen sie nicht etwa für Investitionen in ihrem VEB einsetzen, sondern müssen sie abführen an den Staatshaushalt. Der finanziert damit den sozialistischen Realismus von billigen Wohnungen, billigen Grundnahrungsmitteln, billigem Nahverkehr. Gibt dann seinen so ausgenommenen Gänsen freundlicherweise Jahr für Jahr einen Kredit, was innerhalb des Kreislaufs in der abgeschotteten DDR als normal gilt und auch nicht weiter stört, jedoch nach der Währungsunion ab Juli 1990 zur drückenden Last werden wird. Bekannt unter dem Begriff Altschulden.

Arbeit hatten im DDR-System zwar alle, doch entstanden im Laufe der Jahre beispielsweise aufgrund der dauernd reparaturbedürftigen Anlagen in vielen Kombinaten ganze Abteilungen, die ausschließlich damit beschäftigt waren, irgendwo irgendwelche Ersatzteile aufzutreiben. Diese hochmotivierte Spezies von Werktätigen nannte man zynisch, aber treffend sozialistische Spähtrupps. Wer woanders nichts fand – wie auch? –, machte alles in eigener Regie; im Bedarfsfall stellte das Chemiekombinat auch selbst die Schrauben her, die es für eine ausgefallene Maschine brauchte. Der auch im Westen hofierte Wirtschaftsminister Günter Mittag, der in den 221 Kombinaten zur Kontrolle der Direktoren eine Stasi-Ebene installierte, hatte zentral gesehen alles im Griff, nur die Kosten nicht, obwohl er als einziger alle Zahlen kannte.

Die Idee der Kombinate war das Problem der DDR-Wirtschaft, denn die handelten so, als seien sie autarke Wirtschaftsgebiete. Bis zu 70 000 Menschen waren in solchen sozialistischen Monstern beschäftigt, von denen die Mehrzahl (126) auch noch zentral von Berlin aus geleitet wurde. Da laut Staatsideologie kein

Werktätiger entlassen werden durfte, blieben alle im Werk auch dann noch tätig, wenn es nichts mehr zu tun gab. So wuchs die Verkrustung von Jahr zu Jahr. Ohne den Trick, mit dem zinslosen Überziehungskredit der Bundesrepublik, »Swing« genannt und 850 Millionen DM wert, andere Kredite im westlichen Ausland zu bezahlen, hätte man längst den Offenbarungseid ablegen müssen. Auch diese Wechselfälscherei hatte keiner der Wächter von Bonn am Rhein durchschaut.

Die Staatsräson West half sogar bei der Schönschreibung einer anderen Statistik: Da die DDR laut Grundgesetz nicht als Ausland betrachtet wurde, sondern als immer noch sowjetisch besetzte Zone, irgendwann zur Wiedervereinigung fällig, tauchten bei den in Westdeutschland veröffentlichten Auslandsverbindlichkeiten der DDR nie die Summen auf, die sie der Bundesrepublik schuldig war. Nicht nur die Treuhändler hatten keinen Durchblick. Der Vorwurf, die Fata Morgana DDR für Realität gehalten zu haben, trifft alle, die in der Bundesrepublik das Sagen hatten. Auch und gerade die Journalisten.

Die Volkswirtschaftliche Abteilung der Deutschen Bank warnt ziemlich früh, am 4. Dezember 1989, in einem Papier ihren Vorstand: »Das Wirtschaftswachstum dürfte entgegen offiziellen Daten …, die systematisch geschönt wurden, mittlerweile zum Stillstand gekommen sein. Zu lange Modernisierungszyklen, zu geringe Angebotsflexibilität bei gleichzeitig häufiger auftretenden Stockungen im Wirtschaftsablauf, eine vernachlässigte Infrastruktur sowie nicht zuletzt fehlende Motivation der Arbeitskräfte beeinträchtigen die Produktivität. Sie liegt im industriellen Bereich derzeit um schätzungsweise durchschnittlich fünfzig Prozent unter derjenigen der BR Deutschland.«

Was ansteht, ist in Wirklichkeit nicht die behutsame Reformierung der DDR, wo allenfalls 35 Unternehmen gefährdet scheinen, wie ein Dreivierteljahr später die Macher der Treuhandanstalt noch glauben werden – und diese Liste sorgsam im Panzerschrank hüten, um Proteste zu verhindern –, sondern die harte und notwendige Sanierung eines ganzen Staates. Wie man aus kapitalistischer Wirtschaft eine Planwirtschaft macht, ist in vielen Büchern beschrieben und in der Praxis zum Schaden der Betroffenen ausprobiert worden. Vom umgekehrten Weg, dem

Umbau einer Volkswirtschaft ohne eigentlichen Ertragswert und mit einem nicht nur durch rücksichtslose Umweltverschmutzung seit Jahrzehnten ausgehöhlten Substanzwert, hat man keine Vorstellung. Der erste, der das begreift und lieber rübermacht zum bisherigen Klassenfeind, ist Alexander Schalck-Golodkowski, einer interessierten Öffentlichkeit als Spinne im Netz bekannt, seit er mit Franz Josef Strauß Geschäfte gemacht hat. Als der Staatssekretär im Außenhandelsministerium, zuständig für die sogenannte Kommerzielle Koordinierung, am 3. Dezember 1989 die DDR verläßt und sich dem wie üblich ahnungslosen Bundesnachrichtendienst anvertraut, liegen in seinem geheimnisumwitterten Koffer nicht etwa so brisante Dinge wie zum Beispiel eine Liste aller Stasi-Agenten in der Bundesrepublik.

Statt dessen hat er ein streng vertrauliches Papier dabei, das er mitverfaßt hat und das jenseits des üblichen ideologischen Sprachmülls gnadenlos analysiert, warum es wirtschaftlich gesehen vorbei ist mit der anderen deutschen Republik, der man so vieles nachsagen konnte. Aber halt wenig Gutes, wie sich nach und nach herausstellen wird. Der Zusammenbruch, bilanziert einmal Claus Köhler kühl, sei »die Folge einer über Jahrzehnte verwahrlosten Volkswirtschaft« gewesen: »Die Betriebe sind mit Arbeitskräften übersetzt. Die Kapitalausstattung ist gering. Vorhandenes Anlagevermögen ist veraltet. Die Infrastruktur ist unzureichend. Die Leistungsfähigkeit der Menschen nach 40 Jahren sozialistischer Planwirtschaft ist verkümmert. Entsprechend gering sind die Arbeitsproduktivität und die Wettbewerbsfähigkeit der ostdeutschen Wirtschaft.«

Als er das schreibt, ist Köhler allerdings schon eingebunden in die Erfahrungen der Treuhandanstalt und kennt deshalb die ersten Zahlen über die Umsatzrentabilität aus verschiedenen Branchen, die es zum erstenmal im zweiten Halbjahr 1990 gibt: Elektrotechnik minus 50,82 Prozent, Glas und Keramik minus 70,48 Prozent, Maschinenbau minus 38,45 Prozent, Textil minus 41,98 Prozent etc. Unfreundlich ausgedrückt, gehörte man offensichtlich mit einem Minus von fünfzig Prozent zu den mit insgesamt 470000 Beschäftigten verzeichneten Top ten im Osten: Petrochemisches Kombinat Schwedt (28,3 Milliarden Mark Umsatz), Leuna (12,1), Robotron (11,4), Fortschritt Landmaschinen (8,7), Baumwolle Chemnitz (8,6), Schwarze Pumpe Gas-kombinat (8,0), Chemiekombinat Bitterfeld (8,0), Mansfeld Kombinat (7,7), Mikroelektronik Erfurt (7,5), Edelstahlkombinat Brandenburg (7,5).

Scherzfrage westdeutscher Manager ein paar Jahre später: Was ist ein ostdeutscher Break-even? Wenn der Verlust den Umsatz erreicht.

Alexander Schalck-Golodkowski ist nicht etwa plötzlich von der tristen Wirklichkeit überrascht worden. Gerade er wußte schon lange, daß es so nicht weitergehen konnte. 1984 bereits lagen seine Schätzungen bei fünfhundert Milliarden Mark (Ost), die man nur dafür brauchen würde, den da erreichten Standard zu erhalten. Illusorisch. Keiner würde der DDR soviel Kredit geben, es sei denn, sie würde sich gleich ganz verkaufen, also ihre Souveränität aufgeben. Die schlimmsten Löcher mit Devisenge-schäften zu stopfen ist seine Idee. Er baut auf ein weltweit gut getarntes Netz von Konten und Subkonten bis hin nach Curaçao. Die Kunst beginnt zu Hause, denn er muß seinen ihm vorge-setzten Todfeind Gerhard Beil geschickt täuschen, er muß dem mißtrauischen Erich Mielke, seinem eigentlichen Vorgesetzten, vieles, aber bloß nicht zu viel erzählen, schließlich möchte auch Mittag informiert sein. Keiner erfährt alles, jeder nur ein Stückchen, nur einer kennt die Zusammenhänge.

Und gerade der wußte früh, daß dies keiner von denen hören wollte, die letztlich für die Misere verantwortlich waren. Als Schalck zum Beispiel 1988 in Gegenwart des Dresdner Oberbür-germeisters Wolfgang Berghofer dem als Honeckers Kronprinz gehandelten Egon Krenz aus der Wirklichkeit der Kombinate berichtete und ihn durch die Blume aufforderte, sich als Refor-mer bereitzuhalten, also den Putsch anzuführen gegen die Unein-sichtigen, gab der nur ideologischen Schwachsinn von sich, wie er im sozialistischen Lehrbuche stand: Ihr müßt politisch aktiver werden, dann werden sich die Probleme lösen lassen. »Du Arschloch«, antwortete ihm da sein Mitstreiter aus FDJ-Tagen und freut sich noch heute über das Gesicht des so Angebrüllten, »du hast wirklich keine Ahnung.«

Von da an betrachteten die heimlichen Reformer Egon Krenz als Nullnummer und planten ohne ihn. Die verbale Attacke übrigens blieb ohne Folgen, man redete schließlich unter sich, und alle waren sie natürlich in der Partei, und alle Spitzengenossen fanden nichts Besonderes dabei, zum Beispiel bei passender Gelegenheit dem Ministerium für Staatssicherheit (MfS) Informationen zukommen zu lassen. Schließlich hatten sie da vor langer Zeit bereits unterschrieben, und wichtige Mitteilungen unter Genossen gehörten ganz selbstverständlich in ihr sozialistisches Weltbild.

Auch Albert Jugel, Sohn einer auf ihren gelebten Antifaschismus stolzen Arbeiterfamilie, der immer davon überzeugt war, dem besseren System zu dienen, der den Kapitalismus stets für die Ausbeutung des Menschen durch den Menschen gehalten hatte und nicht über den bösen Witz – stimmt, im Kommunismus ist es genau umgekehrt – hatte lachen können, war natürlich seit dem achtzehnten Lebensjahr in der alleinkarrieremachenden Partei. Sonst hätte er nicht studieren dürfen und nicht seinen Doktor in Ingenieurswissenschaften machen. Wollte danach eigentlich gleich Professor werden und lehren, Schwerpunkt Mathematik, aber drüben galt: erst einmal fünf Jahre in einen Betrieb und dann an die Universität. Da lag das Gute nah, im Elektronik-Kombinat Robotron Dresden, wo er anfing und irgendwann die Abteilung Meßtechnik übernahm, ein Experte für Produktionsabläufe wurde, was ihm erst recht nach der Wende nützen sollte. Diesem Unternehmen, das einen legendären Ruf hatte – was dann bei der DM-Eröffnungsbilanz nichts mehr half, denn ein Ruf hat angesichts der nicht künstlich heruntergerechneten Kosten keinen Ertragswert –, blieb er noch als wohlbestallter Professor treu. Er fühlte sich wohl dort, wo er war. Er kannte sich aus in dem, was er tat. Und er war dankbar für das, was er hatte lernen dürfen.

So ist aufgrund seiner ganz persönlichen Geschichte dieser Albert Jugel genau der richtige Mann für die Suche nach Kooperationspartnern, als er seine Fahrt in den Westen antrat, der im Jargon der gerade noch Herrschenden in einer der DDR-typischen beliebten Abkürzungen NSW heißt, Nichtsozialistisches Wirtschaftsgebiet. Er wollte werben für die Idee einer Begegnungsstätte zwischen Ost und West in Dresden, Berghofer unterstützt ihn begeistert, Modrow eher verhalten. Damals, im November

1989, als noch niemand von einer Treuhandanstalt spricht – warum auch angesichts der Ahnungslosigkeit im Westen und des Aufbruchs zum in der Tat letzten Gefecht im Osten? –, sind die reformkommunistischen Wirtschaftspläne Albert Jugels, veröffentlicht im Zentralorgan der freien Marktwirtschaft, der »Frankfurter Allgemeinen Zeitung«, geradezu sensationell. Und am nächsten Tag schon wieder vergessen, weil die sogenannte »DDR im Umbruch« ununterbrochen geradezu unglaubliche Schlagzeilen produziert. Der Professor geht nach seinen Dortmunder Gesprächen wieder nach Dresden und widmet sich dem geplanten Technologiezentrum, seinem Lieblingskind. Das Protokoll seiner Gespräche im Westen, insgesamt sechzehn Seiten stark und mit vielen Details gespickt, in der schlichten Sprache des kühlen Analytikers und bar der üblichen sozialistischen Schönfärberei, übergibt er Hans Modrow, seinem Ministerpräsidenten.

»Es wurden erörtert Möglichkeiten der Lohnarbeit von DDR-Betrieben für Hoesch sowie der Kapitalbeteiligung von Hoesch in der DDR. Dr. Rohwedder sagte hier jede erdenkliche Unterstützung zu, falls der demokratische Prozeß in der DDR in Richtung einer pluralistischen, demokratischen Gesellschaft läuft. ... Hoesch bietet an: Die Produktion von 100 000 t Stahlrohrmaterial pro Jahr in der DDR für Hoesch als Ausgang für die Produktion von Blattfedern und Schraubenfedern für die BRD-Autoindustrie. ... Verlagerung in die DDR ist einfacher und billiger als Aufbau von Kapazitäten in Portugal.«

Schon am 16. Dezember 1989 wird in Dresden der Grundstein fürs Technologiezentrum gelegt. Honoratioren aus Dortmund, NRW-Wirtschaftsminister Reimut Jochimsen, der mit drei Millionen Zuschuß dabei ist, und natürlich auch sein Kontaktmann Wolf Schöde, geben Jugel und dessen Mentor Wolfgang Berghofer die Ehre bei der Gründungsfeier. Einen Tag später, und das ist wiederum Teil der Geschichte der Treuhandanstalt, bevor es sie noch gibt, trifft Detlev Rohwedder auf Vertreter des oppositionellen Neuen Forums und erfährt in diesem nächtlichen Gespräch mehr über die DDR, als ihm lieb sein kann. Mehr als jene Beamte in Bonn, denen täglich der BND-Bericht auf den Tisch gelegt wird und die im Innerdeutschen Ministerium ja angeblich die geballte Kraft der Experten in Reichweite haben. Auch dieses Wissen wird Rohwedder gut gebrauchen können, weil er sich bald um die marode Wirtschaft des Staates kümmern muß. Was er natürlich noch nicht ahnt. Wieder spielt der Zufall eine Rolle: Rohwedder ist mit seinem Sohn Philipp und seinem Freund Lothar Loewe auf einer Wanderung, auf den Spuren des Siebenjährigen Krieges. Abends im Hotel hatte ihn der andere künftige Treuhändler erreicht, Wolf Schöde, und für den nächsten Abend nach Leipzig eingeladen.

Inzwischen ist Egon Krenz sein Grinsen schon vergangen, denn er hatte sich nach nur wenigen Wochen als Nachfolger Honeckers vom Amt des Generalsekretärs und Staatsratsvorsitzenden verabschieden müssen. Zu dicht bei der alten Macht, zu fern der neuen Zeit, auch wenn er immer wieder für sich in Anspruch nehmen wird, ein mögliches Blutvergießen verhindert zu haben, als das Volk auf die Hauptstraßen ging und in den Seitenstraßen die Büttel mit ihren Panzern lauerten. Statt dessen ist der gute Mensch von Dresden, wie Hans Modrow damals sogar in westdeutschen Zeitungen gern genannt wurde, mit dem letzten Aufgebot in Berlin angetreten. Die Hoffnung der Reformer, und als solcher wäre er in normalen Zeiten auch gefeiert worden, aber dies sind keine normalen Zeiten, nimmt den kümmerlichen Rest der DDR auf seine Schultern und erkennt sehr schnell, daß nichts mehr zu retten ist. Er hört bald der verschiedenen Völker Signale, vor allem die lautstarken seiner Sachsen in Dresden, und resigniert innerlich, bevor er es draußen zugibt.

Also gut, Deutschland, einig Vaterland.

Aber wie bloß? Eigentlich ist keiner darauf vorbereitet, und Beispiele aus der Geschichte, die man hätte studieren können, gibt es nicht. Ausgerechnet die Kunst der politischen Improvisation ist gefragt und das ist ein Handwerk, das dem Deutschen an sich, ob nun Ost oder West, gar nicht so liegt. Wie sich auch in diesem Fall erweisen wird.

Noch einmal spielt Jugel eine geschichtliche Rolle, die mittelbar mit der Treuhandanstalt zu tun hat. Dafür, daß er der Dresdner Bank hilft, als erste westdeutsche Bank an ihrem Stammsitz wieder ein Schild anzuschrauben – im Hotel »Dresdner Hof« und in der immer noch real existierenden DDR –, bekommt er ein angemessenes Honorar. Die Botschafter der freien Marktwirtschaft haben ihm sanft die schützende Hand auf die Schulter gelegt, er wird wie das seltene Exemplar eines sowohl typischen als auch untypischen Ossi herumgereicht bei anderen deutschen Bankern, die aus berufenem Mund erfahren wollen, was drüben alles nicht ging und warum und mit wem man eventuell doch Geschäfte machen kann. Systematisch im System. Ein Privatflugzeug holt ihn jeweils in Dresden ab, denn mit den innerdeutschen Verkehrsbedingungen ist es noch nicht so weit her, und der Professor, der schnell die neuen Regeln begriffen und mit einem Kollegen eine BeratungsGmbH gegründet hat, berät gerne. Ob das nun der Chef der Commerzbank ist oder der damalige Forschungsminister Heinz Riesenhuber, der Chef der Deutschen Bank oder der Staatssekretär Dieter von Würzen – alle wollen sie Jugel. Ist es gar einem der Referate Jugels zu verdanken, daß einmal von Würzen in eine Runde von Beamten des Wirtschaftsministeriums in Bonn treten und mit Blick auf die DDR-Probleme Kaiser Wilhelms Ausspruch vor dem Ersten Weltkrieg: »Meine Herren, wir gehen einer Katastrophe entgegen« zitieren wird? Für seine Vorträge bekommt Jugel richtiges Geld, Westgeld, was fast wie ein Lottogewinn ist angesichts des Umtauschkurses in jenen revolutionären Zeiten.

Jugel gewöhnt sich schnell an den Kapitalismus und dessen schöne Seiten. Er und seine Familie können sich endlich was leisten. Erst recht, seit ihn der dann amtierende Treuhandchef Detlev Rohwedder Ende August 1990 zum Geschäftsführer des noch einst von Schalck-Golodkowskis Devisenschiebern im Westen für 125 Millionen Valutamark gekauften Leitplattenwerks Fuba in Dresden gemacht hat. Zur Entscheidung hat ihn Rohwedder morgens um sieben Uhr nach Berlin gebeten, und ihm, wie es typisch für seine Ungeduld ist, fünf Minuten Zeit gegeben, ja zu sagen. Als Jugel am nächsten Tag seiner Frau den Vertrag mit seinem neuen Gehalt zeigt, fragt die: Was, soviel Geld pro Jahr? Nein, antwortet er, pro Monat. Da weiß auch die Frau des ehemaligen Geheimkuriers aus Dresden, welcher Segen die Marktwirtschaft sein kann. Falls sie auf die richtigen trifft.

Was Jugel damals, im November 1989, nicht ahnen konnte, als er sich das Schwarze Brett seiner Uni als neues Forum aussuchte: Seine Thesen überraschen in Berlin beim Politbüro keinen mehr. Die SED-Spitzen kennen spätestens seit dem 30. Oktober als »Geheime Verschlußsache b5 1158/ 89« ein Papier, das unter dem eher langweiligen Titel »Analyse der ökonomischen Lage der DDR mit Schlußfolgerungen« den immer noch Hoffenden die letzten Illusionen genommen hatte, den Sozialismus in seinem Lauf könnte weder Ochs noch Esel aufhalten. Die Verfasser des von Honecker-Nachfolger Egon Krenz in Auftrag gegebenen Berichts stützen sich dabei auf eine andere geheime Analyse, die schon Günter Mittag seit Ende September vorlag. Einige von ihnen hatten daran mitgeschrieben. Damals allerdings noch ohne den Mut, jene Konsequenzen zu fordern, die ihnen jetzt als letzte Rettung erscheinen und deshalb mangels Alternativen, und weil eh nichts mehr zu verlieren ist, locker von der Hand gehen.

Die fünf Experten, die wissen, wovon sie reden, weil sie mitverantwortlich sind für den Zustand, den sie jetzt anprangern: Gerhard Schürer, Chef der Staatlichen Planungskommission, Gerhard Beil, Außenhandelsminister, Alexander Schalck-Golodkowski, Chef der Kommerziellen Koordinierung, Ernst Höfner, Finanzminister, und Arno Donda, einer der Leiter der Zentralverwaltung für Statistik. Nach den offenbar immer noch notwendigen Lobhudeleien auf das, was die DDR alles erreicht hat in den vergangenen Jahrzehnten, gibt es endlich Klartext über den maroden Zustand des anderen deutschen Staates:

»Die Feststellung, daß wir über ein funktionierendes System der Leitung und Planung verfügen, hält ... einer strengen Prüfung nicht stand.«

»Die vorgegebene Strategie, daß die Kombinate alles selbst machen sollen, führte zu bedeutenden Effektivitätsverlusten.«

»Im internationalen Vergleich der Arbeitsproduktivität liegt die DDR gegenwärtig um 40 % hinter der BRD zurück.«

»In bestimmten Bereichen der Volkswirtschaft sind die Ausrüstungen stark verschlissen, woraus sich ein überhöhter und ökonomisch uneffektiver Instandhaltungs- und Reparaturbedarf ergibt.«

»Die Verschuldung im nichtsozialistischen Wirtschaftsgebiet ist seit dem VIII. Parteitag gegenwärtig auf eine Höhe gestiegen, die die Zahlungsfähigkeit der DDR in Frage stellt. ... Es wurde mehr verbraucht als aus eigener Produktion erwirtschaftet wurde zu Lasten der Verschuldung im NSW, die sich von zwei Milliarden Valutamark 1970 auf 49 Milliarden Valutamark 1989 erhöht hat.«

»Allein ein Stoppen der Verschuldung würde im Jahr 1990 eine Senkung des Lebensstandards um 25–30% erfordern und die DDR unregierbar machen.«

Das alles hatten zwar, weil trotz verlogener Statistiken über Planerfüllungen nicht verblödet, die Kombinatsdirektoren, sogenannte Praktiker der DDR-Wirtschaft, schon lange erkannt. Und deshalb zum Beispiel untereinander mit innerdeutschen Bartergeschäften versucht, ihre Planvorgaben zu erreichen, weil es anders nicht ging. Also, du gibst mir Flaschen für mein Haarwasser, und ich geb dir Erdöl ab, denn da habe ich gerade eine größere Zuteilung. Sie konnten allerdings nicht einmal im Rahmen der staatlich vorgeschriebenen Regeln frei wirtschaften, also auf Gewinn und Verlust achten, selbst wenn sie es gewollt hätten. Sie hatten schlichtweg das Spiel der Spiele gespielt, was bedeutete: die eigene Produktivität niedrig ansetzen, die Kosten hochrechnen und dann natürlich bei der Endabrechnung unter den Plansiegern sein. Das System kannte jeder, aber stillschweigend wurde es hingenommen. Wie eigentlich jeder wissen mußte, daß mangelnder Anreiz – Leistung wurde ebenso belohnt wie Faulheit – zu einer Art von Sozialismus geführt hatte, der von den Erfindern Marx und Engels so nicht gemeint war. Der real existierende in der DDR ging etwa nach dem Muster, daß man im Betrieb seine Kräfte schonte und sie in der privaten Schattenwirtschaft nach Dienstschluß kreativ zur Entfaltung brachte. Allerdings stimmt gerade so gesehen die Erkenntnis: Das Sein prägt das Bewußtsein.

Bei der Beschreibung der DDR im »Vormärz«, bei der Schilderung der kaputten Wirtschaft, darf nicht unerwähnt bleiben, in welches starre System innerhalb des Ostblocks die DDR eingebunden war. Im Rat für Gegenseitige Wirtschaftshilfe (RGW), einer marxistischen Lachnummer, auch unter dem Namen COMECON bekannt, aber einst als Gegenstück zur Europäischen Wirtschaftsgemeinschaft konzipiert, war genau festgelegt, welche Volkswirtschaft welchen Landes welche Aufgaben zu erfüllen hatte, um Synergien zu nutzen. Zum Beispiel lieferte ein bulgarischer Hersteller 300 000 Gabelstapler in die UdSSR, 200 000 zum Gebrauch und 100 000 für die Ersatzteile. Nicht besonders überraschend, daß es diesen Betrieb heute nicht mehr gibt. Die DDR, die als starke Wirtschaftsmacht galt und für die Herstellung hochwertiger Industriegüter zuständig war und die zudem einen hervorragenden Ruf bei den östlichen Nachbarn hatte, blieb trotz aller Versuche, sich den starren Regeln wenigstens teilweise zu entziehen, fest gebunden an Lieferverträge und Preise. So hatte der VEB Deutsche Waggonbau fast ausschließlich den sowjetischen Markt zu beliefern, und da war der Betrieb unschlagbar. Deshalb fast unrettbar, als dieser Markt zusammenbrach. Erstes Zugriffsrecht auf hochwertige Produktionen hatte immer der Große Bruder in Moskau, nach dessen Vorgaben hatten sich alle anderen zu richten. Von der Sowjetunion lernen hieß ja bekanntlich siegen lernen. Was umgekehrt bedeutet: Im Falle des Falles auch verlieren lernen. Als die UdSSR zu husten begann, erkrankten alle anderen in der kommunistischen Großfamilie, und als sie starb, fielen sie ins Koma.

Die Direktoren der verschiedenen Kombinate, unter deren Dach die Volkseigenen Betriebe versammelt sind, formulieren bei einem Treffen in Halle dennoch in einer Resolution, daß es so nicht weitergehen dürfe, und mahnen dringend Reformen in der DDR an. Aber als ein paar öffentlich gerügt und abgemahnt werden, als der Generaldirektor des Kombinats Schienenfahrzeugbau abgesetzt und in einen mittleren Betrieb strafversetzt wird, sind die anderen erst mal wieder ruhig und gehen zurück zu ihren gefälschten Statistiken und falschen Produktionserfolgen. Die schriftliche Expertise für Krenz dagegen läßt sich nicht mehr ignorieren, nur möglichst lange vor den anderen verschweigen – damit der kapitalistische Klassenfeind die DDR weiterhin wie bisher unter den starken Wirtschaftsnationen wähnt und man eventuell den Preis für eine rettende Konföderation hochtreiben kann. Daß sie aus eigener Kraft nicht mehr überleben können, das wissen viele der alten roten Garde. Typisch für ihr Denken, planen sie aber einen letzten Coup, um ihren Staat nicht aufzugeben. Ziel: Der offensichtliche Sieger, die westdeutschen Kapitalisten, sollen zahlen für die Öffnung des deutschen Paradieses der Werktätigen, und zwar möglichst viel. Außenhandelsminister Gerhard Beil ärgert sich deshalb beim Mauerfall vor allem darüber, daß Bonn das alles umsonst bekommen hat, dafür hätte man doch Milliarden Westmark verlangen und ganz sicher auch kassieren können. Wie groß die Neigung drüben war, mit Geld neue Tatsachen zu schaffen, nämlich offene Grenzen, wußte Beil schon vor dem Staatsbesuch Honeckers im September 1987 in Bonn, weil er und andere die ersten Geheimgespräche geführt hatten: »Um zu retten, was zu retten war, hatten wir den Plan geschmiedet, zum Zeitpunkt von Honeckers Bonn-Reise die Grenzen zu öffnen, wenn die Bundesregierung als Gegenleistung dafür die Zweistaatlichkeit anerkennen und die finanziellen Schwierigkeiten der DDR auffangen würde. Grandioserweise hatte Bonn dem Vorhaben bereits prinzipiell zugestimmt, gescheitert ist es am Starrsinn Honeckers«, vertraute er der Historikerin Margarita Mathiopoulos im Sommer 1990 an. Offensichtlich beeindruckt nicht nur von ihrer Klugheit, sondern auch von ihrer Schönheit, denn ansonsten gibt sich der einstige Wirtschaftsgewaltige der DDR, bekannt als eine Art Katze, weil er unter jedem System wieder vor dem vielversprechendsten Mauseloch lauert, bei Fragen nach den Zeiten vor der Wende, eher zugeknöpft. Genosse Schalck übrigens, seit seiner Flucht ansässig im Lande seines besonderen Freundes Franz Josef, staunt noch heute, daß es Beil gelang, unter Honecker zu wirken, bei Modrow am Tische zu sitzen und sich auch für de Maizière als Berater unentbehrlich zu machen. Aber ansonsten will er von seinem Co-Autor nichts mehr wissen.

Von der 24-seitigen Bankrotterklärung der DDR gibt es nur 37 Exemplare, und wie üblich im Osten bei Vorlagen ganz oben in der sich mißtrauisch belauernden Führung, wird hinter verschlossenen Türen gelesen und anschließend jedes Exemplar wieder eingesammelt. Nur Schalck nahm seines mit in den Westen, die ungeteilte Aufmerksamkeit der Ahnungslosen im Tal von Bonn war ihm also gewiß. Er wußte außerdem, daß er unter einer Regierung Modrow nicht im Kabinett, sondern wohl eher im Knast sitzen würde. Einen Sündenbock konnte man gut brauchen nach dem Motto: Der mit seinen Scheißdevisengeschäften hat uns das doch alles eingebrockt.

Stimmt nicht so pauschal, meint Berghofer, der Schalck in guter Erinnerung hat, Schalck hätte wenigstens im Rahmen seiner Möglichkeiten noch was für uns getan und nicht nur den Bonzen in Wandlitz die Videokassetten mit westlichen Filmen und die französische Seidenunterwäsche besorgt. »Als ich mal für Dresden keine Kehrmaschine mehr hatte, weil die letzte kaputt war, hat Schalck eine beschafft.« Und, sekundiert der andere Sachse, Jugel: Das Leitplattenwerk in Dresden, in dem er später die Geschäfte führte, sei weltweit auf dem neuesten Stand der Technik gewesen. Mit Valutamark, also harten Devisen, bezahlt. Alles ließ Schalck aus dem Westen besorgen, sogar die Steinplatten im Hof, die kamen aus Paderborn. Bösewicht Schalck hat lange versucht, die nötigen Reformen anzuschieben, die zwar letztlich nichts mehr bewirkt hätten, weil sie zu spät gekommen wären, aber vielleicht dafür gesorgt hätten, daß die DDR in einem anderen Zustand übergeben wird. Nicht als Muster ohne Ertragswert. Irgendwie mit mehr Würde.

Christa Luft übrigens, in der Regierung Hans Modrow als seine Stellvertreterin zuständig für Wirtschaft, versichert glaubhaft, nichts von der später so berühmten Schalck/Schürer/Beil-Analyse gewußt und erst im Herbst 1992 eine Kopie bekommen zu haben, als die DDR schon Geschichte war. Ihr überreicht ausgerechnet von Wolf Schöde, dem eloquenten Sprecher der dann regierenden Treuhandanstalt. Modrow bestätigt indirekt diese Erzählung, selbst ihm habe Schürer, der in seiner Regierung mit am leeren Tisch saß, nichts davon berichtet, geschweige denn die Unterlagen übergeben. Und Modrows rechte und linke Hand Gerhard Beil? Auch der erwähnte seine Fleißarbeit nie, schwieg aber beredt, wenn wieder mal Horror-Daten aus der Wirtschaft bekannt wurden. Ja, stimmt schon, lautete meist der knappe Kommentar. Modrows gewählter Nachfolger Lothar de Maizière hat als Ministerpräsident die Analyse in einer Kabinettssitzung an seine Minister verteilt, allerdings nach Lektüre ebenfalls wieder einsammeln lassen. Bekommen hatte er das Papier aus Bonn.

Daß regelmäßig mit Statistiken gelogen und die Wirklichkeit schön geschrieben wird, ist bei den wenigen Informierten in der DDR kein Geheimnis. Albert Jugel weiß zu erzählen, daß sie in Dresden eine Art sozialistische Zeitrechnung hatten, denn immer zum 7. Oktober wurde dem Genossen Honecker gemeldet, Plansoll erfüllt, und danach begann wieder der ungelogene Alltag. Kein Wunder, daß eher verschämt und ziemlich am Schluß im Katalog der vorgeschlagenen Maßnahmen in der geheimen Verschlußsache gefordert wird: »Der Wahrheitsgehalt der Statistik und Information auf allen Gebieten« sei künftig zu gewährleisten. In seinen Jahre später verfaßten Lebenserinnerungen, die zu einer langatmigen Rechtfertigung gerieten, zitiert Gerhard Schürer in einem Anflug von Leichtigkeit sogar die »fünf Investitionen im Sozialismus«, über die man bei Spaziergängen in nicht verwanzter freier Natur auf höchster Ebene schon mal lachen durfte: »Die erste ist die der Begeisterung. Ihr folgt die der Enttäuschung. Als dritte die der Suche nach den Schuldigen, als vierte die Bestrafung der Nichtschuldigen und die fünfte ist die der Auszeichnung der Unbeteiligten.«

Keiner der Verfasser übrigens spricht von einer Konföderation der beiden deutschen Staaten, geschweige denn von einer Wiedervereinigung. Worauf man sich allenfalls einlassen könne, so steht am Schluß des Papiers, das bald schon Makulatur sein wird: »Als Zeichen der Hoffnung und der Perspektive ist die DDR bereit, 1995 zu prüfen, ob sich die Hauptstadt der DDR und Berlin (West) um die gemeinsame Durchführung der Olympischen Spiele im Jahre 2004 bewerben sollten.« Auch könne man doch die Transitpauschalen der Jahre 1996 bis 1999 als »mögliche Sicherheit« einsetzen für die neuen Kredite, die man dringend vom reichen Nachbarn brauchen werde, um die nächsten Jahre vielleicht doch zu überstehen.

Nicht verwunderlich, daß die Spitze von Bonn nicht mal Interesse heuchelt, als der amtierende DDR-Ministerpräsident Hans Modrow seinen »Kollegen« Kohl um ein paar Milliarden Solidaritätsbeitrag angeht. Einige Eingeweihte kennen dank des auskunftsfreudigen Schalck inzwischen die echten Zahlen des Pleiteunternehmens Ostdeutschland, wissen also, daß sie nur warten müssen, bis es ihnen zufällt. Haben aber Illusionen darüber, wie teuer die Renovierung sein wird. Deshalb protzt der Westler selbstgefällig: Was haben die im Gegengeschäft denn noch anzubieten, wofür wir nur eine gute Mark ausgeben würden? Konföderation etwa?

Der Zug in diese Richtung war schon entgleist, als im Dezember 1989 der ehemalige Bezirkssekretär Modrow bei einem Treffen in Dresden und nach der Kundgebung, auf der lautstark vom Volk die Einheit verlangt wurde, den Bundeskanzler um diese Art Lastenausgleich bat. Alle Reisebeschränkungen seien schließlich aufgehoben, und angesichts des für sie günstigen Wechselkurses hätten die Wessis begonnen, den Osten aufzufressen. Kohl lehnte brüsk ab.

Eine mögliche Konföderation der beiden deutschen Staaten ist zum erstenmal zwischen Schalck und Strauß konkret diskutiert worden, erzählen ehemalige Mitarbeiter der schillerndsten DDR-Figur. Der eine, der aus Bayern, wünschte sich das als letzten politischen Coup seiner Karriere, um damit den ungeliebten Kanzler aus der Pfalz wenigstens in den Geschichtsbüchern noch zu übertrumpfen. Der andere sah darin Anfang der achtziger Jahre eine Option auf die Zukunft der DDR als Staat. Honecker wußte von solchen Überlegungen, aber »der alte Herr wollte einfach nicht daran denken, da sträubte sich alles in ihm«. Günter Mittag dagegen, der als einziger alle roten Zahlen aus allen Branchen kannte, wollte vor allem nicht zu früh darüber reden, denn als Wirtschaftsmann überlegte er mit wenigen Getreuen insgeheim, auf welche Art und vor allem wann man vom verhaßten Bruder im Westen den besten Preis für ein solches Angebot erzielen konnte. Als es zu spät war, überlegte er immer noch. Auch so bestraft das Leben.

Es war im übrigen nicht der erste Versuch des Gerhard Schürer, mal ein bißchen Wahrheit in die staatlich verordneten Planungslügen der DDR einzubringen. Schon am 26. April 1988 hatte er seine »Überlegungen zur weiteren Arbeit am Volkswirtschaftsplan 1989 und darüber hinaus« als »Persönliche Verschlußsache« mit der Bitte um ein Vieraugen-Gespräch seinem Chef Erich Honecker vorgelegt. Da stehen Erkenntnisse von überraschender Schlichtheit, die sogar dem verbohrtesten Ideologen hätten einleuchten müssen. Zum Beispiel forderte Schürer, die beschlossene Produktion von Videorecordern in der DDR nicht zu genehmigen, weil der Import und die Montage von Teilen, die man nicht selbst herstellen konnte, ungleich teurer kommen würden als der Import aus dem westlichen Ausland. Binsenweisheit als politischer Sprengsatz: »Nicht nur was, sondern vor allem zu welchen Kosten und Gewinn etwas produziert wird, ist zur entscheidenden Frage geworden.«

Das erbetene Gespräch mit dem obersten Genossen fand nicht statt. Der Genosse Schürer wurde vom Genossen Mittag, der aus der Planwirtschaft eine Kommandowirtschaft geformt hatte, in der nur er die Kommandos gab, abgebürstet. Begründung: Schürer habe mit seinen Vorschlägen angeblich die Parteilinie verlassen. So machte der Genosse Schürer eben weiter, wie es die falschen Zahlen in den Statistiken vorgaben. Mit geschlossenen Augen und beharrlich die Wirklichkeit verleugnend in die Katastrophe, auch das gehört zur Geschichte der DDR und damit zur Vorgeschichte der Treuhandanstalt. Die mußte ausbaden, was andere – also die SED und verlogene Planwirtschaftler und sture Ideologen – angerichtet hatten, und war dann natürlich in den Augen der von den radikalen Einschnitten betroffenen Bevölkerung der ideale Watschenmann. »Wir hätten doch auch radikal sein müssen«, sagt Berghofer, »auch wir hätten natürlich Leute entlassen müssen.« Daß die Wirtschaft zusammenbrechen würde, war absehbar, und insofern war die Einheit eigentlich doch kein Wunder, sondern ökonomisches Gesetz. Ein Wunder nur, daß es nicht schon zehn Jahre früher geschah. Der Vorwurf an die Treuhandanstalt, alles plattgemacht zu haben, stimmt deshalb so platt nicht. Es gab nicht mehr viel plattzumachen.

Als es aber plötzlich um viele Milliarden gehen wird, als plötzlich Geld die angeblich so heile sozialistische Welt regiert, die verrottete, wird deshalb die Treuhandanstalt zum Symbol des eben doch bösen Kapitalismus. Was angesichts von vierzig Jahren DDR, abgeschottet von der Wirklichkeit, nicht verwunderlich ist. Daniela Dahn, eine der klugen und nicht nur betroffenen ostdeutschen Intellektuellen: »Die weitgehende Abwesenheit von Privateigentum, von Erbschafts- und Steuerangelegenheiten, vom Primat des Geldes also, hat die Ostmentalität nachhaltig und nicht nur nachteilig geprägt. Die Erfahrung der Zweitrangigkeit von Geld ist unser Kapital. Das läßt sich natürlich schwer aufrechnen gegen euer richtiges.«

Man kann es aber trotzdem mal versuchen. Die Schulden der DDR, als es sie fast nicht mehr gibt, betragen rund 500 Milliarden Ostmark, aufgeteilt auf Betriebe (220 Mrd.), Wohnungsbau (110 Mrd.), das westliche Ausland (165 Mrd.). Der Rest bei den sozialistischen Brüdern, mit denen allerdings zu verrechnen in den üblichen Bartergeschäften, also zum Beispiel im Tausch Werkzeugmaschinen gegen Erdöl oder Eisenbahnwaggons gegen Erdgas. Die rund 160 Milliarden auf den Sparbüchern der DDR-Bürger sind selbstverständlich nicht gedeckt, damit macht die Staatsbank ihre Geschäfte und vergibt Kredite an die Kombinate. Wenn die Sparer alle auf einmal ihr Geld abgehoben hätten, wäre der Laden erst recht zusammengebrochen. Aber es gibt nichts zu kaufen, wofür sich das lohnen würde, auf einen Trabant muß man zehn Jahre warten, und deshalb brauchen die Staatsbanker sich nicht zu sorgen, daß ihre Geschäfte aufgedeckt werden. Ihre Mangelwirtschaft hilft sogar gleichzeitig beim Verdecken der Mängel.

Die Volksgenossen brauchen das Geld, um sich die sozialistischen Errungenschaften, mit denen die DDR vor dem Westen so angibt, leisten zu können. Man subventioniert im Grunde eigentlich durch nicht vorhandenes Geld das sozialistische Modell und macht es so zum Muster ohne Wert: Niedrige Mieten, billigste Grundnahrungsmittel, preiswerter Nahverkehr, Garantien auf einen Arbeitsplatz für alle, die arbeiten wollen, keiner privat verschuldet wie im Westen, weil es ganz einfach keine privaten Kredite gibt.

Diese schöne neue Welt, das Gegenmodell zum hartherzigen Kapitalismus, ist natürlich auf Dauer nicht zu finanzieren, mag man noch so sehr die Zahlen fälschen und die Kombinate auspressen, dieses Kartenhaus muß ganz zwangsläufig eines Tages zusammenbrechen. Und dies haben die Schürers und Beils alle spätestens Anfang der achtziger Jahre gewußt. Aber nichts unternommen, um das absehbare Desaster zu verhindern. Die Totengräber der DDR sind die Roßtäuscher und Menschenverächter im Politbüro gewesen, nicht Reformer wie Gorbatschow, nicht einmal die westlichen Verführer, die Prediger des ungehemmten Konsums.

Erst unter Modrow, als es zu spät ist für alle schönen DDR-Pläne bis ins Jahr 2000 oder so, an denen aber immer noch fleißig geschrieben wird, gilt die Parole Realismus statt sozialistischer

Realismus, aber da stürzen die Lemminge schon in den Abgrund und von hinten drängelt die Masse. Die ersten seriösen Analysen Ende 1990 – als man endlich richtige Zahlen hat – besagen, daß in der DDR eine verdeckte Arbeitslosigkeit von rund fünfzehn Prozent geherrscht hat, das wird dann später selbst von den Ewiggestrigen nicht bestritten. Nur 25 Prozent der DDR-Betriebe waren mit ihren Produkten von der Qualität her im Westen konkurrenzfähig, und was Technologie, Kosten und Arbeitskräfte betraf, schafften das nur höchstens achtzehn Prozent.

Richtig, viele sogenannte westdeutsche Patrioten haben nach der Wiedervereinigung, und vor allem im rechtlosen Zustand davor, ihre Brüder und Schwestern schamlos über den Tisch gezogen, haben sie ausgebeutet und betrogen und belogen. Aber Ausbeutung und Betrug am Volk ohne Vermögen war jahrzehntelang, staatlich verordnet und gewollt, Alltag in der DDR.

Als er diesen Alltag im deutschen Herbst 1989 immer deutlicher erkennt, sensibilisiert natürlich auch durch die Demonstrationen in seiner Stadt und die Gespräche mit der Opposition, setzt sich der Diplomhistoriker Wolfgang Berghofer hin und schreibt dem amtierenden Generalsekretär Egon Krenz, von dem er nichts mehr hält, aber an den er sich noch halten muß, am 30. Oktober nach einem zuvor geführten lautstarken Telefonat in einer Art letztem Appell Sätze wie diese ins Stammbuch:

»Wenn es uns nicht gelingt, unser Leben in Ideologie und Praxis so umzugestalten, daß der Sozialismus als unanfechtbare persönliche Lebensalternative von den Menschen angenommen wird, helfen uns auch immer wieder beschworene Gesetzmäßigkeiten nicht mehr. ... Beschwörungen, daß die Machtfrage auf immer und ewig entschieden sei, sind Selbstbetrug und können ein böses Erwachen bringen. Hier nun komprimiert die Grundrichtungen meiner Kritik und die Forderungen Tausender Dresdner: 1. Zur Volksverbundenheit der politischen Organisationen des Sozialismus: Es gibt sie nicht, es gibt nur Vertrauensverlust, in allen Parteien und Organisationen, besonders in der SED; sozialistische Staatsmacht: es gibt Zweifel in die Aufrichtigkeit und Fähigkeit der SED zur Wende, in das ZK und den Generalsekretär, in die Legitimation der Volksvertreter ... es wachsen Forderungen nach neuen Strukturen politischer Mitbestimmung und Willensbildung, nach politischem Pluralismus. ... 2. Wir brauchen wirtschaftliche Effizienz, neue ökonomische Möglichkeiten und Formen der Leistungsstimulierung, Abbau von Apparaten und Verwaltungen zugunsten der Produktion, des Handels und aller Dienstleistungen, ein bedürfnisgerechtes Warenangebot, das die Arbeit lohnt. 3. Gefordert sind soziale Gleichheit und Gleichberechtigung, Abbau jeglicher Privilegien ... sozialer Wehrdienstersatz, Rechtsstaatlichkeit, Schutz vor Willkür jeder Art. ... 4. Wahrheitsgetreue Medienpolitik, Abschaffung aller Formen geistiger Bevormundung und aller Repressalien gegen Andersdenkende. ... 5. Keine Geschenke an die Jugend, sondern ... Erziehung zu Selbstbewußtsein, Selbständigkeit, Ehrlichkeit, Offenheit, ... Überwindung von Dogmatismus, Intoleranz und militantem Denken in Bildung und Erziehung. 6. Reisemöglichkeiten für alle! ... Moralisierende Aufrufe von oben, besser zu arbeiten, lösen vor allem bei der Arbeiterklasse Unmut aus, weil es als Schuldzuweisung aufgenommen wird ... Die Arbeit mit leistungsabhängigen Löhnen und Gehältern ist konsequenter in allen Bereichen durchzusetzen ...«

Egon Krenz antwortet nicht. Erst als er davon liest, daß beim zu erwartenden SED-Sonderparteitag vielleicht Berghofer gegen ihn kandidieren würde, meldet er sich ein letztes Mal am Telefon:»Ich hatte von dir Solidarität erwartet, und ich verlange von dir ein Dementi.« Da lacht Berghofer und hängt auf.

Die in solcher Deutlichkeit von einem der Mächtigen noch nie so beschriebene Wirklichkeit DDR, wie sie aus der unendlichen Berghofer-Liste von radikalen Forderungen hervorgeht – Forderungen, die im Westen zu den selbstverständlichen Errungenschaften des vielzitierten Volkes zählen –, ist natürlich dem Ministerium für Staatssicherheit kein Geheimnis. Die professionellen Ausforscher wissen, wie aussichtslos die Lage ist, und sie widerlegen indirekt auch die wilden schönen Theorien, daß Devisenbeschaffer Schalck mit seiner KoKo noch Milliarden Valutamark, also Devisen, versteckt hat, als die DDR zusammenbricht. Falls es die gegeben hätte, dann hätten sich die Stasibrigaden nicht frühzeitig mit abgestaubten Millionen nach trockenen Plätzchen in der Marktwirtschaft umgeschaut, sondern versucht, das einzige System, das sie leben ließ, am Leben zu halten.

Solange die Mauer noch stand, gab es für die SED-Bonzen wenigstens fünfmal pro Woche feste Extraeinnahmen. Die Abteilung Sonderfinanzen, geleitet von Karl-Heinz Rümmler, der wiederum in der Abteilung Verkehr direkt dem Zentralkomitee Abteilung Finanzen unterstellt war, hatte nämlich eine besondere Art der Geldvermehrung entwickelt, die volkswirtschaftlich zwar völlig absurd war, aber die Partei, Mutter aller falschen Zahlen, immer liquide hielt bis zum letzten Gefecht im letzten Bezirk. Die Tagesgeschäfte dieser ganz besonderen Abteilung Verkehr liefen, wie man sich erzählen lassen kann, so: Getauscht wurden eine Million Mark West, die man sich auf höchste Anweisung von der Staatsbank holte und der dafür eine Million Ost rüberschob, was für die Hüter der eh chronisch leeren Kassen ein ziemlich mieses Geschäft war, aber der offizielle Kurs war nun mal drüben 1:1. Der inoffizielle Kurs zwischen den beiden deutschen Währungen war mindestens 1:4, manchmal noch ein bißchen schlechter, was in diesem Fall besser war. Getauscht wurde die Million West von der Abteilung Verkehr dann im verhaßten, aber eben freien Westberlin zum Tagesangebot. Wenn der Kurier des roten Zaren wieder durch die Mauer zurückkam, nach diskretem Vorweisen seines Ausweises selbstverständlich nicht kontrolliert, lagen in seinem Koffer entsprechend dem erzielten Kurs dann mindestens vier Millionen Ost. Ein geradezu beispielhafter sozialistischer Fortschritt, denn morgens hatte er nur eine Million Ostmark gehabt.

Ein Fortschritt aber der sozialistischen Art, wie er typisch war fürs ganze System, denn irgendwann mußte für solche Luftgeschäfte bezahlt werden. Mit den auf verschlungenen Wegen erzielten Millionen wurden von Berlin aus die Parteiorganisationen gefüttert, denn für jeden Bezirk gab es eine solche Abteilung Verkehr. Die Partei beutete den Staat aus, der ihr gehörte, und deshalb ging drüben nichts ohne Wissen der Parteiführung.

In den Zeiten der Wende eine doppelt schwachsinnige Konstruktion, weil im Zusammenbruch keiner mehr fragte, was Staat und was Partei war, gleiche Kappen, gleiche Brüder oder Schwestern, aber viele Jahre eben Teil eines angeblich genialen Planes, Geld zu machen und die vorhandenen Mängel zu beheben. Noch heute ist es zum Beispiel für den letzten Ministerpräsidenten der

DDR unverständlich, daß die Legende vom zehntstärksten Industriestaat der Welt entstehen konnte:»Ganz erstaunlich, daß im Westen diese Propaganda geglaubt wurde«, wundert sich Lothar de Maizière. Er kannte halt noch nicht den Bundesnachrichtendienst.

Natürlich weiß heute keiner mehr so recht, wo dieses ganze Geld geblieben ist. Es ist aber einleuchtend als Motivation jenseits persönlicher Bereicherung, wenn verdiente alte Parteigenossen auf die Geschichte der kommunistischen Partei und das Trauma der Verfolgung, ob nun im Franco-Spanien oder bei den deutschen und italienischen Faschisten, hinweisen und einen Teil des Geldes in entsprechenden Verstecken vermuten. Schon immer habe man in der Illegalität gelernt zu überleben, und deshalb könne es durchaus sein, daß für den Tag X, der ja bald kommen würde – in diesem Fall die Wiedervereinigung –, weltweit auf verschiedenen Konten unter verschiedenen Namen vorgesorgt wurde.

Ein anderer überzeugter Genosse bat zwei, denen er zu vertrauen glauben durfte, diskret in sein Büro und erzählte ihnen, daß diesseits der im Westen nunmehr bekannten Bilanzen noch acht Milliarden Mark Ost bei der Staatsbank gelagert waren, und fragte, ob sie bei der Aktion Mehrwert behilflich sein könnten, auf gut deutsch: das Geld zu tauschen in Devisen und dann zu bunkern. Der eine von den dreien hieß Gerhard Beil und war Außenhandelsminister der DDR, der andere war unter Modrow und unter de Maizière Wirtschaftsminister, gestatten, mein Name ist Gerhard Pohl, der dritte war Oberbürgermeister von Dresden, Wolfgang Berghofer. Der lehnte ab:»Ich hatte zwar eine moralische Schuld am alten System, aber ich wollte mich nicht auch noch juristisch schuldig machen.« So etwa hat er es Gerhard Pohl erklärt, als sie zu Fuß von Beils Büro Unter den Linden zurückgingen an die normale Arbeit.

Berghofer hatte nach seinem Austritt aus der PDS als Export-Import-Berater hart zu kämpfen, um sich und seine Familie einigermaßen anständig durch die neuen Zeiten zu bringen. Beil verdiente nach der Währungsunion sein gutes Geld, unter anderem bei der westdeutschen Firma Krupp, früher Synonym des reaktionären imperialistischen etc. Feindes. Zuletzt traf man ihn als

Zeugen vor Gericht, als er für die Kommunistische Partei Österreichs die Kastanien in Sachen Novum aus dem Feuer zu holen versuchte, wobei es da um 450 Millionen DM geht und darum, wem die gehören, den Kommunisten aus Wien oder doch zum Sondervermögen, das die Bundesregierung immer noch sucht, wie noch zu erzählen sein wird. Und was machte Gerhard Pohl? Was der machte, als Beil ihn um Hilfe bat, könnte zumindest den einen oder anderen Staatsanwalt interessieren. Falls sie ihren Deal nicht nur angesetzt, sondern den Plan umgesetzt haben sollten.

Die Geschichte der Finanzbeschaffung des ZK ist auch deshalb so interessant, weil durch diese Aktivitäten sogenanntes Sondervermögen der SED-Nachfolgeorganisation PDS bis zur Quelle, der Staatsbank, zu verfolgen ist. Und weil die Staatsbank nicht der Partei gehörte und später mit allen Aktiva und Passiva in den Besitz der Treuhandanstalt überging.

Aber noch gab es sie nicht, die Treuhandanstalt, noch gab es sie nur in Gedanken, als die Regierung Modrow vom dritten Weg träumte, was bedeutete, soviel wie möglich von den Kombinaten für den Staat zu retten und nur soviel wie unbedingt nötig zu privatisieren. Also dem Klassenfeind auszuliefern, der offensichtlich im Krieg der Systeme gewonnen, sich neue Märkte geschaffen hatte ohne Waffen. Die ersten, die das Vakuum füllten, waren westdeutsche Betriebe, die unter Umgehung lästiger Beamtenscharen mit den Kombinaten direkt in Verhandlungen eintraten. Was wiederum auch im Interesse der Kombinatsdirektoren war, denn so ließen sich auch im neuen System die eigenen Pfründen retten und gleichzeitig vielleicht ein Teil des Betriebes erhalten. Dachte man.

Irgendwas mußte geschehen gegen diese Attacken der wilden Westler, bevor der Staat hier ganz ausgeplündert war. In Berlin, wo Modrow und Genossen täglich ums Überleben kämpften, um ihre alte DDR in allerdings neuen Kleidern, suchte man verzweifelt nach einer Abwehrstrategie. Man müßte irgendwie eine zentrale Stelle haben, irgendein Amt, irgendwas in der Art, um nicht alles zu verlieren, nicht alle Werte des Volkes. Aber was? Der erste Treuhand-Präsident Reiner Maria Gohlke: »Ich glaube nicht, daß die Modrow-Regierung sich im klaren war, daß das

Zeug alles nichts wert war, denn die DDR gehörte ja zu den wirtschaftlich Stärksten im Ostblock. Sie stand ja an der Spitze.«

Aus diesem Glauben an die eigene Stärke ist vieles der späteren Wut über die angebliche Plattmacherei der Treuhändler und der tiefen Frustration des Volkes über seine eigene unwürdige Situation erklärbar. Jahrzehntelang war der Bevölkerung drüben in immer wieder neuen Erfolgszahlen und mit immer wieder verbesserten Plansollerfüllungen eingehämmert worden, wie gut sie waren. Weltniveau hat unser Staat, wir können zwar noch nicht alles kaufen, aber bald. Daß sie plötzlich nichts mehr wert waren, sowohl die Zahlen als auch die daraus abgeleiteten Existenzen, konnte nicht daran liegen, daß die Werktätigen etwa unfähig waren, in ihren Betrieben etwas zu produzieren, was sich verkaufen ließ. Im Osten lief das Zeug sowieso, aber glänzend doch auch im Westen. Manche Produkte – Möbel für Ikea, Eisschränke und Waschmaschinen – wurden in westlicher Qualität im Osten hergestellt, über die damals Zonengrenze genannte Staatsgrenze zollfrei geliefert und dort unter einem anderen Produktnamen vermarktet. Natürlich hatte den Untertanen niemand gesagt, warum dies ein schlechtes Geschäft war, warum die Exportrentabilität lächerlich blieb. Denn daß man beim Export für eine Ostmark zehn Westpfennige erzielte, also im Verhältnis 1:10 wirtschaftete, erfuhr nur eine eingeweihte Gruppe, und die wiederum entwickelte gewaltige Phantasie, diese Wirklichkeit umzumalen in sozialistischen Irrealismus. Innerhalb hermetisch geschlossener Grenzen in einem System, wo außer dem offenkundigen Wetter eigentlich alles geheim war, konnte das lange gutgehen. Da wurden bereits verrostete Maschinen aus dem Jahre 1936 in der Bilanz nicht etwa mit einer Mark angesetzt, weil längst schon abgeschrieben, sondern einfach mit tausend Mark, weil die von der staatlichen Planungskommission geschickten Kontrolleure das so wollten. Oder eine gerade noch funktionierende veraltete Melkmaschine in irgendeiner LPG wurde flugs für die Statistik zum Industrieroboter ernannt. Schon sah das Bild viel freundlicher aus. Außerdem interessierte sich das sogenannte Volk nicht dafür, solange man ihm die kleine Welt ließ, das Paddelboot, die Datscha, den Urlaub am Schwarzen Meer.

Viele kleine Fälschungen ergaben eine große und machten aus

dem Sanierungsfall DDR ein blühendes Unternehmen Deutschland Ost, dessen Angliederung an das Unternehmen Deutschland West eine unproblematische Konzernbildung erwarten ließ zum Wohle aller Beschäftigten. Kein Wunder, daß die Ostdeutschen, als sie zum erstenmal frei ihren Kanzler wählen durften, den Besserwessi Oskar Lafontaine in die Wüste schickten, weil er ihnen eben diese prophezeit hatte. Noch einmal Gohlke: »Das war schon ein riesiges psychologisches Problem, klarzumachen, daß die Wettbewerbsfähigkeit der DDR-Wirtschaft Jahre brauchen wird, um nicht zu sagen über ein Jahrzehnt, bevor sie einigermaßen wiederhergestellt ist. Ich glaube, dieses Ausmaß, wenn man das den Leuten drüben gesagt hätte, das hätten die auch nie akzeptiert.«

Die Wahrheit ist bitter und wird auch nur scheibchenweise bekannt. Der Zorn trifft, wie oft in der Geschichte, die Überbringer der Nachricht und nicht die Verursacher der tristen Wirklichkeit. Zumal die meisten von denen, die einst regierten, nicht so hart für ihren Betrug am Volk bezahlen müssen wie das Volk, das sie jahrelang systematisch belogen haben und das nunmehr den Kapitalismus für den Bösewicht hält, der ihm die Arbeitsplätze nimmt und die billigen Mieten und die preiswerten Lebensmittel und ihren Kindern die Zukunft.

Man braucht dringend einen Sündenbock. Die Treuhandanstalt zum Beispiel. Aber wie gründet man so etwas, wie sieht so etwas aus, wie funktioniert so etwas? Wieder gibt es keine Vergleiche in der Geschichte.

Da die schwarzrotgoldene Euphorie überwiegt, man endlich ohne Beschränkungen reisen kann, vor allem zu den prallgefüllten Schaufenstern des Westens, da endlich die Mauer nur noch ein Monument verbrecherischer Vergangenheit ist – und demnächst verkauft werden wird, Stück für Stück, wie es der Markt verlangt –, will keiner was hören von irgendwelchen Problemen. Wer Realismus versucht, gilt als undeutscher Miesepeter. So bleibt die Suche nach einem Instrument zur Abwicklung des DDR-Konkurses zunächst in den wissenschaftlichen Zirkeln der Fachleute und damit der Öffentlichkeit verborgen. Auch wenn es absurd klingt – der Sachverstand zur Bewältigung der Krise ist bei denen, die verantwortlich sind für die Krise, also bei der SED.

Die Opposition kommt nicht aus den Seminaren der Hochschule für Wirtschaft, sondern hat Theologie studiert, Gedichte geschrieben und traurige Lieder gesungen. Systemimmanente Reformvorschläge kann man in einem Aufsatz des Parteiorgans »Neues Deutschland« entdecken, den ein Experte mitverfaßt hat: Wolfram Krause, bei Mittag einst in Ungnade gefallener stellvertretender Vorsitzender der Staatlichen Planungskommission und bald mit an der Spitze der ersten Treuhandanstalt. Eine Art Marktwirtschaft, allerdings ohne privates Eigentum, sollte es nach seinen Vorstellungen sein.

Auf der anderen Seite, bei der Bürgerbewegung, hatten sich der Ingenieur Matthias Artzt, der Physiker Gerd Gebhardt und der Theologe Wolfgang Ullmann schon zwei Tage nach dem Mauerfall zusammengesetzt und etwas aufgeschrieben, was »Zukunft durch Selbstorganisation« hieß und die Utopie einer anderen Volkswirtschaft beschrieb. Immerhin waren der Ingenieur und der Physiker Chaosforscher, und vom Chaos DDR durfte man getrost ausgehen. Diese Gruppe gab sich am 6. Dezember 1989, einen Tag vor der ersten Sitzung des berühmten Runden Tisches, zu dem dann Ullmann als Vertreter von »Demokratie Jetzt« delegiert wurde, den Namen »Freies Forschungskollegium Selbstorganisation«. In ihren internen Diskussionen tauchte zum erstenmal die noch vage Idee einer treuhänderischen Verwaltung des Volksvermögens auf. Wobei sie alle davon ausgingen, daß so etwas wie ein Volksvermögen vorhanden war. Die Propaganda wirkte immer noch, wie der Brief eines DDR-Bürgers namens Dr. Erich Fuhrmann Mitte Dezember an den kurzzeitigen Staatsratsvorsitzenden Manfred Gerlach belegt, in dem voller Empörung moniert wird, daß Gerlach in einer Rede vor Generaldirektoren der Kombinate so etwas wie den Erwerb von Anteilseigentum in Aussicht gestellt hatte, obwohl doch laut Verfassung das sozialistische Eigentum unantastbar sei: »Es geht konkret um 1770 Milliarden Mark, d.h. pro Kopf der Bevölkerung um ca. 110 000 M. Das Volkseigentum als gemeinschaftliches Eigentum gemäß ZGB § 34 darf den Bürgern der DDR nicht genommen werden. Hochachtungsvoll!«

Hans Modrow, dem Krenz das Geheimpapier über die desolate wirtschaftliche Lage nicht gezeigt hat, verkündet lauthals noch

in seiner Regierungserklärung am 17. November 1989, die
»volkswirtschaftliche Substanz unseres sozialistischen Staates ist
kräftig und tragfähig für eine Stabilisierung in absehbarer Zeit«.
Muß es allerdings da schon besser gewußt haben, denn ein
Memorandum von Staatsbank, Finanzministerium und Außenhandelsministerium, das er seit Anfang November kennt, geht
von der Zahlungsunfähigkeit der DDR spätestens 1991 aus. Zur
Arbeitsgruppe Wirtschaftsreform, die Modrow mit der Ausar-
beitung von Vorschlägen beauftragt und die der spätere Grün-
dungspräsident der Treuhandanstalt Peter Moreth leitet, gehört
Wolfram Krause, aber auch diese Gruppe ist nicht informiert über
die detaillierte Bankrotterklärung, die der nicht mehr greifbare
Alexander Schalck-Golodkowski mitverfaßt hatte. Man spielt
immer noch mit der Dominanz staatlicher Vorgaben für die Wirtschaft herum, und allenfalls bei Joint-ventures mit westlichen
Käufern zeigt man sich großzügig: Bis zu 49 Prozent sollten die
erwerben dürfen, einen Tag später schon 51 Prozent. Da lachen
die nur, in den längst laufenden direkten Gesprächen mit DDR-
Betrieben haben die schnellen Patrioten aus dem Westen bereits
ganz andere Modelle entwickelt und mit entsprechenden Zusagen an flugs gewendete Generaldirektoren, ihnen nach der Übernahme ein Unterkommen zu bieten, schon Tatsachen geschaffen.

Am weitesten gehen am 8. Januar 1990 Modrows Minister Beil
und de Maizière. Sie schlagen eine allgemeine Privatisierung vor,
beginnend mit den Wohnungen. Das zumindest ist sinnvoll. Kein
Wunder, daß vor allem Beil eine »treuhänderische Verwaltung«
der gesamten DDR-Wirtschaft anregt. Er weiß ja am besten, warum er möglichst schnell alles loswerden will, bevor es die ersten
richtigen Zahlen geben wird. Nur im Chaos kennt die Kreativität
keine Grenzen, überhaupt keine. Auch in den Reden Modrows
ändert sich, sozusagen auf Zuruf der verschiedenen Denkschu-
len, von Woche zu Woche die Richtung: Halbstaatlich, ein
bißchen staatlich, auf Zeit staatlich, etc. Bis genervt einer im
Kabinett sagt, los, schreib endlich in die Konzepte rein soziale
Marktwirtschaft, alles andere hat doch eh keine Chance, wir verlieren nur Zeit. Modrow träumt am liebsten noch den letzten
Traum, den vom dritten Weg: Kleinbetriebe privatisieren, mittlere als Genossenschaft führen, die großen unter staatlicher Kon-

trolle. »War alles nicht mehr machbar«, relativiert Wolfram Krause diese nach Hunderten von Firmenzusammenbrüchen heute nicht ganz so verrückt klingende Alternative. Denn sie waren drüben seit Sommer 1989 am Ende, es gab da schon keinen dritten Weg mehr. Nur noch einen Ausweg. Lothar de Maizière: »Wir hätten in der Endphase der DDR ruckzuck alles privatisieren sollen, was nur ging. Die potentiellen Käufer standen doch Schlange, weil sie alle auf die vielversprechenden Ostmärkte gierten. Dann hätten die großen Westkonzerne unsere maroden Firmen am Hals gehabt.«

Wäre natürlich zu schön gewesen, die Sieger belämmert vor den Toren der Besiegten stehen zu sehen. Zu schön aber, um wahr zu sein.

KAPITEL
2

Die Geburt der Treuhandanstalt

Wie immer, wenn er seine innere Anspannung überwinden muß, hüstelt Wolfgang Ullmann ein paarmal. Dann beugt er sich nach vorn und sagt mit fester Stimme und Überzeugung, daß er hier und heute »die umgehende Bildung einer Treuhandgesellschaft zur Wahrung der Anteilsrechte der Bürger mit DDR-Staatsbürgerschaft am Volkseigentum der DDR« vorschlage. Das ist am Vormittag des 12. Februar 1990 die eigentliche Geburtsstunde der Treuhandanstalt. Am Runden Tisch in Ostberlin, von wo aus auch an diesem Montag die DDR regiert und alle Debatten live im Rundfunk übertragen werden, gibt es keinen Widerspruch. Weder von den Delegierten der 22 verschiedenen Bürger-Komitees noch von Dr. Peter Moreth, der als Stellvertreter des Ministerpräsidenten Hans Modrow den Vorschlag auch noch schriftlich zu treuen Händen erhält. Ullmann ist nicht nur Mitbegründer von »Demokratie Jetzt«, gehört also zur Opposition am Runden Tisch, sondern gleichzeitig seit einer Woche auch Minister ohne Geschäftsbereich in der amtierenden Regierung Modrow, die ohne Zustimmung der oppositionellen Runde keine Entscheidung mehr trifft.

Die am Runden Tisch vertretenen Gruppen schickten acht Vertreter als Minister ohne Portefeuille ins Modrow-Kabinett. Solche Zustände wirkten zwar im westdeutschen Politikverständnis wie Rollenspiele in einer Therapiegruppe, waren für die anderen Deutschen aber überlebensnotwendig. Erstens wollten sie gemeinsam die dunkle Vergangenheit aufarbeiten und zweitens suchten sie tatsächlich nach ihrer Rolle in einem nun weiß Gott nicht geliebten, aber letztlich vertraut gewordenen System, das plötzlich seine Koordinaten verloren hatte. Denn demokratisch gewählt waren sie in der frisch gewendeten DDR alle nicht, weder die Regierung noch die Opposition. Also kannte man am Runden Tisch keine Parteien mehr, sondern handelte auf Zuruf und Kopfnicken im Namen des erwachten Volkes.

Der christliche Historiker Wolfgang Ullmann wußte zwar, was er wollte, aber er wußte kaum, wovon er sprach. Wirtschaft war nun wirklich nicht sein Fachgebiet. Hier am Runden Tisch agierte nicht der Theologe und Historiker, hier reagierte auf die neuen Verhältnisse der überraschend zum Politiker gewordene Professor. »Als naiver Dogmengeschichtler, der plötzlich Politik machen mußte, dachte ich mir: Wenn du etwas verstehen willst, was mit Wirtschaft zu tun hat, mußt du lesen, was die Wissenschaftler geschrieben haben.« Die durften von Berufs wegen so blöd wie er nicht sein. Er traf sich mit Fachleuten des Lutherischen Weltbundes, der westdeutschen Matuschka-Unternehmensgruppe und der Schweizer Firma Management + Future, hörte sich an, was die als Vision einer von ihnen so definierten Freien Sozial-Wirtschaft entwickelten. Da klang manches nach dem Genossenschaftsmodell der Schweizer Migros-Kette, aber das kannte Ullmann nicht. Vieles blieb ihm deshalb unverständlich bei den Thesen der Eidgenossen, aber der Grundgedanke entsprach Ullmanns Intention – daß man nicht einfach nur so den Mantel West über den abgemagerten Schwerkranken Ost hängen und dann zur Tagesordnung übergehen konnte. Natürlich, eines stand am Anfang: Umwandlung der Volkseigenen Betriebe, denn nirgends auf der Welt funktionierte eine staatliche Planwirtschaft. Aber diese erste Privatisierung müßte so gesteuert werden, daß bei der Zerschlagung der riesigen Kombinate viele lebensfähige kleine Unternehmen entstünden und vor allem die Arbeitnehmer Anteile an dem erwerben oder umsonst bekommen könnten, was sie ein Leben lang aufgebaut hatten. Also Volksaktien zum Nennwert von zehn Prozent des DDR-Wertes und eine entsprechende Beteiligung der Aktienbesitzer am Gewinn. Ihre Grundstücke sollten diese Firmen verkaufen dürfen, weil sie dringend Cash brauchten. Zur Verbesserung der Produktivität, zur Modernisierung der Maschinen und zur Erschließung neuer Märkte wären dann Investoren aus der ganzen Welt mit ihrem Kapital herzlich eingeladen.

Das, schrieben die Schweizer Sozialromantiker in ihre Vorlage für Ullmann, biete den Vorteil, »daß dem Ausverkauf der DDR ein Riegel vorgeschoben ist, weil die Mehrheit immer im Besitz der Bevölkerung bleibt. Eine Währungsunion mit der BRD ist unter diesen Umständen weiterhin wünschenswert. Mit dem Unterschied, daß die DDR dann eine wesentlich bessere Verhandlungsbasis haben wird.« Am besten gefiel Wolfgang Ullmann die Vorstellung, daß in diesem System nicht die allgegenwärtigen Multis, also die Banken und Konzerne, regierten, sondern statt großem Kapital der kleine Mensch als Mittelpunkt vorgesehen war. Der Professor kannte noch nicht die kapitalistische Variation dieser frommen These: Der Mensch als Mittel. Punkt. Und es hat ihm auch keiner gesagt, wie »begeistert« die mächtigen Konzerne sein würden, gerade dort investieren zu dürfen, wo die Mehrheit eines Betriebes denen gehört, die dort arbeiten.

Allerdings kam Ullmanns Blauäugigkeit nicht vom Himmel, denn nach der gültigen DDR-Definition war ein Volkseigener Betrieb hauptsächlich auf die »Hebung des Wohlstandes der Werktätigen gerichtet«. Diese werktätigen Menschen waren Produzenten ihres Eigentums, schufen sich kollektiv ein gemeinsames Vermögen, waren also »Eigentümer und Träger des sozialistischen Staates, der das Volkseigentum repräsentiert«. Richtig, sie hatten nichts davon gehabt in den vergangenen Jahrzehnten, und wie reich sie angeblich waren, davon haben sie nie etwas gemerkt. Darum ergab die Rechnung der »Freien Selbstorganisation«, die sogar mal als Flugblatt geplant war, auch wenig Sinn: Man glaubte einfach den international verbreiteten Schätzungen auf 1,5 Billionen Mark DDR-Wert, teilte durch sechzehn Millionen Bürger und kam pro Kopf auf einen Anteil von knapp 100 000 Mark. Niemand bestritt, und sogar im Westen galt das als politisch machbar, daß dieses DDR-Volk einen Anspruch auf sein Vermögen hatte – jetzt, da endlich die Firma DDR zusammenbrach und der Besitz verteilt werden konnte.

Fast parallel zum Vorstoß am Runden Tisch legte Modrows Staatssekretär Wolfram Krause, Leiter der Gruppe Wirtschaftsreform, einen Plan zur »Gründung einer Anstalt zur treuhänderischen Verwaltung des Volkseigentums« vor. Manche Ideen waren ähnlich wie die der Gruppe Ullmann, manche weit davon entfernt, vor allem bemängelte Ullmann in einer ersten Stellungnahme, daß Krauses »Modell einerseits zu wenig marktwirtschaftlich orientiert, andererseits für die Bevölkerung der DDR nicht sozial gerecht ist (Grund: Verschenken der einmaligen Möglichkeit, jeder Bürgerin und jedem Bürger aus dem Volksvermögen persönlichen Besitz zukommen zu lassen)«.

Aus der Historie kannte Ullmann Beispiele für Vermögensverteilung unterm Volk, so etwas gab es im Byzantinischen Reich bei Kaiser Herakleios und in der Tang-Dynastie in China. Allerdings war das tausend Jahre her, und davon hätte er in der Universität seinen Studenten erzählen können, aber wer am Runden Tisch, wo täglich Geschichte gemacht wurde, wollte so etwas hören. Gedrängt von seinen Mitbrüdern, den Chaosforschern Gebhardt und Artzt, kämpfte Ullmann an diesem doch historischen Montag nichtsdestotrotz seine Öffentlichkeitsscheu nieder und stellte die hehre Idee einer Treuhandanstalt gegen den bereits beginnenden Schlußverkauf Ost vor. In der real existierenden Übergangsphase der DDR waren alerte Schnäppchenjäger aus dem Westen eingefallen, die sich in ihrem patriotisch verbrämten Goldrausch einen Teufel scherten um irgendwelche bestehenden DDR-Gesetze, die es schließlich noch gab, oder gar um so etwas Altmodisches wie Anstand. Die Zone Ost ein einziger großer Grabbeltisch. Solche chaotischen Zeiten und solche Chancen waren einmalig, also auf die Plätze, fertig, los. Gleichzeitig boten ehemals treue Diener des gerade untergehenden Staates den neuen Herren ihre guten Verbindungen für dieses und jenes Geschäft an. Was dankbar angenommen und gut honoriert wurde, ohne Ansehen der Person.

Im Gegenteil: Je höher deren Ansehen mal war, desto besser. Wer einen Schalck im Nacken verträgt, braucht einen Beil bei Krupp nicht zu scheuen. Die Marktwirtschaft kennt keine Vergangenheitsbewältigung, nur zukünftige Renditen. Genossen, die später bei der Treuhandanstalt als »untragbar« rausflogen, mußten sich meist nicht lange um ihre Zukunft sorgen, sondern wurden, diskret und gut entlohnt, von westdeutschen Firmen als

Berater engagiert. Sie kannten sich schließlich am besten da aus, wo die investieren wollten. Wenn Herrschaftswissen gebraucht wird, hat noch nie einer nach der Moral der Herrschaften gefragt. Weder die CIA nach dem Zweiten Weltkrieg, als sie Reinhard Gehlen und seine Fremde-Heere-Ost-Bande engagierte, noch die in Bonn, als Alexander Schalck-Golodkowski klingelte.

Es wurde damals höchste Zeit für ein Gegenmodell, bewertet der ehemalige Treuhandsprecher Wolf Schöde die Ullmann-Idee gegen das Chaos. Denn die fast über Nacht jeder staatlichen Kontrolle entflohenen Betriebe hatten begonnen, unter der Hand, manchmal mit offener Hand, ihre ganz privaten Joint-ventures mit dem westdeutschen Großkapital zu schließen. Anordnungen aus Berlin sorgten allenfalls für Heiterkeit und verschwanden in der Ablage. Gestern noch zückte man das Messer gegen den Klassenfeind, heute reichte man ihm die Gabel, damit er den Bissen Ost zum Munde führen konnte. Modrows Stellvertreter Peter Moreth beklagte am Runden Tisch den Verfall der Staatsautorität auch im normalen Leben: Gerichtsentscheidungen würden vielfach »einfach nicht mehr akzeptiert«, Polizisten in Ausübung ihrer Pflichten bedroht, verbotene Gruppen wie die Republikaner mit ihren »antisemitischen, rassistischen und den Nationalsozialismus verherrlichenden Aktivitäten« die öffentliche Ordnung gefährden. Statt Freude über den Neubeginn herrsche Angst und Unsicherheit. Das, meinte der Minister, könne sogar die geplanten Volkskammerwahlen im März in Frage stellen.

Eine Treuhandgesellschaft leuchtet beiden so unterschiedlichen Gruppen ein, den alten Sozialisten, die immer noch nach einem dritten Weg zwischen Marktwirtschaft und Planwirtschaft suchen, deshalb den ersten Privatisierungsvorschlag von Beil und Maizière vier Wochen zuvor ja noch abgelehnt hatten. Und den wachen Träumern aus der Bürgerbewegung, die zwar alles anders haben wollen als bisher, vor allem aber irgendwie menschlicher. Allein das Wort Treuhand klingt glaubwürdig, anständig, ehrlich, deutsch – und irgendwie muß das doch gehen. Nur der Verkauf von Anteilscheinen an die Bevölkerung ist ihnen suspekt, warum soll das Volk eigentlich kaufen, was ihm eh gehört? Das schwammige Wörtchen irgendwie definiert seltsamerweise irgendwie genau die tapferen und gutgemeinten Bemühungen aller ernannten und selbsternannten Experten, die in den kommenden Wochen ihre Lösungen zum Problem DDR präsentieren werden. Ob es nun die Fünf Weisen aus dem nahen Morgenlande Bundesrepublik in ihrem wirtschaftlichen Sondergutachten für die Bundesregierung sind oder die Mitglieder des von Ullmann vertretenen »Freien Forschungskollegium Selbstorganisation«.

Bei den einen klingt die düstere Analyse der DDR-Wirklichkeit glatter, wissenschaftlicher, kühler, bei den anderen volksnaher, sperriger, emotionaler: »Offenbar ist statt einer deutschen Fusionslösung«, liest Ullmann aus der Vorlage Nr. 12/29 am Runden Tisch vor, »eine baldige Angliederung der DDR an die Bundesrepublik Deutschland wahrscheinlich geworden. Damit vierzig so schrecklich fehlgeleitete Lebensjahre voller Arbeit und Mühen für die Bürger der DDR nicht gänzlich ergebnislos bleiben, wird der o.g. Vorschlag unterbreitet. Durch die sofortige Schaffung der obengenannten Kapital-Holding-Treuhandgesellschaft als neues Rechtssubjekt würde dafür Sorge getragen werden, daß das im Volksbesitz befindliche Eigentum – soweit es sich als demokratisch legitimiert bzw. durch Kriegsergebnisse zustandegekommen erweisen wird – in der DDR nicht herrenlos wird und einfach verloren geht.«

Diese Geburtsanzeige sollte mit dem Kind in der Wiege nichts mehr zu tun haben, denn aus der geplanten Verwahranstalt für das Volksvermögen wird schon bei Modrows erster Verordnung ein Bastard und später unter der Regierung Lothar de Maizière unter dem Zwang täglich neuer Erkenntnisse das Gegenteil, nämlich eine Art Verkaufsagentur für fast fünfzig Prozent des Staates DDR. Was nur realistisch war, da es ja nichts zu verwahren gab. Im westlichen Jargon, bar jeglicher Sentimentalität: Ein Konkursverwalter ist halt nicht dazu da, Vermögen zu verteilen – und pleite im klassischen Sinne war die DDR-Wirtschaft –, er hat nur eine Pflicht, die Schulden zu tilgen. Die größte Holding, die es weltweit je gab, hieß aber noch Treuhandanstalt, als sie schon das Gegenteil von dem war, was sich Ullmann & Co. einst erdacht hatten. An die totale Privatisierung der staatlichen Betriebe im ungebremsten Spiel von Angebot und Nachfrage wagte sich im Winter 1990 offiziell noch niemand heran, das hätte einen Aufstand des noch sehr wachen Volkes bedeuten können, und von einer Oktoberrevolution hatte man genug. War eh ein Wunder, daß bis jetzt alles so unblutig verlaufen war.

Auch im verunsicherten Westen gab es laufend neue Pläne, was man mit dem Gesamtkombinat DDR anfangen könnte, das plötzlich über Nacht im Portfolio lag. Beispiele: Der schwäbische Banker Peter Bofinger schlug vor, den DDR-Sparern wenigstens Anteile am volkseigenen Vermögen zu sichern, wenn es denn von der zu gründenden Holding verkauft sein würde, der Hamburger Unternehmer Kurt A. Körber wollte einige der zu erwartenden gewaltigen Erlöse in Stiftungen anlegen, um soziale Modelle zu finanzieren.

Dazwischen liegen die Vordenker um Wolfgang Ullmann mit ihren Utopien gar nicht mal so schlecht. Denn sie stellen sich in einer Zeit, da der verordnete sozialistische Realismus von gestern gerade an der Realität von heute zerbricht und da morgen nicht mehr gelten soll, was gestern noch Gesetz war, frohgemut und voller romantischer Gefühle der atemberaubenden Wirklichkeit. »Wir wollten einfach nicht einsehen, daß unsere DDR-Waren schlicht unverkäuflich waren«, sagt der Mitte der neunziger Jahre zum Europaabgeordneten von Bündnis 90 gewandelte Amateur Ullmann in Erinnerung an die Wochen der Unschuld. Er erlebte das Chaos damals jeden Tag, und das war nicht immer so lustig, wie heute in der Rückschau die Erzählung klingt, allerdings wußte er, nie mehr würde es so leicht sein, auch mit einfachen Ideen durchzukommen.

Deshalb wirkt der im Andruck vorliegende Entwurf eines Anteilsscheins nur heute, im Rückblick, lächerlich: »Vermögens-Anteil-Urkunde an einem 16 Millionstel Anteil am Volkseigentum der DDR zugunsten, Name, Vorname, geboren am ... ausgegeben am ...« – und darunter der sachdienliche Hinweis: »Diese Urkunde (und nicht Ihre Ersparnisse) geben Sie in Zahlung, wenn Sie Ihre volkseigene Wohnung als Eigentumswohnung erwerben wollen. Mietwucher wäre dann kein Thema mehr für Sie. Wenn Sie ein Gewerbe eröffnen wollen, brauchen Sie Geschäfts- oder Betriebsräume. In einem der vielen unrentablen VEBs werden Sie Ihren Raum finden. Sie erwerben ihn mit Ihrer Vermögensurkunde.« Klingt wie eine Anweisung für eine Gesellschaft, die bislang nur Tauschgeschäfte kannte statt Geld. Was erklärbar ist, wie der Politwissenschaftler Wolfgang Seibel in seiner brillanten DDR-Analyse schreibt:»Die Gesetze des Marktes hatten in dem Teil Deutschlands, der später die DDR bildete, bereits in den 1930er Jahren mit der Vorbereitung auf die Kriegswirtschaft ihre Wirkung stark eingebüßt. Das Verständnis und die Wahrnehmung von Geld als Indikator von Arbeitsproduktivität mußten also im kollektiven Gedächtnis der Ostdeutschen bereits seit langem verblaßt gewesen sein.«

Die mit ihrem Bruttosozialprodukt – das es als Begriff in dem System nie gab – noch 1989 vom World Bank Atlas so hoch plazierte DDR droht zu einer Glasperlen-Kolonie zu verkommen. Eine Art Dritte Welt in abgreifbarer Nähe, mit dem Vorteil, daß die »Neger« auch noch die Sprache der Eroberer verstehen und für deren Einmarsch dankbar sind. Selbst die Minderbemittelten unter den reichen westdeutschen Brüdern und Schwestern können sich angesichts eines Schwarzmarktkurses D-Mark zur Mark 1:18 ihre ganz besondere Einkaufstour Ost leisten. Nicht nur im übertragenen Sinne den Ossis für ein paar Krümel die Teller leerfressen, großmütig ein Trinkgeld geben, sondern mit dem Rest des schwarz getauschten Zehnmarkscheins auch noch per Taxi nach Hause fahren. »Deshalb muß umgehend das Volkseigentum in eine Form transportiert werden, die den Rechts- und Eigentumsformen der Bundesrepublik entspricht«, verlangt Ulllmann am Runden Tisch, denn daß im Bürgerlichen Gesetzbuch des Vaterlandes West der Begriff Volkseigentum nicht vorkommt, hat er schon gemerkt. Die Treuhandanstalt soll sich am »Modell einer Nachlaßverwaltung eines Erblassers zugunsten der legitimen Erbberechtigten orientieren«, selbstverständlich durften Kompetenzen und Aufgaben nur durch die »neu gewählte Volkskammer (solange es diese noch gibt) oder später durch Volksentscheide der Bürger in den Ländern der ehemaligen DDR definiert werden«.

Einen Tag nach seinem historischen Vorstoß, der unter all den diskutierten Auswegen so etwas wie ein Königsweg zu sein scheint, darf Wolfgang Ullmann mitfahren nach Bonn, wo Modrows Delegation mit der Kohl-Regierung zusammentreffen wird. Der scheue Minister, dessen Ministerium aus seinem Zimmer besteht und dem seiner Sekretärin, hatte Hans Modrow unter vier Augen mit einem öffentlichkeitswirksamen Rücktritt gedroht, falls sofort kapituliert würde. Falls sich im Kanzleramt die durchsetzen sollten, die noch vor der ersten freien Wahl am 18. März die Währungsunion als Nacht- und Nebelaktion vollziehen wollten. Beil vor allem plädiert dafür, sein mit allen Wassern gewaschener Kollege Gerhard Beil, mit dem er am Kabinettstisch sitzt. Natürlich ahnt Ullmann nicht, warum gerade dieser ganz besonders erfahrene Wirtschaftsexperte, in eingeweihten Kreisen ehrfürchtig »Das Gedächtnis« genannt, so scharf ist auf eine möglichst schnelle Umstellung von wertloser Ostmark auf harte Westmark. Er kann schließlich nicht wissen, um wie viele Milliarden es dem Genossen da geht und daß er deshalb auf unverzügliche Privatisierung der gesamten Wirtschaft drängt. Seinem Mitstreiter Lothar de Maizière, der ihn noch heute als Fachmann respektiert, hat Beil übrigens auch nicht gesagt, warum er so gut über den Zustand der DDR-Wirtschaft informiert war. Immer nur aufs Tempo gedrückt: verhandelt schnell, unterschreibt schnell.

Modrow macht sich keine Illusionen darüber, was auf ihn und seine seltsame Koalition zukommen wird, die nur noch bis zum Wahltermin einigermaßen vernünftig die Geschäfte führen will. Die Absage von Dresden, damals, als er den westdeutschen Regierungschef angesichts der katastrophalen Lage um eine Art Lastenausgleich bat, hat er nicht vergessen. Auch Schalck-Golodkowski hatte im Auftrage des Kurzstreckenläufers Egon Krenz vor seiner Flucht solche Vorstellungen überbracht. Helmut Kohl in seinem Buch *Ich wollte Deutschlands Einheit*: »Was die großangelegte Finanzhilfe in Milliardenhöhe anging, so sagte ich Modrow, daß die DDR hierfür erst Rahmenbedingungen schaffen müsse.«

Bei einem Treffen in Davos während der weltweit wichtigsten westlichen Managertagung hat Kohl seinem DDR-Kollegen Modrow dann Anfang Februar 1990 schon mal unter Brüdern geraten, sich intensiv um Begriffe wie Währungsunion zu kümmern und sich alle Gedanken aus dem Kopf zu schlagen, als Hilfe für seine Übergangsregierung der nationalen Verantwortung doch noch ein paar Milliarden D-Mark Solidaritätsbeitrag zwecks Verwaltung seiner Schrotthalde zu bekommen. Schon vor Davos und damit auch vor der Begegnung mit den ostdeutschen Bittstellern, die wenige Tage später per Hubschrauber an den Rhein geflogen wurden, hatte Kohls Beratern nämlich das Sondergutachten der Fünf Weisen vorgelegen.

In ihrer Expertise hatten die Wirtschaftswissenschaftler geklagt: »Über den Reformweg besteht in der DDR noch weithin Unklarheit und teilweise auch Uneinsichtigkeit. Die in der DDR gebrauchte Leitbildvorstellung ›Sozialistische Marktwirtschaft‹ und die Ablehnung einer nicht staatlichen Lenkung überantworteten Wirtschaft als ›Rückfall in die frühe Phase des Kapitalismus‹ lassen vermuten, daß in den sich politisch artikulierenden Kreisen eher ein durch Marktelemente ergänzter Staatsdirigismus angestrebt wird als die konsequente Ablösung der Kommandowirtschaft durch marktwirtschaftliche Steuerungsmechanismen. ... Das ginge zu Lasten des Reformwillens in der DDR und stellte eine nicht zu rechtfertigende Belastung des Steuerzahlers in der Bundesrepublik dar.«

Richtig erkannt. Andererseits waren die Wirtschaftsforscher, die immer wieder betonten, wie wichtig das Tempo des Wirtschaftsumbaus sei, um nicht die beginnende Demokratisierung in der DDR zu gefährden, gar nicht so weit entfernt von der Idee Treuhandanstalt des politischen Amateurs Ullmann, als sie den politischen Profis in Bonn vorschlugen: »Die Zerlegung der Kombinate in kleinere Einheiten ist ... ein wichtiger Schritt der Unternehmensreform. Die dabei entstehenden Unternehmen sollten grundsätzlich nicht in Staatseigentum verbleiben, sondern privatisiert werden. Der einfachste Weg ist die Umwandlung in Kapitalgesellschaften, deren Anteile dann an Bürger der DDR verkauft werden können.«

Die einen wollen dem Volk bewahren, was es sich in vierzig Jahren scheinbar – aber eben nur scheinbar – so mühsam erarbeitet hat, die anderen alle erwachsenen Brüder und Schwestern zu Anteilseignern des Vermögens ihres untergehenden Staates machen. Damit die sich als kleine Kapitalisten endlich ihre Träume erfüllen können, die im anderen Teil Deutschlands schon längst Alltag sind. Ist doch ungerecht, daß die einen noch einmal dafür bezahlen sollen, daß alle den Krieg gemeinsam verloren hatten. Daß die einen wieder mal davonkommen sollen wie damals, als sie dank besserer Voraussetzungen im besseren System mit besseren Partnern das Wirtschaftswunder bauten, während die anderen Schlange stehen mußten und ihre Zukunft zugebaut wurde, damit sie dem Paradies der Werktätigen nicht entfliehen konnten. Ungerecht, sicher. Aber war es etwa ungerecht, daß sich die DDR selbstverschuldet aus der Geschichte abund Konkurs anmelden mußte?

Beide allerdings, die Begründer der Idee Treuhandanstalt und die kühlen Rechner für Kohl, gehen bei ihren Thesen noch immer von falschen Voraussetzungen aus. Die DDR ist kein Lust-, sondern ein Lastobjekt, nichts fürs Lotterbett, sondern fürs Sterbelager. Wie man heute weiß, konnte man nur so lange über die ideellen Werte des Staates DDR diskutieren und glühend die humane Idee verteidigen, das Volk habe zu bekommen, was es verdient hat, solange noch die Vorstellung von der Industriemacht DDR in den Köpfen geisterte und solange noch Zahlen über den Wert dieser Volkswirtschaft genannt wurden, die keiner betriebswirtschaftlichen Prüfung unterzogen waren. Mit einem tüchtigen West-Management müßte das doch locker zu schaffen sein, nicht wahr?

Claus Köhler, später Verwaltungsrat der Treuhand, über die vom ersten Treuhandvorstand noch zu Modrows Regierungszeiten erstellte Bilanz DDR: »Sie wies per Ende 1989 ein Bruttovermögen von 1420 Milliarden Mark auf.« Nach Abrechnung aller Verbindlichkeiten und Rückstellungen ergaben sich laut dieser Aufstellung 924 Milliarden als DDR-Nettovermögen, von der Treuhandanstalt zu verwalten (abgezogen Post, Bahn, Kommunalvermögen, Wohnungsgesellschaften etc.) immerhin noch 620 Milliarden Mark. Weil sich Detlev Rohwedder auf diese in der Wolle schöngefärbte Bilanz verließ, hat er als dann amtierender Präsident der Behörde im Herbst 1990 bei einer Rede in Wien noch flapsig verkündet, der »ganze Salat« sei wohl 600 Milliarden wert. Der Salat war die DDR. Offenbar leicht zu genießen mit ein bißchen Olivenöl, in Wirklichkeit ungenießbar und schwer zu verdauen.

Zum bewunderten Guru in der heftigen Debatte um das angebliche Vermögen des Volkes und wie damit umzugehen sei, wird vor allem durch seine überzeugende Eloquenz in der Öffentlichkeit der Münchner Unternehmensberater Albrecht Graf Matuschka. Der Investmentbanker mit 400 Mitarbeitern in siebzehn Ländern verwaltete für seine reichen Kunden ein Vermögen von fünf Milliarden DM und galt am Ende der achtziger Jahre als Wunderkind, bevor er in den neunziger Jahren im steilen Sturzflug aus den Wolken fiel und hart aufschlug auf dem Boden der Realität. Ein Gescheiter, aber auch ein Gescheiterter. Querdenker nannte man das damals, als der Begriff noch nicht verbraucht war wie ein paar Jahre später, als jeder, der überhaupt noch dachte, in den Talkshows verramscht wurde. Matuschka propagiert in seinen »Zehn Schritten zu einer attraktiveren DDR« ein Privatisierungsmodell, das so recht nach dem Herzen der ostdeutschen Bevölkerung ist. Ein kühler Rechner wie Albert Jugel, den Matuschka in frühen Wendezeiten beraten hat, erinnert sich, daß er einmal im Büro am Morgen nach einem gemeinsamen Fernsehauftritt mit Matuschka von seiner Sekretärin vorwurfsvoll gefragt wurde, warum ausgerechnet ein Westdeutscher die Interessen der Ostdeutschen so vehement vertrete und warum er, Jugel, nicht auf die Idee mit den Volksaktien gekommen sei.

Klingt doch wirklich einleuchtend: Vierzig Prozent an den Volkseigenen Betrieben sollen im Besitz des Volkes bleiben, also allen gehören, neun Prozent die Mitarbeiter der einzelnen Betriebe halten dürfen und 51 Prozent an starke Investoren verkauft werden. Matuschka verkündet damals: »Den Marktwert der Betriebe werden nicht nur Cash-Flow und aktuelle Bilanzpositionen, sondern auch Grundbesitz, der eingefahrene Ostvertrieb, Können und Wissen der Belegschaft bestimmen. Volkseigentum soll in Besitz der Menschen übergehen.« Er glaubt heute an ein Kartell des Schweigens, das ihn und seine Vorschläge erledigt hat, was zwar wie eine der unzähligen Verschwörungstheorien klingt, an denen es in der Geschichte der Treuhandanstalt nicht mangelt, in diesem Fall aber richtig ist: Obwohl die Treuhandanstalt Hunderte von Consultants und Beratern beschäftigte und glänzend bezahlte, obwohl sogar drittklassige westdeutsche Provinzanwälte auf fette Honorare bauen konnten, bekam die Matuschka-Gruppe nicht einen einzigen Auftrag aus Berlin. Das, meint der intellektuelle Graf lakonisch, wird kein Zufall gewesen sein.

Eine Art von Treuhandanstalt, die sich um die Privatisierung jener vierzig Prozent der Volksaktien kümmert, die ihr von den Betrieben übertragen werden sollen, scheint auch dem Münchner Unternehmensberater sinnvoll. Aber Geld allein bewegt die Welt nun doch nicht dahin, wo der zum Finanzgenie hochstilisierte Pfarrerssohn, geboren in Brandenburg, sie haben will. Er ist immer gut für eine unkonventionelle Idee und beschränkt sich nicht nur auf populäre Verteilungsideen, er erkennt die einmalige Chance eines wirklich neuen Wirtschaftsmodells für die andere Hälfte Deutschlands. Eben weil drüben alles so marode ist, reichen doch nicht mehr die hierzulande üblichen Korrekturen bei drohenden Konkursen – Management auswechseln, Produktpalette straffen, Arbeiter entlassen, Kosten senken. Es lockt die nie wiederkehrende Möglichkeit einer totalen Erneuerung, die faszinierende Aussicht, alles in der Praxis anzuwenden, was man jahrelang in theoretischen Diskussionen über die Strukturkrisen im Westen immer wieder als Strategie vorgeschlagen hatte. Beim bevorstehenden Umbau darf deshalb das westdeutsche System nicht einfach mitsamt seinen Mängeln nach Osten transferiert werden. Matuschka macht Vorschläge, wie die zerstörte Umwelt in der DDR sinnvoll wieder zu erneuern ist, wie man ein modernes Verkehrssystem bezahlen und vor allem eine effiziente moderne und praxisnahe Ausbildungsstruktur aufbauen kann. Fehlendes Know-how über die neuen Marktmechanismen, also mangelndes Wissen, erweist sich sehr früh als größtes Defizit der DDR-Manager. Die eigentlich im westlichen Sinne keine sind, weil sie nie nach ihrer Meinung gefragt wurden oder gar eigene Entscheidungen hätten treffen dürfen.

Selbst die Generaldirektoren der Kombinate hatten immer nur Befehle von oben ausgeführt, die Kommandos der Planwirtschaftler zu erfüllen versucht und allenfalls in versteckten Nischen Kreativität entwickelt, wenn sie Material brauchten, das es offiziell nicht gab. Als vorbildlich galt im zentralistisch gesteuerten System, wer trotz irrealer Vorgaben ohne realistische Daten in seiner Branche die Mangelwirtschaft am besten verwaltete und die gefälligsten Statistiken abgab. Klar, daß die meisten der ostdeutschen Macher hilflos vor dem standen, was sie plötzlich machen sollten, daß sie umgehauen wurden von den stürmischen *winds of change*. Und verständlich, warum so viele dann auf die westdeutschen Absahnierer hereinfielen, die ihnen das Blaue vom Himmel versprachen, aber bereits in der Karibik in der Sonne lagen, als die blöden Ossis endlich merkten, wie sie ausgetrickst worden waren.

Christa Luft: »Grundsätzlich hielten die meisten Ostdeutschen den Wessi als solchen für einen guten Menschen, der ihnen helfen würde, die neuen Zeiten zu bestehen. In Wahrheit wurden sie von nicht wenigen Westdeutschen gnadenlos über den Tisch gezogen, und das war gar nicht mal gegen den Ostdeutschen an sich gerichtet. Sie hätten es im Westen genauso gemacht, wenn sie da einen Dummen gefunden hätten. Und hier bei uns gab es zwangsläufig Hunderttausende von gutgläubigen Dummen.«

Für den ausgewiesenen Sanierer Horst Plaschna, eines der Urgesteine der Treuhandanstalt, nach deren Abgang von der politischen Bühne bis Ende 1996 Chef einer der Managementgesellschaften, mit denen versucht wurde, die schlimmsten Sorgenkinder der ehemaligen DDR-Mißwirtschaft marktreif zu trimmen und an den Mann zu bringen, ist das Problem im Kopf bis heute nicht gelöst: »Selbst wenn man denen die modernsten Maschinen hinstellt, können viele damit einfach nicht umgehen. Die haben schließlich vierzig Jahre lang nur das gemacht, was man ihnen gesagt hat, und selbst entscheiden können sie deshalb nicht. Woher auch sollen sie es gelernt haben?« In der DDR-Gesellschaft war im Unterschied zur westdeutschen das entscheidungsfreie Dahinleben identitätsbildend geworden.

Als es vorbei war und es zu entscheiden galt zwischen mindestens zwei Wegen, kam es folgerichtig zur allgemeinen Identitätskrise. Graf Matuschka zieht eine härtere Bilanz: »Der arme Verwandte wurde kolonialisiert und hatte von Anfang an keine Chance. Die Treuhandanstalt sollte Unternehmen liquidieren, die für die westdeutsche Wirtschaft hätten zu gefährlichen Konkurrenten vor allem im Osten werden können. Die Einheit ist von den Treuhändlern schlecht gemanagt worden, die Chancen, die es gab, einen wirklichen Neuanfang zu machen, sind geradezu fahrlässig vergeigt worden. Warum wurden in Tschechien tausend Betriebe börsenreif vermarktet und in der ehemaligen DDR nur einer?« Lothar de Maizière hält dagegen: »Die anderen osteuropäischen Länder sind nicht zu vergleichen mit der DDR. Die konnten wie Tschechien ihre Betriebe billig ausführen lassen und gleichzeitig teure Importzölle erheben. Wir nicht. Hätten wir zwischen den alten und den neuen Bundesländern Zollhäuschen aufstellen sollen?« Also eine neue wirtschaftliche Mauer aufbauen, kaum daß die alte gefallen war.

Damals, im Winter und Frühjahr 1990, werden von Woche zu Woche die Nachrichten aus der Staatswirtschaft immer schwärzer, was der roten Realität entspricht. Noch tauchen in den Aufstellungen unter Personalkosten die Beträge auf, die für die Politfunktionäre anfallen, die einst nichts anderes zu tun hatten, als im Auftrag der Staatskrake Stasi auf die Werktätigen aufzupassen. Unter betriebsbedingten Ausgaben verbucht werden außerdem Kosten für gefeierte Errungenschaften wie volkseigene Theatergruppen, Sportvereine, Kindergärten. Edgar Most, am Schluß der DDR Chef der Deutschen Kreditbank, heute im Vorstand der Deutschen Bank in Berlin und nicht nur unter Wendehälsen, sondern in den Hochzeiten des Sozialismus ein aufmüpfiger Pragmatiker:»Es gab ja in der DDR kaum betriebswirtschaftliche, sondern überwiegend volkswirtschaftliche Entscheidungen. Entsprechend den Vorgaben wurden Vorlagen und Statistiken manipuliert.« Die westdeutschen Investoren, die sich auf den damals noch traumhafte Renditen verheißenden Markt in Osteuropa freuten, galten dagegen als kühle Rechner. Beschäftigung war kein Wert an sich, also kein Menschenrecht, was zum Teufel also hatten soziale Einrichtungen in einer Bilanz zu suchen? Zwar waren im Herbst der DDR insgesamt 9,75 Millionen Menschen als erwerbstätig registriert, aber was in der Sprache der Manager Freisetzungspotential heißt, rechnete das Institut für angewandte Wirtschaftsforschung (IAW) mit Sitz in Berlin ziemlich realistisch auf vier Millionen der Beschäftigten um. Freigesetzt heißt arbeitslos, hat also mit der Freiheit, die sie wollten, nichts zu tun.

Als die von einer endlich besseren Welt träumenden Reformer in Berlin mehr und mehr schaudernd erfahren, was wirklich hinter den Potemkinschen Kombinaten steckt, und ahnen, daß es nichts zu verteilen geben wird, sondern nur zu teilen gilt, stirbt still und leise die Idee der Volksaktien. Todesanzeigen werden allerdings nicht geschaltet, bei Nachfragen des Volkes ist angeblich alles noch im Fluß. Der getreue Ullmann bleibt ungerührt bei seinen Vorstellungen. Sogar noch ein Jahr später, als von der DDR nur noch die Treuhandanstalt übrig war, bohrte er als Abgeordneter in Bonn nach und forderte, was seinem Volk versprochen worden war: Anteilscheine. Die Antwort des damaligen Parlamentarischen Staatssekretärs Manfred Carstens aus dem Wirtschaftsministerium bleibt höflich im Ton, aber realistisch hart in der Sache: »Erst nach Vorliegen der Bestandsaufnahme und nach Kenntnis der für die Strukturanpassung in den neuen Bundesländern anfallenden erheblichen Kosten kann beurteilt werden, ob es möglich ist, ... ein verbrieftes Anteilsrecht einzuräumen.«

Wie man weiß, war es nie möglich. Was nichts daran ändert, daß dennoch fern der Realität immer wieder beklagt wird, die Treuhandanstalt habe ihre Bestimmung nicht erfüllt, ihr Urgesetz, nämlich, das Volksvermögen gerecht zu verteilen. Gegen solche Sozialromantik helfen weder harte Zahlen noch graue Statistiken. Die nicht so blühende Landschaft Ost läßt Träume aus der Vergangenheit blühen, weil die Gegenwart nur mit Phantasie zu ertragen ist. Es ist erfolgreich verdrängt, daß die Misere nicht mit der Treuhandanstalt begann, sondern lange zuvor. Weil es eine Planwirtschaft gab, brauchte es überhaupt so etwas wie eine Treuhandanstalt.

Hätte man etwa Schuldscheine ausgeben sollen? fragen heute zynisch die Realisten, und es ist aufgrund der Fakten schwer, ihnen zu widersprechen. Wolfgang Ullmann ist deshalb eher gelassen in der Resignation, freut sich immer noch, daß wenigstens sein Lebenstraum Einheit Wirklichkeit geworden ist, und ärgert sich inzwischen nicht mehr, daß bei den Verhandlungen in Sachen Treuhandanstalt auf der anderen Seite des dann nicht mehr von Intellektuellen besetzten Tisches bald wieder die Ganoven im demokratischen Gewand saßen, die er als Stinkefinger des alten Systems kannte. Sogar Graf Matuschka ist einer der Gewinner der Einheit, so seltsam das angesichts seiner Niederlage klingen mag. Viele Ostdeutsche, bis hin zum letzten Ministerpräsidenten, zitieren ihn voller Respekt, als habe er mit seiner Vision ihrer vagen Sehnsucht immerhin einen konkreten Namen gegeben. Daß nichts draus werden konnte, weil die Verhältnisse nicht so waren, wie sie hätten sein sollen, ändert nichts an der Faszination der Idee.

Manche vom runden Tisch des abhörsicheren sogenannten NATO-Saals im Bonner Kanzleramt hatten noch immer nur eine ungefähre Vorstellung, was das Abenteuer DDR kosten könnte, nur Eingeweihte wußten Näheres von Schalck und blieben deshalb gelassen, als die Brüder und Schwestern mit ihren Forderungen kamen. Als der Kanzler später seinem Volk versicherte, so etwas wie den Umbau der Planwirtschaft zur Marktwirtschaft könne man aus der bundesdeutschen Portokasse begleichen, schien erst recht alles unter Kontrolle. Eine der vielen teuren falschen Prognosen in der Geschichte der Treuhandanstalt, es sollte noch viele geben. Vielen zu viele. In der DDR hatte die Politik das Primat vor der Wirtschaft, nur die Politiker der SED bestimmten, was ökonomisch zu geschehen hatte. Kaum war das System zusammengebrochen, bestimmte die Politik in Bonn, was nun wirtschaftlich passieren sollte.

Es wäre ziemlich dumm, Helmut Kohl etwa Dummheit zu unterstellen. Was deutsche Banker ihm geraten hatten – bloß keine überstürzte Währungsunion, und wenn, dann höchstens zu einem Kurs von 1:4 –, leuchtete ihm ein. Doch ist der Generalist ein Mann, den Bilder mehr beeindrucken als Zahlen, denn Bilder kann er sich vorstellen und entsprechend handeln. Er hatte ein paar Tage vor dem Treffen in Bonn, wo dann formell die Bildung einer gemeinsamen Kommission von beiden deutschen Staaten zur Vorbereitung einer Wirtschafts- und Währungsunion beschlossen wurde, beim World Economic Forum in Davos sehr genau hingehört, als die beiden aus Dresden, Hans Modrow und Wolfgang Berghofer, die Zustände in ihrem Land ausgemalt und über die nötigen Konsequenzen gesprochen hatten. Vor allem der Vortrag des Oberbürgermeisters vor dem erlauchten Gremium der weltweit einflußreichsten Politiker und Industriellen hatte ihn nachdenklich gestimmt und sein Gefühl, in solchen Zeiten habe die Politik die Richtlinien zu bestimmen und nicht wie sonst die Ökonomie, bestätigt. Berghofers Warnung:

»Streiks, befristete Arbeitsniederlegungen und desolates Arbeitsverhalten verschlechtern die ökonomische Situation besorgniserregend. Die Wettbewerbsfähigkeit der DDR-Wirtschaft sinkt. Die Folge ist, daß unvermindert täglich 2000–3000 Menschen die DDR verlassen und in die BRD gehen. Neben politischen Ursachen bestimmt in wachsendem Maße mangelndes Vertrauen in die Perspektiven der Wirtschaft die Entscheidung wegzugehen … Die unser Land verlassen, sind Menschen, die die Kraft spüren, neu anzufangen und die Initiative haben, das auch zu tun. Wir sind nicht in der Lage, diesen Arbeitskräfteschwund, seine Wirkungen in der Wirtschaft auszugleichen. Wo von zehn Fachleuten sechs fehlen, haben die restlichen vier keine Chance mehr. Wenn diese Situation nicht schnellstens überwunden wird, führt sie zum politischen und wirtschaftlichen Kollaps in der DDR. Verknappung, Zusammenbruch der Versorgung, Streiks und damit weiterer wirtschaftlicher Zerfall könnten dann Auslöser für unkontrollierbare Gewalt und Radikalismus werden.«

Im währungspolitischen Sofortprogramm für die DDR, das Berghofer formuliert hat, wird sogar noch konkretisiert, was als Mittel gegen den Zusammenbruch dringend nötig ist:»Der schnellste Weg besteht darin, die DDR-Mark zu einem festzulegenden Kurs in DM umzutauschen, wobei mit einem Sozialpaket Härten für Rentner und andere Kleinsparer abgefangen werden. Vorstellbar ist ein Umtauschkurs von 4:1, wobei ein Grundbetrag im Verhältnis 1:1 umgetauscht werden könnte. Mit dieser Währungsunion wird die Währungshoheit und ein Teil der Souveränität der DDR aufgegeben … Mit diesem Währungsumtausch wird die Devisenbewirtschaftung abgeschafft. Ein unvorstellbarer Aufschwung der Wirtschaft der DDR ist zu erwarten.«

Das waren Sätze, die Kohl verstand und die ihm näher der Realität und künftiger Ziele waren als die alle möglichen Vorbehalte artikulierenden Empfehlungen aus dem Sondergutachten des Sachverständigenrates, der sogar in einem Offenen Brief, getrieben von der Deutschen Bundesbank, noch einmal seine Bedenken formuliert hatte. Hochinteressant und ehrenwert, was die Fünf Weisen da ausbreiteten, und sicher richtig in der Analyse der bestehenden Verhältnisse. Aber politisch nicht brauchbar. In revolutionären Phasen der Geschichte ist vor allem Instinkt wichtig, Vorlagen in Klarsichthüllen, abgestimmt mit allen wichtigen Gremien, sind was für Zeiten, in denen man Zeit hat. Alle übrigens, die in der Nachbetrachtung beklagen, es sei beim Umbau und Verkauf der DDR-Wirtschaft nicht in Ruhe analysiert und erst dann entschieden gehandelt worden, bekommen von den Machern der Treuhandanstalt die gar nicht zynisch gemeinte Antwort: Wir mußten erst handeln und dann analysieren. Wir hatten nur die Chance, aus eigenen Fehlern zu lernen, denn Fehler von anderen, aus denen wir hätten Erfahrungen ziehen können, die gab es nicht.

So ist es eher lächerlich, daß unter dem Datum 8. Februar 1990 Bundeswirtschaftsminister Helmut Haussmann von der FDP, den die Wirtschaftsgrößen immer schon für einen schwäbischen Mittelstandstropf hielten, eine langsam über die kommenden Jahre aufzubauende Währungsunion zwischen der Bundesrepublik und der DDR als letzte Erkenntnis verkünden läßt: »Feste Zeitpunkte beschleunigen die Reformprozesse. So könnten die beiden deutschen Staaten sich zum Ziel setzen, eine einheitliche Wirtschafts- und Währungsunion bis zum Inkrafttreten des EG-Binnenmarktes am 1.1.93 zu erreichen.« Daß feste Terminvorgaben beschleunigend wirken, hat sein Chef bereits einen Tag zuvor erkannt. Während Haussmanns Meldung gerade verteilt wird, gibt Kohl im Kabinett die andere Richtung vor – Währungsunion bald und schnell. Damit hat Helmut Kohl seinem Konkurrenten Lothar Späth, der das am nächsten Morgen in Stuttgart auch verkünden wollte, die Show gestohlen und gleichzeitig, viel entscheidender, die politische Antwort gegeben auf die Parolen der Straßen. Drüben war die Freiheit nicht mehr so wichtig, die hatte man schon erkämpft, jetzt wurden die Brüder und Schwestern konkreter: Entweder kommt die D-Mark zu uns, oder wir kommen zur D-Mark.

Das will im Westen, drei Monate nach der tränendrüsigen und sektreichen und vor allem echten Freude über das Ende der Trennung, so recht keiner mehr. Die Ossis beginnen zu nerven, wenn sie ihre Nasen an westdeutschen Schaufenstern plattdrücken und gleichzeitig jammen, weil sie nicht kaufen können, was sie im Westfernsehen immer gesehen haben. Die Einheit ist sicher auch vorbereitet worden durch die Versprechungen der Werbung: Kaum war die Mauer gefallen, wollte das Volk besitzen, was es immer nur im Fernsehen gesehen hatte und nie kaufen konnte. Wolfgang Ullmann: »Wir haben im Wortsinne nicht begriffen, was mit uns geschah. Mit Warenüberangebot umzugehen hatten wir nicht gelernt, darauf hat uns niemand vorbereitet. Also wollten unsere Leute das, was die anderen Deutschen schon lange hatten: Waren und Reisen und Autos und bitte alles auf einmal.« Die westliche Hilfsbereitschaft ist aber im Februar 1990 nicht mehr so groß. Es ist schließlich was ganz anderes, vierzig Jahre lang immer größere Pakete zu schicken und sich dabei als Gutmensch zu fühlen, als plötzlich die arme Verwandtschaft am eigenen Kühlschrank zu ertappen. Wenn die was von uns wollen, sollen sie also gefälligst anfangen dafür zu bezahlen, wir kriegen ja auch nichts umsonst.

Zwei Ideen entspannen deshalb die Lage – die eine ist Kohls Ansage einer baldigen Ankunft der D-Mark auch drüben, was spürbar die Zahl der Übersiedler senkt, die andere ist die Vision des Runden Tisches, daß sich eine Anstalt um das Volksvermögen kümmern soll, bevor es verramscht wird an herumziehende Händler. Zu Bonn am Rhein, am 13. Februar, einen Tag nach dem Beschluß des Runden Tisches in Sachen Treuhandanstalt, ging es ziemlich kühl zu. »Wir wurden behandelt, als wären wir über den Zaun in Nachbars Garten geklettert und dabei erwischt worden«, erinnert sich Christa Luft, stellvertretende Vorsitzende des Ministerrats für Wirtschaft. Im Saal saßen auf der einen Seite die Gewinner und auf der anderen Seite die Verlierer, die von ihrer Niederlage noch nicht überzeugt waren und sich verzweifelt gegen den frühen Knockout schon in der zweiten Runde wehrten. Pfarrer Rainer Eppelmann forderte eine Penicillinspritze für die DDR, die zwar schwer krank sei, aber noch nicht tot, um sie anständig auf die kommende Wiedervereinigung vorzubereiten. Hans Modrow, seit ein paar Tagen vermeintlich an der Spitze der Bewegung weg von der langsamen Konföderation schnell hin zum »Einig Vaterland«, wollte mit seiner inzwischen als PDS gewandeten, jedoch nicht gewandelten SED an die Brust gedrückt und nicht erdrückt werden. Er bat vergeblich ein letztes Mal in einem siebzehnseitigen Papier einen 15-Milliarden-Kredit, um den drohenden Zusammenbruch der DDR zu verhindern. Wolfgang Ullmann versuchte sich mit einem ernstgemeinten Scherz: Kein Anschluß unter dieser Nummer. Aber auf der anderen Seite lachte keiner.

Das instinktsichere *political animal* Helmut Kohl wischte alle Bedenken einfach beiseite: Unsere ostdeutschen Landsleute wollen nach den Entbehrungen im Sommer in Urlaub fahren, und da brauchen sie eine harte Mark. Also Währungsunion. Basta. Horst Teltschik, Berater des Kanzlers in Sicherheits- und Außenpolitik, notiert unter dem 13. Februar 1990 in seinem Tagebuch: »Modrow bestätigte, was wir schon wußten, daß die DDR vor der Zahlungsunfähigkeit steht. Die Atmosphäre des Gesprächs blieb ziemlich kühl. Der Kanzler ist nicht mehr daran interessiert, mit einem hilflosen Modrow noch entscheidende Verabredungen zu treffen.« Und Innenminister Wolfgang Schäuble mit der kühlen Arroganz des Siegers: »Von Modrow selbst, von seiner inzwischen umgetauften Partei und auch von seiner Übergangsregierung erwarteten wir substantielle Beiträge zur Lösung der Probleme in der DDR wie der deutschen Frage nicht mehr.«

Das ist zwar alles richtig, aber gleichzeitig symptomatisch für die Art, wie ab Februar 1990 fast schon alle behandelt werden, die aus dem Osten kommen. Irgendwie riechen die anders, und diesen Geruch ertragen die Westler nur, solange sie die Zonis noch brauchen. Ob beim Zimmern der staatlichen Einheit oder später in der Treuhandanstalt. Sobald es geht, werden die Ostler abgewickelt. Egal, wie berühmt sie sein mögen und wie nützlich sie waren, ob sie nun Krause, Günter heißen oder Krause, Wolfram oder de Maizière, Lothar.

Die Vorbereitungen für den Anschluß unter dieser Nummer, also Beitritt nach Artikel 23 des Grundgesetzes, begannen in Bonn und Berlin bereits am selben Tag in einer gemeinsamen Kommission, aber wer die dominierte, war auch jedem klar. Die einen wollten was, die anderen hatten was. So sind nun mal die Gesetze der Marktwirtschaft. Deren Sumpfblüten meldeten sich übrigens bald beim Erfinder der Treuhandanstalt, bei Wolfgang Ullmann, dem Minister ohne Geschäftsbereich. Sie dachten wohl, in ihm den passenden naiven Gesprächspartner zu haben. Horst Schiesser, ein Westberliner Großbäcker, der 1986 der Gewerkschaft spektakulär die zusammengebrochene Neue Heimat für eine Mark abgekauft hatte, natürlich ohne sie je finanzieren zu können, beim erzwungenen Rückkauf aber mit zwanzig Millionen DM entschädigt wurde, ließ über zwei Abgeordnete der konservativen DSU anfragen, ob man denn die gesamte DDR bei dieser geplanten Treuhandanstalt kaufen könne. Er bot 713,1

Milliarden Mark und garantierte, nach erfolgtem Deal und Privatisierung Anteilscheine ans Volk zu verkaufen und die Arbeitsplätze in den Kombinaten und Betrieben zu sichern. Ullmann war sicher, daß eine solche Idee nicht realisierbar sein würde, vor allem eine Beschäftigungsgarantie schien ihm nicht seriös. Aber bei Westlern konnte man ja nie wissen. Er bat deshalb als höflicher Mann die beiden Abgesandten Schiessers, doch einen konkreten Plan vorbeizubringen, den man diskutieren könnte. Selbstverständlich hat er nie mehr etwas von ihnen gehört.

Andere dagegen schon. Horst Schiesser ist, vorsichtig ausgedrückt, eine schillernde Figur. Schon bei seinem seltsamen Geschäft mit den 190 000 Wohnungen der zusammengebrochenen Neuen Heimat hatte 1986 der zufällig wache Bundesnachrichtendienst diskret gewarnt. Nach dessen Informationen stand damals ein ganz bestimmter Berliner Geschäftspartner von Schiesser hinter dem Vorschlag. Der Bäcker war nämlich nach Auffassung der Pullacher nur ein Strohmann für Alexander Schalck-Golodkowski, und der wiederum handelte im Auftrag des Ministeriums für Staatssicherheit. Ein naheliegender Gedanke, denn Schiesser hatte intensive Beziehungen zur KoKo, der Devisenschieber-Genossenschaft, hatte mal kleinere Kredite besorgt und besaß außerdem ein Büro im Internationalen Handelszentrum in Ostberlin, wo Alexander der Große regierte. Das Angebot, die Treuhandanstalt von ihrer Mission zu befreien, wurde dann an Ullmann vorbei über die westdeutsche Ziehmutter der ostdeutschen DSU, die Christlich Soziale Union, nach Bonn gereicht. Es enthielt so viele realistische Details über den Zustand der DDR-Wirtschaft, daß als Verfasser des Papiers nur Eingeweihte in Frage kamen. Zu denen ganz bestimmt nicht der unbedarfte Schiesser gehörte, sondern eher Experten wie zum Beispiel Gerhard Beil, Gerhard Schürer oder Alexander Schalck-Golodkowski. Die Summe zum Beispiel, die im Angebot stand, entsprach fast genau dem angeblichen Bruttowert der DDR von 1420 Milliarden Mark, umgerechnet zum künftigen Kurs 1:2, also West- gegen Ostmark, wie er in der nur wenigen zugänglichen ersten Bilanz der Gruppe Wirtschaftsreform im Ministerrat von Modrow genannt worden war.

Strohmann Horst Schiesser verlangte einen zinslosen Kredit

für seine »Konzeption zur Übernahme von Gesellschaftsanteilen der Treuhandanstalt«, denn natürlich hatte er das Geld nicht, um den gesamten Industrie- und Grundbesitz der DDR zu erwerben. Laufzeit 25 Jahre, und zurückzahlen wollte er das Ganze aus den Erlösen der Betriebe, die er meistbietend verkaufen würde. Er garantierte im Gegenzug nicht nur den Verkauf von Anteilscheinen und den Erhalt aller Arbeitsplätze, sondern versicherte, mit seinem Plan den kommenden Crash der DDR-Wirtschaft verhindern zu können. Schiessers Firma für das alle Dimensionen sprengende Geschäft hieß »Vorteil«, was nach Programm klang, und war in Luxemburg angemeldet. Sein aberwitziges Unternehmen Deutschland wurde selbstverständlich nie ernsthaft diskutiert, verdeutlicht aber, auf welche absurden Ideen die supranationalen Glücksritter kamen, diese merkwürdige Mischung von westdeutschen und ostdeutschen Abzockern. Bei den Ganoven mit den weißen Kragen wurde, wie die Geschichte der Treuhandanstalt beweisen sollte, die Einheit am schnellsten vollzogen. Da wucherte zusammen, was zueinander paßte. Pack schlägt sich, Pack verträgt sich, nennt das der Volksmund.

Die Idee einer Treuhandanstalt zur Bewahrung des Volksvermögens macht Schlagzeilen, weil sie denen, die zwar den Fall der Mauer und den Abgang der unwürdigen Greise gewünscht hatten, aber dafür nicht alles aufgeben wollten, Hoffnung verspricht und eine neue würdige Existenz. Ullmanns kleines Büro bekommt viele Briefe von DDR-Bürgern, die weitere Vorschläge ausbreiten, wie man ihr Vermögen sichern und was man damit machen könne. Dabei entwickeln sie eine ungeahnte Phantasie. Der Runde Tisch, den es zwischen 6. Dezember 1989 und 12. März 1990 gab und dessen morgendliche Empfehlungen abends schon von der Regierung beschlossen wurden, ist noch ihr Forum und Ullmann ihr Anwalt: »Können wir diesen Anteil zum Erwerb unserer Wohnung erwerben? Die Sicherung der Wohnverhältnisse wäre ein stabilisierender Faktor für die Bürger der DDR. Es kann nicht sein, daß wir mit der Substanz, die wir in 40 Jahren geschaffen haben, in späteren Jahren von Miethaien erpreßt werden«, schreibt eine Frau aus Ostberlin, und ihr Schlußsatz entspricht der Gefühlslage der meisten Ostdeutschen: »Wenn gefragt wird, wer gibt uns das Recht zur Inbesitznahme der Wohnung, dann frage ich, wer gibt den westlichen Unternehmern das Recht, sich in die DDR einzukaufen?«

Ullmann weiß also, daß er mit seinem Kind Treuhandanstalt den Nerv der Leute getroffen hat, auch wenn das bei den kommenden Wahlen seiner Bewegung »Demokratie Jetzt« nichts bringt, bei gerade mal 2,6 Prozent der Stimmen wird sie landen, weit abgeschlagen. Dennoch gibt es von ganz links bis ziemlich weit rechts eine besondere ostdeutsche Einheit: Wir wollen uns nicht nur schlucken lassen, und wir wollen uns nicht wegnehmen lassen, was uns zusteht. Die SPD, auch einer der kommenden Wahlverlierer, hatte noch vier Tage vor dem historischen Datum der ersten freien DDR-Wahl am 18. März verkündet, sie werde Anteilscheine in Höhe von 40 000 Ostmark an jeden Bürger, vom Kleinkind bis zum Greis, verteilen lassen. Die CDU mit ihrer Allianz für Deutschland verspricht, daß alles wie im Westen wird. Wieder gilt das Wörtchen irgendwie statt politischer Programme: irgendwie würde das schon finanzierbar sein. Denn irgendwie müßte sich der Wert der DDR doch in klingende Münze umsetzen lassen. Die Berichte von der Leipziger Frühjahrsmesse Ende März 1990 zum Beispiel lesen sich so euphorisch, daß alle glauben, alles wird gut. Man könne, schreiben die Experten, am Interesse der westdeutschen Konzerne an ostdeutschen Firmen spüren, daß ein zweites Wirtschaftswunder erblühen wird. Soviel Markt würde nie wieder sein. Mit insgesamt so um die höchstens fünfzehn Milliarden DM müßte sich der Salat anrichten lassen.

Der 1. März 1990 ist ein Tag wichtiger Entscheidungen, viel kann Modrow eh nicht mehr anordnen. Er weiß, daß in achtzehn Tagen, nach den Wahlen, seine Zeit abgelaufen sein wird. Zunächst soll eine Verordnung zur »Umwandlung von volkseigenen Kombinaten, Betrieben und Einrichtungen in Kapitalgesellschaften« verabschiedet werden, denn das ist die Voraussetzung für die Arbeit der Treuhandanstalt. Außer den beim Bundesfinanzministerium verbleibenden staatlichen Unternehmen wie zum Beispiel Post, Bahn, Nahverkehr, ADN oder Landwirtschaftlichen Produktionsgenossenschaften (LPG) müssen von der neuen Behörde alle Volkseigenen Betriebe in die Form von GmbHs oder Aktiengesellschaften gebracht, nicht etwa privatisiert und verkauft werden. Unter dem gedämpften Beifall des Runden Tisches wird vom Kabinett ebenfalls beschlossen, also gut, nennen wir das geplante Ding doch einfach Treuhandanstalt. Im Statut, das der DDR-Ministerrat später dann, am 15. März 1990, verkündet, wird noch einmal deutlich, daß es nicht um Verkauf geht, sondern um Verteilung: »Nach einer Bestandsaufnahme des volkseigenen Vermögens und seiner Ertragsfähigkeit sowie nach seiner vorrangigen Nutzung für die Strukturanpassung der volkseigenen Unternehmen und für die Sanierung des Staatshaushaltes wird die Möglichkeit vorgesehen, den Sparern zu einem späteren Zeitpunkt für den bei der Umstellung von Mark der DDR auf D-Mark im Verhältnis 2:1 reduzierten Betrag ein verbrieftes Anteilsrecht am volkseigenen Vermögen einzuräumen.«

Treuhandanstalt also, aber was für eine. Nach der erfolgten Inventur des Sanierungsfalls DDR war sie immer noch eine Verwahranstalt, aber – welch böse Volte in Kenntnis ihrer Entstehungsgeschichte – eine der ganz anderen Art. Nur die Milliarden der Treuhandanstalt bewahrten die ostdeutsche Subventionswirtschaft vor dem sofortigen Zusammenbruch. Was erklärt, daß fast alle Kritiker der Treuhandanstalt nicht etwa die Einrichtung an sich beklagen, sondern nur die für unfähig halten, die »das Ding« managten. Christa Luft, vor ihrer Berufung in den Ministerrat Rektorin der Hochschule für Ökonomie, die nicht gerade als Brutstätte von Dissidenten bekannt war, geht allerdings grundsätzlich auf Distanz: »Eine Art Schatzamt wäre die bessere Lösung gewesen, da hätte man wenigstens staatlich noch da eingreifen können, wo alles wegzubrechen drohte. Wir in der Modrow-Regierung hatten nicht mal vier Monate Zeit, und da waren weder Erprobungen möglich noch Alternativen.« Zum ersten Direktor dieser später Urtreuhandanstalt genannten und von der Regierung Modrow gegründeten DDR-Behörde wird am 1. März 1990 der Modrow-Vize Dr. Peter Moreth, Mitglied der Blockpartei LDPD, berufen.

Wolfram Krause, Leiter der Regierungskommission für die Wirtschaftsreform, bittet in einem Brief zwölf Tage später den »Werten Herrn Minister Ullmann«, etwaige weitere nützliche Hinweise für das Statut der Urtreuhandanstalt möglichst schnell einzureichen. Denn am 15. März, drei Tage vor den ersten freien Wahlen, die für die alten Kader das Ende ihrer politischen Laufbahn markieren werden, soll alles vom Ministerrat genehmigt und, eine seiner letzten Amtshandlungen, von Hans Modrow unterzeichnet werden. So geschieht es: »Zur Wahrung des Volkseigentums wird mit Wirkung vom 1. März 1990 die Anstalt zur treuhänderischen Verwaltung des Volkseigentums gegründet. Bis zur Annahme einer neuen Verfassung wird die Treuhandanstalt der Regierung unterstellt. Sie ist Anstalt öffentlichen Rechts und territorial gegliedert. Mit der Gründung übernimmt die Treuhandanstalt die Treuhandschaft über das volkseigene Vermögen, das sich in Fondsinhaberschaft von Betrieben, Einrichtungen, Kombinaten sowie wirtschaftsleitenden Organen und sonstigen im Register der volkseigenen Wirtschaft eingetragenen Wirtschaftseinheiten befindet.«

Die Treuhandanstalt ist die einzige Behörde, die ihre Legitimation von der Volkskammer erhielt und dennoch im geeinten Deutschland weiterbestand. Für die juristische Grundlage reichte später ein Satz im Paragraph 25 des Einigungsvertrages.

Der Mann, der an Ullmann schrieb, Kollege Wolfram Krause, war ehemals an führender Position in der DDR-Planungskommission gewesen, aber schon 1978 wegen Aufmuckens gegen die verlogene Politik des Wirtschaftsdiktators Günter Mittag in die Bezirksleitung der Berliner SED abgeschoben worden. Er wird bald als Stellvertreter Moreths an der Spitze der Treuhandanstalt eine wichtige Rolle übernehmen, nicht ganz freiwillig, und er wird der letzte ostdeutsche Vorstand sein, der die Treuhandanstalt verläßt. Ebenfalls nicht ganz freiwillig. Moreth und er ziehen nach der ersten freien Wahl, mit der in der DDR die Demokratie beginnt und deshalb ihre Laufbahn in der Politik endet, zunächst in ein paar Räume in Berlin Mitte. Dann gibt den Urtreuhändlern der weiter amtierende Außenhandelsminister Gerhard Beil, ein Mann für alle Systemfälle des Lebens und nie bestraft, zwei Etagen in seiner Behörde. Eigentlich ist ihr Amt nicht größer als ein gutgehendes Notariat in der Bundesrepublik, sie haben anfangs gerade mal 75 Mitarbeiter, selbst kurz vor der Währungsunion werden es nicht mehr als 133 sein, und was zum Beispiel eine GmbH ist und wie man die gründet und wie das alles gehen soll mit der

Verwahrung oder gar Verteilung des Volksvermögens, wissen sie auch nicht so recht. Das immer noch gültige GmbH-Gesetz stammt aus dem Jahre 1892, das Aktiengesetz ist wesentlich frischer und wurde immerhin erst 1937 erlassen. Darum hatte sich nie einer gekümmert, weil man so etwas in der staatlichen Planwirtschaft nun wirklich nicht brauchte.

Beide uralten Gesetze paßten nicht mehr so recht auf die Struktur der Kombinate, die jetzt umgewandelt werden mußten. Im Statut klingt die Bestimmung der Treuhandanstalt zwar edel, hilfreich und gut, aber die grausame Wirklichkeit überrollt sie bald. Sie soll ja nicht bloß ein paar Gebäude verramschen oder eine Schraubenfabrik sanieren, und damit waren viele Genossen nicht nur deshalb überfordert, weil es nicht ihrer Überzeugung entsprach, aus Volkseigenen Betrieben Kapitalgesellschaften zu machen. Hilmar Schmidt, einst Professor an der Akademie für Gesellschaftswissenschaften beim Zentralkomitee der SED, in der Urtreuhand vom ersten Tag an dabei, also noch vor den freien Wahlen am 18. März, erinnert sich, daß die Anträge aus den Kombinaten und Betrieben sich in jedem Büro bis an die Decke stapelten.

Es ging nicht mehr um die Sanierung ihrer DDR, weil die, wie jeder wußte, bald mit der Bundesrepublik vereinigt und Geschichte sein würde. Es ging um die Vorbereitung der Übergabe, von alten Genossen dort und neuen Linken hier bitter und nicht ohne historisch bewußte Parallelen Anschluß genannt. Die Experten Ost kannten sich seit vielen Jahrzehnten, denn beworben für das Biotop Treuhandanstalt, das Rettung vor drohender Arbeitslosigkeit versprach, hatten sich vor allem die sogenannten Wirtschaftsfachleute von der Akademie der Wissenschaften, aus den verschiedenen Industrieministerien, aus dem Finanzministerium und der Arbeitsgruppe Wirtschaftsreform, wie jetzt die ehemalige Staatliche Planungskommission hieß. Der tatsächliche Zustand der ostdeutschen Wirtschaft überraschte deshalb die meisten nicht, das war ihnen schon lange klar, aber es hatte angesichts herrschender Verhältnisse nie eine Chance gegeben, das in jenen Zeiten zu ändern, als die DDR noch von Karl Marx und Friedrich Engels und für die Ewigkeit gebaut schien. Sagen viele von ihnen und waschen ihre treuen Hände in Unschuld.

Mit dem Vorwurf, schnell eine Genossentreuhandanstalt gegründet, also für die Misere mitverantwortliche Böcke zu Gärtnern gemacht zu haben, kann Modrow allerdings selbst heute noch gut leben: »Ja, zum Teufel, hätte ich etwa nicht unsere Leute berufen sollen, statt dessen vielleicht ein paar von den Wirtschaftsprüfern aus dem wilden Westen? Hätte ich mich etwa mit Kohl abstimmen sollen darüber, wer in seinen Augen ein guter Ossi ist und wer ein schlechter? Schließlich waren wir immer noch ein eigener Staat und nicht nur ein Anhängsel der Bonner.«

Die Berufung des Experten Peter Moreth ging deshalb ohne Proteste des Runden Tisches durch, weil er dort als Vertreter des Ministerpräsidenten sachlich diskutiert und sich die Opposition von ihm nie ausgetrickst gefühlt hatte. Außerdem war er zumindest nie in der SED gewesen, nur bei den Liberalen, was angesichts der Bedeutung von gleichklingenden Blockflöten für das falsch gestimmte Orchester DDR kein so großer Unterschied war, aber fast schon als Persilschein galt. Man ging anständig miteinander um, denn wer wußte schon, wann man sich unter welchen Umständen wieder begegnen würde. Der nach seinem überraschenden Sieg niedergeschlagene und mehr erschrockene als glückliche Wahlgewinner Lothar de Maizière bestätigt das und berichtet von einem Anruf seines politischen Gegners Gregor Gysi noch in der Nacht vom 18. März: Ich beneide dich nicht, Lothar, ich wünsche dir viel Glück. Beide hatten sich vor dem Wahlkampf versprochen, auf keinen Fall unter die Gürtellinie zu gehen, und beide haben sich trotz aller ideologischen Unterschiede daran gehalten. Ihre gemeinsame ostdeutsche Vergangenheit – oder die Suche nach der verlorenen Identität – hält bis heute ihre Freundschaft aufrecht. Selbstverständlich war Lothar de Maizière unter den Gästen, als PDS-Star Gregor Gysi, den zu verteufeln im geeinten Deutschland christliche Pflicht ist, 1996 zu seinem Hochzeitsempfang bat.

Noch immer ist von der Politik geplant, die Hälfte der 7894 Volkseigenen Betriebe und Kombinate, nach erfolgter Umwandlung in eine Kapitalgesellschaft, an die Bürger zu verteilen, und bis es so weit sein würde, verwaltet alles die Treuhandanstalt. Was ihr erster Direktor öffentlich bekräftigt. Nur die anderen fünfzig Prozent stehen zum freien Verkauf, und Peter Moreth schätzt ziemlich optimistisch, daß selbst nach der Währungsunion im Sommer die etwa tausend Milliarden Ostmark wertvollen Firmen noch mit 300 Milliarden D-Mark bei ihm zu Buche stehen werden.

Kennt auch er nicht die vernichtende Bilanz von Schalck und Beil und Schürer? Oder haben alle, die dieses Papier gelesen haben, schlichtweg nicht geglaubt, was da stand, und diese Zahlen für ebenso gefälscht gehalten wie die bisherigen, von denen man auch jahrelang überzeugt war, daß sie stimmten? Ist vielleicht so einfach erklärbar, daß sowohl in Bonn als auch in Berlin noch immer die Illusionen über die Kosten der Einheit blühten und man nicht von Anfang an aus der Treuhandbude eine Superanstalt mit allen nur erdenklichen Kompetenzen machte? Der Bremer Wirtschaftswissenschaftler Rudolf Hickel, schon damals, nach der ersten nationalen Freudenwelle, eher skeptisch, was die wirtschaftliche Umsetzung der politisch richtigen Entscheidung Einheit betrifft, meint heute, daß die Treuhandanstalt wohl am meisten darunter litt, daß ihre eigentliche Rolle nie klar definiert worden sei. Sie schwankte zwischen Industrieholding und Anstalt des öffentlichen Rechts.

Wer am meisten für die angeblich so prall gefüllten Regale im Supermarkt Ost biete, umschreibt Treuhanddirektor Peter Moreth seine Verkaufsstrategie, bekomme später den Zuschlag, und wer das sein werde, sei ihm ideologisch betrachtet egal. Man braucht sicher viel Geld, weiß er, denn einiges wird zunächst einmal saniert werden müssen. Klingt alles so ähnlich wie in Matuschkas Zehn-Punkte-Plan, denn jeder der sechzehn Millionen DDR-Bürger kann Aktien erwerben, zu günstigen Konditionen, also bis zu achtzig Prozent unter dem von Sachverständigen festzustellenden Marktwert, der sich aus Ertrags- und Substanzwert berechnet. Das so entstehende Kapital wiederum, das Volksvermögen, verwaltet die Treuhandanstalt, und die achtet auch darauf, daß Anteilscheine frühestens nach drei Jahren verkauft werden. Das Interesse wird groß sein, daran zweifelt Moreth nicht. Man erwarte einen ähnlichen Run auf die Staatsbetriebe wie nach dem sogenannten »Modrow-Gesetz« von Anfang März auf Grundstücke und Häuser, als die zu günstigen Quadratmeterpreisen zwischen vier Pfennig und zehn

Mark offeriert werden. Ost natürlich – wo sind wir denn. Nur für DDR-Bürger natürlich – wer sind wir denn. Erst Jahre später kassiert aufgrund vieler Klagen, auch der Kommunen, die sich in ihrem notwendigen Handlungsspielraum für notwendige Investoren beengt fühlen, das Bundesverfassungsgericht diesen Erlaß.

Moreth hat sich neben dem von allen Parteien und Bürgerkomitees geschätzten Vizechef Wolfram Krause noch unter der Regierung Modrow Leute geholt, die er schon lange kennt. *Closed shop*, geschlossene Anstalt. Genau diese Personalpolitik wird Modrow später vorgeworfen, besonders von Konservativen jenseits der Elbe. Deren großes Idol Konrad Adenauer hat zwar einst nichts Ehrenrühriges dabei gefunden, einen Nazi-Schreibtischtäter wie Hans Globke als Chef seines Kanzleramtes zu beschäftigen.

Aber in der bundesdeutschen Nachkriegsgesellschaft war das konsensfähig, denn viele Volksgenossen waren längst wieder unangefochten in Amt und Würden, bevor die Studenten Ende der sechziger Jahre den Mief aus tausend Jahren wegdemonstrierten. Entweder haben die westdeutschen Politiker inzwischen dazugelernt, vertreten rigoros andere moralische Ansprüche und haben immer noch ein schlechtes Gewissen wegen der zweiten Schuld der frühen bundesdeutschen Jahre. Machen jetzt wieder gut, kompensieren jetzt die Versäumnisse nach dem Untergang des faschistischen Systems, denn billiger wird es nie mehr Absolution geben. Oder aber die alldeutsche Überzeugung, nichts könne so schlimm sein wie ein Kommunist, und sei es auch ein Nazi, bestimmt aus dem nationalen Unterbewußtsein heraus die Art, wie mit den plötzlich so nahe gerückten Brüdern umzugehen ist. Motto: Rotlackierte Faschisten sind noch schlimmer als die echten. Lothar de Maizière: »Die Naziherrschaft hat zwölf Jahre lang gedauert, also knapp eine Generation, und sechs Millionen Juden getötet. Dagegen hat die DDR 45 Jahre gedauert, das heißt drei Generationen, und sechs Millionen Akten hinterlassen. Wenn man 1945 so rigoros gewesen wäre, wie man es heute ist, dann wäre kein Aufbau der Bundesrepublik möglich gewesen.« In den Konzernen, siehe Schalck und Beil und Co., sah man das mit den rotlackierten Faschisten nicht so eng.

Den neugewählten Regierenden unter Maizières Leitung geht es zwar nicht um Ideologie, auch sie sind in erster Linie DDR-Bürger und dann erst Mitglied der verschiedenen Parteien. Aber sie wollen nicht unbedingt alle SED-Hardliner, Wölfe im Pelz der gestern noch gerissenen Schafe, unter einem Dach vereint in der Treuhandanstalt sehen. So sieht es nämlich am Anfang aus. Paul Liehmann zum Beispiel, einst Vizeminister für Leichtindustrie beim Genossen Erich, ist für Wirtschaft zuständig, und das bedeutet, er ist der entscheidende Mann für die laut Treuhandstatut vorgeschriebene Umwandlung der Betriebe. Geschäftsführer, deren Qualitäten er schon früher zu schätzen wußte, sind ihm die liebsten, und entsprechend setzt er sie ein. Statt der Aufsichtsräte, die man braucht, aber nicht hat und deshalb erst nach der Währungsunion berufen wird, sollen Beauftragte der Treuhandanstalt die Kontrolle wahrnehmen. Auch die kommen nicht unbedingt aus der Bürgerbewegung. Was andere Ostdeutsche, die mutig den aufrechten Gang üben und auf dem neuen Weg nicht die ehemals Mächtigen treffen wollen, ziemlich verbittert. Sind so kurz nach der unblutigen Revolution etwa schon wieder die alten Seilschaften am Ruder?

Reiner Maria Gohlke bestätigt zwar, daß »gewichtige Vertreter aus dem alten Regime« in der Behörde saßen – »es gab die alten Seilschaften, das war klar, das war ja aus der Modrow-Zeit, und die Seilschaften in den neuen Bundesländern waren sehr stark« –, relativiert aber gleich wieder: »Die Leute haben sich unglaublich engagiert«, und trotz ihrer Belastung aus der Vergangenheit seien Arbeitsmoral und Arbeitseinsatz »ungeheuerlich« gewesen, um die vom Treuhandgesetz definierten Aufgaben zu erfüllen.

In den ersten Wochen schafft die so ausgestattete Behörde nur knapp 200 Betriebe, und da es in der DDR kaum Wirtschaftsprüfer gibt, die Bilanzen testieren, und nur wenige Notare, die einen GmbH-Vertrag prüfen können – so was brauchte man unter Mittags Kommandowirtschaft nie –, wächst der Berg unerledigter Papiere täglich. Dennoch sind am Stichtag 30. Juni 1990 vor der Währungsunion immerhin 3567 Volkseigene Betriebe umgewandelt, den anderen gibt Maizière per Dekret die Umwandlung mit auf den unbekannten Pfad in die neuen Zeiten.

Wolfgang Ullmann sieht bereits in dem ersten Treuhandgesetz seine gute Idee verwässert:»Der Vorschlag des Runden Tisches hatte ja das gesamte Volksvermögen im Blick, während das Treuhandstatut nur noch die volkseigenen Betriebe zugrundelegte.« Zugestimmt hat er dennoch, nachdem Wolfram Krause ihm den Entwurf noch einmal schriftlich vorgelegt hatte. Besser so etwas als gar nichts. Und mitleidig fast:»Modrow saß doch zwischen allen Stühlen, seine Experten verhandelten alle schon in Bonn«. Die am Rhein lachten nur, als Wolfram Krause in einem Interview rund fünfzig Milliarden DM als notwendiges Kreditvolumen für den Umbau der DDR-Betriebe und deren Modernisierung nannte. Warte, warte nur ein Weilchen.

Christa Luft hatte während einer Debatte im alten Kabinett auf die Frage geantwortet, wie lange sie brauchen würde, um ein neues GmbH-Gesetz auf den Tisch zu legen:»Etwa anderthalb Jahre.« Was den damaligen Kollegen und jetzt gewählten DDR-Ministerpräsidenten Lothar de Maizière, den ein staubtrockener Humor auszeichnet, zur Replik veranlaßte:»Dann gibt es die DDR nicht mehr.« Womit er recht hatte. Nun regierte der CDU-Mann an der Spitze seiner Großen Koalition, intensiv und keineswegs heimlich beraten von Parteifreunden aus Bonn, und nun sollte es auch richtig losgehen mit dem Umbau der DDR und der beschlossenen Währungsunion. Ohne die spätestens dann fälligen Geldtransfers war der Staatsbankrott nicht mehr aufzuhalten. Er selbst war zuständig für die Treuhandanstalt, weil sich sein Wirtschaftsminister von der CDU und sein Finanzminister von der SPD um die Kompetenzen stritten. Schluß mit den sozialistischen Versuchen, irgendwie noch einen Rest von Planwirtschaft zu bewahren, also Großbetriebe vor dem freien Spiel der kapitalistischen Kräfte zu retten.

Vom schüchternen Hinweis auf ebenfalls einst staatliche Firmen im Westen wie VEBA und Salzgitter ließ sich keiner täuschen, es schien den Siegern klar, warum die Besiegten heimlich noch auf Zeit spielten: Pfründen retten. Schluß deshalb mit den kriminellen Versuchen der alten Generaldirektoren, sich ihrer Betriebe per Handschlag zu bemächtigen. CDU-Wirtschaftsminister Gerhard Pohl:»Es kann doch nicht angehen, daß ausgerechnet die ehemaligen Führungskader des Sozialismus nun auch noch zu den größten Privateigentümern in der DDR aufsteigen.«

Vor der Treuhandanstalt in Ostberlin, eher noch eine Abstellkammer im Vergleich zu dem, was mal aus ihr werden wird, immer noch nur eine Ansammlung von ein paar Büros, aber keine Behörde, drängeln sich in langen Schlangen die Kunden bis hinaus auf die Straße. Keiner traut der staatlichen Post, also bringen sie die nötigen Unterlagen selbst vorbei. Ungerührt vom Frust der überforderten Urtreuhändler auch dann, wenn längst schon Nacht und eigentlich Dienstschluß ist, stehen sie an: Direktoren, Betriebsleiter und Geschäftsführer von Kombinaten und Volkseigenen Betrieben, um sich einen Stempel abzuholen. Ohne das Siegel, mit dem ihnen bestätigt wird, daß sie ab sofort Vorsteher einer neu gegründeten GmbH sind, verlassen sie die Adresse Unter den Linden 44-60 nicht, wo die DDR-Staatsbetriebe Stück für Stück entflochten, aufgelöst, neu konstruiert werden – auf dem Papier:»Wir wandeln hiermit auf der Grundlage der Verordnung zur Umwandlung von Volkseigenen Kombinaten, Betrieben und Einrichtungen in Kapitalgesellschaften vom 1.3.1990 den VEB … in eine Gesellschaft mit beschränkter Haftung um.« In den fünfzehn Außenstellen geht es ähnlich chaotisch zu, die paar Genossen dort wissen noch weniger als die Zentralisten von Berlin, was sie eigentlich machen sollen, was sie machen müssen und was sie auf keinen Fall machen dürfen.

Manche wissen das allerdings genau und schlachten dieses Wissen weidlich aus. Praktisch dabei: Besitzer aller Volkseigenen Betriebe ist zwar formell die Treuhandanstalt, aber die hat überhaupt keinen Überblick, was ihr alles gehört. Selbst im Herbst 1990 tauchen in der dann schon mit angeblich bundesdeutscher Effizienz geleiteten Anstalt immer wieder Firmen auf, die keiner auf der Rechnung, die man schlicht vergessen hat. Entdeckt werden diese Betriebe entweder auf Zuruf derer, die mit ihrem Herrschaftswissen an irgendeinen Schrank gehen und mit einer Karteikarte zurückkommen, oder erst dann, wenn die Firma aus Dingsda vor der Tür steht und dringend um Hilfe bittet.

Hilmar Schmidt, Abteilungsleiter Grundsatzfragen in der Urtreuhandanstalt, ist einer von den Ossis, ohne die es zunächst bei den Wessis nicht ging, weil ihre Kenntnisse vom alten im neuen System gebraucht wurden. Zum Besitz der Treuhandanstalt gehörten sogenannte Arbeitseinsatzbetriebe. Was ist denn das? Das waren Betriebe, in denen Inhaftierte arbeiten mußten, und deren Gebäude lagen auf dem Gelände der Strafanstalten. So etwas zum Beispiel wußte Schmidt, der auch am künftig gültigen Treuhandgesetz mitformuliert hat, und Schmidt sorgte dann schnell dafür, daß die Kommunen solche seltsamen Betriebe erhielten und dichtmachten. Man konnte daraus schließlich keine Aktiengesellschaften bilden und einen Käufer suchen.

Es waren natürlich nicht alle sechzehn Millionen Ostbürger Verbrecher und Denunzianten, auch wenn sich das im Westen manchmal so las. Es gab auch die ganz normalen Menschen, die sich arrangierten. Denen hätte man doch aufgrund ihrer Vergangenheit nicht gleich die Zukunft verbauen müssen.

Im Gegenteil, sagt Treuhand-Erfinder Wolfgang Ullmann, im Gegenteil:»Man hätte viel radikaler aufräumen müssen mit den alten Kadern, die schon kurz nach der Wende sich gegenseitig wieder Firmen und Immobilien zugeschoben haben und das Machtvakuum ausnutzten.«

KAPITEL
3

Mission DDR: Impossible

Gedenkt, wenn ihr von unseren Schwächen sprecht, auch der Zeit, der ihr entronnen seid, heißt es im selbstverständlich anderen Zusammenhang bei Bert Brecht, dem ganz anderen deutschen Kommunisten. Aber der Satz paßt auf die Endphase des deutschen Kommunismus als real existierender Staatsform, denn hier, sagt Detlev Rohwedder, »wird einem das Wort im Mund alt«, so schnell passieren die Veränderungen. Es gibt keine Atempause für die Treuhandanstalt. Es gibt keine Zeit für Strategien, keine Zeit für Konzepte, keine Zeit für Beratungen, und selbstverständlich wird auch am Sonntag gearbeitet. Es existieren weder Formulare noch Vorlagen noch Richtlinien, nach denen man sich richten kann. Alles unbekanntes Gelände, keine Seile zum Festhalten, nicht befestigte Wege. Daß möglichst viele westdeutsche Firmen versuchen, deshalb wenigstens mit Hilfe von Seilschaften, die sich drüben sozusagen blind auskennen, ans Ziel VEB zu kommen, liegt nahe. Gern zu einem möglichst günstigen Preis, gern an der Treuhandanstalt vorbei.

Diese chaotischen Zustände werden sich erst im Herbst 1990 ändern, haben also nicht nur etwas zu tun mit der Unfähigkeit der Ostdeutschen an sich. Dennoch bekommen in der Erinnerung an die Zeit, der sie entronnen sind, viele Treuhändler einen fast glücklichen Gesichtsausdruck, selbst die härtesten Männer. Birgit Breuel gibt sogar zu, das Chaos ist leider aufgebraucht, es waren aber ihre schönsten Augenblicke. In diesem heillosen Durcheinander geschehen nämlich nicht nur zahllose Gaunereien in perfekter Kooperation von Ostinteressen und Westbegierden. Es passieren auch wunderbare kleine deutsche Geschichten, die man, typisch für deutsches Denken, wo es immer gleich um die Welt als Wille und Vorstellung gehen muß, eher vergißt, weil es in deutscher Geschichte tragische große Momente braucht. Folgende Geschichte ist eine solche kleine Anekdote aus den wilden Tagen des Umbruchs:

Die Mutter des Kombinats Kosmetik sitzt in Berlin, nicht weit von der Treuhandanstalt entfernt in der Friedrichstraße, aber sie hat wie viele Mütter keine Ahnung, was ihre Töchter treiben. Der Volkseigene Betrieb Florena aus Waldheim ist mit 700 Mitarbeitern ihre größte Tochter, und die hat einfach frech in einem Brief schon dem Genossen Modrow mitgeteilt, daß sie sich fortan nicht mehr als Teil eines Kombinats betrachte, sondern allein wirtschaften werde. Mit freundlichen Grüßen, und tschüs, Heiner Hellfritzsch, Geschäftsführer. Eine Antwort aus dem Büro des Ministerpräsidenten, erzählt er, habe man nie bekommen, was nicht weiter tragisch gewesen sei: »Wir machten uns eigentlich keine Gedanken, wir produzierten einfach weiter und verkauften unsere Kosmetika, die alle in der DDR kannten und brauchten, und von den Einnahmen bezahlten wir unsere Ausgaben. Wem der Laden nach unserer einseitigen Willenserklärung in Wirklichkeit gehörte, war uns egal.«

Der Urtreuhandanstalt gehört Florena, denn die ist jetzt die Besitzerin aller Volkseigenen Betriebe, aber das registriert die erst, als eine Delegation aus Waldheim sich bei Direktor Paul Liehmann meldet, nach langem Warten vorgelassen wird und sich mit einem Stammkapital von acht Millionen Ostmark als Florena GmbH eintragen läßt. Gründungsdatum laut amtlichem Bescheid: 1. 6. 1990. Das war's denn auch, sagt Hellfritzsch: »Wir haben von denen nie wieder was gehört, allerdings auch keine müde Mark erhalten.« Erst nach der Währungsunion lernen sie dann die richtige Treuhandanstalt kennen, was keine schönere Erfahrung sein wird, aber diese nicht ganz so heitere, doch ebenso erfolgreiche Vergangenheitsbewältigung steht in einem anderen Kapitel.

Insgesamt verfügen die von Abgeordneten der Volkskammer immer wieder gern als unfähig und korrupt beschimpften Genossen Treuhändler in ihrer kleinen Anstalt zur Verwahrung des

Volksvermögens für knapp neunzig Leute gerade mal über zehn Schreibmaschinen und drei Kopierer. Was sollen sie da schon groß bewegen können? Na gut, ihre Autos, denn sieben Trabants gehören zu ihrem Fuhrpark. Graf Matuschka: »Solche Zustände wie damals in Berlin laden dazu ein, ein Schnäppchen zu machen. In der ersten Phase war bei denen, die fürchteten, überrollt zu werden von den anbrechenden neuen Zeiten, die kriminelle Energie besonders groß.« Wolfgang Berghofer sieht sogar eine kühle Strategie, weil die alten Kader unter dem modischen Deckmäntelchen Urtreuhandanstalt ganz bewußt die Übergangszeit benutzt hätten, um für ihre Organisationen und für sich selbst noch was zu retten. Hans Modrow dagegen meint stolz, so schlecht könnten die nicht gewesen sein, wenn man sich mal anschaue, daß die Treuhandanstalt vor der Übernahme durch die Westdeutschen über 3500 Betriebe in Aktiengesellschaften und GmbHs umgewandelt habe. »Aber zu welchen Bedingungen?« bemerkt die spätere Treuhandpräsidentin Birgit Breuel lakonisch, »Diese Umwandlungen waren nämlich Teil unserer Probleme. Denn viele Verträge mußten wir doch nachverhandeln und verbessern, und das wurde teuer.« Da sind plötzlich Besitzer aufgetaucht, deren Seriosität keiner geprüft hat, und die haben zu Bedingungen gekauft, die keiner Bonitätsprüfung standhielten, jeder betriebswirtschaftlichen Beschreibung spotteten.

Haben denn alle vergessen, wie mühsam und unter welchem Einsatz aller juristischen Mittel man später die Interhotel-Kette dem alten Genossen Helmuth Fröhlich wieder entreißen mußte, der einfach mal so die ganze Gruppe der zu GmbHs gewendeten ehemaligen Staatsherbergen zu einem lächerlichen Preis im Paket an geschickte Wessis verpachtet hat? Zufällig hatten die von Steigenberger ihm garantiert, daß er im Amt bleiben könne. Von wegen also schon früh Marktwirtschaft geübt, nichts da, rote Vetternwirtschaft erprobt. Das war nur ein Fall von vielen, weiß Birgit Breuel. Von vielen anderen kann sie noch erzählen. Und nicht nur sie.

Bilanzen der Staatsbetriebe übrigens, auf die man sich hätte stützen können, liegen zu diesem Zeitpunkt nicht vor. Wie hätte man das auch schaffen sollen, zehntausend Bilanzen in zwei Monaten, obwohl die in allen GmbH-Erklärungen vorgeschrieben sind. Weder in Ostmark noch gar, wie gefordert, zum Stichtag Währungsunion in D-Mark. Erst zwei Jahre später kann die Treuhandanstalt eine Eröffnungsbilanz ihrer Betriebe zum 1. Juli 1990 erstellen. Die Schreckenszahlen, die da drinstehen, kennt man dann allerdings schon in leidvoller Erfahrung aus der Praxis.

Nicht nur die üblichen verdächtigen Glücksritter, auch Besucher der seriösen Art aus dem Westen machen sich im Frühsommer 1990 auf den Weg. Aus einer Aktennotiz für den Treuhanddirektor Peter Moreth nach einem Treffen mit Vertretern der Deutschen Bank: »Die Treuhandanstalt sollte nicht zulassen, daß westliche Firmen sich die Rosinen herauspicken und unterstützungsbedürftige Unternehmen allein gelassen werden … Anregung, ob es nicht zweckmäßig sei, die Leitung der Treuhandanstalt mit Beratern aus der BRD zu ergänzen. Die Beratungsgruppe der DB Roland Berger arbeite zur Zeit in 30 Betrieben der DDR und habe damit bereits große Erfahrungen.« Angeboten werden ganz konkrete Hilfen in den Bereichen, von denen man weiß, daß die Genossen davon keine Ahnung haben, weil so etwas in ihrem System nicht vorgesehen war: Controlling, Organisationsplanung, Finanz- und Rechnungswesen, Umstrukturierung der Betriebe und vor allem Erstellung der Bilanzen. So habe man beim Kombinat Technisches Glas Ilmenau herausgefunden, daß »dieses Kombinat, das z. Z. 240 Mio M Gewinn erwirtschaftet, unter marktwirtschaftlichen Bedingungen einen Verlust von ca. 200 Mio DM ausweisen würde«. Dennoch sei der Betrieb unter bestimmten Bedingungen sanierfähig. Eine Prognose, die sich nur bedingt als richtig herausstellen sollte, Glasring Ilmenau gibt es unter diesem Namen zwar heute noch, allerdings im Vergleich zu früher mit ganz anderen Geschäften: Das Kombinat ist zerschlagen in viele einzelne Bestandteile, Glasring Ilmenau heißt jetzt eine Immobilienfirma, und angestellt sind dort noch fünfzehn Leute. Der eigentliche Betrieb starb bereits 1992.

Roland Berger nützt die Erkenntnisse seiner im Osten aktiven Partner für die Beratung der Politiker, die intensiv am Management der Wiedervereinigung basteln. Was sinnvoll ist, denn damit bekommen Helmut Kohl und Lothar de Maizière schon ziemlich früh, im April 1990, auf nur wenigen Seiten eine realistische Acht-Punkte-Prognose dessen, was aller Wahrscheinlichkeit nach auf sie zukommen wird. Wie teuer also das Vaterland sein würde, das teure. Vor allem für die Bundesregierung ist Bergers Analyse nach dem Schalck-Papier die wichtigste Unterlage über den Zustand der DDR, deren Ministerpräsident hingegen sieht das eher protestantisch gelassen. Weil er erstens weiß, daß es noch schlimmer werden wird, aber zweitens alles besser sein würde, egal wie schlimm, als das, was war. Daran mißt er alles, und daraus schöpft er seine Kraft, wenn wieder mal in der Volkskammer über die harten neuen Zeiten genörgelt wird.

Der gewiefte Realpolitiker Kohl hatte aus Sorge vor den üblichen Schwätzern schon seine berühmten Zehn Punkte in Sachen »Einig Vaterland« zu Hause in Oggersheim seiner Frau Hannelore diktiert, beraten von zwei Geistlichen und juristisch vom Staatsrechtler Rupert Scholz per Telefon. Er kannte schließlich die nicht zur Verschwiegenheit fähige Bonner Kamarilla. Erst recht hält er jetzt die Studie seines gern konsultierten Beraters Roland Berger unter Verschluß, die der für ihn und Lothar de Maizière erstellt hat: »Leider war sie ziemlich genau, was die Voraussagen betraf, sowohl bezüglich des Verlustes an Arbeitsplätzen wie der Summen, die wohl nötig sein würden, aus der Planwirtschaft eine Marktwirtschaft zu bauen«, sagt Roland Berger eher vage und wahrt selbst jetzt – oder erst recht jetzt – strengste Diskretion.

Seinen Partner Karl J. Kraus konnte er damals übrigens als Fachmann Ost nur dringend empfehlen. Und da man inzwischen auch in der DDR-Regierung unter Lothar de Maizière im Gegensatz zu Modrows letzten Tagen auf solche Empfehlungen zumindest immer dann Wert legte, wenn man keine eigenen Fachleute zu haben glaubte, wurde Kraus von Krause, dem stellvertretenden Direktor der Treuhandanstalt, zu einem Treffen ins Gästehaus der DDR-Regierung gebeten. Er sollte in der ostdeutschen Arbeitsgruppe helfen, an einem veränderten Treuhandgesetz mitzuwirken, an dem auch Maizières Cousin Thomas und Heiner Geißlers ehemaliger Referent Fritz Holzwarth strickten. Die alte Verordnung, kaum zwei Monate alt, hatte mit der Wirklichkeit schon nicht mehr viel zu tun. Etwa so viel wie Wolfgang Ullmann mit Peter Moreth.

»Der«, sagt Lothar de Maizière, sorgsam seine Worte abwägend, »war im Rahmen der Möglichkeiten hier zwar ein anständiger Mann, aber fest verhaftet in sozialistischen Denkmustern.« Konnte dennoch nichts dafür angesichts seiner Arbeitsbedingungen, daß alles stockend lief. Aber paßte denen in Bonn, auf die man in Ostberlin manchmal auch zähneknirschend zu hören hatte, nicht mehr ins Weltbild. Vor allem Dieter von Würzen, Staatssekretär im Wirtschaftsministerium und ein aufrechtordentlicher Konservativer, drängte auf Ablösung. Weg mit dieser Blockflöte. Was nehmen die sich überhaupt heraus: Kredite wollen die? Verteilen wollen die? Daß wir nicht kichern. Um deren Staatshaushalt, dessen Minus inzwischen auf 400 Milliarden Mark Ost geschätzt wird, auch nur einigermaßen zu sanieren, muß bald verkauft werden, was überhaupt zu verkaufen ist. Also möglichst alles.

Der Bock muß gehen, und sein Stellvertreter Wolfram Krause, trotz aller früh bewiesenen Distanz nicht frei vom miefigen Stallgeruch des alten Stinkesystems, wird kommissarisch sein Nachfolger. Lothar de Maizière, an dessen Tisch immerhin noch Gerhard Beil als unverzichtbarer Fachmann sitzt, entläßt Moreth in die Beraterwüste, und da er weiß, es wird nicht mehr lange dauern bis zur Währungsunion, behält er Krause die paar Wochen, bis man einen neuen Mann gefunden hat, als obersten Treuhändler noch im Amt. Der nächste Chef wird ganz bestimmt keiner mehr aus dem Osten sein. »Nur höchste Qualität von Managern und Beamten garantiert Erfolg. Trümmerhaufen abgehalfterter Ex-SED-Beamter ist das Todesurteil für die Treuhandanstalt und den Privatisierungsprozeß«, lautet die lapidare Erkenntnis in einem ohne offiziellen Auftrag entstandenen Thesenpapier bundesdeutscher Banken, das am 21. Mai 1990 im Bonner Finanzministerium vorliegt. Falls es einen Ostdeutschen gibt, auf den diese Umschreibung nicht zutrifft, herzlichst eingeladen, denn eigentlich sollte es schon lieber einer von drüben sein, der als Präsident der Treuhandanstalt die dann notwendigen Grausamkeiten begehen muß. Es bewirbt sich keiner.

Auch Krause nicht. Er ist ein bescheidener Mann, er kennt seine Grenzen, aber er ist lernfähig. Seine Gesprächspartner im Westen, ob Beamte oder Manager, erinnern sich anerkennend seines Engagements, seiner Liebenswürdigkeit, seiner erstaunlich hohen Kompetenz. Als er mal eher beiläufig erwähnt, daß er in Berlin in seinem Büro weder ein Diktier- noch ein Faxgerät hat, ist ein paar Tage später mit freundlichen Grüßen von Schröder, Münchmeyer, Hengst & Co. alles da. Auch er hat noch vor einem Jahr wie viele davon geträumt, wenigstens eine Art Konföderation als Preis für kleine Freiheiten und den Fall der Mauer zu erreichen, verbunden mit einer Entschuldung des Staatshaushalts durch den West-Bruder. Jetzt aber weiß er es besser. »Die Idee mit den Anteilscheinen hielt ich nie für machbar, weil ich doch den Zustand der DDR-Wirtschaft kannte. Ich sah in der Treuhandanstalt eher eine Art juristische Übergangsform zur Verwaltung des Besitzes, bis wir wußten, was wir wirklich damit machen wollten. Aber das wußten die anderen natürlich längst, und selbst wenn wir noch Zeit gehabt hätten, dann hätten wir die nicht bekommen.« Krause wird auch nach der Währungsunion noch im Vorstand der Treuhandanstalt bleiben, zuständig für Finanzen. Schlimmer hätte es ihn nicht treffen können.

Das Volk hat die unblutige Revolution geschafft, und darauf soll es weiter stolz sein dürfen. Aber jetzt, nach der Wahl, hat »das Volk« erst mal nichts mehr zu melden. Hat nach der Kür nun auch seine Pflicht getan. So wie die stillen, heimlichen Vorbereiter der Wende. In normalen Zeiten wären die noch als Reformer gefeiert worden, insbesondere von konservativen Klassenfeinden – erinnern Sie sich, Peter Gauweiler? –, die stabile Verhältnisse wünschten. Nun aber sind sie nicht mehr so gefragt, im Frühjahr 1990 ist von ihnen kaum noch was zu hören. Hans Modrow, der immer aussah wie Hans Hiob aus Dresden, den die Last der DDR zu erdrücken drohte, wird nur noch in der als PDS neu etikettierten SED, in der noch viele der alten Flaschen sitzen, freundlich behandelt. Sein Nachfolger: »Ich war von Hans Modrows Ehrlichkeit überzeugt. Er wohnte in einer Drei-Zimmer-Neubauwohnung, ein schlichter und bescheidener Mann. Er war Reformist und Gorbatschow-Anhänger. Im Westen erschien er als heimliche Hoffnung. Erst nach der Wende wurde er von der Geschichte überrollt und verlor an Ansehen.« Die meisten Bürgerrechtler verschwinden nach der Auflösung des Runden Tisches und den für sie enttäuschenden Wahlergebnissen resigniert in den warmen Höhlen des Prenzlauer Berges, denn die Auszählung der Stimmen hatte ergeben, daß nunmehr richtige Politiker vom Volk gefragt waren und nicht irgendwelche bärtigen oder langrockigen Volksvertreter. Also keine Romantiker, die von einer schönen neuen Welt träumten, sondern Realisten, die versprachen, keine Sorge, es wird zumindest alles so wie drüben.

Wolfgang Berghofer, in hysterischer Übertreibung vor wenigen Monaten, nach seiner Davos-Rede, noch als »Kennedy aus Dresden« abgebildet, was er nie sein wollte, bleibt auch jetzt klug in seinen Entscheidungen. Professor Biedenkopf, den er Kurt nennt, will ihn zwar überreden, in der neuen, demokratischen Politik mitzuspielen, und diesmal am besten gleich in der richtigen Partei. Als möglicher Ministerpräsident des bald kommenden Freistaats Sachsen natürlich, denn da kennt man ihn, und die falsche Partei, die SED/PDS habe er doch auch schon verlassen. Berghofer lehnt ab: »Erstens habe ich den Einfluß der Politik nie überschätzt, und zweitens war mir doch klar, was auf mich zukommen würde. Meine eigene Vergangenheit war nicht konvertibel.« Womit er recht hat, ein künftiger Ministerpräsident von Sachsen als einer der möglichen Fälscher der letzten DDR-Kommunalwahlen vor Gericht ist nicht vorstellbar. Mach du es doch, Kurt, hat er gesagt. Ach was, du weißt doch, der Dicke mag mich nicht.

Berghofer erinnert sich lächelnd an die Nacht, als ihn dann Biedenkopf anruft und erzählt, daß er nach Geißlers Absage für die Spitzenkandidatur in Sachsen zur Wahl antreten werde. Er freut sich für Biedenkopf, das ist doch der richtige Mann für ein solches Land: Wirtschaftsexperte, kennt die richtigen Leute, hat die besten Beziehungen und besitzt vor allem die nötige Eitelkeit. Berghofer selbst interessiert sich nach seinem Abgang aus der PDS für die SPD und die für ihn, aber Henning Voscheraus und Klaus von Dohnanyis Versuche, ihn ihrer Partei schmackhaft zu machen, scheitern am Veto von Parteichef Hans-Jochen Vogel. Bloß keine Altlasten, nein danke. Das Argument, daß die politischen Gegner CDU und FDP mit ihren Blockflöten aus dem Osten nicht so große Berührungsängste haben, kann ihn nicht umstimmen. Einer von vielen Fehlern der SPD im sogenannten Prozeß der deutschen Einheit. Man stelle sich nur mal vor, Wolfgang

Berghofer hätte sich mit Gregor Gysi im Bundestag duelliert. Zwei Ossis im Streit. Beispielsweise über die Treuhandanstalt. Dirigiert wird im Frühling 1990 das Panikorchester DDR, in dem keiner nach Noten spielt und jeder improvisiert, nicht mehr vom Mann am Pult. Lothar de Maizière hat nur eine einzige Absicht: die Deutschlandsymphonie irgendwie zu Ende zu bringen, bevor der Konzertsaal über ihm zusammenbricht. Eigentlich hätte er eh lieber die Viola in einem Quartett gespielt, denn im Rampenlicht steht er ungern. Die paar Block- und Querflöten von der Treuhandanstalt, die hektisch nach Partituren suchen und nur ab und an eine Art Ton produzieren, stören beim allgemeinen Dissonanzenfestival nicht weiter. Die Einsätze bekommt er aus Bonn, und falls er mal einen verpaßt, bekommt de Maizière gleich eine verpaßt. Nicht sehr höflich wird der amtierende DDR-Ministerpräsident dann vom CDU-Parteifreund Helmut Kohl darauf hingewiesen, wo eigentlich die Musik spielt und daß er sich gefälligst abzustimmen habe, wenn er mitten im Adagio das Tempo erhöhe, in Sachen Oder-Neiße-Grenze mit Polen zum Beispiel:

»… ist für mich auf keinen Fall akzeptabel, daß im Rahmen der beabsichtigten Entschließung, inhaltliche Festlegungen über die Verfassung des geeinten Deutschland getroffen werden. Schließlich möchte ich daran erinnern, daß wir beide abgesprochen hatten, uns im Detail über das weitere Vorgehen zu verständigen. Ich bin sehr erstaunt zu hören, daß der Vertreter des Außenministeriums der DDR entgegen dieser Absprache den Entschließungsentwurf der DDR – zusammen mit einem Vertragsentwurf – in die trilateralen Gespräche mit Polen bereits eingeführt hat. Angesichts dieser Vorgehensweise sehe ich erhebliche Schwierigkeiten in dieser Angelegenheit voraus … mit freundlichen Grüßen, gez. Kohl.«

Diese Tonart des Kanzlers, der nicht der seine ist, hat der Musiker de Maizière bis heute nicht vergessen. Kohl wiederum vergißt bestimmt nicht, wie einst bei einem Empfang der DDR-Ministerpräsident auf einer geliehenen Viola ein Stück von Händel spielte, was den künftigen Kanzler aller Deutschen mehr nervte als freute, denn er stand nicht im Mittelpunkt. Hatten zwar keine Ahnung von Wirtschaft, diese ostdeutschen Brüder, aber offensichtlich Kultur.

In Bonn ist nun inzwischen doch die Portokasse wieder geschlossen und statt dessen der Fonds Deutsche Einheit eröffnet worden, der insgesamt 115 Milliarden DM vorsieht, um bis 1993 die notwendigen neuen Strukturen drüben, vor allem in den Bereichen Telefon, Straßen, Verkehr zu finanzieren. Wer dieses Geld ranschafft, und zwar, wie lauthals verkündet, ohne die westdeutschen Wähler mit Steuererhöhungen zu quälen, der bestimmt die Richtung. Also hätte Moreth selbst dann keine Chance gehabt, wenn ihn sein eigentlicher Chef im Amt hätte halten wollen. Von den 7894 Unternehmen, die bei der Treuhandanstalt zwecks Umänderung gemeldet sind, stehen 1893 den Kommunen zu – Wasserversorgung, Energiewirtschaft, Baubetriebe, Wohnungswirtschaft, städtischer Nahverkehr etc. –, aber auch deren Anspruch muß ja erst einmal geprüft werden, auch diese Betriebe wollen gerecht verteilt sein. Verbleiben also 6001. Klingt gar nicht so wahnsinnig viel. Aber erstens weiß keiner so genau, wie viele wegen der chaotischen Zustände in den fünfzehn Außenstellen der, typisch DDR, zentral geplanten Behörde noch immer nicht erfaßt sind, und zweitens handelt es sich um riesige Einheiten, man kann sagen: ganze Wirtschaftszweige, verteilt auf die fünf Branchen: Schwerindustrie, Investitionsgüterindustrie, Konsumgüterindustrie, Dienstleistungen und Landwirtschaft. Ungefähr 40 000 Betriebsstätten, wie es im DDR-Sprachgebrauch hieß, stehen hinter dieser Zahl.

Weiter auf der Liste des zu verwaltenden Staatsbesitzes: Rund 30 000 Handelsbetriebe (HO), Apotheken, Kinos, Buchhandlungen, zwei Millionen Hektar landwirtschaftliche Nutzfläche in den Hunderten von natürlich ebenfalls Volkseigenen Betrieben und Gütern (seit der Enteignung 1972 gab es praktisch keine Privatbetriebe mehr in der DDR), etwa die gleiche Anzahl von Hektar an Forsten und Staatswäldern, rund 45 000 Hektar Seen mit entsprechenden Fischereibetrieben, Bergwerke und Lagerstätten und oben drauf eine noch nicht feststellbare Zahl, sicher weit über tausend, an Objekten, die dem Ministerium für Staatssicherheit oder der Nationalen Volksarmee gehörten. Tausende von Immobilien, die zwar später auch die Kommunen beanspruchen sollten, zunächst aber einmal registriert werden müssen, machen das Unternehmen Treuhand komplett. Mission Impossible. Über den zutreffenden Scherz: Wir haben vor allem keine Zeit, nützen wir sie, konnte also keiner so recht lachen.

Der erste Staatsvertrag über die Wirtschafts- und Währungsunion wird in Bonn verabschiedet, und außerdem wird dort am Vertrag zur Einheit gebastelt, dessen vorläufige Entwürfe bereits kursieren, maßgeblich unter Mitarbeit des besonders ostdeutschen Günther Krause. Er ist Staatssekretär bei Lothar de Maizière und gilt als Chefunterhändler in Sachen Einheit bei den Wessis als konvertibler Ossi. So schnell wie er hat keiner begriffen, was ab jetzt zählen wird: Kapital, das richtige, und nicht mehr das von Karl Marx. Er paßt sich schon früh den rauhen Sitten der Marktwirtschaft an, und als er in der ersten Regierung des vereinten Deutschland Verkehrsminister wird, sieht er sich fast am Ziel der Wünsche: Macht und Einfluß, und auf der Straße im Osten wird er manchmal gegrüßt. Im Westen eher nicht. Weil er allerdings seine ganz private Gierlappigkeit beim Wandel durch Annäherung an westliche Unsitten übertreibt, sich sogar eine Putzfrau vom Arbeitsamt bezahlen läßt, geht es ihm wie den anderen, die weniger Chancen hatten als er, aber mehr Charakter: Er wird untragbar und abgewickelt. Heute macht er, wie so viele, in Immobilien, Fertighäuser für den armen Osten, und in Beratung armer Ostdeutscher. Paßt auch besser zu seinem Typ. Unvergessen bei Parteifreunden seine politischen Nervereien in Sachen Treuhandanstalt. Krause rief manchmal morgens noch vor sieben Uhr an und wollte als eine Art Superaufbauminister die Treuhandanstalt in seine bewährten Hände nehmen. Vorstellung: Der Superossi zeigt es den Besserwessis und saniert seine alte Heimat, bis sie der neuen gleicht. Der Kanzler hat das abgelehnt, immer wieder, zuletzt Mitte 1991, er vertraut seinem Instinkt und mißtraut dem Wendehals. Außerdem braucht man diesen Krause nach den erfolgreichen Verhandlungen des Jahres 1990 nicht mehr. Andere, die er braucht und will, entkommen Kohl nicht.

Wie zum Beispiel Joachim Grünewald, damals Staatssekretär im Bundesfinanzministerium. Eigentlich war er der richtige Fachmann für Steuerpolitik, und da hatte er weiß Theo genügend zu tun, aber beim Bier – »ausgerechnet beim Bier und nicht beim Wein« – wurde er von seinem Kanzler in der von dem so bezeichneten »Aktion Heldenklau« verpflichtet, sich zusätzlich ums neue

Vaterland zu kümmern. Unter seiner Regie wird die mangels Masse fast schon abgewickelte Abteilung VIII im Finanzministerium, die im Westen Staatsbetriebe wie VIAG, Salzgitter, Lufthansa etc. privatisiert hatte, wieder aufgestockt und unter ihrem Chef Eckart John von Freyend in Zukunft wichtigster Ansprechpartner der Treuhandanstalt. Eine Chance, nein zu sagen, hatte er natürlich nicht, erinnert sich der politische Treuhändler Joachim Grünewald. Wollte der mit allen parlamantarischen Finessen vertraute und bei allen Fraktionen geschätzte CDU-Mann aus dem Rheinland auch nicht, denn daß dies eine einmalige Aufgabe in einem Politikerleben sein würde, wußte er natürlich.

Klingt dennoch alles nach ganz normalen politischen Abläufen und Entscheidungen hin zum ersehnten Ziel, aber das täuscht. Zwar ist grundsätzlich die Währungsunion verkündet, aber hinter den Kulissen wird erbittert gestritten um den richtigen Kurs. Nicht um den politischen, der steht mangels Alternative fest, nein, um den Umtauschkurs von D-Mark zu Mark. Davon dringt wenig nach außen, die nationale Einheit des Schweigens gilt auch zwischen Frankfurter Bundesbank und Bonner Regierung. Aber es ist kein Geheimnis, daß sowohl die Bundesbanker als auch alle Vertreter anderer Großbanken – schließlich hatten sie in Albert Jugel ja einen Referenten, der sich auskennt – ganz andere Vorstellungen haben als der Kanzler. Eins zu sechs, eins zu fünf, eins zu vier, na gut, eins zu drei, aber eins zu eins? Der blanke Wahnsinn. Das fliegt uns um die Ohren.

Zwar liegt im Direktorium der Deutschen Bundesbank schon seit Mitte November 1989 ein Plan für eine Währungsunion, den Professor Claus Köhler in gewohnt präziser Art bald nach dem Mauerfall vorgelegt hat, aber noch einen Tag vor Kohls Verkündigung, und siehe, Ostvolk, ich bringe euch die D-Mark, hat der Chef dieser Bundesbank, Karl Otto Pöhl, keine Ahnung vom Überraschungscoup des Kanzlers. Ist sich am Abend vorher gerade mit den Partnern von der Staatsbank in Ostberlin einig geworden, bloß nicht zu früh die Währungseinheit herzustellen und intensiv über den bestmöglichen Kurs nachzudenken. Wird auf dem falschen Fuß erwischt, denn sowohl er als auch die Kollegen Schlesinger und Tietmeyer halten den Zeitpunkt für verfrüht und den vom Kanzler *ex cathedra* verkündeten Kurs für wirtschaftlich fragwürdig. Auf gut deutsch, sie fühlen sich von der politischen Führung in Bonn verarscht. Das sagen sie nie öffentlich, denn wer will schon als Spielverderber gelten, wenn es um die Nation geht. Erst Jahre später in Hintergrundgesprächen, Pöhl offener als die anderen, weil er mittlerweile in der Privatwirtschaft arbeitet und nicht mehr auf das Wohlwollen der Politiker angewiesen ist, reden sie darüber. Was allerdings nichts mehr nützt, der Zug ist längst abgefahren, und wer *post festum* alles besser weiß, gilt auch im Westen als unverbesserlicher Besserwessi. Selbst wenn er es wie Pöhl wirklich besser wußte.

Zu denen, die nicht nur in den Zirkeln der Macht, sondern auch öffentlich die Stimme erhoben in einem »Warnruf der ökonomischen Vernunft«, der genau an jenem grauen Februartag 1990 veröffentlicht wurde, an dem Modrow in Bonn zum Befehlsempfang antreten mußte, gehört der Bremer Professor Rudolf Hickel. Wegen seiner fachlich fundierten Impertinenz bei den Regierenden nicht geschätzt, aber gefürchtet. Wie andere alternativ denkende Wissenschaftler aus West und Ost prophezeit er ein gewaltiges Desaster, denn die ostdeutschen Betriebe, die von der Treuhandanstalt zunächst umgewandelt werden sollen, brauchen Zeit für den Wechsel: »Ein großer Teil der DDR-Wirtschaft würde ohne den Schutz des Wechselkurses in den Bankrott getrieben, oder er müßte über lange Zeit hoch subventioniert werden – mit zweifelhaften Aussichten. Viele Millionen, die jetzt in der DDR glauben, ihr bisheriger Wohlstand sei ihnen sicher und sie könnten sich durch rasche Einführung der D-Mark nur verbessern, müßten dann erfahren, daß die bisherigen Lebensgrundlagen wegbrechen und daß es sich als West-Arbeitsloser bei West-Preisen gar nicht so gut leben läßt.« Nicht so ganz daneben, diese frühe Prognose, wie man heute weiß. Damalige Reaktion: Alles Schwarzmaler. Alles Untergangspropheten. Alles Einheitsnörgler. Wir glauben an die Kraft des Marktes, lautet die Antwort aus Bonn. Außerdem gibt es politisch keine Alternative zu unserem wirtschaftlichen Kurs.

Die Treuhändler in Berlin bereiten sich nach Moreths Abgang auf den Umzug ins Haus der Elektrotechnik am Alexanderplatz vor, wo früher die Stasi ihre Wanzen erprobt hat. Das Chaos begleitet sie. Es gibt wenige Telefone, aber dafür keine lästigen

Telefonverzeichnisse. Es gibt keine Konferenzräume, aber dafür lange Flure, auf denen man im Stehen verhandeln kann. Es gibt zu wenige Büros, aber dafür auch keine Aktenschränke oder menschliche Nähe in den Räumen. Der Scherz, die Treuhandanstalt spiegele eben die Mangelwirtschaft DDR, ist denen kein Trost, die eben diese Mangelwirtschaft abwickeln sollen.

Wolfram Krause macht sich keine Illusionen darüber, daß die Zeit, da man Ossis braucht, zu Ende geht. Offiziell ist selbstverständlich Ministerpräsident de Maizière der Mann, der einen Nachfolger bestimmen kann, denn die Treuhandanstalt ist zwar nicht mehr das Kind von Ullmann, aber immer noch ein Kind der DDR. Später wird man sie die Rache der DDR am Kapitalismus nennen. Gesucht wird in der westdeutschen Wirtschaft ein Mann, der den Tiger reiten kann, und das Bonner Kanzleramt läßt keinen Zweifel: dies ist Chefsache, egal, ob es die DDR noch gibt oder nicht und eigentlich die anderen zuständig sind. Manche fühlen sich berufen und lassen durchklingen, daß man sie zwar gefragt habe, sie aber unabkömmlich seien in ihren Unternehmen. Wenn dabei Namen fallen wie Reuter von Mercedes oder Kraske von Siemens, Markus Bierich oder Tyll Necker, lächeln Eingeweihte nur wissend und verkneifen sich jeden Kommentar.

Man braucht einen erfahrenen Sanierer, einen mit Gefühl für den Seelenzustand der Ostdeutschen, einen mit politischen Verbindungen, einen mit Visionen für das neue Deutschland, einen mit Lust auf Abenteuer, einen für alles und für alle. Einen Patrioten also, wie er nur im Buche steht. Das alles paßt auf keinen Ostdeutschen, und so wird in Bonn als richtig, gut gemeint, aber illusorisch abgehakt, was noch im Thesenpapier der Banken zu lesen ist: »Die Treuhandanstalt muß von einem angesehenen DDR-Manager/Politiker geführt werden.«

Man braucht vor allem ein neues Gesetz für die Treuhandanstalt, damit das Ding endlich mal richtig definiert wird: Nicht Volksvermögen verwahren, sondern Volksvermögen verkaufen. Ein paar selbstverständliche Einrichtungen wie Vorstand und Aufsichtsrat, der dann Verwaltungsrat heißen wird, wären auch nicht schlecht. Abteilung VIII in Bonn bastelt an Strukturen, Grünewald denkt nach, der Kanzler hört seinen Ratgebern zu, unter denen auch Kaufhof-Chef Jens Odewald ist. Und Lothar de Maizière? Darf der nur noch die Vorlagen aus dem Kanzleramt abnicken? Ganz so war es nun doch nicht, wehrt er ab.

Zunächst gab es mal einen Entwurf für ein den neuen Erkenntnissen angepaßtes Statut aus der Treuhandanstalt in Ostberlin, federführend war Wolfram Krause. Dieser Entwurf sah vor, daß zwar alles verkauft werden sollte, was nur möglich war, aber nur nach vorheriger Zustimmung der Volkskammer. Schön demokratisch, aber fern der marktwirtschaftlichen Wirklichkeit, wo bei Angebot und Nachfrage schnell zu entscheiden war, und zwar von einem einzigen, dem an der Spitze. Die westdeutschen Herren des Geldes, die sich mit ostdeutschen Experten am 18. Mai trafen, als in Bonn der Staatsvertrag über die Währungsunion unterzeichnet wurde, meinten freundlich, so wohl eher nicht. Was ist denn noch im Angebot? Rüdiger von Voss, Geschäftsführer des CDU-Wirtschaftsrates, hatte Wissenschaftler von den Universitäten Bielefeld und Münster zu einer Wochenendtagung gebeten, streng vertraulich selbstverständlich, aber in angenehmer Umgebung, und die hatten gemeinsam nicht über den Sinn, sondern über die beste Form der Treuhandanstalt nachgedacht. Sinn war allen längst klar, also nicht mehr der Rede wert: Staatsbetriebe verkaufen, mit den Erlösen den Staat sanieren. Form bei ihnen: eine öffentlich-rechtliche Anstalt. In Bonn wiederum zerbrachen sich Beamte aus dem Wirtschaftsministerium und dem Kanzleramt den Kopf, fanden in ihrem Entwurf am besten die Form einer Aktiengesellschaft, weil da der Staat am wenigsten zu sagen hatte und die Strukturen der Entscheidungen am klarsten waren.

Die romantische Idee von der Verwahranstalt für Volksvermögen hat bei allen keine Chance mehr. Nur durch eine wie auch immer zu definierende Art von Privatisierungsagentur, die rücksichtslos und effizient alle Staatsbetriebe verkaufen darf, sind Investoren zu locken. Lothar de Maizière ließ sich persönlich von Experten wie Elmar Pieroth, Tyll Necker und Gerhard Fels beraten, keiner von denen fern der CDU, aber ihre Ideen hat sich der Kettenraucher nur dann zu eigen gemacht, wenn es ihm wirklich sinnvoll schien. Nicht etwa deshalb nur geschluckt, weil sie Brüder im christdemokratischen Geiste waren. Brüder kannte er nur im Osten, dort war er gewählt. Für *das* Volk war er verantwortlich und nicht für die Interessen des anderen.

Die aus den verschiedenen Konzepten entstandenen Vorschläge – dem Bonner Konzept, dem Bielefelder Konzept, den streng
privatwirtschaftlichen Thesen der Banker und den Vorschlägen
der ostdeutschen Arbeitsgruppe für das Treuhandgesetz – werden
in der Kanzlei des Ministerpräsidenten zwar in eine Fassung
gebracht. Aus vielen Handschriften soll eine werden, was angesichts manch schwammiger Formulierung, typisch für Kompro-
mißlösungen, nicht gelingt. Unbemerkt aber bleibt dabei in der
Öffentlichkeit der Einfluß westdeutscher Berater, selbst die letzte Fassung wird vom Finanzministerium in Bonn, erst nach der
Einheit zuständig für die Treuhandanstalt, noch einmal geprüft.
Diese Geheimnistuerei ist wegen ostdeutscher Befindlichkeiten
politisch gewollt, und deshalb muß keiner mit einem Dementi
rechnen, der sich in vordergründigen Hintergrundgesprächen zur
Vaterschaft des Treuhandgesetzes bekennt. Die Zuständigkeit des
Finanzministeriums im übrigen und nicht die des Wirtschaftsministeriums wird nur von den jeweiligen Wirtschaftsministern
Haussmann und Möllemann, beide FDP, immer wieder kritisiert.
Aber die Proteste werden leiser, je höher die Schuldenberge wachsen. Da es um die Bewilligung immer neuer Milliarden geht, ist
die Zuständigkeit Waigels auch faktisch richtig.

Das Gesetz bekommt, trotz aller Proteste von Abgeordneten,
vor allem aus den Fraktionen der PDS und Bündnis 90 – denn wo
ist der Anspruch auf unser Vermögen geblieben? – eine Mehrheit in der Volkskammer. Krause, diesmal Günther, hat es mit
präzisen Zahlen über Schulden und Defizite in seiner Rede über
das »Verlustkonto unserer Gesellschaft« auf den treffenden kurzen Nenner gebracht:»Nach Lage der Dinge ist Verkauf, das heißt
die Privatisierung vorhandenen Volks- beziehungsweise Staats-
eigentums durch die Treuhandanstalt Hauptquelle für die
Abdeckung der Finanzierung der eingeschätzten Verluste.« Ja, wo
sind wir denn? fragten verstört die Redner der Opposition, das
klang vor Tisch doch ganz anders. Wo wir sind, antworteten die
anderen: In der DDR. Krause und sein Chef wußten schließlich
am besten, wieviel Geld der DDR-Staatshaushalt für die zweite
Jahreshälfte 1990 jetzt schon aus Bonn benötigte, rund 32 Milliarden DM, um, salopp gesagt, den Laden DDR nicht gleich
schließen zu müssen. Lothar de Maizière machte in einer letzten

achtstündigen Beratung des Wirtschaftsausschusses unmißverständlich allen Bedenkenträgern wie den Abgeordneten Christa Luft oder Wolfgang Ullmann noch einmal klar, daß es angesichts solcher Tatsachen, in der DDR gern Fakt genannt, wirklich keinen Sinn machen würde, für die Träume von gestern auf die Barrikaden zu gehen.

Der erste Paragraph des dann gültigen Treuhandgesetzes klingt angesichts aller bisherigen Debatten über Volksvermögen und Anteilscheine und Eigentum deshalb nur für die Schar der immer noch Ahnungslosen brutal: »Das volkseigene Vermögen ist zu privatisieren. Volkseigenes Vermögen kann auch in durch Gesetz bestimmten Fällen Gemeinden, Städten, Kreisen und Ländern sowie der öffentlichen Hand als Eigentum übertragen werden. Volkseigenes Vermögen, das kommunalen Aufgaben und kommunalen Dienstleistungen dient, ist durch Gesetz den Gemeinden und Städten zu übertragen.« Auch hier noch in Gesetzestafeln gegossene Illusionen vom Ausgleich der Staatsschulden und Finanzierung der Strukturänderungen durch den Verkauf der Volkseigenen Betriebe.

Von wegen also Volksvermögen. Es gibt jetzt, im Sommer 1990, nur noch ein Volk ohne Vermögen, aber dennoch keine Volksaufläufe gegen die Volkskammer. Die Brüder und Schwestern sind nämlich gerade damit beschäftigt, ihr höchst privates Vermögen, also die Sparguthaben bei der Staatsbank, umzurechnen auf die kommende harte Währung. Ein neuer Kurs interessiert sie nur dann, wenn er was mit diesem Umtausch zu tun hat. Wie können wir am besten Omas Sparbuch einbauen in den künftigen Familienetat? Drei Monate nach dem Treuhandstatut der Regierung Modrow wird am 17. Juni 1990, am letzten westdeutschen Feier-»Tag der Deutschen Einheit«, kurz nach 21.30 Uhr das genaue Gegenteil der damaligen Vorsätze mit großer Mehrheit in der Volkskammer angenommen: das erste Treuhandgesetz. Übrigens auch sonst ein denkwürdiger Tag. Gregor Gysi (PDS) und Lothar de Maizière (CDU) mußten in einträchtiger Handgreiflichkeit Walter Romberg (SPD) daran hindern, ans Rednerpult zu stürzen. Übermannt von seinen Gefühlen, wollte der Finanzminister die sofortige Einheit jetzt, hier und heute fordern.

An den verschiedenen Paragraphen des Gesetzes werden die künftigen Treuhändler noch lange zu kauen haben. Für seine Bestimmungen sollen sie noch lange gehauen werden, und wenn sie sich zum Beispiel im Streit um die Kommunalisierung des Volkseigentums wehren, schließlich hätten verdammt noch mal sie das Gesetz ja nicht gemacht, nach dem sie jetzt arbeiten müßten, will das keiner hören. Weil es nicht in das dann herrschende Schwarz-Weiß-Bild vom Sündenbock Treuhandanstalt und dem nur von ihr plattgemachten Osten paßt.

Bleibt die dringliche Frage, wer den Laden führen soll. Die Figur wird gesucht, die sich jenseits aller Interessen von Parteien und Konzernen nur um eines kümmert, um die Jahrhundertaufgabe, um die Privatisierung der DDR. Ausgestattet mit allen Befugnissen, nur dem Erfolg verpflichtet, nicht dem Beamtenrecht. Erstes Gerücht: Hans Fridrichs, ehemaliger FDP-Wirtschaftsminister und jetzt Aufsichtsratsvorsitzender der Coop. Aber war da nicht mal was mit Parteispenden? Zweites Gerücht: Ernst Albrecht, gerade abgewählter Ministerpräsident von Niedersachsen. Aber hat Kohl dessen versuchte Kanzlerkandidatur jemals vergessen?

Hamburgs ehemaliger erster Bürgermeister Klaus von Dohnanyi, der auch auf der Liste möglicher Kandidaten steht, die beim Chef in Bonn liegt, bedauert noch heute, daß die beste Lösung leider unmöglich war: Strauß wäre ideal gewesen, sagt der SPD-Mann. Aber der ist tot. Bei Helmut Schmidt hätte man zwar an die nationale Verantwortung appellieren können, aber den mag Kohl nicht und der ihn nicht. Außerdem würde sich Schmidt ganz bestimmt von seinem Nachfolger nichts sagen lassen und der amtierende Kanzler den Ruhm womöglich mit seinem Vorgänger teilen müssen, wenn erst mal die Landschaften da drüben blühten. Wovon eigentlich außer Helmut Kohls aktuellem SPD-Gegenspieler Oskar Lafontaine jeder ausging. Des westdeutschen Regierungschefs bester Mann in Sachen Wirtschaft, der Ministerialbeamte Johannes Ludewig, graue Eminenz im Kanzleramt, führt vertrauliche Gespräche mit diesem und jenem.

Vor allen Dingen schon sehr früh mit einem, der ist bei Hoesch in Dortmund mit seiner Aufgabe zwar fast fertig, bei der Deutschen Bank aber für Krupp im Wort und kann sich deshalb nur vorstellen, ehrenamtlich den künftigen Verwaltungsrat zu leiten. Daß auf Detlev Rohwedder alles paßt, was den neuen Mann auszeichnen soll, bezweifelt keiner. Der Mann ist erste Wahl. Hilft aber nichts, suchen wir weiter. Maizière: »Ich habe Rohwedder, den ich kannte aus den kirchlichen Kreisen um Manfred Stolpe, immer für den richtigen Mann gehalten: erfahren als Sanierer, als SPD-Mann den Genossen in meiner damaligen Großen Koalition vermittelbar, beste Beziehungen in Bonn, vor allem ein Mann, dem die Einheit am Herzen lag und der uns nicht nur als blöde Ossis betrachtete, denen man mühsam alles beibringen mußte.«

IBM-Chef Hans-Olaf Henkel, der seine Erfahrung auch Lothar de Maizière andient, schlägt einen vor, über den er nur Gutes zu berichten weiß: Reiner Maria Gohlke, Chef der Deutschen Bundesbahn. Im CDU-Wirtschaftsrat nicken die einflußreichen Kohl-Berater bei diesem Namen, obwohl Gohlke als SPD-naher Mann gilt, wenn auch nicht Parteimitglied ist. Gohlke hat sich den professionellen Respekt der konservativen Manager als gnadenlos erfolgreicher Sanierer bei der Privatisierung des defizitären Staatsunternehmens erworben. Das gefällt ihnen. Der Mann scheint die nötige Härte zu haben. Um Privatisierung des Staatsbetriebs DDR geht es schließlich, ist sicher ein bißchen mehr als nur Eisenbahn, aber im Prinzip das gleiche. Also nehmen. Da hätte man zwar nach Detlev Rohwedders Zusage für den Verwaltungsrat schon zwei an der Spitze der Treuhandanstalt, die nicht zum Umfeld der Bonner Koalitionsparteien gehören, aber das ist kein Zufall. Wenn es wie jetzt um die Nation geht, müssen auch die eingebunden werden, die der Kanzler gern als »Soz'n« bezeichnet, und politisch ausgebufft, wie Kohl ist, weiß er genau, was er macht. Er behält alle Trümpfe im Ärmel seiner Strickjacke. Falls es nicht klappen sollte, liegt die Begründung auf der hohlen Hand, nicht wahr.

Rohwedder telefoniert aber zunächst mit seinem alten Vertrauten Otto Gellert, ausgewiesener Sanierer und Wirtschaftsprüfer aus Hamburg. Otto, du machst doch sicher mit. Aber natürlich macht Otto mit, und natürlich wird über Geld nicht geredet. Eine Frage der Ehre, auch wenn man das so nie hinschreiben würde. Dann das erste Gespräch zwischen Rohwedder und Gohlke, man verständigt sich im Prinzip, und der Hoesch-Chef signalisiert über Ludewig und Maizière seine Unterstützung dieses Kandidaten. Eine Entscheidung, die angesichts der herrschenden Zustände wichtiger ist als jede Berufung eines Ministers. Diese Zustimmung zwingt Rohwedder ein paar Wochen später nach dem schnellen Abgang des Reiner Maria G. aus der Treuhandanstalt dann schon aus moralischen Gründen, dessen Nachfolger zu werden. Aber noch muß der erst kommen. Kanzleramtsminister Rudolf Seiters ruft Ende Juni den Bundesbahnsanierer im Urlaub an und grüßt von seinem Chef. Henkel ruft seinen ehemaligen Mitarbeiter an und grüßt von der deutschen Industrie. Ludewig ruft an und grüßt von keinem, denn er hält diesen Job für eine Verpflichtung, und da darf man nicht nein sagen. Alle aber mit der »herzlichen Bitte, mich zur Verfügung zu stellen«, wie Gohlke berichtet. Er bricht seine Ferien ab und kommt zurück ins Vaterland, das ihn so laut gerufen hat. Kohl gibt dieser Lösung seinen Segen. Gohlkes Aufgaben bei der Bahn waren fast erfüllt, und die neue Herausforderung schien ihm, dem Eitelkeit so fremd nicht ist, seinen Fähigkeiten angemessen. Erst als im Westen alles abgeklärt ist, und zwar »per Handschlag, erst später mit einem Vertrag«, erinnert man sich wieder an die immer noch herrschenden politischen Verhältnisse: Lothar de Maizière, gewählter Ministerpräsident der DDR, kann als Nachfolger des gestürzten Peter Moreth zum 15. Juli 1990 mit Reiner Maria Gohlke an der Spitze der Treuhandanstalt rechnen und den dann auch berufen.

Wer die Treuhandanstalt führt, wird mehr Macht haben als einst die vierzehn Industrieminister der DDR, die für alle Branchen der Volkseigenen Betriebe zuständig waren. Wird mehr Macht haben als die einst wie Herzöge gefeierten Generaldirektoren der Kombinate. Wird mehr Macht haben als der einstige Herrscher der DDR-Wirtschaft Günter Mittag, der rumquengelt, keiner habe ihn richtig wirtschaften lassen, aber zumindest die Öffentlichkeit mit dem Bekenntnis verschont, er habe das alles nur fürs Volk getan, weil er es geliebt habe. Wird mehr Macht haben als die meisten Minister im Bonner Kabinett.

Die Demütigung, nur ausführendes Organ westlicher Interessen zu sein, schluckt der DDR-Ministerpräsident leicht runter. Da hat er schon ganz andere Kröten aus Bonn verdauen müssen. Kann sich mitunter subtil revanchieren, auf seine Art. Als schreckensbleich der amtierende Treuhanddirektor zu seinem Chef eilt und ihm gesteht, nicht mehr weiter zu wissen, er habe kein Geld mehr, und hier sei die Liste mit den dringenden Anforderungen der Betriebe, reagiert Lothar de Maizière ganz gelassen. Machen wir wie früher, wir verdoppeln erst einmal das, was du wirklich brauchst, legen noch ein bißchen was drauf und achten dabei auf die Endsumme, das muß eine ungrade Zahl sein, die glaubt man eher. So geschieht es. Lothar ruft Parteifreund Helmut an, die Anforderung wird zur Vermeidung unnötiger Irritationen oder gar öffentlicher Proteste abgenickt – und Wolfram Krause diese Szene nie vergessen.

Lothar de Maizière weiß: Schnell muß es gehen mit der Einheit, schon im Mai hat ihn der sowjetische Außenminister Eduard Schewardnadse bedrängt, sich bloß zu beeilen. Noch könne er innenpolitisch durchsetzen, was er außenpolitisch verspreche. Aber wie lange noch? Die nötigen Streicheleinheiten holt sich der Protestant nicht bei irgendwelchen christdemokratischen Parteitagen, auf denen Einheit demonstriert wird und unter der Hand die Berichte des angeblichen Stasi-Mitarbeiters Czerny alias Lothar de Maizière verteilt werden, sondern dann, wenn er seine Viola streicht. Er gerät, gemessen freilich an seiner typischen Sprödigkeit, ins Schwärmen, als er von einem Konzert in Moskau erzählt, wo er und seine Freunde vor 3000 Leuten die Johannes-Passion gespielt haben. So etwas vergißt er nicht. Der ehemalige Ministerpräsident, der bis zur Währungsunion 3500 Mark im Monat verdiente, Ost natürlich, dazu kam allerdings noch eine Aufwandsentschädigung von 1500 – die Gesamtsumme blieb auch nach der 1:1 Umstellung –, sitzt heute zufrieden in seiner Kanzlei in der Friedrichstraße und trauert den Tagen des plötzlichen Ruhms, der ihm eigentlich immer eher Last war, nicht nach. Freut sich, daß er gerade mal wieder einen Prozeß gewonnen und damit ein Stückchen Gerechtigkeit erreicht hat.

Nicht irgendeinen Prozeß, sondern einen ganz besonderen Rechtsstreit hat er für sich und seinen Mandanten entschieden, einen, der mit dem untergegangenen Unrecht zu tun hat. Einem inzwischen alten Mann haben die staatlich sanktionierten Büttel des sozialistischen Systems in den frühen achtziger Jahren seine gesamte Kunstsammlung geklaut und sich dabei auf bestehendes Recht berufen. Diebe haben so etwas wie eine Berufsehre und wären wenigstens noch nachts eingestiegen, diese Ganoven dagegen klingelten morgens kurz nach sechs und zeigten ihre Ausweise.

Das ging so: Erst einmal wird der Besitz geschätzt, danach werden Steuernachzahlungen verlangt, die viel höher sind als der Wert der Schätze. Der Sammler kann nicht bezahlen, also wird alles beschlagnahmt und geht über in Staatsbesitz. Danach wird Steuerstrafe fällig, weil ja nichts davon angegeben war, und da wieder kein Geld da ist, muß leider das Haus des Bürgers dafür herhalten. Geldstrafe darf natürlich auch nicht fehlen, und wegen Steuerhinterziehung wird der Geprellte auch noch zu ein paar Jahren Knast verurteilt. Als »Fall Schwarz« wurde dieser Fall nach der Wende bekannt und in allen möglichen Kommissionen immer wieder als besonders übles Beispiel aus vergangenen DDR-Zeiten angeprangert. Werner Schwarz, damals Restaurator für Möbel: »Familienstücke, Hochzeitsgeschenke, sogar meinen Trauring haben sie genommen. Man ist plötzlich gekommen, hat mich verhaftet, nach Potsdam geschleppt, in Handschellen gefesselt. Innerhalb von zwei Tagen hat man das Haus völlig ausgeraubt, allen persönlichen Besitz, Familienbesitz, meine Bücher, weggeschleppt. Anschließend noch meine ganze Werkstatt, meine Werkzeuge.« Lothar de Maizière sieht im späten Sieg ein Stück Wiedergutmachung, denn zumindest die Steuern will er jetzt zurück vom Rechtsnachfolger Bundesrepublik Deutschland. Das ist legitim, befanden die Richter vom Oberlandesgericht Brandenburg. Was heißt, daß dem Opfer eine Million DM erstattet werden muß. Was aber noch lange nicht heißt, daß er sie zu Lebzeiten noch bekommt.

Die eigentlich Schuldigen standen selbstverständlich nicht vor Gericht. Die eigentlich Schuldigen haben sich rechtzeitig im neuen System ein warmes Plätzchen gesucht. Keiner hat sie zur Rechenschaft gezogen für das, was sie verbrochen haben. Das schwarze Reich der roten Socken, sagt der Anwalt der Einheit, ist überhaupt eine abenteuerliche Geschichte. Sie gehört leider auch zur Geschichte der Treuhandanstalt.

KAPITEL
4

Das schwarze Reich der roten Socken

Es gibt eine Liste, auf der viele Namen stehen. Namen, die man in der Bundesrepublik immer wieder abgedruckt findet, wenn in den Zeitungen von den Festen der oberen Zehntausend, für die sich Hunderttausende halten, berichtet wird. Hinter den Namen auf dieser ganz besonderen Liste stehen Bezeichnungen, Daten und Zahlen. Bei den Zahlen handelt es sich um D-Mark-Beträge, bei den Bezeichnungen um Kunstgegenstände und bei den Daten um die Tage, an denen sie gekauft wurden. Diese Liste wurde zu DDR-Zeiten laufend verändert und ergänzt, aber nach der Wende verschwindet sie in einem Tresor in der Schweiz. Vorher haben diese Aufstellung nur wenige gesehen. Seitdem keiner mehr.

Geführt wurde das Verzeichnis im Reich von Alexander dem Großen, Abteilung Kunst und Antiquitäten. Selbstumschriebener Zweck dieser Firma im Konzern Kommerzielle Koordinierung: Export und Import von Antiquitäten, bildender Kunst, Volkskunst sowie Gebrauchtwaren mit kulturellem Charakter. Die Erbin des Schalck-Imperiums, die Treuhandanstalt, hat als Konkursverwalterin aller Volkseigenen Betriebe auch diese Abteilung in ihrem Portfolio, das so unübersichtlich ist wie die undurchsichtige Hinterlassenschaft des VEB Devisenschieber insgesamt und noch heute die Nachfolgerin der Treuhandanstalt beschäftigt, die Bundesanstalt für vereinigungsbedingte Sonderaufgaben (BvS). Um Import müssen sich deren Beamte am Berliner Alexanderplatz 6 und ihre Kollegen vom Bundesfinanzministerium dabei weniger kümmern, denn es ging bei diesem speziellen Handel ausschließlich um Export, um den staatlich sanktionierten Ausverkauf der sogenannten DDR-Kulturgüter. Auf der Liste stehen alle Käufer von Möbeln, Gemälden, Porzellan, Schmuck, antiquarischen Büchern und seltenen Handschriften, die unter anderem von einem gewissen Axel Hilpert betreut wurden. Hilpert war innerhalb jener offiziell beim Außenhandelsministerium angebundenen, aber Günter Mittag direkt unterstellten Kommerziellen Koordinierung der für Antiquitäten zuständige Einkäufer. Der Begriff Einkäufer ist eine eher mißverständliche Bezeichnung für seine Tätigkeit, denn bezahlt hat er nie für das, was er und seine Männer besorgten. Er war eigentlich ein Kunstsammler der besonderen Art. Hilpert hat mit seinen Stasi-Kumpanen aus der Abteilung VII/13 im Auftrag seiner Oberen recherchiert, wo es in der DDR noch Privatbesitz von wertvollen Kunstschätzen gab, getarnt als Interessent für den Kauf von Antiquitäten, und, wenn er fündig wurde, nach dem bewährten Muster wie im Fall Schwarz die Steuerfahndung zwecks Inventur geschickt. Anschließend wurde vom Staat unter fadenscheinigen Begründungen alles enteignet, von A–Z, von Anrichte bis Zinnsoldaten, und angeblich dem Volksvermögen zugeschlagen. Ganz legal, selbstverständlich, man war schließlich bei der SED und nicht bei der Mafia. Erst kamen die Kunstfahnder, dann die Steuerfahnder und dann fand man einen Weg, die Fundsachen im Westen zu versilbern. Es ging nicht banal um die Vermehrung privaten Reichtums, sondern um Höheres. Um Devisen für den bedürftigen Staatshaushalt. Zwar mit krimineller Energie und mit kriminellen Mitteln, denn freiwillig wollten die Sammler nichts rausrücken, aber was zählte schon diese Art von Kriminalität in einem Staat dieser Art.

Im Hotel Metropol beim Bahnhof Friedrichstraße, das wegen der Nähe zum Übergang, den die Interessenten aus dem Westen benutzen müssen, günstig liegt, ist stets eine Etage für die Kunst reserviert, die der Klassenfeind schätzt und die das Volk, das auch von diesem seinem Vermögen keine Ahnung hat, nicht braucht. Gesamtwert der dort lagernden Objekte: immer um die 750 000 D-Mark, nie drunter, im Bedarfsfalle laufend aus Beständen ergänzt. Nachschub gibt es genug, denn nicht nur private Besitzer werden aufgrund vorgeblich horrender Steuernachforderungen gnadenlos geplündert, auch die Depots der staatlichen Museen und der ehemaligen Schlösser entkernt. Da braucht man nicht mal die üblichen fadenscheinigen Begründungen, sondern schickt gleich die Lastwagen für den Transport. Von diesen Fundgruben wissen auch Politiker vor Ort, die in ihrer Suche nach Mitteln für ihre Stadt in die Keller des Museums steigen, falls sie denn eines haben, und auch mal ans Tafelsilber gehen, um für ihre Kommune das Nötigste zu besorgen.

Wolfgang Berghofer bietet zum Beispiel geradezu verzweifelt in einem Brief an das Außenhandelsministerium abgeschnittene Haare seiner Dresdner an, gesammelt bei den Friseuren, weil so etwas drüben, wie er erfahren hat, zwecks Perücken gefragt ist und er nicht einmal diesen Abfall zu verschenken gedenkt. Er benötigt nämlich dringend wenigstens zwei Müllwagen und zwei Fräsen und, wenn es geht, auch noch zwei Rasenmäher, gerne auch einen funktionierenden Personalcomputer samt Drucker einfachster Ausführung. Der Bürgermeister listet aus den Beständen Dresdens auf, was zum täglichen Funktionieren der Großstadt derzeit nicht unbedingt gebraucht wird: historische Schußwaffen, ein zwölfteiliges Eßservice aus Meißener Porzellan, noch immer benutzbare antike Türschlösser, Bauhaus-Stühle, vergoldete große Bilderrahmen, repräsentativ, eine Anzahl von Gemälden diverser Künstler aus dem vergangenen Jahrhundert etc.

Falls im nicht so Volkseigenen Betrieb Kunst und Antiquitäten die Nachfrage mal zu groß ist, weil im Westen Versteigerungen renommierter Auktionshäuser anstehen, werden deren Einkäufer per Bus die zwei Kilometer vom Berliner Stadtrand in die märkische Heide nach Mühlenbeck gekarrt. In einer 7000 Quadratmeter großen Lagerhalle dort läßt sich nicht nur immer etwas Passendes finden. Es stehen außerdem rund 900 Fachkräfte bereit für notwendige Restaurierungen. Von Mühlenbeck und von Pirna, wo »Kunst und Antiquitäten« eine weitere Dependance unterhält, werden neben den Anfragen der Beletage auch volksnähere Wünsche bedient und verschiedene Flohmärkte Westeuropas mit allerlei Tand und Schund versorgt. Im Kampf gegen leere Kassen kennt man keine Klassen. Die verwöhnten Westler, die ja alles haben, geraten schon in Verzückung beim

Anblick von schiefen Bauerntischen aus Mecklenburg, die dort aussortiert worden sind. Solches Kleinvieh aber macht auch Devisenmist.

Nur die wirklich wichtigen Kunden, um die sich KoKo-Generaldirektor Joachim Farcken bei Ausflügen in den Westen persönlich kümmert – nach erfolgreichen Ausplünderungen selbstverständlich mit entsprechend aktualisiertem Angebot –, werden vom allgegenwärtigen Staatssicherheitsdienst notiert. Da sind schließlich auch Sammler tätig, die ihr nicht sehr populäres Handwerk als hohe Kunst betrachten. Alexander Schalck-Golodkowski und seine Gang werden zwar geschätzt als hocheffiziente Experten für geheime Geschäfte aller Art, aber ihr Chef ist nicht der zuständige Außenhandelsminister Gerhard Beil und ihr Boß ist auch nicht Günter Mittag, sondern ihr Boß ist Erich Mielke, der faltige Zwerg Alberich von der Stasi. Deshalb haben die Kunst-Genossen militärische Ränge im Spitzelsystem der Stasi. Sind sogenannte Offiziere in besonderem Einsatz, was in ihrem Fall einer korrekten Berufsbezeichnung nahekommt. Die betuchten West-Sammler, die bei diesen verführerischen Kokotten kaufen, wissen wohl, was sie tun, und ahnen, daß die Objekte ihrer Begierde nicht unbedingt öffentlich ausgestellt werden sollten. Daß vielleicht doch nicht alles nur aus den Restbeständen staatlicher Museen stammt oder aus den enteigneten Gütern ehemaliger Junker. Sie fragen lieber nicht nach präzisen Angaben über die Vorbesitzer.

Strafrechtlich hat das nach der Wende für sie keine Folgen, schließlich haben sie nichts geklaut. Man spricht im Gegensatz zu früher halt heute nicht mehr so gern darüber in jenen Kreisen, in denen Gästelisten geführt werden. Ist deshalb heilfroh, daß es zum Beispiel dem ehemaligen Geschäftspartner und ganz speziellen sozialistischen Kunstsammler Axel Hilpert im neuen Deutschland mit seiner Potsdamer Immobilienfirma – Dependancen in London und Miami, aber auch Kuba – so gut geht, daß auch er die Liste nicht mehr braucht, um in der Freien Marktwirtschaft seinen Lebensunterhalt zu verdienen. Woher er das Stammkapital hatte, um seine Firma zu gründen, bleibt sein Geheimnis. Man hat eben Verbindungen und Beziehungen und natürlich Glück, Punkt.

Zumindest steht er nicht im Verzeichnis jener Damen und Herren, die von der PDS aus dem Vermögen der ehemaligen SED ein großzügiges Darlehen bekommen für den Start in die soziale Marktwirtschaft. Die PDS ist so frei, insgesamt 216 690 942,45 D-Mark zu verteilen, was der Verwalterin solcher Sondervermögen, der Treuhandanstalt, wenig Freude bereitet. Denn sie soll ab Sommer 1991 prüfen, ob das damals zu Nach-Wende-Zeiten alles mit rechten Dingen zugegangen ist oder ob die über 200 Millionen DM Darlehen für Firmengründungen an verdiente Genossen und Genossenschaften nicht vielleicht doch eine besondere Form der Geldwäsche gewesen sind. Das Vermögen der einstigen Staatspartei steht laut Einigungsvertrag dem Staat West zu, und je weniger die SED-Nachfolgerin PDS vorrätig hat auf ihren Konten, je weniger Besitz sie vorweisen muß, desto geringer der Ertrag für den nicht geliebten neuen Staat. Falls an den Darlehen etwas faul gewesen sein sollte, und der Verdacht liegt nahe, ist ein Jahr nach der parteiintern »Aktion Sparstrumpf« genannten Expedition in die Marktwirtschaft jede Spur verwischt. Nur die Wende ist die Stunde der politischen Amateure, danach kümmern sich wieder Profis um die Geschäfte. Nicht nur in der Politik. Die Ostamateure aber sind ganz schön gedopt, sind also durchaus fähig zu Höchstleistungen, auch unter den neuen Bedingungen. Sie brauchen keinen Vergleich zu scheuen mit Flick & Co. und deren politischer Landschaftspflege immer knapp am Gesetz vorbei, indirekt in die Parteikassen und nie direkt. Das merken die Kontrolleure erst, als die Trickser sich längst mit ihren Gewinnen verabschiedet haben. Viele einstige Planwirtschaftler gehen mit einem ziemlich genauen Plan in die Marktwirtschaft. Und treffen dort auf Berater, die sich auskennen und ebenfalls keine moralischen Bedenken haben, den Staat zu betrügen.

Daß PDS-Funktionäre nach dem offiziellen Abschied von dem bei freien Wahlen nicht mehr vermittelbaren Namen SED einen berühmten Anwalt des politischen Gegners um Rat fragen, wie denn jetzt mit dem Parteivermögen zu verfahren sei, stimmt den heute noch heiter. Trockene Antwort von Lothar de Maizière: Müßt ihr dem Staat geben, denn bei uns gehörte doch alles dem Volk, und das Volk war der Staat, und ihr wart die Staatspartei. Oder etwa nicht?

Axel Hilperts Aussage vor dem KoKo-Untersuchungsaus-
schuß des Deutschen Bundestages umfaßt im Protokoll fast 200
Seiten, aber für die Substanz seiner Mitteilungen hätten ein paar
Seiten genügt. Noch im Wendejahr 1989 holen er und seine Artisten rund 38 Millionen Mark West rein, bevor nach der Flucht
ihres Chefs der Gemischtwarenladen offiziell unter staatliche
Aufsicht gestellt und laut Beschluß des DDR-Ministerrats der
gesamte KoKo-Betrieb zum 31. März 1990 eingestellt wird. Verfügt damals unter Modrows Führung der immer noch amtierende Außenhandelsminister Gerhard Beil, was aber nicht bedeutet,
daß die Idee der staatlichen Devisenschieberei damit gestorben
ist. Nach dem bewährten Muster der Kommerziellen Koordinierung wickeln die Außenhandelsbetriebe im Frühjahr 1990 ihre
Geschäfte über die Deutsche Handelsbank ab, und dies, wie sich
zeigen wird, zum Segen ihrer Bilanzen. Schalcks sogenannte stille Reserve von 2,3 Milliarden D-Mark wird sozialisiert, also zum
Löcherstopfen im DDR-Etat benutzt. Eigentlich ist die Summe
gedacht für die Notfälle des Alltags, falls mal gar nichts mehr
gehen würde, aber für solche Notfälle hat man jetzt jenseits der
Elbe einen anderen wohlbeleibten Zahlmeister. Im übrigen gibt
sich Beil so erstaunt wie die anderen, als in westlichen Zeitungen und Magazinen mehr und mehr über die seltsamen Geschäfte von KoKo enthüllt wird. Davon weiß der besonders im Westen
hochgeschätzte Minister für Außenhandel offiziell nichts,
obwohl er neben dem geflüchteten Schalck-Golodkowski der einzige gewesen sein dürfte, der sich im Schattenreich auskannte.
Bestimmt nicht Christa Luft, bestimmt nicht Hans Modrow, und
ganz bestimmt nicht deren dann demokratisch gewählte Nachfolger.

Um das berühmte Zitat eines nicht so berühmten Mannes
leicht zu verändern: Die Millionen, die von der Kampfgruppe
Kunst und Antiquitäten in die chronisch leeren Kassen der DDR
geholt wurden, sind im Vergleich zu den Gesamtumsätzen der
Devisenbeschaffer eher Peanuts. Drei Milliarden D-Mark betragen die im letzten vom Genossen Mittag abgezeichneten
Geschäftsjahr 1988, von sieben Milliarden Valutamark geht man
1989 aus, aber daß dies eher untertrieben sein dürfte, zeigen ein
paar andere Zahlen, die dann den ersten westlichen Managern in

der Treuhandanstalt ab August 1990 vorliegen werden. Sie lassen die Unterlagen erst einmal in den Stapeln mit anderen Akten auf ihren Schreibtischen ruhen.

Erstens haben sie nämlich ganz andere Sorgen: täglich Alarmmeldungen über zusammenbrechende Volkseigene Betriebe – und in diese Kategorie gehören die 160 Außenhandelsbetriebe nicht, denn Geldsorgen sind denen fremd. Zweitens können die West-Treuhändler der ersten Stunde mit den vielen Ziffern und den vielen weltläufig klingenden Firmennamen nichts anfangen, denn die richtigen Fachleute Ost, die sie hätten fragen können, sitzen nicht nebenan. Die werden entweder als Altlast nur bei der Poststelle beschäftigt, verfügen selbst über keine Erkenntnisse über dieses Schattenreich oder haben sich längst aus dem Staub gemacht und denken nicht daran, sich dem Supermann von gestern anzuschließen, also wie Schalck ihr Herrschaftswissen auszuplaudern. Daß die Außenhandelsbetriebe abgewickelt werden müssen, weil es so etwas wie ein staatliches Monopol auf freien Handel in der Marktwirtschaft nicht gibt, wird im Vertrag über die Wirtschafts- und Währungsunion in einem gemeinsamen Protokoll beider Seiten zwar festgeschrieben, aber in der Treuhandanstalt ist das nur eine Aufgabe von verdammt vielen. *First things first.* Wir haben Wichtigeres zu tun.

Mit diesen harten Folgen der sanften Revolution muß sich eine Arbeitsgruppe Regierungskriminalität in der Treuhandanstalt erst ab Sommer 1991 beschäftigen: Auslandskonten suchen, Scheinfirmen im In- und Ausland aufdecken und den Spuren der Geldwäscher folgen. Die Zeit bis dahin haben die Genossen von der anderen Seite nicht ungenutzt verstreichen lassen und aus Volkseigenen Betrieben ganz eigene Betriebe gemacht. Diesen Vorsprung werden die Spürnasen West nie mehr aufholen können. Schieberbanden zu riechen reicht im Rechtsstaat nicht mehr, da muß bewiesen werden, wer den Haufen in wessen Auftrag wohin geschafft hat und ob es staatliche Abfälle sind oder selbstproduzierte. Dabei geht es nicht nur um Dutzende von Tarnfirmen aus dem Bereich Kommerzielle Koordinierung, sondern auch um das so getaufte Sondervermögen von Parteien und Massenorganisationen in der ehemaligen DDR, also um den Besitz des Ministeriums für Staatssicherheit und der Nationalen Volksarmee etc. Es geht um insgesamt 4462 Immobilien, zum Beispiel um Tausende von Grundstücken und Ferienheimen, für die als Nutzer ganz andere Personen eingetragen sind, die kaum ihren eigenen Namen buchstabieren können und den von irgendwelchen staatlichen Organisationen angeblich noch nie gehört haben. Teilweise ist bis heute noch nicht bekannt, welche Legenden da gesponnen wurden, um die Jäger zu täuschen, die ihre Bemühungen allerdings nie so recht koordiniert haben.

Haben die gewendeten Sozialisten viele hundert Millionen D-Mark über Auslandskonten verschwinden lassen oder nicht? Ist die PDS-Spende von 250 Millionen Ostmark an die Humboldt-Universität in Ostberlin – nach der Währungsunion 125 Millionen DM – eine besonders listige Art, sauberes Geld in die Parteikasse zu schwemmen, oder kommt auf eine solche gemeine Idee nur die schmutzige Phantasie der Westler? Was haben sich die Erben der Blockparteien CDU und LDPD außer den bekannten sechzig bzw. 91 Millionen unter den Nagel gerissen? Warum hat eine Organisation wie die »Vereinigung der gegenseitigen Bauernhilfe«, auch unter der Abkürzung VdgB nicht so bekannt, fast 400 Millionen DM Vermögen auf ihrem Konto? Und wie kommt die »Gesellschaft für Sport und Technik« an 1,2 Milliarden? Und wo, bitte, ist überhaupt noch was versteckt?

Es wirkt wie eine Kapitulation vor den besiegten Gegnern, wenn die Bundesrepublik Deutschland, vertreten durch die Treuhandanstalt, in großen Zeitungsanzeigen im März 1994, nach Jahren vergeblicher intensiver Suche, eine Belohnung verspricht. »Gesucht: DDR-Parteienvermögen« steht fett über dem Aufruf, und für sachdienliche Hinweise werden bis zu fünf Millionen DM geboten. Kapitulation deshalb, weil zu keinem Zeitpunkt koordiniert gesucht wurde, weil außerdem alle schönen Umschreibungen nicht verbergen können, daß man am Ende der Fahnderweisheit ist. »Allgemein geht man davon aus, daß aus dem Milliardenvermögen der Parteien und Massenorganisationen noch viele Millionen D-Mark versteckt auf Konten oder in Firmen liegen, die den nach dem Gesetz Verantwortlichen damit entzogen sind. Gezielte Hinweise … können den Fahndungserfolg sehr beschleunigen, denn die Methoden der Veruntreuer sind durchaus raffiniert«, steht anklagend im Begleittext. In der

Tat. Die Summe muß nie ausbezahlt werden, denn wer die raffinierten Methoden der Akteure wirklich kennt, ist Mitspieler gewesen und käme selbst dann nicht in den Genuß einer Belohnung, wenn er die fünf Millionen nötig hätte. Mal abgesehen davon, daß in den Kreisen, die mehr wissen als die anderen, fünf Millionen keine Rede wert sind. Wolf Schöde: »Von uns wurden die Anzeigen nur bezahlt.« Die Idee kam aus der Unabhängigen Kommission, die sich im Auftrag des Bundestages um ehemaliges Parteivermögen und Sondervermögen zu kümmern hatte, und erbracht hat es faktisch nichts.

Selbst wenn die Treuhändler gleich die Brisanz des KoKo-Komplexes erkannt hätten, wären ihnen die entsprechenden Maßnahmen nicht leichtgefallen. Denn offiziell dürfen die Außenhandelsbetriebe, nach Vorlage einer Bilanz über vorhandene Devisen sowie Abgabe derselben an den Staatshaushalt, ihre Kapitalgesellschaften gründen wie alle anderen Firmen auch und als GmbH weiterarbeiten. Fast ein Jahr später wird diese Verordnung dann vom Bundesfinanzministerium kassiert, die Weisung erteilt, grundsätzlich alle Außenhandelsbetriebe zu liquidieren, denn die stinken doch alle, aber da sind schon viele Milliarden auf Nimmerwiedersehen verschwunden. Der dann zuständige Treuhandvorstand Günter Rexrodt schätzt 1991 den Verlust nach Abwicklung der Außenhandelsbetriebe auf sechs Milliarden D-Mark. Was diese Betriebe bisher heimlich besorgt haben, gibt es im Jahre zwei der Einheit an jeder Ecke in unheimlichen Mengen. Die Kernfirmen der KoKo dagegen sollen nach ihrer Abwicklung rund drei Milliarden bringen, was allerdings auch eher Wunsch denn Realität ist. Erst mal finden. Beauftragt damit ist von der Treuhandanstalt in Ermangelung eigener Fachleute die in der Wallstraße, Berlin-Mitte, unter westlicher Aufsicht tätige Genossin Waltraud Lisowski, einst eine der Stellvertreterinnen von Alexander Schalck-Golodkowski. Früher war sie zuständig für die Firmen im westlichen Ausland, und ihre Insiderkenntnis ist trotz aller Vorbehalte bei der Suche bitter nötig.

Schalcks schwarzes Reich der roten Socken war organisiert nach den ungeschriebenen Gesetzen des Geheimdienstes. Nur wenige kannten alle Agenten, und die Agenten wußten nicht, wer noch zur Firma gehörte. 67 Betriebe in der DDR hörten auf

Schalcks Kommando, 108 weitere waren in Westeuropa gut getarnt unter den phantasievollsten Namen fleißig. Ihre Verbindungen zu westlichen Firmen und Importeuren waren vom Feinsten, denn die Sprache des Geldes ist international, und Schalck galt als zuverlässiger Geschäftspartner. Wie es so schön in Bankerkreisen heißt: Bonität über jeden Zweifel erhaben. Wie groß sein sozialistischer Konzern war, wie weit verzweigt das Netz seiner Niederlassungen, erfährt man angeblich viel zu spät. »Aber zumindest seit Mai 1990 hätte man mehr wissen können«, relativiert Dr. Fritz Homann, damals als Ministerialrat im Bundeswirtschaftsministerium und heute beim Sparkassen- und Giroverband tätig, diese Legende. Denn da stand die Schalck-Firmen-Liste in einem der täglichen Berichte des Bundesnachrichtendienstes, und den bekam ja nicht nur er auf den Schreibtisch. Die Firmen besorgten alles, was ihr Vater Staat nicht selbst herstellen konnte oder was zu jenen Gütern gehörte, deren Export in die DDR in Zeiten des Kalten Krieges verboten war. Sie scheuten vor keinem Geschäft zurück, verkauften zum Beispiel in einem ganz besonderen Außenhandel gegen harte Devisen an die Bundesrepublik Insassen der ostdeutschen Haftanstalten – am Schluß gab es pro Kopf fast 80 000 DM –, und haben mit ihren Deals insgesamt wohl drei Milliarden DM für Honecker und Konsorten erwirtschaftet.

Der Verdacht, daß auch deshalb Menschen verhaftet wurden, weil die finanzielle Lage mal wieder besonders schlimm war oder angeordnet wurde, das Volk habe an Weihnachten ein Anrecht auf Bananen und Apfelsinen, klingt zynisch, entspricht aber den Tatsachen. Die Schalck-Jünger machten Waffengeschäfte mit allen Händlern dieser Welt und besorgten vom Erlös gern auch die elektronischen Delikatessen, die Genosse Mielke zum Abhören des Volkes und anderer Feinde brauchte, aber selbst nicht herstellen konnte. Daß Moral nichts gilt, wenn es um Geschäfte geht, ist im Westen nichts Neues, also kein Anlaß für die Sieger, das Näschen zu rümpfen. Siehe Giftfabriken im Irak und in Libyen. Es konnte sogar passieren, daß sich die unheimlichen Deutschen West und Ost in den Vorzimmern der fernen Diktatoren trafen, wo die von drüben das anzubieten hatten, was sie auch liefern konnten: Maschinengewehre und Panzer.

Nur ein paar Tage lang haben die besonders professionellen Diener des untergehenden Staates während der Wende Angst um ihr Leben. Als das Volk auf die Straße geht, fürchten sie, im Zuge der allgemeinen Anarchie und in den Stunden des berechtigten Zorns, am nächsten Laternenpfahl aufgeknüpft zu werden. Doch Deutschland ist selbst in revolutionären Zeiten allemal nicht Frankreich. Was lange gärt, wird zwar endlich Wut, aber dann ist es auch wieder gut. Die Parole der Demonstranten lautet rachsüchtig, aber nicht blutrünstig STASI IN DIE PRODUKTION, denn das scheint angesichts eigener Erfahrungen eine harte Strafe, und da sind die so Angesprochenen erleichtert, denn genau das haben sie eh vor. Natürlich nicht ganz so folgsam wie das Volk, also nicht ans stockende Fließband und in die vergammelten Werkhallen, da gibt es durchaus ein paar andere Möglichkeiten, und nicht unbedingt nur im stinkenden Bitterfeld. Alexander Koch, zwei Jahre als Personalchef im Vorstand der Treuhandanstalt:»Es wäre naiv anzunehmen, daß nach einer friedlichen Revolution die Strukturen, die die DDR in wirklich spießig pedantischer Art über vierzig Jahre aufgebaut hat zur Unterdrückung des Volkes, mit einem Mal nicht mehr da sind. Natürlich haben die sich zusammengesetzt und gefragt, was machen wir.«

Darüber müssen die vielen Herren und wenigen Damen nicht lange nachdenken, denn was man hat, ist nur ihnen bekannt, und wohin man will, als Ziel erkannt. Was man hat: Ein Netz von Firmen und viele den westdeutschen Beamten unbekannte Konten mit vielen Millionen, die in keiner Bilanz je aufgetaucht sind. Wohin man will: In die sichere Marktwirtschaft, wo ab einer bestimmten Summe keiner mehr fragt, woher diese denn kommt. Wie das gehen soll: Ganz schnell, bevor die Konten in Panama und Israel, aber hauptsächlich in Österreich und in der Schweiz – man spricht halt fast nur deutsch – ermittelt und die Millionen eventuell von den Herren in Bonn eingefroren werden. Aus einem internen Papier der Treuhandanstalt:»Spätestens im Dezember 1989 war erkennbar, daß in der neuen Gesellschaft für die Stasi kein Platz mehr sein würde. Um nun die Zukunft seiner Führungskräfte sicherzustellen, beauftragte der Leiter einer MfS-Dienststelle seine leitenden Mitarbeiter, mit denen ihnen noch zur Verfügung stehenden Operativgeldern, aus Tarnungsgründen, unter Vorschiebung inoffizieller Mitarbeiter, GmbHs zu gründen, die dann einen normalen Geschäftsbetrieb aufbauen sollten. Die Finanzierung des Geschäftsbetriebs erfolgte in der Regel über Darlehen, z.b. von ausländischen Firmen, wobei schon die außergewöhnlich günstigen Darlehensbedingungen darauf schließen lassen, daß es sich um vorher diesen Firmen zugeführte MfS-Gelder handeln muß.«

Sie schwärmen also aus wie die Schmeißfliegen und wo es nach Scheiße riecht, bleiben sie sitzen. Sie kennen die Zweigstellen von KoKo, sie nützen ihre Stasi-Erfahrung, sich unter allen möglichen Namen zu tarnen, und spätestens seit Mitte Februar 1990 können sie auch die politische Zwangslage der Bonner Regierung, die ja irgend etwas unternehmen mußte, um die täglichen Ströme von Übersiedlern zu stoppen, in ihre Strategie einbauen. Da eigentlich beginnt die Geschichte des gigantischen Betruges erst richtig, was deshalb chronologisch erzählt werden muß:

Über den künftigen Umtauschkurs von Mark in D-Mark wird zum erstenmal am 2. Mai 1990 öffentlich auf Grundlage der dann bald tatsächlich verkündeten Zahlen spekuliert, also rund vierzehn Tage vor dem Staatsvertrag über die Währungsunion. Bis dahin gibt es viele kontroverse Diskussionen und Vorschläge, aber keine Entscheidungen. Nur Insider kennen schon sehr viel früher die Kohl-Ansage, daß aller Wahrscheinlichkeit nach und trotz aller Bedenken eigentlich für Privatkonten 1:1 und in der Wirtschaft 1:2 gewechselt werden wird. Insider wie die Genossen aus der DDR-Regierungsdelegation, die am 13. Februar in Bonn ihrer politischen Bedeutung entsprechend behandelt und belehrt worden war, was Rachegefühle auslöste. Insider aus der Begleitung Modrows, die am 6. Februar mit ihm in Davos waren, wo ihn Kohl schon mal vorab ins Bild gesetzt hatte. Dieses Herrschaftswissen wird anschließend mit alten Freunden geteilt, ja, wo sind wir denn. Auf jeden Fall nicht mehr lange im Amt. Zum Beispiel Ministerin Christa Luft, Minister Pflugbeil, Staatssekretär Rauchfuß, Staatsbankpräsident Kaminsky.

Die Konditionen der Währungsunion, in Bonn hinter den Kulissen heftig umstritten, werden in Ostberlin hinter den Kulissen genau analysiert. Nur deshalb ist verständlich, daß einer der Männer, die auch bald die rote Weste aus und eine weiße anziehen werden, bereits am 8. Februar 1990 in einer Berechnung dessen, was von seiner KoKo-Firma BIEG für die über den später berühmt werdenden Händler Schlaff in Wien zu erfolgende (aber nie erfolgte) Lieferung von Festspeicherplatten in Sachen Robotron in Dresden zu zahlen sein wird, zwar die korrekte Summe von 86 271 000 DM aufschreibt (darin schon enthalten die Provision für den Vermittler von 6 707 000 DM), aber darunter schon damals vermerkt, was diese harten Devisen umgestellt »bei Kurs 1:2« in Ostmark bedeuten: M 172 542 000. Gezeichnet Werner Schlitzer, Generaldirektor. Normalerweise hätte er, in Anbetracht bisher üblicher Abrechnungen solcher Devisengeschäfte zum Kurs von 1:4,4, hinschreiben müssen: 86 271 000 DM entsprechen etwa 380 Millionen Mark Ost. Na und? Wo ist das Geschäft? Ganz einfach: Man läßt beispielsweise die eingeplanten rund 380 Millionen Ostmark liegen, bis der neue Kurs gilt, und zahlt erst dann. Es wird die alte Rechnung beglichen – Festspeicherplatten –, aber es bleiben immer noch über 200 Millionen Mark Ost in der Kasse. Dafür wird eine neue Rechnung aufgemacht, also diese Summe zum gültigen Wechselkurs umgestellt, was knapp hundert Millionen DM ergibt. So einfach kann Kapitalismus sein, wenn man ihn richtig interpretiert.

Die sichere Information über den künftigen Kurs bringt deshalb tausend Phantasien bei den ehemaligen Herren der Finsternis zum Blühen, daraus läßt sich doch nun wirklich was Himmlisches bauen. Grenzen kennen sie keine, denn auch unter dem alten System haben sie schon auf internationale Geschäftsbeziehungen Wert gelegt. Was sich für sie auszahlen wird. Die westeuropäischen Geschäftspartner schätzen später dieses Insiderwissen der alten Gauner besonders hoch ein. Ihre Ostmarkguthaben sind nämlich nur im Verhältnis 1:3 tauschbar, so ist es im Vertrag über die Währungsunion für Geschäfte mit dem Ausland festgeschrieben. Nicht geschrieben steht, daß man von dort keine Darlehen an ostdeutsche Firmen geben darf. Was auf deren innerdeutschen Konten liegt, wird selbstverständlich 1:2 getauscht werden. Bald nach der Überweisung, zum Beispiel aus Österreich, in Sachen Darlehen etc. entfällt meist der Zweck des Darlehens, wie das Leben halt so spielt, ... und bitten wir deshalb um Rückzahlung. Eine Million Ostmark hätte bei 1:3 nur knapp über 300 000 D-Mark erbracht, aber bei 1:2 sieht das mit 500 000 Mark schon freundlicher aus. Daß diese Geschäfte so gut klappen, hat natürlich damit zu tun, daß sich alle von früher so gut kennen. Die Manager von hüben und die Schalck-Genossen von drüben. Die waren, meint Wolfgang Ullmann, die wahren Herrscher der DDR, und weil sie von Ideologie eigentlich nichts hielten, auch nach der Wende ohne Probleme einsetzbar.

Jahre später hat die sogenannte »Prüfungsgruppe Währungsumstellung« zwar rund 60 000 solcher Schiebereien ermittelt, aber erst 8000 Konten überprüft. Ende 1997 wird das strafrechtlich verjährt sein, also kann man sich ausrechnen, was für immer verloren bleiben wird und daß viele Gauner ungestraft davonkommen. Auf mindestens acht Milliarden schätzen westdeutsche Experten die Summe, die dem Staat entzogen wird, bevor die Treuhandanstalt sich Ende 1990 endlich eine Struktur gebaut hat, mit der einigermaßen professionell gearbeitet werden kann. Rohwedder hat das Problem früh erkannt und versucht, Staatsanwälte aus Nordrhein-Westfalen zu bekommen, aber die Parteifreunde dort brauchen ihre Fachleute selbst. Manche sprechen sogar von bis zu 22 Milliarden, Westmark wohlgemerkt. Für die besteht im korrekten Amtsdeutsch »Erklärungsbedarf«. Die Differenz zwischen den verschiedenen Schätzungen ist erklärbar, denn es kommt darauf an, was man alles zu den Schiebereien zählt, ob zum Beispiel auch Transferrubelgeschäfte dazugehören, die 1990 die besten Renditen bieten, weil die Bundesrepublik bis zum Ende des Jahres für solche Geschäfte garantiert. Viele Scheingeschäfte sind zwar bewiesen, aber selbst vier Jahre nach der Vereinigung wird nicht viel unternommen, wie aus fast verzweifelten Vermerken hervorgeht, die in der für die Treuhandanstalt zuständigen Abteilung VIII des Bundesfinanzministeriums in Bonn abgelegt sind.

Fest steht dagegen, daß eine Woche nach dem in Bonn diskutierten künftigen Kurs unter Brüdern und Schwestern Ost ein paar erstaunliche Geldtransfers angeordnet werden. Vom DDR-Ministerium der Finanzen (MdF-Kontonr. 6836-25-48132) werden am 22. Februar 1990 auf das sogenannte »Umlaufmittelkonto« der Kommerziellen Koordinierung, Hauptabteilung II, über zwölf Milliarden Mark an die Deutsche Außenhandelsbank überwiesen, genau 12 269 800 000 M der DDR. Vermerk (Erklärungen in Klammern vom Verf.) auf der Überweisung: »MdF für MGW (Markgegenwert) und RiKo (Richtwertkoeffizient) BIEG, Intrac und Forum wegen Leistungsimporten.«

Der Richtwertkoeffizient war ganz im Sinne von Schalck-Golodkowski, denn dadurch waren die Aufwendungen auszugleichen, die er hatte, um trotz wertloser Ostmark harte Währungen ins Land zu holen. Mit dem »RiKo« 4,4 wurden in der DDR also Devisen in weiche Ostmark umgerechnet, wer zum Beispiel hundert Millionen West einzahlte, bekam dafür 440 Millionen Ost gutgeschrieben. In DDR-Zeiten ein normaler Vorgang, weil das hauseigene Geld nicht konvertibel war. Ein paar Monate vor der Währungsunion aber eine Aufforderung zum Tanz ums Goldene Kalb, eine unausgesprochene Einladung an alle möglichen Schwindler, sich in Sachen RiKo etwas einfallen zu lassen. Denn da könnten quasi über Nacht aus den ursprünglich hundert Millionen West unseres Beispiels, umgewandelt in 440 Millionen Ost, nach der Umstellung zum Kurs 1:2 satte 220 Millionen D-Mark werden.

Natürlich nur ein theoretisches Beispiel. Praktisch läuft das eher so: Die ehemalige Schalck-Tarnfirma Forum, später mit einer geradezu unglaublichen Bilanz und unter dem neuen Namen Hanco ein Juwel der Marktwirtschaft, hat im zweiten Quartal 1990 an das DDR-Finanzministerium abzuführen 97 420 000 Valutamark/ D-Mark. Multipliziert mit dem üblichen Richtwertkoeffizienten sind das 428 648 000 Mark Ost. Umgestellt nach der Währungsunion, also 1:2, macht das 214 324 000 DM. Nun meldet sich Vater Staat West und will die 97 Millionen, die als Devisen in den Büchern stehen. Kein Problem, soll er haben. Bleibt ja immer noch ein satter Gewinn von rund 117 000 000 D-Mark. Der Einsatz bei diesem Lottospiel ohne Risiko hat sich in wenigen Wochen mehr als verdoppeln lassen. Bezahlt wird der Gewinn allerdings mit richtigem Geld, dem der anderen, dem Geld der Steuerzahler West. Geschädigte bei dieser und ähnlichen Luftnummern ist immer die Bundesrepublik Deutschland und ganz speziell die Treuhandanstalt, zu deren Portfolio die Firmen gehören.

Was natürlich auch für die gerade angeführte Überweisung des DDR-Finanzministeriums an die Deutsche Handelsbank gilt.

Schon eine Woche später wandern die mehr als zwölf Milliarden Mark Ost weiter an Außenhandelsbetriebe des Koko-Bereiches, der nicht mehr so heißt, aber noch vom Außenhandelsministerium verwaltet wird. Die ersten freien Wahlen finden am 18. März statt. Daß sie die nicht überstehen werden, wissen die noch in allen Ämtern und Ministerien herrschenden Herrschaften, also heißt es, sich zu sputen. Verteilt werden die Summen so: Intrac 6 799 846 750,58 Mark, BIEG 5 036 000 000 Mark und Forum 371 800 000 Mark. Als später wegen des »Verdachtes der Untreue im Zusammenhang mit Zahlungen an Betriebe des früheren Bereiches Kommerzielle Koordinierung aus dem MdF heraus« ermittelt wird, lautet die treuherzige Erklärung der Beschuldigten, es sei um die Rückzahlung eines 1987 von KoKo gewährten Kredits in Höhe von zwei Milliarden Dollar gegangen, und dieser Kredit sei durch entsprechende Einzahlung abgelöst worden. Lapidare Gegenrechnung der westlichen Jäger verschwundener Schätze: »Für die Tilgung der Valutaverbindlichkeiten hätte man für 2 Mrd US-Dollar etwa 3 Mrd. DM bei einem Kurs von 1,50 DM und somit 6 Mrd M der DDR benötigt, jedoch nicht 12,2 Mrd M der DDR, insoweit 6,2 Mrd M der DDR oder 3,1 Mrd DM zuviel.«

Die ehemalige Finanzministerin unter Modrow, Genossin Herta König, wird erst sechs Jahre später im Prozeß um diese zwölf Milliarden von dem Vorwurf der Verschiebung des Geldes freigesprochen. Ihr Argument, sie sei verpflichtet gewesen zum Transfer, weil zuvor die DDR-Außenhandelsbetriebe Devisen an den Staat abgeführt hätten, ist von der Anklage nicht zu widerlegen. Die naheliegende Frage, wo das Geld denn geblieben ist, nachdem die Außenhandelsbetriebe es hatten, wird nicht gestellt. Frau König verkündet nach dem Urteil, den Glauben an die Rechtsstaatlichkeit in der Bundesrepublik wiedergewonnen zu haben. Viele Ermittler sind nach dieser Entscheidung nicht mehr ganz so fest in diesem Glauben und erwarten sich auch von der Revision nichts. Die Meldung über Herta Königs Freispruch in Sachen Vereinigungskriminalität erscheint im Sommer 1996 weiter hinten in den Zeitungen, ist keine Schlagzeile mehr wert. Beim Aufbau Ost, zu dem Zeitpunkt schon nicht mehr nur von der neuen Ostpartei PDS als Abbruch Ost bezeichnet, geht es inzwischen um ganz andere Summen, die das Volk aufregen, und es interessiert eigentlich niemanden mehr so recht, was damals in den ersten Monaten nach der Mauereröffnung in dunklen Kanälen versickert ist. Die DDR wurde zwar von Wirtschaftsfachleuten zugrunde gerichtet, aber daß die mehr können, als sie zeigen durften, zeigen viele danach.

Das Ausmaß der Abzockereien und dunklen Geschäfte dürfte niemanden überraschen, denn vermutet hat man es, eher achselzuckend, immer schon: In revolutionären Zeiten passiert so etwas nun mal, auch die USA sind nicht von ehrbaren Kaufleuten gegründet worden. Und wer glaubt, bei der westdeutschen Währungsreform 1948 hätten alle mit den berühmten vierzig Mark angefangen, dem ist wirklich nicht zu helfen.

Leidtragende bei den frühen Schiebereien der alten Seilschaften wie auch später bei den Schiebereien der westlichen Seilschaften mit ostdeutscher Anbindung ist immer die Treuhandanstalt. Denn unter ihrer Verwaltung steht alles, woraus jetzt rücksichtslos Mehrwert gemacht wird. Sie hat nicht nur den hämischen Spott, oft berechtigt und oft unberechtigt, sie hat auch den Schaden zu tragen. »Die Treuhandanstalt wird … Inhaber der Anteile der Kapitalgesellschaften, die durch Umwandlung der im Register der volkseigenen Wirtschaft eingetragenen volkseigenen Kombinate, Betriebe, Einrichtungen und sonstigen juristisch selbständigen Wirtschaftseinheiten … entstehen oder zum Inkrafttreten dieses Gesetzes bereits entstanden sind«, heißt es optimistisch im Treuhandgesetz, das unter Lothar de Maizière verabschiedet wird, kurz bevor er den neuen Präsidenten beruft, den ersten Westdeutschen. Aber das ist ein Gesetz, und die DDR ist in diesen Zeiten mehr oder weniger gesetzloses Land.

Man hätte von Anfang an Teile der Abteilung Wirtschaftskriminalität des Bundeskriminalamtes in die Anstalt integrieren oder aber von allen bereits pensionierten Kriminalbeamten die besten Fachleute aus ihren Kleingärten locken und direkt nach Berlin fliegen sollen. Sagt sich heute leicht, aber wie so vieles in der Geschichte der Treuhandanstalt ist im nachhinein vieles logisch, was damals unwesentlich schien. Das ändert zwar nichts an der kriminellen Wirklichkeit, gehört jedoch auch zur Wahrheit. Wie auch die gern vergessene Tatsache, daß die meisten jener finsteren Geschäfte in Zeiten ablaufen, in denen zwar die Wessis bestimmen, wohin der Hase zu laufen hat, um das Ziel 3. Oktober 1990 zu erreichen, die aber eben nicht regieren in der DDR, also nicht einfach so mal ein paar Ermittler rüberschicken dürfen. Die drüben haben weder eine unbelastete Justiz mit der richtigen Lust, ein paar besonders schlimme Finger hochgehen zu lassen, noch Fachleute wie unbestechliche Wirtschaftsprüfer, weil man so etwas nie gebraucht hat.

Lothar de Maizière liebt als Christ fast alle Menschen, doch am meisten liebt er noch heute die, die sechs Jahre nach der Einheit auf allen TV-Kanälen erzählen, wie man es hätte besser machen können, aber 1990 den Mund gehalten haben. Bei jeder geschichtlichen Umwälzung schlägt nicht nur die Stunde der Patrioten, sondern vor allem die der Parasiten. Während der deutschen Zeitenwende erleben sowohl die einen wie die anderen goldene Zeiten. Manchmal ist zwischen beiden Gruppen moralisch kein Unterschied festzustellen. Aber warum sollte ausgerechnet jetzt die Wirtschaftskriminalität nicht mehr als Kavaliersdelikt betrachtet werden, wie im Westen doch schon lange üblich? Ihr hattet euren Flick, und wir hatten unseren Schalck.

Die paar Berliner Staatsanwälte und die paar Ermittler, die sich dann um die unheimlichen Geschäfte der roten Staatssocken kümmern, sind den Profis aus dem Osten nicht gewachsen, weil sie zu wenige Leute haben. Schon vor der Wende ist die Abteilung Wirtschaftskriminalität in Berlin West am Ende ihrer Möglichkeiten, und jetzt geht es mit dem natürlichen Schwerpunkt Berlin erst richtig los. Die Zeit, die man verloren hat, wird nie mehr aufzuholen sein. Häuptlinge der Nationalen Volksarmee, fast sämtliche Koko-tten und viele Stasi-Offiziere, die nicht völlig verblödet oder aufgrund des Zusammenbruchs in Resignation erstarrt sind, kriechen irgendwie im siegreichen System unter und bereichern sich nach dem anfänglichen Schock, ihre eigentlichen Pfründen, den Staat DDR, verloren zu haben, schamlos im neuen Gewande GmbH. Sie nehmen das Treuhandgesetz wörtlich und lassen umwandeln, was vorher staatlich war. Aber da in jenen Tagen außer ihnen keiner so recht weiß, was wirklich dem Staat gehört, wandeln sie es erst einmal für sich selbst um. Um so besser, wenn das keiner merkt. Bis zum Beispiel die im Herbst 1990 vom Bundestag eingesetzte »Unabhängige Kommission zur Überprüfung des Vermögens der Parteien und Massenorganisationen der DDR« festgestellt hat, was die Treuhandanstalt als zuständige Behörde von diesem Batzen privatisieren muß und was nicht, vergehen wiederum Jahre. Die veröffentlichte Empörung über offensichtliche und auch nicht so offen sichtbare Gaunereien der gern so bezeichneten roten Socken, die Wut über das Versagen der Prüfer, richtet sich allerdings nicht gegen die Kommission, sondern selbstverständlich gegen die Treuhandanstalt. Die darf aber laut Gesetz erst dann tätig werden, wenn rechtlich alles geklärt ist.

Im März 1992 gibt Josef Dierdorf, der Direktor Sondervermögen der Treuhandanstalt – ein irreführender Titel, denn er hat kein Sondervermögen, er sucht es nur –, ein paar Zahlen bekannt: Schätzungsweise zehn Milliarden DM beträgt das Vermögen der Parteien und Massenorganisationen, allein die Immobilien müßten wohl 6,5 Milliarden wert sein. Josef Dierdorfs Chef, der zuständige Treuhandvorstand Günter Rexrodt, dämpft aufkommende Freude beim Finanzminister mit dem Zugeständnis, daß man erstens noch immer so Genaues nichts weiß, daß zweitens die Kommission noch nicht rechtsgültig entschieden hat, daß drittens die vorgeschriebene Unterscheidung zwischen abzulieferndem Altvermögen und unantastbarem Neuvermögem beispielsweise der PDS mangels Mitarbeit der Betroffenen verdammt schwierig sei und viertens die Überprüfung von Beteiligungen der verschiedenen Verbände an Gästehäusern, Hotels, Ferienheimen längst noch nicht geklärt ist. »Die Treuhandanstalt aber steht unter dem Druck der Verwertung, da eine Verschlechterung der Qualität der Objekte, wachsende Verluste der Unternehmen und Gefährdung von Arbeitsplätzen drohen.« Das wiederum ist sicher. Immerhin kann die Bundesregierung nicht ohne maliziösen Unterton – Geld aus dem Osten für den Osten – aus dem ehemaligen Parteivermögen von SED und Blockflöten Ende 1996 fünfzig Millionen DM abzweigen, um eine Investitionsgesellschaft zu gründen. Die soll weltweit Partner und Investoren für Betriebe in den neuen Bundesländern suchen.

Viele Immobilien und Beteiligungen im Umkreis des Ministeriums für Staatssicherheit, des Außenhandelsministeriums und vor allem der SED-Bezirksleitungen sind so gut getarnt, daß sich die wahren Besitzverhältnisse erst nach Jahren nachweisen lassen werden, vielleicht sogar erst nach der Verjährungsfrist 1997 – oder eben gar nie. Dieser kriminellen Energie, die jetzt nicht mehr dem Sozialismus dient, sondern der eigenen Sozialisation, steht die andere Seite von Anfang an hilflos gegenüber. In der Urtreuhandanstalt Unter den Linden sitzen entweder kundige alte Genossen, die wissen, was die anderen da tun und augenzwinkernd ihren Stempel unter die neue GmbH hauen. Oder abgestellte Beamte, die keine Ahnung haben, warum dieser VEB plötzlich als GmbH einen völlig anderen Geschäftsbereich bearbeiten will.

Manche Firmen verzehnfachen über Nacht ihre Belegschaft, was nichts mit dem unwiderstehlichen Charme der Marktwirtschaft und plötzlich erteilten gewaltigen Aufträgen zu tun hat, sondern mit dem geschlossenen Überwechseln ganzer Abteilungen des Ministeriums für Staatssicherheit und der Hauptverwaltung Aufklärung in bestimmte Betriebe. Besonders beliebt sind dabei Neugründungen, in denen sich die erprobten Fähigkeiten umsetzen lassen: Private Wachdienste, denn auf der Lauer lag man immer schon. Und Firmen, die elektronische Geräte aller Art vertreiben, auch da gibt es weltweit kaum bessere Ratgeber als die vielfach erprobten Abhörkader.

Daß die unter dem Eindruck wachsender Probleme nach der Einheit, vor allem in Berlin, von der Politik eingerichtete Zentrale Ermittlungsstelle für Regierungs- und Vereinigungskriminalität (ZERV) nicht so erfolgreich ist, wie sie sein müßte, hält der Leitende Kriminaldirektor Uwe Schmidt, der viele Jahre lang Motor dieser ZERV war und heute gegen das andere vor allem in Moskau organisierte Verbrechen in der deutschen Hauptstadt kämpft, nicht für Schicksal. Mit einer schlagkräftigen Truppe könnte man selbst heute noch viel zurückholen, denn etwa fünfzehn Milliarden, wie er schätzt, sind immer noch greifbar: »Ob Zufall oder Nachlässigkeit – daß wir zu wenige Kriminalbeamte und Staatsanwälte hatten und haben, kostet den Staat viel Geld, viel mehr Geld als neue Leute kosten würden.« Manchmal bleiben sogar Ermittlungen liegen, bei denen es um dreistellige Millionensummen geht. Keine böse Absicht, zu wenige Planstellen.

Die ZERV wird noch über die nächste Wende, also über das Jahr 2000 hinaus, mit den Folgen der Wende zu tun haben, unter anderem deshalb, weil sie sich beispielsweise erst seit Mitte 1996 um die Durchstechereien kümmern kann, die bei der Privatisierung von Landwirtschaftlichen Produktionsgenossenschaften passierten. Überhaupt beginnt die ZERV erst anderthalb Jahre nach dem Ende der DDR mit einer koordinierten Arbeit, zuvor sind die Ermittlungen bei der Kriminalpolizei Berlin auf verschiedene Abteilungen und Ämter verteilt. Mit Unterstützung von Erkenntnissen der Unabhängigen Kommission und mit Hilfe der Treuhandanstalt, in manchen Fällen allerdings später auch gegen sie, wird als Ziel beschrieben: »Aufspüren, Erfassen von beseitegeschafftem Vermögen des ehemaligen MfS und dessen Zuführung zum Vermögen der Treuhandanstalt.« Ein weites Feld in »mystischer Undurchschaubarkeit«, wie akribisch in einer Art Fallstudie der besonderen Art aufgezählt wird: »Transferrubelbetrügereien, Untreue bei PDS-Vermögen und Vermögen anderer ehemaliger Massenorganisationen wie FDJ, FDGB, Beiseiteschaffen zum Nachteil der Treuhandanstalt von Vermögenswerten aus früheren VEBs, jetzt GmbHs, Vermögensverlagerungen zu Firmen der Kommunistischen Partei Österreichs, in die Schweiz, Unterschlagung von PDS-Vermögen, Untreue bei Vermögenswerten des MfS, Manipulationen bei Immobilien, so z. B. bei 51 Immobilien KoKo, Umstellungsbetrug in Zusammenhang mit den Maßnahmen der Währungsunion, Untreue in Zusammenhang mit dem Finanzvermögen z. B. der KoKo/MfS-Firma F. C. Gerlach von mehr als 350 Millionen Mark, Vermögensdelikte bezüglich Alexander Schalck-Golodkowski mit dem Bereich Kommerzielle Koordinierung, z. B. Fleischhandelskonzern, auch Subventionsbetrug zum Nachteil der EG über Ausfuhrerstattungen, Waffenhandel/ Embargohandel etc.« Die Schadenssumme sei, so eine erste Bilanz 1993, zu bewerten mit »bei koordinierter Vorgehensweise rückholbaren 20 Milliarden DM«.

Der Reihe nach, denn die Aufzählung der Mitspieler bei diesen Aufführungen auf der nicht ausgeleuchteten Hinterbühne des Nationaltheaters Deutschland ist andernfalls so verwirrend, wie es die Regisseure gerne hätten. Liquidiert werden noch unter der Regierung Modrow und nach dem überraschenden Abgang des Paten Alexander Schalck-Golodkowski nicht nur »Kunst und Antiquitäten«, sondern auch solche Unternehmen aus dem

KoKo-Bereich wie ASIMEX, die sich um die Versorgung der gerade aus Wandlitz in den Plattenbau verjagten Nomenklatura mit dem kümmerten, was offiziell zur typisch westlichen Dekadenz gehörte und das Volk allenfalls in den staatlichen Intershops gegen harte Devisen kaufen durfte: Luxusgüter aller Art. Hans Modrow war und ist nämlich kein Mann für Seidenstrümpfe, Pornofilme und geräucherten Lachs. Er verachtet Abzocker, und es ist ihm dabei egal, auf welchen Gott die sich berufen, auf den richtigen oder auf Karl Marx. Volkseigener Betrieb ist für ihn nicht irgendein ideologisches Schlagwort, sondern genau das, was das Wort besagt. »Weil das Werk nicht Flick und Co. gehörte, sondern uns«, hat er selbstverständlich schon als Schlosser im Stahlwerk Henningsdorf Sonderschichten gefahren, zum Nulltarif.

Die richtigen Brocken unter den Außenhandelsbetrieben, deren Geschäfte wie alle Geldtransfers mit Devisen über die staatliche Deutsche Handelsbank (DHB) abgewickelt werden, sind Intrac mbH, Berliner Makler- und Handelsvertretergesellschaft mbH (BMHG), Berliner Import-Export GmbH (BIEG), und vor allem die Hanco Vermögensverwaltungs GmbH. Um diese undurchsichtigen Gesellschaften, die in der DDR wie Devisenausland behandelt wurden, ganz legal in die Volkswirtschaft zu integrieren wie das Internationale Handelszentrum in Berlin, das KoKo gehörte, sie zu verkaufen oder fortzuführen oder stillzulegen und außerdem das unbekannte stattliche Volksvermögen im Ausland zu sichern, wird von der Urtreuhandanstalt die Berliner Handels- und Finanzierungsgesellschaft (BHFG) als Holding für BIEG, Intrac, Hanco (früher Forum), BMHG (früher Transinter) gegründet. Das passiert bereits vierzehn Tage nach dem Beschluß des Ministerrats, die Kommerzielle Koordinierung zum 31. März 1990 aufzulösen. Künftig erwirtschaftete Devisen der Außenhandelsbetriebe, denn es gibt die DDR ja noch und außer den Waffengeschäften laufen alle anderen Geschäfte weiter, erhält zwecks Sanierung des defizitären Staatshaushalts das Finanzministerium. Die BHFG bekommt von den eisernen Schalck-Reserven, auch als Honecker-Konto bekannt, 300 Millionen D-Mark als Gründungskapital, so wie es der amtierende Minister für Finanzen und Preise, Siegert, und der für die Außenwirtschaft, Beil, in einem Schreiben an Modrow verlangt hatten: »Ausgehend davon, daß der Umsatz des Unternehmensverbandes 5 bis 6 Mrd VM pro Jahr betragen wird, ist zur Erfüllung der zukünftigen Aufgaben eine Ausstattung mit Eigenkapital einschließlich der notwendigen Umlaufmittel erforderlich.« Bei dem geplanten Umsatz erwarten beide einen Gewinn von einer Milliarde Mark, was angesichts sonst üblicher Renditen in der DDR, die unterm Strich meist nur ein Minus aufweisen, keine Illusion ist. Gerhard Beil zumindest kennt die bisherigen Einnahmen, und die berechtigen zu solch schönen Hoffnungen.

Wenigstens der Einsatz von 300 Millionen DM ist nicht verloren, als sich herausstellt, daß die Geschäftsziele der BHFG angesichts der nicht durchschaubaren Wirklichkeit doch illusionär sind. Die Millionen wurden nämlich nur dort angelegt, wo es die besten Festgeldzinsen gab, und die werden dann auf die neuen Länder verteilt. Soll sich die hundertprozentige Treuhand-Tochter eben um die Immobilien des aufgelösten Ministeriums für Staatssicherheit kümmern, bis die verkauft sind. Immerhin sind das letztlich fast 6000 konspirative Wohnungen und Häuser, denn für die Stasi war nichts zu teuer. Bei diesem ganz speziellen Volksvermögen wird aufgrund geschickter Transaktionen – das dann zuständige Finanzministerium verkauft günstig und schnell vor der Einheit an verdiente Mitarbeiter noch Grundbesitz, Wohnungen, Häuser und leiht ihnen im Bedarfsfall das nötige Geld – ebenfalls viel zu recherchieren sein. Und wenig zu beweisen.

Aus dem Geflecht von echten und falschen Zahlen, von vorgeblichen Außenständen und angeblichen Verbindlichkeiten der Außenhandelsbetriebe läßt sich nur herauslesen, daß zum Termin der Währungsunion, also der Umstellung von DDR-Mark auf richtiges Geld, 24,3 Milliarden D-Mark unter Forderungen stehen und 17,9 Milliarden D-Mark unter Verbindlichkeiten. Viel Geld, denn keiner weiß, ob die Verbindlichkeiten deshalb so hoch sind, weil die flugs gegründeten Tarnfirmen schnell im Chaos der ersten Monate noch ein bißchen Geld bekommen haben, oder ob es sich um echte Außenstände handelt. Treuhandvorstand Rexrodt spricht ja davon, daß wohl mehr als sechs Milliarden D-Mark abzuschreiben sind, und das ist so ziemlich genau die Differenz zwischen veröffentlichten Forderungen und Verbindlichkeiten. Nicht so viel in Relation zur Gesamtsumme muß auch deshalb abgeschrieben werden, weil es Transfers der DDR in Länder der sogenannten Dritten Welt sind und diese ihre einmalige historische Chance nützen, mit dem Untergang ihres staatlichen Geldgebers auch gleich ihre Schulden bei ihm untergehen zu lassen. Die Mission Rettung wird selbstverständlich nicht von Außenhandelsminister Gerhard Beil oder den in allen trüben Gewässern fischenden Generaldirektoren der einstigen Kommerziellen Koordinierung oder gar von den Experten des ehemaligen Ministeriums für Staatssicherheit gesteuert. Wer glaubt denn so etwas? Das Prinzip Marktwirtschaft wird unter strikter Geheimhaltung ein einziges Mal erklärt, Protokoll der Sitzung nicht erforderlich, und anschließend läuft es aufgrund alter Kontakte und geübter Seilschaften wie geschmiert und im Prinzip etwa so: Funktionäre mit Kenntnis versteckter Konten und Zugriff auf die im westlichen Ausland verteilten Millionen überweisen Geld auf andere Konten, deren Inhaber Strohleute mit einwandfreier Vergangenheit oder Firmen ohne gar zu auffallende MfS-Verbindungen sind. Die wiederum überweisen für angeblich getätigte Geschäfte an ein unverdächtiges Unternehmen in Deutschland, verfälschen die Rechnungen oder konstruieren die abenteuerlichsten Luftgeschäfte, bei denen alles stimmt, jedes Detail, nur niemals die angebliche Ware gesehen wird und niemand den Hersteller kennt. Die alten Funktionäre lassen im noch nicht ganz geeinten Vaterland mit so gewaschenem Geld also neuen Mittelstand sprießen, was im Sinne der beginnenden Marktwirtschaft ist. Keinesfalls unter dem Motto, unterzuschlüpfen und zu überwintern, bis mal wieder die alten Zeiten ihr Morgenrot erleben werden. Nein, das ist passé. Nun wollen sie wenigstens erfolgreiche Kapitalisten werden, wenn schon deren System sich als stärker erwiesen hat als ihre menschheitsbeglückende Ideologie.

Aus einem Vermerk der ZERV: »Soweit es das MfS mit anteiligen Geldguthaben auf DHB-Konten und in Verbindung mit den KoKo-Firmen betrifft, sind zureichende Anhaltspunkte dafür gegeben, daß aufgrund einer schriftlich nicht vorhandenen Konzeption systematisch Vermögenswerte durch staatstragende Personen der DDR beiseitegeschafft werden sollten und auch wurden, das nicht nur unter dem Gesichtspunkt der persönlichen Bereicherung, sondern auch unter der ggf. notwendigen Fortführung eines ideologischen Kampfes im Verhältnis zur BR Deutschland.« Das klingt den Skeptikern der vielen kursierenden Verschwörungstheorien, die auch über den angeblich versteckten Goldschatz der SED in Milliardenhöhe nur müde lächeln, eher nach einem Krimi.

Und wenn schon. Fiction und Nonfiction, Fiktion und Wahrheit, sind nämlich nicht immer so weit voneinander entfernt, wie ein ganz anderer Fall bewiesen hat. Etwa Frederik Forsyth' Roman *Akte Odessa*, den er 1971 schrieb und in dem er von einem Goldschatz der Nazis erzählt, der den Parteigenossen nach dem verlorenen Krieg beim Unterschlupf in zivile Länder hilft und fürs Comeback eines neuen Führers gehortet wird. Da lachten die Historiker erst mal herablassend. Bis ihnen im Sommer 1996 das Lachen vergeht, als Schweizer Banker zugeben müssen, Nazigold in Milliardenhöhe gelagert zu haben.

Ganz besonders erfolgreich ist laut DM-Eröffnungsbilanz zum 1. Juli 1990 die Vermögensverwaltungsgesellschaft Hanco, die zu fünfzig Prozent der Deutschen Handelsbank und zu fünfzig Prozent der Intrac – als Vermittlerin von westdeutschem Müll auf ostdeutsche Halden einer der großen Devisenbringer – gehört, wobei letztere wiederum ganz im Besitz der Treuhandanstalt ist. Geradezu beispielhaft für effiziente Geschäftsführung, eigentlich kein Fall für den Staatsanwalt, sondern ein Fall für die Jury, die immer nach den Managern des Jahres sucht. Bei einem gezeichneten Eigenkapital von nur 7,5 Millionen D-Mark weist die D-Mark-Bilanz u. a. aus:

Gewinnrücklagen	528 807 116,25 DM
Sachanlagen	87 747 919,00 DM
(Gebäude, Grundstücke)	
Finanzanlagen	115 141 299,56 DM
(Unternehmensbeteiligungen, Ausleihungen)	
Forderungen	333 711 928,73 DM
(Lieferungen, Leistungen, Sonstiges)	
Warenbestand, Guthaben	
bei Kreditinstituten	390 351 714,30 DM
Rückstellungen	14 623 300,00 DM
Verbindlichkeiten	378 271 031,48 DM

Die Beträge nach dem Komma sind typisch für einen ehrbaren Kaufmann, der auf Heller und Pfennig abrechnet. Daß bei einem Eigenkapital von 7,5 Millionen Mark unterm Strich dann die erwirtschaftete Gesamtsumme von 929 201 447,73 DM nicht über eine Milliarde hinausgeht, beweist eine gewisse Bescheidenheit. Dieser Bilanz würde wohl keiner trauen, aber wer hätte das damals kontrollieren sollen in einer Anstalt der fast Ahnungslosen? Bevor die Treuhändler vielleicht doch mit den richtigen Experten anrücken, wahrscheinlich wohl nach der Wiedervereinigung am 3. Oktober 1990, ist es deshalb nicht ganz ungeschickt, zumal in Zeiten des Aufbruchs und der Neugründungen nach außen ganz normal, daß sich die BIEG um Arbeitsplätze sorgt und noch im letzten Jahr der DDR viele Tochterfirmen in die nunmehr kapitalistische Welt schickt. Alle mit genügend Stammkapital und phantasievollen Namen versehen, alle als GmbH im Handelsregister eingetragen. Zum Beispiel: Impexco Im- und Export, Silva Handelsges., IIG Index Immobilien, Schleupen Computer Institut, UCW Universal Consult Wirtschaftsberatung, Cottbus Consult Berlin, Paradies Spielwarenhandel, Datex Erfassung, IAF Industrie Assekuranz und Finanzierung, Fun & Fashion etc.

Mit zwei anderen seltsamen Firmen aus dem Schattenreich, der Schalck-Firma Transinter und der Firmengruppe F. C. Gerlach beginnt die Treuhandanstalt ab Ende 1990 einen Streit um deren Eingemachtes. Und zwar einen, der geradezu beispielhaft zeigt, wie schwierig und kompliziert es ist, unter den Bedingungen des Rechtsstaates mit den Erben des anderen Regimes umzugehen. Die Geschäftsführer der Gesellschaften erklären zwar frech, in ihren Geschäften an staatliche Vorgaben gebunden, aber eigentlich als eine Art Makler private Unternehmen gewesen zu sein. Was auf den Konten liegt, seien ihre im Laufe der Jahre verdienten Provisionen. Auf gut deutsch: uns gehört der Laden, nicht dem Volk, nicht dem Staat, also brauchen wir keine Treuhandanstalt und erst recht nicht den Staatsanwalt, der unsere angeblich schmutzigen Hände untersucht. Belegen können sie das nicht, aber die anderen müssen ja laut ihren rechtsstaatlichen Prinzipien erst mal das Gegenteil beweisen.

Beide Firmen sind für Schalck-Golodkowski im Import und

Export tätig, weltweit. Konten in Jerusalem, in London, vor allem in Wien und Zürich. Die brauchen sie auch, denn Westexporteure in die DDR müssen beim Geschäftsabschluß unterschreiben, für dreißig bis hundertfünfzig Prozent, je nach Volumen des Gesamtwertes ihrer Lieferungen, Waren in der DDR zu kaufen. Gegengeschäftsvereinbarungen heißt so etwas, mit der so typischen DDR-Manie für Abkürzungen dann GGV genannt. Bei Nichterfüllung sind Vertragsstrafen festgeschrieben, und nicht in Ostmark. Die Kunden werden säuberlich notiert, aber auch diese Listen sind im Bundeswirtschaftsministerium, wo sie sein müßten, leider nicht mehr auffindbar. Günther Forgber sammelt für Transinter, Michael Wischnewski für F. C. Gerlach hauptsächlich Zwangsprovisionen ein, Forgber vor allem in Österreich, Wischnewski auch in anderen westeuropäischen Ländern. Es geht um viel Geld – allein bei F. C. Gerlach, was eher nach einem Fußballclub aus der Provinz klingt, um 140 Millionen D-Mark –, und das will die Treuhandanstalt, weil sie jetzt endlich aufgewacht ist, als Abwicklerin der Außenhandelsbetriebe auch haben. Beide Herren Geschäftsführer werden im Zuge der Recherchen verhaftet. Die Ermittlungen gegen den »formalen Inhaber der Staatshandelsfirma F. C. Gerlach« ergeben laut Anklageschrift: »Der Beschuldigte hatte nach der Flucht von Alexander Schalck-Golodkowski unter Ausnützung der Legendierung der Firma F. C. Gerlach systematisch begonnen, die Firma bzw. deren Vermögenswerte als die eigenen Vermögenswerte darzustellen. Ziel seines Tatplanes war, die dem Bereich Kommerzielle Koordinierung des Ministeriums für Außenhandel zuzuordnenden Vermögenswerte, jetzt der Treuhandanstalt bzw. dem Bundesfinanzministerium zuzuordnenden Vermögenswerte beseiteschaffen zu können. Im Zuge der Ausführung des Tatplanes transferierte W. rd. 350 Mio. DM auf eigenen Namen weitgehend ins Ausland (Österreich, Liechtenstein, Israel).«

Wischnewski aber behauptet, Eigentümer der Firma, nur pro forma dem KoKo-Bereich angegliedert und deshalb rechtmäßiger Besitzer der 140 Millionen D-Mark zu sein. Sein Pech, daß eine Anweisung Erich Mielkes gefunden wird, in dem der Stasi-Minister die »Doppelunterstellung der legendierten Firma F. C. Gerlach sowohl zum MfS als auch zum Bereich KoKo« regelte. Die

140 Millionen D-Mark werden beschlagnahmt und zunächst einmal bis zu einer Gerichtsentscheidung als Kaution einbehalten, als der schwerkranke Wischnewski auf freien Fuß gesetzt wird.

Forgber kann nicht eigenes Geld anbieten, nur sein immerhin millionenschweres Wissen verkaufen, vor allem über Konten und Kontenbewegungen in Österreich, was er angesichts fehlender Alternativen auch tut. Aber immer schön vage, nie zu viel verraten. Das Protokoll seiner Vernehmung durch zwei zuständige Berliner Beamte ist deshalb nicht besonders aufschlußreich. Der Stuttgarter Staatsanwalt Hans Richter, ab Ende 1990 zwei Jahre lang bei der Treuhandanstalt als Experte für Ermittlungen in Sachen Wirtschaftskriminalität eingesetzt, erinnert sich: »Durch einen Anruf erfuhr ich, daß seine Entlassung bevorsteht, weil sein Gesundheitszustand so schlecht war wie die Beweislage. Ich konnte die Entscheidung nicht nachvollziehen, nach unseren Ermittlungen war Forgber einer der ganz großen Drahtzieher. Bevor er aber von dieser Entscheidung des Gerichts erfuhr, durfte ich ihn noch einmal vernehmen. Ich fuhr sofort ins Untersuchungsgefängnis und habe ihn dann zwei Stunden lang weichgeklopft, bis er telefonisch aus dem Knast heraus die ersten 45 von den Millionen auf das Treuhand-Konto überweisen ließ, die wir suchten. Den Rest hätte ich auch noch bekommen, wenn ich mehr Zeit gehabt hätte.« Als Forgbers Anwalt mit der Verfügung der Haftverschonung erscheint, verstummt der Befragte schlagartig. Seine Geschäfte in Österreich und dort vor allem die sogenannte Wien-Connection der SED, beschäftigen noch heute die Gerichte. Immerhin: Dank Richter hat man zumindest 45 Millionen D-Mark gerettet.

Ansonsten alles vergessen, alles abschreiben, alles verschwunden? Manfred Kittlaus, Leiter der ZERV in Berlin: »Die Chancen, noch mehr sicherzustellen als die bisherigen 2,5 Milliarden D-Mark, sind relativ hoch. Da viele Immobilien eine Rolle spielen, bestehen gute Chancen.« Auch er bestreitet nicht, daß die Schätzungen von über zwanzig Milliarden D-Mark, die insgesamt wohl veruntreut worden sind, der Wirklichkeit nahekommen. Kriminaldirektor Uwe Schmidt: »Es hat zu lange gedauert, bis die Treuhandanstalt ein hauseigenes Controlling bekam, viel zu lange. Und selbst dann habe ich nicht immer das Gefühl

gehabt, daß unsere Recherchen wenigstens wohlwollend begleitet wurden.« Blödsinn, erwidert sein ehemaliger Gegenspieler
Wolf Schöde, der als Sprecher der Treuhandanstalt immer dann
auf die Barrikaden stieg und unumstößliche Beweise, nicht nur
finstere Verdächtigungen verlangte, wenn Schmidts Thesen über
die Machenschaften der Seilschaften, die angeblich von gewissen
Treuhändlern gedeckt wurden, Schlagzeilen machten. Wir haben
immer unsere Mitarbeit angeboten. Ach was, sagt Schmidt, oft
konnten wir die Herren doch nur mit Hilfe von Durchsu-
chungsbefehlen zur Mitarbeit überreden und oft haben wir
Aktendeckel gefunden, in denen angeblich noch nie etwas drin
war. Der Zweikampf wird weitergehen. Schmidt ist keiner, der
sich durch Niederlagen auf dem Weg vom Ziel abbringen läßt,
auch wenn er nicht mehr bei der ZERV ist. Seinen alten Kunden
wird er treu bleiben. Schöde ist nach einem Zwischenspiel bei der
EXPO 2000 vorübergehend zur Treuhandanstalt zurückgekehrt,
genauer: als Sprecher zu ihrer Nachfolgerin BvS. Beide sind
zumindest in der Einschätzung einer Meinung, daß sich bei den
bisher bekannten Betrügereien Ost und West die Waage halten,
daß zumindest in diesem Teil Dunkeldeutschlands zusammenge-
wuchert ist, was zusammengehört: Die gar nicht so treuen Händler. Hans Richter:»Viel schlimmer als die materiellen Schäden
durch Wirtschaftskriminalität im Rahmen der Vereinigung sind
in der rechtstreuen Bevölkerung die Schäden für die Glaubwürdigkeit der neuen Wirtschaftsordnung.«
    Die Einheit wollten fast alle, hier wie dort, aber bezahlen woll-
te eigentlich keiner. Die einen haben sie verdient, die anderen an
ihr verdient.»Wir sind nicht die Ersatzkasse der Deutschen Einheit«, wehrt sich später trotzig Birgit Breuel als Präsidentin der
Treuhandanstalt. Aber genauso wird ihre Anstalt gesehen. Von
den mindestens 720 Milliarden Mark, die bis Ende 1996 in Sachen
Einheit aus dem Staatshaushalt West in die Länder Ost geflossen sind, entfallen 275 Milliarden auf die Schulden, die die Treuhandanstalt machte. Machen mußte. Im Vergleich zu diesen Zahlen sind die Milliarden, die im Schwarzen Reich der roten Socken
verschwanden, nicht relevant. Um nicht zu sagen: zu vergessen.
    Uwe Schmidt wird von seinen Mitarbeitern bewundernd
Kugelblitz genannt, weil er nicht zu bremsen ist, wenn er einmal

losrollt. In Sachen Vereinigungskriminalität ist es beim erstenmal ein simpler Anruf, der auf mögliche Luftgeschäfte aufmerksam macht, die wohl irgendwas zu tun haben müssen mit den unendlichen Möglichkeiten des Geldtausches nach der Währungsunion. Der Anruf eines Bankers. Seit Schmidt den korrupten CDU-Stadtbaurat Antes in Westberlin hochgehen ließ, kennt er einen an der Quelle, der hin und wieder Tips über besondere Kunden gibt. Und der teilt ihm in diesem Anruf im Herbst 1990 mit, daß auf einem ganz bestimmten Konto mehr als hundert Millionen DM eingegangen sind, und dies könne auf keinen Fall mit rechten Dingen zugehen. Handelsgeschäfte, die etwa dieser Summe entsprechen, seien nicht festzustellen. Wenn Uwe Schmidt davon erzählt, beschreibt er gleichzeitig seinen schönsten Fall. Der ist zwar immer noch nicht abgeschlossen, auch sechs Jahre nach diesem Anruf nicht, aber deshalb von Resignation bei ihm kein Hauch. Wenn alles so einfach wäre, könnten ja auch andere seinen Job machen, nicht wahr. Er hat trotz vieler Erfahrungen einen ungebrochenen Glauben an das sogenannte Gute, also daran, daß letztlich doch die Bösen verlieren. Diese Überzeugung läßt ihn auch Rückschläge ertragen, und diese Überzeugung macht ihn unempfindlich gegen Anfälle von berufsbedingtem Zynismus.

Es gibt schließlich auch Momente der Freude, wenn durch ein Veto von ganz oben, in diesem Fall kommt es von Bundeskanzler Helmut Kohl gegen eine bereits bestehende Zusage des Finanzministeriums, im letzten Moment die Zahlung von 78 Millionen D-Mark an den Osthändler Martin Schlaff verhindert wird, die ihm aus Geschäften mit ehemaligen Außenhandelsbetrieben angeblich zustehen. Wenn die Gerechtigkeit einen Etappensieg erringt und nicht der Rechtsstaat. Das Bundesfinanzministerium hatte schon überweisen wollen, weil es nicht gelungen war, schmutzige Geschäfte nachzuweisen. Schlaff und sein Bruder stehen deshalb auf Schmidts WANTED-Liste ganz weit oben, weil er sicher ist, daß die nicht nur keinen Pfennig zu kriegen haben, sondern viele Millionen zurückzahlen müßten. Vor Gericht würde er sie deswegen auch noch mal gern sehen, und sei es auch erst nach seiner Pensionierung von der Zuschauertribüne aus, aber da sind seine Erwartungen nicht so groß.

Die Robert Placzek Holding in Wien mit ihrem Geschäftsführer Martin Schlaff und dessen Bruder James sind als sogenannte Embargohändler gut im Geschäft, solange die DDR-Grenzen noch tödlich sind. Sie liefern über das neutrale Ausland Österreich alles, was die DDR braucht, aber offiziell aus dem Westen wegen des NATO-Embargos nicht einführen darf. Die Umsätze fallen rapide nach der Wiedervereinigung, aber das gilt für viele jener feinen Firmen im Westen, die sich auf diesen speziellen West-Ost-Handel gestützt haben. Anders ausgedrückt: Man könnte sogar anhand veröffentlichter Bilanzen und Geschäftsberichte im Wirtschaftsteil des »Handelsblatt« ermitteln. Denn wer im Jahre des Aufbruchs 1990, als bis zum letzten Gebrauchtwagenhändler alle die Konjunkturspritze Einheit spüren, ein Drittel und mehr seiner bisherigen Umsätze verliert, gehört automatisch in die Schar möglicher Verdächtiger.

Da sie durch langjährige Geschäftsverbindungen die richtigen Leute drüben kennen, die sich nach der Wende neu orientieren müssen, bleiben die Austro-Händler im Gegensatz zu anderen Konkurrenten dabei, nachdem im Millionen-Monopoly DDR nach neuen Regeln gespielt wird. Mit allen Tricks. Als Dresden im Frühjahr 1990 einen Kommunalkredit braucht, bekommt es den nicht etwa aus Berlin, zum Beispiel vom Finanzministerium, sondern von der (KoKo-)Firma BIEG und einer Schweizer Aktiengesellschaft namens Lomer. Allerdings vergibt offiziell die Österreichische Länderbank das Darlehen, worunter man sich in Dresden nichts Verdächtiges vorstellt, halt dringend benötigtes Geld für alles, was so in der Stadt anfällt – insgesamt 225 Millionen Ostmark. Berghofers Nachfolger benutzen erst das Geld, und als sie ein ungutes Gefühl befällt, sperren sie es. Doch es gibt keine Beweise für eine Straftat, und die Schweizer von Lomer wollen ihren Anteil am Kredit zurückhaben, 165 Millionen DDR-Mark, nach der laut Staatsvertrag für Auslandsgeschäfte geltenden 1:3-Währungsumstellung also 55 Millionen D-Mark. So schnell geht das nicht, es muß geprüft werden, und da so etwas lange dauert, fallen Zinsen an, bis Anfang 1996 immerhin 23 Millionen Mark. Macht zusammen 78 Millionen Mark. Genau das sind die Millionen, die das Bundesfinanzministerium hat anweisen wollen, was im letzten Augenblick durch das Veto des Kanzlers verhindert wird.

Denn die Firma Lomer, sagt die ZERV, gehört eigentlich dem Wiener Unternehmen Schlaff. Seltsam kommt den Ermittlern auch vor, daß die Summen alle so wunderbar passen in ein anderes Luftgeschäft – in das der BIEG mit den Festspeicherplatten für Robotron aus dem Februar 1990. Erstens sind nach der Abwicklung des nicht mehr konkurrenzfähigen Kombinats Robotron nirgends Festspeicherplatten im Wert von angeblich 86 Millionen D-Mark gefunden worden und zweitens ergibt der Deal erst dann einen Sinn, wenn der Stadthaushalt Dresden nur als Zwischenparkplatz gedacht war, also vom Auslandskurs 1:3 auf den innerdeutsch geltenden Kurs 1:2 hätte umgestellt werden können. Dann wiederum hätten nämlich zu Lasten des Bundeshaushalts alle verdient dank wunderbarer Geldvermehrung: die KoKo-Ganoven, die frisches Geld brauchen für den Einstieg in die Marktwirtschaft. Die marode Stadt Dresden, die mit echtem Westgeld dann die nötigen Reparaturen hätte bezahlen können. Und der Besorger aus Wien sowieso.

Eine mögliche Variante klingt sogar noch verrückter, also ist sie wahrscheinlich: Die Ware Festspeicherplatten gibt es nicht, also besteht auch keine Pflicht, dafür 86 Millionen D-Mark zu bezahlen. Wohl aber gibt es fingierte Rechnungen über Festspeicherplatten der gewieften Außenhandelsjongleure. Für 86 Millionen D-Mark setzen sie dabei wie üblich – gemäß RiKo – rund 380 Millionen Ostmark an. Die bekommt BIEG mit Hilfe des Außenhandelsministeriums. Davon geht die Hälfte zum Beispiel an Schlaff, die andere Hälfte bleibt zur eigenen Verfügung. An Schlaff deshalb, weil einer die angeblich zu bezahlende Ware zumindest besorgen müßte, falls jemand auf die Idee käme, nachzufragen. Die BIEG-Hälfte wird bei der Währungsunion 1:2 umgetauscht, macht 85 Millionen D-Mark, eine schöne Stange Geld für den beschwerlichen Weg in die Marktwirtschaft, wo Parteiabzeichen und Linientreue keinen Substanzwert mehr haben werden. Die andere Hälfte leiht Schlaff über Lomer dem notleidenden Dresden, was nach der Umstellung ebenfalls 85 Millionen D-Mark ergeben könnte, zur gefälligen Verteilung. Daß dieser Teil des Deals auffliegt, stört ihn nicht weiter, nur seine Gewinne sind nicht mehr ganz so heftig. Von seinem angeblichen Kredit in Höhe von 165 Millionen Ostmark will er nur die

55 Millionen für seinen Einsatz haben, die ihm nach dem offiziellen Kurs 1:3 jetzt zustehen. Plus Zinsen, logisch. Leider kann der Fall nicht ganz zu Ende erzählt werden, ohne in ein schwebendes Verfahren einzugreifen, denn längst sind nach dem Kohl-Intermezzo wieder die Anwälte tätig.

Am tollsten ist wohl die Geschichte von den 13 000 Tonnen Baumwolle, die über eine Dependance in Budapest abgewickelt werden, die wiederum zufällig Geschäftsverbindungen mit Schlaff pflegt. Ein richtig großer Deal, nicht vergleichbar mit den paar Millionen D-Mark, um die es beim Streit zwischen »Holzhandel Berlin-Brandenburg« (Besitzer Schlaff) und der Treuhandanstalt geht, und auch nicht vergleichbar mit den paar Millionen, um die wegen zu billig erworbener und teuer verscherbelter Grundstücke gestritten wird, ebenfalls zwischen der Treuhandanstalt und den Gebrüdern Schlaff. Auch laufende Erkenntnisse über Treuhandmitarbeiter, die bei der Stammfirma in Wien, der Robert Placzek AG für Holz und Zellstoff, zufällig ein warmes Plätzchen gefunden haben, nachdem die Firma Schlaff sie bei Verhandlungen in Berlin als kompetente und vor allem konvertible Gesprächspartner kennengelernt hat, spielen angesichts dieser Deals keine große Rolle. Nein, die Geschichte mit der DDR-Baumwolle ist deshalb so abenteuerlich, weil das Volumen des angeblichen Handels stolze 125 Millionen Mark beträgt. Gekauft wird dabei Baumwolle im Osten, die für Österreich bestimmt ist, aber über einen Zwischenhändler in Budapest geliefert wird. Dieser Zwischenhändler gehört, wie das Leben manchmal spielt, auch zum Schlaff-Reich. Da zwischen Staaten des RGW gehandelt wird, muß in Transferrubeln abgerechnet werden. Und was man mit denen machen kann, wird noch zu erzählen sein, auf jeden Fall viel frisches Geld. Pech für die Akteure in diesem Spiel, daß Baumwolle nicht einfach per Post oder Fax verschickt werden kann wie zum Beispiel fingierte Rechnungen. Zum Transport hätte man rund tausend Waggons gebraucht, egal, ob nun Reichsbahn oder später Bundesbahn. Aber die sind nie auf den Schienen gewesen, wie sich nachweisen läßt. Ein klassisches Luftgeschäft also, von denen es unter deutschen und deutschsprachigen Brüdern viele gegeben hat.

Dennoch ist jede heute genannte Zahl über verschobene Milliarden mit Vorsicht zu bewerten. Kann weniger sein, kann auch mehr sein. Stand Ende 1996 in der kleinen Abteilung der Bundesanstalt für vereinigungsbedingte Sonderaufgaben, die sich um KoKos verschollenes Erbe zu kümmern hat: Etwa 760 Millionen D-Mark Außenstände werden noch immer gesucht, jenseits der gerichtsanhängigen bekannten Fälle.

In der anderen Österreich-Connection kennt die Treuhandanstalt zwar genauere Zahlen, aber das hilft ihr bzw. der Nachfolgerin BvS nicht weiter. Denn die Novum-Geschichte ist eine unendliche Geschichte und nur in Grundzügen zu erzählen, weil endgültige Ergebnisse noch lange nicht zu erwarten sind. Die erste Runde um die strittigen 450 Millionen DM hat die Bundesrepublik Deutschland verloren, aber Revision eingelegt. Falls die Kommunistische Partei Österreichs (KPÖ) auch in der Revision beweisen kann, daß die Firma Novum immer schon ihr Eigentum war und nur deshalb so viel Geld anhäufen konnte, weil sie für alle Geschäfte mit der DDR von Unternehmen wie der Bosch GmbH, wie Ciba-Geigy oder Voest-Alpine Provisionen kassiert hat, lachen sich die Genossen in Wien eins. Vielen der rund 5000 Mitglieder wird allerdings eher das Lachen vergehen, und sie werden die Frage stellen, warum sie sich ihre Mitgliedsbeiträge abzwacken mußten, während ihre proletarische Organisation zu den reichsten Monopolkapitalisten im Lande zählte. Falls die KPÖ also auch die zweite Runde um die Millionen gewinnen sollte, hat sie in Österreich für immer verloren. Was dann wieder ein Sieg des Kapitalismus wäre.

Solche Überlegungen interessieren nicht vor dem Berliner Verwaltungsgericht, da gelten nur Beweise, so oder so, und damit tun sich die Bonner Kläger angesichts prominenter Entlastungszeugen der KPÖ von Alexander Schalck-Golodkowski bis Gerhard Beil doch ziemlich schwer. Die zu klärende Hinterlassenschaft vom Komplex Sondervermögen war, wie üblich im schwarzen Reich der roten Socken, in verschiedenen Ländern auf verschiedenen Banken gut versteckt verteilt – falls es denn überhaupt eine Hinterlassenschaft der DDR ist, denn noch gilt die verzweifelte Aussage des Berliner Richters: »Wir tappen im dunkeln.«

Eine ganz besondere Treuhändlerin leitet diese Novum-GmbH, Rudolfine Steindling, und die macht kein Geheimnis daraus, wie gut sie mit dem ganz besonderen Experten Gerhard Beil befreundet ist. Daß der ehemalige DDR-Außenhandelsminister ihr nach dem erzwungenen Ende seiner politischen Laufbahn mit Rat und Tat hilft, ist deshalb ganz normal. Natürlich läuft das alles im Rahmen der Gesetze und hat nichts mit dem Vorwurf der Anklage zu tun, Geld verschoben, bereits früh im Jahre 1990 auf 76 Banken in aller Welt Millionen transferiert zu haben. Schon im Oktober 1990 steht Beil auf der Payroll der Wiener Länderbank, später als Bank Austria im Handelsregister, und diese Bank, welche Zufälle es doch immer wieder gibt, verwaltet das Vermögen von Novum. Da allerdings liegt ein großer Teil nicht mehr, denn an die Filiale in der Schweiz sind 245 Millionen überwiesen worden, bevor sich anschließend das Geld im Nichts der weltweit bekannten Bermuda-Dreiecke der Finanzen auflöst. Was hat Beil damit zu tun? Gar nichts. Und wo kann man ihn erreichen, falls einer der alten Kameraden mal ein Problem hat? Im Haus der roten Treuhändlerin in Wien. Oder vielleicht bei Krupp in Essen, denn die berät er ja auch eine gewisse Zeit lang.

Richtig schöne Gewinne sind im Transferrubelgeschäft zu erzielen. Der Hintergrund: Auslandsforderungen gegenüber Geschäftspartnern aus dem Rat Gegenseitiger Wirtschaftshilfe (RGW) müssen in Transferrubel abgerechnet werden, das ist die Leitwährung im Osten. Die Summen werden offiziell von der Moskauer Zentralbank eingetauscht und an die jeweiligen Staatsbanken der einzelnen Länder überwiesen, wo dann die Lieferfirma das ihr zustehende Geld abholt. In der Landeswährung. Solange es innerhalb des geschlossenen Kreislaufs Ostblock läuft, sind das die üblichen Geschäfte, also nicht besonders aufregend. Da es kein hartes konvertierbares Geld dafür gibt, lohnt sich ein Betrug nicht, denn staatlich sind sie sowieso alle. Im normalen Währungsverkehr mit dem Westen sind Transferrubel-Guthaben, die nur in diesem Ostgeschäft gelten, nichts wert.

Zeitenwende, Goldgräberstimmung, die Stunde der falschen Abrechnungen. Einfache Rechenbeispiele, die schnell begriffen werden: 100 000 Transferrubel ergeben im Gegenwert etwa 460 000 Ostmark und die nach der Währungsunion 230 000 Westmark. Die Verdienstmöglichkeiten durch die geplante Umwandlung der ebenfalls wertlosen Mark sind nach der Währungsunion gigantisch. Wer Transferrubel besitzt, kann durch den Umtausch bei der Außenhandelsbank, die verpflichtet ist, das durch den Osthandel erworbene Guthaben in Mark zu wechseln, Millionär werden, und zwar nach absehbarer Wartefrist in D-Mark. Bedingung allerdings: Es muß eine Leistung durch entsprechende Warenlieferung in Scheindokumenten nachgewiesen werden, denn erst dadurch ergibt sich ein Anspruch auf die Wandlung von Wasser zu Wein. Nur wer Handel treibt, darf mitspielen beim Rubbeln der Rubel. Im Gegensatz zum westlichen Volkssport Rubbeln gewinnt hier allerdings jeder. Also: Gelieferte Waren = Transferrubel = Umtausch in Mark = Umtausch in D-Mark nach der Währungsunion.

Das ist die Chance für Handelsunternehmen, die schon lange im Ostgeschäft sind und überall ihre Verbindungen haben, denn nur der Export von DDR-Waren führt auf den Königsweg. Die ehemaligen Staatshändler kennen sich in diesem Dickicht prächtig aus. Sind deshalb genau die richtigen für westdeutsche Firmen, die Strohleute suchen, über die sie sich an der staatlichen Lotterie beteiligen können. Eine gültige Handelslizenz, die im DDR-Außenhandelsministerium ausgegeben und so genau nicht geprüft wird, ist deshalb so gut wie eine Lizenz zum Gelddrucken. Die Geschickten und Wendigen unter den Stasifunktionären nutzen die Möglichkeiten. Heiteres Beruferaten bei den einstigen Speerspitzen der Partei: Wir sind Strohmänner, aber wir dreschen Gold aus dem Stroh.

Auf fremde Rechnung gegen Provision und auf eigene Rechnung gehen sie an die Arbeit. Bei Robotron Export-Import sind es gleich siebzig Kameraden aus dem abgewickelten Ministerium für Staatssicherheit, die geschlossen in die andere Firma eintreten und sich nunmehr um den Transfer von Personalcomputern nach Ungarn oder in die Sowjetunion kümmern. Lange gutgehen wird das nicht, das ist bekannt, denn die garantierten Umtauschquoten gelten nur bis zum Jahresende 1990, und beim Treffen der Mitglieder des RGW war auf Anregung des Großen Bruders beschlossen worden, spätestens ab 1. Januar 1991 in harten Devisen abzurechnen. Zugestimmt hatten alle, Devisen hatte keiner. Also keine Zeit zu verlieren, denn bald wird alles verloren sein. Am besten läuft der Betrug über Warschau und am allerbesten, wenn von vornherein harte D-Mark eingesetzt und nicht erst erzielt werden. Das geht so: Ein Transferrubel kostet offiziell 2000 Zloty. Für eine harte Mark bekommt man aber auf dem Schwarzmarkt 6000 Zloty, was wiederum beim Tausch in Moskau drei Transferrubel ergibt. Die werden dann gerubbelt in Ostmark, also 3 mal 4,80, was 14,40 Mark aufs Konto bringt. Und dieser Kontostand verändert sich nach der Währungsunion auf 7,20 D-Mark. Der ursprüngliche Einsatz von einer Mark hat sich versiebenfacht.

Es liegt in der Natur der finsteren Geschäfte, daß es allenfalls Schätzungen über die Verluste gibt. Nach dem Zusammenbruch der Sowjetunion und der Zahlungsunfähigkeit der Moskauer Zentralbank kann die Bundesbank etwa 36 Milliarden DM, die ihr aus den Transferrubelgeschäften eigentlich zustehen, in den Wind schreiben. Etwa acht Milliarden davon rechnet man den Schattenmännern an, die allerdings ohne westliche Hilfe ihre Deals nicht hätten machen können. Offizieller Stand der Forderungen 1993: ungefähr 450 Millionen D-Mark im Namen der dann schon nicht mehr existierenden Staatsbank und ihrer Tochter Deutsche Außenhandelsbank. Inoffizielle Erkenntnis: Davon sehen wir nichts wieder. Die Treuhandanstalt wird gleich doppelt geschädigt. Mit den schwarz erworbenen Geldern kaufen die neuen Millionäre aus dem Angebot der zu privatisierenden Firmen erstens die heraus, die sie von früher am besten kennen, und zweitens lassen sich aufgrund dieses Wissens entsprechende Gutachten über deren geringen Substanzwert erstellen, um die Subventionen der Treuhändler möglichst hochzutreiben.

Wie soll die Gerechtigkeit siegen, wenn trotz aller Ermittlungen keiner weiß, wer seriöse Geschäfte gemacht hat und wer nicht? Nach wie vor ist die Truppe, die dieses muntere Treiben aufklären soll, im Vergleich zur Schar, die ihr gegenübersteht, unterbesetzt. Von wegen Waffengleichheit. Es sind ja nicht nur die großen Geldwäschereien zu untersuchen, es gibt auch kleine Fische, Weinkellereien in Brandenburg, in denen noch nie eine Flasche gelagert worden ist, die prächtige Umsätze vermelden. Es gibt richtige Wäschereien, die von ihrer Umsatzrendite allenfalls eine einzige Waschfrau ernähren könnten und dennoch zu den besten Kunden ihrer Bank zählen. Falls mal ein Fall bekannt wird und Schlagzeilen macht, wird man auf der Suche nach den Schuldigen immer schnell fündig: die Treuhändler. Hätten eben besser aufpassen müssen. So wächst die Treuhandanstalt schon früh in die Rolle des Sündenbocks. Kleine Erfolge wie die Zerschlagung der Firma Wigeba und ihrer Tochterunternehmen, die fast ausschließlich ehemalige Beamte der Staatssicherheit für angeblich wissenschaftliche Geräte und Anlagenbau beschäftigte, bleiben Marginalien im Kampf gegen die roten Socken.

Die Treuhandanstalt gilt zumindest bis zum Amtsantritt Detlev Rohwedders auch bei einschlägigen westlichen Beratungsfirmen als Hort der Amateure, mit denen unter Profis gut zu dealen ist. Die sicher gut bezahlen, wenn man ihnen fachmännische Hilfe anbietet, um ihre Probleme zu lösen. Die Firma Metzler Consulting stellt in einem Brief an den Vorstand der Treuhandanstalt am 28. November 1990 ihren Projektplan vor, um das Vermögen des ehemaligen Ministeriums für Außenwirtschaft zu entflechten und zu privatisieren. Da der »Gesamtkomplex einen Wert von mehreren Milliarden D-Mark« haben dürfte, ist Eile geboten, denn durch »Unsicherheiten und Entscheidungsverzögerungen wird der Wert des potentiellen Realisierungserlöses dauerhaft geschmälert«. Und weil die Treuhandanstalt ein »erhebliches Defizit« habe, um diesen Komplex zu durchschauen und zu bearbeiten, bietet die Firma an, mit Hilfe ihrer Experten privatwirtschaftlich zu lösen, was offensichtlich staatliche Stellen nicht können: »Wir sind überzeugt, daß dieses Projekt die Treuhandanstalt bei ihren wichtigen Aufgaben erheblich entlasten kann, und würden uns freuen, Sie mit diesem Projekt unterstützen zu dürfen.« Die Berater, die der Hoffnung Ausdruck geben, man werde sich über die Honorierung sicher einigen können, sehen dringenden Handlungsbedarf: »Unsicherheiten der Bewertung haben sich beispielsweise beim Verkauf eines Paketes an der Deutschen Handelsbank gezeigt.«

Das ist eine ziemlich freundliche Umschreibung für einen Deal, bei dem es selbst Kugelblitz Uwe Schmidt ob der coolen Unverschämtheit der handelnden Personen zunächst die Sprache verschlug. Die Deutsche Handelsbank (DHB) arbeitet ziemlich im stillen fast ausschließlich in Sachen KoKo-Geschäften, sie ist Schalcks Hausbank. Besitzer: angeblich die DDR-Staatsbank und fünf Privatfirmen, die aber alle zur Kommerziellen Koordinierung gehören, also in Wahrheit Volkseigene Betriebe im besonderen Einsatz sind. Nach der Wiedervereinigung entfällt ihr Geschäftszweck. Am 13. November 1990 kauft die Frankfurter Bank für Gemeinwirtschaft (BfG) von der Staatsbank für 225 Millionen D-Mark 64 Prozent der DHB. Als aber die Treuhandanstalt für dreißig Prozent der Handelsbank 192 Millionen D-Mark zahlen muß, wird die ZERV aktiv. Schauen wir doch mal. »Gleiche Bewertungsmaßstäbe unterstellt«, hätte die BfG für ihren Anteil mindestens 409 Millionen Mark zahlen müssen, stellt Schmidt in seiner Ermittlungsakte fest. Die Sache stinkt. Aber warum?

Der Wert der Bank ist tief gerechnet worden, weil die Beteiligung an den KoKo-Altgesellschaften nur mit einem Liquidationswert von jeweils einer DM eingesetzt wurde. Als die Treuhandanstalt für ihren Anteil zahlte, lagen – eines der zahlreichen Wunder von Geldvermehrung während der deutschen Wiedervereinigung – andere Bewertungen für die Schalck-Firmen vor, und siehe da, allein das zur KoKo gehörende Internationale Handelszentrum stand mit einer Summe zwischen 300 und 500 Millionen Mark zu Buche, je nachdem, wieviel die Renovierungen kosten würden. Der eigentliche Wert der Deutschen Handelsbank lag also zwischen 600 und 780 Millionen D-Mark.

Nein, diesmal sind die Millionen für die Treuhandanstalt nicht verloren, es wird gestritten und ermittelt und schließlich »zur Vermeidung langwierigen Rechtsstreits« Mitte 1994 ein Vergleich geschlossen. Eines der wenigen Geschäfte, bei denen die Treuhandanstalt verdient: Sie verkauft ihren Anteil an der Bank für 192 Millionen DM an die BfG und erhält im Gegenzug insgesamt 531 700 714,10 DM, denn die Bank für Gemeinwirtschaft muß der Treuhand das geben, was die damals still und leise mitverscherbelten KoKo-Firmen noch vom DDR-Finanzministerium aus angeblich erfolgreichen Devisengeschäften bekommen hatten. Das ist nämlich eindeutig Staatsvermögen, und das gehörte laut Einigungsvertrag der Treuhandanstalt. »Zuzüglich Zinsen 5 Prozent von 7/90 bis 6/94 und einbehaltene Dividenden der jeweiligen Altgesellschaft in Höhe von 16 988 081,41 DM«, wie es in der notariellen Urkundenrolle 363 heißt, über die Stillschweigen vereinbart wird. Einzige Erklärung von Treuhandsprecher Wolf Schöde damals: Man habe ein schönes Zubrot eingenommen.

Und doch: Man hätte vielleicht vier Jahre zuvor das Angebot der Metzler Consulting genauer lesen sollen, gerade im Hinblick auf das Internationale Handelszentrum:»Das IHZ ist eine der interessantesten Immobilien in Berlin und kann bei professioneller Betreuung einen Bruttowert – nach Umbau und Erweiterungsmaßnahmen – von 500–800 Mio DM erreichen.« Auch ein schönes Zubrot.

Wie gut sich die Genossen in die Marktwirtschaft eingefunden haben, zeigt sich wenige Monate nach der Währungsunion. Von den alten Kadern aus der Wirtschaft ist kaum einer arbeitslos. Sie heißen nicht mehr Generaldirektoren, sondern Geschäftsführer. Viele werden als Altlast enttarnt und abgewickelt, als die Wessis das Land regieren. Viele werden plötzlich auch krank und können nicht mehr arbeiten, als von allen leitenden Angestellten der Treuhandanstalt eine Erklärung verlangt wird, niemals für die Staatssicherheit gearbeitet zu haben. Manche gehen freiwillig, weil sie wissen, daß sie ihrer Vergangenheit nicht mehr entkommen können. Die meisten aber kommen, bei lukrativen Gehältern, wieder irgendwo unter.

Wo gehobelt wird, sagt der Volksmund, fallen Späne. Es erwischt bei den Säuberungsaktionen selten die schlimmsten, weil gerade die nicht gewartet haben, bis ihnen die Treuhändler auf die Schliche kamen. Es erwischt anständige Leute, deren einziger Fehler es war, an Karl Marx geglaubt zu haben. Dennoch sind die Vorwürfe einer Art gnadenlosen zweiten Entnazifizierung unberechtigt. Damals nach dem Krieg, bei der eigentlichen, der ersten, kamen schließlich fast alle davon, die im alten System gnadenlos gewesen waren.

KAPITEL
5

Von Thälmann zu Tengelmann:
Operation Deutschland

Der Umschlag, den der kommissarische Präsident der Treuhandanstalt morgens auf seinem Schreibtisch findet, trägt im Postein-
gangsstempel die laufende Geschäftsnummer 939. Absender:
Ministerium für Wirtschaft, Abteilung I, Wenzel. Sein Inhalt ist
brisant, streng geheim, nur für ihn bestimmt, überrascht Wolfram Krause aber nicht, weil er sich auf diesen großen Schock seit
Wochen durch immer neue kleine Schocks hat vorbereiten können. Bleich wird der damals oberste Treuhändler trotzdem. Denn
die Tabellen und Zahlen des über sozialistische Planwirtschaft
besonders informierten Experten Wenzel lassen kurz vor der
Währungsunion keinen Zweifel daran, daß es im Osten krachen
wird, und zwar gewaltig. Deshalb der Zusatz am Ende seines
Begleitschreibens vom 18. Juni 1990: »Das Material dient wie die
dazu bereits früher übergebenen Unterlagen der internen Information und Auswertung und ist nicht für die Öffentlichkeit
bestimmt.«

Das würde allerdings in der Öffentlichkeit Ost wenige Wochen vor dem Tag X, auf den alle warten wie auf von Gott ver-
heißenes Manna, eh keiner wissen wollen. Denn am 1. Juli wird
die D-Mark kommen, auf daß es' allen bessergehe. Die gestern
noch Thälmann verpflichteten stolzen Brigaden freuen sich auf
Tengelmann. Wer jetzt noch immer vor dieser ganz besonderen
Operation Deutschland warnt und den falschen Kurs beklagt,
führt Selbstgespräche. Das Volk will andere Signale, und es hat
sie von den Politikern bekommen. Die Geldbündel mit der bald

wertlosen Währung liegen bereit. Der 1. Juli wird der eigentliche Tag der Einheit sein, dann wird getauscht in D-Mark, und die harte Mark eint die Nation, das ist die gemeinsame Identität und wahrscheinlich die einzige. Die Ostmark wird danach entweder verbrannt oder in Säcke gepackt und gelagert in aufgegebenen Stollen von Salzbergwerken. Was sogar im übertragenen Sinne einleuchtet, denn das Plastikgeld, lästern seine ehemaligen Besitzer, war immer unterirdisch. In Recyclingverfahren Ende 1996 wird so manches Kilo Ostmark erstmalig zum festen Wert, als Türgriff, als Leiste in Wandschränken. Die Bundesbank hat ihre vaterländische Pflicht, schlagartig über Nacht die neue Währung aufs ganze Land drüben zu verteilen, in gesamtdeutschen Expertengruppen logistisch vorbereitet, und es wird ohne Zwischenfälle klappen. Die Angst vor Überfällen ist unbegründet, denn die richtigen Ganoven haben bereits überfallartig auf ihre Art getauscht, getreu dem friedlichen Motto: Vermögen schaffen ohne Waffen. Umgestellt wird bei Löhnen, Gehältern, Renten, Mieten etc. im Verhältnis 1:1, ein wirtschaftlich zwar unvernünftiger, aber politisch angeblich zwingender Kurs. Für Sparkonten gilt dieser günstige Vergleich bis 4000 Mark, darüber wird 1:2 gewechselt, was auch allen ehemaligen Kombinaten und Volkseigenen Betrieben bevorsteht. Nur den Rentnern ist das Wechselgeld erhöht worden, bis 6000 Mark Ost auf ihren Sparbüchern gibt es 6000 Mark West. Was Graf Matuschka als einen der vielen Fehler beim wirtschaftlichen Managen der Einheit bezeichnet:»Die Jungen, die noch kein Geld sparen konnten, deren Unternehmungsgeist man jetzt aber gebraucht hätte, standen mit leeren Händen da, als es mit der Marktwirtschaft losging. Und die Alten studierten im Besitz ihrer 1:1 getauschten D-Mark die Prospekte der Reisebüros statt in ihrem eigenen Land zu investieren.«

Die Überlegungen, die in Sachen Folgen der Währungsunion Wenzel für Krause aufgeschrieben hat, sind die Einschätzungen der Rentabilität staatlicher Unternehmen nach Einführung der D-Mark am 1. Juli 1990. Einschätzungen, die ziemlich realistischen Postsozialismus beweisen, allerdings noch verhalten optimistisch im Hinblick auf das, was in den nächsten Jahren die Besitzerin dieser Volkseigenen Betriebe, die Treuhandanstalt, erleben wird. Zum Beispiel wird in der Prognose der Osthandel insbesondere mit der Sowjetunion noch als stabilisierender Standortvorteil für DDR-Firmen gesehen. Manfred Lennings hält das schon damals für Schönfärberei, denn »es gehört zu den vielen Legenden der Einheits-Geschichte, daß der Niedergang der Ostmärkte für den Zusammenbruch der ostdeutschen Industrie verantwortlich sei. 80 Prozent der Umsätze der Industrie der ehemaligen DDR gingen in den Inlandsmarkt. Der Anteil der Ostexporte betrug nur zehn Prozent.« Er weiß wie alle Fachleute, daß die wirtschaftlichen Folgen einer Währungsunion fürchterlich sein werden, daß es besser wäre, behutsam und über Jahre hinweg die Operation Deutschland durchzuführen. Aber der künftige Vorsitzende des Treuhand-Verwaltungsrates ist nicht erst seit seinen Gesprächen mit Parteifreund Helmut Kohl überzeugt, daß dies politisch nicht geht. Die Ossis wollen nicht mehr warten, und sie werden nicht mehr warten. Sie haben über vierzig Jahre gewartet.

An diesem Junimorgen ist Wolfram Krause wieder mal dankbar, daß nicht er neuer Chef der Treuhandanstalt wird, sondern daß dieser Westdeutsche bald an die Spitze im achten Stock des Hauses der Elektrotechnik einziehen soll. Von wegen Volksvermögen verwahren oder gar verteilen. Klingt so, als sei das schon Jahre her, dabei haben im Februar noch alle daran geglaubt. Zwar steht in den vertraulichen Informationen, daß »nur« 29,4 Prozent der 2361 erfaßten Betriebe zum Beispiel aus dem Bereich Industrie stark konkursgefährdet, zwei Drittel aber selbst nach dem Schock der Währungsunion als rentabel oder sanierungswürdig einzustufen sind. Eine andere Zahl jedoch ist entscheidend: In diesen 695 stark gefährdeten Betrieben sind rund 43 Prozent der betroffenen Arbeitskräfte beschäftigt, knapp eine Million Menschen. Die Verluste werden sich, wie zu lesen ist, in der Hauptsache auf sechzig Unternehmen konzentrieren, und die größten davon sind: Leuna, Kaliwerke Südharz, Eisenhüttenkombinat Ost, Wismut AG, Gasanlagen AG, NKW Ludwigsfelde, Sachsenwerk Zwickau, Automobilwerk Eisenach, Schwermaschinenbau Magdeburg, Mikroelektronik Erfurt, Carl-Zeiss-Jena.

Gerhard Pohl, Minister für Wirtschaft, und Walter Romberg, Minister für Finanzen, haben vier Wochen zuvor die ersten detaillierten Aufstellungen bekommen und auch die zur Kenntnis an ihren Treuhändler Krause weitergeleitet. Aber was soll der unternehmen, er hat eh keine Mittel, und von seinen 143 Planstellen in der Berliner Zentrale sind nur 133 besetzt, statt dessen gebietet er über Büros voller unerledigter Anträge auf Umwandlungen in Kapitalgesellschaften und GmbHs.

Der SPD-Mann Walter Romberg weiß also, warum er erst nach oben blickt, um stumme Zwiesprache zu halten, und dann unter dem Tisch die Hände zu einem schnellen Gebet faltet, bevor er am 18. Mai in Bonn seine Unterschrift unter den Staatsvertrag über die Währungs-, Wirtschafts- und Sozialunion setzt. Seinem Chef Lothar de Maizière von der anderen Partei entgeht dieses Stoßgebet nicht. Die Szene im Palais Schaumburg hat fast etwas Absurdes. Die DDR wird von dem, der sie per Unterschrift quasi an den Sieger verkauft – dessen Währung wird dann regieren, weil halt immer Geld die Welt regiert –, der Güte Gottes empfohlen. Walter Romberg erinnert sich: »Der doppelte Inhalt meiner Geste war: Diese Unterschrift ist Unterwerfung, Unterwerfung unter ein anderes Sozial- und Wirtschaftssystem. Und: Ich bitte, daß Gott eine Zukunft offen hält, die mehr ist, als ich sehe.« Das war das Gebet des überzeugten Christen Romberg, der nur eine Instanz kannte, Gott, und aus diesem Glauben die Freiheit seines Handelns schöpfte. Romberg hielt die Währungsunion zu diesem Zeitpunkt und zu diesem Kurs für falsch, weil das eine frühzeitige Aufgabe der Souveränität bedeutete, aber er unterschrieb als zuständiger Minister, in dessen Verantwortung Geldpolitik lag. In den kommenden Turbulenzen werden Gebete und Gottvertrauen mindestens soviel wert sein wie Produktionspläne und Umsatzprognosen.

Überhaupt muß Lothar de Maizière immer wieder ein Auge auf Walter Romberg haben, der als aufrechter Protestant zu spontanen Entschlüssen nach Luthers Beispiel neigt: Hier stehe ich, ich kann nicht anders. Ein Politiker aber sollte manchmal auch anders können, erklärt ihm sein Bruder im evangelischen Geiste geduldig, und als Trost: Bald werden wir es hinter uns haben. Wie so viele DDR-Politiker kennen sie sich aus der kirchlichen Arbeit, da haben Parteien keine Rolle gespielt. Romberg engagiert in der Sicherheitspolitik und engagiert gegen die Stationierung von

Atomwaffen auf deutschem Boden. Dabei störte ihn die Regierung nicht, weil das damals auch offizielle Parteilinie war, und deshalb war Walter Romberg nie ein Dissident. Aber einer der ersten bei der SPD nach der Gründung 1989 und Minister in der Großen Koalition, bis die im August 1990 platzt. Den Verwaltungsrat der Treuhandanstalt hat er damals verblüfft, als er, noch im Ministerrang, den Herren die Frage stellte, ob denn alles nur unter dem Aspekt des Geldverdienens gesehen werden müsse oder ob es denn nicht auch andere Werte gebe, die man beim Umbau der DDR-Wirtschaft beachten sollte. Rohwedder verstand ihn sofort, aber nie wird Walter Romberg den fassungslos-angewiderten Blick von Hans-Olaf Henkel vergessen, als er seine Frage stellte.

Bei den Verkaufsverhandlungen mit der westdeutschen Allianz-Gruppe, bei denen es um Millionen Policen der ostdeutschen Bürger im Besitz der staatlichen Versicherung geht, will Protestant Romberg wenigstens seinen Protest zu Protokoll geben und auch erklären, warum er so dagegen ist. Das gehört doch unserem Staat bzw. unserer Treuhandanstalt. De Maizière beruhigt ihn flüsternd, laß mich, er weiß, warum er so auf die Unterschriften der westlichen Interessenten drängt. Ahnt er doch, was auf ihn, Liquidator eines bankrotten Staates in Abwicklung, zukommen würde, wenn nach der Währungsunion auch diese Verträge im Verhältnis 1:2 umgetauscht werden müßten. Substanzwert in Immobilien, wie bei Versicherungskonzernen im Westen üblich, gibt es für die 18 Milliarden Mark Bilanzwert nicht. Wer soll das bezahlen? Eben, die Allianz. Also verhandelt er mit unbewegter Miene, bis vier Tage vor dem 1. Juli 1990 verkauft ist. Kein so gutes Geschäft für den Konzern, nennt das heute der ehemalige stellvertretende CDU-Vorsitzende Lothar de Maizière trocken.

Aber ein gutes für die Treuhandanstalt, wie sich ein Jahr später herausstellt. Denn da verkauft sie ihre 49 Prozent an der Staatlichen Versicherung für 440 Millionen D-Mark an den Münchner Konzern, der im Sommer der unbegrenzten Möglichkeiten noch mit 270 700 000 DM für 51 Prozent aller Verträge davongekommen war. Unter damals großem Protest der anderen westdeutschen Versicherungsriesen, denn die staatliche

Deutsche Versicherungsgesellschaft (DVAG), inzwischen selbstverständlich auch eine Aktiengesellschaft, hatte rund dreißig Millionen Verträge in ihrem Portfolio, darunter alle ostdeutschen Lebensversicherungen. Ein paar Wochen vor der Währungsunion gab es noch eine Überweisung der PDS in Sachen Rentenfonds, 750 Millionen Ost, macht 375 Millionen DM nach dem 1. Juli. Ob das Vorsorge für die treuen Parteimitglieder oder wieder nur ein Trick war, der Abteilung Sondervermögen ein paar hundert Millionen Hartgeld zu entziehen, ist kein Fall für die jetzt tätigen Ermittler. Denen geht es um mehr. Die Staatsanwaltschaft Berlin sucht, untersucht, läßt Büros durchsuchen, findet bei der Allianz aber nichts Verwertbares, was ihren Verdacht bestätigen könnte, daß der Deal riecht und fast eine Milliarde DM zu wenig bezahlt worden ist. Denn hier ist nicht einfach ein Unternehmen verkauft worden, wie Hans Richter differenziert: »Der wirtschaftliche Sachverhalt war viel komplexer. Es ging um die Gründung eines Joint-Ventures und die Einbringung von Leistungen. Wir waren der Auffassung, hier ist eben nicht zu wenig an Leistungen eingebracht worden.«

Merkwürdigerweise ist im Sommer 1991 von Protesten der anderen Versicherungen, die sich ein Jahr zuvor noch lautstark beklagt haben, vom Konkurrenten und der letzten DDR-Regierung ausgetrickst worden zu sein, nichts mehr zu hören. Als der Treuhand-Verwaltungsrat dem Restverkauf zustimmt, vermeldet Allianz nämlich schon die erste halbe Milliarde D-Mark als Verlust und spricht von einer außerdem nötigen Finanzspritze in Höhe von 600 Millionen DM. Dies alles würde die Bilanz der Treuhandanstalt zusätzlich belasten, wenn nicht Lothar de Maizière rechtzeitig unterschrieben hätte. Sollen sich doch die Käufer mit den Folgekosten herumschlagen. Wir wollen sie doch nicht bremsen in ihrem Drang, den Osten aufzukaufen, nicht wahr? Genauso wird es mit den Lebensmittelvorräten des Staates für sogenannte Notfälle gemacht. Jetzt gibt es den Notfall überhaupt, deshalb weg mit dem Zeug für die Hälfte des Preises, auch wenn der Finanzminister noch so sehr protestiert. Wer will denn in ein paar Wochen noch DDR-Waren kaufen?

Da ab Mitte der neunziger Jahre von den Versicherungen keine Klagen mehr zu hören sind, weder über Substanzwert noch über Ertragswert, darf übrigens davon ausgegangen werden, daß sich inzwischen insgesamt die Verluste in Mehrwert verwandelt haben.

Noch eine gute Idee hat der letzte Ministerpräsident der DDR, ostdeutscher Fachmann für Zivil-, Steuer- und Wirtschaftsrecht, der sich bei allen Gesetzesentwürfen von westdeutschen Fachleuten beraten läßt, bevor er unterschreibt. Was er nicht versteht, bleibt liegen. Die Idee ist für die Treuhandanstalt so etwas wie ein Geschenk Gottes, denn Phantasie ist in Fällen tiefer Not noch besser als ein Gebet. Statt der im Westen üblichen Konkursverfahren, bei denen ein maroder Betrieb sich bei Insolvenz sofort beim Konkursrichter einzufinden hat und der den Laden sofort schließt, um möglichst viele Gläubiger aus der Konkursmasse zu befriedigen, gilt drüben auf Anregung von de Maizière die Gesamtvollstreckung. Was bedeutet, daß der Konkursverwalter zunächst versuchen kann, den Betrieb fortzuführen, bis sich eine Lösung abzeichnet. Etwas besseres als der Tod findet sich allemal. Manchmal. Gesamtvollstreckung bedeutet also nicht automatisch die Pleite. Der Liquidator bei der Gesamtvollstreckung wird nicht vom Konkursgericht eingesetzt, sondern von der Treuhandanstalt. Er ruft sozusagen alle Gläubiger zusammen, um eine Gesamtlösung zu erreichen, was letztlich eine durch und durch Treuhand-interne Angelegenheit ist. Denn die Treuhandanstalt beruft nicht nur den Liquidator, sondern da sie Besitzerin aller Volkseigenen Betriebe ist, drängen sich unter ihrem Dach sowohl Gläubiger als auch Schuldner. Im Fall des Falles gibt es also nur einen möglichen Verlierer: die Treuhand.

Sinnvoll deshalb, in der Gesamtvollstreckung den Betrieben, bei denen noch eine Chance erkennbar ist, Geldspritzen zu geben, zu trennen zwischen den Betriebsteilen, die sterben müssen, und denen, die überleben könnten. Lothar de Maizière: »In diesem Falle gewinnen die Banken wieder Vertrauen und geben Überbrückungsgeld.« Norman van Scherpenberg, einst Finanzstaatssekretär in Niedersachsen und unter Birgit Breuel Generalbevollmächtigter der Treuhandanstalt, zuständig für die Niederlassungen: »Bei der Liquidation konnten wir über Kernbereiche selbst entscheiden, das war eine Art simuliertes Konkursverfahren. Unser Prinzip war, uns möglichst schnell mit den

Gläubigern zu einigen, denn wenn die sich mit uns einigten, bekamen sie ihr Geld ausbezahlt. Vorteil für uns: Wir waren in der Lage, die Privatisierung der Betriebsstätten mit unserer Zielsetzung durchzusetzen, also möglichst viele Arbeitsplätze zu erhalten.« Ludwig M. Tränkner, ein Virtuose solcher Abwicklungen, berühmt und berüchtigt als Mr. Liquidator der Treuhandanstalt: »Es gibt in Deutschand leider kaum zwanzig Konkursverwalter, die eine Betriebsführung unter solchen Bedingungen beherrschen.« Was mit ein Grund dafür ist, daß so viele Schweinereien und Gaunereien passieren, als immer mehr Unternehmen im Verlauf der Operation Deutschland ins Koma fallen.

Ohne diese Regelung allerdings wären noch vor dem offiziellen Ende der DDR am 3. Oktober 1990 fast alle Unternehmen am Ende gewesen. Nicht nur Pentacon, denn bei diesem Unternehmen ist zum erstenmal nach dem Modell verfahren worden. Schlimmer noch, sagt Lothar de Maizière, so lange hätte es wahrscheinlich gar nicht gedauert: »Dank dieses gestreckten Konkursverfahrens sind am 1. Juli 1990 nicht alle ostdeutschen Betriebe gleich pleite gegangen.«

Was wahrscheinlich dem heimlichen Wunsch vieler westdeutscher Konzerne entsprochen hätte: Ein neuer Markt ohne lästige Konkurrenz, denn was die drüben brauchen, das produzieren wir doch lässig von hier aus. Das stimmt im Prinzip, meint Treuhand-Berater Klaus von Dohnanyi, Aufsichtsratsvorsitzender des Schwermaschinenbauers TAKRAF in Leipzig, der heute nach Zerschlagung des Kombinats nur noch ein Schatten einstiger Größe ist. »Wenn die Westdeutschen donnerstags zwischen 16 und 20 Uhr vier Stunden mehr gearbeitet hätten, also die Maschinen länger gelaufen wären, dann hätte man theoretisch den gesamten Bedarf der DDR-Bevölkerung decken können. Es gab ja genug Westprodukte. Märkte für die ostdeutschen Betriebe sind das entscheidende Problem.« Das Problem für die neuen Herren lag doch darin, lästert der PDS-Tribun Gregor Gysi, daß die 108 000 Quadratkilometer drüben eine schöne Immobilie waren, allerdings die sechzehn Millionen Menschen ein bißchen störten.

Zwar weniger als Produzenten, aber desto mehr als Konsumenten sind sie dennoch gefragt, die neuen Deutschen. In nackten Zahlen: Im zweiten Halbjahr 1990, also nach der Währungsunion, werden Waren und Dienstleistungen im Wert von 71 Milliarden DM von West nach Ost transferiert; in die andere Richtung, also von Ost nach West sind es nur acht Milliarden. 1991 ist das Verhältnis 203 zu 24, 1992 dann 235 zu 35 und 1993 noch einmal 235 Milliarden zu 32 Milliarden. Insgesamt in den ersten sieben Jahren nach der Einheit 1,4 Billionen DM. Einen besseren Schub für die Konjunktur als die deutsche Einheit hätte sich der Westen nicht wünschen können. Wenn allerdings die Schulden der Treuhandanstalt und ihrer Betriebe und die Undankbarkeit der Jammer-Ossis beklagt werden, ist von diesen Transfers selbstverständlich nie die Rede.

Nicht nur Wolfram Krause in der Treuhandanstalt bekommt Ende Juni realistische Zahlen, auch die zuständigen Bonner Minister erkennen, wie blauäugig leichtfertig sie mit ihrer Ankündigung waren, die Kosten des Umbaus Ost seien eher leicht zu stemmen für den reichen Westen. Ihre Fachbeamten hatten das nie geglaubt, aber wer hat die schon gefragt. Allerdings werden sie bald gefragt sein, wenn die tägliche Arbeit beginnt, all die effizienten Paten von Bonn, die ebenso zur Geschichte der Treuhandanstalt gehören wie die Berliner Strippenzieher. Bonner Treuhändler wie Johannes Ludewig, Horst Köhler, Dieter von Würzen, Eckart John von Freyend, Fritz Homann, Wolf-Dieter Plessing, Joachim Grünewald oder Eike Röhling werden in schöpferischer Lust das Vorurteil zerstören, daß mit deutschen Beamten und politischen Funktionären zwar ein braver Staat, aber keinesfalls spannende Geschichte und erst recht nicht aufregende Revolution zu machen sei. Wie sich zeigen wird, sind sie zum Improvisieren bislang nur nicht gekommen, weil das keiner von ihnen verlangt hat. Jetzt, da diese Kunst gefragt ist, machen sie daraus ein Handwerk.

Die Analysen von Roland Berger und McKinsey, deren Studien im Herbst 1990 bestellt wurden, liegen nach wie vor im Panzerschrank des Bundeskanzlers und sind nur wenigen bekannt. Aber interessierte »wirtschaftspolitische Verantwortungsträger«, wie es ein wenig geschwollen heißt, können in einer Boston-Consulting-Group-Untersuchung »erste verallgemeinerungsfähige Erkenntnisse zur Situation der DDR-Wirtschaft« nachlesen. Datum: 20. Juni 1990. Selbstverständlich gehören auch der künftige Vorsitzende des Treuhand-Verwaltungsrats Detlev Rohwedder und der künftige Präsident Reiner Maria Gohlke zu den Empfängern des Papiers, das von erfahrenen Wirtschaftsprüfern erstellt worden ist. Ein paar Kernsätze der Verfasser auf der Basis von fünf Monaten aktiver Beratungstätigkeit in der DDR: »Westfirmen gehen kaum echte Engagements ein (sondern Absichtserklärungen), und die DDR-Firmen suchen nach alternativen Kooperationspartnern. ... Der Zustand der DDR-Wirtschaft erweist sich bei detaillierter Analyse als noch schlechter als dies aufgrund gesamtwirtschaftlicher Kennziffern zu vermuten ist. Selbst in DDR-Spitzenbetrieben entspricht das Leistungsspektrum der Erzeugnisse meist nur dem untersten Niveau des westlichen Wettbewerbs. ... Für die Zukunft stellt sich die Frage, ob eine eigenständige DDR-Industrie überhaupt lebensfähig ist. ... Gegenwärtig besteht ein starker Drang seitens der Betriebe, sich von der Vormundschaft der Kombinatsleitungen zu befreien. Alle Betriebe führen eigenständige Kooperationsverhandlungen, teilweise parallel zueinander. Nach einer Phase der Euphorie über Westkontakte folgt regelmäßig die Ernüchterung über die emotionslos sachliche Vorgehensweise der Westfirmen. Der überwiegende Teil der DDR-Wirtschaft steht aber nach wie vor faktisch alleine da. Es droht eine große Konkursmasse auf die öffentliche Hand zuzukommen.« Als Konsequenz werden »schnellstmögliche Maßnahmen« durch Treuhandanstalt, Geschäftsbanken und Unternehmensberater vorgeschlagen.

Treuhandanstalt ist eine gute Idee, die gibt es doch schon, laß die doch mal machen, bestätigen sich viele wirtschaftspolitische Verantwortungsträger gegenseitig in ihrer Enthaltsamkeit, genießen selbstzufrieden die Aussichten auf kommende Gewinne und spielen weiterhin Westdeutschland mit angeschlossenen neuen Märkten. Jens Odewald: »Wie im richtigen Leben hing alles von den richtigen Figuren ab, denn wirklich geschehen war bis zum Sommer 1990 wirtschaftlich nicht viel.« Die Währungs-, Wirtschafts- und Sozialunion wird zwar nicht so einfach über die Bühne gehen wie eine Tarifverhandlung im Öffentlichen Dienst, die Gegenargumente gegen Zeitpunkt und Kurswechsel sind durchaus einleuchtend und seriös, aber man hat ja schon andere Krisen gemeistert: Kohle, Stahl, Werften. Daß es diesmal um die Krise eines ganzen Staates geht, also etwas Ungeheures, daß es um den Umbau von Plan- in Marktwirtschaft geht, also etwas Unvergleichbares, daß es auch deshalb eine Zäsur in der Nachkriegsgeschichte ist, weil die Politik gegen die Wirtschaft entschieden hat und nicht die Wirtschaft wie üblich über die Politik gesiegt, also etwas Unerhörtes, werden die Topmanager nach dem anfangs so satten Aufschwung West durch den Abschwung Ost auch an der eigenen Bilanz erfahren. Es wird Geld kosten, unerwartet viel Geld, und was man sich davon durch längeres Nachdenken vor schnellen Entscheidungen hätte sparen können, wird die politische Debatte der nächsten Jahre bestimmen.

Allerdings sind da fast alle klüger, und die wenigen, die vorher klüger waren – Lafontaine, Pöhl, Hickel etc. –, werden in die Ecke der unbeliebten Rechthaber gestellt. Hauptvorwurf an den Kanzler: Zwar habe er die Einheit instinktsicher verhandelt und im richtigen Moment die richtigen Entscheidungen getroffen, aber beim Managen derselben versagt. Der schlimmste Fehler: Einführung der Währungsunion viel zu früh und zum falschen Umtauschkurs. Lennings sieht das anders: »Der Stundenlohn in der DDR-Industrie betrug sechs Ost-Mark, während die westdeutsche Industrie damals bei knapp zwanzig DM lag. Hätten wir 1:2 umgestellt und den DDR-Stundenlohn damit auf drei DM fixiert, wäre wohl eine neue Mauer nötig gewesen, um eine gewaltige Welle der Ost-West-Wanderung zu verhindern.« Gegenargument der Kritiker: Statt mit der D-Mark die Übersiedler zu stoppen, hätte man ihnen lieber D-Mark geben sollen unter der Bedingung, daß sie damit erst einmal drüben geblieben wären. Zinsfreie Kredite statt gleich Wirtschafts- und Währungsunion. So etwas muß doch über Jahre wachsen. Dann hätten wir im Westen nicht die Probleme, die wir heute haben. Und die im Osten nicht so viele Pleiten.

Dennoch ist nicht die teure Wiedervereinigung an allem schuld. Die deutsche Wirtschaftskrise der neunziger Jahre ist nicht die Folge der zu kostspieligen deutschen Einheit, die Krise beginnt im Gegenteil deshalb erst mit drei Jahren Verzögerung, weil es die kostbare Einheit gegeben hat. Daß deren Manager Kohl wirtschaftlich im Osten vieles falsch gemacht hat, ist zwar richtig, aber angesichts der gesamten Dimensionen nebensächlich. »Die Probleme im Osten und im Westen«, erklärt Klaus von Dohnanyi drastisch, »sind nämlich nur vordergründig dieselben. In Wirklichkeit aber grundverschieden. Hier ist ein fetter Patient, dem man seit Jahren sagt, nicht rauchen, weniger essen, zehn Kilo abnehmen, mehr Bewegung. Drüben ein Patient, der beide Beine und einen Arm gebrochen hat, unterernährt ist und dem man ebenfalls sagt, er solle sich mehr bewegen.«

Organisiert war die Währungsunion glänzend, sagt Wirtschaftsprofessor Hans Willgerodt, bis Ende 1989 Mitglied im Sachverständigenrat zur Begutachtung der gesamtwirtschaftlichen Entwicklung, also kein linker Systemkritiker. Organisiert ja, aber das hat schließlich die Deutsche Bundesbank gemacht und nicht irgendein Minister. Das Ergebnis allerdings, na gute Nacht. »Die Währungsunion war eine Frage Ökonomie kontra Politik. Sie ist von der Macht entschieden worden, nicht von der Sache. In der Nacht zum 1. 7. 90 ist der gesamte Kapitalstock der DDR total vernichtet worden. Durch die dreihundertprozentige Aufwertung wurde die Industrie ihrer Liquidität beraubt«, definiert Norman van Scherpenberg. Karl Otto Pöhl konnte es anfangs gar nicht fassen, welchen Kurs die Bundesregierung gegen alle Einwände der Banker steuerte, er spricht von einer »Katastrophe«, weil die ganze Sache mit einem falschen Umtauschverhältnis mangelhaft vorbereitet war, und verteilt auch die Schuld: »Die Verantwortung für diese politische Entscheidung lag ausschließlich bei der Regierung, die Bundesbank ist zuvor nicht konsultiert worden und hatte nur noch zur Kenntnis zu nehmen. Das war eine Roßkur, die keine Wirtschaft aushält.«

Die angegriffenen Politiker kontern: Mag betriebswirtschaftlich gesehen ja alles richtig sein, aber volkswirtschaftlich und politisch gab es keine Alternative angesichts der Entwicklung in der DDR. Manfred Lennings, einer der stillen Berater des Kanzlers im mächtigen Wirtschaftsrat der CDU: »Schon bei einer Umstellung 1:2 hätten 95 Prozent der DDR-Bürger Anspruch auf Sozialhilfe gehabt. Das wäre ein politisch mehr als peinlicher Start geworden und stand daher nicht ernsthaft zur Diskussion.« SPD-Finanzexpertin Ingrid Matthäus-Maier, die noch im Januar 1990 von Theo Waigel barsch als fern der Wirklichkeit abgebürstet worden war, weil sie als erste die Idee einer Währungsunion formulierte, sieht nicht den Umtauschkurs als Hauptproblem, sondern die wirtschaftliche Inkompetenz der Regierung überhaupt. Karl Schiller hielt 1991 allen Kritikern entgegen: »Aus politischen und aus ökonomischen Gründen war es richtig, die Wirtschafts- und Währungsunion schnell durchzuziehen«, aber schränkte sein Lob gleich wieder ein mit dem Argument, daß offenbar nicht begriffen worden sei, »welch gewaltiger Druck mit dem Aufwertungseffekt auf die Betriebe der ehemaligen DDR ausgeübt wurde«. Genau das bestätigt Herbert Henzler, Deutschland-Chef der Unternehmensberatung McKinsey: »Die politische Entscheidung für die deutsche Einheit war sicher richtig. Aber die Bundesregierung hätte von Anfang an viel intensiver über die ökonomischen Konsequenzen nachdenken müssen.« Sein Konkurrent Roland Berger meint auch, daß politisch richtig, aber wirtschaftlich falsch gehandelt worden sei.

Was in der nachgetragenen Kritik meist vergessen wird, ist wiederum der politische Instinkt des Kanzlers. Der aus dem Bauch handelnde Stratege weiß schließlich, daß er bald in den Kampf der Schlagwörter und nicht der Argumente ziehen muß, er will die ersten gesamtdeutschen freien Wahlen gewinnen und gegen die Skepsis eines Lafontaine hilft am besten der Glaube an ein zweites Wirtschaftswunder. Wohlstand statt Sozialismus, und bald und nur mit mir.

»Was zu sagen versäumt wurde«, überschreibt die in ihren Büchern so ungehaltene Daniela Dahn eine ungehaltene Rede des Kanzlers und stellt sich vor, so hätte er zum Volk Ost gesprochen: »Sosehr ich Ihren Wunsch verstehe und unterstütze, möglichst schnell ordentliches Geld in die Hände zu bekommen, so sehr beunruhigen mich auch die einstimmigen Voraussagen der Bank- und Wirtschaftsspezialisten. Danach werden bei einer überstürzten Währungsunion Millionen von Ihnen die D-Mark nur in Form von Arbeitslosen-, Sozialhilfe-, Altersübergangs-, Kurzarbeiter-, Vorruhe- und Warteschleifungsgeld bekommen. Oder in Form von Kündigungsabfindungen, Stillegeprämien und Schuldverschreibungen.... Sie aber haben mit der Nachfrage aus Osteuropa, die Sie ja nicht einmal voll befriedigen können, ein Pfand in der Hand, das wir durch eine überstürzte Währungsunion ... keinesfalls aufs Spiel setzen dürfen.«

Blühende Phantasien gegen die Phantasien von blühenden Landschaften. Daß ihre ostdeutschen Landsleute solche Wahrheiten zwar ungern gehört, aber – vernünftig, wie sie nun mal waren – doch geschluckt hätten, ist auch eher Wunschdenken. Der normale Feld-, Wald- und Wiesenossi ist nicht etwa ganz im Gegensatz zum bösen Wessi stets der gute Mensch aus Dingsda oder Sömmerda. Ein Ostler an sich ist nicht schlechter, aber eben auch nicht besser als ein Westler. Er hat eine andere Geschichte.

Die PDS löst in einer Denkschrift das vieldiskutierte Problem, wer am Desaster Ost schuld sei, die alten Herren oder die neuen, mit zwei Wörtern: Im Grunde. So ersparen sich die Genossen eine Ursachenforschung und bewältigen ruck, zuck die eigene Vergangenheit gleich mit: »Im Grunde«, stellen sie fest, »im Grunde sind die ökonomischen und sozialen Probleme, mit denen – sichtbar in Ostdeutschland – die deutsche Einheit belastet wurde und belastet ist, zum überwiegenden Teil eine Folge der Währungsunion in der praktizierten Form.« Was sich hinter »im Grunde« verbirgt, ist allerdings Fakt: die verrottete DDR-Planwirtschaft.

Rudolf Hickel, nicht beliebt bei konservativen Politikern, aber zähneknirschend als alternativer Wirtschaftstheoretiker mit praktischem Verstand und hoher Kompetenz anerkannt, hält zwar die frühe Währungsunion samt falschem Kurs neben dem Prinzip Rückgabe vor Entschädigung für den Kardinalfehler der Einigungspolitik, verteidigt aber in dieser Hinsicht die Treuhandanstalt, der er ansonsten die Kompetenz eines Maklerbüros in einer Provinzstadt attestiert: »Für die unzulängliche, ja konzeptionslose Einigungspolitik der Bundesregierung kann die THA selbst nicht haftbar gemacht werden. Hier hat die Treuhand nur exekutiert, was anderweitig vorprogrammiert worden war.« Bevor die Treuhändler nun Dankestelegramme an die Universität Bremen zu Händen Herrn Professor Rudolf Hickel schicken, muß ein anderer Satz von ihm zitiert werden: »Die Treuhandpolitik der Bundesregierung und die Handlungen der Treuhand selbst haben zwar nicht allein, aber doch wesentlich zum industriellen Niedergang Ostdeutschlands beigetragen«. Edgar Most, einst Vizepräsident der Staatsbank, träumt immer noch von Alternativen:»Man hätte das Ganze anders angehen sollen, zum Beispiel mit einem Kurs von 1:4 bis 1:6 in der Wirtschaft. Dann hätten wir eine Chance gehabt. Warum wurde der Gedanke des Währungsverbundes und Sonderwirtschaftszone Ost durch die Politik der BRD negiert?«

Die Treuhandanstalt mit ihren drei ostdeutschen Direktoren und immer noch zu wenig Beamten, hauptsächlich Betriebs- und Volkswirten und Juristen, aber alle nur in der DDR-Planwirtschaft erfahren, wird an die Westdeutschen übergeben. Aufatmen auf der einen Seite, denn die weiß, es gibt nichts zu gewinnen, Ruhm schon gar nicht. Ungeduld auf der anderen Seite, endlich geht es richtig los. Debatten über bisherige Erfahrungen und mögliche Erkenntnisse, die dazu beitragen könnten, eine Art von Treuhandtaktik zu entwickeln, werden nicht geführt. Einfach keine Zeit. Was nicht weiter tragisch ist. Zum einen hätte man bei einer intensiven Analyse gemerkt, daß es zwar einen Auftrag gibt – Volkseigene Betriebe privatisieren und verkaufen –, aber keine Strategie. Zum anderen ist von der Apotheke bis zum ehemaligen Kombinat ein ganzer Staat zu vermarkten, und keiner weiß so recht, wie das eigentlich gehen soll. Also ist es auch egal, wo man anfängt. Weil es so viele konkrete Probleme mit der überraschend auf der Tagesordnung stehenden Wiedervereinigung gibt, haben die Deutschen keine Zeit zum Grübeln. Was kein Schaden ist, denn deutsche Sinnfragen – sind wir ein Volk ohne Raum? – waren in der Geschichte meist damit verbunden, daß es für die Nachbarn gefährlich wurde.

Die Treuhandanstalt ist ein Sproß der DDR, die gerade einen Teil ihrer Souveränität, die Währungshoheit, abgegeben hat, aber sie ist ein Fremdkörper im alten wie im neuen politischen System. So etwas hatte es noch nie gegeben, so etwas wird es auch nie wieder geben. Vielleicht einmal bei einer möglichen Wiedervereinigung von Südkorea und Nordkorea, aber da würde es dann ein Beispiel geben, an dem man sich orientieren kann: die Arbeit der Treuhandanstalt. Die Vorbereitungen in Seoul sind längst im Gange, und die damit Beauftragten empfangen regelmäßig die ehemaligen Treuhändler und schreiben alles auf, was die ihnen erzählen.

Alles passiert nach der Währungsunion gleichzeitig, und alles auf einmal: Wer will denn noch einen Trabi oder einen Wartburg, wenn es nun für richtiges Geld den richtigen Golf und den richtigen Opel gibt, wenn auch gebraucht? Wer will überhaupt noch ostdeutsche Produkte, wenn man jetzt die schönen aus dem Westen kaufen kann? Von wegen der erste Rausch, das wird noch lange so bleiben, egal was es kostet. Wer von den osteuropäischen Ländern will jetzt noch bei der ostdeutschen Industrie bestellen, da alles in harter D-Mark zu begleichen ist? Da geht man doch lieber gleich zu den westdeutschen Konzernen, die nur ein bißchen teurer sind, aber viel bessere Ware liefern können. Was grob gesagt die Konsequenz hätte haben müssen, daß man die Autofabriken in Zwickau und Eisenach sofort dichtmacht und ihren Wert mit 1 DM in den Büchern abschreibt. Wer ißt Pommersche Äpfel, wenn es zum gleichen Preis südamerikanische Bananen gibt? Bauern karren verzweifelt ihre Produkte direkt zum Verbraucher in die Großstädte, bieten vom Lastwagen runter billigst an und bleiben dennoch auf ihrer Ernte sitzen. Die Besinnung auf Qualität aus dem Osten wird erst Jahre später wieder einsetzen. Daß Werften und Stahlwerke angesichts eigener hoher Produktionskosten nicht mehr die geringste Chance haben, gegen die Konkurrenz des Weltmarktes zu bestehen? Müssen sich halt umstellen oder schließen. Bei der FDP heißt das, abgekupfert beim österreichischen Wirtschaftstheoretiker Joseph Schumpeter, schöpferische Zerstörung.

Und wo gehen alle hin, wenn sie am Ende sind und kein Geld mehr haben? Zur Treuhandanstalt nach Berlin. Dreißig Milliarden D-Mark braucht die schon in den ersten beiden Monaten nach der Währungsunion, D-Mark und nicht Ostmark, die hat sie nicht, aber sie bürgt für entsprechende Liquiditätskredite an ihre Betriebe. Es ist wieder typisch für die ungerechte Lastenverteilung, daß Wolfram Krause nunmehr als Finanzvorstand für die Bewässerung verdorrender Landschaften zuständig ist, in denen außer Statistiken nur selten etwas geblüht hat.

Er wird auch für alte Freunde aktiv, die gleich nach der Währungsunion am Ende sind. Aktennotiz vom 18. Juli 1990: »Für die SKET-AG wurde für den Juli 1990 ein Liquiditätskredit von 124 Millionen DM beantragt. Entsprechend den Festlegungen wurden davon 41 % = 51 Mio DM als Kredit ausgereicht, so daß ein Finanzierungsfehl von 73 Mio DM besteht. Das Unternehmen verfügt über ein Sanierungskonzept. Die Auftragslage ist langfristig gesichert. Sowohl von den Banken (Deutsche Bank/Kreditbank AG) als auch von BRD-Wirtschaftsprüfern (Fa. McKinsey & Co. u. a.) wird das Unternehmen als sanierungsfähig eingeschätzt. Ausgehend von der ... Sanierungswürdigkeit des Unternehmens und zur Sicherung des Geldflusses ... habe ich entschieden, das Kreditlimit für die SKET-AG um 60 Mio. DM im Monat Juli zu erhöhen.«

Frühes Leid aber bleibt spätes Leid: Der Schwermaschinenbauer ist Ende 1996 immer noch in Not, zu dem Zeitpunkt allerdings kaum mehr sanierungsfähig. Der Betrieb fährt täglich Verluste ein, hat mehr als zwei Milliarden DM aus öffentlichen Kassen geschluckt, die man besser in den Aufbau einer neuen Industrie hätte investieren sollen. Tyll Necker, einst BDI-Chef, nennt das in feiner Umschreibung, und er meint nicht nur SKET, eine »Fehlsteuerung der Ressourcen«. Schließlich wird SKET doch zerschlagen in kümmerliche Reste, in einzelnen Auffanggesellschaften sind nur noch rund 400 von den rund 13 000 Arbeitern zu gebrauchen, die in diesem »Leuchtfeuer der DDR«, dem Kombinat Ernst Thälmann in Magdeburg, vor der Wende ihr Brot verdienten. Was nicht an den üblichen in der Zone Verdächtigen, also an den faulen Werktätigen liegt, von denen es im System der schrecklichen Greise zu viele gab, sondern an den mangelhaften Privatisierungskonzepten der Treuhandanstalt, die zu früh einzelne Teile aus dem Kombinat, das in der ganzen Republik in volkseigenen Zweigstellen rund 30 000 Leute beschäftigt hatte, veräußert und damit den Rest zum Sterben auf Raten verurteilt hat. Zerfleddern als Therapie: Immer knapp an der Gesamtvollstreckung vorbei, immer aus Berlin gesteuert, immer mit den falschen Managern, immer mit den falschen Beratern. Da sind die pathetischen Appelle – SKET muß erhalten bleiben – des ehemaligen Treuhandvorstandes Klaus Schucht, heute Wirtschaftsminister in Sachsen-Anhalt, wo ihn die falschen Entscheidungen der Vergangenheit wieder eingeholt haben, nichts als Schall und Rauch. Die »SKET Schwermaschinenbau Magdeburg GmbH« (SMM), wie der Hort der leeren Hallen heute heißt, wo der Blick vom einrollenden Zug am früheren stolzen Symbol SKET gegenüber dem Bahnhof hängenbleibt, gehört wie einst dem Staat, diesmal vertreten durch die Treuhand-Nachfolgerin BvS. Im Laufe der Jahre ist in Sachen SKET viel Geld verpulvert und dennoch alles verloren worden: zum Beispiel 185 Millionen DM für die Ablösung der Altkredite, 635 Millionen DM an Liquiditätshilfen, zwar Darlehen genannt, aber natürlich abzuschreiben, 130 Millionen DM Investitionsdarlehen, 155 Millionen DM Zuschüsse aufgrund verschiedener Sanierungskonzepte etc. Alles Ende 1996 obsolet.

Schuldzuweisungen, der PDS-gesteuerte Betriebsrat hätte sich allen sinnvollen Lösungen verweigert, sind nichts weiter als politische Sprechblasen. Die andere Seite macht es sich aber genauso einfach mit simplen Sprüchen. Die Erklärung der PDS: »Die Entwicklung bei SKET geht zurück auf die Interessen des westdeutschen Kapitals, dem es nicht mehr nur um Arbeitsplätze, sondern auch um die Demütigung von Beschäftigten und Gewerkschaften geht.« Wenn der oft vorschnell gebrauchte Begriff Plattmacher angebracht ist, dann hier. Ausgerechnet bei dem Werk, das Ernst Thälmanns Namen trägt. Die in ihrer Nostalgie grundsätzlich über heutige Zustände empörten ehemaligen Volksgenossen haben ein geradezu ideales Symbol für die Unmenschlichkeit des bösen Kapitalismus. Dabei ist SKET nur ein Symbol für die Unfähigkeit von Managern.

SKET ist aufgrund immer wieder falscher Diagnosen von teuren Beratern, von Beamten des Bundesfinanzministeriums, von Managern der Treuhandanstalt und Machern in der eigenen Chefetage so lange therapiert worden, bis der Patient in Magdeburg ohne Zusatzgerät nicht mehr atmen konnte. Zusatzgerät heißt zum Beispiel auch: von der Europäischen Union genehmigte und nicht so ausdrücklich genehmigte Beihilfen. Die werden im berühmten Paragraph 92c für wirtschaftlich schwache Regionen der EU geregelt. Für die neuen Bundesländer gibt es aus dem Strukturfonds bis 1998 insgesamt 28 Milliarden DM. Subventioniert wird aus dem Topf, solange das Pro-Kopf-Einkommen in der ehemaligen DDR nicht 75 Prozent des Durchschnittseinkommens in der EU erreicht. Im umstrittenen, dehnbaren und begehrten Paragraphen 92c ist genau definiert, welche staatlichen Zuschüsse zustimmungspflichtig sind, welche nicht und was die Europäer bei konkreten Problemen einzelner Mitglieder aus den Geldtöpfen geben dürfen. Die ehemalige DDR gilt als zuschußwürdiges Gebiet. Als die von Biedenkopfs VW-Alleingang düpierten Brüsseler Spitzen Mitte 1996 zum erstenmal genauer in die fünf neuen Bundesländer schauen, fallen ihnen auch die SKET-Milliarden auf. Ist da wirklich sauber und nach den Buchstaben des Gesetzes subventioniert worden?

Dieser Anfangsverdacht reicht zumindest der Konkurrenz, den Magdeburgern Aufträge abzujagen, die der Maschinenbauer schon sicher glaubte. Wer weiß, ob die im nächsten Jahr überhaupt noch liefern können? SKET, trotz aller Abmagerungskuren immer noch eines der größten selbständigen Unternehmen in der ehemaligen DDR, ist nicht wie früher in Osteuropa marktbeherrschend und hat schon ohne diese Flüsterpropaganda schwer zu kämpfen. Karl J. Kraus von Roland Bergers Company in seinem Gutachten: Einzige Überlebenschance ist eine nochmalige Aufsplitterung in vier Bereiche, also endgültiger Abschied vom Unternehmen SKET als Einheit. Oder, wie Ende Oktober 1996 vom Aufsichtsrat gegen Kanzlers Grollen beschlossen, Gesamtvollstreckung, weil die sehr viel billiger ist. Die massiven Proteste gegen die »untätige« Landesregierung in Sachsen-Anhalt, da vor allem gegen den SPD-Ministerpräsidenten Reinhard Höppner, waren zu erwarten. Aber insgeheim wissen auch die Anführer der Demonstrationen, daß die Resignation sechs Jahre nach dem Sommer der Hoffnung nicht nur in Magdeburg letztlich stärker sein wird als die Wut.

Die Transformation von Planwirtschaft zur Marktwirtschaft, bildlich gesprochen eine Art Lokomotivwechsel während der Fahrt auf ein Gleis mit anderer Spur, die der neue Lokführer noch nie befahren hat, ist ohne wenigstens ein funktionierendes System undenkbar, das der Banken. So etwas wie normale Geschäftsbanken gibt es in der DDR nicht, weil es so etwas wie normale Geschäfte bis zum Zusammenbruch der Planwirtschaft auch nicht gibt. Die Staatsbank wird deshalb schon durch die Modrow-Regierung per Gesetz vom 8. März 1990 zum Selbstmord auf Raten verurteilt, weil klar ist, daß mit ihr kein neuer Staat zu machen ist. Sie hatte ohnehin nur die 160 Milliarden Ostmark an Sparguthaben zu verwalten, Kredite an die Unternehmen vergab die Regierung direkt, und die Außenhandelsbank handelte mit Devisen und deren Umrechnung, wie es ihr Name ja schon sagt. Beschluß des Ministerrats: Zweistufiges Bankensystem, Gründung einer sogenannten Deutschen Kreditbank. Die bekommt fast 1,2 Milliarden Ostmark Kapital mit auf den Weg und außerdem 175 Filialen, denn spätestens nach der Währungsunion werden die gefragt sein. Und wie. Die glücklichen DDR-Bürger heben ihre Guthaben ab und tauschen in harte D-Mark, so viel ihnen unter Einbeziehung aller nahen Verwandten, die, o Wunder, alle plötzlich eigene Konten haben, erlaubt ist. Manche auch mehr. Berühmt wird der Leiter eines Altenheims, der schnell das neue System begriffen und seine Ostmark auf vielen Konten unter den Namen seiner Schützlinge verteilt hat, für die er eine Vollmacht besitzt. Die wissen nichts davon, aber er weiß, für wen er tauscht. Die rund achtzig Milliarden D-Mark neues hartes Geld der Sparer werden nicht etwa im Osten investiert, wie ein paar Optimisten in ihren Prognosen vorgerechnet hatten, sondern für Westwaren ausgegeben. Konjunkturspritze West.

Ohne funktionierendes Bankensystem keine Währungsunion, und auch nicht mit 12 000 braven, aber natürlich völlig überforderten ostdeutschen Mitarbeitern, von denen die wenigsten wissen, wie eine Kreditkarte aussieht. Also müssen geschulte Westexperten her. *Go East, young men.* Die Treuhandanstalt, Besitzerin aller Staatsbetriebe mit einer Produktpalette von Banknoten bis Kalisalz, von Eisenbahnwaggons bis Stickstoff, von Fernsehapparaten bis Oberhemden, bekommt auch dieses Problem vor ihre Tür geladen. Sie besitzt nämlich ab Ende Juni alle Aktien an der DKB und sucht Abnehmer. Das geht, wen wundert's, schneller als später bei anderen Angeboten der staatlichen Privatisierungsagentur. Verträge über Joint-ventures der Deutschen Kreditbank mit der Deutschen Bank und der Dresdner Bank sind schnell gemacht, und als die D-Mark kommt, stehen die Händler aller vier Jahreszeiten im wildgewordenen Osten bereit. Nicht nur die von der Deutschen und der Dresdner Bank, die Konkurrenten haben sich mit eigenen Zweigstellen in Containern auf den Weg gemacht, und auch dieser Weg verheißt goldene Zeiten, Milliardengewinne. Endlich mal eine Prognose, die sich bewahrheiten wird. Aber von den satten Umsatzsteigerungen samt entsprechenden Renditen der westdeutschen Banken hört man weniger, als das allgemeine Gejammer über den uns teuren, aber viel zu teuren Osten anhebt. Die Kreditbank, so etwas wie die eigene Bank der Treuhandanstalt, wird am letzten Tag der THA privatisiert. Verkauft an die Bayerische Landesbank, und das ist noch mal ein ziemlich gutes Geschäft. Der Vertrag mit den Münchnern wird vor der Abschiedsfeier der Treuhändler am 30. Dezember 1994 paraphiert.

Die Filiale der Deutschen Bank ist praktischerweise im gleichen Haus wie die Treuhandanstalt damals am Alexanderplatz, also wird dort ein Konto eingerichtet. Dieses Konto mit der Nummer 1 179 035, Bankleitzahl 120 700 00, ist wahrscheinlich das am meisten bewegte deutsche Bankkonto in diesem Jahrhundert, denn alle Zahlungen an die Treuhandanstalt laufen da ein. Dennoch steht nie viel vor dem Komma. Zwar müssen alle bei Privatisierungen erzielten Kaufpreise, ob in den Niederlassungen oder in der Zentrale, auf dieses eine und einzige Konto überwiesen werden, damit die Treuhändler wenigstens über ihre mageren Einnahmen einen Überblick haben. Aber mit dem Geld wird virtuos in fliegenden Wechseln zwischen Einnahmen und Ausgaben jongliert: »Mit diesem Konto haben wir sozusagen geatmet«, erzählt der ehemalige Treuhand-Finanzdirektor Paul Hadrys, »sobald Geld reinkam, haben wir sofort wieder einen Kredit abgelöst, es blieb also nie etwas auf dem Konto liegen, da täglich Kredite fällig waren.« Gilt so etwa ab September 1990 und ist sinnvoll, denn Kreditzinsen sind allemal höher als das, was man für Festgeld bekommt. Solche täglichen Transaktionen sind ohne entsprechende Computerprogramme nicht machbar. Hadrys, der viele Jahre bei der Deutschen Airbus in München für die Finanzen zuständig war, benutzt die Software seiner alten Firma. Anders hätten sie es nicht geschafft, und die Airbus hat nichts dagegen, weil man so billig was fürs Vaterland tun kann.

Die amtierende DDR-Regierung stellt am 4. Juli 1990 den ersten Vorsitzenden des Verwaltungsrates vor. Der Name ist längst bekannt und der Mann auch. Für Detlev Rohwedder sprechen laut Aussage des anderen Krause, Günther, folgende Eigenschaften, und ob ihm die in Bonn aufgeschrieben worden sind, fragt keiner: Große Erfahrung bei der Reorganisation und Sanierung von Unternehmen, umfangreiche Kenntnisse in den Bereichen Wirtschaftsführung und Bewertung, Kenntnisse im internationalen Börsengeschäft, Erfahrungen im internationalen Handel. Die ersten Männer an Rohwedders Seite sind der Hamburger Wirtschaftsprüfer Otto Gellert, IBM-Chef Hans-Olaf Henkel, Claus Köhler (Deutsche Bundesbank), Frank Niethammer (Agiv), Horst Pastuzek (Tschibo), Klaus Piltz (VEBA), der belgische Industrielle André Leysen und der Holländer Johan van Tilburg (Grundig). Geplant sind außer dem Vorsitzenden insgesamt vierzehn Mitglieder im Verwaltungsrat der Treuhandanstalt, sieben aus dem Westen – die wissen, wohin die Reise gehen soll, und sieben aus dem Osten – die wissen, wo sie losging, wie Lothar de Maizière verkündet. Ganz so wird es nicht, es werden bis zur Wiedervereinigung sechs aus dem Westen Deutschlands, zwei Ausländer, sechs aus dem Osten und zwei Abgeordnete aus der Volkskammer. Solange sie noch besteht. Alle ehrenamtlich tätig, und alle berufen für zwei Jahre. Vom DDR-Ministerpräsidenten werden nach vielen Einzelgesprächen sechs ehemalige Generaldirektoren von Kombinaten berufen: Karl Döring (EKO Stahl), Uwe Wolf (Narva Licht), Lutz Modes (SKL), Jürgen Mäder (Glasindustrie), Harald Tausch-Marton (Dresdner Spitzen GmbH) und Gerd-Rainer Grimm (TAKRAF Schwermaschinenbau). Aus der Volkskammer sind es für die Regierung Jochen Steinecke und für die Opposition Günter Nooke.

Außer der freudigen Pflicht, den gesetzlichen Auftrag zu erfüllen, nämlich das volkseigene Vermögen zu privatisieren, verkündet Rohwedder keine konkreten Konzepte, macht allerdings klar, daß es unter ihm keine Aufteilung nach Branchen geben wird, sondern Gliederung nach Sachzusammenhängen. Also auf keinen Fall Fortsetzung der alten DDR-Industrieministerien unter anderen Namen. Was ist am wichtigsten? »Meine erste Aufgabe wird darin bestehen, dem Ministerpräsidenten die Vorschläge für den Präsidenten und weitere vier Mitglieder des Vorstandes zu übergeben.« Gohlke: »Das erste persönliche Gespräch mit Rohwedder hat anderthalb Stunden vor der konstituierenden Sitzung des Verwaltungsrates in Berlin stattgefunden.« Anschließend wird er gewählt, auch keine Überraschung, denn er ist der einzige Kandidat. Mit den weiteren Vorständen ist das allerdings so eine Sache. Anfangs steht Gohlke nur Wolfram

Krause zur Seite, die anderen – Klaus-Peter Wild und Karl Schirner und Gunter Halm – kommen so nach und nach.

Aber erst einmal ist er da. Der neue Präsident der Treuhandanstalt, von guten Wünschen und einem Vierjahresvertrag begleitet, tritt an, aber er ahnt nicht, daß es weder funktionierende Strukturen gibt wie in seiner bisherigen Laufbahn noch irgendwelche vor Ort gemachten Analysen und Akten, auf die er sich als Grundlage für nötige Entscheidungen verlassen könnte. Reiner Maria Gohlkes Amtszeit beginnt offiziell am 15. Juli 1990, einem Sonntag. Ein ganz normaler Arbeitstag am Alexanderplatz 6 in Ostberlin. Es ist nicht mal der siebte Tag der Woche zu opfern, an dem sogar der Erfinder dieses Tages zu ruhen pflegt. Dem Verwaltungsrat gibt Wolfram Krause zur Übergabe der Geschäfte deshalb sogleich einen mündlichen Tätigkeitsbericht über die Arbeit, die bislang geleistet worden ist. Zunächst die Basis: »Mit dem Stand der Abschlußbilanzen per 31. 12. 89 der bisherigen volkseigenen und staatlichen Wirtschaftseinheiten sind als Vermögen in Volkseigentum der DDR dokumentiert 620 Mrd Mark als Vermögen in Treuhandschaft, 145 Mrd Mark als Vermögen von Kommunen, 106 Mrd Mark als Vermögen von Staatsunternehmen insbesondere Post und Verkehr, 52 Mrd Mark als Vermögen von staatlichen und regionalen Sachanlagen.«

Wolfram Krause selbst relativiert diese Zahlen, weil es sich um grobe Einschätzungen handle und es keine im Detail belegbaren Angaben gebe. Außerdem müsse nach Umstellung auf den neuen Kurs erst einmal geprüft werden, was davon der Wirklichkeit standhalte. Seit Beginn seiner Tätigkeit wurden die Kombinate und Volkseigenen Betriebe in Kapitalgesellschaften umgewandelt, davon 2724 als selbständige GmbH, hundertprozentiger Anteilseigner immer die Treuhandanstalt. Die restlichen ca. 4400 ehemaligen Volkseigenen Unternehmen sind per gesetzlicher Verordnung pauschal zu sogenannten »Kapitalgesellschaften im Aufbau« erklärt worden, auch alle im Portfolio der Treuhandanstalt. Zum eigentlichen Auftrag nach dem gültigen Gesetz, sich schnell um die Privatisierung zu kümmern, sind die bisherigen Treuhändler noch nicht gekommen, weil die Umwandlungen wichtiger waren, aber es gibt bereits 2700 meist kleinere Betriebe als Joint-venture-Unternehmen. Krause übergibt auch den aktuellen Stand der Einnahmen, die Ausgaben dürften ja allgemein bekannt sein. Also: Kontostand 17 864 530 DM.

Das war's aus dem Osten, und nun seid ihr dran. Krauses Vortrag wird ohne Bestätigung oder Zustimmung zur Kenntnis genommen. Danke sehr. Die Westler übernehmen nunmehr das Management, lieb Vaterland Ost, magst ruhig sein. Die ersten Anweisungen nach dem Personalwechsel an der Spitze zeigen den künftigen Weg. Schluß mit freundlich: 1600 Aufsichtsräte und Geschäftsführer werden als Altlast zum 1. August 1990 entsorgt. Alle Verträge, die in den letzten Wochen vor der Währungsunion verhandelt worden sind, will der neue Präsident noch mal sehen. Knapper Kommentar:»Bei manchen war ein gewisser Bedarf an Nachverhandlungen gleich erkennbar.« In Sachen der 36 Interhotels zum Beispiel, die der Steigenberger-Konzern schon sicher glaubte, oder auch beim Stromvertrag, der zwar ausgehandelt ist, aber von der Volkskammer abgelehnt worden war. Schluß auch mit lustig: Proteste aus der Schar drängender Investoren lassen den bulligen Manager, Husar des Ausverkaufs, kalt, die müssen sich eben dran gewöhnen, daß ihnen jetzt ein Profi gegenübersitzt, der alle Tricks kennt, und daß im Zweifelsfall nicht mehr sie die Treuhändler, sondern die Treuhändler sie über den Tisch ziehen werden. Gewisse Irritationen allerdings schon Ende Juli, kaum daß der Ex-Sanierer von der Bundesbahn die ersten Weichen stellt: Zwar arbeitet Gohlke seine 14 Stunden pro Tag, aber zu delegieren hat er wohl nie gelernt. Was er trocken mit der Frage kontert, an wen, bitte schön, er denn hätte delegieren sollen. Er fühlt sich dem Chaos gewachsen, aber bei manchen Verhandlungen fällt verstörten Gesprächspartnern auf, daß er nicht weiß, wer gerade vor ihm sitzt und worum es im konkreten Fall geht.

Beispiele für Umwandlungen staatlicher Unternehmen gibt es zwar, doch die haben den altbekannten Nachteil: Sie sind mit der Aufgabe in der DDR nicht vergleichbar. Die Privatisierer in Europa und Asien, in Nordamerika oder in der Bundesrepublik hatten nämlich den Vorteil, in einem funktionierenden marktwirtschaftlichen System zu arbeiten und vor allem: Zeit zu haben. Ob British Petroleum oder Singapore Airlines, ob VIAG oder Conrail, ob St. Gobain oder Air Canada – alle wurden in den achtziger Jahren, als die Entstaatlichung begann, zunächst einmal genau analysiert und, wenn nötig, so lange hergerichtet, bis mögliche Käufer sich gegenseitig überboten. In Deutschland dagegen werden die sozialistischen Bräute auf Rollstühlen vor den Altar geschoben, auf dem Weg dorthin schnell so gut es geht geschmückt, damit man nicht ihre Altersfalten sieht, und bevor die Orgel eingesetzt hat, sind sie auch schon verheiratet. Manche sterben noch vor dem Jawort. Selbst bei der rigorosen Eisernen Lady Thatcher in England, der Mutter aller Privatisierungen, dauerte es zwischen sechs Monaten und einem Jahr, bevor auf staatliche Firmen überhaupt die ersten Gebote abgegeben werden durften. In knapp zehn Jahren wurden in Großbritannien bei insgesamt sechzig Verkäufen dieser Art umgerechnet rund 120 Milliarden DM eingenommen. Auch von solchen Zahlen haben sich die Experten in Bonn blenden lassen, als sie davon ausgingen, das Geschäft Einheit mit plus minus null abschließen zu können.

Aber was zählen die Erfahrungen der anderen, wenn am Alexanderplatz nur eines zählt: den Wettlauf gegen die verrinnende Zeit zu gewinnen. Dieser Faktor Zeit allerdings wird zur Zeitbombe, als sich nach Jahren bei der Kontrolle von Verträgen herausstellt, was man hätte anders machen müssen. Die Angriffe auf die Treuhandanstalt sind deshalb berechtigt, aber die Verteidigung der Treuhändler, dies sei politisch so gewollt gewesen, stimmt eben auch. Schätzungen, die nur für den Dienstgebrauch bestimmt sind, sprechen von einem Verlust an Arbeitsplätzen in der ehemaligen DDR-Industrie »zwischen 25 und fünfzig Prozent«, wenn erst einmal die Gesetze des freien Marktes gelten und außer Angebot und Nachfrage nichts mehr zählen wird. Unter diesen Voraussetzungen ist verständlich, daß der Besitzer Staat die Verantwortung für die Betriebe möglichst schnell abgeben will. Um jeden Preis. McKinsey-Chef Herbert Henzler: »Von 3,2 Millionen industriellen Arbeitsplätzen sind betriebswirtschaftlich eigentlich nur 600 000 bis 800 000 zu erhalten.« Das weiß er früh, sagt es öffentlich aber erst ein Jahr später.

Bei den Treuhändlern in Berlin ist die Liste der Todeskandidaten gar nicht mal so lang, wie sich am 11. November 1993 Reiner Maria Gohlke vor dem Bonner Untersuchungsausschuß in

166

Sachen Treuhandanstalt erinnert: »Vielleicht war man damals noch optimistischer. In unserem Katalog, den wir da in den ersten drei oder vier Wochen erstellt hatten für die Firmen, die auf keinen Fall eine Zukunft haben – die haben wir natürlich nicht veröffentlicht –, waren das ca. 35 Firmen. Und wir alle wissen, daß das eine Zahl ist, davon könnten wir nur träumen, wenn die Realität geworden wäre.« Schon Ende August 1990 allerdings wird dem Verwaltungsrat ein erster Bericht von Wirtschaftsprüfern vorgelegt, und die nennen bereits 300 konkursgefährdete Unternehmen, wobei »Großfälle wie Leuna, Buna, Vereinigte Mitteldeutsche Braunkohlen AG, Kali Südharz AG, Werften etc.« noch nicht mal geprüft sind, da »es sich hierbei um Fragestellungen ganzer Branchen oder Wirtschaftsregionen handelt«.

Die täglichen Hiobsbotschaften summieren sich zu einer finsteren postsozialistischen Realität, wie aus einem anderen internen Papier hervorgeht. Zu den Unterzeichnern zählt wiederum der besondere Fachmann Wenzel, der Wolfram Krause im Juni schon so erschreckt hat. Allein für den Monat Juli sind 23,5 Milliarden DM Finanzbedarf von rund 7500 Firmen angemeldet worden. »Da das Bundesfinanzministerium der Treuhandanstalt als Rahmenbedingung nur eine Globalbürgschaft für die Kreditgewährung bis zu 10 Milliarden DM einräumte, konnten den Unternehmen nur 41 % des beantragten Volumens bereitgestellt werden.« Damit konnten die Betriebe zwar die Löhne sichern, aber weder Rohstoffe einkaufen noch ihre Lieferanten bezahlen, also nicht weiter produzieren. »Die Belastung des ökonomischen Kreislaufs im DDR-Gebiet nach der Währungsumstellung wurde noch dadurch verschärft, daß ein hoher Anteil der ausgezahlten Löhne für den Kauf von BRD-Waren verwendet wird und damit dem Geldkreislauf der DDR verlorenging. Es geht darum, das Eintreten eines wirtschaftlichen Kollaps und verschärfte soziale Spannungen, insbesondere durch millionenfache Arbeitslosigkeit unter allen Umständen zu vermeiden.« Bis September sind deshalb weitere vierzig Milliarden DM fällig, und wenn es denn sein muß, im Vorgriff auf den Fonds Deutsche Einheit, der ab Oktober nach der Wiedervereinigung mit 115 Milliarden DM gefüllt sein soll.

Lothar de Maizière, der oberste Ansprechpartner für alle letzten Fälle, besorgt das Geld in Bonn und redet anschließend in Berlin vor 200 Geschäftsführern ostdeutscher Betriebe Klartext: Sie sollten nicht nur Horrorgemälde malen, nicht nur rumjammern, noch schlechtere Stimmung verbreiten, als sowieso herrsche, sondern endlich mal die Ärmel aufkrempeln und sich um neue Kunden kümmern und um neue Märkte. Dankbar sein für ihre Chancen. Andere Länder des ehemaligen Ostblocks müßten zum Beispiel jahrelang auf die Mitgliedschaft in der EG warten, während sie durch die Einheit bald einen Binnenmarkt von 340 Millionen Verbrauchern für ihre Produkte hätten.

Aber wie finden die Treuhändler angesichts fehlender Bilanzen heraus, wer unter ihren insgesamt 45 000 Unternehmen, denn so viele sind es nach der Entflechtung der Kombinate, noch eine Chance hat und wer nicht? Ganz einfach, man ruft zum Beispiel Horst Plaschna an, als Sanierer der Deutschen Anlage Leasing bekannt geworden und einer der möglichen westdeutschen Manager auf der Liste Detlev Rohwedders, die man jetzt brauchen kann. Plaschna:»Er hat sich an einem Sonntag bei mir gemeldet und mich dienstverpflichtet, und ich habe sofort ja gesagt und am nächsten Tag in Berlin angefangen.« Das war, sagt er, zum einem der pure Patriotismus, wie sich das gehört in solchen Zeiten, und zum anderen die Lust auf eine spannende neue Aufgabe, wie es sie nie wieder geben würde. Zwei Tage nach der Währungsunion, die auch er zu diesem Zeitpunkt für falsch hält – erst recht den Kurs, aber was bringt diese Feststellung hinterher? –, gehört Horst Plaschna zu denen, die beginnen, das andere Deutschland zu verkaufen. Im Auftrag des Finanzministeriums in Bonn, das für die DDR zwar noch nicht zuständig ist, aber von dem das Geld bewilligt wird, soll ein unabhängiges Gremium prüfen, welches ehemalige Kombinat welchen Kredit bekommt, welcher Betrieb sanierungswürdig ist und wo es keine andere Möglichkeit gibt, als den Laden dichtzumachen. Dieser Leitungsausschuß, beraten durch Teams aus großen Beratungsfirmen wie Roland Berger & Partner, KPMG, C&L Treuarbeit und A. T. Kearney, in jeweils gemischter Zusammensetzung, damit auf keinen Fall gemauschelt werden kann, wird von Horst Plaschna koordiniert.

Die nach Branchenkenntnis ausgewählten Experten prüfen in

den ostdeutschen Fabriken vor Ort, geben in Berlin ihre Analysen ab, und die werden dann so lange diskutiert, bis Einigkeit über den weiteren Weg erzielt ist. Empfehlungen werden immer nur einstimmig gefällt, damit sich keiner rausreden kann, wenn es nach den Entscheidungen politischen Ärger gibt. Egal, wie lange das dauert, dem Plaschna entwischt keiner. Es darf keiner den Raum verlassen, bevor er nicht unterschrieben hat.

Zweimal pro Woche sitzen sie zusammen, Wirtschaftsprüfer und Consultants aus der privaten Wirtschaft, später verstärkt durch Beamte aus Bonn, jedesmal müssen dreißig bis vierzig Experten beurteilt und anschließend nachts oft noch so ausgearbeitet werden, daß am anderen Morgen die von der Treuhandanstalt ihre Entscheidungen treffen können. Am anderen Morgen heißt nicht etwa irgendwann am Vormittag, sondern sieben Uhr, pünktlich. Als der Koordinator einmal erst um 7.15 in seinem Büro eintrifft, ist schon ein Zettel vom Präsidenten der Treuhandanstalt auf seinem Tisch. Was denn los sei heute morgen, und wo der Bericht bliebe. »Wir haben so nach Arbeit gestunken«, sagt Plaschna ein bißchen sehnsüchtig, »daß selbst unsere Hunde beim Wochenendbesuch zu Hause fremdelten, weil der vertraute Geruch weg war.« Manche Berater halten den Druck nicht aus, die brechen schlichtweg schreiend zusammen oder müssen mitten in der Nacht eine Auszeit nehmen und einmal über den Alexanderplatz gehen, um sich wieder zu fangen.

Solche heroischen Gesänge beeindrucken die Prüfer vom Bundesrechnungshof naturgemäß überhaupt nicht. Sie bemängeln mögliche Interessenskollisionen: »Der Bundesrechnungshof hat festgestellt, daß Unternehmenskonzepte für Beteiligungsunternehmen der Treuhandanstalt im Leitungsausschuß und seinen Prüfungsteams von Mitarbeitern derselben Beratungsgesellschaft geprüft und beurteilt wurden, die das Unternehmenskonzept erstellt oder daran mitgewirkt hatten.« Die Verantwortlichen vom Bundesfinanzministerium versuchen, diese Vorwürfe zu entkräften, denn der Mensch ist nach Meinung der anderen Beamten grundsätzlich auch dann gut, wenn er im wilden Osten eingesetzt wird. Bei Beratungen werde sich jeder seiner Stimme enthalten, der von der Entscheidung selbst betroffen sei; in jedem Team seien grundsätzlich Berater verschiedener Firmen tätig, und außerdem hätten sich alle Gesellschaften pauschal verpflichtet, nicht auf beiden Schultern zu tragen. Weil diese schönen Vorsätze nicht zu überprüfen sind, hält allerdings der Bundesrechnungshof die Angaben schlicht für »unbefriedigend«. Die so verdächtigten Macher in Berlin zeigen sich über einen solchen Verdacht nicht nur erhaben – alles Quatsch, wir sind schließlich Patrioten –, sie meinen auch, und dies durchaus verächtlich, daß die Beamten des Rechnungshofes für normale Zeiten sicher gut seien, aber von dem, was hier in Berlin abgeht, nun wirklich keine Ahnung hätten. Ihre Arbeit also auch nicht beurteilen könnten. Sollen sich die doch um überhöhte Rechnungen bei abgebrochenen Straßenbrücken oder ähnlichen Kleinscheiß kümmern.

Im Leitungsausschuß sind Gefühle oder politische Rücksichten nicht gefragt, wenn nötig, muß auch mal gestorben werden. Betriebswirtschaft hat nichts zu tun mit der katholischen Soziallehre, und mehr als ihre betriebswirtschaftliche Pflicht erfüllen sollen sie nicht, dürfen sie nicht, und, vor allem, wollen sie auch nicht. Kühl beurteilt werden für den Leitungsausschuß zunächst von achtzig bis neunzig Experten vor Ort jeweils das Geschäftssystem (Marketing, Vertrieb, Produktion, Einkauf, Organisation und Management), die Umsatzerwartungen für die kommenden Jahre, Auswirkungen von Kosten und Umsatz auf das Ergebnis sowie Vermögen und Finanzierung. Realistische Bilanzen aus alten DDR-Zeiten gibt es ja nicht, nur sozialistisch realistische. Und wer sich auf Bilanzen aus dem Amt für Statistik verläßt, kann ebensogut auch gleich selbst fälschen.

Nach den vor Ort recherchierten Erkenntnissen werden die einzelnen Unternehmen eingestuft, und dafür wird ein Raster aufgestellt, das ab jetzt einheitlich und immer gilt. Es ist wenige Wochen nach der Währungsunion diesseits aller bisherigen blumigen Wegbeschreibungen für die Treuhändler das erste nützliche Werkzeug, um das baufällige Haus DDR zu sanieren und zu renovieren. Der Leitungsausschuß hat zwar keine Entscheidungsgewalt, aber eine Macht, die nur wenige demokratisch gewählte Gremien erreichen. Da er so heißt, wie er nun mal heißt, klingt er nicht interessant, wird also nicht näher beleuchtet. Wird wohl irgendeine der zahlreichen Arbeitsgruppen sein, nächste Frage. In dieser zufällig entstandenen Gruppe aber wird nach bestem Wissen und Gewissen Deutschland Ost privatisiert. Die Mitglieder des erlauchten Kreises ganz besonderer Wirtschaftsexperten wissen zwar von ihrer Bedeutung, aber sie reden kaum darüber, um nicht schlafende Hunde zu wecken. Wir sind doch nur Consultants, die Macher sitzen doch ganz woanders. Die Einstufung von Unternehmen geschieht dabei nach dem Beispiel von Schulnoten, also von eins bis sechs, kennt aber noch ein paar Differenzierungen, was ebenfalls aus der Schule bekannt ist. Vier minus birgt bekanntlich noch einen Schimmer von Hoffnung, in diesem Fach nicht sitzenzubleiben. Die Aufteilung:

1. Unternehmen arbeitet rentabel. Kein Sanierungsbedarf. Schnell verkaufen.
2. Unternehmen arbeitet voraussichtlich rentabel im Jahr xy. Kaum Sanierungsbedarf. Schnell verkaufen.
3. Unternehmenskonzept scheint erfolgreich.
3.1 Nachweis eines Übernahmepartners, sonst Umstufung in 5 oder 6.
3.1.1. Geringer Liquiditätsbedarf. Partner muß innerhalb von xy Monaten gefunden werden.
3.1.2. Großer Liquiditätsbedarf. Partner muß innerhalb von xy Wochen gefunden werden.
3.2. Unternehmenskonzept auch ohne Partner erfolgreich, dennoch schnell verkaufen.
4. Sanierungsfähig, aber noch kein ausreichendes Konzept.
4.1 Rettung scheint möglich.
4.2. Wesentliche Teile des Unternehmens sind zu retten.
5. Kaum zu sanieren. Genaue Analyse erforderlich.
6. Unternehmen nicht sanierungsfähig. Entscheidung, ob Konkurs oder stille Liquidation treffen.
6.1. Stille Liquidation
6.2 Gesamtvollstreckung

Die volkswirtschaftliche Entscheidung, Daumen nach oben oder nach unten, müssen dann anhand der Vorlagen die Terminatoren im Treuhandvorstand treffen. Mensch, seid ihr wahnsinnig, sagt Rohwedder einmal, als sie vorschlagen, das ehemalige und jetzt umgewandelte Kombinat Mikroelektronik in Erfurt mit fast

56 000 Arbeitsplätzen zu schließen. Das könnt ihr doch nicht machen, das ist das Rückgrat der Region. Machen müßt ihr, lautet die Antwort, wir können nur sagen, was man machen müßte. In fast allen Fällen richten sich die Treuhändler aber nach den Vorschlägen ihrer Berater. Was die verwegene, aber begründbare Feststellung erlaubt, daß Horst Plaschna zu bestimmten Zeiten einer der einflußreichsten Männer Deutschlands war, einflußreicher als irgendein Minister für Jugend, Familie, Senioren oder ähnliches in Bonn und einflußreicher als einer in Ostberlin sowieso. Das hätte er nicht gern gehört, denn seine inzwischen noch mühsameren Geschäfte lebten eher von Diskretion. Er war Chef einer der fünf Management KGs, eine Erfindung der Treuhandanstalt, ein Modell, mit dem sie ab Ende 1992 die immer heftiger werdende Kritik an ihrer Unternehmenspolitik kontert. In denen werden die schlimmsten Sorgenkinder aus der ehemaligen Planwirtschaft gesammelt, also die Firmen, die allenfalls nach umfangreichen Sanierungen einen Käufer finden könnten. Sozusagen die ganz alten Jungfern, für die ein möglichst anspruchsloser und möglichst kurzsichtiger Bräutigam gesucht wird.

Mitgift gibt es nicht, woher auch. Die staatlichen Unternehmen hatten nie eine Chance, für eine andere Zukunft zu sparen, Rücklagen zu bilden, wie im Westen üblich. Alles, was sie an Gewinn schufen – und im letzten Jahr der anderen Republik waren es rund zwanzig Milliarden Mark –, mußten die Kombinate und Volkseigenen Betriebe dem Kommando Günter Mittag in Berlin abliefern. Für nötige Investitionen in neue Maschinen gab es nicht etwa nur auf Antrag einen Kredit von der Staatsbank, die Kredite mußten selbst dann genommen werden, wenn das Unternehmen über Eigenmittel verfügte oder seine Anlagen noch funktionierten, also gar kein Geld brauchte. Es waren also Zwangskredite. Bei Investitionen betrugen die Kredite zwischen sechzig und neunzig Prozent der Gesamtsumme, beim nötigen Umlaufvermögen zwischen vierzig und fünfzig Prozent. Über diese Zuteilungen konnte wiederum der Staat die Unternehmen steuern. Die Staatsschulden waren deshalb offiziell so gering, weil sie einfach auf die Betriebe abgeladen wurden.

Ein absurdes System, aber innerhalb des Gesamtsystems nachvollziehbar logisch, denn jeder Schritt wurde in der DDR von der Stasi zentral überwacht, egal ob Dichtung oder Dichtungen hergestellt wurden. Ein ausgeglichenes Konto kannten die Kombinate nicht, aber pleite gehen konnten sie in dieser Art Wirtschaft auch nicht. So wuchsen im Laufe der Jahre Schulden, die im klassischen westlichen Sinne gar keine sind, aber was interessierte drüben das Regelwerk des Kapitalismus, solange man ihn nur bekämpfte. Selbst solche Wechselfälle bestraft das Leben nur selten, denn mit der Wende sind nach dem Abgang der staatlichen Wechselfälscher die früher von ihnen Gelackmeierten wieder die Doofen.

Die Umstellung durch die Währungsunion gilt selbstverständlich für Schulden genauso wie für eventuelles Vermögen. Plötzlich haben die einzelnen Firmen Verpflichtungen in Höhe von vielen Millionen D-Mark in ihren Büchern, obwohl sie freiwillig nur selten einen Kredit aufgenommen haben. Das wiederum halten nicht nur die Geschäftsführer der gerade umgewandelten GmbHs und Kapitalgesellschaften für betriebswirtschaftlich schwachsinnig und volkswirtschaftlich fatal. Es ist unbestritten selbst bei bestem Willen und besten Leistungen ein nie wieder aufzuholender Nachteil beim Start in die Marktwirtschaft, vor allem angesichts einer mit allen Wassern gewaschenen westlichen Konkurrenz. Wie bei einem Hundert-Meter-Lauf, wo der eine Spikes und kurze Hosen trägt, der andere in Stiefeln, mit Wintermantel und verbundenen Augen ins Rennen gehen muß. Ohne Training sowieso. Karl Döring, Chef des Stahlwerks in Eisenhüttenstadt: »Wir waren nach der Währungsunion mit einer Milliarde D-Mark Altschulden belastet, was absurd ist, denn wir haben Gewinne erwirtschaftet, die wir allerdings in Berlin abgeben mußten. In dieser Milliarde enthalten waren zum Beispiel die Kosten für die Erze, die wir bei EKO als staatliche Reserve lagern mußten. Der Preis dafür wurde uns und nicht etwa dem Staatshaushalt als Debit angeschrieben.«

Der erste frei gewählte Ministerpräsident von Sachsen, König Kurt, nennt die Altkredite »umgewälzte Staatsschulden«, die mit normalen Krediten nichts zu tun haben. Weg damit, sind doch nur eine buchhalterische Größe. Eine populäre Forderung des CDU-Mannes Biedenkopf. Aber wohin mit den Milliarden? Die lösen sich doch nicht einfach in Luft auf, und es sind verdammt viele: 233 Milliarden Mark Altschulden der Betriebe hat die Deutsche Staatsbank insgesamt in ihren Büchern, macht nach der Währungsunion 116,5 Milliarden D-Mark. Rund fünfzig weitere Milliarden DM lasten auf den Wohnungsgenossenschaften, deren Besitz in einem erbarmungswürdigen Zustand ist – zynischer Scherz drüben: Ruinen schaffen ohne Waffen –, aber da sagen die zuständigen Kommunen, auf deren Gebiet die Wohnungen liegen, gleich »Nein danke«, damit haben wir nun wirklich nichts zu tun. Seht zu, wo ihr damit bleibt. Beim Bundesfinanzministerium, und nach einem Moratorium von drei Jahren, in denen Tilgung und Zinsen eingefroren sind, zum Beispiel bei den Mietern, denen die Wohnungen zum Kauf angeboten werden, vermindert um die Summe, mit der sie anteilig in der nun umgewandelten Wohnungs-GmbH an den Schulden belastet sind. Wer seine Wohnung kauft, bekommt diese Schulden, die ja eigentlich keine sind, angerechnet. Ein insgesamt lohnendes Geschäft.

Die Schulden der 45 000 Betriebsstätten sind verteilt auf die aus der Staatsbank ausgegliederte Deutsche Kreditbank (80 Mrd.), die Genossenschaftsbank Berlin (15,5 Mrd.) und die Staatsbank-Nachfolgerin Berliner Stadtbank (11,5 Mrd.). Letztere werden bald gekauft von der Deutschen Genossenschaftsbank und von der Berliner Bank, was wiederum bei den gnadenlosen Prüfern vom Bundesrechnungshof herbe Mißbilligung auslöst.

In einem streng vertraulichen Bericht für den Haushaltsausschuß des Bundestages, allerdings erst im September 1995, bezweifeln die, daß beim früh geschlossenen Deal alles mit rechten Dingen zugegangen ist. Denn für die alten Kredite bürgt zu hundert Prozent Theo Waigel, und so besehen haben beide westdeutschen Banken viel zu wenig für die beiden Ossis bezahlt, die ihre Milliarden-Forderungen in das Geschäft einbrachten. Forderungen, die nun die Westdeutschen mit ihren Methoden eintreiben wollen, was nicht gelingt, aber Bonn bürgt ja. Freundlicherweise haben sie zeitweise doppelte Einnahmen aus Zinsen durch zwei verschiedene Fonds zurückbezahlt, aber auch erst nach entsprechenden Hinweisen der Prüfer. Das war selbstverständlich keine Absicht, sondern ein Systemfehler, und für die prompte Rücküberweisung müßten sie eigentlich gelobt werden, die Banker. Es handelte sich um 4,2 Milliarden DM.

Wer soll das bloß alles bezahlen? Bis zur endgültigen Erstellung der DM-Eröffnungsbilanzen, was noch zwei Jahre dauern wird, geht die Treuhandanstalt in die Pflicht, die hat schließlich die Kreditbank geerbt. Erst nach der Prüfung der Bilanzen aller Betriebe wird man wissen, was wirklich noch in ihnen steckt, ob ihre Umlauf- und Anlagevermögen mit null abgeschrieben werden müssen oder doch noch einen Substanzwert besitzen, aus dem was zu machen ist. Daß es zwei Jahre dauert, bis man den Stand von 1990 kennt, ist nicht etwa der unendlichen Langsamkeit deutscher Beamter zuzuschreiben. Es ging nicht schneller, denn keine einzige Zahl stimmte überein mit den Rechenwerken des ehemaligen Besitzers DDR. So etwas wie Altlasten aus Umweltsauereien gab es zum Beispiel in keiner früheren Statistik.

Wie die Treuhandanstalt mit den Milliarden im Bankenspiel jongliert, ist eigentlich egal, ob sie über die ihr gehörenden Betriebe dafür bürgt oder über die ihr gehörende Kreditbank, ergibt letztlich die gleiche Summe im Minus. Sie arbeitet zwar wie ein Konzern, wie eine Holding, aber sie muß sich nicht vor Aktionären verantworten, sondern vor dem Bundesrechnungshof, den in Sachen Treuhandanstalt keiner fürchtet, und vor den Politikern, die sie gewollt haben. Die haben sehr früh die Hoffnung auf irgendeine Dividende aufgegeben, lassen deshalb die Treuhändler mit den Pfunden nur so wuchern. Hauptsache, die stehen in der Schußlinie, nicht wir. Nur die Wut der Mieter über die verschuldeten Wohnungsgenossenschaften trifft die Treuhändler nicht. Damit haben sie laut Einigungsvertrag und Treuhandgesetz nichts zu tun. Kein Trost, denn statt dessen müssen sie sich um die Volkseigenen Güter (VEG) kümmern, also die landwirtschaftlichen Betriebe mit allen Schulden und ungeklärten Ansprüchen auf die Besitzer von Grund und Boden, einst und jetzt. Kein Trost, daß die Landwirtschaftlichen Genossenschaften nicht auch noch in ihrem Portfolio liegen.

Die Verluste der Banken durch die Umstellung bei der Währungsunion werden im sogenannten Währungsausgleichsfonds berücksichtigt, für den insgesamt 98 Milliarden DM eingeplant sind. Verluste bedeuten in ihrem Fall die Summen, die von den

Schuldnern nicht mehr einzutreiben sind. Die Lust, sich mit denen herumzuschlagen, dürfte angesichts der Bonner Garantie, solche Wertberichtigungen auszugleichen, allerdings nicht sehr groß gewesen sein. Ein bequemeres Geschäft gibt es nicht. Ende September 1994 beschließt das Kabinett dann noch den Kreditabwicklungsfonds, in dem alles gesammelt wird, was zur Gesamtverschuldung des Staatshaushalts zählt, zu den Schulden der DDR im Ausland, zu den Verpflichtungen der Staatsbank. Die beiden Fonds plus die später realistisch genannten Schulden der Treuhandanstalt ergeben die Summe von 400 Milliarden DM. Ach, wie vielversprechend klang einst die Prognose, man werde die alten Schulden der DDR durch den Erlös der Betriebe ausgleichen können und außerdem noch den Umbau der Wirtschaft davon bezahlen.

Die Treuhandanstalt bürgt für die alten Kredite ihrer Unternehmen und zahlt Zinsen an die westlichen Banken, die angesichts staatlich garantierter Rückzahlungspflichten gerne helfen. Ein Geschäft mit null Risiko. Einer trage halt des anderen Last, der eine mehr, der andere weniger. Macht für die Banken pro Jahr, wird später geschätzt, rund fünf Milliarden DM Lastenausgleich. Im Schuldenberg, den die Treuhandanstalt hinterlassen wird, sind diese Belastungen durch Zinsen in Höhe von insgesamt 28 Milliarden DM verzeichnet. Zu achtzig Prozent geht das Altschulden-Geschäft an die Deutsche Bank und an die Dresdner Bank, die in den ersten Wochen nach der währungspolitischen Stunde Null auch noch die vaterländische Chuzpe besitzen, höhere Zinsen zu verlangen mit der Begründung, das Geschäft sei angesichts fehlender Infrastruktur so besonders schwierig. Das können sie zwar Wolfram Krause erzählen, der an das Gute im Menschen West glaubt und von der sogenannten englischen Buchungsmethode – hohe Zinsen nehmen, tiefe Zinsen geben – noch nie etwas gehört hat.

Doch sobald Paul Hadrys bei der Treuhandanstalt fürs Geld zuständig ist und der Finanzvorstand Krause ohne dessen Rat nichts mehr unterschreibt, ist es mit diesem ertragreichen Patriotismus vorbei. Dem Hadrys kommen nicht die Tränen, sondern eher der Kaffee hoch, und an das Gute im Menschen, falls der von einer Bank kommt, glaubt er nun wirklich nicht. Alle Kreditverträge, die auf Krauses Tisch liegen und die der unterschreiben will, erst einmal weg. Anschließend wird unter Gleichen verhandelt, und wer immer noch neun bis elf Prozent Zinsen fordert, darf gleich wieder das nächste Flugzeug zurück nach Frankfurt in die jeweilige Zentrale nehmen. Schon vorher hatte Präsident Gohlke die Vertreter der Großbanken zu sich nach Berlin bestellt, nicht gebeten, und ihnen zunächst ein Prozent der bei ihnen üblichen Zinsen einfach mit der Erklärung abgerungen, die zahle ich nicht, und wenn ihr schreit, wollen wir doch mal sehen, wessen Image das in der Öffentlichkeit schadet.

Bei Verkäufen einzelner Firmen werden mit Investoren besondere Abmachungen getroffen, denn die akzeptieren deren alte Schulden nur dann, wenn die Summe von dem Gutachtergeschätzten Verkaufspreis abgerechnet wird. Variante: Die Treuhand zieht die Schulden vorher ab, übernimmt sie also, und verkauft den Betrieb schuldenfrei. Was letztlich gleichbleibt, denn ihre Belastungen werden dadurch nicht geringer, nur innerhalb der Gesamtschulden-Aufstellung umgebucht. Warum sind diese besonderen Altlasten der Altlast DDR nicht einfach nach der Wiedervereinigung völlig gestrichen worden, wie es zum Beispiel der ehemalige Wirtschaftsminister Otto Graf Lambsdorff von der FDP anfangs forderte? Weil die Summen dennoch nicht verschwunden, sondern im Bundeshaushalt aufgetaucht wären oder in verschiedenen Sondertöpfen und dies zu einer noch größeren Staatsverschuldung geführt hätte. Das ist politisch natürlich nicht gewollt, was macht das für einen Eindruck im Ausland, könnte unserer Volkswirtschaft schaden, die harte D-Mark auch im Westen weich machen und die Zinsen in die Höhe treiben. Da parkt man die Schuldsummen dann doch lieber bei den privaten Kreditinstituten, wo sie, wenn schon, hingehören.

Sonst wären womöglich die Kosten der Wiedervereinigung und nicht die Einheit an sich während des Wahlkampfes Ende 1990 plötzlich ein ganz entscheidendes Thema geworden. Was auch Lambsdorff, Vater der westdeutschen Wende 1982, nicht will. Insgesamt übernehmen die Treuhändler rund 77 Milliarden DM, dreißig bleiben bei den Firmen, doch es stimmt auch, daß bei keinem einzigen Betrieb etwa seine mitgebrachten Schulden zur Stillegung geführt haben. An den alten Lasten sind sie nicht gestorben, sondern an den neuen Bedingungen.«Es ist aber nicht auszuschließen, daß der Bund im Ergebnis weniger belastet wäre, wenn er die Altschulden direkt übernommen hätte«, beharrt der Bundesrechnungshof auf seiner Alternative. Hat letztlich sogar recht, denn egal, wie man es nach der Wende wendet, bezahlt wird alles vom westdeutschen Steuerzahler, wie auch immer der Fonds heißt, in dem die neuen Schulden versteckt sind.

Es wird nicht nur zuviel gejammert, vor allem zuviel über Geld geredet, sagt Horst Plaschna und verblüfft mit einer simplen Rechnung:»Wenn uns Gorbatschow für 400 Milliarden DM die DDR im Paket angeboten hätte, na, hätten wir die nicht sofort genommen?« Klar, hätten wir. Aber warum hat der Blühende-Landschaften-Kanzler nicht gleich eine nun mal notwendige Steuererhöhung verkündet, um die Einheit zu finanzieren, sofort nach der Währungsunion? Hätten doch alle verstanden im Taumel der vaterländischen Gefühle und die Gegner sich vom Juli bis zur Wahl im Dezember alle wieder beruhigt. Dafür gibt es eine heute wahnsinnig klingende, aber eben ziemlich einfache Erklärung, sagen die Treuhändler, die im CDU-Wirtschaftsrat Seit' an Seit' mit Helmut Kohl saßen. Er war trotz aller Warnungen schlichtweg überzeugt davon, daß es ohne Steuererhöhungen gehen würde. Zumindest verbreitete er diese Ansicht als Einsicht, denn nur mit dieser Einstellung ließen sich Wahlen gewinnen.

Die Kommunen klagen ebenfalls über Altschulden, und tatsächlich, die sind oft noch weniger nachvollziehbar. In DDR-Zeiten bekamen die Großen und die Kleinen nach dem Gießkannenprinzip neue Schulen, neue Kindergärten, neue Krankenhäuser und die stets beliebten Kulturhäuser verpaßt, auch wenn sie eigentlich gut damit versorgt waren. Da freute sich der Genosse, und sein SED-Bezirkssekretär auch. Unwesentlich, daß der Gegenwert in Mark bei der Staatsbank in deren Büchern festgehalten wurde, war doch sowieso alles volkseigen, Kulturhaus wie Geldinstitut. Nach der Währungsunion haben insgesamt 1300 Städte und Gemeinden über Nacht 8,4 Milliarden DM Schulden, und das nicht etwa wie ihre westdeutschen Pendants, weil sie in goldenen Zeiten mit vollen Händen ausgegeben haben und nun zur Kasse gebeten werden. Goldene Zeiten gab es für die drüben nie.

Das Finanzministerium in Bonn will mit den alten Schulden nichts zu tun haben, wie es sofort verkündet, aber die nunmehr gewählten und nicht bestimmten Bürgermeister denken nicht daran, auch nur einen Pfennig zu bezahlen, sie brauchen jede Mark für den richtigen Aufbau und die Renovierung der kaputten Städte. Den Rekord im Osten übrigens hält Leipzig mit 417 Millionen DM Altschulden. Da heißt der Oberbürgermeister Hinrich Lehmann-Grube, kommt aus dem Westen, war Stadtkämmerer in Hannover und organisiert mit Geschick und Härte den Widerstand gegen die Übernahme des Schuldenbergs. Erfolgreich, auch wenn der Kampf lange dauert. Im Herbst 1996, just zum Tag der deutschen Einheit, wandern die umstrittenen Milliarden in den Erblastentilgungsfonds, wieder so ein Ding, für das sich nur noch Politiker und Wirtschaftsfachleute interessieren, und da sind sie gut aufgehoben, da liegen inzwischen alle möglichen Schuldenberge.

Damit die Treuhandanstalt überhaupt das Geld aufnehmen kann, das sie braucht, um den sofortigen Zusammenbruch zu verhindern, reichen nicht eine vaterländische Gesinnung und die Zusicherung einer Globalbürgschaft und auch nicht die ausgewiesene Seriosität des obersten Machers Reiner Maria Gohlke. Ganz nett, aber was Schriftliches hätten die Gläubiger schon ganz gern angesichts der Summen, um die es geht. Die Zusicherung von DDR-Ministern ist den Bankern das Papier nicht wert, auf dem sie steht, darauf geben sie nichts, sie teilen die Ansicht des ersten Präsidenten, die der natürlich nicht laut verkündet, die DDR sei das Land der unbezahlten Rechnungen. Vor der Wiedervereinigung am 3. Oktober hat Bonn zwar *de facto* die währungspolitische Souveränität, kann offiziell aber nichts machen, weil die DDR eben *de jure* immer noch ein eigenständiger Staat ist. Also werden die ersten notwendigen Milliarden im Laufe der ersten Monate vom Bundeshaushalt via Treuhandanstalt überwiesen. Scheint eine sinnvolle Investition in die Zukunft zu sein, bald wird der Markt sich von alleine tragen und finanzieren.

Walter Romberg beharrt in zwei Briefen vom 30. Juli und 6. August 1990 an seinen Ministerpräsidenten immer noch auf der Entscheidungsgewalt der amtierenden Regierung über die Vermögenswerte der Treuhandanstalt, die »bei den zukünftigen

DDR-Ländern liegen« müsse. Eine »Kommission für Finanzen und Wiederaufbau«, die von den fünf neuen Ländern getragen wird, solle sich kümmern, keinesfalls dürfe ein Bundesministerium zuständig sein. Eine ehrenwerte Haltung im Geiste ostdeutscher Solidarität über Parteigrenzen hinaus, aber die hat mit der Wirklichkeit nichts mehr zu tun. Es gibt nichts zu verdienen, nur zu bezahlen. Von wegen Vermögenswerte der Treuhandanstalt. Nichts als Schulden. Und der Zahlmeister sitzt in Bonn.

Eine Woche nach der Einheit, am 9. Oktober, schickt Staatssekretär Horst Köhler vom nunmehr auch *de jure* zuständigen Bundesfinanzministerium an Detlev Rohwedder den Brief, mit dem die Treuhandanstalt nicht mehr pleite gehen kann trotz der Schulden, die sie machen muß. Ein Brief, mit dem sie sich das jetzt Wichtigste kaufen kann: Zeit. Auszug: »…bestätige ich Ihnen, daß die Bundesregierung sich der ihr obliegenden Anstaltslast gegenüber der Treuhandanstalt bewußt ist. Dies bedeutet, daß die Bundesrepublik Deutschland die wirtschaftliche Basis der Treuhandanstalt sichern, sie für die gesamte Dauer ihres Bestehens funktionsfähig halten und im Falle finanzieller Schwierigkeiten durch Zuführung liquider Mittel oder in anderer geeigneter Weise in die Lage versetzen wird, fällige Verbindlichkeiten fristgerecht zu erfüllen. Dieses Schreiben kann Ihren derzeitigen und künftigen Gläubigern bei Bedarf zur Kenntnis gebracht werden.«

Im befreundeten westlichen Rest der Welt wird nicht nur aus politischem Kalkül mißtrauisch betrachtet, wie da zusammenfindet, was sich schon lange nicht mehr gesucht hat. Oft gerät Staatssekretär Horst Köhler, ein überzeugter Europäer und einer der Macher des Maastrichter Vertrages über die kommende Einheitswährung Euro, bei den Treffen der sieben stärksten Wirtschaftsnationen ins Schwitzen, wenn die G7-Kollegen nicht nach Kohl, sondern nach Kohle fragen. Könnt ihr denn angesichts der nationalen Aufgaben euren internationalen Verpflichtungen noch nachkommen? Können wir, keine Sorge. Und die Antwort Köhlers scheint berechtigt. Was die anderen noch nicht so genau wissen, ist wenige Monate nach der Währungsunion bereits festzustellen: Der Markt im Osten bricht zwar über Nacht zusammen, Rückgang der Produktion zum Beispiel im Bereich Textil um zwei Drittel, aber dafür klingeln die Kassen im Westen wie nie zuvor. Insgesamt schätzt man den Zuwachs für das westdeutsche Bruttosozialprodukt von Mitte 1990 bis Ende 1996 auf 1,5 Billionen D-Mark. Otto Gellert, Stellvertreter von Rohwedder im Vorsitz des Treuhand-Verwaltungsrates: »Von wegen, man hat den Osten wirtschaftlich nicht gebraucht. Gut, daß die Einheit passierte, als die Konjunktur einigermaßen lief. Ende 1992 hätte das wirtschaftlich gesehen nicht mehr ganz so gut in die Landschaft gepaßt.« Oder wie hätte es ausgesehen, als die Verkrustungen des Standorts Deutschland zwar erkannt, aber noch lange nicht behandelt wurden? Um Plaschnas Beispiel mit Gorbatschows theoretischem Angebot zu variieren: Da hätten die Europäer zusammenlegen müssen, um entweder den Deutschen für 400 Milliarden DM die Einheit zu kaufen oder der EU einen neuen Markt.

Was fast untergeht in den allgemeinen Milliardenrechnungen, ist die sogenannte Privatisierung des kleinen Handels. Die hat zwar lange vor der Währungsunion begonnen, jetzt aber wird erst recht gehandelt. Vorzugsweise soll an ostdeutsche Interessenten verkauft werden, bei Kinos, Apotheken und Buchhandlungen auch kein Problem, denn daran sind die Großen von hüben nicht interessiert. Falls dieser neue Mittelstand später mal pleite geht, ist das normal und nicht mehr Schuld der Treuhand, passiert im Westen ja auch. Selbst bei den meisten der 7387 Gaststätten, zu denen auch Trinkhallen und Kioske zählen, funktioniert das ohne große Schwierigkeiten. Gesoffen wird unter jedem System. Was die Ossis lernen müssen, begreifen allerdings nur die Gutwilligen schnell: Nicht jede Sättigungsbeilage hat etwas mit Essen zu tun, und wer zweimal mürrisch bedient, weil er das früher als Kellner ohne Folgen so praktiziert hat, den besucht zwar kein Gast mehr, aber bald der Gerichtsvollzieher. Daß an solchen selbstverschuldeten Konkursen ein paar Jahre nach der Einheit auch der Westen schuld ist, versteht sich von selbst. Der Feind steht dann wieder mal da, wo er immer schon stand. Roland Berger beurteilt das kühl als Marktwirtschaftler: »Es war ein Fehler, die kleinen Läden in der kleinen Lösung zu privatisieren, die hätte man gleich an Tengelmann & Co. verkaufen müssen. So litten die Besitzer doppelt, weil sie später doch geschluckt wurden.«

Die großen westdeutschen Konzerne Rewe, Tengelmann, Edeka, Aldi und Spar kümmern sich nicht gerade selbstlos – denn wer füllt wohl die Regale? – um den Lebensmittelhandel, Asko und Coop nehmen sich der ehemals staatlichen Konsumgenossenschaften an. Später lassen sie sich dafür loben, daß sie die Versorgung der ostdeutschen Bevölkerung gewährleistet hätten, bevor diese Hungers gestorben wäre. Sie brauchen die Treuhandanstalt nicht, sie schließen ihre Joint-ventures lieber direkt nach Bestandsaufnahmen vor Ort. Weil bei diesen direkten Geschäften nicht nur mancher alte HO-Manager dank Insiderwissen des alten im neuen System einen gutdotierten Posten bekommt, sondern auch, weil offensichtlich weit über tausend Verträge unter der Treuhand und ohne die vorgeschriebene Ausschreibung geschlossen sind, werden ab Oktober 1990 viele Abmachungen für null und nichtig erklärt, und es wird neu ausgeschrieben. Die Privatisierung der staatlichen Handelsorganisation, insgesamt geht es um 29 700 Geschäfte und Kaufhallen, hat deshalb früh vor der Wiedervereinigung begonnen, weil es um einen prognostizierten Umsatz von 35 Milliarden DM geht, was in der Höhe fast dem Gewinn entspricht, der im letzten Rechnungsjahr 1989 von der Handelsorganisation an den Staat abgeführt wurde, damals waren es vierzig Milliarden Ostmark. Motto der Monopolisten aus dem Westen: Wir liefern aus dem Westen, und ihr verkauft im Osten. Jeder das, was er kann, nicht wahr? Daß bei dieser Art von West-Ost-Transfer die ostdeutschen Lieferanten der HO-Läden das Nachsehen haben, liegt auf der Hand. Die Nachfrage bestimmt das Angebot, und die Ossis wollen nun mal westliche Konsumgüter.

Nach der Währungsunion bieten sich die schon tätigen Handelsketten als Käufer der meisten noch freien Geschäfte sozusagen von selbst an, die Treuhandanstalt ist dankbar, daß das anscheinend so unproblematisch läuft, weil sie sich dann verstärkt um das kümmern kann, was nicht funktioniert, also um alles andere. Der Osten wird von den Großen aufgeteilt in entsprechende Regionen, und nicht nur das Bundeskartellamt vermutet dahinter zu spät entsprechende Absprachen. Anders ausgedrückt: Übergang von einem Monopol zum anderen dient nicht gerade dem freien Wettbewerb. Die Treuhandtochter Gesellschaft zur Privatisierung des Handels (GPH), gegründet gegen das im Spätherbst 1990 nicht mehr zu leugnende kleine im großen Chaos, handelt neu aus, was noch auszuhandeln ist, und vermeldet ein Jahr später, die »eigentliche Aufgabe« sei erledigt, sowohl in der Berliner Zentrale als auch in den Niederlassungen sei fast alles verkauft.

Insgesamt mußten bei der Privatisierung des kleinen Handels 5000 Läden und Geschäfte mangels absehbarer Zukunft geschlossen werden. Schnell verscherbelt sind Filetstücke wie die vierzehn Centrum-Kaufhäuser, das machen Hertie, Karstadt und Kaufhof unter sich aus. Kaufhof-Chef Jens Odewald, dann schon Vorsitzender des Treuhandverwaltungsrats, hält sich naturgemäß bei den Verhandlungen heraus, Otto Gellert wird die Verträge aushandeln. Odewald hat beim Kanzler auf mögliche Interessenkonflikte schon bei seiner Bestellung hingewiesen, allerdings Wert darauf gelegt, daß beim Verkauf deutsche Konzerne berücksichtigt werden. Die anderen aus dem Ausland wollten doch nur die teuren Grundstücke in den Zentren der Großstädte. Woran die Deutschen natürlich gar nicht denken, denn das sind Patrioten, und die wollen nur dafür sorgen, daß die Zonis gut versorgt sind, aber klar doch.

Bei den 360 ehemaligen HO-Hotels ist es im Gegensatz zu den großen Interhotels schwer, Käufer zu finden, die genügend Geld für Renovierungen haben. Die Banken geben ungern an ostdeutsche Unternehmer, die außer Plänen und ein bißchen Eigenkapital nichts vorzuweisen haben, zumal es selten unumstrittene Grundstücke gibt, die als Sicherheit dienen könnten. Das richtig große Geschäft der Banken, das Zinsgeschäft, läuft doch sehr viel besser, denn da ist alles garantiert. Zum erstenmal wird dabei ein Problem deutlich, das zu den Kuckuckseiern gehört, die der Treuhand von den Politikern ins Nest gelegt wurden: Anträge auf Rückgabe verhindern schnelle Investitionen. An Restitutionsansprüchen werden die Treuhändler noch einmal verzweifeln, und typisch für die in Bonn gewollte und nicht selbst gewählte Sündenbock-Rolle der Treuhandanstalt ist, daß die gleichermaßen verzweifelten und frustrierten Investoren in den handelnden Treuhändlern die Schuldigen sehen und nicht in denen, die das Gesetz des Handelns im Bundestag beschlossen haben. Den beim

Handel mit dem Handel nicht verkauften Grund und Boden, weil auch da nicht geklärt ist, wem das gehört – den Kommunen? den ehemaligen Besitzern? dem Staat? der Treuhand? –, erbt die Treuhandliegenschaft Gesellschaft (TLG), und die schlägt sich mit nicht betriebsbedingten Grundstücken – was das im konkreten Fall auch immer sein mag – noch heute herum.

Ernüchternd aber auch andere Zahlen, die so typisch werden sollen für den Umbau der DDR-Wirtschaft insgesamt: Von den einst 280 000 Arbeitsplätzen im Handel sind 160 000 gestrichen. 60 000 Menschen gehen in den vorzeitigen Ruhestand, für rund 100 000 weitere Beschäftigte müssen Sozialpläne aufgestellt und Abfindungen gezahlt werden. Lapidare Feststellung im Abschlußbericht der GPH: Die erzielten Erlöse in Höhe von 440 Millionen DM decken gerade die Kosten für die Verluste der HO-Geschäfte und die Sozialkosten der verlorenen Arbeitsplätze. Was dann keinen mehr erstaunt. Die ersten Hochrechnungen, man werde viele hundert Milliarden D-Mark bei der Ost-Privatisierung erzielen, sind längst Makulatur.

Ende Juli 1990 schon kommen Zweifel auf, ob Gohlke der richtige Mann ist für den täglichen Wahnsinn ohne erkennbare Methode. Es gibt bereits nach zehn Tagen die ersten Differenzen mit Rohwedder. Als der seinem Präsidenten einen möglichen Pressechef vorschlägt – »Ich hab hier den richtigen Mann für Sie« –, wagt Gohlke zu widersprechen, den wolle er sich schon gern selbst aussuchen. Rohwedder legt wortlos auf. Gohlke ist Chaotiker im Chaos, der am liebsten in allen vier geplanten regionalen Treuhand-Aktiengesellschaften – Schwerindustrie, Investitionsgüter, Konsumgüter und Dienstleistungen – selbst Aufsichtsratsvorsitzender werden möchte, und das kann nicht gutgehen, denn gerade das Chaos verlangt den kühlen Strategen, der auch delegieren kann. Jens Odewald verteidigt den bei der Bundesbahn erprobten Sanierer: »Es ist ungerecht, daß er so in Bausch und Bogen verdammt wird, Detlev Rohwedder und Birgit Breuel hatten es als seine Nachfolger insofern einfacher, weil es schon ganz grobe Strukturen gab, bei ihm gab es nichts.« Roland Berger hält ihn dagegen schon vor seiner Berufung eher für eine Fehlbesetzung, was er auch Rohwedder sagt. Wenn Gohlke sich wirklich als Gurke herausstelle, prophezeit er ihm, dann sei er,

Rohwedder, dran in diesem Job. Egal, was die Deutsche Bank sage, die aufgrund von Eigeninteressen – Rohwedder zu Krupp – des Kanzlers Favoriten verhindert hat, damals, Anfang Juni, als Lothar de Maizière ihn zum Präsidenten berufen wollte.

Der andere Mann merkt früh, daß sein Stuhl wackelt. Reiner Maria Gohlke ist nicht blind und kann erkennen, wenn daran gesägt und nicht mal die Späne weggefegt werden. Ist lang genug in der Wirtschaft gewesen und mit den subtilen Formen der Demontage in der Industrie vertraut. Manchen aus der westdeutschen Wirtschaftselite verdirbt er auch dieses oder jenes Geschäft, weil er neue Ausschreibungen verlangt. Entscheidend sei, wer am meisten zahle, und nicht so wichtig, wer im CDU-Wirtschaftsrat sitze. Das schafft keine Freunde. Er ist es gewohnt, auf jede Mark zu schauen und zehnmal zu prüfen, bevor Geld ausgegeben wird. So ging es bei der Deutschen Bundesbahn, aber die verkehrte nicht im Minutentakt. Hier in seiner Anstalt in Berlin interessiert unter dem Motto, Geld haben wir genug, nur keine Zeit, allerdings die wenigsten, was mit dem Geld konkret geschieht, Hauptsache, es geschieht überhaupt etwas. Und sie haben angesichts des Liquiditätsbedarfs aller Firmen gute Argumente, nicht so sehr auf die Millionen zu achten. 300 gehen auch künftig leichter durch als drei, denn bei drei Millionen ist die Aufstellung genauer, kann also genau nachgerechnet werden. »Ich wollte nicht jede halbe Stunde irgendeine Milliarde unterschreiben und dann zum nächsten Tagesordnungspunkt übergehen. Ich wollte genaue Analyse, genaue Prüfung, oft mehr Geld, als die Interessenten zu zahlen bereit waren, und vor allem in allen Verträgen Klauseln einbauen, daß nach einer Fünfjahresfrist nachverhandelt werden müsse, falls die Geschäfte gut laufen.«

Was ihm seine Gegner im Verwaltungsrat, in dem aus dem Westen bislang nur Vertreter der Großindustrie und Banken sitzen und noch kein einziger Gewerkschafter, übelnehmen: Der Kerl bremst den nötigen Aufschwung. Gohlke kontert: Es wurde schlecht verhandelt, zum Schaden der Bundesrepublik, die letztlich Geld verlor, also mußte ich bremsen, das war meine Pflicht. Schnell zu sein und nicht gut, ist kein vernünftiges Prinzip. Schnell und gut, na schön, aber nur, falls es machbar ist. Der

Gasvertrag zum Beispiel, mit dem die Ruhrgas AG und andere das ostdeutsche Ferngasnetz übernehmen, wird erst eine halbe Stunde vor der öffentlichen Bekanntmachung unterschrieben, weil Gohlke knallhart um den Preis feilscht und nicht den akzeptieren will, den der DDR-Umweltminister mit dem Energieriesen von der Ruhr abgemacht hat. Ungern wird in Bonn auch seine Ansicht vernommen, hier im Osten sei alles viel schlimmer, als man gedacht habe, was er auch noch im Fernsehen verkündet, und das mit der Sanierung werde mindestens ein Jahrzehnt dauern und sicher viele Milliarden kosten. Gohlke:»Meine Loyalität lag ganz klar im Osten. Ich war besessen davon, das in den Griff zu kriegen.« Nur im täglichen Ablauf hat er es einfacher, denn er und Wolfram Krause sind noch die einzigen Treuhändler mit Vorstandsrang und es trennen sie Welten an Erfahrung. Die von Krause ist nicht mehr so gefragt.

Die von Gohlke allerdings bald auch nicht mehr. Die Ungeduld seines Verwaltungsratsvorsitzenden, wenn es wieder mal nicht schnell genug geht, entlädt sich in immer heftigeren Konflikten. Rohwedder hat immerhin Hoesch saniert und will sich nicht beschränken auf die Kontrolle bereits erfolgter Entscheidungen. Vor allem nicht dann, wenn er die für falsch hält. Otto Gellert, ebenso ein erfahrener Sanierer sogenannter hoffnungsloser Fälle und der Not gehorchend so hart arbeitend, als bekäme er Geld dafür und nicht nur einen Händedruck, steht auf der Seite seines Freundes Rohwedder, mit dem er Tür an Tür arbeitet, und auch er hat ihm klargemacht, was es bedeutet, falls Gohlke scheitert: Dann bist du dran.

Treffen zwischen Rohwedder, Gellert und Gohlke am Freitag, 17. August 1990. Ein kurzer Dialog am 33. Arbeitstag des Präsidenten der Treuhandanstalt, der etwa so abgelaufen ist:

Was Sie hier machen, ist alles Scheiße, sagt der eine.

Habe ich noch das Vertrauen des Verwaltungsrates? fragt der andere.

Nein, erwidert der eine trocken.

Dann erkläre ich hiermit meinen Rücktritt, verkündet der andere.

Otto, hast du gehört, was der gerade gesagt hat? fragt rhetorisch der eine.

Und nimmt den Rücktritt sofort an.

Reiner Maria Gohlke telefoniert noch einmal mit Rohwedder und seinem Förderer Hans-Olaf Henkel, sehr kurz, begründet anschließend seine Position schriftlich. Rohwedder läßt das Schreiben juristisch prüfen, obwohl er sich eigentlich ganz sicher ist, es als Kündigung interpretieren zu können. Weichenstellung am bevorstehenden Wochenende. In Bonn wird nicht mal pro forma versucht, den gerade installierten Treuhandpräsidenten noch umzustimmen. Helmut Kohl erklärt die Treuhandanstalt zur Chefsache und entscheidet noch am selben Wochenende. Ein Gespräch in Sachen Rohwedder. Vaterland geht vor Krupp, Debatte beendet. Ein Gespräch mit Rohwedder, der ziert sich nicht, wie hätte er das jetzt auch begründen sollen? Lapidar verzeichnet die Tagesordnung für die Sitzung des Verwaltungsrates knapp zehn Tage nach Gohlkes Rücktritt am 29. August 1990 unter Punkt 3 Vorstandsangelegenheiten: »Abberufung Dr. Gohlke, Bestellung Dr. Rohwedder bis 31. 12. 90.« Rohwedders Amt als Vorsitzender des Verwaltungsrates übernimmt Jens Odewald.

Gohlke schweigt sich über den genauen Inhalt des Schreibens auch nach seinem letzten Arbeitstag am 20. August 1990 aus. Seinen Schreibtisch hat er kurz nach 12 Uhr mittags an diesem Montag geräumt und selbstverständlich den Mann informiert, der ihn berufen hat, den DDR-Ministerpräsidenten. Lothar de Maizière hat aber ganz andere Sorgen, weil gerade seine Große Koalition geplatzt ist. Ihn interessiert nur, wer's jetzt macht. Na prima, seine erste Wahl. Und weiter, wir haben keine Zeit für Sentimentalitäten.

Drei Jahre danach bearbeiten der SPD-Abgeordnete Otto Schily und seine Kollegen im Bonner Treuhanduntersuchungsausschuß vergeblich den Zeugen Gohlke, der nur allgemeine »Meinungsunterschiede mit dem Verwaltungsratsvorsitzenden und seinem Stellvertreter in Fragen der Organisation, der Personalführung und der Zusammenarbeit« als Grund für seinen Rücktritt angibt. Was allerdings nichts Ungewöhnliches sei in der Wirtschaft. Nein, er denke nicht daran, aus seinem Rücktrittsschreiben vorzulesen oder gar eine Kopie zu den Akten zu geben. Im ersten Absatz seines Briefes heißt es: »Sehr geehrter Herr

Rohwedder, das Team Gellert/Rohwedder-Gohlke hat für diese schwierige Aufgabe leider keine gemeinsame Basis. Ich bedauere dies außerordentlich, zumal ich mit sehr viel Engagement und persönlichem Verzicht an die Aufgabe herangegangen bin wie kaum ein anderer.«

Gohlke hat nach westlichen Maßstäben angemessen verdient, mehr als 850 000 DM pro Jahr. Etwa das Zehnfache dessen, was zum Beispiel ein Mann wie Karl Döring bekommt, der Vorstandsvorsitzende von EKO-Stahl. Der hat ganz selbstverständlich sein altes DDR-Gehalt eingesetzt, als er seinen Vertrag von der neuen Besitzerin Treuhandanstalt unterschrieb. Döring ist seit 15. Juli neben Gellert stellvertretender Vorsitzender im Verwaltungsrat und steht in Bonn auf der Liste derjenigen aus der ehemaligen Führungselite, die es sofort von ihren Posten zu entfernen gilt, wenn erst einmal gesamtdeutsch vom Rhein aus regiert wird.

Die beiden, Gellert und Döring, müssen aber bis dahin gesamtdeutsch handeln. Zum Beispiel gemeinsam die Abfindungssumme für den nach fünf Wochen gescheiterten ehemaligen Bundesbahnmanager unterschreiben. Der hat schließlich einen Vierjahresvertrag, aber da er selbst seinen Rücktritt angeboten hat, wird der nicht ganz erfüllt. Es gibt zum überraschend schnellen Abschied Ost knapp über eine Million für Reiner Maria Gohlke auf den Weg zurück in den Westen. Selbstverständlich in D-Mark.

Sein Nachfolger, der nun zwischen seinen beiden Jobs bei Hoesch und in Berlin pendeln muß, definiert zuerst einmal seinen Führungsstil und macht damit klar, woran es bisher mangelte. Detlev Rohwedder: »Ich verstehe mich als Kapitän auf einem Schiff, das von vielen kräftigen Männern gesteuert wird, und nicht als derjenige, der im Unterdeck selbst die Kohlen in den Ofen schaufelt.«

Viele kräftige Männer braucht das Land. Die Suche beginnt.

KAPITEL
6

Die Stunde der Patrioten

Wolf Schöde liegt in Finikunda am Strand, es ist heiß am Pelo-
ponnes, die Luft flirrt und die Nachrichten der Deutschen Welle
in Griechenland sind deshalb nicht alle klar zu empfangen. Was
er versteht, ist die Meldung von der Berufung Detlev Rohwedders zum Vorsitzenden des Verwaltungsrates der Treuhandanstalt. Er schreibt spontan eine Postkarte an Dr. Rohwedder, c/o
Hoesch, Dortmund: »Für Nordrhein-Westfalen ein Verlust, fürs
Vaterland ein Gewinn.« Dann geht er zurück ans Wasser. Die paar
freundlichen Zeilen, kaum geschrieben und schon vergessen,
werden sein Leben verändern.

Wochen später sitzt der Ministerialrat wieder an seinem
Schreibtisch im Düsseldorfer Wirtschaftsministerium, *business
as usual*, also Strukturmaßnahmen für Rhein und Ruhr planen,
und da schlägt ihm die Stunde, das Vaterland ruft an. Darf ich
Herrn Rohwedder durchstellen? fragt seine Sekretärin. Sie darf.
Kommen Sie mit mir nach Berlin? fragt der Anrufer. Ja, ist die
knappe Antwort, und sein künftiger Chef legt ohne weitere
Erklärungen wieder auf. Tage später ein gemeinsames Frühstück,
Abschied vom alten Bundesland, Ankunft im neuen Deutschland,
kurz darauf fängt Schöde bei der Treuhandanstalt in Berlin an.
Noch gibt es einen Präsidenten namens Gohlke, und der will ihn
nicht haben, aber das Problem löst sich ja am dritten Augustwo-
chenende im wahrsten Sinn des Wortes von selbst.

Vaterlandsliebe, Nationalstolz, Patriotismus und Chauvinis-
mus waren in der deutschen Republik West verpönte, von der
international ausgerichteten Mehrheit als altmodisch und lächer-

189

lich vermiedene peinliche Begriffe. Eine Identität West stand eigentlich nie zur Debatte, so selbstverständlich war sie, und falls man sie doch erfragt hätte, dann wären Definitionen wie Streitkultur oder streitbare Demokratie allemal eher gefallen als irgendwelche Spielarten von Patriotismus. Der war vorbehalten den alten Rechten, die damals noch keine neuen zeugten. Mit dem Begriff Patriotismus und falsch verstandener Vaterlandsliebe war blutig Schindluder getrieben worden, Patriotismus verbunden mit der Assoziation Sterben und Tod und nicht mit dem Erkunden eigener oder gar dem Aufbruch zu neuen Grenzen. Deshalb reagieren die meisten Patrioten der ersten Stunde heute mehr abweisend, wenn ihr damaliges Engagement mit Patriotismus umschrieben wird. Geht es nicht eine Nummer kleiner? Das vorher nie gekannte Gefühl vom Sommer 1990 läßt sich nicht konservieren, nur im zeitlichen Abstand einkreisen. Ludwig M. Tränkner, umstrittener und gehaßter Chefabwickler der Treuhandanstalt, dem fast alle fast alles zutrauen, dem aber keiner irgendwelche idealistischen Motive unterstellt, wollte »endlich mal etwas erleben, was mir als Journalist nie geglückt war«: Veränderbarkeit der Wirklichkeit. Er definiert seine Art von Patriotismus zögerlich, und damit ganz gegen seine sonstige Art, als seine Bringschuld, der Bundesrepublik »etwas von dem zurückzugeben, was sie mir und meiner Generation gegeben hat«. Also Bürgerrechte, Ausbildung, Wohlstand, Aufstiegschancen. Der Begriff Vaterlandsliebe ist ihm viel zu pathetisch, Gegengeschäft würde besser passen. Zu ihm – und zu seinem Land, die fast gleichaltrig sind.

Der gebürtige Magdeburger Hans-Peter Gundermann, einst im Vorstand der Mobil Oil und Berater der Ruhrgas AG, ab September 1990 als Treuhand-Sonderbevollmächtigter Energiewirtschaft nicht weniger im Kreuzfeuer als Tränkner, spricht von der Erfüllung seines Traums, das noch einmal erleben zu dürfen. Die Einheit. Als die über den Westen hereinbrach, hielt den fast Sechzigjährigen nichts mehr in Quickborn. Was den Intentionen des Mannes entgegenkam, der ihn engagierte. Rohwedder meinte nach dem ersten Gespräch lapidar, am besten Sie bleiben gleich hier, ich regele das mit Ihrem Aufsichtsrat.

Eine Befragung der dann 57 Direktoren der Treuhandanstalt

und ihrer 172 Abteilungsleiter aus dem Jahre 1993 ergibt ein weniger zufälliges, aber ähnliches Bild: Die Jüngeren bewegt die Chance auf eine neue Karriere, bei den Älteren sind es überwiegend patriotische Motive, noch einmal mitzumischen.

Wie Gundermann legen zuerst die alten Manager den Bildband Preußen aus der Hand, in dem sie sonntags zu blättern pflegten, und melden sich zum Dienst am Vaterland. Alt heißt gerade pensioniert oder kurz davor. Das Vaterland hat eine konkrete Anschrift, was die Bewerbung einfacher macht: Treuhandanstalt, Berlin, Alexanderplatz 6. Die nicht mehr gefragte Vergangenheit der stillen Vaterländler hat plötzlich wieder Zukunft, denn für sie bietet die Gegenwart eine einmalige historische und persönliche Herausforderung. Patriotismus ist endlich kein *dirty old word* mehr. Den Jungen, von denen sie im Westen abgelöst wurden oder die bereits mit erhobenem Messer hinter ihnen stehen, wollen sie noch einmal zeigen, was in ihnen steckt.

Ministerialrat Manfred Balz, ab Dezember 1990 Direktor Recht und damit oberster Jurist der Treuhandanstalt, fast so eloquent wie der Hausphilosoph Schöde, ist irgendwelcher patriotischen Gefühle nicht verdächtig. Wer in Moskau und Harvard studiert hat, kann kein Chauvinist sein. Ihn fesselte immer nur das Machbare, nicht das nur Denkbare, aber er bewundert das Engagement der anderen Generation. »Es stimmt, natürlich hat eine konservative Elite das Rückgrat der Treuhandanstalt gebildet, allerdings politisch eher Schwarzweiß statt Schwarzweißrot, preußisch und unbestechlich, nicht reaktionär und schon gar nicht korrupt.« Klassische Staatsdiener eben.

Norman van Scherpenberg ist so einer und geradezu ideal für die Rolle, die ihm seine ehemalige Chefin Breuel zugedacht hat. Der Ex-Staatssekretär aus Niedersachsen wird ab Oktober 1990 zunächst Direktor für die Koordination der Niederlassungen und dann, nach Birgit Breuels Aufstieg an die Spitze, übers Jahr ihr Generalbevollmächtigter in der Anstalt. Der listige Fuchs ohne eigene Ambitionen, ideale Verkörperung eines Kanzleichefs, sichert beim Verkehr mit widerborstigen Beamten die Interessen der Treuhandanstalt ab, denn die Schliche und Fallen des Haushaltsrechts kennt er alle. »Mit dem allmählichen Einzug westdeutscher Vorstellungen von Ordnung wurden wir nicht effizienter, und wir hatten keinen größeren Wirkungsgrad, als wir ordentlicher wurden«, beschreibt selbst er ein wenig wehmütig die Tage der Anarchie, vor der ihm selbstverständlich normalerweise graut.

Alle zur Stelle, als die deutsche Linke fern der Realität noch heftig darüber diskutiert, ob die Wiedervereinigung überhaupt wünschenswert sei, und dabei dem politischen Gegner das weite Feld überläßt. Balz kommt im Dezember 1990 aus dem Bundesjustizministerium, und weil er dort in anderen Zeiten mal Redenschreiber von Hans-Jochen Vogel war, betrachtet ihn der konservative Patriot Norman van Scherpenberg mit geziemendem Mißtrauen. Bis er merkt, daß den Beamten, Fachmann für Konkursrecht, nicht Visionen von Selbstverwirklichung plagen, sondern nur das juristische Handwerk interessiert. Da ist er ein selbstbewußter Meister seines Fachs, ein intimer Kenner der Paragraphen und Gesetzeslücken.

Birgit Breuel ist zwar grundsätzlich beeindruckt von preußischer Dienstauffassung, die auch ihre ist, aber »Patriotismus ist etwas, was mir ein bißchen fremd ist«. Detlev Rohwedder spielt kühl mit dem Gefühl. Schon als Chef des Verwaltungsrates hat er unterschwellig an die Vaterlandsliebe appelliert, als er per Anzeigen Topmanager für die DDR sucht. Zwar wird gut bezahlt, auch für Beamte nach Maßstäben der Industrie und nicht nach BAT 9, aber wer will schon nach Bitterfeld, Riesa, Halle oder ins andere Frankfurt? Rohwedder wird unterstützt von Personalberatern, vor allem von einem aus München, von Dieter Rickert. Selbst dieser Profi, in einschlägigen Kreisen für seine Aktivitäten in Sachen Treuhand als Kopfjäger 90 gefeiert, macht manches fürs Vaterland umsonst, wenn auch nicht alles. Aus einem Brief an Reiner Maria Gohlke, der allerdings schon nicht mehr im Amt ist, als das Schreiben abgeschickt wird: »Wie Sie wissen, habe ich Herrn Rohwedder spontan zugesagt, die Koordinierung der Anzeigenaktion und die Auswahl der Vorstandsmitglieder für die Treuhand AGs (gleich zweite Ebene) – soweit sie sich auf die Anzeige gemeldet haben – als Auftrag ohne Honorar abzuwickeln und meinen Arbeitseinsatz als Dienst fürs Vaterland zu betrachten. ... Mit Herrn Rohwedder bestand Einvernehmen darüber, daß weitergehende Anforderungen an meine Arbeitsleistung oder an die meines Kollegen Johannsmann nur auf Basis regulärer Aufträge gegen Bezahlung erfolgen kann.« Das dann fällige Honorar »basiert auf einem Drittel des Jahreseinkommens« des Vermittelten, was der übliche Satz ist in dieser Branche. Falls mit nur einem Versuch gleich ein großer Wurf gelingt, also mehrere brauchbare Kandidaten getroffen werden, gilt diese Regel nur für die Nummer eins, alle anderen werden pauschal abgerechnet: 50 000 DM pro Kopf.

Auf die Anzeigen melden sich fast 4000 Kandidaten, und die müssen gesichtet werden. Die Personalchefs großer westdeutscher Firmen machen das kostenlos, lassen sich gerne einspannen für Wochenendarbeit, sprechen aber nicht darüber, daß sie für solche Chancen, im Namen des Vaterlandes gute Leute kennenzulernen, eigentlich noch zahlen müßten. Alle Patrioten über achtzig, die sich zum Dienst melden, bekommen schriftlich eine freundliche Absage, die Jüngeren werden nach der Vorauswahl von Rickert & Co. abgeklopft und – falls vielversprechend – in eine »Short-List der möglichen Vorstandskandidaten« für Treuhandunternehmen aufgenommen. Da lesen sich die Kurzbiographien von getesteten Kandidaten aufs Wesentliche konzentriert zum Beispiel so: »Bisheriges Einkommen über 1 Mio DM. Käme nur als Vorstandsvorsitzender in Frage. Würde auf Einkommen verzichten. Guter Mann ... EK ca. 600 TDM. Typischer Banker. Schlitzohr. Kommt aus der Dynastie Pfeiffer und Langen. ... Einkommen derzeit 250 TDM. Solider Personalmann. Bißchen lahm für meinen Geschmack ... Engagierter McKinsey Typ. Empfehlenswert. EK 350 TDM fix plus Beteiligung am weltweiten Gewinn. ... Steht ein Jahr vor der Pensionierung und würde freigestellt. Habe mit Sihler darüber gesprochen. Kenne ihn seit Jahren ... Spethmann-Schüler und deshalb in Kürze obsolet. Thyssen würde ihn sogar als One-Dollar-Man zur Verfügung stellen ... Guter Mann. Wössner empfiehlt ihn sehr. Fraglich, ob er noch mal voll einsteigt ...«

Von der patriotischen Einstellung her sicher alle einwandfrei, aber sind diese Patrioten auch die besten Manager? Ist die Begeisterung, endlich nationale Pflichten erfüllen zu dürfen, nicht nur vorgeschoben, weil sie dringend einen Job brauchen und im bevorstehenden Winter die Golfplätze nicht bespielbar sind? Ist das nicht typisch deutsche Selbstüberschätzung, die sie bewegt, das Ding Wiedervereinigung in acht Monaten, also vor den nächsten Sommerferien hinzubekommen? Weil Nationalbewußtsein das Kostenbewußtsein ersetzt, wird es für die Kontrolleure in Berlin noch manche Überraschungen in der Aktion Heldenklau geben, von der Hochbau AG Magdeburg bis zum Büromaschinenwerk Robotron. Mit Aufsichtsratsvorsitzenden, die nur an Deutschland denken statt an Dividenden. Mit Goldgräbern, die nur für ihre eigene Firma im Westen die vaterländische Scholle im Osten beackern wollen. Mit Champions, die sich vor Ort als Vizemeister von Wettläufen erweisen, bei denen nur zwei Teilnehmer angetreten waren. Im Westen heißt das letzter Platz, hier verkaufen sie sich als knapp geschlagene Zweite.

Viele Konzernchefs machen unter vier Augen ihren Spitzenleuten sehr früh klar, wo ihr Platz ist, falls das Vaterland auch sie rufen sollte. Zu Hause im Westen, denn da werden sie mindestens genauso dringend gebraucht in solchen Zeiten des Umbruchs. Patriotismus ist aller Ehren wert, aber Bilanzen sind Ertragswert. Die Managerelite betrachtet wohlwollend, aber aus der Distanz den Versuch Rohwedders, Ordnung ins Chaos zu bringen. Der ehemalige Staatssekretär von Karl Schiller wird aufgrund seiner Hoesch-Leistung als Sanierer geschätzt, aber man vergißt in den Zirkeln der eigentlichen Macht nicht, woher er kommt: Ist halt ein Sozialdemokrat, auch wenn man es nicht merkt.

Das Beispiel amerikanischer Konzerne, die ihre Topleute gern für eine gewisse Zeit der Politik leihen und ihnen die Jobs bis zur Rückkehr freihalten, hat hierzulande keine Tradition. Manager in den USA arbeiten selbstverständlich für ihr Land umsonst. Über dem großen Teich, sagt einer aus Kohls Kabinett neidisch, hätten sich die reichen Patrioten um eine vergleichbare Aufgabe dieser Größenordnung gedrängt, alle anfallenden Kosten selbst übernommen. Bei uns hätten zumindest die großen Firmen für eine gewisse Zeit ihre Besten schicken können, um die anderen Deutschen anzulernen, um das Projekt Ost anzuschieben. Aber nichts da, die waren ja alle unersetzlich im Westen.

Ihre vorgebliche Unersetzbarkeit nehmen viele, deren Namen diskutiert werden, deshalb mit dankbarem Bedauern als Begründung für ihre Weigerung, gen Osten zu ziehen. Daß man sie angeblich im Westen nicht wegläßt, erspart ihnen doch peinlich klingende Begründungen. Mal unter uns: Wer will schon rüber in die Walachei, da gibt es weder die richtigen Schulen für die Kinder noch die richtigen Restaurants, weder die richtigen Villen noch die richtigen Clubs. In der Zone Ost herrscht ganz einfach keine Lebensqualität. Nur vorausblickende Konzerne schicken ihre besten Nachwuchsleute zum Überlebenstraining nach Neufünfland – der Chemieriese Bayer zum Beispiel, viele Banken in ihre Filialen sowieso, aber auch Henkel und Beiersdorf. Sie versprechen sich nach deren Rückkehr nützliche Erkenntnisse fürs Stammgeschäft. Und den erfolgreichen *Young Guns* spannende Aufstiegsmöglichkeiten. Eine der wenigen Rechnungen in Sachen deutscher Einheit, die aufgehen wird.

Allenfalls bei einer Handvoll Firmen geht der Patriotismus so weit, daß sie ihren Stammsitz in die ehemalige DDR verlegen. Das in größerem Maße zu tun wäre zwar angesichts des allgemeinen Abbruchs ein psychologisch wichtiges Zeichen gewesen, aber bei den meisten Kandidaten, auch bei denen, die einst drüben als Betrieb entstanden, bilden gegen solche Pläne die Manager gemeinsam mit ihrer Belegschaft eine kapitalistische Einheitsfront. Jeder Deutsche ist sich selbst der Nächste, und die gemeinsamen Wurzeln sind nur Geschichte. Audi ist nun mal ein Synonym für Ingolstadt, wer denkt denn noch daran, daß es einst in Zwickau begann? Manche Unternehmen wiederum nützen die unerwartete Chance der Einheit ganz anders und geben unter dem Motto: alles nur fürs Vaterland, die Führungskräfte ab, von denen sie nicht mehr so recht wissen, was sie mit ihnen machen sollen. Solange sie noch fünfzig Prozent von deren Gehältern tragen müssen, halten sich die edlen Spender zurück. Als sich ihr Anteil auf dreißig Prozent senkt, entlasten sie geradezu schlagartig auf Staatskosten ihren eigenen Personaletat, eine ganz besondere Lagerräumung für den Ausverkauf Ost unter dem Deckmäntelchen Patriotismus. Diese Altlasten des Kapitalismus werden dann neben den vielen Altlasten des Sozialismus ebenfalls der Treuhandanstalt angerechnet, als es ans große Abrechnen geht. Ersatzkasse der deutschen Einheit, in der Tat.

Flexibel dagegen reagieren viele der von Managern so abschätzig als lahmarschige Sesselfurzer bezeichneten Staatsdiener auf die Herausforderungen. Im normalen Trott des politischen Alltags, im Irrgarten der Verwaltung, wären sie nie aufgefallen, jetzt nützen nicht nur Leute wie Wolf Schöde oder Manfred Balz ihre Chance auf Selbstverwirklichung. Endlich darf gehandelt werden in Dimensionen, von denen sie sonst nur träumen konnten. Die Stunde der Patrioten ist vor allem auch die Stunde der Beamten. Wer gestern noch jede Zehntausend-Mark-Entscheidung von einem Vorgesetzten querschreiben lassen mußte, steigt jetzt in den regelmäßig zwischen Bonn und Berlin verkehrenden Shuttle und wirbelt mit bei den Millionen. Oder bleibt gleich vor Ort. Lustgewinn beim Hürdenrennen, denn laufend müssen sie nicht nur über ihre Schatten springen, sondern auch über die gestapelten Vorschriften des Haushaltsrechts. Daß die Treuhandanstalt vom Finanzministerium beaufsichtigt wird, läßt sogar die stets mißtrauische Konkurrenz vom Wirtschaftsministerium kalt. Im Gegenteil, das vereinfacht und erleichtert die Entscheidungen, Geld auszugeben. Am Anfang noch schwitzend, wenn die Milliarden nur so hin- und hergeschoben werden, aber von Mal zu Mal leichteren Herzens. Da eh aus Berlin Ost kein Telefon geht, ist jeder Versuch, sich von Bonn Rückendeckung zu holen, sinnlos. Also abnicken, nächster Punkt.

Ministerialrat Wolf-Dieter Plessing und Ministerialdirektor Eike Röhling vom Bundeswirtschaftsministerium schwärmen noch heute, da längst wieder Schmalhans Normalität Beamtenmeister ist, von den Zeiten, die es nie wieder geben wird. Jeder auf seine Art wurde wesentlich, wichtig, ein wenn auch winziger Teil der Geschichte. Höherer Dienst am Vaterland. Oft müssen sie über Nacht neue Vorlagen für Gesetze schreiben, die am nächsten Morgen nicht etwa auf den üblichen Weg durch die Ausschüsse geschickt, sondern ruck, zuck verabschiedet werden. So etwas spornt an. Keiner blickt neidisch auf die Akten der anderen, die werden nicht wie üblich per Laufzettel durch die Abteilungen weitergereicht, sondern erledigt, wie es das jetzt wichtigste Gesetz befiehlt, das Gesetz des Handelns. Daß nicht jeder Spitzenmanager auch Spitze ist, hatten sie sich immer schon gedacht. Jetzt werden sie es erleben. Wer sie früher arrogant überging, nur mit dem Minister persönlich sprach, sitzt nun vor ihnen und bittet um Entscheidungen. Kann er haben. Röhling, einst Referent von Rohwedder, als der noch Staatssekretär in Bonn war, vergißt sicher nie den Tag, als die Manager von den Braunkohleriesen bei ihm aufkreuzen und anderthalb Milliarden DM Soforthilfe verlangen, weil sie sonst ab 15. September nicht mehr garantieren können, daß drüben geheizt wird. Das Problem löst er selbst, *those were the days, my friend.*

Im Finanzministerium ist Staatssekretär Horst Köhler der oberste Beamte in Sachen Treuhandanstalt, im Wirtschaftsministerium sein Kollege Dieter von Würzen. Flexibel im Erspähen der Möglichkeiten, die angesichts der Umstände zwangsläufig auch ohne Genehmigungen vorpreschenden wilden Kerle politisch abzusichern, denn die Treuhändler scheren sich nicht um Vorschriften und sind auch noch stolz darauf, keine zu kennen. Die gelten doch nur für normale Zeiten, also nicht für uns Macher an der Front. Motiviert, drüben nicht nur wirtschaftlich möglichst schnell für Ordnung zu sorgen, sondern auch politisch saubere Verhältnisse ohne Altlasten herzustellen. Beide gehen nach der Wiedervereinigung als Vertreter der Bundesregierung in den Verwaltungsrat der Treuhandanstalt, der von Jens Odewald geleitet wird.

Am wichtigsten allerdings wird die Abteilung VIII des Finanzministeriums, in der nur noch ein paar Beamte arbeiten und die eigentlich zur Abwicklung vorgesehen ist. Von den über 800 westdeutschen Staatsunternehmen oder Beteiligungen wurden in den vergangenen acht Jahren bis auf einen kleinen Rest alle privatisiert, viel bleibt da nicht mehr zu tun. Von wegen. Jetzt geht es erst richtig los. Das Vaterland braucht auch sie, gerade sie, denn nun heißt es zu entstaatlichen wie nie zuvor. Eckart John von Freyend wird zum neuen Chef dieser Abteilung berufen, die bald wieder achtzig Staatsdiener beschäftigt. Er ist ein politischer Beamter im Range eines Ministerialdirektors und als Seiteneinsteiger jederzeit wieder abrufbar. Eigentlich hat er was ganz anderes vorgehabt, nach fünfzehn Jahren beim Bundesverband der Deutschen Industrie: Entweder bei der Matuschka-Gruppe einen Beratervertrag zu unterzeichnen oder sich mit seinem Bruder gemeinsam wieder um den Fachverlag zu kümmern, der ihnen gehört. Nichts da, sagt Treuhand-Verwaltungsrat Manfred Lennings, angetreten. Dienst am Vaterland. Bezahlung ist nicht so wichtig, Geld hat John von Freyend genug, also langt ihm das Übliche. Beamtenungewohnte Dienstzeit auch in dieser Abteilung Deutschland: von morgens um sieben bis abends um zehn Uhr. Je ein Unternehmensbereich in Berlin wird von je einem Referat in Bonn betreut. Konflikte gibt es kaum, erst im Laufe der Jahre, mit nachlassender Euphorie und Vaterlandsliebe, werden es mehr und mehr. Arrogante Besserwisser in Berlin, sture Paragraphenreiter in Bonn.

Beamte erstarren zu normalen Zeiten in Routine, weil es zu viele sind, die sich gegenseitig die Arbeit wegnehmen oder weiterreichen. Nun zeigen viele ihr Können, weil sie gefordert sind. Dabei wird mit Hunderten von Millionen jongliert, Geld spielt am Anfang wirklich keine Rolle, Hauptsache, es geht alles schnell. Die am Alexanderplatz schlafen auch nur ein paar Stunden pro Nacht, die wollen keine Ruhe, und die geben keine. »Wir haben in einem rasanten Verfahren Einstellungen vorgenommen«, erinnert sich Birgit Breuel, »meine erste Tätigkeit in Berlin bestand darin, daß ich mit Hilfe eines Headhunters jede Stunde einen neuen Mitarbeiter ansah, und wer in Ordnung war, bekam eine Zahnbürste von uns und mußte bleiben. Manche schickten richtig gute Leute, manche die dritte Ebene.« Genau da werden die dann auch eingesetzt, beteuern die Treuhändler, falls man rechtzeitig ihre Grenzen erkennt. Leider erkennt man die nicht immer rechtzeitig, was dann für die betroffenen Betriebe zu spät sein kann.

Der Bedarf an Managern ist so groß, nicht nur in den Außenstellen draußen, nicht nur in der Zentrale, eben auch in den vielen Treuhandfirmen, daß viele nur aufgrund ihrer sauberen westdeutschen Vergangenheit eingestellt werden, aber nicht aufgrund irgendwelcher Fähigkeiten. Daß die meisten bisher in hohen Positionen sitzenden Ostdeutschen aufgrund mangelnder Kenntnisse unfähig sind, eine moderne Aktiengesellschaft zu führen, ist nicht mehr der Rede wert, das weiß man. Rohwedder schätzt, daß nur ein Drittel seiner vorgefundenen Stammbesatzung in Berlin westlichen Maßstäben genügt. Das ist keine Arroganz, sondern begründete Einsicht. Die können weder Bilanzen lesen noch eine erstellen. Also muß einfach der Transfer von West nach Ost ganz schnell erfolgen, und da es unter diesem gewaltigen

Zeitdruck geschieht, passieren Fehler. Mal ganz davon abgesehen, daß im Westen damals Hochkonjunktur herrscht, also eigentlich jeder gute Manager einen Job hat, die wenigsten der Altersklasse zwischen vierzig und fünfzig gerade durch Zufall frei sind. Falls sie frei sind, dies nicht immer Zufall sein muß.

Mit ein Grund, daß die Beamtenleistungen im Vergleich zu denen der Manager nicht schlecht abschneiden und daß die Profis vom Rhein endlich mal aufspielen können in der Championsleague, statt nur im Betriebsfußball zu glänzen. Lieb Vaterland, wir danken dir. Lieblingswitz der Beamten, die so oft veräppelt worden sind: Deutsche Manager sind wie Jeans, an jeder Nahtstelle eine Niete. Diese Klasse 1b aus der freien Wirtschaft, meint Fritz Homann ohne Arroganz – aber aus Erfahrung –, haben wir doch in der Pfeife geraucht.

Eckart John von Freyend ist heute Chef der Immobilien Verwertung Gesellschaft (IVG) des Bundes, zuständig für die noch geplante Privatisierung von Staatsvermögen und für die Verwaltung bundeseigenen Grundbesitzes, aber auch noch für ein bißchen mehr, denn die IVG kauft Firmen auf, die ihr zum Portfolio passend scheinen. Am Ende der Treuhandanstalt wollte Freyend eigentlich nicht mehr im Staatsdienst bleiben, zumal schon wieder die alten Strukturen die Lust am Gestalten zu ersticken drohten. Was auch an den Treuhandkings lag, denn jetzt zahlte der Apparat denen die Arroganz der Macht heim. Ließ sich dann aber doch bei der IVG als Vorstandschef keilen, wer kann schon den Überredungskünsten eines Lennings widerstehen. Fritz Homann wechselte als Stellvertreter von Horst Köhler an die Spitze des Sparkassen- und Giroverbandes. Es scheint, viele waren durch die spannenden Nächte mit den Treuhändlern verdorben für den täglichen Dienst nach Vorschrift in ihren Behörden. Alle bestätigen, es war die größte Herausforderung unseres Lebens, und das wiederum haben sie mit denen gemeinsam, die auf der anderen Seite des Tisches bei der Treuhandanstalt saßen.

Bei rund 8000 umgewandelten Kapitalgesellschaften und GmbHs in der DDR kann es nicht ausbleiben, daß sich an der Spitze der ehemaligen Volkseigenen Betriebe außer ihrer per Gesetz erzwungenen Umwandlung nichts geändert hat. Da führen gewendete ganz andere Patrioten die Geschäfte. Solche Genossen Geschäftsführer und Aufsichtsratsvorsitzende fallen frühestens im Oktober auf, pünktlich zum ersten gesamtdeutschen Herbst, weil sie sich aufgrund dann strikter Vorgaben und Fragebögen der Treuhändler entblättern müssen. Wer beim Staatssicherheitsdienst mitgemacht hat oder gar beim KGB, wer nachweisbar andere durch Denunziationen in Schwierigkeiten oder gar ins Gefängnis gebracht hat, wird gnadenlos entsorgt, egal, wie kompetent und angeblich nicht ersetzbar die Altlast auch sein mag. Zwischen Sommer 1990 und Sommer 1992 müssen insgesamt 2860 ostdeutsche Manager, Geschäftsführer oder Vorstandsmitglieder ihren Hut nehmen, darunter 520 wegen politischer Belastung wie Stasi-Mitarbeit, 210 wegen Untreue, 1100 wegen fachlicher oder sozialer Inkompetenz.

Daß die so Entlassenen nicht von den Fehlern der eigenen Vergangenheit reden, sondern von der kalten Killermentalität der Kapitalisten, die nicht mehr gelten lassen, was früher doch so gut lief, fällt auf fruchtbaren Boden. »Sicher, wir hatten Schrott, wir hatten aber auch Eisen und sogar Gold unter unseren Betrieben«, verkündet Christa Luft noch Ende 1996 tapfer und der Saal Ost klatscht. Der Vorwurf scheint berechtigt, daß die aus dem Westen deshalb die ehemaligen Direktoren entsorgt haben, um anschließend ungestört alles abwickeln zu können. Die gekündigten Macher sind über Nacht genauso arbeitslos wie frühere Untergebene, und bevor die merken, wer eigentlich schuld ist an diesem Zustand, werden flugs die Reihen geschlossen und der gemeinsame Feind gebrandmarkt. Die Propaganda vom blühenden Industrieland DDR wirkt noch lange – und bald erst recht –, und dagegen ist mit Zahlen schwer anzugehen. Polemik ist viel populärer als Ursachenforschung, im Osten wie im Westen. Breuel-Kanzleichef Norman van Scherpenberg: »Es gab anfangs vor allem Kritik aus dem Osten, daß wir zu viele der alten Figuren beschäftigten. Die können das doch nicht. Greift endlich richtig durch, ihr mit euren verweichlichten westlichen demokratischen Prinzipien.«

Es erwischt nicht nur die alten Kader in vielen Treuhandfirmen, auch Vertreter der Treuhandanstalt in der Provinz. Personaldirektor Hermann Wagner, von Detlev Rohwedder in der Lounge des Flughafens Köln-Bonn dienstverpflichtet, nach dem neuen Präsidenten, nach Wolf Schöde, den beiden inzwischen eingetroffenen Vorständen Klaus-Peter Wild und Karl Schirner der fünfte Ober-Wessi am Alexanderplatz: »Die Gruppenkündigung der bisherigen Leiter der Außenstellen, zum Teil politisch belastet, war ein Vorgang, den ich nicht so schnell vergessen werde. Kurze Ansprache, einige wenige von Mißtrauen und Skepsis geprägte Fragen seitens der Betroffenen, und dann die Aushändigung der Entlassungsurkunden durch mich an jeden Außenstellenleiter. Ich glaube, die Raumtemperatur fiel in diesem Moment um einige Grade.« Das geschieht an einem Donnerstag, der ersten Gelegenheit, zu der eine solche Vergangenheitsbewältigung juristisch überhaupt möglich ist, nämlich einen Tag nach der Wiedervereinigung. Die Sieger aus dem Westen gewinnen wieder ein paar Freunde im Osten.

Eine Runde ganz besonderer Patrioten entscheidet über saubere oder nicht so saubere Ost-Westen. Es ist eine Männerrunde. Wenn es ums Vaterland geht, haben in der deutschen Geschichte die Frauen außer Kriemhild noch nie eine Rolle gespielt. Was sich zwar ändern wird, als Birgit Breuel nach dem Tod Rohwedders an die Spitze der Treuhandanstalt rückt, aber ansonsten selbst fürs mittlere Management der Anstalt traurige Realität bleibt. Die siebzehn ehemaligen Richter und Beamten aus dem Justizministerium in Bonn – zwei für die Zentrale in Berlin, je einer für die Außenstellen, die ab Oktober Niederlassungen heißen werden – nennen sich Vertrauensbevollmächtigte. Sie haben das Vertrauen des Kanzlers, der hat sie bevollmächtigt. Sind froh, der Langeweile von Pensionärs- und Rentnernachmittagen entrinnen zu können und kümmern sich um alle nur möglichen Klagen aus dem Osten: Wenn sich Arbeiter über die neuen Chefs beschweren, die schon ihre alten waren. Wenn aus den Kommunen über die Vergangenheit der Bürgermeister berichtet wird. Wenn bei Behördengängen die einstigen Dienststellenleiter schon wieder frech das Kommando führen. Ihr Einsatz fürs Vaterland bedeutet nicht mehr Krieg, und dies ist, zugegeben, ein Fortschritt für Deutschland.

Manche westdeutschen Firmen verbinden den notwendigen Patriotismus mit der Notwendigkeit, ihren Aktionären mehr Wert zu schöpfen. Sie schicken in der Tat ihre Besten, und es werden über die Gespräche vor der Abreise keine Protokolle angefertigt: Geht mal rüber, Jungs, und seht zu, was wir brauchen können. Nicht zu offensichtlich, schließlich ist die kapitalistische Kleiderordnung zu wahren, was bedeutet, sich nicht ohne Schlips über den Bilanzen eines möglichen Konkurrenten erwischen zu lassen. Aber es wird der eigenen Karriere sicher nicht schaden, wenn die Mutter im Westen nach der Heimkehr ihrer Söhne ein paar Beteiligungen mehr hat als zuvor. Graf Matuschka: »Ist doch klar, daß die abgestellten Manager im Sinne ihrer Mutterfirmen gehandelt haben, wann immer sich dafür eine Chance bot, denn dorthin würden sie ja später zurückkehren.« Die ehemalige Präsidentin der Treuhandanstalt drückt sich diplomatischer aus: »Ich würde nicht behaupten, daß sich die gesamte westdeutsche Industrie, vor allem Banken und Versicherungen, patriotisch verhalten hat.« Nur bitter lachen kann Ex-Staatssekretär Joachim Grünewald, wenn er die doch massive Kritik deutscher Banker und Manager an der Arbeit der Treuhandanstalt bewerten soll. Die einen haben fast dreißig Milliarden an Zinsen eingesackt und die anderen waren sich zu fein, wirklich zu helfen. Von wegen Patrioten, sagt der Verwaltungsratsvorsitzende der Treuhandnachfolgerin BvS, von wegen Patrioten.

Christoph Knapp aus Dortmund ist ein Mann, der historisch korrekt von Mitteldeutschland spricht, wenn er Ostdeutschland meint. Bei einem, der in Ostpreußen geboren ist, nicht verwunderlich. Der langjährige Generalbevollmächtigte des Hoesch-Konzerns ist schon pensioniert und will sich eigentlich in seinem Garten ausruhen und in Muße jene Reisen planen, die jetzt endlich möglich sind, die Reisen in seine deutsche Vergangenheit. Nichts da mit Vergangenheit, sagt an einem Sonntagmorgen sein ehemaliger Chef Rohwedder, ich brauche Sie jetzt in Berlin. Ich überlege mir das, sagt Christoph Knapp, prima, sagt Rohwedder, morgen früh um sechs Uhr holt Sie mein Fahrer ab, der hat ein Flugticket dabei und Geld. Wie die anderen, die am nationalen Portepee gepackt werden, wohnt Knapp im Grand Hotel, wie bei den anderen beginnt sein Arbeitstag morgens um sieben und endet um Mitternacht. Der Jurist kümmert sich um alte Verträge, handelt die neuen aus, erkennt mit der Erfahrung vieler Jahrzehnte die geschickt gelegten Fallen ganz anderer Patrioten, in denen sich die Treuhändler verfangen sollen. Durchforstet die Privatisierungen der ersten Stunde, bei denen nun wirklich nicht nach dem Prinzip von Treu und Glauben verhandelt worden ist und auf die Rohwedders Satz von einem Abgrund schamloser Wirtschaftskriminalität gemünzt ist. Knapp weiß genau, wo man noch ansetzen kann, um nachzubessern. Die Geräte- und Reglerwerke Teltow, die für eine Mark an einen Wessi gingen – eine inzwischen klassische Geschichte von Abzockern, Ahnungslosen und Angeschmierten –, kann er zwar nicht zurückholen. Aber gemeinsam mit dem ebenfalls bereits pensionierten Deutschbanker Johann Wieland kann er zumindest 58 Millionen DM rausholen, still und effizient. Was ihn heute noch freut.

Auch das Geschäft zum Beispiel mit Grundstücken oder gar mit landwirtschaftlichen Flächen ist so kompliziert, daß man es nicht einer Laienspielschar überlassen kann. Laien gibt es viele in Berlin, nicht nur mit ostdeutscher Biographie. Knapp, unbestechlich und rigoros, bleibt nach Rohwedders Ermordung noch ein paar Monate, um korrekt alles zu übergeben, so wie er es gewohnt ist. Wird immer wieder als Feuerwehrmann eingesetzt, wenn keiner sich mehr zu helfen weiß. Er arbeitet ohne einen Vertrag und läßt sich außer einer Aufwandsentschädigung nichts bezahlen. War doch eine patriotische Pflicht, brummt er nur unwirsch. Darüber lohnt sich nicht zu reden.

Nicht weit entfernt von Dortmund überlegt sich Rohwedders alter Freund Ulrich Firnhaber, wie er sich »im Rahmen der Wiedervereinigung« nützlich machen könnte. Der Präsident des Landgerichts Mönchengladbach wird im Oktober pensioniert, dann ist er 65, aber er fühlt sich noch lange nicht alt. Am 29. August 1990 ruft er bei Frau Rohwedder an und bittet sie, ihren Mann zu fragen, ob er ihn wohl in Berlin gebrauchen könne: »Sie war in Eile, packte gerade Koffer für ihre Kinder, meldete sich dann aber bereits am nächsten Tag und erklärte mir zu meiner Verblüffung: Detlev bietet dir die Rechtsabteilung an.« In seinem Tagebuch notiert Firnhaber weiter: »Ein Hammer, aber welch eine Herausforderung.« Er trifft sich mit Rohwedder, der erklärt ihm die Situation in der DDR-geprägten Anstalt. »Bei euch brennt es also, stellte ich fest, und weiter: Morgen kann ich noch nicht kommen, aber ich will versuchen, morgen in einer

Woche dazusein.« Das schafft er auch, und schon nach drei Tagen in Berlin ist ihm klar, daß »ich erst wieder entbehrlich sein würde, wenn ein Jüngerer auf Dauer als mein Nachfolger gefunden sein wird«. Das wird dann Manfred Balz sein. Firnhaber, immerhin ja noch bundesdeutscher Landgerichtspräsident, erhält einen Dienstausweis mit DDR-Emblemen, Hammer und Zirkel. Den zeigt er heute noch gern. Wie immer ist Hochverrat nur eine Frage des Datums. Er bleibt hundert Tage als Leiter der intern so genannten »Rechts Gang« in der Treuhandanstalt. Seine schwersten Verhandlungen sind die beginnenden Auseinandersetzungen mit Zeiss Jena und Zeiss Oberkochem und wem was gehört und wer künftig wie heißen darf und was das kostet.

Eine ganz andere Sorte von Patrioten, die im Westen gerade keinen Job hatte oder ihr Gehalt verfünffachen wollte, lästert einer der ehrenamtlich arbeitenden Verwaltungsräte zynisch, hat sich ein schwarzrotgoldenes Schildchen auf die Stirn geklebt, über ihre Vaterlandsliebe laute Sprüche geklopft und fortan im Osten gewirkt. Das gilt nicht nur für Manager in den vielen neuen Kapitalgesellschaften oder für die zweite Treuhandebene, die der Fachdirektoren. Vor allem im Vorstand sitzen Manager, die entweder überhaupt einen Job brauchten oder dringend einen neuen suchten. Analysiert einer der Unternehmensberater, der durch Treuhändler-Aufträge später viel Geld verdient hat und deshalb keinen Wert darauf legt, ausgerechnet in diesem Zusammenhang seinen Namen zu lesen. In Anbetracht dieses Undermanagements ist es das zweite deutsche Wunder, daß die Transformation der Systeme doch einigermaßen klappte. »Angesichts der Ausgangslage ist die Arbeit der Treuhandanstalt nicht hoch genug einzuschätzen«, betont der stellvertretende Verwaltungsratsvorsitzende der Treuhandanstalt Otto Gellert. Ein Patriot übrigens, der seinen Einsatz als One-Dollar-Man fürs Vaterland als selbstverständlich und nicht der Rede wert betrachtet, obwohl er vierzig Prozent seiner Zeit für die einmalige historische Sache opfert.

Nicht hoch genug einzuschätzen, aber sicher hoch eingeschätzt. Die Direktoren der Treuhandanstalt verdienen einschließlich der bis zu 80 000 DM hohen Vergünstigungen aus dem Bonussystem für schnelle Privatisierungen, das sich als nicht sehr hilfreich für die nötige Sorgfalt erweisen wird, wie spätestens der Untersuchungsausschuß feststellt, zwischen 350 000 und 450 000 DM pro Jahr, Dienstwagen extra. Ähnlich wird für die Leiter der Niederlassungen bezahlt, wie die Direktoren auch alle aus dem Westen gelockt. In dieser Führungsklasse gibt es weder Ossis noch Frauen, und wer mag, kann daraus Schlüsse ziehen. Abteilungsleiter in der Zentrale sind mit rund 240 000 DM pro Jahr dabei. Insgesamt alle »am obersten Rand« (Bundesrechnungshof) dessen, was in der Wirtschaft bezahlt wird. Die Gehälter im Vorstand betragen bei den Treuhändlern der ersten Stunde zunächst 600 000 DM pro Jahr, womit der von Detlev Rohwedder hochgeschätzte bayerische Ministerialbeamte Wild auf einen Schlag in der Bundesliga mitspielen darf. Angesichts des Arbeitsaufwandes steigen diese Gehälter aber schnell auf bis zu 967 000 DM. Für den Präsidenten entsprechend mehr, was bei Rohwedder anfangs weniger bedeutet. Weniger als bei Hoesch. Abgesegnet werden die Summen vom Verwaltungsrat, der ehrenamtlich tätig ist.

Bezahlt werden müssen die Gehälter, die in dieser Spielklasse auch im Westen üblich sind, aus dem Bundeshaushalt, und wenn es die Beamten des Bundesfinanzministeriums angesichts ihrer eigenen Einkommen noch so schaudert. Ist allerdings letztlich nicht mehr als der Ersatzspieler eines westdeutschen Bundesligavereins bekommt. »Neidisch waren wir nicht«, erklärt der ehemalige Ministerialrat Fritz Homann, »sollten ruhig viel Geld bekommen. Falls sie es verdienten.« Daß es alle verdienten angesichts ihrer Leistungen, wagt er nicht erst heute zu bezweifeln. Zum Beispiel so zu privatisieren, daß man den Käufern die Altschulden erließ, die Altlasten bezahlte und fünf Jahre lang noch die Verluste ausglich, also bitte, das kann doch jeder. Homann hat immer deutlich Unwillen geäußert, wenn ihm etwas gegen den Strich ging. Hatte damals wenige Freunde in Berlin. Na und? Viele von denen hatten aufgrund ihres arroganten Auftretens auch wenige Freunde in Bonn. Wer bei Schwierigkeiten immer droht, den Kanzler direkt anzurufen, macht sich nicht beliebt. Erst recht nicht, wenn er ihn stets erreicht.

Abhängig vom Zeitpunkt ihres Eintritts in die Behörde verdienen andere Vorständler weniger. Wer erst 1991 oder 1992 kommt, hat absehbare Aufgaben vor sich, denn die Treuhandanstalt soll 1993, spätestens 1994 mit ihrer Arbeit am Ende sein, was sie übrigens bei den Vierzigjährigen für deren Zukunftsplanung auch nicht gerade attraktiver macht. Da sinken die Gehälter auf 830 000, später auf 730 000 DM pro Jahr. Daß Frau Breuel mehr bekommt und mehr verdient als ihre Mitstreiter, also über 1,25 Millionen DM pro Jahr, versteht sich. Besondere Vergünstigungen wie Trennungsgeld, höchstens 84 000 DM pro Jahr (12 x 7000 pro Monat), sind als Pauschale in der Gesamtsumme enthalten. Treuhandvorstand Günter Rexrodt muß dringend gebeten werden, diese Summe zurückzuzahlen – er hatte bereits einen Wohnsitz in Berlin –, als er 1992 ins Amt des Wirtschaftsministers in Bonn wechselt, sich also politisch verbessert und finanziell verschlechtert. Wie wird das denn bei den Wählern ankommen? Er bietet an, die Summe, die er selbstverständlich nur aufgrund eines Mißverständnisses bekommen hat, *cash* selbst vorbeizubringen, was allerdings als merkwürdige Verfahrensweise abgelehnt wird. Machen wir es so: Wir ziehen es von der auszuzahlenden Restvertragssumme ab. So geschieht es.

Bei einigen werden die Verträge sogar dann über vier Jahre abgeschlossen, wenn sie erst Mitte 1991 nach Berlin kommen. Was zwar im Gegensatz zu den lauthals verkündeten Bestrebungen steht, in zwei oder drei Jahren die Anstalt, nachdem sie ihre Jahrhundertaufgabe erfüllt haben wird zu schließen. Aber langfristige Verträge sind so Sitte in der Wirtschaft. Eine weitere Begründung wird auf mißtrauische Anfrage des Bundesrechnungshofes hin nachgeliefert: Wenn schon keine Aussicht auf Karriere, denn die Arbeit ist endlich und nicht unendlich, dann wenigstens finanzielle Absicherung. Weiß man denn, ob die nach Berlin gelockten Vaterländler später als Ex-Treuhändler noch einen Job bekommen? Einige werden sicher auch zu alt sein, um noch was anderes zu finden.

Daß der einzige Ostdeutsche im Vorstand, Wolfram Krause, nur die Hälfte des Anfangsgehaltes seiner Kollegen verdient, hat ihn nie gestört. Schon 300 000 DM sind für ihn unvorstellbar viel Geld. Er macht sich keine Illusionen, warum sie ihn behalten haben. Nicht wegen seiner Kenntnisse in Finanzen, sondern wegen seiner Kenntnisse im Osten. Er war der Alibi-Ossi. Er will auch keinen Dienstwagen, weil ihm sein Wartburg genügt und er sich die Reaktionen der Nachbarn in der Ostberliner Chausseestraße vorstellen kann, wenn er mit einem Mercedes vorfährt. »Ich wohne in einer Gegend, wo man die Treuhandanstalt für Teufelswerk hält.« Rohwedder drängt ihn, das geht nicht mit dem Wartburg. Und nicht nur wegen des zu erwartenden Fotos vom Fuhrpark, wenn da ein Plastik-Ossi unter chromblitzenden Westlimousinen steht. Krause wehrt sich und kommt einfach zu Fuß. Bis Rohwedder darauf besteht, also gut, läßt er sich schließlich breitschlagen. Audi heißt der Kompromiß. Wolfram Krause geht es heute nicht ganz so gut wie den ehemaligen Kollegen, obwohl die ihn nach seinem erzwungenen Rücktritt nicht fallen-, sondern ihre Verbindungen spielen ließen. Als Berater arbeitet er in Frankfurt (Main) für die Dresdner Bank mit Schwerpunkt Osteuropa. Wird von den jung-gegelten Handy-Patrioten in der Zentrale der Bank bestaunt wie ein Fossil aus deutscher Urzeit.

Die gemeinsame Vergangenheit läßt sie nie mehr los: Die Mitglieder des Verwaltungsrates kommen einmal im Jahr am Tag vor dem Tag der deutschen Einheit zu einem Kolloquium zusammen. Andere Treuhand-Patrioten treffen sich noch jeden ersten Dienstag im Monat in ihrer jeweiligen Stadt und reden von den glorreichen Zeiten. Sie sind Mitglieder im Treuhand Alumni Club, abgekürzt TAC, was zum Beispiel im Osten kein Mensch versteht, was wiederum auch nicht so wichtig ist, denn Mitglieder aus dem Osten hat Alumni eh keine, weil ja auch kein Ossi Treuhanddirektor war. Alumni klingt wie der lateinische Namen einer geheimen Bruderschaft, stammt aber aus dem angelsächsischen: »a male graduate or former student of a school, college or university«, wie das *American Heritage Dictionary* den Begriff definiert. So rigide stimmt es für Deutschland nicht, denn es sind auch Frauen zugelassen bei TAC. Da aber die Treuhandanstalt nur wenige beschäftigte, bleiben die leitenden Herren auch heute wieder unter sich. Zum Club-Jahrestreffen, selbstverständlich immer in Berlin, kommen fast alle der 400–500 Mitglieder. Daß man eine Art *Old Boys Network* aufgebaut hat, wo auch nach dem Ende der Treuhandanstalt eine Hand die andere wäscht, wird heftig bestritten. Man redet halt von den guten alten Zeiten. Gute Zeiten?

Nach Gohlkes schnellem Abgang ist nicht plötzlich alles besser und anders in der Treuhandanstalt.Es gibt weiterhin keine funktionierenden Telefone, außer der einst nur von Stasi und NVA genutzten internen Geheimleitung, S1-Netz genannt, rote Apparate in der Qualität von Feldposttelefonen, mit denen die Macher aus der Zentrale in Berlin wenigstens zu ihren Außenbüros durchkommen und die sie noch bis Mitte 1992 benutzen müssen. Es gibt weiterhin keine ausreichende technische Ausstattung, es gibt weiterhin Schlangen vor jedem Büro, von morgens sieben Uhr bis Mitternacht. Mit der kleinen Schaufel den Montblanc abtragen, beschreibt der Präsident solche Zustände. Manchmal kommt man auch nicht in sein Büro, weil die Flure verstellt sind von demonstrierenden Arbeitern, mittendrin in Hemdsärmeln Detlev Rohwedder, der erklärt, was nicht vermittelbar ist. Die lange Arbeitszeit hat andererseits auch Vorteile, denn spät in der Nacht ist zumindest die Chance größer, eine freie Telefonleitung zu erwischen, die es tagsüber nur im Büro des Präsidenten gibt. Da muß man nicht schnell rüber in den anderen Teil Berlins, wo solcher Service selbstverständlich ist. Handys gibt es noch nicht, die werden gerade erst entwickelt. Deren Vorläufer sind im Herbst 1990 noch schwere Apparate, die nicht jeder ältere Patriot mit sich rumschleppen und bedienen kann, ohne Schaden an seinem Rücken zu nehmen.

Hans-Peter Gundermann, auch einer der ersten, der den Scherz: Wir haben keine Büros, keine Telefone, keine Sekretärin, aber fangen Sie mal gleich an, vor Ort als ernstgemeinte Arbeitsplatzbeschreibung erkennt, ist für die Energiewirtschaft der ehemaligen DDR geholt worden. Die soll er an die richtigen Konzerne bringen. Er bekommt sogar zwei Mitarbeiter, beide ehemalige stellvertretende Minister der DDR, denn davon hatte die viele. Aktenschränke existieren nicht, die Posteingänge werden einfach so lange auf dem Boden gestapelt, bis die ersten von oben wieder herunterfallen. Begehrtester Mann im Amt ist nicht der Präsident, sondern der Hausverwalter Conrad Friebel, denn der verteilt die Räume und stellt die Stühle hin, falls er im Keller welche findet. Wer keinen bekommt, geht nachts auf eigene Faust los und holt sich was zum Sitzen beim Nachbarn. Selbst schuld, wenn der nicht da ist, muß er halt morgen auf der Fensterbank Platz nehmen. Täglich Überraschungen, wenn frisch eingestellte Mitmacher verzweifelt irgendeinen Platz suchen, an dem sie wenigstens ihre Tasche hinstellen können. Zwischen Handwerkern irren Berater, Investoren und Verkäufer über die Flure und suchen eine Ecke, in der sie über ein paar Millionen hin oder her verhandeln können. Daß man dabei nicht immer das Kleingedruckte genau liest, erschließt sich erst nach Jahren den Prüfern. Diese Privatisierungsverträge der Anfangszeit sind die dicksten Problembrocken, mit denen sich jetzt die BvS herumschlagen muß.

Das frühe Chaos verklärt sich dennoch in der späten Rückschau. Ähnelt dabei den Erzählungen der Alten – weißt du noch, damals in der Ardennenoffensive, als wir die Alliierten zurückschlugen? Gleicht den Übertreibungen der Jüngeren – weißt du noch, damals in den Sechzigern beim Straßenkampf, als wir die Bullen jagten? Die Anekdoten der Treuhändler allerdings sind keine Mythen, sondern vaterländische Erinnerungen der unblutigen Art. Als man nachts an der Hotelbar lehnte und zu Rohwedder sagte, also, hör mal, Detlev, oder morgens mit dem Gesicht im Essenstablett aufwachte, weil man so müde war, daß man überall einschlief. Nun ja. Wolf Schöde meint lakonisch: »Intrigen gab es deshalb keine, weil dafür keine Zeit war und keiner in die Kantine ging. Gerüchte auf den Fluren waren Fehlanzeige. Wenn zwei flüsterten, haben sie miteinander verhandelt. Spannende Aufgaben von Kollegen haben keinen Neid erzeugt, weil alle spannende Aufgaben hatten. Jeder bastelte an einer eigenen Schlagzeile und jeder wußte, es werden alle gedruckt.« Klaus-Peter Wild, den korrekten Beamten aus München, schüttelt es noch heute, wenn er ans Durcheinander des Anfangs denkt. Chaos ist keine Chance für Kreativität, sondern der blanke Horror. Ohne Matrix kann er sich sein Leben nicht recht vorstellen.

Computer, Büromaterial und Leitzordner kauft der ehemalige Mobil-Oil-Mann Gundermann wie andere auch auf eigene Kosten, weil es ihm zu lange dauert, bis die Anforderungen eintreffen. Wie viele Unternehmen zu seinem Bereich gehören, weiß er nicht. Aus den ehemaligen Industrieministerien der DDR kommt nicht eine einzige Unterlage, einfach nichts, als habe es die nie gegeben. Seine Mitarbeiter können aufgrund alter Beziehungen Genaueres herausbekommen. Es sind 200 Firmen mit rund 260 000 Beschäftigten, um die sie sich jetzt zu kümmern haben. Langatmige Klagen bei Rohwedder lassen den kalt, handeln Sie und reden Sie nicht so viel. Vom Präsidenten nimmt Gundermann das hin, den bewundert er.

Energiewirtschaft in der DDR stinkt zum Himmel, und an manchen Tagen wird es nicht hell in den Gegenden, wenn die Produktionen laufen. Umweltschutz, zum Beispiel so etwas wie Filter in den Schornsteinen, gibt es nicht. Selbstverständlich wird der Dreck direkt in die Flüsse gekippt und werden die Sonderabfälle nicht entsorgt, sondern einfach auf die Deponien geschüttet. In den Braunkohlerevieren der LAUBAG (Lausitzer Braunkohlen AG) und der MIBRAG (Mitteldeutsche Braunkohlen AG) sind 135 000 Menschen beschäftigt und die meisten leiden wie vor allem ihre Kinder unter Erkrankungen der Atemwege. Erzeugt wird hier im gnadenlosen Raubbau an der Natur fast der gesamte Energiebedarf Ostdeutschlands. Es spielt keine Rolle, wieviel Energie dabei vergeudet wird, weil der ganze Dreck staatlich subventioniert ist, also bringt eventuelle Sparsamkeit nichts. Es spielt keine Rolle, wieviel auf dem Weg zum Verbraucher verlorengeht. Zimmertemperaturen wurden geregelt durch Öffnen oder Schließen der Fenster, denn Ventile zum Regeln der Wärme an den Heizkörpern gab es nicht. Es spielt natürlich auch keine Rolle, wie viele Menschen zum Einheitslohn in den beiden ehemaligen Kombinaten arbeiten. Und es spielt erst recht keine Rolle, ob überhaupt eine Nachfrage besteht. Nach den üblichen Regeln der Planwirtschaft hat sich bislang keiner für Umweltsauereien interessiert, denn Kosten für Umwelt standen nicht im Plan. Für Sachen wie Rauchgasentschwefelung, Filter in Schornsteinen etc. war selbstverständlich kein Geld vorhanden. Selbst herstellen konnte man es nicht, Devisen dafür auszugeben schien nicht lebensnotwendig. Erst nach der Einheit wurde bekannt, wie sehr es aus verseuchten Böden und von stickigen Abgasen zum Himmel stank.

Wie sich herausstellt, ist die DDR-Industrie nicht nur größtenteils eine Schrotthalde, sondern außerdem eine wilde Mülldeponie, und das nicht nur wegen Braunkohle oder beim Tageabbau Uran Wismut Aue, sondern an vielen Hunderten von nicht gekennzeichneten Plätzen. Auch dafür wird die Treuhandanstalt bezahlen müssen. Diese Altlasten werden bei den beginnenden Verhandlungen berücksichtigt. Wer kauft denn freiwillig ein verseuchtes Gelände und bezahlt anschließend auch noch die Entsorgung? Das hieße, den mühsam geweckten Patriotismus zu strapazieren.

Das ehemalige Kombinat Verbundnetz Gas (VNG) geht für eine Milliarde DM u.a. an die Ruhrgas, Ertragswert ist nicht feststellbar, weil im 8600 Kilometer langen Leitungsnetz drei verschiedene Systeme transportiert werden: Import-Erdgas, eigenes Erdgas und Stadtgas aus Braunkohle. Also muß, wie allgemein üblich in der ehemaligen DDR, nach Substanzwert verkauft werden. Der Käufer verspricht, in den nächsten Jahren Milliarden zu investieren, und das Versprechen wird bei der Festsetzung des Kaufpreises berücksichtigt. Gundermann: »VNG ist für eine Milliarde DM privatisiert worden und funktioniert und ist bald in den schwarzen Zahlen.« Die ostdeutschen Kommunen behalten fünfzehn Prozent der Gasversorgung in eigener Regie. MIBRAG geht für für 850 Millionen DM an ein englisch-amerikanisches Konsortium. Die Rheinbraun-AG, eine RWE-Tochter, wird sich LAUBAG einverleiben, für knapp zwei Milliarden. Ein gutes Geschäft?

Aber nein. Ein zwingendes Geschäft, denn ohne die Garantie, den Strom bei LAUBAG abzunehmen, sind die Stromverträge null und nichtig, in denen die RWE, eben die Muttergesellschaft der Rheinbraun-AG engagiert ist. Die Strategie der Treuhandanstalt: Ohne Kohle kein Strom, und darauf ist man stolz. Die RWE spielt mit, denn Strom zu verkaufen ist irgendwann so gut wie Geld zu drucken.

Was das untergegangene andere Vaterland an Dreck hinterläßt, summiert sich in der Schlußbilanz der Treuhandanstalt auf über vierzig Milliarden DM für die Beseitigung der Altlasten. Eigentlich gehört Umweltpolitik nicht zu den Aufgaben der Privatisierungsagentur, aber so genau schaut keiner durch und so genau will das auch keiner wissen angesichts der vielen Milliarden, die von West nach Ost transferiert werden. Auch die Kosten für die sogenannten Freisetzungen werden der THA aufgeladen. Es erwischt, betriebswirtschaftlich unumgänglich, von den einst Beschäftigten bei LAUBAG und MIBRAG dabei rund 95 000 Menschen, 23 000 werden gleich in den Vorruhestand geschickt. Wer zahlt? Na, wer wohl. Wozu haben wir den Sündenbock. Birgit Breuels Dauer-Warnung bei diesen und anderen Fällen, die Treuhandanstalt sei keine »Ersatzkasse der deutschen Einheit«, wird wieder mal geflissentlich überhört.

Westdeutsche Patrioten aus der Energiewirtschaft, die Gundermann aus vielen Konferenzen und von vielen Geschäften seit Jahren kennt, überredet er, als Aufsichtsräte, als Kontrolleure anzutreten. Unterlagen über die betreffenden Firmen allerdings habe er leider keine, sie müßten sich bitte sehr selbst vor Ort kundig machen. Was die mit Hilfe ihrer ostdeutschen Kollegen auch tun. »Das Vorurteil vom faulen Ossi, der nichts taugt, ist übrigens absoluter Schwachsinn. Die meisten haben genauso geackert wie wir«, betont Gundermann. Es befremdet ihn, mit welcher Arroganz vor allem die jungen Eroberer drüben aufgetreten sind. Hätten sich ein Beispiel am Alten Fritz nehmen sollen, der ging bescheiden zu seinen Bauern und fragte, wo es denn fehle.

Mißerfolge werden bestraft, Erfolge belohnt. Wie sonst sollte man Leistungen messen. Wer also antrat, den maroden Osten umzubauen, dafür gut bezahlt und abgesichert wurde, hat heute keinen Anlaß zur Klage. Wie schwer das alles war, ist inzwischen bekannt. Wie schwer sich viele damit taten, ist deren Problem. Wer sich über das Gejammer der Ostelbier aufregt, darf nicht im gleichen Atemzug wegen der eigenen Arbeitszeit jammern, die selten unter vierzehn Stunden pro Tag liegt. Was manchmal nicht gelogen ist. Viele Ostdeutsche, die damals fast über Nacht ihren Job verloren haben, sahen in den Sanierern aus dem Westen nur die arroganten Herren des Kapitalismus. Die Manager erklärten zwar in der Öffentlichkeit die Notwendigkeit ihrer Maßnahmen, aber viele scheuten die direkte Konfrontation mit den Entlassenen. Die hätten gern gearbeitet. Also ist vorstellbar, was die empfanden, wenn die anderen über die schwere Pflicht sprachen, dem Vaterland zu dienen.

Klaus-Peter Wild, der nach Rohwedders Anfrage selbstverständlich »aus patriotischen Gründen« zugesagt hatte, ging nicht nur beruflich vor Ort, er fotografierte dort auch. Einmal brachte er Rohwedder einen Schnappschuß mit, das Schild in einem

Geschäft »Wegen Privatisierung geschlossen«, was entsprechende Kommentare auslöste. Wild war zuständig für Sanierung und Abwicklung, und das war die härteste Aufgabe, die vergeben werden konnte. Es mußte doch sein, sagt er, es gab doch bei aller Betroffenheit über die menschlichen Schicksale keine Alternative. »Manchmal setzte sich abends Rohwedder zu mir«, erinnert sich Wild, »und sagte, die Arbeit haben wir uns nicht so schwer vorgestellt, nicht wahr?« Seine Kraft bezog der Mann aus der Überzeugung, daß an all dem eben die Kommunisten schuld waren und ganz bestimmt nicht sie, die jetzt aufzuräumen hatten: »Das mit der Angleichung der Lebensverhältnisse wird noch lange dauern, fünfundvierzig Jahre sozialistische Mißwirtschaft sind nicht so einfach aufzuarbeiten.« Der Bürokrat aus Bayern hatte die Angewohnheit, stets das Wichtigste in Kurzschrift zu notieren, bei allen Sitzungen. Wenn es darauf ankam, konnte er deshalb das wörtliche Zitat liefern. Auch das verschaffte ihm bei den Kollegen Respekt.

Wolf Klinz hat bis heute nicht den Moment vergessen, als er vor die 11 000 Leute von Robotron treten mußte, um denen zu sagen, es gibt keine Chance gegen die Konkurrenz, der Laden wird geschlossen. »Das klingt anhand der Bilanzen nur logisch, aber wenn man den Leuten gegenübersteht und in ihre Gesichter schaut, ist das was anderes. Blankes Entsetzen. Und man liest in ihren Augen die Frage, warum tust du uns das bloß an?« In den Vorstandssitzungen haben sie über solche Momente miteinander gesprochen, aber auch darüber, daß es keine Alternativen gab. Dieses Gefühl schweißte zusammen, erinnert sich Klinz. »Wir hatten gemeinsame Wertvorstellungen, das erzeugte ein Wir-Gefühl, das hielt den Laden zusammen.« Aber jenseits solcher großen Worte von der Herausforderung, Deutschland umzubauen, Geschichte live zu erleben, wird er leise, wenn er von den anderen Augenblicken spricht, in denen er seinen Job zu hassen lernte. Zum Beispiel, als die Frau von NARVA-Licht zu ihm kam und ihren Job anbot. Bedingung: Daß dafür ihr Sohn seinen behalten dürfte, wo doch schon ihr Mann und ihre Schwiegertochter arbeitslos seien. Arbeitsplatzverlust bedeutete Verlust der Würde. EKO-Vorstand Karl Döring: »Es gab zwei Essentials in der DDR-Gesellschaft: Wir wußten zwar, daß vieles beschränkt ist, aber wir wissen auch, wir werden immer Arbeit haben und immer eine Wohnung bezahlen können. Diese beiden Grundfesten sind für viele, zu viele, seit der Einheit weggebrochen.«

Keiner der Westler wurde mit vorgehaltener Waffe in den Osten getrieben. Keiner wurde gezwungen, sich fürs Vaterland aufzureiben. Fast alle, die nach Berlin kamen, ahnten zumindest, was auf sie zukommen würde. Ein Rosengarten in blühender Landschaft, untermalt von vaterländischen Gesängen, war nicht versprochen, Ruhm und Ehre auch nicht, davon stand nichts in den Verträgen. Die erwartete und auch die nicht vollbrachte Leistung wurde durch die Gegenleistung Geld ausgeglichen, so lautet das Gesetz der Marktwirtschaft. Zuzugeben, daß es auch verdammt viel Spaß gemacht hat, die Macht in hektischen Nächten der Entscheidungen auszukosten, wäre zwar ehrlich, aber undeutsch. Deshalb ist heute die Begegnung mit echten Patrioten so erfrischend, weil die immer noch begeistert sind über die Freuden der Pflicht.

Treuhandvorstand Klaus Schucht hat täglich seinen Einsatz fürs Vaterland dokumentiert, er führte ein Tagebuch, das aber vom Bundesarchiv, wo die insgesamt 1400 Seiten liegen, erst zwanzig Jahre nach seinem Tod veröffentlicht werden darf. Ob sich dann noch jemand für die Arbeit dieses Treuhändlers interessiert, interessiert Schucht nicht. Er verzeichnet auch seine Konflikte mit dem Experten Gundermann, in der Anstalt oft hämisch Wundermann genannt, dem er in herzlicher Abneigung verbunden ist, was auf Gegenseitigkeit beruht. Schuchts Motto, an das sich Gundermann ungern erinnert: Ich führe, und Sie führen aus. Als Vorgesetzter verlangt er eine Überprüfung, ob bei der Abwicklung von PCK Schwedt alles sauber gelaufen ist. Die Revision der Treuhandanstalt rechnet penibel den Vertrag nach, mit dem die Petrochemie und Kraftstoff AG in Schwedt an ein Konsortium von VEBA, DEA, Agip, Deutsche Total und Elf Aquitaine verkauft worden ist. Aber außer der Empfehlung, künftig bei solchen Größenordnungen der Privatisierungen »frühzeitig die Bereiche Controlling und Recht« sowie externe Gutachter und Wirtschaftsprüfer heranzuziehen, treffen die hauseigenen Revisoren keine Schuldzuweisungen. Wenn im Vorstand nachgefragt wird, was denn mit der leidigen Sache PCK sei, vertröstet Schucht die anderen, ist bald erledigt. Zum Ende der Treuhandanstalt im Dezember 1994 ist es immer noch nicht erledigt, aber es fragt auch keiner mehr.

Weil der Patriot aus Magdeburg seine Ehre verletzt fühlt, beschäftigt Gundermann per umfangreicher Dienstaufsichtsbeschwerde die Treuhand-Nachfolgerin BvS auch noch Ende 1996. Er sieht sich als Opfer nie bewiesener Vorwürfe: Die Raffinerie Petrochemie und Kraftstoff (PCK) in Schwedt zum Beispiel habe er um 500 Millionen DM zu billig verkauft, genauso wie die Wärmeanlagenbau (WWB), die nach einer klassischen Aushöhlung – Verkauf der Grundstücke – mit einem Verlust von knapp 200 Millionen DM in den Treuhand-Büchern steht. Die Privatisierung an die Schweizer PCE verteidigt Gundermann noch heute. Falls einer mit seinem VW vier Jahre nach dem Kauf verunglücke, sei schließlich auch nicht mehr der Verkäufer schuld. Entlassen worden ist er vom Treuhandvorstand Klaus Schucht, der den Bereich Energie von Rohwedder übernommen hat, und zwar direkt am Paternoster, als er nach einem Urlaub wieder in sein Büro gehen wollte.

Zweimal hatte der grobschlächtige Jurist wegen der Ermittlungen in Sachen Schwedt und in Verbindung mit Wärmeanlagenbau, wo tausend Arbeitsplätze mit den Millionen verschwanden, die Staatsanwaltschaft zur Hausdurchsuchung bei sich, was im ländlichen Quickborn nicht ohne Beachtung blieb. Ausgerechnet das »Neue Deutschland« feierte ihn zum Abschied als den besten Mann der Treuhandanstalt. All das schmerzt einen Konservativen. Er fühlt sich als Opfer, denn auch über seine Verdienste bei der Neustrukturierung der Gaswirtschaft, dem Umbau des Systems der Fernwärme, spricht keiner mehr so recht. Da dies eine komplizierte Angelegenheit ist, interessiert es auch keinen. Hauptsache, die Heizung geht und das Licht brennt. Daß er sich verraten fühlt, weil er doch nur seinem Land dienen wollte, will keiner hören.

PCK Schwedt ist bereits vor dem Einzug der westlichen Experten im Mai 1990 den Riesen VEBA/DEA versprochen worden. Ausgangspunkt die Summe von einer Milliarde DM, genauer 1 002 300 000 DM. Klingt nach einem guten Deal. Wie es dann dazu kommt, daß am Schluß die Treuhandanstalt als Besitzerin ein wirtschaftliches Minus von 289 800 000 DM zu verzeichnen hat, also nicht einmal ein paar Mark verdiente, lohnt eine Untersuchung im Detail. Weil es viele PCK Schwedt in der Geschichte der Treuhandanstalt gab. Weil dies gewissermaßen als Musterbeispiel für viele andere Verkäufe von ehemaligen Staatsbetrieben gelten kann. Weil es die Kritik vieler Wirschaftsexperten erklärt, die vergeblich gefordert hatten, solche Monster gleich dichtzumachen und die Milliarden lieber in eine neue Industrie der Zukunft zu investieren. Rudolf Hickel: »Die Summen anders verteilen, effizientere Manager an die Spitze, regionale Strukturpolitik, die ja immer erst dann gemacht wurde, wenn die örtlichen Landespolitiker Angst hatten, nicht wiedergewählt zu werden.«

Hier also die Privatisierung am Beispiel PCK Schwedt: Wertansatz für Anlage und Umlaufvermögen ursprünglich 1,7 Milliarden DM, nach Intervention der späteren Erwerber reduziert auf eine Milliarde. Die beauftragten Wirtschaftsprüfer betreuten sowohl die Verkäuferin als auch die Käufer, was als ungewöhnlich bezeichnet werden darf. Begründung, wie üblich: Es galt, keine Zeit zu verlieren. Abgezogen wird von der Milliarde die Summe von 450 Millionen für notwendige Investitionen in den Umweltschutz, nicht etwa für die Beseitigung der Altlasten, die stehen mit 357,3 Millionen DM erst weiter unten, und wird selbstverständlich von den Verkäufern übernommen, den Treuhändlern. Da 4800 Arbeiter entlassen werden müssen und die pro Kopf 12 700 DM als Abfindung bekommen, ist der nächste Abzug fällig: 61 Millionen DM. Investitionen im Tanklager Seefeld, das von den neuen Käufern zu fünfzig Prozent von MINOL erworben werden soll: rund vierzig Millionen DM. Weitere Kaufpreisminderungen, deren »Berechtigung nicht nachvollziehbar« sei, wie die Revisoren Münz und Schlüsener bemängeln: werterhöhende Investitionen (70 Mio. DM), Rückstellung für behördliche Auflagen (120 Mio. DM), Rückstellung für unterlassene Reparaturen (20 Mio. DM), Magazinmaterial als Umlaufvermögen (115,5 Mio. DM), Sonderverlustkonto (22,8 Mio. DM).

Spätestens nach Lektüre dieser hier sogar noch unvollständig zitierten Horrorliste, die allerdings erst im Sommer 1992 vorliegt, also lange nach Gundermanns Ablösung in Sachen PCK Schwedt, wendet sich der Laie mit Grausen ab, weil nur Fachleute die innere Logik nachvollziehen oder gar verstehen können. Insofern ist nur interessant, was am Schluß steht: Aus der Milliarde, die man wollte, sind 289,8 Millionen DM geworden, die man geben muß. Die Summe zahlt die Treuhandanstalt dafür, daß die Käufer so gütig sind, PCK Schwedt dem Staat abzunehmen. Ein Vorstandsmitglied zynisch über seine Tätigkeit: Wir verkaufen nicht Unternehmen, wir kaufen Investoren. Kanzleramtsminister Friedrich Bohl lobt im August 1992 die »geglückte Privatisierung«, denn die Besitzer versichern, bis zu 1,8 Milliarden DM zu investieren, um dann internationales Niveau zu erreichen, Gewinne zu machen und damit von den einst 8000 Beschäftigten Ende der neunziger Jahre, so alles gut läuft, noch etwa 2000 zu beschäftigen. Gundermann sieht seine frühe Verkaufsstrategie, die im übrigen abgesegnet war vom Vorstand, im Prinzip bestätigt. Wer hätte ohne Zugeständnisse einen solchen Verlustbringer freiwillig gekauft und die Bundesrepublik Deutschland, vertreten durch die Treuhandanstalt, von der Last der Verantwortung befreit?

Christian Neuling hätte das bestimmt gemacht, denn der macht alles, womit man Geld verdienen kann. Er sitzt nicht nur für die CDU im Bundestag in Bonn. Der Berliner vertritt auch die Interessen des Volkes als Vorsitzender des Treuhandausschusses im Parlament, nicht zu verwechseln mit dem künftigen Untersuchungsausschuß. Neulings Gremium ist eine Unterabteilung des Haushaltsausschusses zur Kontrolle der Privatisierungen. Darüber spricht er gerne und oft. Weniger oft über andere Interessen, nämlich die seiner Familie in der ostdeutschen Mineralöl-AG MINOL. Die 1200 Tankstellen des einstigen Monopolisten sind von der Konkurrenz begehrt, auch das gemeinsam MINOL und Leuna gehörende Zwischenlager Seefeld, wichtig für die Lieferung des Öls nach Berlin, wird gebraucht. Daß über ein Joint-venture die Firma Neuling bei MINOL mitmischt, daß der CDU-Mann dort im Aufsichtsrat, bei Verhandlungen mit der Treuhandanstalt also gleichzeitig an beiden Seiten des Tisches sitzt, scheint dem Berliner Patrioten nicht so wichtig und kein Interessenkonflikt. Er hatte doch nur ein Interesse. Er wollte nur das Beste. Für sich und die Seinen.

Als der Skandal auffliegt, muß er ziemlich bestimmt von seinen Parteifreunden zum Rücktritt gedrängt werden. Christian

Neuling sucht die Schuld nicht in seiner vaterländischen Gier, sondern bei den anderen. Vermutet im damaligen Sonderbevollmächtigten Energie den Bösewicht, weil der dem Deal Neuling-MINOL seine Zustimmung verweigert und seine Vorgesetzten informiert hat. Doch Gundermann hat wie stets nur seine Pflicht getan. Es ist ihm egal, ob seine Art ankommt oder nicht. Wichtig sind ihm trotz der großen Niederlage Ablösung die kleinen Erfolge, weil es inzwischen gerichtsnotorisch ist, wie er das auszudrücken pflegt, daß er weder beim Verkauf von Schwedt noch beim Verkauf des Verbundnetzes Gas (VNG) sich hat irgend etwas zuschulden kommen lassen.

Interessiert eigentlich keinen, sind eigentlich alles Peanuts – so schwer sie den Betroffenen auch im Magen liegen mögen – im Vergleich mit einem anderen Geschäft in Sachen Energie. Zwei Tage nach dem Abgang Gohlkes, also geschickt gelegt in die Zeit des Interregnums, wo keiner so recht zuständig war, wurden schon am 22. August 1990 von den Verkäufern Treuhandanstalt und DDR-Regierung und den Käufern Preußen Elektra, RWE und Bayernwerk AG die Verträge in Sachen Privatisierung der ostdeutschen Stromwirtschaft unterzeichnet. Die Vereinigten Energiewerke (VEAG), gefüttert mit Braunkohle von MIBRAG aus Bitterfeld und von LAUBAG aus der Lausitz, gelten als das schwarzrotgoldene Schnäppchen überhaupt. Mit sechs Milliarden DM Umsatz das größte Ding der Treuhandanstalt. Die westdeutschen Stromer pokern. Lothar de Maizière fühlte sich von den Westbrüdern über den Tisch gezogen, weil sie ihn mit dem Gespenst frierender und im Dunkeln hockender Ostbürger unter Druck setzten. Also unterschrieb er. Birgit Breuel: »Beim Thema Stromvertrag sind Weichenstellungen vor unserer Zeit geschehen, die uns hinterher Kopfzerbrechen bereitet haben. Ebenso beim Handel. Da sind einfach die westdeutschen Muster übertragen worden, ohne zu hinterfragen, ob sie für den Osten so gut waren.«

Die Käufer in Sachen Strom haben sich das sehr wohl gefragt, und die Antwort war klar: Eine einmalige Chance, unsere Monopolstellung auszudehnen. Überregional und durch die vierzehn regionalen Energiekombinate, die von den fünf kleinen Energieschwestern aus dem Westen gekauft werden sollen. Hatten allerdings dann doch Pech, denn die ostdeutschen Kommunen legten sich gemeinsam quer. Sie hatten vor der DDR-Enteignung eine eigene Stromversorgung und sahen anders als beim Gas überhaupt nicht ein, nun dem neuen Moloch ausgeliefert zu sein. Klage beim Bundesverfassungsgericht: Sie wollen aufgrund des Kommunalgesetzes der letzten DDR-Regierung den gesamten Vertrag kippen. Erst im Dezember 1993 gibt es einen Kompromiß, den alle unterschreiben, bis zum Schluß sperren sich die Sturköpfe aus dem mecklenburgischen Boizenburg. Festgesetzt wird im Vertrag zwischen Stromriesen und Gemeinden auch, wo siebzig Prozent der Energie herzukommen haben: Aus den ostdeutschen Braunkohlerevieren. Einnahmen der Treuhandanstalt insgesamt etwa zehn Milliarden DM, selbstverständlich gegenzurechnen mit den Kosten der Altlastenbeseitigung und, wie Klaus Schucht eher verschämt mitteilt, gestreckt über vierzig Jahre. Man bleibt im Minus.

Vielleicht wäre es angesichts solcher Minusgeschäfte besser gewesen, Stinkebetriebe gleich ganz stillzulegen und mit dem Geld eine saubere, andere Industrie aufzubauen? Erstens, fragt der belgische Verwaltungsrat André Leysen, welche denn bitte schön, etwa Dienstleistungen auf verseuchter Wiese? Zweitens, fragt der deutsche Verwaltungsrat Hermann Rappe von der IG Chemie, glaubt denn irgend jemand, man könne heute noch irgendwo eine neue Chemie aufbauen, statt die alte zu renovieren, gegen die Proteste der Bevölkerung? Die fast zehn Milliarden DM für Leuna und Buna sind doch gut angelegtes Geld, wer fragt denn in zehn Jahren noch, ob das betriebswirtschaftlich sinnvoll war. Arbeit haben die Leute und Zukunft und genau da, wo sie immer schon gearbeitet haben.

Das Gremium, in dem Leysen bis zum Ende sitzt, gilt als hochrangige Männerrunde. Manche meinen sogar, es sei aufgrund einzelner Kompetenzen die beste gewesen, die in Deutschland je zusammensaß. Die einzige Frau, Brandenburgs forsche Ministerin Regine Hildebrandt, sieht das nicht so. Der Treuhandanstalt-Verwaltungsrat wird seit Rohwedders Wechsel auf den Präsidentenstuhl geführt von Jens Odewald, dem Kaufhofchef. Bei einem Flug nach Köln-Bonn hat er Johannes Ludewig aus dem Kanzleramt getroffen und dem mal so erzählt, was man alles ändern müsse in Berlin. Schon am Sonntag drauf rief der Kanzler beim Parteifreund an. Wie denn die Geschäfte liefen? Gut, sehr gut. Diese Antwort war ein Fehler, denn schon war er im Namen des Vaterlandes verpflichtet. Eine Nacht Bedenkzeit, aber selbstverständlich dann sein Ja. Ein Patriot wie Odewald, der schon hier und da als möglicher Wirtschaftsminister im Gespräch war, allerdings in den alten Bundesländern, kann sich in solchen Fällen nicht verweigern.

Im Verwaltungsrat der Treuhandanstalt arbeiten anfangs noch die von de Maizière bestellten ostdeutschen Mitglieder, aber die werden spätestens nach der Wiedervereinigung im Spätherbst 1990 entsorgt. Woher die kamen, ist dann auch denen bekannt, die wissen, wohin man will. Also kurzer Abschied für Grimm, Mäder, Modes, Wulf, Nooke von Bündnis 90, Steinecke und natürlich auch Karl Döring von EKO-Stahl. Den hat nicht mal mehr der Präsident Rohwedder halten können, der ihn schätzte. Jens Odewald macht das auf seine Art, sei ja doch ein bißchen viel, EKO zu führen und noch im Verwaltungsrat zu sitzen, also hiermit entlaste er ihn von diesen Pflichten. Sein leiser Protest nützt Döring wenig. Er will doch im Gegenteil eher mehr Pflichten, um möglichst schnell zu lernen, wie die Marktwirtschaft funktioniert. So lernt er nur schnell, wie sie funktioniert, wenn man auf elegante Weise gefeuert wird. Für die Art und Weise immerhin erweist am anderen Morgen Döring dem Manager seinen Respekt. Man ist andere Töne im Umgang mit Wessis gewöhnt.

Aber wer ist schon Döring, eine rote Socke halt, mehr nicht. Wenn sich Kohl von de Maizière so gnadenlos trennt, als sei der eine Fußnote der Geschichte, was will man dann hier bei den kleinen Ostlichtern der Treuhandanstalt erwarten? Rohwedder zu Döring, ganz kühl, aber nicht ohne Bedauern: »Das ist eine politische Entscheidung. Gab es doch bei Ihnen auch. Das müssen Sie einfach begreifen.« Natürlich gab es die früher auch, das weiß Parteimitglied Karl Döring nur zu gut, aber er dachte, das sei nun vorbei.

Selbst bei EKO-Stahl wollen ihn die aus dem Westen aufgrund seiner Vergangenheit rausschmeißen, aber die Belegschaft steht ebenso zu ihm wie der Kollege Verwaltungsrat Otto Gellert, der ihn für einen guten Mann hält und der ihm hilft. Bis heute. Wenn ihr Beweise gegen ihn habt, wird er morgen früh gefeuert, aber sonst nicht. Döring war inzwischen nur noch stellvertretender Vorsitzender, hatte als Ossi wie üblich nur ein Drittel des Gehaltes der Westdeutschen und vierteljährliche Kündigungsfristen. Sein Arbeitsdirektor, ein einwandfreier Gewerkschafts-Patriot mit sauberer Vergangenheit, wollte 600 000 pro Jahr, konnte nur mühsam auf 400 000 gedrückt werden, aber dafür hat er als Ausgleich einen Fünfjahresvertrag bekommen statt des ursprünglich vorgesehenen Dreijahresvertrags.

Die freigewordenen Plätze im Verwaltungsrat reklamieren die Gewerkschaften für sich. Oder wollt ihr etwa ohne uns Deutschland um- und Arbeitsplätze abbauen? Auf keinen Fall, bloß nicht. Es werden berufen DAG-Chef Roland Issen, DGB-Chef Heinz-Werner Meyer, Horst Klaus von der IG Metall und vor allem der jeglicher Linksneigung unverdächtige Hermann Rappe von der IG Chemie. Diesen sozialdemokratischen Patrioten wird man besonders brauchen können, wenn die Entsorgung des Chemiedreiecks auf der Tagesordnung steht. Der staatstragende Rappe trägt immer alles mit, wenn es ums Vaterland geht. Er liebt Kompromisse mehr als Parteitagsbeschlüsse seiner SPD.

Politiker rücken näher ran und drängen vor allem rein in die Treuhandanstalt: Die Ministerpräsidenten der fünf neuen Bundesländer und Staatssekretäre aus Bonn vervollständigen nach der Wiedervereinigung den Verwaltungsrat. Wie im Westen so üblich, die gewohnten Kungelkonferenzen, auch gesellschaftliche Konsensrunden genannt? Nein, das Kungeln passiert erst kurz vor dem Ende der Treuhandanstalt, bis dahin fallen die meisten aus ihrer Rolle, das heißt, sie üben sich in *common sense* statt in der Durchsetzung eigener Interessen. Mit gewisser Schadenfreude erleben übrigens die abgelösten Ostwirtschaftler, daß es übers Jahr auch Duchac, Gies und Gomolka erwischt. Die CDU-Blockflöten werden von ihrer Vergangenheit eingeholt und verschwinden in ihr.

Im Verwaltungsrat, sagt DAG-Chef Roland Issen, ein bedächtiger und ruhiger Mann, ist ganz selten kontrovers diskutiert worden, das ist zuvor in den Ausschüssen geschehen. Er fühlte sich lapidar »in die Pflicht genommen«, Patriotismus ist doch ein bißchen zu hoch gegriffen, und mehr muß man darüber nicht sagen. Vaterländische Schleifen nennt das ein anderer, vaterländische Schleifen im Osten drehen. Issen bemängelt immer noch die nicht besonders saubere Regelung, daß die ehrenwerten Mitglieder des Verwaltungsrates nur kurz vor die Tür treten mußten, wenn eigene Interessen berührt wurden. Weil so viele Vorstandsvorsitzende mit zu Tische saßen, passierte das öfter. Er meint zum Beispiel Odewald und seine Kaufhof-Aktivitäten drüben, und daß Deuss von Karstadt dies voller Mißtrauen verfolgte, ist doch klar. Wichtig aber, viel wichtiger, daß keiner draußen rumtönen konnte, wenn er drinnen am Tisch eine harte Entscheidung mitgetragen hatte. Vieles ging da nämlich *contre cœur*, und nicht nur ihnen, den Gewerkschaftern. Dieser Konsens trug von Anfang bis zum Ende, nur Politiker hielten sich nicht daran, wie man spätestens dann erfahren mußte, wenn in ihrem Bundesland irgendwo das Dach brannte. Wenn das öffentlich geworden wäre, hätten sie sich bei ihren Leuten nicht mehr sehen lassen können. Deshalb hält Issen die Entscheidung, dem Treuhanduntersuchungsausschuß später die Einsicht in die Protokolle des Verwaltungsrates oder gar des Vorstandes zu verweigern, für gerechtfertigt. Otto Gellert: »Wir haben schlichtweg damit gedroht, geschlossen zurückzutreten, falls die Protokolle und Beschlüsse rausgegeben werden. Das hat gewirkt.«

Und ob. Sie treffen sich zur Abstimmung sogar an einem Sonntag in einem Konferenzraum des Düsseldorfer Flughafens. Manfred Lennings eröffnet die Sitzung, anwesend sind u.a. die Herren Gellert, Prof. Köhler, Leysen, Niethammer, von Würzen, Tandler, Ministerpräsident Vogel, Ministerialdirektor von Freyend, obwohl letzterer eigentlich im Verwaltungsrat weder Sitz noch Stimme hat. Ein gern gesehener ständiger Gast vielleicht? So könnte man das wohl umschreiben. Die Runde ist sich schnell einig, auf keinen Fall für die Parlamentarier die Protokolle rauszurücken, egal, wie groß der Druck der Öffentlichkeit sein wird. Eher beim Bundesverfassungsgericht ehrenvoll unterliegen, als von Anfang an klein beizugeben. Der Belgier André Leysen macht es sogar patriotisch und gibt folgende Erklärung zu Protokoll: »Als ich mein Amt im Verwaltungsrat angenommen habe, bin ich davon ausgegangen, einen Vertrag mit der Bundesregierung eingegangen zu sein. Ich ging dabei davon aus, daß ich

Deutschland damit einen Dienst erwies und hielt es für selbstverständlich, daß die Bundesrepublik ihrerseits ihre vertraglichen Verpflichtungen, worunter die Wahrung der Vertraulichkeit der Debatten eine grundsätzliche ist, respektieren würde.« Die bei der Sitzung anwesenden Treuhändler Breuel und Brahms hören mit Freude, daß einstimmig beschlossen wird, sich der Herausgabe von Protokollen von Vorstand und Verwaltungsrat der Treuhandanstalt zu widersetzen. Schluß der Sitzung um 17.45 Uhr.

So ganz friedlich wie bei diesem Krisengipfel vom 13. März 1994 geht es bei den monatlichen Treffen nicht immer zu. Als der Aufsichtsratsvorsitzende des Eisen- und Hüttenwerks in Thale als neuer Eigentümer des Unternehmens zur Debatte steht, wird im Verwaltungsrat heftig diskutiert. Vor allem Birgit Breuel solle sich ganz aus der Entscheidung heraushalten, wird verlangt, denn Kaufinteressent Ernst Albrecht war früher als Ministerpräsident von Niedersachsen mal ihr Chef. Der Vorstand verteidigt den Verkauf für eine Mark, Albrecht habe, auch wenn ihm das keiner zutraue, nur uneigennützige und patriotische Motive. Auf der 32. Verwaltungsratssitzung am 9. Dezember 1992 unterstreicht Klinz laut Protokoll »das idealistische Motiv des Unternehmers, der mit dem Unternehmen nicht unerhebliche persönliche Risiken auf sich nehme, wohingegen er jegliche Nutznießung aus dem Unternehmen bzw. aus einem späteren Anteilsverkauf vertraglich ausgeschlossen habe«. Bei eventuellen Grundstücksverkäufen sei der volle Erlös entweder zu reinvestieren oder an die Treuhandanstalt abzuführen. Ausschlaggebend für die Zustimmung zum Verkauf bei nur zwei Enthaltungen ist die Feststellung, daß zwar die Gesamtvollstreckung günstiger käme, aber dann kein einziger der 1200 Arbeitsplätze erhalten bliebe.

Albrecht, der westdeutsche Ex-Politiker mit dem gewissen Dauerlächeln, kauft für eine Mark das Werk in Thale. Wochen später bekommt er die journalistischen Breitseiten meist ostdeutscher Zeitungen zu spüren: Schnäppchenjäger, Absahnierer, Vaterlandsverräter etc. Grund: Ein Kinderferienheim, das er für diese eine Mark mitgekauft hat, braucht er nicht für den Betrieb und will es deshalb für mehr als fünf Millionen DM wieder verkaufen. Das Land Sachsen-Anhalt möchte das Heim im Harz, denn das steht ihm als »nicht betriebsbedingte Immobilie« zu, denkt aber nicht daran, dafür zu bezahlen. Laut Einigungsvertrag sind solche Immobilien den Kommunen oder neuen Ländern kostenlos zu überlassen. Albrecht dagegen will Geld sehen, egal nun, von wem, denn die Millionen sind in seinen Investitionen für die notwendigen Werksanierungen eingeplant. Letztendlich muß die Treuhandanstalt blechen, was sogar gerecht ist. Denn beim Vertragsabschluß hat man, siehe Protokoll des Verwaltungsrats, sehr wohl gewußt, was man da für eine Mark mitverscherbelt, hat also sehenden Auges verkauft. Albrecht, der Patriot? In der Tat, Albrecht der Patriot. Man hätte gleich herausbekommen können, daß der neue Besitzer nur so lange bleiben will, bis er solvente Käufer gefunden hat. Außerdem hat Albrecht in den Vertrag mit der Treuhandanstalt reinschreiben lassen: erstens keine Vergütung für ihn, zweitens beim Abschied genau wieder mit einer Mark zu gehen. Von wegen Schnäppchenjäger.

Klaus von Dohnanyi, Ex-Bürgermeister von Hamburg und wie Kollege Albrecht nicht mehr in Amt und Würden, politischer Rentner, verdingt sich als Aufsichtsratsvorsitzender des ehemaligen Schwermaschinenbaukombinats TAKRAF. Bei der Umwandlung in eine AG 1990 war der Laden von 40000 Menschen bevölkert und mit einem Umsatz von sieben Milliarden Ostmark abgesichert. Leider davon 75 Prozent in den Ländern des ehemaligen RGW. Vier Jahre später sind es noch 10000 Arbeiter, das Werk ist zerschlagen, Dohnanyi bezeichnet das als eine notwendige Entflechtung und ist stolz auf das unter schwierigen Umständen Erreichte. Hätte ja auch ganz kaputtgehen können wie manch andere. Sein ehemaliger Generaldirektor Grimm und er gelten bei westdeutschen Managern allerdings, wie das in deren Sprache abwertend heißt, als *nonvaleurs*, weil sie immer wieder zu viel versprochen – wir bringen TAKRAF an die Börse – und zu wenig gehalten haben. Dohnanyi verteidigt sich, daß Mitte 1990 alle noch optimistischer gewesen seien, Manager wie Politiker, und nicht nur er sich getäuscht habe. Spricht lieber davon, daß er die Entschädigung, die er für seine Tätigkeit als Aufsichtsrat in Leipzig bekommt, entweder für die Deutsche Nationalstiftung in Weimar oder für Sozialfälle im Betrieb spendet. Was stimmt.

Spricht allerdings nicht davon, daß er auf solche Peanuts leicht verzichten kann, weil die Treuhandanstalt und ihre Nachfolgerin BvS dem Patrioten Klaus von Dohnanyi für seine Beratertätigkeit pro Arbeitstag 2500 DM überweist. Da kommt was zusammen, bei, sagen wir mal 200 Arbeitstagen pro Jahr, wären das zum Beispiel 500 000 DM. Der Vertrag galt so bis Ende 1996. Nur über die Kosten für seine beiden Büros in Hamburg und Berlin samt Referenten gab es im Verwaltungsrat heftige Diskussionen, zwei Millionen pro Jahr schien dem Aufsichtsgremium doch ein bißchen sehr viel Aufwand zu sein. Insgesamt steht der Titel mit 3 389 000 DM im Haushaltsplan. Man findet eine sozialverträgliche Lösung über das Jahr 1996 hinaus, denn die bisher in der Bundesanstalt angesiedelte Arbeitsgruppe Markt & Staat, die unter der Führung Dohnanyis ostdeutsche Unternehmen bei »Problemen in den Bereichen Vertrieb, Marketing und Marktzugang« beriet, wird privatisiert. Zuschuß der BvS für das neue Unternehmen Wegweiser GmbH: vier Millionen DM als Kapitalausstattung. Dohnanyi wird Vorsitzender eines dreiköpfigen Beirates, behält auf Wunsch der Bonner Koalition seine bisherigen Honorarbedingungen. Dauer des Vertrages: Bis zum Jahre 2001.

Der unentwegt für den Osten trommelnde Sozialdemokrat kennt keine Parteigrenzen, wenn er etwas als gut und richtig erkannt hat. Er unterstützt Biedenkopf, als der einfach ohne Brüsseler Zustimmung die Subventionen an VW überweist, und macht klar, daß der umstrittene Artikel 92c des EG-Vertrages mit seinem einheitsbedingten Zusatz nach wie vor Priorität hat. Erlaubt ist den Deutschen danach, Beihilfen für die Wirtschaft zu gewähren, »soweit sie zum Ausgleich der durch die Teilung verursachten wirtschaftlichen Nachteile erforderlich sind«. Dohnanyi: »Die Überlegung, die gegenwärtigen wirtschaftlichen Nachteile Ostdeutschlands seien nicht durch die Teilung, sondern durch deren Aufhebung bedingt, ist abwegig.« Im Gegenteil: Eben durch die Teilung wurden die ostdeutschen Unternehmen von westlichen Liefermärkten abgeschnitten und darunter leiden sie noch heute. Insgesamt geben die Brüsseler aus ihren Töpfen mehr als sechs Milliarden DM in die neuen Bundesländer, was man allerdings gern vergißt, wenn wieder mal über die unser Geld verschlingenden europäischen Nachbarn gelästert wird.

Schon 1990 umschreibt Klaus von Dohnanyi das deutsche Dilemma und beweist in der Analyse weise Voraussicht: »Wenn das Sozialprodukt der bisherigen DDR etwa 10% des BRD-Sozialprodukts ausmachte, die Bevölkerung der DDR aber etwas mehr als 25% der bisherigen BRD, dann könnte man auch sagen: Für eine Angleichung an die Produktivität muß die DDR entweder ihre Produktion mehr als verdoppeln und verkaufen, um ihre Beschäftigung im Wettbewerb zu halten, oder aber die Beschäftigung mehr als halbieren – und das wären immerhin über 4,5 Millionen Arbeitsplätze.«

Geworden sind es, unter Einbeziehung der durch Arbeitsbeschaffungsmaßnahmen (ABM) verdeckten Arbeitslosigkeit fast dreißig Prozent. Die absoluten Zahlen sehen deshalb anders aus, weil viele Arbeitnehmer mehr getrieben als freiwillig direkt in den Vorruhestand gingen und die Statistiken nicht weiter belasten. Wohl aber die Rentenkassen, in die sie nie eingezahlt haben.

Ein Fehler, der in patriotischer Euphorie und dem festen Glauben, das alles stemmen zu können, gemacht wurde, sagt der ehemalige Treuhandvorstand Wolfram Krause, ist sicher mangelnde Strukturpolitik. Wenn man darüber nachgedacht hätte, dann wäre man vielleicht auf die naheliegende Idee gekommen, beispielsweise den Russen Geld unter der Bedingung zu geben , daß sie davon ihre Waggons in Berlin kaufen oder ihre Schiffe in Rostock bauen, denn das Geld, das man denen ohne Einschränkungen gab, war doch weg. Die hätten sich eine Infrastruktur aufbauen können, und wir hätten nicht soviel abwickeln müssen. Das allerdings kann man nicht der Treuhandanstalt anlasten, darum hätten sich die Politiker kümmern müssen, ergänzt Ex-Präsident Reiner Maria Gohlke. Ach, und von wegen Patriotismus, wir müssen was für die Brüder und Schwestern tun, davon hat Krause bei seinen westlichen Gesprächspartnern nur selten etwas gespürt.

Nun hat er es als Finanzvorstand meist mit Bankern zu tun gehabt, und die sind bekannt als Profiteure, weniger als Patrioten. Den verschiedenen deutschen Banken geht es zwar ums Vaterland, aber ziemlich konkret ums komplette Bankensystem, um mindestens zehn Millionen künftige Kunden und ganz sicher um mindestens hundert Milliarden DM Altschulden. Da wird angesichts der Masse nicht lange gestritten, sondern kurzfristig verteilt. Branchenführer Deutsche Bank holt sich zwei Drittel der ehemaligen Staatsbank-Filialen, und die Westdeutsche Landesbank läßt sich die ehemalige Außenhandelsbank schmecken. Aber auch für alle anderen bleibt ein großes Stück vom Kuchen. Zum einen die erwähnten Altschulden, die man hat, über die man aber nicht spricht, denn für die bürgt Theo, und deren Segen sich nur in den Bilanzen unterm Stichwort Zinsüberschuß findet: Beim Zwerg Deutsche Genossenschaftsbank in den ersten beiden Jahren nach der Einheit 692 statt wie davor 362 Millionen DM, bei der Dresdner Bank rund eine, bei der Deutschen Bank rund zwei Milliarden DM mehr.

An dieser Stelle ist es angebracht, die traurige Geschichte der sogenannten Bankenmilliarde zu erzählen. Eine Milliarde DM war nach einem Gespräch zwischen dem Staatssekretär Horst Köhler und den Verbänden der Kreditwirtschaft als patriotischer Zuschuß im Februar 1993 beschlossen und von der Treuhandanstalt öffentlich begrüßt worden. Mit einer Milliarde DM sollten die Institute ihrerseits ins Risiko gehen – was sie bislang bei allen Geschäften im Zuge der deutschen Einheit tunlichst vermieden hatten – und den Treuhändlern ein paar schwere Fälle abnehmen. Diese in eigener Regie privatisieren.

Schon einen Monat später beklagt Krauses Nachfolger Hornef den »in letzter Zeit etwas schleppenden Gang der Dinge«, aber wie sehr die ganz besonderen Patrioten auf Zeit spielen, wird sich erst noch zeigen. Ein Jahr später spricht sogar der Bundeskanzler ungnädig von einer recht zögerlich erfüllten Zusage der Banker, was nett ausgedrückt ist, denn gerade mal zwei Unternehmen haben die in ihrem angeblichen Solidarpakt übernommen. Bankenpräsident Eberhard Martini kontert diesen »Schienbeintritt des Kanzlers« unwirsch: »Eine Behörde, die für ihre Schulden nicht zur Rechenschaft gezogen wird, hat eine andere Einschätzung über die wirtschaftlichen Aussichten einer Firma als eine Bank.« Neun Monate später, zum 10. November 1994, sieht die Bilanz nicht viel erfreulicher aus, man hat zwar noch keinen genauen Überblick, aber wer zusammenzählen kann, findet nicht mal ein Dutzend Banken-Engagements in verschiedenen Firmen. Da die Treuhandanstalt vier Wochen nach diesem Termin sich selbst beerdigt, wird die Frage nach der solidarischen Milliarde gleich mit beerdigt. Die angebliche Bankenmilliarde gehört zu den Top-Flops in der Geschichte der Treuhandanstalt, und sogar die Schuldfrage ist eindeutig geklärt: Die Banker sind die Blamierten, aber da sie keine Scham kennen, wenn es um Geld geht, ist es ihnen nicht einmal peinlich.

Die deutschen Banken haben am Vaterland verdient, aber sie haben sich nicht ums Vaterland verdient gemacht. Man kann sie nicht mal als Glücksritter bezeichnen, denn das wäre denen gegenüber unfair. Die müssen zumindest mit dem Risiko leben, erwischt zu werden. Echte Kriminelle gab es zuhauf, na gut, das ist sicher schlimm, aber eigentlich normaler Bodensatz bei solchen Umwälzungen. »Auch im Westen ist doch fast jeder zehnte Konkurs betrügerisch«, sagt Otto Gellert. Deutsche Banker überließen zwischen 1990 und 1994 nichts dem Glück oder dem Zufall. Jens Odewald sieht ihre Rolle in der Geschichte der Deutschen Einheit deshalb als »zum Teil sehr zurückhaltend«, und wer ihn kennt, bestätigt, dies sei die härteste Form von Kritik, die er sich öffentlich gestattet. Die Banken haben, so oder so, als Händler, als Vermittler, als Käufer, als Gläubiger mit der deutschen Einheit phantastische Gewinne eingefahren, ohne etwas zu riskieren. Risikokapital für junge Unternehmen aus dem Osten? Fehlanzeige. Hohle Worte bei den jährlichen Bilanzkonferenzen? Im Dutzend billiger. Die westdeutschen Privatbanken verkünden stolz, durch sechs Milliarden DM Investitionen in ihren etwa 1100 Geschäftsstellen drüben wohl um die 20 000 Arbeitsplätze geschaffen zu haben. Sie erzählen natürlich nicht, wie schnell und mit welchen Renditen sich diese Investitionen ausbezahlt haben.

Unmoralischer und deshalb noch erfolgreicher als Banker waren Berater, Liquidatoren, Wirtschaftsprüfer und Anwälte. Nicht alle Liquidatoren waren falsche Patrioten, widerspricht Ludwig M. Tränkner. In seiner Abteilung Abwicklung haben sie Millionen bekommen und selten verdient. Er sieht sich dennoch nicht auf der Seite der *bad guys*. Er hat das gemacht, was nötig war, und dort Arbeitsplätze gerettet, wo alles verloren schien. Klaus von Dohnanyi: »Bewundernswerter Einsatz vor allem da, wo andere schon aufgegeben haben.« Wolf Schöde: »Er hat auf seine brachiale Art vieles gerettet, und er hat sich bestimmt nicht

persönlich bereichert. Aber er hat dennoch dem Image der Treuhandanstalt geschadet.« Fritz Homann: »Der hat alles übernommen, was die anderen Direktoren nicht geschafft haben, und versucht mit dem Mittel Geld noch Arbeitsplätze zu retten. Und
dabei war er durchaus einfallsreich.« Das beschreibt die eine Seite Tränkners. Den guten Menschen
von Sezuan. Muß Böses tun, um Gutes zu erreichen. Die ande-
re Seite? Über die werden später andere erzählen und er natürlich auch: »Ich war nie ein Totengräber.«

Der Patriot Tränkner, der keiner sein will, kommt im Oktober
1990 nach Berlin. Der künftige Vater aller Liquidatoren, Jahrgang
1943, gelernter Kürschner, dann Journalist für verschiedene Zeitungen und Magazine, hat in Paris seinen Job als Herausgeber
nicht so bedeutender Produkte des Bauer-Verlages verloren. Er
will sich in Berlin umsehen und besucht in der Treuhandanstalt
einen alten Freund, den er aus München, seiner Heimat, kennt.
Dem erzählt er, daß er vielleicht einen Verlag kaufen und sich
dann selbständig machen will. Oder ein paar alte DDR-Verlage
übernehmen, die sanieren und verkaufen und dafür Erfolgsprä-
mien kassieren. Was gehört denn so zu euch? Keine Ahnung.
Komm morgen vorbei.

Am anderen Morgen um sieben Uhr schildert er seine Idee
noch einmal zwei Herren aus dem Vorstand. In der Ecke sitzt
einer und hört schweigend zu. Dann steht der auf und fragt:
»Wann können Sie kommen?« Was denn, wie denn, wieso denn?
»Wo die anderen versagt haben, fangen Sie an.« So hat Ludwig
M. Tränkner den Treuhandpräsidenten Rohwedder kennengelernt. Und dem entkommt keiner, den er im Namen des Vaterlandes haben will. Zehn Tage später schraubt Tränkner ein Schild
an sein Büro am Alexanderplatz: Direktor für Abwicklung.
Immerhin, zuvor hat ihm Klaus-Peter Wild ein paar Stunden
lang erklärt, was er in Zukunft zu machen hat. Betriebe und
Arbeitsplätze retten. Wann immer es geht. Was auch immer das
kostet. Wie auch immer er das hinkriegt. Vergessen Sie einfach
alle Regeln, machen Sie.

Erst kommt der Mensch, dann die Paragraphen, sagt Detlev
Rohwedder, als er die Philosophie der Treuhandanstalt erklären
soll. Dagegen ist wenig zu sagen.

KAPITEL
7

Im Visier der RAF:
Detlev Rohwedder

Auf seinem Bett neben dem leeren Koffer hat Detlev Rohwedder ausgebreitet, was er am nächsten Morgen von Düsseldorf nach Berlin mitnehmen will, Akten hauptsächlich, aber auch Hemden und Wäsche. Er muß noch packen, ist aber selbst schon fertig für die Nacht, trägt wie üblich ein langes weißes Nachthemd. Über den Flur, in dem sich wie im Treppenhaus Regale voller Bücher bis zur Decke strecken, geht er in sein Arbeitszimmer. Vielleicht will er in der Schreibtischlampe eine defekte Glühbirne auswechseln, vielleicht will er sich noch ein paar Notizen machen für die Vorstandssitzung am kommenden Mittwoch. Man wird es nie erfahren. Er betritt den Raum und schaltet die Deckenlampe an. Hinter dem Fenster im ersten Stock des Backsteinhauses am Kaiser-Friedrich-Ring 71 in Oberkassel leuchtet Licht auf. Der Schütze, der in den Schrebergärten gegenüber lauert, kann die Silhouette seines Opfers vor dem erleuchteten Hintergrund durch die Scheibe wie auf einem Präsentierteller sehen. Auf genau diesen Moment muß er gewartet haben. Er drückt ab. Schon der erste Schuß, der Detlev Rohwedder dreißig Minuten vor Mitternacht an diesem Ostermontag in den Rücken trifft und seine Wirbelsäule durchtrennt, ist tödlich.

Der Präsident der Treuhandanstalt war für ein paar Monate, zwischen dem 29. August 1990, als er Reiner Maria Gohlke ablöste, und dem 1. April 1991, als er erschossen wurde, einer der mächtigsten Männer in Deutschland. Falls Macht gleichbedeutend ist mit Einfluß, sogar der zweitmächtigste nach dem Bundeskanzler. Ohne das Kopfnicken von Detlev Rohwedder, den nur seine Freunde Daffi nennen durften und nun wirklich keiner Detlev Karsten, ging damals nichts im ehemaligen Reich der Kombinate. Der zunächst nur für ein halbes Jahr beurlaubte Vorstandsvorsitzende von Hoesch hatte als Chef von immer noch fast 8000 Betrieben im nähergerückten Osten soviel zu sagen wie einst der rote Pate Günter Mittag und selbst im Westen mehr zu melden als viele Minister. Denn was auch immer der oberste Treuhändler zum Umbau der Wirtschaft drüben verlangte, wurde hier bewilligt. Möglichst schnelle Angleichung ihres Lebensstandards an den, den sie aus dem Werbefernsehen kannten, war eines der Wahlversprechen, mit dem die konservative Koalition um die neuen Deutschen warb, und dafür war anfangs nichts zu teuer.

Sogar demokratisch verabschiedete und gültige Verordnungen wie das Treuhandgesetz interessierten Rohwedder nicht, falls sie ihm bei seinen Plänen im Wege standen. Als es darum ging, die Bestimmung zu beerdigen, die Treuhandanstalt in vier branchenübergreifende Aktiengesellschaften zu gliedern, wählte er ein paar Wochen nach Amtsantritt den direkten Weg, redete Klartext vor der Volkskammer und sagte den Abgeordneten, warum er nicht daran dachte, dem Gesetz zu gehorchen. Das würde zum einen viel Zeit kosten, die man jetzt nach dem »etwas holprigen Start« nicht mehr hätte, und zum anderen würde es an Leuten mangeln, die solche riesigen Zwischenholdings auch führen könnten. Mal abgesehen von dem zusätzlichen Verwaltungsaufwand, den die Koordination zwischen Zentrale und den vier geplanten Töchtern erfordern würde. Insgesamt fehlten ihm eh rund 10 000 Manager für seine Ostfirmen, gerade jetzt brauchte man Profis mit Know-how und nicht nur bemühte Amateure. Außerdem gesucht: rund 30 000 Aufsichtsräte, und wo er die hernehmen sollte, wußte er erst recht nicht. »Ratgeber gibt es viele, Berater gibt es viele. Leute, die selbst auf der Ruderbank Platz nehmen und die Riemen ziehen, gibt es sehr viel weniger.« Nach seinem »zugegeben etwas laxen« Motto: erst kommt das Leben und dann die Paragraphen, bekannte sich der Treuhand-Präsident zum zivilen Ungehorsam, zur ganz bewußten Nichterfüllung des Gesetzes.

Das war eigentlich eine ziemliche Frechheit, aber da sie angesichts der Realität sinnvoll schien, wurde sie nach kurzer heftiger Debatte von den Abgeordneten geschluckt. Auch so etwas ging in den Zeiten des Umbruchs. Wo kein Kläger ist, gibt es auch keinen Richter.

Man hatte für die größte Industrieholding der Welt keinen besseren Manager gefunden, man hätte auch keinen besseren finden können als ihn. Einen mit Erfahrung in der Politik und mit Erfolgen in der Wirtschaft. Otto Gellert über seinen Partner: »Hohe Intelligenz, Unbeirrbarkeit, gleichwohl geschmeidig in den Verhandlungen, von Natur mit Humor ausgestattet, fähig zu glänzenden Formulierungen.« Solche Elogen wären Rohwedder zwar peinlich gewesen, aber es war nicht so, daß er sich anders sah. Mit seinen Fähigkeiten hat er nie kokettiert, auch wenn das auf andere so wirkte, er war sich ihrer sicher. Drüben, im Land seiner Kindheit, denn Rohwedder ist im thüringischen Gotha geboren, war er anfangs die große Hoffnung, bald die einzige, und kurz vor seinem Tod, als es nur wenig Hoffnung zu geben schien für viele Ostdeutsche, deshalb ein Verräter. Die Treuhandanstalt als Watschenmann der Politik, und ihr höchster Repräsentant erst recht ein Sündenbock.

Wohl eher das Opferlamm.

Keiner von den vorgeblichen harten Jungs aus den höheren Etagen im Westen hat mit ihm um diesen Job konkurriert, Gott soll uns doch schützen. Wer wollte schon diese »Aufgabe von furchterregender Dimension« (Detlev Rohwedder) übernehmen? Auch diese seine Bereitschaft, sich lustvoll in die Pflicht nehmen zu lassen, machte Rohwedder bei den regierenden Politikern unangreifbar. Um so mehr lästerten seine Gegner aus den Konzernen von Rhein und Ruhr über den Lieblingssozi des Kanzlers, wenn sie sich unter ihresgleichen glaubten im Düsseldorfer Industrieclub. Ob dieser arrogante Schnösel das wirklich schafft? Auf die Idee, dem so erfolgreichen Hoesch-Chef Detlev Rohwedder, der neben vielen anderen Maßnahmen den Konzern über Vorruhestandsregelungen sozialverträglich saniert hat, wenigstens etwas Hilfe fürs schwierige neue Vaterland anzubieten, kam bei dieser Art von deutschen Kamingesprächen keiner. Viele konservative Manager, die Rohwedder im Kreise seiner Getreuen im Gegenzug verächtlich Weicheier nannte, wollten den Sozi scheitern sehen, weil in ihrem simplen Weltbild wirtschaftlich erfolgreiche Sozialdemokraten nicht vorgesehen waren. Eigentlich fanden sie es unerhört, daß einer von den anderen die deutsche Einheit managen durfte.

Das spornte den obersten Treuhändler, der bei mangelnder Beachtung beleidigt wie eine Mimose reagieren konnte, zusätzlich an. Daß die Treuhand-Präsidentschaft ein Schleudersitz war, hatten die anderen in Nadelstreifen erleben können an der kurzen chaotischen Amtszeit des Rohwedder-Vorgängers Gohlke, dem Schützling Hans-Olaf Henkels. Daß man beim Umbau Deutschlands allerdings nicht nur abstürzen, also den Managertod erleiden, sondern richtig sterben könnte, haben sie natürlich nicht geahnt. Für die Trauerfeier, den Staatsakt im Berliner Schauspielhaus, nahmen sie sich denn auch Zeit. *De mortuis nil nisi bene.*

Kohl, Waigel und Tietmeyer, die Rohwedder am Wochenende nach Gohlkes Rücktritt bekniet hatten, nun müsse er die – inzwischen eigentlich besser als Erblastanstalt bezeichnete – Institution führen, machen sich nach dem Attentat Vorwürfe. Doch es hätte jeden erwischen können, der an der Spitze dieses Amtes die Pfeile auf sich zog. Wer auch immer das machte, würde gefährlich leben. Sie wissen andererseits, daß Detlev Rohwedder die Herausforderung Treuhand suchte und den Job wollte und die damit verbundenen Risiken ganz bewußt einging. CSU-Chef Theo Waigel über den ermordeten Sozialdemokraten:»Rohwedder war ein Mann, dem der Begriff patriotische Pflicht nicht leere Formel in unverbindlichen Sonntagsreden, sondern konkreter Auftrag zur mutigen Übernahme auch schwerster Verantwortung war.«

Wer hat Detlev Rohwedder erschossen? Der Todesschütze aus dieser Osternacht ist bis heute nicht gefunden, aber die Spezialisten des Bundeskriminalamtes wissen über ihn so viel, als hätten sie ihn bereits verhört. Sie haben Geduld. Irgendwann werden sie ihn verhaften, da sind sie eigentlich sicher. Irgendwann werden alle Indizien, die sie gesammelt haben, auf einen passen. Wer nur schnelle Erfolge will, hat beim Staatsschutz nichts verloren, der soll zur Abteilung Rauschgift gehen. Die Fahnder haben eine Menge Kleinigkeiten herausbekommen und erzählen davon nur wenig: Zum Beispiel muß man kein besonderer Experte sein, um aus 63 Metern Entfernung einen Hünen wie Rohwedder zu treffen. Ein Ziel vor erleuchtetem Hintergrund, dafür braucht es ganz sicher keine spezielle Ausbildung in geheimen Lagern etwa der Staatssicherheit in der DDR. Wie bekannt, hat die sich intensiv um die verlorenen westdeutschen Bürgerskinder aus der RAF gekümmert, als die einen sicheren Ort suchten. Aber daß ehemalige Stasiagenten jetzt selbst geschossen haben, um an Rohwedder symbolisch den Untergang ihres Staates zu rächen? Klingt gut als Verschwörungstheorie für Fernsehfilme, in denen auch todbringende Taucher aus dem nahegelegenen Rhein heimlich ans Ufer schleichen und nach vollbrachtem Mord wieder in den Fluten verschwinden. Der Realität aber hält die Stasitheorie nicht stand, nicht mal die Vermutung, die RAF habe mit dem Mord an Rohwedder alte Schulden bei der Stasi eingelöst und sich nach der Tat noch mit ein paar der von den roten Spezialsocken beiseite geschafften Millionen bezahlen lassen.

Ex-Staatsterroristen aus der ehemaligen DDR mögen sich klammheimlich über den Mord gefreut und dem üblichen ideologischen Schwachsinn der RAF in deren Begründung zugestimmt haben, weil sie in solchen Sätzen eigene krude Gedanken wiederfanden: »Seit ihrer Annexion ist die DDR faktisch Kolonie der Bundesrepublik. … Für die Durchsetzung dieses Plans hat die Bundesregierung Rohwedder ausgesucht und er war dafür mit seiner Brutalität und Arroganz auch der Richtige. … Er war einer dieser Schreibtischtäter, die täglich über Leichen gehen.« Aber Dummheit, selbst wenn sie von Staats wegen verlangt und gefördert wird, selbst wenn sie ein kriminell tiefes Niveau erreicht, ist nicht Gegenstand einer Ermittlung, sondern erlaubt in einer freien Gesellschaft. Wie die »taz« kommentiert: »In den Anschlägen der RAF offenbart sich die mangelnde Lernfähigkeit der linken Vereinfacher. Säßen in den Chefetagen der ehemaligen Kombinate heute anstelle der Politbürokraten des alten Regimes mehr Manager vom Range Rohwedders, es sähe um die Zukunft der ›Erniedrigten und Beleidigten‹ in den neuen Ländern wesentlich besser aus. Zaubern aber können auch die intelligentesten Manager nicht. Nur die RAF kann das – auf dem Papier.«

Jeder, der einmal bei der Bundeswehr mit einem G3-Gewehr geübt hat, müßte ein Ziel treffen, wie Rohwedder es am Fenster bietet. Vielleicht hat sein Mörder nicht einmal ein Zielfernrohr benutzt. Ein Fernglas wohl, denn das finden die Beamten neben einem schwarzen Plastikstuhl, neben einem blauen Tuch, neben Patronenhülsen und Spuren eines Motorradreifens in einem der Gärten in der Schreberkolonie, die zwischen der Straße und dem Rheinufer liegt. Wahrscheinlich sind die Attentäter zu zweit gewesen, einer hat das Gewehr auf den Stuhl gestützt und gezielt, der andere durchs Fernglas geschaut und das Zeichen gegeben. Drei Schüsse werden abgefeuert, die nächsten beiden gelten zwar wohl immer noch Rohwedder, aber der ist bereits nach dem ersten Schuß tot und liegt blutverschmiert am Boden. Hergard Rohwedder, die das Splittern des Fensterglases und einen dumpfen Aufprall gehört und nachgeschaut hat, wird von den Killern mit deren eigentlichem Opfer verwechselt. Vermutet die Polizei. Die Mörder glauben vielleicht, der Treuhandchef habe sich nach dem ersten Schuß noch einmal aufgerappelt, sei also nicht tödlich getroffen, und schießen deshalb noch einmal. Oder wollen sie auch Frau Rohwedder umbringen, um mehr Zeit für ihre Flucht zu haben? Sie wird in den linken Arm getroffen, dabei der Knochen zerschmettert, rennt dennoch stolpernd ins Erdgeschoß, löst die hauseigene Alarmanlage aus und ruft die Polizeiwache Oberkassel an.

Bereits drei Minuten später sind die Polizisten da, die Ringfahndung ist sofort ausgelöst worden, bleibt aber ohne Ergebnis. Der Notarzt kann bei dem Präsidenten der Treuhandanstalt nur noch den Tod feststellen. Einer der Beamten bindet mit Hilfe seines Schlagstocks Hergard Rohwedder den blutenden Arm ab, bevor sie ins Krankenhaus gefahren wird. Die dritte Kugel übrigens durchschlägt den Band mit Alexis de Tocquevilles *Erinnerungen* im Bücherregal. Spezialisten von der Abteilung Terrorismus des Bundeskriminalamtes in Wiesbaden treffen kurz nach Mitternacht ein und unterstützen die Mordkommission aus dem nahen Düsseldorf. Da wird in den noch laufenden Fernsehprogrammen schon die Meldung von der Ermordung Rohwedders gesendet.

Der Treuhandchef hatte zwar Personenschutz Stufe 2, also auf dem Weg vom und zum Flughafen oder von dort ins Büro und nach Hause immer vier Bewacher, legte selbst aber wenig Wert auf Bodyguards. Die schienen ihn in seiner ganz persönlichen Freiheit zu beschränken, und so etwas wußte er zu verhindern, wann immer es ihm möglich war. Rohwedder hat den Beamten über Ostern freigegeben, obwohl zumindest im Osten der Haß auf die Treuhandanstalt und ihre Macher konkreter geworden ist. Fast 70 000 Menschen demonstrieren in Leipzig gegen die »Plattmacher« vom Alexanderplatz und stellen die verblüffend schwachsinnige Rechnung auf, daß zwei Millionen Arbeitsplätze erhalten blieben, wenn die Treuhandanstalt abgewickelt würde, denn die vernichte eben diese Zahl an Arbeitsplätzen. Es brennt am Karfreitag eine Treuhand-Dependance am Prenzlauer Berg, im Bekennerschreiben der Gruppe Thomas Müntzer wird auch Rohwedder als einer der Schuldigen an der Misere genannt. Im »Spiegel« hat er lesen können, warum er zum »bestgehaßten Mann unter ostdeutschen Werktätigen, zum Buhmann von Managern und Investoren« geworden ist, und sich richtig darüber geärgert.

Wenigstens jetzt, an den Feiertagen, ist er weit weg, in seinem Haus mit Blick auf den Rhein, und das Stahltor in der hohen Hecke und die Videoüberwachung scheinen ihm ausreichend als Schutz. Am Ostersamstag zum Beispiel fährt Detlev Rohwedder mit seiner Frau nach Düsseldorf, endlich mal wieder ins Kino, selbstverständlich ohne weitere Begleitung.

Haben sie es denn ganz speziell auf ihn abgesehen? Jens Odewald, Präsident des Treuhand-Verwaltungsrates, der später als einziger Mann für die Nachfolge Rohwedders in Frage kommen wird, weiß sich auch im Visier der RAF. Man vermutet, daß die Terroristen am Karfreitag sein Haus ausgespäht haben, aber der Kaufhof-Chef ist mit seiner Familie im Süden, das Haus von einem Hausmeister mit einem großen Schäferhund bewacht. Bereits Anfang März hat es die ersten Warnungen der Sicherheitsbehörden vor möglichen neuen Anschlägen der RAF gegeben, und wahrscheinlich haben die Attentäter in ihren Planungen beide Möglichkeiten durchgespielt und sich wegen der günstigeren Fluchtwege für die Alternative Oberkassel und damit gegen Rohwedder entschieden. Dessen Adresse steht im

Telefonbuch, und außerdem ist der Präsident der so verhaßten Treuhandanstalt das eindeutige Ziel Nummer eins im symbolträchtigen Terrorismus der RAF.

Selbst wenn Rohwedders Beschützer in dieser letzten Nacht das Haus bewacht und bis zum nächsten Morgen, bis zur Abfahrt Richtung Flughafen Düsseldorf, kein freies Wochenende gehabt hätten, nichts wäre verhindert worden. Die wären ja nicht mit ihm in den ersten Stock in sein Arbeitszimmer gegangen und hätten sich vor ihn gestellt. Das ganz bestimmt nicht, erwidert Frau Rohwedder bitter, aber trotzdem sind die Sicherheitsbehörden in Nordrhein-Westfalen, und da vor allem der damalige Innenminister Herbert Schnoor, für sie die eigentlichen Versager, ja mitschuldig am Tod ihres Mannes. Die hätten im Zuge des Umbaus ja auch die Fenster im ersten Stock des Hauses mit Panzerglas versehen können und nicht nur die im Erdgeschoß. Darauf hat uns niemand hingewiesen. Wollten die das Geld sparen? Wenn es auch oben schußsichere Scheiben gegeben hätte, dann würde ihr Mann noch leben. Deshalb haben sie und ihre Kinder dem Land Nordrhein-Westfalen die offizielle Trauerfeier für den ermordeten Manager untersagt. Schnoor wehrt sich öffentlich, Rohwedder selbst habe kein Panzerglas gewollt. Rohwedder-Sohn Philipp zu Innenminister Wolfgang Schäuble beim Staatsakt für seinen Vater in Berlin: Einen Gruß von meiner Mutter aus dem Krankenhaus, und was Schnoor sagt, ist alles gelogen.

Die Terroristen hätten Detlev Rohwedder, falls gewollt, selbst in Berlin erwischt, wo er Personenschutz Stufe 1 genießt und auch nachts im Hotel bewacht wird. Schußsicheres Glas in den Büros der obersten Treuhändler und Personenschutz gibt es erst nach dem Attentat. Ganz ausschließen kann man solche Anschläge nie, sagen die BKA-Experten von der Sonderkommission Treuhand. Wenn der Präsident, wahrlich in seiner Größe nicht zu übersehen, morgens das Grand Hotel verließ, um zur Treuhandanstalt zu fahren, zeigte er gern aufs Berliner Haus der Demokratie gegenüber, wo muntere rote Fahnen im Wind wehen: Falls aus einem der Fenster da jetzt einer auf mich zielen würde, wär's vorbei. Im ganzen Haus da habe ich doch Feinde. Und bemerkte lachend zu seinen Begleitern, die das nicht so komisch fanden wie er: Am besten, ihr geht hinter mir, dann treffen sie wenigstens euch nicht.

Der Spur des Fernglases, das sie als Beschwerer auf dem Bekennerschreiben finden, folgen die Fahnder bis zum Hersteller nach Japan, um über die Lieferkette Richtung Deutschland einen möglichen Käufer herauszubekommen. Vergebens, es ist irgendeine billige Dutzendware. Eine tote Spur. So simpel wie früher ist es mit den Ermittlungen nicht mehr: damals war eines der Erkennungsmerkmale für Mitglieder der Rote Armee Fraktion, daß die grundsätzlich bar bezahlten, selbst Miete und Strom, und dadurch fielen sie bei Rasterfahndungen auf. Die zweite Generation der Terroristen vermeidet solche Fehler und vermeidet auch mögliche neue: Handys, Kreditkarten, Faxgeräte, denn sie weiß, was technisch alles möglich ist, wenn man erst einmal im Reich der Daten seinen Fingerabdruck hinterlassen hat. Es wäre heute sogar machbar, an den üblichen Überwachungskameras in Flughäfen, Bahnhöfen, Banken ein Programm einzubauen, das immer dann Alarm auslöst, falls ein gesuchter Terrorist aus dem Untergrund auftaucht. Aber vor solchen Ideen steht erstens der Datenschutz.

Und zweitens gibt es von manchen Terroristen, die man sucht, weder eine Legende noch Fotos. Nach einer von vielen Theorien der Staatsschützer ist es durchaus denkbar, daß heute aktive Terroristen einen ganz bürgerlichen Beruf haben. Unauffällig in einer normalen Umgebung leben und sich im Rahmen des deutschen Durchschnittmichels benehmen. Sich also nie in pseudolinken Kreisen von Sympathisanten aufhalten, sondern eher im Bowlingclub aktiv sind. Wie soll man die also finden? Die »wachen« nur kurz für die Tat auf und »schlafen« dann weiter, wie es das Beispiel irischer Terroristen lehrt, das Beispiel der *Sleeper*. Auf gut deutsch: Man weiß nichts.

Daß Rohwedders Mörder zur Rote Armee Fraktion gehören, wissen die Fahnder allerdings sicher aufgrund des Bekennerschreibens mit dem rotgezackten Stern, das sie hinterließen: »Wir haben am 1. April 1991 mit dem Kommando Ulrich Wessel (beim Attentat auf die Deutsche Botschaft in Stockholm 1975 umgekommener RAF-Terrorist, Anm. d. Verf.) den Chef der Berliner Treuhandanstalt Detlev Karsten Rohwedder erschossen.« Die Echtheit des Bekenntnisses steht außer Zweifel. Druckstockuntersuchungen des verwendeten Papiers, die mit anderen

Erkenntnissen nach dem Bombenanschlag auf Bankier Alfred Herrhausen verglichen werden, sind eindeutig.

Von diesem Attentat und den möglichen Attentätern haben die Terroristenjäger wenigstens Zeugenaussagen und Täterbeschreibungen, im Fall Rohwedder nichts außer Vermutungen über Fluchtwege und die Art der Waffe. Die Mörder könnten sogar zu Fuß über die nahe Brücke geflüchtet und dann eiskalt, wenn schon nicht seelenruhig, in die Straßenbahn nach Neuss gestiegen sein, um von dort aus endgültig zu verschwinden. Ihre Waffe zum Beispiel in einer unauffälligen Sporttasche versteckt. Wem soll da was auffallen? Niemand, wie die Befragungen nach der Tat erweisen. Die Kugeln stimmen überein mit denen, die im Januar 1991 gefunden wurden, als während des Golfkriegs vom anderen Rheinufer auf die amerikanische Botschaft in Bonn geschossen wurde. Auch dazu hat sich die Rote Armee Fraktion bekannt. Taucher suchen im Fluß in Höhe der Schrebergärten und unter der Rheinbrücke nach der Tatwaffe, finden aber nichts. Die Spur des Reifenprofils vom Motorrad endet beim Reifenhersteller in Stuttgart.

Ein paar Wochen nach Ostern hätten die Mörder kein freies Schußfeld mehr gehabt, weil dann die Bäume vor dem Haus und am Straßenrand belaubt gewesen wären. Aber jetzt stört nichts, erst recht keine Nachbarn, die auch, wie Nachforschungen ergaben, in den vorangegangenen Wochen keine verdächtigen Gestalten gesehen haben. Jeder, der einen Hund ausführte, war auch der tatsächliche Besitzer, denn Hunde auszuführen mit geliehenen Tieren aus dem Tierheim gehört zu den möglichen Tarnungen, unter denen die Terroristen Tatorte und Opfer auszuspähen pflegen. Der ehemalige Thyssenchef Dieter Spethmann, der neben den Rohwedders wohnt, ist verreist, und seine Bodyguards deshalb auch. Resigniert sagt der zuständige Kriminaldirektor des BKA: Die Terroristen hätten sogar in Ruhe eine Panzerfaust anlegen und das ganze erste Stockwerk wegfegen können. Maßnahmen von uns gegen solche Anschläge können nie den perfekten Schutz bieten, nur potentielle Attentäter abschrecken. Einen Fall Schleyer würde es so zum Beispiel nicht mehr geben. Einen Mann wie den könnte ein Terrorkommando heute nicht entführen, weil es ihn aus dem gesicherten und gepanzerten Auto gar nicht herausbekommen würde. Gepanzerte Autos haben heute alle, die auf den bekannten Todeslisten der RAF stehen.

Im gepanzerten Auto wird der oberste Treuhändler in Berlin zwar gefahren, aber wie lasch er mit seiner eigenen Sicherheit umgeht, erzählt einer seiner ältesten Freunde. Ein paar Monate vor Rohwedders Tod treffen sie sich in Berlin zum Abendessen. Fahren zwar in der gesicherten Limousine mit Begleitschutz nach Westberlin in ein Restaurant. Gehen aber die letzten paar hundert Meter zu Fuß. Hast du keine Angst, Daffi? Der zuckt nur mit den Schultern.

Der Mord an ihrem Mann hat für Frau Rohwedder bereits ein paar Monate vor seinem Tod stattgefunden. Mit Rufmord. Zunächst in den Zeitungen und bei Protesten – »Knochenhand des Sensenmannes« heißt es da über die Treuhand blumig, »Jobkiller« – Plakate und brennende Puppen werden getragen, die Rohwedder darstellen sollen. IG-Metallchef Franz Steinkühler spricht vom »Schlachthaus« Treuhand und denkt sich nichts dabei. Es gibt sogar wieder Montagsdemonstrationen, als gelte es, erneut ein Regime alter Männer zu stürzen. Diesmal zieht das Volk für die Rettung seiner Arbeitsplätze auf die Straßen, und stürzen will es das Regime der Treuhändler. Denn die sind an allem schuld, wie man überall lesen und hören kann. Sie sind die unfähigen Ärzte, die den Patienten DDR nicht auf die Beine kriegen, sondern den Schwerkranken im Gegenteil zu Tode spritzen. Am meisten Kritik kommt ausgerechnet von den Einheitssozialisten, die vierzig Jahre lang die Krankheit verursacht haben, die jetzt so schwer zu kurieren ist. Simple Rezepte sind im Osten populär, aber das ist für den Westen nichts Neues. Das hat der mit dem Slogan: Blühende Landschaften, und zwar bald, ja auch im Angebot.

Proteste der betroffenen Bevölkerung habe ihr Mann noch verhältnismäßig ruhig hingenommen, sozusagen als zwangsläufige Mitgift seines Jobs, erzählt Hergard Rohwedder – ist hier im Osten halt vieles wie einst im Wilden Westen, war seine Erklärung –, aber mit seiner typischen Ironie kommentiert: Wer uns erst kennenlernt, gewinnt uns richtig lieb. Morddrohungen nahm er nie ernst, es gibt doch immer Verrückte, in jedem System. Was ihn dagegen richtig aufregte, war die heftige Kritik der Gewerkschafter, verbunden mit der Frage, ob der ohnehin rechte Sozi Detlev Rohwedder überhaupt noch ein Sozialdemokrat sei. Für Industrie-, Struktur- und Sozialpolitik sind andere zuständig, nicht wir, hat er denen geantwortet. Lesen Sie mal das Treuhandgesetz, wir haben keine politischen Ambitionen. Zwar wirkt alles politisch, was die Treuhandanstalt macht, sagte Detlev Rohwedder bei einer Diskussion mit den DGB-Spitzen: »Aber ich verspreche Ihnen – und daran wird sich nichts ändern, solange ich dieses Amt innehabe –, daß wir bei unseren Entscheidungen stets die sozialpolitischen Konsequenzen bedenken.«

Geschimpft hat er auch auf die »verlogene Regine Hildebrandt«, Brandenburgs kämpferische SPD-Sozialministerin. Die war als Überraschungsgast in einer TV-Sendung aufgetaucht, in der Detlev Rohwedder sich und die anderen Treuhändler gegen die pauschale Kritik verteidigte, und die hat ihn live attackiert, wie es ihre Art ist, wenn sie als die Johanna der von Westlern geschlachteten Osthöfe auftritt.

Was nun, Herr Rohwedder? Er hat zurückgeledert, das konnte er schließlich auch, und zwar aus dem Stand. Freund Gellert: »Von seiner geistigen Statur her war er vielen seiner Kritiker überlegen. Aber sein Amt verminderte die Möglichkeiten, seinen Kritikern angemessen Paroli zu bieten. Er wußte von diesen Einschränkungen und hat sie nur im Interesse der Aufgabe in Kauf genommen.« Nun aber platzt ihm der Kragen, nun langt's, irgendwann ist Schluß. Jetzt zum Beispiel. Da seine Eloquenz seinem Intellekt entsprach, wirkt er im Gegenangriff selbstgefällig und kalt. Hier die gute Ostmutter, da der böse Westonkel.

Doch seine Arroganz hat einen ganz bestimmten Grund. Rohwedder ist durch Regine Hildebrandts unvermittelte Attacke persönlich tief getroffen und deshalb so gnadenlos in der Gegenargumentation. Einige Wochen zuvor nämlich hatte er bei einer Begegnung mit ostdeutschen Intellektuellen noch freundschaftlich mit der Ministerin diskutiert, ihr sogar ein Buch aus seiner Sammlung mit der Widmung geschenkt: Es gibt nichts Gutes, außer man tut es. Nun ist er erst einmal fassungslos, wie sie da vor laufenden Kameras auf ihn einprügelt, als hätte es dieses Treffen zuvor nie gegeben, aber nach dem ersten Schock greift er an. Für die Zuschauer, die sich gern engagieren, wenn es sie nichts kostet – und das hier kostet nichts außer Empörung –, steht nach dieser Sendung am 21. Februar 1991 der Bösewicht fest. Vor allem bei denen in der ehemaligen DDR. Daß der Mord wenige Wochen nach der Fernsehsendung geschieht, wo Rohwedder besonders arrogant und von oben herab wirkte, halten nicht viele für Zufall.

In ihrem Wahn glaubt die RAF, mit den Schüssen vom Rhein den richtigen und damit die Stimmung des Volkes drüben zu treffen. Wahnsinn. Die selbsternannten Rächer der Enterbten bleiben erst recht nach diesem Mord nur eine versprengte Bande von Desperados. Sympathisanten haben die Terroristen allenfalls unter den Stasi-Bütteln, ihren Brüdern im Geiste. Mit denen will auch keiner was zu tun haben. Was die Terroristen allerdings erreicht haben: Sie haben in Herrhausen und Rohwedder zwei der Manager weggeschossen, die dringender als alle anderen gebraucht worden wären für die eigentliche Arbeit der Wiedervereinigung. Die, sagt Rohwedders Sprecher Schöde, ist eigentlich von 200 Leuten gemanagt worden, und die Spitzen der deutschen Industrie haben sich dabei nicht mit Ruhm bekleckert.

Haß? fragt Hergard Rohwedder und schüttelt den Kopf. »Ich will gar nicht wissen, wer es war. Was soll ich denn tun, wenn ich es wüßte – den erschießen?« Sie hat zweieinhalb Jahre gebraucht, um überhaupt ins Leben zurückzufinden, den Mord an ihrem Mann als Schicksal zu akzeptieren, sich auch eine Art Trost aus der Überzeugung zu holen, er sei eben so ungewöhnlich gewesen, daß die Terroristen ihn ins Visier nahmen und keinen anderen. Ihren linken Arm kann sie noch heute kaum bewegen, Nerven und Gelenk sind zerstört. Das Stück Metall, das stützend drinsteckt, wird wohl immer bleiben. Die Juristin, die zugunsten der Familie die Karriere aufgegeben hatte, ist gerettet worden durch ihren Beruf, und vor allem durch ihre Tochter und ihren Sohn, die, ohne ein Wort zu verlieren, ihre Lebenspläne änderten, um ihrer Mutter beim Aufbau eines zweiten Lebens nach dem Tod des ersten zu helfen.

Detlev Rohwedder war sich darüber im klaren, daß es nach Gohlkes langem Brief zum kurzen Abschied mit der Treuhandanstalt wieder bei Null losging. Viel Zeit war verloren worden, aber darüber zu jammern half nicht. Erst mal eine neue Struktur und deshalb der Abstand von der ursprünglichen Idee der

Aktiengesellschaften. Dann im Schnelldurchgang die nötigen westlichen Manager, und ob die immer so gut waren, wie sie gerne taten, also besser als die ostdeutschen »Altlasten«, würde sich zeigen. Zeigte sich auch, sie waren es nicht alle. Spätestens nach den Einheitsfeiern am 3. Oktober sollte wenigstens die Führung komplett sein und anfangen können zu arbeiten ohne irgendwelche restlichen DDR-Hindernisse. Diesen Staat gab es ja noch, auch wenn sich keiner wirklich darum scherte.

Birgit Breuel ist die einzige Frau im Vorstand, manche sagen später: der einzige Mann, und gerade von ihr verspricht sich Rohwedder viel. Die schickt er politisch geschickt, wie er aus Erfahrung war, mit der Idee der eigenständigen Treuhand-Niederlassungen und deren erweiterten Kompetenzen für ihre Geschäfte an die Öffentlichkeit. Es ist eine Idee, die er und Otto Gellert angeregt und die Experten von BDO ausgearbeitet haben, und sie kommt gut an: Achtzig Prozent aller Betriebe sollen aufgrund der besseren Fachkenntnis vor Ort und im jeweiligen neuen Bundesland privatisiert werden, nur die größten Brocken mit über 1500 Arbeitern von der Zentrale in Berlin aus. Da müssen sich sogar die CDU-Kämpen Biedenkopf und Späth schweigend geschlagen geben, die bislang vergebens verlangt hatten, jedes neue Bundesland sollte nach den ersten freien Wahlen eine eigene kleine Treuhandanstalt bekommen und sozusagen in Eigenregie privatisieren und sanieren dürfen. Helmut Kohl hatte der von Birgit Breuel verkündeten Dezentralisierung sofort zugestimmt, schon um die beiden in den Osten verschlagenen Besserwessis Späth und Biedenkopf zu ärgern. Diese Parteifreunde mag er noch weniger als die auch nicht eben pflegeleichte Parteifreundin Birgit Breuel.

Kurz vor Rohwedders Tod hat die Berliner Treuhandanstalt 2141 Planstellen besetzt, davon 1781 mit Ostdeutschen, bis Mitte 1992 werden es fast 4000 sein. Die man alle brauchen wird, wie der Präsident voraussagt: »Nur die Deutschen glauben, daß die Umwandlung dieses sozialistischen Staates in einen Rechtsstaat bürgerlicher Ordnung und die Umwandlung einer kommunistischen Befehlswirtschaft in eine weltoffene Marktwirtschaft in sechs bis acht Monaten oder einem Jahr geschafft werden könnte.« Er spricht auch offen und vor allem bei Waigel über das Hauptproblem der Treuhandanstalt, das seine Nachfolgerin besonders quälen wird: Rückgabe vor Entschädigung bei Immobilien, Grundstücken, Firmen, wie im Einigungsvertrag festgelegt, verhindert nicht nur Investitionen, sondern belastet die zuständigen Ämter in ihrer Aufbauarbeit, weil die in Anträgen ersticken: Bei 1,2 Millionen Anträgen auf 1,5 Millionen Objekte im Frühjahr 1991 kann man sich vorstellen, was in den Verwaltungen los ist. Da es in der ehemaligen DDR keine Grundbuchämter gab, da bei Enteignungen zum Beispiel einfach der Vorbesitzer geschwärzt wurde, geht es nicht nur ums Prinzip des Rechts auf Eigentum, worüber sich trefflich im Bundestag streiten läßt. Sondern ganz praktisch vor allem darum, die Ansprüche zu prüfen. Das dauert, und das kostet nicht nur Zeit, sondern Geld. Die Treuhandanstalt nämlich. Das frustet die Investoren. Die werden wütend und beklagen sich. Über wen? Nicht über den Paragraphen im Einheitsvertrag, den sie im Zweifelsfall gar nicht kennen, sondern über die Treuhändler. Und natürlich am liebsten über den Mann an der Spitze, der nie Zeit für sie hat. Soll ich mich um jeden VEB Frisör kümmern? schießt Rohwedder in solchen Fällen zurück und mehrt seinen Ruf, arrogant zu sein.

Ein bißchen Abhilfe bei den Abläufen bringt das sogenannte Hemmnisbeseitigungsgesetz, was nach schrecklichen Paragraphen in grauenvollem Amtsdeutsch klingt, aber Fortschritt bedeutet. Das am schnellsten vom Deutschen Bundestag jemals verabschiedete Gesetz legt nämlich fest, daß die Treuhandanstalt über den Kopf des Alteigentümers hinweg verkaufen darf, falls dessen Konkurrent das bessere Konzept hinsichtlich Investitionen und Arbeitsplätzen vorlegt. Insofern paßt der Name des Gesetzes, weil es in der Tat Hemmnisse bei der Privatisierung beseitigt. Denn blühende Landschaften können nur entstehen, wenn der verdorrte Boden sofort gedüngt wird.

Mit dem Bundeskanzler sitzt der Sozialdemokrat, beide am liebsten in Strickjacken, manchmal über einer Flasche Wein, sie reden über die Erfahrungen drüben, aber streiten auch. Rohwedder ist aufgrund seiner ersten Erfahrungen im Himmelfahrtskommando Treuhandanstalt für Steuererhöhungen, die werden dringend nötig sein, um das alles zu finanzieren. Von wegen Erlöse, nur zahlen werden wir. Kohl lehnt das kategorisch ab, es muß auch so zu schaffen sein. Ein fataler Irrtum, wie man heute weiß. Der Kanzler hat nach der Ermordung seines obersten Treuhändlers dessen Witwe jenseits der üblichen Nachrufe und Beileidsbezeugungen im Diesseits nicht vergessen, weder im Krankenhaus noch bei ihrer langsamen, mühsamen Rückkehr ins Leben. Hat der Richterin am Verwaltungsgericht aus dem Immobilienbestand des Bundes eine Wohnung in Düsseldorf besorgen lassen, denn in der Hoesch-Villa in Oberkassel bleiben wollte sie aus verständlichen Gründen nicht mehr. Am Todestag Rohwedders vergißt er nie einen Kranz niederlegen zu lassen. Bei jeder wichtigen Veranstaltung in Bonn wird Hergard Rohwedder auf die Liste der Einzuladenden gesetzt. Zu manchen Veranstaltungen geht sie allerdings nicht mehr hin, weil sie nicht vergessen hat, wie die dort üblicherweise Herumstehenden einst über ihren Mann geredet haben.

Rohwedder kannte aus seiner Erfahrung als Staatssekretär unter so verschiedenen Ministern wie Karl Schiller, Helmut Schmidt, Hans Friderichs und Otto Graf Lambsdorff in Bonn alle politischen Tricks. Die des Alltags und die für besondere Fälle, und nicht nur die feinsten. Gerade die halfen ihm nach seinem Amtsantritt in Berlin. Rohwedder wußte aus der Erfahrung als Mitgesellschafter der Wirtschaftsprüfer Kontinentale Treuhandgesellschaft und als Chef des Stahlwerks Hoesch, das eigentlich kaputt war, als er 1979 kam, daß eine Sanierung nicht so mal husch, husch nach der Nationalhymne zu erledigen war. Das half bei der Beurteilung der neuen Aufgabe im Alltag. Eine solche Transformation, wie er sie jetzt vorhatte, konnte durchaus zehn Jahre dauern, und so war sein Satz, daß die Treuhandanstalt noch stehen werde, wenn er, der damals knapp Achtundfünfzigjährige, bereits Rentner sein würde, keine Koketterie. Solche realistischen Einschätzungen sollten die gängige Euphorie vom Markt, der alles richten werde, ein wenig dämpfen. Aber keiner hörte zu. Wolf Schöde: »Grau war wirklich alle Theorie, alles passierte zum erstenmal und gleichzeitig und ohne Vorwarnung.«

Die Zeit nach der Aufgabe Treuhand wollte Rohwedder selbstverständlich auch in Berlin verbringen. Daß diese Stadt die wichtigste in Europa sein würde, daran hatte er keinen Zweifel. Dann wollte er nicht mehr als Rechtsanwalt hinter einem Schreibtisch sitzen, sondern seinen eigentlichen Neigungen folgen. Bei Auktionen sollte man ihn finden, nicht vor Gericht. In kleinen Buchhandlungen, nicht bei Mandanten. Rohwedder sammelte bibliophile Preziosen. Was seine Freunde an ihm schätzten: Wann auch immer es möglich war, hatte er im Fond seines Wagens sitzend auf Dienstfahrten lieber ein gutes Buch gelesen als irgendwelche Akten. Die waren ihm zu trocken. Dies warfen ihm andere als Faulheit vor. Als fachkundiger Antiquar hätte Detlev Rohwedder durchaus auch seinen Lebensunterhalt verdienen können, das schien ihm zeitlebens eine wunderbare Perspektive, der immer sein Ehrgeiz im Wege stand. Sein vor der Einheit manchmal geäußerter Traum von der eigenen kleinen Buchhandlung in Straßburg würde sich wohl nicht mehr erfüllen angesichts der Tatsache, daß hier plötzlich alles so spannend geworden war. Ist das tatsächlich noch nicht mal ein Jahr her, daß er mit Jugel in Dortmund auf der Couch saß und über Deutschland sprach?

Ein weites Feld. Der Roman der Wiedervereinigung von Günther Grass, von den meisten Kritikern niedergemacht und daraufhin glänzend verkauft, denn noch liest manches Volk selbst, hat schöne, leise, fast wundersame Passagen. Zu denen zählen die Szenen mit dem fiktiven Präsidenten der Treuhandanstalt. Der fährt bei Grass nachts in den dunklen langen Gängen des ehemaligen Reichsluftfahrtministeriums an der Leipziger Straße, wohin die echten Treuhändler nach Rohwedders Tod umziehen werden, auf Rollschuhen durch die Zeiten und durch die Geschichte. Trifft sich im Labyrinth der tausend Kammern mit Fonty, dem Hausgeist unter allen Systemen. Dem der Faschisten unter Göring, dem der Kommunisten im Haus der Ministerien, dem der demokratischen Treuhändler jetzt. Dann reden beide über Deutschland, so oder so ein weites Feld. Den Grass-Roman hätte der echte Rohwedder wohl zuerst gelesen und dann darüber geurteilt. Nicht umgekehrt, wie so viele Treuhändler später.

Ein Privathaus ließ der Hausherr am Alexanderplatz gleich nach seiner Entscheidung suchen, nicht zu Hoesch zurückzukehren und in Berlin zu bleiben. Mit der Dortmunder Alternative hatte er noch gepokert – er war vom Aufsichtsrat dort ja nur bis Jahresende 1990 freigestellt – und mit dieser Drohung einiges verhindert, was ihm so nicht paßte. Im November 1990 hatte Bundesfinanzminister Theo Waigel von ihm die Zusage auf vier Jahre Treuhand bekommen. Rohwedders Gehalt, bislang 500 000 DM weniger als bei Hoesch, entwickelte sich, blieb aber bis zum Schluß unter dem gewohnten, bei 1 300 000 DM. Also weniger, als die meisten seiner Kritiker aus der Industrie verdienten, die immer nur gifteten, daß ausgerechnet ein Sozialdemokrat »ihre« deutsche Einheit managen sollte. Bei der Haussuche für »den letzten Lebensabschnitt in Berlin«, stellte er dem Makler gleich rigoros eine Bedingung und erschwerte so dessen Geschäft: Für mich nichts aus Treuhandbesitz, selbst wenn es Millionen kosten würde. Für Rohwedder war wichtig, daß nicht einmal die Spur eines Rüchleins von Korruption aufkam.

Andere sahen das nicht so eng, denn Immobilien in den besten Lagen in Berlin und um Berlin herum an den märkischen Gewässern gab es im hauseigenen Treuhand-Portfolio zuhauf, und Genehmigungen, die zu kaufen, erteilte auch der Vorstand gern. Was sollte denn falsch daran sein, solange man dafür bezahlte und sich nichts schenken ließ?

Geschenkt. Rohwedder dachte da nicht nur preußisch korrekt, wollte auch Zeichen nach außen setzen, eben weil das alte System so korrupt war und eben weil sich dessen Protagonisten so schamlos am Volkseigentum bedient hatten. Das fehlte gerade noch, daß sich ausgerechnet die Testamentsvollstrecker am Erbe gütlich taten. Er machte in der ersten Vorstandssitzung unter seiner Leitung deutlich, daß er bei eventuellen Durchstechereien gnadenlos durchgreifen werde. Auch unter leitenden Treuhändlern, gerade unter denen. Er hat mit den eingefallenen Raubrittern schon in der kurzen Zeit üble Erfahrungen gemacht: »Hier wird mit härtesten Bandagen gefochten. Hier wird, was die Treuhandanstalt und die Verwirklichung kommerzieller Interessen angeht, nun aber auch wirklich jede Scham beiseite gelegt. Manche Leute nehmen sich gegenüber der Treuhandanstalt Unverschämtheiten heraus, die in Westdeutschland schlechthin unmöglich wären.« Angesprochen sind von Detlev Rohwedder mit dieser Bemerkung nicht nur die ostdeutschen Seilschaften, die wie das Ozonloch bei allen Katastrophen immer als erste schuld waren. Rohwedder: »Es gibt große Auswüchse an Wirtschaftskriminalität. Das sind aber alte und neue Seilschaften. Westdeutsche Geschäftemacher und alte Generaldirektoren. Das geht bis in die höchsten Etagen der deutschen Wirtschaft.«

Den westdeutschen neuen Herren der Interhotels verdirbt er das Geschäft, weil er schlichtweg nicht bereit ist, eine oder gar zwei Milliarden DM des »uns anvertrauten Vermögens einfach durch die Finger gleiten zu lassen«. Dem Deal der Herbergsväter Ost und West, stellt er fest, haftet »eine gewisse Zwielichtigkeit und Anrüchigkeit an«. Es wird neu verhandelt, nicht wie bisher mit langfristigen Pachtverträgen, die der Treuhandanstalt nichts bringen, sondern nach dem Grundsatz: nur Bargeld lacht. Rohwedder: »Wir verschenken doch nicht unser Tafelsilber.« Die mit dem Verkauf der Interhotels beauftragten Investmentbanker des Londoner Bankhauses S. G. Warburg erzielen 2,6 Milliarden DM.

Große Worte allein reichen Rohwedder nicht. So wie er gleich zu Beginn alle sinnlosen Strukturen zerschlägt, getreu dem Machiavelli-Motto, die nötigen Grausamkeiten müßten sofort nach Herrschaftsantritt begangen werden, baut er auch möglichst schnell die Strukturen auf, in denen er arbeiten möchte. Wenn die Treuhandanstalt liebstes Kind der Wirtschaftskriminellen wird, dann muß die erste Abwehrfront innerhalb der Behörde errichtet werden. Berliner Staatsanwälte sind überlastet, außerdem geht es sich bei einem Verdacht leichter über den Flur zu einem Kollegen, der Jurist ist, als zu Justitia quer durch die Stadt. Wieder bekommt der Präsident aufgrund guter Kontakte einen Tip. In Stuttgart gibt es einen, der ist ein ganz besonders guter Staatsanwalt in Sachen Wirtschaftskriminalität, der brennt richtig. So einen braucht man. Rohwedder trifft sich im Dezember mit Hans Richter und verpflichtet ihn ab Februar 1991 als Leiter der Stabsstelle Recht. Vorübergehend wird der Beamte zu einem Angestellten der Treuhand, was unwichtig scheint, aber wichtig ist: Beamte müssen ermitteln, falls sie einen Anfangsverdacht haben. Juristische Treuhändler dagegen gehen mit einem Anfangsverdacht zu ihrem Präsidenten, und der entscheidet, wie es weitergeht. »Sicher war ich auch so eine Art Feigenblatt«, sagt Richter, den sein ehemaliger Chef Manfred Balz, Direktor Recht der Treuhandanstalt, als einen Mann rühmt, der einen »Wind riecht, bevor sich das Gras bewegt«. Der wackere Schwabe wird dann unter der Rohwedder-

Nachfolgerin Birgit Breuel zum Alptraum der Maden in Germany. Davon wird er noch selbst erzählen.

Wenn er die Interessen seiner Anstalt verletzt sieht, reagiert Rohwedder knallhart und kennt keine Parteien mehr, vor allem nicht seine eigene. Zum Beispiel brüllen sich er und der damalige Lufthansa-Chef Heinz Ruhnau unter Genossen so an, daß im Vorzimmer das Geschirr klappert. Es geht um den geplanten Verkauf von Interflug, die pro Tag etwa eine Million DM Verlust macht. Gegen den Einstieg von Lufthansa ist das Kartellamt, gegen den von British Airways das Verkehrsministerium. Was letztlich in der Gesamtvollstreckung der DDR-Luftlinie endet, weil ihr Substanzwert gegen Null tendiert und die Bewerber abspringen, als sie erfahren, daß die Immobilien der Interflug im geschätzten Wert von 1,2 Milliarden DM nicht zum Deal gehören, wohl aber Arbeitsplatzgarantien verlangt werden. Die Verhandlungen und Verhältnisse und Vorhaltungen sind so verwirrend, daß man simple Schuldzuweisungen braucht, als alles platzt. Schuld hat, wie man auf den Schildern der Mahnwachen lesen kann, deshalb die Treuhandanstalt. Denn der ist alles zuzutrauen.

Der Krach um Interflug bekräftigt die tiefe gegenseitige Abneigung zwischen den beiden Sozialdemokraten Ruhnau und Rohwedder, die immer so gern vorgezeigt werden, wenn die Konservativen höhnend fragen, wo denn die wirtschaftliche Kompetenz der Sozis sei. Der Staatsflieger hält sich für einen der großen deutschen Manager, und der Überflieger ihm gegenüber läßt ihn spüren, daß er diese Meinung nicht teilt. Beiden gemeinsam allerdings ist wiederum, daß im Laufe ihrer Manager-Karriere der letzte Hauch von SPD-Stallgeruch verflogen ist. Rohwedder ist wegen Willy Brandt und dessen Aufbruch zu mehr Demokratie in die SPD eingetreten, er schätzt die Wirtschaftskompetenz des Nachfolgers Helmut Schmidt, aber sein Verhältnis zur real agierenden Sozialdemokratie ist eher distanziert. Ausnahme: Sozialdemokraten aus Ostdeutschland wie Richard Schröder oder Wolfgang Thierse.

Rohwedder wird nur selten laut. Er muß nicht brüllen, wenn er sich durchsetzen will. Er beherrscht, falls es sein muß, sogar die Kunst der Moderation. Wenn sich die Kollegen Wild oder Klinz im Vorstand von der harrschen Birgit Breuel auf den feinen Schlips getreten fühlen, gleicht er aus. Frau Breuel wiederum stoppt er höflich, wenn ihm zuviel an neue Richtlinien und zuwenig an die Menschen gedacht wird, die damit werden leben müssen. Die letzten Ostdeutschen in der Führung, also den Vorständler Wolfram Krause und auch den Leiter der Abteilung Volkswirtschaft Hilmar Schmidt, stellt er quasi unter Artenschutz. Er braucht ihre Erfahrung. Der ehemalige Stipendiat der Ford Foundation an der University of Berkeley läßt es zwar jeden spüren, den er für einen Dummkopf hält, der ihm nur die Zeit stiehlt. Daher rührt sein Ruf, unnahbar zu sein, sich schnell zu langweilen und dies auch zu demonstrieren. Aber wenn es ein ostdeutscher Dummkopf ist, zeigt Rohwedder atypisch eine gewisse Nachsicht.

Weil er sich so intensiv mit deutscher Geschichte beschäftigt, und nicht nur bei einem Besuch in Auschwitz, vergißt er nie über der Manageraufgabe die historische Bedeutung dessen, was er versucht. Die Wirtschaft seiner alten Heimat zu retten. Er hält es für normal und nicht für vermessen, daß er sich wie immer in seiner Karriere Schuhe aussucht, die zunächst ein paar Nummern zu groß für ihn erscheinen. Das genau ist die Herausforderung, die er braucht, und von Selbstzweifeln geplagt war er noch nie. Rohwedder ist aber kein Hamlet, kann kurz, knapp und hart sein, wenn es um der Sache willen sein muß und er weiß, daß er recht hat. Davon geht er aus. Er ist unbeirrbar, aber nicht unbelehrbar. Hero Brahms, sein engster Mitarbeiter im Vorstand bei Hoesch und nach Rohwedders Ermordung unter Birgit Breuel Vizepräsident der Treuhandanstalt: »Er konnte lange schweigend zuhören, falls das Niveau entsprechend war, und hat am Schluß der Debatte den einzigen Gedanken behalten, der richtig gut war, und dann entschieden: So machen wir es.« Rohwedder haßt es, vollgequatscht zu werden. Hat sich deshalb immer vor Terminen mit dem Energiefachmann Gundermann gedrückt. Der ist zu umständlich, der redet ihm zuviel. Er läßt auch Vorständler spüren, was er von ihnen hält, Klassenunterschiede in seiner Mißbilligung macht er nicht.

Alexander Koch, zwei Jahre lang im Vorstand zuständig für Personal in der Treuhandanstalt, ist ihm zum Beispiel schon nach dessen Vorstellung vor dem Verwaltungsrat nicht der liebste. Der zählt zunächst die Stationen seiner Karriere auf, lehnt sich dann zurück, und alle denken, nun ist er fertig. Dann beugt er sich wieder vor und erwähnt mit Nachdruck, daß er seit zwölf Jahren Mitglied der CDU ist. Aha. Stand eigentlich nicht im Anforderungsprofil und in der Jobbeschreibung. Darüber spricht man eigentlich nicht. Subtile Sticheleien des Präsidenten. Während einer Vorstandssitzung gehen plötzlich die Türen auf und zwei junge Mädchen bringen Tabletts mit Rotkäppchen-Sekt herein. Was ist denn jetzt los? Ganz einfach, sagt der Präsident und nimmt sich ein Glas, wir wollen feiern, daß unser Kollege Koch seinen Doktor erworben hat. Der wird rot, und die anderen grinsen über die Doppeldeutigkeit des Wörtchens erworben. Denn auch sie haben gelesen, daß Koch an der Ostberliner Humboldtuniversität drei Tage vor dem gesetzlichen Ende des DDR-Promotionsrechts seinen Doktor gemacht und zufällig seinen Doktorvater mit einem festen Honorar zwischen 20 000 und 25 000 DM als Berater für die Treuhandanstalt engagiert hatte. Bei anderer Gelegenheit, während einer Diskussion im Vorstand, liebt der Chef es grober: Ich verstehe ja, Herr Koch, daß Sie uns hier intellektuell nicht folgen können, aber …

Wenn Rohwedder sich mal entschieden hat, ist Widerspruch zwecklos. Er erklärt seiner Frau zum Beispiel auf Spaziergängen am Wochenende seine Beweggründe, aber er will keine Gegenargumente mehr hören, nur Zustimmung, und die gibt sie ihm. Er braucht von ihr die Wärme, die ihm in Berlin fehlt und die anderen an ihm fehlt. Manchmal ruft er seine Frau einfach nur so an, denn er hat als einziger immer eine freie Leitung, und sagt, ich mußte mal wieder eine menschliche Stimme hören. Fragt, was sie denn gerade so macht. Und sie sagt zum Beispiel, ich weine und wasche deine Wandersocken, was er normalerweise selbst erledigt hat, als er noch Zeit für Wanderungen auf den Spuren Fontanes oder anderer hatte. Gefühle von Verlorenheit waren ihr bis dahin fremd. Hergard Rohwedder: »Ich weiß nicht, warum ich Angst hatte und oft weinte. Das war eigentlich nicht meine Art, aber vielleicht war es eine Art Vorahnung.« Sie hatte immer Angst um ihn, seit er Präsident der Treuhandanstalt geworden war. Die eigentlich so selbstsichere und beherrschte Juristin war deshalb oft verzweifelt, und er hat immer versucht, sie zu trösten.

Rohwedders kühles Management in der Treuhandanstalt wirkt mehr als Gohlkes Lautstärke, spart außerdem Zeit. Er wird zwar nicht gefürchtet, das würde er hassen. Aber er wird respektiert, und so muß es sein. Er kümmert sich um die sogenannten kleinen Leute, will aber nicht deren Briefkastenonkel sein, also auf den Fluren der Treuhandanstalt angelabert werden. Als einmal kurz vor Mitternacht eine Frau in seinem Zimmer steht, höflich guten Tag sagt und fragt, wo sie hier 50 000 DM abholen kann, ist allerdings selbst Detlev Rohwedder verblüfft. Wie das? Ich bin eine ehemalige SED-Sekretärin aus Leipzig, jetzt bei der PDS, und wir haben kein Geld mehr in der Kasse, seit alles in Sachen Sondervermögen beschlagnahmt ist. Gysi hat gesagt, ich soll es mir bei Rohwedder holen. Der bleibt verbindlich und begleitet die Frau selbst zum Ausgang, aber am nächsten Morgen gibt es ein paar deutliche Worte, und fortan ist zu ihm nicht mehr so leicht durchzukommen. Hergard Rohwedder, die ihn nur zweimal in der Treuhandanstalt besucht, muß wie die anderen draußen warten, einmal ist er in einer Besprechung mit Birgit Breuel, und die dauert noch anderthalb Stunden. Das andere Mal marschiert sie an den Wartenden vorbei direkt zu ihm ins Büro: Wie haben Sie einen Termin bekommen? ruft einer hinter ihr her. Knappe Antwort: Ganz einfach, heiraten Sie ihn.

Rohwedder ist nur dann richtig böse und dann gezielt verletzend, wenn einer etwas gegen seine heimliche Geliebte sagt, die DDR. Dann argumentiert er voll intellektueller Überheblichkeit, was er sonst zu vermeiden versucht. Weil er weiß, daß er dazu neigt. Manchmal verbinden sich staatsbürgerliche Überzeugung und landsmannschaftliche Emotionen, und dann kann er in seiner Leidenschaft und in seiner Begeisterung wie ein großer Junge sein, egal, wie fein seine Umgebung auch sein mag und wie peinlich sich das für kühlere Geister anhört. Deutschland treibt ihn um und treibt ihn voran und treibt ihn an, aber er würde es nie so sagen, denn das klingt nach dumpfem Nationalismus und so etwas ist dem Mann, der fließend englisch und französisch spricht und liest, selbstverständlich fremd. *Disgusting* und *degoutant*.

Bei seinem einzigen Berliner Presseball kauft er Dutzende von Losen. Ich will in der Tombola das Motorrad gewinnen, erklärt er übermütig, damit durch die neuen Länder fahren und mir alles anschauen. Da lerne ich doch mehr als bei diesen Konferenzen, und es bricht im seriösen Manager der fröhliche Rechtsreferendar durch, der einst durch die Vereinigten Staaten gereist ist und links sowieso. Da holen ihn seine sechziger Jahre wieder ein: Was kostet schon die Welt, Hergard? Falls sie zu teuer wurde, hat er sich damals als Kellner anstellen lassen, unter anderem bei den Olympischen Winterspielen in Squaw Valley bedient. Und im Frühjahr haben er und sein Studienfreund reichen Leuten die Gärten umgegraben und dadurch Geld verdient.

Rohwedder verteidigt vor allem gegen die ewigen Besserwessis die Ostdeutschen wie ein Vater seine Kinder. Die sind zwar ein bißchen zurückgeblieben, allerdings ohne eigenes Verschulden, die gehören aber zur Familie und müssen deshalb von ihm, dem Familienvorstand, besonders gepflegt werden. Für die hat er immer Zeit, auch wenn er laut Terminkalender keine hat. Falls ihm ein Politiker dumm kommt, nützt er seinen direkten Draht zu Helmut Kohl. Der nimmt sich Heiner Geißler zur Brust, auch kein Freund von ihm, als der Rohwedder publikumswirksam Versagen und Unfähigkeit an der Spitze der Treuhandanstalt vorwirft. Der Präsident kommt nicht umhin, festzustellen, daß Herr Geißler weder von der DDR noch von Wirtschaft eine Ahnung habe.

Anschließender Dialog unter Freunden: Mußte das sein, Daffi? Mußte sein. Aber du verstehst doch auch nichts von der DDR? Muß ich auch nicht, ich muß Unternehmen verkaufen, und ich muß Erfolg haben.

Als zum erstenmal vor dem Eingang der Treuhandanstalt Mahnwachen stehen, weil Menschen um ihre Arbeitsplätze fürchten, läßt er spät abends einige Kannen Kaffee und Tee besorgen und trägt die selbst runter vor die Tür auf den Alexanderplatz. Trinkt mit den Demonstranten einen Becher, raucht eine geschnorrte Zigarette, denn eigentlich hat er seine »Ernte« längst aufgegeben, und versucht zu erklären, was zu der Entscheidung geführt hat, ihren Betrieb zu schließen. Verspricht aber auch in solchen emotionalen Situationen nichts, was er nicht halten kann. Ich mach euch nichts vor, wir müssen das tun, was wir tun, aber vergeßt bitte nicht, wir sind nicht die Ursache. Den Arbeitern ist zwar anschließend nicht geholfen, aber sie fühlen sich in ihren Sorgen ernstgenommen.

Eben deshalb treffen den Sozialdemokraten die Unterstellungen, er wolle zugunsten des westdeutschen Großkapitals den Osten plattmachen. Ausgerechnet er. Und von wegen plattmachen. Daß die nötige Hilfe für die DDR und unnötige nationale Einheitsgefühle in zwei verschiedenen Gärten wachsen oder verdorren, hätte man mit ihm diskutieren können, und auch, in welchem der Gärten er sich eher heimisch fühlte. Aber auf intellektuellem Niveau darüber reden und nicht unter Plattmacher-Aspekten.

Es ist einfach zu schnell aus dem Verkäufermarkt ein Käufermarkt geworden, und schon wenige Monate nach der Währungsunion wird es immer schwerer, die richtigen Brocken loszuwerden, ohne Geld zu verlieren. Erst standen alle Schlange nach günstigen Schnäppchen, bald mußten sie zur Kasse geprügelt werden. Was nicht verwunderlich ist, denn je mehr man über ihr Vorleben erfährt, desto mehr verliert die DDR-Wirtschaft an Reiz. Kurz vor Rohwedders Tod sind erst 12,5 Prozent der Betriebe verkauft, sind durch Privatisierung erst 5,5 Milliarden DM erzielt, was gerade mal die Kreditzinsen des Jahres 1990 deckt, arbeiten in den Treuhandfirmen nur noch die Hälfte der Menschen, die vor einem Jahr noch dort tätig waren. Sich mit der einmaligen, gewaltigen und unvergleichbaren Aufgabe der Staatssanierung zu entschuldigen und aus der Verantwortung zu schleichen, wenn von Treuhändlern beschissen verhandelt wird, wenn ein Skandal das Vertrauen in die Anstalt erschüttert, wenn sich wieder mal eine rosarote Prognose als leeres Geschwätz entpuppt, hätte allerdings Rohwedder sich und den Seinen nicht gestattet. Wenn es einfacher wäre, hätte man andere Manager nehmen können. Für seinen Satz mit den 600 Milliarden, die der Salat Ost wert sei, entschuldigt er sich öffentlich: »Ein sprachlicher Ausrutscher, zu dem ich mich bekennen muß.«

Die möglichen Strukturen für ein solches Ding wie die Treuhandanstalt hatten Roland Berger und Detlev Rohwedder im Frühjahr 1990 besprochen oder vielmehr gemalt: Auf Bierdeckel bei einem Treffen im Hotel Breidenbacher Hof in Düsseldorf. Die notwendigen Berater-Aufträge an die Firmen Berger sowie McKinsey hat der Verwaltungsratsvorsitzende nach seiner Berufung vergeben und jetzt, als Präsident, bekommt er unter dem Datum 27. August 1990 die Gutachten auf den Tisch. Damit arbeitet Rohwedder ab sofort, und die wichtigsten Vorschläge, weg mit den Treuhand-Aktiengesellschaften, weil die nur Verwirrung bei den jetzt schon komplizierten Abläufen schaffen, setzt er in seiner Rede vor der Volkskammer als erstes um.

Beide Consultants schlagen zunächst eine funktional orientierte Organisation vor. Zwar verlangen sie eine straffe Führung der Treuhandanstalt durch die Berliner Zentrale, wollen aber die Niederlassungen bis zu einer gewissen Summe – später werden es dreißig Millionen DM sein – autark wirken lassen. Alles gilt nur für das erste Jahr der Treuhandanstalt, ab 1. Januar 1991 werden die nicht so guten Erfahrungen in neue Erkenntnisse umgesetzt, und ab dann gilt statt der funktionalen Grundordnung die Gliederung auf der Basis verschiedener Branchen. Matrix-Struktur wird das intern genannt, und die Vorstandsressorts heißen dann Unternehmensbereiche. Unter Rohwedders straffer Führung arbeiten: Karl Schirner (Ex-M & A-Chef bei Daimler-Benz, Privatisierung), Klaus-Peter Wild (Ex-Ministerialdirektor Bayern, Sanierung und Abwicklung), Wolf Rüdiger Klinz (Ex-Vorstand Landis & Gyr, Beteiligungen), Birgit Breuel (Ex-Wirtschaftsministerin Niedersachsen, Niederlassungen), Hans Krämer (Ex-Vorstand STEAG, Liegenschaften, Stahl), Wolfram Krause (Ex-Minister DDR, Finanzen), Alexander Koch (Ex-Vorstand Grundig, Personal), Gunter Halm (Ex-Minister DDR, Sondervermögen und Verwaltung).

Rohwedder ist jetzt eher als hemdsärmeliger Pragmatiker gefragt und weniger als Intellektueller, aber genau diese Rolle beherrscht er souverän. Zwar passiert selbst jetzt nichts über Nacht, auch wenn das noch so oft von denen gefordert wird, die zwar nicht mitrudern, aber gern den Takt angeben wollen. Die Titanenaufgabe der Privatisierung fast eines ganzen Staates ist ohne festgeschriebene Verantwortung und nur mit fröhlicher Improvisation nicht zu schaffen, selbst wenn man von den 7900 Unternehmen fast 2000 mit kommunalem Charakter abzieht, die »im Rahmen der gesetzlichen Vorschriften auf die Kommunen zu übertragen sind« (Berger). Aber der Dschungel lichtet sich: »Wir arbeiten uns zielstrebig aus dem Chaos heraus«, beschreibt der Präsident die Lage – der Mann, der zum Beispiel für vier Millionen Arbeitsplätze verantwortlich gemacht wird. Denn so viele gibt es in den Unternehmen seines Portfolios.

Allem Optimismus zum Trotz ist die Lage allerdings mindestens so schlecht wie die Stimmung, auch wenn vor den ersten gesamtdeutschen Wahlen darüber nicht gern gesprochen wird. In der Studie von McKinsey wird deshalb warnend darauf hingewiesen, angesichts der immer deutlicher werdenden Probleme keine falschen Erwartungen zu wecken, wie schnell das mit dem Umbau Ost in Richtung Standard West gehen wird: »Die Schließung der Lücke ist nicht in wenigen Jahren möglich.« Wenn das Oskar Lafontaine gewußt hätte? Er hat es gewußt, er hat es gesagt, aber es wollte keiner hören. Das zweite deutsche Wirtschaftswunder, angekurbelt durch die Treuhandanstalt, gilt als *Selffulfilling prophecy*, als selbstverständlich. Roland Berger bleibt in seinem Kurzgutachten in der Gegenwart und vermerkt lapidar, bereits das Engagement der notwendigen Vorstandsmitglieder und Direktoren für die Zentrale und die Niederlassungen, insgesamt wohl um die siebzig, sei nur knapp zu schaffen. Die Logik ist auf seiner Seite und auch die Erfahrung bei der Suche nach guten Leuten, bei der Jagd nach Köpfen, von der er ja lebt: »Keine der deutschen Großbanken dürfte heute über mehr als 25 Spezialisten für Privatisierungsfragen und Probleme aus dem Bereich der Mergers & Aquisitions (M & A) verfügen. Und wenn mehr dieser Spezialisten am Personalmarkt frei würden, würden sie von den Investmentbanken sofort zu Spitzenkonditionen wegengagiert werden. Ähnliches gilt für Sanierungsspezialisten.«

Was man bekommen hat, einschließlich der jeweils vier Direktoren für die Niederlassungen, war das beste, was der Markt hergab. Daß der Markt nicht genügend hergab, lag nicht am Markt, sondern an denen, die ihn beherrschten. Wenn sich vor allem westdeutsche Großunternehmer über die lahme Treuhandanstalt beschweren, reden sie eigentlich über eigene Versäumnisse. Alternative: Die besten westdeutschen Macher gehen für acht Wochen rüber, in der Zeit würden ihre Firmen bestimmt nicht zusammenbrechen, und lehren in intensiven Crashkursen die

Grundregeln der Marktwirtschaft und wie die in der täglichen Arbeit funktioniert. So hätte es gehen können. Aber die berühmte Hundertschaft des Kanzlers, die er bei den Konzernen zusammengebettelt hat, reicht nicht aus für diesen gewaltigen historischen Umbau.

Darum hat Detlev Rohwedder es so satt, die Klagen der angeblich zu allen Opfern bereiten und nur an der unbeweglichen Treuhandanstalt scheiternden Investoren zu lesen. »Ich arbeite hier wie ein Hund«, sagt er in einem Anflug von ihm eigentlich sonst fremden Selbstmitleid, »weil ich morgens, wenn es dunkel ist, dieses Büro betrete, und abends, wenn es stockdunkle Nacht ist, in mein Hotel gehe, noch ein bißchen arbeite, die letzten Fernsehminuten noch mitkriege und dann ins Bett gehe.« Zeigt aber gleich anschließend wieder die nötige Stärke und die Zuversicht, die er unter seinen Zagenden verbreiten muß. Wer denn sonst? »Wir sind ja nun auch ganz im Fadenkreuz der Kritik von allen, von der Politik in Ost und West, von den Menschen, den Betrieben, den Investoren. Wir machen es offenbar keinem recht, und daraus kann ich nur den Schluß ziehen, daß wir doch wohl ganz gut und richtig positioniert sind in unserer Arbeit.« Gern macht er es auch eine Nummer kleiner, wäre beispielsweise doch schön, wenn es endlich genügend Telefonleitungen geben würde, damit alle, die uns erreichen wollen, auch zu uns durchkommen und wir zu denen.

Die nötigen Leute besorgt sich Rohwedder wie schon in den Fällen Schöde und Gundermann und Wagner und Tränkner etc. dank seiner Überredungskraft am liebsten selbst. Auch durch Anrufe am Sonntag, die er von seinem Arbeitszimmer in Oberkassel aus führt, und dies ziemlich früh am Morgen. So erwischt er die meisten auf dem falschen Fuß vor dem Frühstück, wenn das Neinsagen schwerer fällt, weil die Widerstandskraft noch geschwächt ist. Jens Odewald klappert, ebenfalls telefonisch und ebenso stur, die Kandidaten für den Verwaltungsrat ab. Auch ihm entkommt fast keiner, außer dem bekanntlich zartbesaiteten Sanierer Kajo Neukirchen, der sich vage mit dem Prinzip entschuldigt, niemals politische Aufgaben zu übernehmen, und das sei ja wohl eine. Der dritte Trommler im Bunde ist Otto Gellert, und der läßt keinen aus den Fängen, bei dem er Klasse riecht.

Odewald und Gellert versprechen spannende Entscheidungen an der Nahtstelle zwischen Politik und Wirtschaft, *never a dull moment*, also keine Langeweile, niemals Peanuts in Klarsichthüllen, immer Milliardenvorlagen, dafür aber keine Bezahlung. Rohwedder bietet bei seinen Gesprächen knallharte Arbeit, wenig Lob, angemessene Bezahlung und keine Aussicht auf Karriere, denn Ziel der Treuhandanstalt bleibt es, sich überflüssig zu machen, so schnell es nur geht.

Im Keller seines guten Freundes Dieter Rickert sitzt an einem Sonntag in München ein junger Mann, Peter Bachsleitner, und hilft dem, sich durch den ersten Berg an Bewerbungen zu arbeiten, die auf die Treuhand-Anzeige »Top Manager für die DDR gesucht« eingegangen sind. Oben telefoniert Rickert mit Rohwedder. Ach, übrigens brauche ich noch einen guten Büroleiter. Irgendwas bei den Bewerbungen dabei? Eigentlich nicht, aber im Keller bei mir habe ich vielleicht was für Sie. Betriebswirt, auch in den USA studiert, glänzendes Examen, die ersten Berufserfahrungen hinter sich. Ein Mann mit Zukunft. Bachsleitner wird raufgerufen, geht ans Telefon, spricht ein paar Sätze mit Rohwedder. Der möchte ihn kennenlernen, hat aber keine Zeit. Am besten auf dem Weg vom Flughafen ins Büro, so hat er schon manchen eingestellt. Abgemacht. Sie treffen sich in Berlin in der Ankunftshalle. Der junge Mann, ein wenig aufgeregt, geht auf Rohwedder zu. Bachsleitner heiße ich. Wer? Der aus dem Keller, erinnern Sie sich? Richtig, kommen Sie, steigen Sie ein. Auf der Fahrt beschreibt der Präsident den Job und macht klar, daß es sicher bequemere Chefs gibt als ihn. Aber keine spannenderen.

In der Treuhandanstalt nimmt er Bachsleitner mit nach oben, kein Glanz in dieser Hütte, eher Geruch nach Kohlrouladen aus der Kantine und frischer Farbe von den Fluren, sucht und findet ein leeres Büro, zeigt Bachsleitner einen wackeligen Stuhl und wirft seinem Begleiter einen Stapel Briefe auf den Schreibtisch. Posteingang Rohwedder. Nach drei Stunden kommt er wieder. Na, was meinen Sie? Bachsleitner spricht, Rohwedder hört zu. Kurze Verhandlung: Also, wann fangen Sie an, morgen? Sein künftiger Büroleiter schafft es, noch ein paar Tage Urlaub auf Sylt herauszuschlagen, bevor er für lange Zeit keinen mehr haben wird. Zum einen reizt ihn natürlich die Herausforderung, die es für einen in seinem Alter, Ende zwanzig, so nie mehr geben wird, zum anderen wollte er viel von ihm lernen, aber er hatte keine Zeit zu lernen, denn von Anfang an mußte der Junge genauso entscheiden wie die anderen auch. Was Rohwedder ihm allerdings schnell beibringt, ist das Wichtigste: Die kleinen Leute anständig behandeln. Nach unten buckeln, nach oben treten. Da ist Peter Bachsleitner überzeugt, daß er hier richtig ist.

Im Grand Hotel versammelt sich morgens ab halb sieben Uhr in einer Ecke in einem Nebenraum eine ganz besondere Runde. Sozusagen der innere Kreis der Treuhandanstalt, wahrlich ein Frühstückskabinett: Präsident Detlev Rohwedder, aber der meist morgenmuffelig hinter seiner Zeitung, ungern ganze Sätze formulierend. Christoph Knapp, der kauend schon einzelne Akten liest. Peter Bachsleitner in Sorge um die Koordinierung der Termine, aber um diese Zeit mindestens so muffelig wie sein Chef. Manfred Balz, der kühle Jurist, dem es in den Bonner Amtsstuben bei Klaus Kinkel zu stickig geworden ist und den sich der Präsident in bewährter Manier in einem halbstündigen Gespräch zwischen Tür und Angel in einer Hotellobby als Direktor Recht gegrabscht hat. Typischer Kurzdialog überm Kaffee: Ich hab da ein Problem ... Antwort: Schön, dann lösen Sie es mal ...

Ab und an blickt Frühaufsteher Ludwig M. Tränkner rein, mit wehenden Rockschößen, sagt aber nur kurz guten Morgen, stopft sich zwei harte Eier und ein paar Brötchen als Tagesration in die Tasche und rennt wieder los. Wohin? Egal wohin, ich werde überall gebraucht. So etwas schafft Macherimage. Es brennt in der Tat überall, aber noch soll mit Schaum, also still gelöscht werden, statt mit Trara und Feuerwehr und Schaulustigen hinter den Absperrungen. Denn noch stehen einige Wahlen bevor.

Das einzige große Werk, das 1990 von der Treuhandanstalt dichtgemacht wurde, war eines mit symbolischer Bedeutung. Pentacon in Dresden galt mit seinen Spiegelreflexkameras Marke »Praktika« als Juwel der DDR-Wirtschaft. Was auch stimmte, solange die Grenzen zum Westen dicht waren und die Fotoapparate innerhalb des RGW im Ostblock verkauft wurden. Da aber nach der DDR Stück für Stück, Land für Land, die kommunistischen Diktaturen zusammenbrachen, und damit die natürlichen Märkte der ostdeutschen Betriebe, stürzten viele aus den fröhlichen Nächten der Freiheit direkt in die Depression, tatsächlich über Nacht.

So waren die Chancen, auf dem Weltmarkt zum Beispiel gegen die Japaner und ihre billigen Wunderkameras zu bestehen, angesichts hoher Produktionskosten und aufgrund mangelhafter technischer Ausrüstung für Pentacon gleich Null. Ganz zu schweigen von dem viel zu hohen Personalbestand, der wie bei fast allen ehemaligen Volkseigenen Betrieben um fast fünfzig Prozent über dem westlichen Standard lag. Den Zuschußbedarf für Pentacon schätzten die Gutachter des Leitungsausschusses auf hundert Millionen DM pro Jahr. Betriebswirtschaftlich sinnlos. Wann geht der Untergang in der Öffentlichkeit am besten unter? Während der allgemeinen Einheitsfeiern am 3. Oktober, dann würde die Meldung eher auf die letzten Seiten der Zeitungen gedrückt. Eine gute Idee. So geschah es.

Pentacon muß laut Vorstandsbeschluß vom 2. Oktober 1990, Tagesordnung Punkt 7, Absatz d, in die stille Liquidation. Das ist der letzte Versuch, durch Absplitterung einzelner Betriebsteile, durch Ausgründungen, etwas zu retten, vor allem natürlich Arbeitsplätze, weil die Treuhandanstalt, vertreten durch ihren Liquidator Jobst Wellensiek, Herr des Verfahrens bleibt. Von 5700 Arbeitern bei der Stammfirma sind anderthalb Jahre später noch knapp sechzig übrig, und die stellen natürlich auch keine Kameras mehr her, aber dreißig Prozent der ursprünglich Beschäftigten haben in anderen Firmen eine Chance bekommen.

Die Abteilung Abwicklung unter ihrem Direktor Ludwig M. Tränkner, dem Treuhand-Schmuddelkind, das immer vergebens nach einem freundlicheren Namen für seine Tätigkeit sucht, hat nach Schätzungen ostdeutscher Wirtschaftsexperten insgesamt rund 80 000 Arbeitsplätze gerettet. Ohne den Einsatz der künftig etwa neunzig Abwickler der Treuhandanstalt, die auf ihren Underdog-Status stolz sind und dies auch jeden feinen Pinkel aus irgendeinem Ministerium spüren lassen, wären auch die im Abgrund Ost verschwunden. Tränkner: »Wir machten die Drecksarbeit, wir kamen, wenn nichts mehr ging. Aber so hatte Rohwedder den Job auch definiert, also machten wir es.« Das hört sich an wie das Spiel von Räuber und Gendarm, und vielleicht ist dieser Vergleich auch gar nicht so abwegig. Die einen rauben

Arbeitsplätze, die anderen versuchen möglichst viele zurückzu-holen. Immer, wenn es klappt, ertönt Freudengeheul auf den Flu-ren der Abwickler. Detlev Rohwedders Versprechen gilt, daß Treuhändler von ihm persönlich gedeckt werden bei Verstößen gegen irgendwelche Paragraphen, falls unterm Strich Arbeits-plätze gerettet werden. Bei ganz wenigen Liquidationen kann es sogar passieren, daß in den Nachfolgefirmen anschließend mehr Menschen beschäftigt sind als im Ursprungsunternehmen. Karl J. Kraus von Roland Berger & Partner hält es allerdings für nor-mal, bei einer Liquidation noch industrielle Reste zu retten und damit auch Arbeitsplätze.

Seine Wahlchancen will sich Kohl nicht durch Horrormeldun-gen aus dem Osten kaputtmachen lassen. Also gibt es nach Penta-con zunächst keine weiteren Aktionen gegen größere, nur gegen kleinere Betriebe, obwohl die Notwendigkeit von Stillegungen aufgrund ganz konkreter Daten und Zahlen unbestreitbar und in Bonn bekannt ist. Die Treuhandanstalt soll zwar handeln wie ein unabhängiger Konzern, aber selbstverständlich ist sie eine poli-tische Anstalt. Sie bekommt deshalb genügend Geld aus dem Bundeshaushalt, um gefährdete Betriebe durch Liquiditätssprit-zen erst einmal weiterzuführen. Kein Wunder also, daß der Vor-stand die Stillegung des Mikroelektronik-Kombinats Erfurt, vorgeschlagen und begründet von Plaschna & Co. im Leitungs-ausschuß durch die Note sechs, mit allen Anzeichen des Entset-zens ablehnt. Es geht um insgesamt 57 000 Menschen, alle über achtzehn und alle wahlberechtigt. Wiedervorlage 1991.

Alles nur eine politisch motivierte Verzögerung, bis Wahlen und Weihnachten vorbei sein würden. Deshalb auch die große Sorge der Treuhandspitze, daß die Liste der gefährdeten Betrie-be – inzwischen sind es Gutachten zufolge genau 306 – raus-kommt, daß einer erfährt, wer als nächster dran ist. Leben am Abgrund, aber nicht mehr lang, die Stunde der Wahrheit kommt wie stets nach der Wahlzeit. Die Forderung des Finanzstaatsse-kretärs Horst Köhler aus Bonn, Mitglied auch im Verwaltungs-rat der Treuhandanstalt, ist deshalb so etwas wie postkoitale Tri-stesse nach dem nationalen Orgasmus Einheit. Falls ein solcher Begriff angesichts dieser bedeutenden Herrenrunde erlaubt ist. Die Wahlen sind erfolgreich verlaufen, nun bricht das Tageslicht herein und die angeblichen Schönen der Nacht sehen verdammt alt aus. Bei einem Treffen des Treuhand-Präsidialausschusses am 21. Januar 1991 im Kölner Hotel Excelsior Ernst verlangt Köhler, es müsse in der ehemaligen DDR-Industrie »auch mal gestorben« werden, weil man ja nicht alle durchschleppen könne. Blut müsse fließen, natürlich nur im übertragenen Sinne, nicht wahr.

Detlev Rohwedder nimmt laut Protokoll zur Kenntnis, weil er dies nicht für eine Erkenntnis hält, die zu kommentieren lohnt. Aber er will auch jetzt nicht seine Politik der behutsamen Schritte ändern, nur weil die Politik keine Rücksichten mehr zu nehmen hat. Seine Strategie, wie bei Hoesch bewiesen, lautet sozialverträglicher Abbau von Arbeitskräften, und 5000 DM Abfindung pro Arbeitsplatz ist die Treuhandanstalt auch bereit zu zahlen. Was drüben überschätzt wird, denn 5000 DM sind für die meisten, die es betrifft, noch das Fünffache eines normalen Monatseinkommens. Also sehr viel Geld. Erst mal nehmen für Anschaffungen oder die Raten des Autos, und wenn es weg ist, wird der Staat schon weiterhelfen. Wie bisher auch. Das böse Erwachen kommt, denn es gibt keinen Staat mehr wie früher, der alle auffängt, und auch keine neue Arbeit. Nur das soziale Netz der Bundesrepublik, und das hat große Maschen.

Da von den vier Millionen Arbeitsplätzen, die unter der Obhut der Treuhandanstalt stehen, rund 1,5 Millionen abhängig waren von den Exporten in RGW-Länder, ist Rohwedders Spielraum nicht sehr groß. Schlag auf Schlag erwischt es im Winter 1991 die Autofabriken Trabant und Wartburg sowie die staatliche Fluglinie Interflug. Was am Selbstbewußtsein der Ostdeutschen nagt, denn alle drei Unternehmen haben Symbolcharakter. Andererseits gibt es betriebswirtschaftlich keine Wahl, denn die bisherige Kundschaft ist selbstverständlich nicht bereit, in Zukunft diese Autos zu kaufen, um die Werke in Eisenach und Zwickau zu retten. Die Absätze von Wartburg und Trabant sinken nach der Währungsunion schlagartig fast auf Null. Die einst auf solche Plastikbomber zehn Jahre warten mußten, wollen nun Westware, und die bekommen sie sofort und in besserer Qualität. Und die Exporte in die anderen Länder des Ostens? Auch die kaufen lieber gebraucht im Westen statt neu beim ehemaligen Kampfgenossen Ost.

Es ist zwar schizophren, daß die ostdeutschen Käufer durch geändertes Konsumverhalten das Ende von Trabant und Wartburg etc. beschleunigen und gleichzeitig der Treuhandanstalt das Plattmachen ihrer industriellen Kerne vorwerfen. Aber schizophrenes Verhalten gilt in vielen Phasen der deutschen Vereinigung als Normalzustand. Rohwedder verspricht dem thüringischen Landesbischof, der ihm in Sorge um die Menschen und ihre Arbeitsplätze einen Brief schreibt, daß er mit der Ankündigung des Endes von Wartburg so lange warten wird, bis er die Ansiedlung von Opel unter Dach und Fach hat. Bis er also Hoffnung verbreiten kann und nicht nur Enttäuschung. Obwohl auch er weiß, wie unmöglich es ist, daß aus den »Ruinen gleich grünes Gras wächst«. Das dauert. Aber er will die »Menschen nicht die Treppen runterstoßen, sondern vorsichtig runterführen«, gerade weil er an der grundsätzlichen Entscheidung nichts ändern kann. Das ist für die Betroffenen nur ein geringer Trost, aber für ihn eine Frage der Würde. Auch der eigenen.

Detlev Rohwedder verliert nie das Gespür für seine so ganz andere Umgebung. Er hebt nicht ab, und seine intellektuelle Arroganz verdeckt nicht wie bei anderen Treuhandmanagern die Unfähigkeit, sich mit anderen Meinungen auseinanderzusetzen. Das kann er, wenn er muß, hat nur meist keine Lust dazu und vor allem keine Zeit. Er ist eitel und klug, andere sind nur eitel. Er arbeitet rund sechzehn Stunden pro Tag, an Wochenenden schleppt er die Akten mit nach Hause, es ist keine Zeit zu verlieren, ausruhen kann man später. Wie ein Stier ging er ran, sagt Gellert, ohne Rücksicht auf seine Gesundheit und brutal ehrlich. Aber er war kerngesund, sagt seine Witwe. Acht Wochen nach seinem Tod hat sie das Ergebnis seines letzten Check-ups bekommen.

Zur Feier der Deutschen Einheit wird am Nachmittag des 2. Oktober in der Treuhandanstalt am Alexanderplatz ein Faß aufgemacht und der Abschied von der DDR im Konferenzraum des Vorstandes mit einem Pils begossen statt mit viel Sekt und wenig Selter in irgendeinem blumengeschmückten Festsaal wie am eigentlichen Tag der Götterfunken. Stimmung im Laden. Stimmung im Laden? Nicht so recht, denn die Ostdeutschen stehen unter sich in einer Ecke und die Westdeutschen unter sich in der anderen.

Freuen Sie sich denn nicht? fragt Rohwedder seinen Verwaltungsrat Karl Döring, den EKO-Stahl-Chef, neben dem er nachts auf der Treppe vor dem Reichstag steht und in die fröhlich höchst undeutsch feiernde Menge schaut. Ganz ehrlich, sagt der, eigentlich nicht. Aber eines müssen Sie doch zugeben, der Staat war pleite. Das mußte Döring in der Tat zugeben. Also Prost, neues Deutschland.

Die schwarzrotgoldenen Flaggen werden im Lande hochgezogen, Türschilder bei Ämtern und Behörden abgeschraubt und die neuen angebracht. Auszug der wenigen DDR-Notare aus der Treuhandanstalt, denn nun gilt das Recht der Bundesrepublik. Was mit ihnen geht, sind die DDR-Dienstsiegel zur Beglaubigung von Unterschriften bei Verträgen etc. Macht nichts, wir nehmen jetzt unsere Dienstsiegel. Leider aber gibt es keine, denn so weit hat keiner gedacht. Ulrich Firnhaber läßt sozusagen über Nacht beim Berliner Kammergericht sechzig Dienstsiegel herstellen, dreißig für die Zentrale und je zwei für die fünfzehn Niederlassungen. Da er keinen abschließbaren Schreibtisch besitzt, paßt er bis zur Übergabe persönlich auf die beiden Plastiktüten auf, in denen die dringend benötigte heiße Ware geliefert wird.

Allen Geschäftsführern und Vorständen seiner Firmen schreibt Detlev Rohwedder unter dem Datum 26. November 1990 die Aufgaben der Treuhandanstalt noch einmal in der von ihm so geschätzten Klarheit auf. Zwischen den Zeilen wird deutlich, daß dies keine Diskussionsgrundlage ist, sondern Beschluß, und zwar vom Präsidenten. Wer bisher noch Fragen hatte, braucht sie nach der Lektüre nicht mehr zu stellen: »Bei der Treuhandanstalt gehen jetzt im verstärkten Maße Sanierungskonzepte ein. Diese vermögen deshalb selten zu befriedigen, weil der im Treuhandgesetz verankerte Vorrang für die Privatisierung in diesen Konzepten in den meisten Fällen fehlt. Jedes Unternehmen soll einen unternehmerisch aktiven Eigentümer finden, ausnahmslos und ohne schuldhaftes Zögern. Es kann und darf nicht die Erwartung geben, ehemals Volkseigene Betriebe könnten in der Obhut der Treuhandanstalt und eines öffentlichen Eigentümers auf Dauer bleiben. Denn die Treuhandanstalt ist von ihrer Anlage her kein öffentlicher Eigentümer auf Dauer, sondern nur ein Treuhänder in einer Übergangzeit, die möglichst kurz bemessen sein muß. Es gibt nur die eine Zielgröße und die heißt: Überführen der Unternehmen in privates Eigentum.« Mit freundlichen Grüßen etc.

Schon vier Monate und rund 90 000 Arbeitslose später wird in einer »Gemeinsamen Erklärung für den Aufschwung Ost« über die Grundsätze der Zusammenarbeit von Bund, neuen Ländern und Treuhandanstalt deutlich, daß die Politik andere Schwerpunkte durchsetzen will. Vor allem die Ministerpräsidenten der fünf neuen Bundesländer, aber auch die Abteilung VIII im Bundesfinanzministerium, die ihren Vorgesetzten vor weiterem rein betriebswirtschaftlichem Vorgehen der Treuhandanstalt warnt: Dann sind achtzig Prozent der industriellen Arbeitsplätze verloren, in nackten Zahlen 2,7 Millionen Menschen ohne Arbeit, und was das für den sozialen Zustand der Gesellschaft bedeuten wird, kann sich Theo Waigel vorstellen. Mit der gemeinsamen Erklärung vom 14. März 1991 wird sich die bisherige Politik der Treuhandanstalt ändern. Kurz vor der Ermordung Rohwedders endet damit die absolute Herrschaftsphase der Treuhandanstalt.

Diese Erklärung allein hätte die Lage in der ehemaligen DDR nicht beruhigt, wer glaubt schon noch den großen Worten. Geglaubt wird Tatsachen, denn die kann man mit eigenen Augen sehen. Blutigen Tatsachen. Die Ermordung ihres Präsidenten nimmt im wahrsten Sinn des Wortes die Treuhandanstalt aus der Schußlinie. Nach dem Attentat auf Rohwedder gibt es zwar noch eine Großdemonstration, aber die endet mit einer Gedenkminute für ihn. Danach herrscht Ruhe im Land, denn der Schock sitzt tief. Selbst die Kritiker der Treuhändler sind totenstill, weil sie ein schlechtes Gewissen haben, so auf Detlev Rohwedder eingeprügelt zu haben.

Er hat sich geopfert für die Treuhandanstalt, natürlich nicht bewußt. Aber vom Ergebnis her ist das egal. Es ist so. In einem Nachruf schreibt der britische »Economist«: »The murder will not of itself alter the Treuhand's work. It may cause the agency's most outspoken critics to pipe down« (Der Mord wird nichts an der Arbeit der Treuhand ändern. Aber er dürfte die lautesten Kritiker der Agentur zum Schweigen bringen). Der Staatsakt in Berlin war in diesem Sinne ein Befreiungsakt für die Treuhandanstalt. »Bildlich gesprochen, scharten sich die Männer an Rohwedders Leiche um seine Treuhand-Witwe, also um Birgit Breuel«, sagt Wolf Schöde. Ab sofort herrschte auch in der Presse ein anderer Umgangston, die Treuhändler konnten vor der nächsten Attacke, die angesichts bevorstehender Notoperationen kommen mußte, erst einmal Luft holen. In einer Mischung aus tiefster Depression über den Mord an ihrem Präsidenten und gleichzeitig entschlossenem wütendem Trotz, sich von den Mördern nicht besiegen zu lassen, machten sie weiter.

Am Morgen der Trauerfeier im Schauspielhaus gaben die beiden Ruhrpott-Manager Hero Brahms und Klaus Schucht ihre Zusage, in den Vorstand der Treuhandanstalt zu wechseln. Den Parteifreund Schucht wollte Rohwedder schon lange haben für den Bereich Energie. Brahms hatte seinen Vertrag bei Hoesch nicht verlängert, weil ihn der Aufsichtsrat nicht zum Nachfolger Rohwedders vorgeschlagen hatte, und wußte eigentlich nicht so recht, wohin er jetzt gehen sollte. Er hatte sich bei seinem alten Chef noch Rat geholt. Wieder an seine Seite wollte er nicht, so gut das auch mal war, das hatte man doch schon gehabt. Eine Stunde lang mit ihm aus Portugal, wo Brahms über Ostern Urlaub machte, telefoniert. Er hat sich Zeit für seine Sorgen genommen, obwohl er selbst genügend Sorgen hatte. Mit den demonstrierenden Ohnmächtigen drüben, was Rohwedder innerlich berührte, mit den eiskalten Mächtigen hier, was ihn nach außen ungerührt ließ. Von beiden Gruppen angefeindet, wenn auch aus unterschiedlichen Gründen. Ein paar Tage nach dem Attentat, am Abend vor der Gedenkveranstaltung, haben sowohl Birgit Breuel als auch Jens Odewald den Hoesch-Mann bedrängt, nun müsse er kommen, schon aus Verpflichtung dem Toten gegenüber. Jens Odewald bestätigte nach dem Staatsakt und nach seiner Rede in einer Ecke des Berliner Schauspielhauses seinem Kanzler, daß er aus ganz privaten Gründen nicht als Nachfolger zur Verfügung stehen könnte. Was der schon wußte und deshalb schon jemand im Auge, schon die Weichen gestellt hatte.

Es war im übrigen widerlich, berichtet einer der ältesten Freunde Rohwedders, wie sich die Politiker und Wirtschaftsbosse darum drängten, eine Trauerrede halten zu dürfen. Auch die, deren Attacken Rohwedder in den letzten Wochen die Arbeit so schwer gemacht hatten. Der alte Freund kommt deshalb nicht zur Trauerfeier. Den, der dort geehrt wird, hat er nicht verloren, die offizielle Person Detlev Rohwedder, der sich ums Vaterland verdient gemacht hat, wie zu lesen ist. Er hat einen verloren, der ihm nahe war, das ist kein Anlaß zur öffentlichen Trauer. Daffi war einer von den wenigen, zu denen man unangemeldet kommen konnte, wenn es einem schlechtging.

Die Familie will Rohwedder-Mentor Karl Schiller als Trauerredner beim Staatsakt, aber das wollen andere nicht. Es sprechen letzte Worte über Rohwedder: Johannes Rau, SPD-Ministerpräsident von Nordrhein-Westfalen, Jens Odewald, Vorsitzender des Verwaltungsrates der Treuhandanstalt, und Bundespräsident Richard von Weizsäcker. Der zitiert aus dem letzten Brief des Ermordeten, den der oberste Treuhändler kurz vor Ostern an alle Mitarbeiter hat verteilen lassen: »Die Treuhandanstalt ist verpflichtet, unternehmerisch zu handeln – aber nicht im Eigeninteresse. Ihre Aufgabe ist Dienstleistung für das ganze Volk.« Mit diesen »einfachen und klaren Worten« habe Rohwedder zugleich das Leitmotiv für seine Arbeit gegeben.

Dieser letzte Brief Rohwedders, bis heute als sein Vermächtnis immer wieder zitiert, ist allerdings nicht von ihm geschrieben. Man hätte es daran sehen können, daß im Anschreiben der zehn Punkte zu lesen ist: »… schicke ich Ihnen einige Gedanken zur gegenwärtigen Position der Treuhandanstalt«, und nicht, wie selbstverständlich, »schicke ich Ihnen meine Gedanken« etc. Die Osterbotschaft, deren Motto »Schnelle Privatisierung, entschlossene Sanierung, behutsame Stillegung« als Maxime des Wirtschaftsumbaus gilt, basiert auf einer Diskussion im Vorstand der Treuhandanstalt eine Woche vor Detlev Rohwedders Ermordung. Aufgeschrieben hauptsächlich von Birgit Breuel. So betrachtet, liest sich in der Rückschau die Bemerkung der Nachfolgerin vor dem Treuhanduntersuchungsausschuß in Bonn ein wenig seltsam: »Der Osterbrief ist etwas, wo ich mich mit jedem Wort identifizieren kann und immer getan habe.« Kein Wunder. Aber auch geschickt vom klugen Rohwedder, der in Wahrheit genau das dachte, was in Wirklichkeit nicht von ihm geschrieben, sondern nur unterschrieben war. Damit hatte er die konservative starke Frau in seine Strategie eingebunden.

Die anderen Vorständler haben das eigentlich nur als formloses Protokoll von gesammelten Ansichten gedachte Papier erst wieder in der Form eines Briefes gesehen, zwar über die überraschende Form gestaunt, aber angesichts der folgenden traurigen Ereignisse über die Entstehung geschwiegen. Nun war es für die Außenwelt Rohwedders Vermächtnis. Natürlich will jetzt auch keiner mehr über mögliche Konflikte zwischen Birgit Breuel und Detlev Rohwedder reden, die sich zwar tatsächlich übers Ziel einig waren, aber gestritten haben über den besten Weg dorthin. Schneller privatisieren um jeden Preis oder erst Sanierung versuchen und dann privatisieren? Marktwirtschaft pur oder Marktwirtschaft sozial?

Punkt 9 und 10 des Osterbriefes beschreiben, in welchem inneren Zustand die Treuhändler waren, als sie über sich und ihre Arbeit diskutierten. »In einem Prozeß, den das ganze deutsche Volk wollte, hat die Treuhandanstalt dabei die schwere Aufgabe, schmerzliche, aber unvermeidliche Umstellungen zu verantworten, die nötig sind, um das gemeinsame Ziel zu verantworten. Vorstand und Mitarbeiter müssen wohl volles Verständnis dafür haben, daß diese Arbeit mit kritischer Aufmerksamkeit begleitet wird. Anfeindungen und Verleumdungen sind aber keine Kritik und können uns daher nicht treffen.«

Wie sehr sie in Wahrheit getroffen sind, zeigen aber genau diese Sätze. Die Treuhandanstalt steckt eine Woche vor dem Attentat in einer viel tieferen Krise, als man ahnt. Weil sich die Treuhändler verlassen fühlen von denen, die sie gerufen haben. Bisher hat keiner dem anderen geklagt, wie schwer der Job ist, weil selbst dazu keine Zeit war. Angesichts der Demonstrationen auf den Straßen, angesichts der immer heftiger werdenden Kritik, duckt sich die Politik gerade mal wieder weg und läßt die vom Alexanderplatz im Regen stehen. Die zeigen Wirkung wie ein angeschlagener Boxer. Jens Odewald hat sich nach einem Gespräch mit Detlev Rohwedder vorgenommen, bei der nächsten Sitzung des Verwaltungrates vor allem die Gewerkschafter und die Ministerpräsidenten deswegen ins Gebet zu nehmen. Nun muß er das nicht mehr tun, denn der Schock über das Attentat und die Trauer über den Tod ihres Leitwolfes gibt den Treuhändlern so etwas wie eine neue Stärke. Der künftige Sitz der Treu-

handanstalt in der Leipziger Straße wird Detlev-Rohwedder-
Haus heißen.

Daß Birgit Breuel nach dem Opfertod des Sündenbockes neue
Präsidentin werden wird, steht für Kohl und Waigel fest. Die als
Eiserne Lady apostrophierte Frau muß aber fürsorglich behandelt werden. Noch einen Ausfall, selbst im Namen des Vaterlandes, wird die Treuhandanstalt nicht verkraften können. Dann
wäre auch sie tot.

KAPITEL
8

Kühl im Chaos:
Birgit Breuel

Beim Urlaub in seinem Ferienhaus im amerikanischen Bundes-
staat Maine wird Roland Berger Mitte August 1990 durch einen
Anruf gestört. Am anderen Ende Birgit Breuel, ehemalige Wirt-
schafts- und auch Finanzministerin von Niedersachsen. Nachdem
Ernst Albrecht die Wahl verloren hatte, suchte die als ehrgeizige
Macherin geschilderte CDU-Frau einen neuen Job, der sie forderte, nicht nur beschäftigte, und Berger hatte ihr vorgeschlagen,
in seine Firma Roland Berger & Partner einzutreten. Der Vertrag ist ausgearbeitet, geprüft und unterschrieben, die anderen Partner der renommierten Unternehmensberatung sind über
die neue Kollegin informiert. Birgit Breuel ruft an, um abzu-
sagen.

Sie hat, erst von Rohwedder und danach von Odewald, ein
Angebot bekommen, in den Vorstand der Treuhandanstalt zu
wechseln. Verdient dort zwar weniger, als Berger bietet, nur rund
600 000 Mark pro Jahr, aber eigentlich ist das Ganze schon kein
Angebot mehr, eher die dringende Aufforderung, so schnell wie
möglich nach Berlin zu kommen. Ihre Familie hat »dieser unge-
heuerlichen Herausforderung« bereits zugestimmt, denn die
wird bei beruflichen Entscheidungen immer eingebunden, und
Birgit Breuel weiß genau, so etwas kann sie aus politischen Gründen nicht ablehnen. Berger sieht das ebenfalls so, er rät ihr zu,
das müssen Sie machen. Die nationale Aufgabe ist wichtiger als
unser Vertrag.

Was hätte er als Kanzlerberater auch anderes sagen sollen,

ohne sich den Zorn des Herrn in Bonn zuzuziehen. Der ist eh ziemlich sauer über die feige Zurückhaltung in der deutschen Industrie angesichts der einmaligen historischen Chance für den Standort Deutschland. Von wegen mutige Unternehmer. Wenn Birgit Breuel mit der Aufgabe in der Treuhandanstalt fertig sein würde, und mehr als ein paar Jahre dürfte das nach den Prognosen der Experten wohl nicht dauern, könnte sie sofort bei ihm, Berger, anfangen. Er bietet ihr also eine Perspektive. Genau das, was viele Manager bei einem eventuellen Wechsel in die ganz besondere Behörde für sich und ihre Karriereplanung nicht sahen. Norman van Scherpenberg: »Die im mittleren Alter steckten im Karrierekamin nach oben, die wollten nicht zu uns. Die Jüngeren, die kamen und die dachten, später mache ich was anderes, hier lerne und verdiene ich viel. Nur die Älteren konnten es sich eigentlich leisten, weil ihre Karriere eh am Ende war.« Mit diesem simplen Beispiel ist die Altersstruktur bei den Treuhändlern, viele Alte, viele Junge, wenig dazwischen, erklärt.

Roland Berger behält nach dem Überseegespräch seine *second thoughts* für sich. Hintergedanken: Vorauszusehen ist, daß eine Erfahrung wie die, vor der Birgit Breuel jetzt steht, die neuen Kontakte, die sie knüpfen wird, seiner Firma in ein paar Jahren erst recht nützlich sein werden. Der Consultant, dessen Company mehrheitlich der Deutschen Bank gehört, denkt langfristig. Das ist sein Handwerk, und das unterscheidet ihn von Politikern. Die allerdings werden ihm nach dem Ende der Treuhandanstalt erneut einen Strich durch die Rechnung machen. Ende 1994 bekommt er Birgit Breuel wieder nicht, weil sie für die Planung der Weltausstellung EXPO 2000 in Hannover dringend gebraucht wird. Außerdem würde es einen schlechten Eindruck machen, wenn die Präsidentin der Behörde, die für viele hundert Millionen DM Beraueraufträge an Berger und andere vergeben hat, nach dem Ende ihrer Dienstzeit ausgerechnet bei einem dieser Berater einen neuen Job annähme.

Detlev Rohwedder baut die neue Treuhändlerin, die sich gleich nach der Wiedervereinigung auf die Niederlassungen stürzt und dort, kurz und schmerzvoll für die Betroffenen, aber publikumswirksam, mit verkrusteten Strukturen und ehemaligen DDR-Funktionären aufräumen darf, früh als mögliche Nachfolgerin auf. Vorsorglich und eigennützig in den Monaten, als er noch bei Hoesch im Wort steht und nicht sicher ist, ob er nach Dortmund zurückkehren wird oder muß. Lobt sie mit entsprechenden Bemerkungen in Vorstandssitzungen, weil er schnell merkt, daß sie ehrgeiziger ist und stärker als die Männer um ihn herum. Das fällt auf, denn er neigt an sich nicht zum Lob. Volksmund sagt, daß unter einer harten Schale meist ein weicher Kern versteckt sei, bei Birgit Breuel gilt dieser Kern als mindestens so hart wie die Schale. Diese Wertung entspricht dem künftig oft wiederholten Klischee von der Hardlinerin ohne Herz, wird sich aber wie manch andere Treuhandbewertung als voreilig erweisen. Die höhere Tochter aus Hamburg, die sich gegen den mächtigen Bankier Alwin Münchmeyer, ihren über alles geliebten Vater, hat durchsetzen müssen, kennt allerdings die Grundregel für Karriere schon lange: Eine Frau in der Männergesellschaft muß sich wie ein Mann benehmen, aber mindestens doppelt so gut sein wie der, um nach oben zu kommen.

Diese Faustregel bleibt nicht ohne Folgen für ihr Auftreten in der Männerwelt. Birgit Breuel ist mitunter so staubtrocken in ihren Attacken, daß Kontrahenten im übertragenen Sinne ersticken. Wer glaubte, sie mit einem Handkuß zu besiegen, hatte unvermittelt eine ansatzlos geschlagene Gerade am gläsernen Kinn. So auch im Fall des Treuhandkritikers Hans Werner Sinn, Professor für Volkswirtschaft an der Universität München. Sinn schreibt unter allgemeinem Beifall anderer Theoretiker davon, allein der Grundbesitz der Treuhandanstalt hätte einen Wert zwischen 250 und 300 Milliarden DM. Er setzt dies in Relation zur Gesamtverschuldung in Höhe von insgesamt 275 Milliarden DM, die von Birgit Breuel im Herbst 1991 als wahrscheinlich vorausgesagt und ziemlich genau hinkommen wird. Otto Gellert hat die Höhe der Verluste übrigens schon im Frühjahr mal geschätzt, und realistisch eine ganz andere als die bislang bekannte Höhe befürchtet und sich auch nicht dem Druck in Bonn gebeugt, darüber bitte nicht öffentlich zu reden. Horst Köhler, Staatssekretär im Finanzministerium und Realist, unterstützte ihn. Für Sinn ist die Treuhandanstalt ein offensichtlich unfähiger Verein, der mit seinem Tafelsilber nicht besser zu wirtschaften versteht, denn tatsächlich stehen aus den Immobilien nur Erlöse von dreißig

Milliarden DM in den Büchern. Birgit Breuels kühler Konter: »Wenn Herr Sinn uns Vorschläge machen könnte, wie wir unsere Liegenschaften statt für 30 für 300 Milliarden verkaufen könnten, wären wir ihm außerordentlich dankbar.«

Mit Frau Breuel zu streiten war für Rohwedder aufgrund ihrer Lust an begründetem Widerspruch eine intellektuelle Herausforderung. Gegenseitiger Respekt verhinderte Verletzungen, die tiefer gingen und länger wirkten. In Einzelfragen heftige Diskussionen, das war ja schließlich belebend, wie sich die Nachfolgerin erinnert, aber: »In den Grundsatzfragen hat es eine völlige Übereinstimmung gegeben.« Allenfalls die Schwäche der Konservativen, viele Adlige in ihren Stab zu berufen, reizte den Chef zu ironischen Bemerkungen. Alle Junker sind schon da, alle Junker, alle. Hatte aber eine gewisse Tradition im ostelbischen Deutschland. Von Bismarck, von der Schulenburg, von Eulenburg, von Brauchitsch, von Stauffenberg, von wem auch immer. Hier haben sich immer schon die Blaublütler getummelt. Was im »Wall Street Journal«, tägliche Pflichtlektüre der Edlen, ironisch so kommentiert wird: »Privatisation Agency's Mix: Red Ink and Blue Blood.«

Für Birgit Breuel und Detlev Rohwedder ist ihre jeweilige Parteizugehörigkeit unwesentlich, sie hat mit der CDU ihre Schwierigkeiten, er mit der SPD. Genau das verbindet. Die Treuhandanstalt wird von den Parteien und Verbänden nach der Wiedervereinigung zwar dafür zweckentfremdet, die eigenen Leute unterzubringen, weil solche Versorgung im Westen üblich ist, vom Rundfunkrat bis zum Wasserwerker. Aber als es die CDU mal übertreibt und ihrem verdienten Abgeordneten Wolfgang von Geldern mit einem Jahresgehalt in Höhe von 250 000 DM ein Beraterbüro der Treuhandanstalt ausgerechnet in Bonn zuschustert, wo die Treuhändler ja sonst überhaupt nicht hinkommen, wird es Frau Breuel zu schwarz. Stille Abwicklung heißt so etwas unter Treuhändlern.

Der kurze Geldern-Auftritt ist eine Ausnahme im Spiel der Parteien, die in Berlin ihre Leute unterbringen wollen. Als die liberale Blockflöte Halm gehen muß, beansprucht zum Beispiel die Schwesterpartei FDP den freigewordenen Vorstandsposten, und Rexrodt bekommt ihn auch. Wenn die Gesandten erst mal

Treuhändler sind, machen sie weiterhin Interessenpolitik, aber vor allem die der Treuhand und damit manchmal sogar eine gegen ihre jeweiligen Zentralen bzw. Baracken in Bonn, Frankfurt und Düsseldorf. Das geschieht auf einem ganz bestimmten festen Grund – dem des nationalen *Common sense*. Übersetzt: Einer stillschweigenden Übereinkunft der gestandenen Bundesrepublikaner, sich angesichts der Herausforderung Ost auf die bewährten Tugenden des Wiederaufbaus West zu besinnen. Damals brauchte man fürs Wirtschaftswunder auch keine linken Theoretiker, sondern rechte Pragmatiker. Passende Sozialdemokraten und Gewerkschafter waren deshalb selbstverständlich gern gesehen und die rechten Treuhändler für alle vier Jahreszeiten, im Vorstand, im Verwaltungsrat, als Aufsichtsrat vor Ort: Aufrechte Figuren wie Hermann Rappe, Hans Apel, Klaus Schucht, Klaus von Dohnanyi, DGB-Chef Heinz-Werner Meyer etc. Alles Leute, die in solchen Zeiten keine Parteien mehr kannten, sondern nur noch Deutsche. SPD-Genosse Dohnanyi hätte es sogar begrüßt, wenn mit den SED-Genossen automatisch die Genossen-Anrede diesseits der ehemaligen Grenze ins Grab gefahren wäre.

Falls es drüben wie vorausgesagt auf Anhieb ein zweites Wirtschaftswunder gegeben hätte, würden sich viele Strategen heute weniger bedeckt geben. Ihr Licht nicht so freiwillig unter den Scheffel stellen. Man hat seine Pflicht getan, bescheiden sie sich schamhaft. Was nicht geklappt hat und deshalb als Schicksal definiert wird, und gegen das Schicksal kann selbst ein Marktwirtschaftler bekanntlich nichts machen, ist allerdings für andere das Versagen der westdeutschen Elite, und zwar ganz konkret. Die habe sich entweder verweigert oder die alten Mittel für ausreichend gehalten, das Land aufzubauen. Zum Beispiel, sagt Jenoptik-Chef Lothar Späth, dem Osten einfach die verkrusteten westdeutschen Strukturen zu verpassen, statt die einmalige Chance zu nutzen, wirklich Neues auszuprobieren. Zum Beispiel, sagt DAG-Chef und Verwaltungsrat Roland Issen, in den Werften pro Erhalt eines Arbeitsplatzes über eine Million Mark zu investieren, statt mit dem Geld neue Arbeitsplätze in einer modernen Industrie der Zukunft zu finanzieren. Zum Beispiel, sagt Rudolf Hickel, per Gießkanne Milliarden über den Osten zu verteilen, statt mit derselben Summe gezielte regionale Wirtschaftspolitik zu betreiben.

»Man wußte insgesamt, wer wo hingehört«, sagt Birgit Breuel, »aber das spielte keine Rolle. Ich habe zum Beispiel sofort meine sämtlichen Ämter in der CDU niedergelegt.« Was bei den Christdemokraten kein Bedauern hervorrief, denn mit Breuels Sturheit, die selbstkritisch ihre Lust auf Hundertprozentigkeit beklagt, hatten sie es immer schon schwer. Es war, erinnert sich ein Parteifreund, öfter nötig, die Grenzen des Machbaren aufzuzeigen, wenn die Hamburger Bankierstochter unter der Flagge der reinen Lehre Marktwirtschaft gegen Subventionen und Staatsbürokratie zu Felde zog und dabei vergaß, daß es so etwas wie eine soziale Verpflichtung auch in der Marktwirtschaft gab. Das wird sie in der ehemaligen DDR wieder erfahren oder zum erstenmal begreifen, und das geht dann sogar so weit, daß sie einsteckt, ohne auszuteilen: »Daß die Ostdeutschen uns gegenüber eine große Distanz haben, die von Abneigung in manchen Fällen bis zum blanken Haß geht, habe ich noch nie einem Ostdeutschen übelgenommen. Wir haben so schwierige Entscheidungen getroffen und damit in so viele Lebensbereiche eingegriffen, daß dieses etwas ist, was ich einfach akzeptiere und womit ich auch leben muß, so schwer das fällt. Wenn die Westdeutschen über uns herfallen, dann reagiere ich etwas allergischer.«

Bis Ende Juli 1991, also bald nach dem Amtsantritt Breuels, sind 2986 Firmen für etwa zwölf Milliarden DM verkauft. Die Treuhandanstalt hat knapp 3000 Mitarbeiter, immerhin auch schon ein sechshundertseitiges Verzeichnis ihres Besitzes, den sie loswerden will, aber bereits fünf Milliarden DM für Sozialpläne ausgegeben. Eine Million Arbeitslose vermeldet die offizielle Statistik, aber keiner glaubt, daß es dabei bleiben wird. Was bekannt wird, ist dramatisch. Personalabbau zum Beispiel in Textilindustrie und Feinmechanik auf 31 Prozent, in der Elektrotechnik auf 33 Prozent. Rund 300 000 Ostdeutsche pendeln von ihrem Wohnort in Betriebe in den alten Bundesländern, rund 500 000 Erwerbstätige sind gleich ganz in den Westen gezogen, weil sie in ihrer alten Heimat keine Zukunft mehr sehen. Von den laut Statistik 9 752 000 Werktätigen aus dem Jahre 1989 haben noch 7 219 000 eine Arbeit. Plattmacher Treuhand? »Das erste, was wir nach der Währungsunion machten«, erwidert Birgit Breuel, »war doch das Gegenteil von Plattmachen. Über neunzig Prozent der Betriebe waren in akuter Zahlungsnot, und die wären ohne unsere Liquiditätshilfen alle kaputtgegangen.« 32 Milliarden DM sind dafür bereits ausgegeben.

Schon richtig, aber was nützt das denen, die es schon getroffen hat, und denen, die jeden Morgen mit Bauchschmerzen aufwachen, weil sie nicht wissen, wann sie dran sein werden? Alle Beschwichtigungen, bald würde es besser sein und jetzt zeige sich halt, wie beschissen die Planwirtschaft gewesen sei, nützen nichts. Alle Erklärungen der Präsidentin, nun wirklich alles Denkbare zu tun, sind ehrenwert und einleuchtend, aber ändern nichts an der tristen Wirklichkeit. Sie hat ja recht, daß es nichts gebracht hätte, den Staat wie einst als Besitzer so lange im Amt zu lassen, bis es wieder richtig läuft. Aber will das noch jemand hören angesichts der Tatsache, daß durch rigide Privatisierung genausowenig blüht in der Landschaft Ost wie zuvor? Vergebens die bittere rhetorische Frage Birgit Breuels: »Man stelle sich vor, was es für die öffentlichen Haushalte bedeuten würde, wenn die Mehrzahl der ostdeutschen Unternehmen noch in Staatsbesitz wäre.«

Das »Wir«-Gefühl in der Treuhandanstalt, altmodisch unter der Parole »Miteinander« beschworen – zum Beispiel hängt im Vorstandsflur unter diesem Motto eine Tafel mit Hunderten von Unterschriften aller möglichen Treuhändler –, ist nach Rohwedders Ermordung eine Art von Überlebensmittel. Wir lassen uns nicht unterkriegen. Wir werden es euch schon zeigen. Wir sind keine Gauner. Wir gegen den Rest der Welt. Von Birgit Breuel ganz bewußt gefördert, weil es gleichzeitig ihre Position stärkt. Nicht die einer Glucke, die einfach nur wohlige Wärme verbreitet. So etwas liegt ihr weniger, und wer sie kennenlernt, gewinnt sie nicht unbedingt gleich lieb. Viel eher erfüllt sie die Rolle einer Mutter Courage, die sich jetzt um ihre Kinder besonders intensiv kümmern muß, weil der Vater nicht mehr da ist. Das fällt ihr nicht schwer, und daraus wächst ihre geradezu nibelungenhafte Treue, mit der sie sich immer wieder in die vorderste Linie schmeißt, wenn die Kritiker, und dies nach einer Schamfrist wegen Rohwedders Tod immer öfter und immer öfter zu Recht, einzelne Treuhändler als Untreuhändler oder Versager aufs Korn nehmen. Erst wenn Solidarität wirklich nicht mehr zu vertreten ist, wenn unwiderlegbare Beweise für schlechtes Management oder betrügerische Machenschaften auf dem Tisch liegen und der Schaden für das Ansehen der Treuhandanstalt zu groß wird, gibt sie auf.

Birgit Breuel bleibt aber stets kühl im wachsenden normalen Chaos und gewinnt so den Respekt auch derer, die nach Rohwedders Tod nicht bei ihr bleiben wollen: Peter Bachsleitner, der noch die Beerdigung und die Trauerfeier organisiert und dann in die Geschäftsführung der Maschinenfabrik Heckert in Chemnitz wechselt, Christoph Knapp, den ohne seinen alten Chef nichts mehr hält in Berlin. Die Liste von Breuels Schwächen und Fehlern muß allerdings zwangsläufig umfangreicher sein als die von Rohwedder, er war sechs Monate im Amt, bevor er ermordet wurde, sie wird es dreieinhalb Jahre lang machen. Die dramatischen Zusammenbrüche und Arbeitslosenzahlen und die größten Kriminalfälle fallen deshalb in die Zeit ihrer Herrschaft.

Für die etwas andere BB sind die Waffen einer Frau klar definiert: Besser vorbereitet sein als die Männer, mehr wissen als die, härter arbeiten und erst dann in die Schlacht ziehen, wenn man so gut wie sicher sein kann zu gewinnen. Bei ihr dauern Vorstandssitzungen vom frühen Morgen bis zum späten Abend, nur kurz unterbrochen, wenn die zum Teil schon älteren Herren mal dringend dahin müssen, wo sie Birgit Breuel nicht treffen werden. Sie schert sich den Teufel drum, wenn Jens Odewald, sehr sensibel, was seine Kompetenzen betrifft, sich wieder mal bitter beschwert, weil er von irgendeiner Entscheidung aus den Zeitungen erfahren hat und nicht vor der Sitzung des Verwaltungsrates. Mit Manfred Lennings, seinem Nachfolger, kann sie besser. Dem ist Eitelkeit so fremd wie ihr.

Geschichte lebt nicht nur von den heroischen Momenten, die anschließend in den Geschichtsbüchern so gern geschildert werden. So zum Beispiel kann es auch gehen: Vierzehn Tage vor Rohwedders Tod tagt in Köln das Präsidium des Verwaltungsrates. Gemeinsames Abendessen mit einigen Vorständen im italienischen Restaurant Luciano am Dom und theoretisches Geplänkel beim Rotwein. Was wäre wenn. Zwar kann sich keiner eine Treuhand ohne Rohwedder vorstellen, aber nehmen wir mal an, spielen wir doch mal durch. Rohwedder macht eine charmante Handbewegung in Richtung der neben ihm sitzenden Birgit Breuel. Sie könnten das bestens, sagt er und hebt zur Bestätigung das Glas. Besser jedenfalls als die erzkonservativen Herrenreiter aus der westdeutschen Etappe, die alles verflucht besser wissen, sich den Einladungen, dies unter Beweis zu stellen, aber immer wieder erfolgreich entziehen.

Als aus dem Kölner Spiel blutiger Ernst geworden ist, spricht Birgit Breuel zunächst wieder mit ihrer Familie. Deren Rat ist ihr wichtiger als alle Ratschläge von anderen. Die hält zusammen nach dem privaten Schicksalsschlag und nach dem existentiellen Schock über den Zusammenbruch des Bankhauses Münchmeyer & Co. Was soll ich machen, falls sie mich fragen? Denn damit rechnet sie, darauf ist sie vorbereitet, und eigentlich erwartet sie es auch. Machen, beschließt in Hamburg der Familienrat.

Birgit Breuel ist von Rohwedders Tod mehr getroffen, als sie sich anmerken läßt. Ganz persönlich, denn sie hat nicht vergessen, wie liebevoll er mit ihr umging, als ihr Sohn Philipp im Sterben lag, die verzweifelte Mutter manchmal angesichts der unheilbaren Krankheit heulend zu Hause saß und nicht ins Büro kommen konnte. Wie er den Arm um sie gelegt und sie aus Vorstandssitzungen geführt hat, wenn sie dort zu weinen begann. Von wegen harter Kern. Harte Schale sicher, kein Zweifel. Gefühle offenbart man eigentlich nicht, man beweist Haltung, so lange es eben geht. Ihre Lieblingstugend heißt Güte, aber die ist in Berlin nicht so gefragt.

Wie Rohwedder ist ihr jedes überflüssige Wort zuwider. Sie wirkt manchmal so männlich, daß man am Ende eines Gesprächs versucht ist, Grüße an ihre Gattin aufzutragen. Vielleicht war das nur der ihr eigene Schutzpanzer gegen den unbeschreiblichen Schmerz, einen Sohn verloren zu haben? Auf solche Fragen gibt sie keine Antworten. Ihre manchmal fast beleidigende Sprödigkeit ist die beste Abwehr gegen unerwünschte Vertraulichkeiten, ihr norddeutsches Pflichtbewußtsein von emotionsloser angelsächsischer Qualität. Die Neigung ihrer Kreise zu protestantischem Tiefsinn zwischen Bach und Buxtehude, Brahms und Barlach ist ihr fremd. Die Hanseatin hat ein gesundes Mißtrauen gegen Pathos, und dies selbst dann, wenn solches mal angebracht wäre. Birgit Breuel hat sich nie etwas gefallen lassen, von den Jungs nicht, auch schon im bayerischen Internat Neubeuern nicht, wie sich Mitschülerinnen gern erinnern. Sie ist dazu erzogen worden, keine Emotionen zu zeigen, nur Leistung. Die Mutter von drei Söhnen, Banklehre, abgebrochenes Studium der Politischen Wissenschaften in Genf und Oxford, Ausbruch in die USA, ist geprägt vom Beispiel des höchst autoritären Vaters, dem sie sogar noch als verheiratete Frau Rechenschaft über ihre Ausgaben glaubt schuldig zu sein. Der ein unerschütterlicher Patriarch bleibt bis zu seinem Tod.

Braucht man jetzt für die Treuhandanstalt eine solche pragmatische Hardlinerin? Eher nicht, meint die oppositionelle SPD. Das ist ein falsches Signal. Gerade jetzt und jetzt erst recht, halten die in Bonn Regierenden dagegen. Viel eher diese Frau als die ehrenwerten Herren, die wieder mal aufs Karussell der Nachfolge springen oder gehoben werden wie schon ein paar Monate zuvor nach dem Managertod Gohlkes. Als da sind: Manfred Lahnstein, ehemaliger Finanzminister unter Helmut Schmidt und nun bei Bertelsmann ins System integriert. Als da sind: Heinrich Weiss, Präsident des Bundesverbandes der deutschen Industrie, aber den Nadelstreifen-Compañeros dieses Clubs hat Kohl nicht vergessen, was sie über Rohwedder gesagt haben. Dazu die üblichen Verdächtigen: Klaus von Dohnanyi zum zweiten, Hans Matthöfer zum ersten, immer wieder gern Karlheinz Kraske von Siemens und am liebsten Edzard Reuter von Daimler-Benz. Der war hochgeachtet bei den Konservativen, denn keiner merkte ihm den Sozialdemokraten an.

Wie alle Genannten aber inzwischen wissen, ist die Präsidentschaft der Treuhandanstalt kein ungefährlicher Job. Zwar gut, aber immer noch schlechter bezahlt als der, den sie haben. Lebensqualität unter Null, Überlebenschancen fünfzig-fünfzig, Aussichten auf Ruhm äußerst gering. Denn falls es klappt mit den blühenden Landschaften, fährt der Erfinder des Slogans die Ernte ein. Falls es nicht klappt, ist der Schuldige schon gefunden. Also von wegen fürs Vaterland eine Schleife in Berlin drehen. Solange es noch andere gibt, die das gerne machen: herzlichst eingeladen.

Da braucht es eben eine Frau wie Birgit Breuel, einen Ritter ohne Furcht und Tadel. Ihr Mann und ihre Söhne bestärken sie.

»Als ich dann tatsächlich gefragt wurde, ob ich die Nachfolge antreten würde, war das also kein Thema mehr. Ich hatte einfach den Wunsch, die begonnene Aufgabe zu erfüllen«, sagt sie ziemlich staatstragend. Flapsige Formulierungen sind ihr ein Greuel, für die überzeugte Ordnungspolitikerin muß selbst sprachlich alles seine Ordnung haben. Birgit Breuel steht täglich um fünf Uhr auf und erlaubt sich an langen Arbeitstagen, die regelmäßig um sieben Uhr morgens beginnen, nur den Luxus, abends mal auf Strümpfen in ihrem Büro herumzugehen. Was angesichts des Eindrucks ihrer Gesamtpersönlichkeit fast verrucht wirkt.

Berufen wird die erst Dreiundfünfzigjährige drei Tage nach der Trauerfeier für Detlev Rohwedder im Berliner Schauspielhaus, am 13. April 1991, einem Samstagmorgen kurz nach zehn Uhr bei der Sondersitzung des Treuhand-Verwaltungsrates. Außer ihr steht niemand zur Wahl, und sie ziert sich, ihrer Art entsprechend, nicht lang, nimmt den gefährlichsten und undankbarsten Posten an, der in Deutschland zu vergeben ist. Vierjahresvertrag und ab sofort ein Leben hinter Panzerglas, denn die Sicherheitsvorkehrungen werden nach der Ermordung Rohwedders drastisch verschärft, keiner der obersten Treuhändler bleibt unbewacht, sogar die ehrenamtlichen Verwaltungsräte sollen jetzt geschützt werden. Diese Einschränkungen waren schrecklich, erinnert sich Birgit Breuel, die auf Schritt und Tritt von Bodyguards begleitet wird, das Ende der Treuhandanstalt 1994 auch in dieser Hinsicht eine ganz persönliche Befreiung. Zum Beispiel ganz banal eine ihrer wenigen Leidenschaften, die sie neben dem Kettenrauchen zugibt, wieder leben zu können: schnelle Autos zu fahren. Im Fond der gepanzerten Dienstlimousine war das immer so langweilig.

Mit Birgit Breuel beginnt eine neue Ost-Politik in der Treuhandanstalt. Abwicklung der letzten Ostler, allerdings nicht ohne Ansehen der Person, denn Wolfram Krause darf noch ein bißchen bleiben. Ein paar Wochen nach Rohwedders Tod aber sind die Ratschläge von Hilmar Schmidt ebensowenig gefragt wie die von Paul Liehmann, beiden Ur-Treuhändlern wird ihre Vergangenheit zur nicht mehr akzeptierten Altlast. Ihnen folgt der im Vorstand für Land- und Forstwirtschaft, Bergbau und Nahrungsmittel verantwortliche ehemalige Modrow-Minister Gunter

Halm, auch der bislang als Kenner ostdeutscher Befindlichkeiten vom Präsidenten geschätzt. Offiziell trennt man sich im besten Einvernehmen, weil seine Aufgabe erledigt sei.

Die Aufgabe Landwirtschaft ist fünf Jahre später noch nicht gelöst, und was den Bergbau betrifft, setzen die richtigen Probleme erst später ein, vor allem als die Schließung der Kaligrube in Bischofferode zum Fanal für den niedergemachten Osten wird. Inoffiziell wird Halm vom Verwaltungsrat erledigt, auf Drängen der Bonner Spitzenbeamten, und dabei spielt eine Grundstücksaffäre die entscheidende Rolle. Die ehemalige Blockflöte Halm hat aber einen Vierjahresvertrag und schweigt deshalb nach der Abfindung über die Umstände seiner Entlassung. Den, sagt einer aus dem Vorstand, hätte auch Rohwedder rausgeschmissen, das hatte nichts mit Osten oder Westen zu tun. Hilmar Schmidt, der inzwischen unterm Dach der BvS wieder am Alexanderplatz sitzt, wo er einst im März 1990 begann, soll sich ums Treuhand-Archiv kümmern, da stört seine politische Einstellung von früher nicht weiter. Denn diesmal geht es um *facts* und nicht mehr wie früher um Fakten.

Letzter Ossi in der Führung der Treuhandanstalt ist Wolfram Krause, der Mann für die Finanzen, und der weiß nicht so recht, ob er in den neuen Zeiten noch gebraucht wird. Sucht selbstzweifelnd eher die Ursache bei eigenen Mängeln, denn er fühlt sich aufgrund seiner mageren sozialistischen Ausbildung trotz allen Lerneifers schlicht überfordert. Karl Döring tröstet den Ex-Genossen, der in den fünfziger Jahren aus Angst vor einem neuen Faschismus als idealistischer junger Mann von West nach Ost gewechselt war, und baut ihn gleichzeitig auf: Schau dir mal die Wessis genau an, die kochen auch nur mit Wasser. Was die können, das können wir doch lernen. Außerdem verdienst du 300 000 im Jahr, und die das Dreifache.

Was die Profis aus dem Westen so alles können, zeigt im Herbst 1991 zunächst einmal die inzwischen untergegangene Zeitung »Super«, gegen die »Bild« so seriös wie die »Neue Zürcher Zeitung« wirkt. Zwar ist der Vorwurf, Krause sei Mittags bester Mann gewesen, tatsächlich Rufmord. Denn Mittag hatte im Gegenteil Krause kaltgestellt, weil der ihm zu kritisch geworden war. Aber Rufmord in Schlagzeilen verkauft sich: »Frau

Breuel, was sucht eigentlich Mittags rechte Hand in der Treuhand-Kasse?« Die Treuhandanstalt ist noch stark genug, ihren Finanzchef zu schützen, zumal der keiner von den üblichen Wendehälsen ist, die angeblich gar nicht mehr wissen, wofür die Abkürzung DDR eigentlich stand. Der es selbst nie fassen konnte, daß ausgerechnet er zum Kassenwart der größten Industrieholding der Welt berufen worden war. Ich hätte mich nie genommen, sagt er und meint dies nicht etwa ironisch. Er behauptet nie, Widerstandskämpfer gewesen zu sein, im Gegenteil, er spricht von der Schuld, die er auf sich geladen hat im alten System. Seine Nachbarn am Vorstandstisch loben sein Engagement, seinen Lerneifer, seine Kenntnis. Er lobt vor allem sein Finanzgenie Paul Hadrys, der ihn als anständiger Wessi, denn auch die gibt es, vor den schlimmsten Fehlentscheidungen bewahrt.

Hadrys ist einer der Treuhändler, auf die Birgit Breuel bauen kann. Mit ihm und ihrem Vize Hero Brahms wird sie auf Roadshows, wie das in diesen Kreisen genannt wird, auf den Finanzmärkten in London, Hongkong, Tokio, Singapur, Paris und New York für die Treuhand werben. Denn Hadrys hat die richtige Idee, sich international durch die Emission von Commercial Papers und national durch Schuldverschreibungen per Anleihen das Geld zu besorgen, das die Treuhandanstalt aufgrund täglich wachsender Bedarfsmeldungen ihrer Betriebe braucht. So ganz nebenbei schreibt sie auch beim Geldbesorgen und nicht nur beim Geldausgeben Geschichte, denn auf die Idee, sich die nötigen Investitionen international finanzieren zu lassen, weil es da günstigere Schuldzinsen gibt, kommen andere Staatsdiener erst viel später. München wird Ende 1996 die erste deutsche Großstadt sein, die sich per Emission kommunaler Schatzanweisungen die nötigen hundert Millionen für die Erneuerung der Stadtentwässerung von der Nippon Life Insurance Company in Japan besorgt und nicht um die Ecke zur Bayerischen Vereinsbank geht.

Insgesamt leiht sich Treuhändler Paul Hadrys über vierzig Milliarden DM zusammen, davon zehn Milliarden per Commercial Papers.»Wir konnten nicht die Frage beantworten, wie lange es die Treuhandanstalt noch geben würde, aber wir konnten bestätigen, daß die Bundesrepublik die volle Haftung bis zur Tilgung dieser Kredite übernommen hat.« Bonität also garantiert. »The Federal State would remain directly liable for debt of the Treuhandanstalt even after a dissolution or a winding-up of the Treuhandanstalt«, übersetzt das Manfred Balz in einem Memorandum, das die Treuhändler mitbekommen auf die Reise.

Im Gepäck haben die Treuhand-Roadies als Beleg einen offiziellen Brief von Staatssekretär Horst Köhler, der bestätigt, daß die Bundesregierung für alle Schulden aufkommen wird. *To whom it may concern:* »The direct liability of the Federal State is not restricted in any way by the limits of the borrowing authority of the Treuhandanstalt under the statute.« Das öffnet die Türen bei LIFFE, der London International Financial Futures and Options Exchange. Die Commercial Papers werden vom anerkannten Branchenführer »Moody's Investor Service«, auf dessen Ratings sich weltweit alle möglichen Geldgeber verlassen, mit AAA eingestuft, in der Fachsprache auch Triple A genannt. Für Laien: etwa vergleichbar mit Belugakaviar, Jahrgangschampagner und einer unvergeßlichen Liebesnacht und dies alles gleichzeitig. Maklerrolle bei Unternehmensverkäufen spielen internationale Investmentbanken wie Goldman, Sachs & Co., SG Warburg, Price Waterhouse, J. P. Morgan & Co., Merrill Lynch, First Boston Corp. oder CSFB Credit Suisse. Großaufträge, wie es sie nur einmal gibt und dann nie wieder.

Insgesamt hat sich die Treuhandanstalt in den ersten drei Jahren ihres Bestehens, aber richtig erst, seit Hadrys sich um die Finanzierung kümmert, siebzig Milliarden DM geliehen. Auch dafür, und nicht nur für die betriebswirtschaftlich fragwürdigen Altkredite, müssen Zinsen bezahlt werden. Die Ausgabe von Commercial Papers und anderen Schuldverschreibungen wird also laufend und nach Bedarf erhöht. Davon versteht Krause nun wirklich nichts mehr.

Gehen muß er erst Mitte 1992, weil inzwischen die Angriffe gegen die Treuhandanstalt so massiv geworden sind, daß man wenigstens diese Rote-Socken-Front begradigen will. Um Finanzen soll sich im Vorstand einer aus dem Westen kümmern, Heinrich Hornef, der bei Boehringer in Mannheim nicht lang abgeworben werden muß, seinem Vorgänger Krause hat man das neugeschaffene Ressort Osteuropa zugedacht. Aus dem Bonner

Haushaltsausschuß waren sehr deutliche Hinweise gekommen, daß man den hochsensiblen westdeutschen Abgeordneten nicht länger einen Mann aus der alten Nomenklatura, diesen Herrn Krause, als Gesprächspartner zumuten könne. Die Bürgerrechtler von Bündnis 90 aus dem Osten veröffentlichen regelmäßig Listen mit Namen von SED-Altlasten, die jetzt angeblich von der Treuhandanstalt getragen werden. Jeder Vorwurf wird penibel geprüft und abgehakt. Falls wirklich was dran ist, rigoros entlassen. Birgit Breuel am 23. September 1991 in einem Brief an alle Treuhändler:

»In der letzten Woche wurden aufgrund neuer Erkenntnisse der Gauck-Behörde die Arbeitsverhältnisse mit 15 Mitarbeitern beendet. Wenn klare Fakten vorliegen, müssen auch klare Entscheidungen getroffen werden, und zwar unabhängig von der bislang in der Treuhand geleisteten Arbeit. Wir prüfen dabei jeden Einzelfall. Mit den betroffenen Mitarbeitern wird immer ein Gespräch geführt. Ich bitte alle Mitarbeiterinnen und Mitarbeiter, gerade weil die Vergangenheit wie ein Schatten über dem gemeinsamen Neubeginn steht, auch unter der Belastung durch solche Vorgänge weiterhin eng zusammenzuarbeiten. Bitte sprechen Sie ruhig mich oder den Vorstand an, wenn Sie dabei etwas bedrückt.«

Rechtzeitig vor dem Wechsel Krauses auf den Vorstandsposten Osteuropa ist ein Hinweis der Gauck-Behörde auf dem Markt, daß der Mann für die Staatssicherheit tätig gewesen sei. Zwar wird außer einem Orden, den er als sogenannter Gesellschaftlicher Mitarbeiter (GM) angenommen hat, nie etwas belegt. Zwar wollen ihn ohne Ausnahme alle oberen Treuhändler einschließlich Präsidentin halten, und sei es nur als Symbol für die Ostdeutschen, als Alibi, als Identifikationsfigur. Erleichtert sind sie doch, als er von sich aus das Handtuch wirft. Wolfram Krause aber hatte das Gefühl, am Ende seiner Fähigkeiten zu sein. Typisch Ossi. Wenn Wessis das Gefühl haben, am Ende ihrer Fähigkeiten zu sein, schweigen sie darüber und hoffen, daß es so bald keiner merkt.

Krauses Kollegen besorgen dem ehemaligen Treuhändler einen gutbezahlten, wenn auch nicht sehr spannenden Job bei der Dresdner Bank, denn auf die ihm zustehende Erfüllung seines langfristigen Vertrages hat er stolz verzichtet. Er berät die Bank in Sachen Osteuropa-Geschäften, was er bei der Treuhand hätte machen sollen. Die feiert ihren Krause zum Abschied mit einem Silberteller, in dem alle Unterschriften der Vorständler eingraviert sind, und zitiert bei Gelegenheit den Brief, den er ihnen geschrieben hat. Schreibt so einer, der sich von uns verraten fühlt? Der letzte ostdeutsche Treuhandvorstand, auf Druck von Bonn gekippt: »Es ist mir ein aufrichtiges Bedürfnis, mich bei Ihnen für die vertrauensvolle Zusammenarbeit in meiner über zweijährigen Tätigkeit in der Treuhandanstalt zu bedanken. Es ist für mich ein unauslöschliches Erlebnis, im tätigen Miteinander bei der so gravierenden Umgestaltung der Wirtschaft in den neuen Bundesländern zugleich ein menschliches Zusammenwachsen östlicher und westlicher Deutscher im Hause der Treuhandanstalt erlebt und mitgestaltet zu haben. Da die vollkommene Erfüllung des Treuhandauftrages noch viel Kraft von Ihnen erfordert, wünsche ich Ihnen Standfestigkeit und Einfühlungsvermögen bis zum erfolgreichen Abschluß der Arbeit. Ich darf Ihnen freundschaftlich verbunden bleiben.«

Noch immer lobt Krause die Kollegen Treuhändler, die zu ihm hielten bis zum Schluß, vor allem Jens Odewald und Birgit Breuel. Wenn es ihm ganz schlechtgeht, gemeint ist psychisch, und nicht materiell, denkt er voller Wehmut zurück an die Zeit, als er das Gefühl hatte, gebraucht zu werden. Dieses Gefühl hat er heute nicht. Unter Rohwedder, sagt einer von dessen Vertrauten aus Dortmunder Zeiten, wäre Krause nicht rausgeflogen. Der hätte dem Druck aus Bonn widerstanden. Der sah in Ostdeutschland nicht nur eine zu lösende Manageraufgabe, sondern hatte eine emotionale Bindung. Die bei Breuel erst langsam wächst, denn sie zeigt ihre Fähigkeiten vor allem bei weltweiten Auftritten in Sachen Treuhand, wenn sie in perfektem Englisch und voller Detailkenntnis um Geld, Investoren und Vertrauen wirbt. Sie ist eine Art Außenministerin der Treuhandanstalt und kann sich stets darauf verlassen, daß ihr Vize Hero Brahms loyal die Arbeit vor Ort macht.

Rohwedders andere Hinterlassenschaft hilft dagegen seinen Erben bei der Fortführung der Geschäfte. Neben dem von ihm mitgestalteten Hemmnisbeseitigungsgesetz ist es das genauso grauenvoll klingende Spaltungsgesetz. Das aber auch genauso wichtig ist, denn es erlaubt die Trennung und Entflechtung von Großunternehmen, und das befördert die Privatisierung. Wichtige Hinterlassenschaft sicher auch die bei Berger und McKinsey bestellten Modelle einer Organisation der täglichen Arbeit. Die dringend nötig waren. McKinsey hat sich im Auftrag des Bundesfinanzministeriums für 100 000 DM Honorar Gedanken gemacht, Berger direkt im Auftrag von Rohwedder für etwa die gleiche Summe. Rohwedder: »Siemens hat mit seiner Frau und zehn Buchhaltern angefangen und hundert Jahre gebraucht, um ein Weltkonzern zu werden. Wir sind über Nacht ein Weltkonzern geworden, viermal so groß wie Siemens, und haben keine Buchhalter.«

Bei ihm ist dennoch nichts liegengeblieben, auch das unterscheidet ihn von seinem Vorgänger. Rohwedders Einfluß in Bonn hat geholfen, aber den hat Breuel auch. Als sie da noch in diesem oder jenem Ausschuß gemeinsam auftraten, gab es eh keine Unterschiede zwischen beiden und nichts zu ernten für die fiskalische Gegenseite der Abteilung VIII des Finanzministeriums. Es ging anfangs einigermaßen friedlich zu zwischen beamteten Treuhändlern aus Bonn und freischwebenden Treuhändlern aus Berlin, die mitunter zur Selbstüberschätzung neigten und gerne Entscheidungen trafen, die sie eigentlich mit dem beaufsichtigenden Ministerium in Bonn hätten abstimmen müssen. Die Grenzen der Treuhand waren fließend, immer wieder neu definiert und für die in Berlin nur dann erreicht, wenn der Kaufpreis hundert Millionen DM überschritt oder ein Geschäft von »besonderer politischer Bedeutung« war. Gerade letzteres war ein höchst dehnbarer Begriff. Von den ersten 5800 Privatisierungsfällen werden gerade mal 62 in Bonn zur Genehmigung vorgelegt.

Die sich aus der Grauzone ergebenden Chancen, keine Behörde im klassischen Sinne zu sein und gleichzeitig doch kein privates Industrieunternehmen, nützen zugunsten der Treuhandanstalt vor allem die ehemaligen Spitzenbeamten Balz, Scherpenberg, Schöde und Wild aus. Klar, daß sie aufgrund langjähriger Selbsterfahrung wissen, wie Beamte reagieren oder nicht und was die bewegt, ärgert, freut. Und wo die Lücken sind, in die man mit unschuldiger Miene vorstoßen kann. Es paßt in die bunte Geschichte der Treuhändler, in der nichts nur schwarz oder nur weiß ist, daß den Berlinern in Bonn nicht gerade Prototypen der Spezies Sesselfurzer gegenübersitzen. Johannes Ludewig ist zwar eindeutig ein Beamter, aber einer mit Leidenschaft und Visionen. Eckart John von Freyend kommt aus der Privatwirtschaft und ist unabhängig, nicht nur im Kopf. Homann und Köhler sind so flexibel, daß sie ohne Probleme bald in die freie Wirtschaft, an die Spitze des Sparkassen- und Giroverbandes, wechseln können. Köhler-Nachfolger Gert Haller ist heute Spitzenmanager bei Wüstenrot etc. Da treffen also von beiden Seiten Hochkaräter aufeinander, und da fliegen schon mal die Fetzen. In gebotener Form, aber mit allen Tricks und Finessen, mit subtilen Drohungen und vagen Versprechungen, also höchst politisch, wie ein Briefwechsel zeigt, der sich über viele Monate, zwischen dem 29. Juli 1992 und dem 16. Dezember 1993 hinzieht:

»Sehr geehrte Frau Breuel, in der Vergangenheit ist es mehrfach vorgekommen, daß die Treuhandanstalt Gesellschaften gegründet hat, ohne hierzu vorher die Zustimmung des Bundesministers der Finanzen nach Paragraph 65 BHO einzuholen (Liegenschaftsgesellschaft der Treuhandanstalt, Treuhand Osteuropa Beratungs GmbH, kürzlich soll eine Treuhand Versicherungs GmbH gegründet worden sein). Weiterhin wurden immer wieder Privatisierungsverträge geschlossen, die entsprechend dem vereinfachten haushaltsrechtlichen Einwilligungsverfahren der Zustimmung des Bundesministers der Finanzen bedurften. ... Aus der aktuellen Diskussion mit einem Ihrer Direktorate schließe ich, daß die erforderliche Beteiligung des Bundesministers ... nach Paragraph 65 BHO in der Treuhandanstalt immer noch nicht in allen Direktoraten bekannt ist. Ich bitte deshalb dafür Sorge zu tragen, daß künftig vor Abschluß aller derartigen Verträge die Beteiligung des Bundesministers der Finanzen ... gemäß Paragraph 65 BHO in den Verträgen sichergestellt ist. Mit freundlichen Grüßen. Im Auftrag. Dr. John von Freyend.«

Viele Treuhand-Direktoren interessieren sich einen feuchten Dreck für Paragraphen, die schauen nicht einmal nach, was eigentlich 65 BHO bedeutet. Sie lassen die Bonner bei deren Besuchen in Berlin sehr deutlich spüren, daß sie keine Zeit haben für irgendwelche Regeln oder gar deren Verletzungen. Sie hätten schließlich was fürs Vaterland zu tun und es kümmere sie einen Scheiß, was die Beamten davon hielten. »Wie teilweise die Mitglieder des Haushaltsausschusses des Deutschen Bundestages abgespeist wurden, war schon mehr als arrogant«, erinnert sich Fritz Homann. Dabei spielte eine Von-oben-herab-Haltung mit, die gegenüber den meisten der in diesen Jahren eben nicht typischen deutschen Beamten unangebracht war. Auch die fühlten sich als Treuhändler, wenngleich der anderen Art. Waren entsprechend verletzt, wenn sie schlecht behandelt wurden. Und sollten sich, erst recht nach dem Treuhanduntersuchungsausschuß Ende 1993, auf ihre Art revanchieren. Durch Vorschriften, Paragraphen und das übliche Regelwerk. Die Bundesanstalt für vereinigungsbedingte Sonderaufgaben ist die eigentliche Rache der Beamten, das steinerne Symbol ihres letztlich doch errungenen Sieges über die Kraft, die aus dem Chaos kam.

Freyends Brief läßt Birgit Breuel durch ihren Kanzleichef, den überaus effizienten Norman van Scherpenberg beantworten. Der versteckt die Häme so geschickt in seinen fein gedrechselten Sätzen, daß die schon wieder unterwürfig wirken, deshalb nicht beweisbar frech sind: »Angesichts dieser Risiken möchte ich empfehlen, die Genehmigungspraxis des BMF zu überprüfen, und rege an, daß nach Möglichkeit nach folgenden Grundsätzen vorgegangen wird: Grundsätzlich sollte vermieden werden, daß Genehmigungen mit Maßgaben verbunden werden ... gez. Dr. van Scherpenberg.« Normalerweise unterschreibt er mit Scherpenberg, aber wenn es nötig ist, kann er durchaus mit einem adligen Doktor aus Bonn konkurrieren. In einem Aktenvermerk hält der Generalbevollmächtigte fest: »Die Treuhandanstalt ist keine nachgeordnete Behörde des BMF, sondern eine durch Gesetz ins Leben gerufene Anstalt. Nach diesem Gesetz hat sie einen gesetzlich festgeschriebenen Auftrag sowie mit dem Vorstand und dem Verwaltungsrat Organe, die die volle Verantwortung für die Durchführung des übertragenen Auftrags haben. Das Dilemma der Situation besteht darin, daß auf der einen Seite die gute und vertrauensvolle Zusammenarbeit zwischen den Mitarbeitern der Treuhandanstalt und den Mitarbeitern des BMF, insbesondere der Abteilung VIII, nicht in Frage gestellt werden sollte, daß auf der anderen Seite aber diese Zusammenarbeit nicht dazu führen darf, daß Verantwortlichkeiten verwischt werden.« Finanzstaatssekretär Horst Köhler legt auf der nächsthöheren Ebene einen drauf. Er schreibt an die Präsidentin höflich, aber ebenso hart wie Freyend:»... bitte ich zu beachten, daß Gründungen von Gesellschaften der Zustimmung des Bundesministeriums der Finanzen bedürfen.« Aber Breuel zuckt nicht mal mit der Wimper. Getreu ihrem Motto, bei Angriffen aus dem Westen sofort zurückzuschlagen. Schreibt einfach direkt an den Bundesfinanzminister Dr. Theo Waigel und macht deutlich, daß »Auftrag und Umfang der Tätigkeit der Treuhandanstalt einer ministeriellen Fachaufsicht im herkömmlichen Sinne faktische und rechtliche Grenzen setzen. Mit großer Sorge betrachtet der Vorstand nun aber, daß sich dennoch Form und Stil Ihres aufsichtsführenden Ministeriums mit der Treuhandanstalt in den letzten Wochen in gravierender Weise zu verändern scheinen ... Der Vorsitzende des Verwaltungsrates teilt die sehr ernsten Sorgen des Vorstandes. Ich möchte Sie daher auch im Namen von Herrn Dr. Lennings sehr eindringlich um ein baldiges, persönliches Gespräch mit Ihnen bitten. Mit freundlichen Grüßen« und handschriftlich »bin ich Ihre Birgit Breuel«.

Das Gespräch findet am 2. Dezember 1993 statt, man vereinbart selbstverständlich Vertraulichkeit, wie sich das gehört, aber Birgit Breuel bestätigt gerne in einem Brief an Waigel, daß es bei der bisher geübten Praxis bleiben werde. Staatssekretär Gert Haller, Nachfolger von Horst Köhler nicht nur im Finanzministerium, sondern auch im Verwaltungsrat, startet noch einen letzten Versuch, seinen Beamten mehr Einfluß auf Entscheidungen unterhalb der Vorstandsebene zu verschaffen. Wird aber eiskalt und verbindlich von BB ausgeknockt:»Um Unklarheiten zu vermeiden, möchte der Vorstand daher sicherstellen, daß Weisungen des BMF auf dem normalen Anordnungsstrang eines Unternehmens, d.h. vom Vorstand umgesetzt werden.«

Weil die Treuhand nicht nur viele, sondern eigentlich alle Betriebe in ihrem Besitz sanieren müßte, was ihre Möglichkeiten übersteigt und vor allem die ihrer Manager, drückt Birgit Breuel nach Amtsantritt aufs Tempo. Ohne fachmännische Beratung geht es nicht. Wieder tritt die erste Garnitur, also Roland

Berger und McKinsey, KPMG, Boston Consult und Arthur D. Little, um nur die Größten zu nennen, im Osten an und verdient sich goldene Spürnasen. Mit denen schnüffeln sie in Betrieben und erstellen die Konzepte fürs Überleben oder für den unumgänglichen Tod. Sie suchen Investoren für die Betriebe und stehen den Treuhändlern mit ihrem guten Rat zur Seite. Der ist teuer. Die Consultants verdienen, kein Wunder bei Tagesgagen ihrer Stars von bis zu 3000 Mark, insgesamt über eine Milliarde DM.

Die begehrten Aufbauhelfer lassen sich allein im Jahre 1992 insgesamt 450 Millionen DM überweisen, gegen Rechnung selbstverständlich und immer im Rahmen der Gebührenordnung, was etwa hundert Millionen Mark mehr sind, als die knapp 4000 Festangestellten im selben Zeitraum für sich beanspruchen. Da kommt wenig Freude auf. Nicht beim Bundesrechnungshof, nicht beim Bundesfinanzministerium, nicht bei einzelnen Beamten. Entweder waren die Spitzentreuhändler zu schlecht, dann waren sie zu hoch bezahlt. Oder sie waren so gut, weil sie so viel verdienten, dann fragt man sich, warum sie auch noch so viele Berater brauchten. Klingt logisch.

Seriöse Berater wehren sich vehement gegen öffentliche Kritik, betonen ihren sauberen Charakter, pochen auf ihre professionellen Grundsätze. Berger: »Wenn wir die nicht hätten, wären wir schnellstens aus dem Markt.« Und bringt ein Beispiel: »Wenn uns ein Unternehmen in Ostdeutschland beauftragt, versuchen wir es wettbewerbsfähig zu machen, damit es überleben kann. Da gibt es keinerlei Interessenskonflikte mit der Treuhandanstalt als dessen Eigentümer.«

In der Gesamtsumme sind aber auch die Honorare der schwarzen Schafe enthalten, denn unter dem Titel Berater machten sich nicht nur die Heerscharen akademischer Jünglinge mit Handy und Boss-Anzug auf den Weg und behandelten die Ossis so, wie sie es im Westen mit Geschäftspartnern nie gewagt hätten. Mehrten also den eh schon schlechten Ruf ihrer Branche. Berater nannten sich auch die vielen Blender, die keine Ausbildung hatten, keine Ahnung, keine Strategien, aber die nötige Unverschämtheit, um unwissende Ost-Geschäftsführer erbarmungslos auszunehmen. Bezahlt doch alles die Treuhandanstalt, die hat's doch. Diese Ganoven mit beschränkter Haftung, diese speziellen Mutanten einer GmbH, gehören als Berater zu den Maden in Germany, über die noch zu berichten sein wird.

Bei dem von BB verlangten Tempo können angeblich die Brüder und Schwestern sowohl in der Zentrale als auch in den Niederlassungen nicht mithalten. Breuel:»Sie hatten keine marktwirtschaftlichen Erfahrungen und standen aufgrund ihrer völlig anderen Biographie dem neuen System einigermaßen hilflos gegenüber.« Was nichts über ihre Intelligenz besagt, wie sie sich beeilt zu betonen. Einfach Mangel an Erfahrung.»Wir haben uns sehr bemüht, aber wir hätten uns die Manager backen müssen.« Das ergibt auch eine Untersuchung in den Betrieben. Hero Brahms berichtet bei der 35. Sitzung des Verwaltungsrates am 19. März 1993 der hohen Runde, daß sich die Qualität der Ostmanager seit der ersten Untersuchung 1991 nicht gebessert habe und die Ebene der ostdeutschen Spezialisten »in der Regel« den neu eingesetzten Spitzen aus dem Westen nicht hinreichend qualifiziert zuarbeiten könne. Die naheliegende Frage, ob denn die erwähnten Spitzen hinreichend qualifiziert waren, wurde nicht gestellt.

Weiter unten in der Treuhandhierarchie geht es schon, da muß nach Anweisungen gearbeitet und nichts entschieden werden, da wird der Ostler an sich gern beschäftigt, weil der auch nicht so viel kostet wie ein Westler. Befehle auszuführen haben die Ossis doch vierzig Jahre lang gelernt, nicht wahr? In genauen Zahlen: Siebzig Prozent aller Mitarbeiter der Treuhandanstalt, und das sind Ende 1991 bereits 3604 und ein halbes Jahr später gar knapp 4000, kommen aus den neuen Bundesländern. Bei den Abteilungsleitern sind es neunzehn Prozent, bei den Direktoren und im Vorstand null. Was nicht bedeutet, daß im Vorstand und unter den Direktoren deshalb keine Nullen sitzen, weil die alle aus dem Westen in den wilden Osten gelockt wurden, also Spitzenmanager sind.

Wer unter den Vorständen ist eindeutig eine Null und nicht nur Klasse 2b, aus der bei genügend Training doch noch Erstklassiges werden kann? Da winden sich die befragten Verwaltungsräte, denn man trifft sich wieder, hier und da und heute noch. Betont wird, daß im Verwaltungsrat die Qualität saß, die man sich für den Vorstand gerne gemalt hätte. Also Kaufhof-

Chef Jens Odewald, dem allerdings von allen attestiert wird, bei aller Begabung, mit Menschen nicht so recht umgehen zu können. Spitzenkräfte wie der Hamburger Wirtschaftsprüfer Otto Gellert oder der Geschäftsführer von Trumpf, Berthold Leibinger. Claus Köhler vom Direktorium der Bundesbank oder Manfred Lennings von der Westdeutschen Landesbank, der Aufsichtsratsvorsitzende von Agfa Gevaert, André Leysen, oder der Vorstandsvorsitzende von AGIV, Frank Niethammer, Gewerkschafter wie Roland Issen (DAG) oder DGB-Chef Heinz-Werner Meyer, Spitzenbeamte wie Horst Köhler oder Dieter von Würzen. Selbst wenn es unter den politischen Verwaltungsräten solche gibt wie CSU-Altlast Gerold Tandler oder Alfred Gomolka und Gerd Gies, die kurzzeitigen Ministerpräsidenten von Mecklenburg-Vorpommern und Sachsen-Anhalt, wird das Niveau gehalten. Wenn nämlich Kurt Biedenkopf brilliert, was er gerne tut und damit wiederum die anderen in der Runde nervt. Ja, Kurt, wir wissen, wie gut du bist, nun komm zur Sache.

Konflikte zwischen Verwaltungsrat und Vorstand dringen nicht an die Öffentlichkeit. Falls mal eine Vorstandsvorlage Mißfallen erregt, wird sie zurückgereicht und neu gestaltet. Bei der dreizehnten Sitzung am 13. November 1992 zum Beispiel wird unter Tagesordnungspunkt 9 kritisiert, daß in einigen Fällen der Genehmigungsvorbehalt des Verwaltungsrates mißachtet worden ist. So beim später berühmt werdenden Deal Metallurgiehandel und Thyssen. Da ist ein Vorstandsbeschluß rechtswirksam geworden, wie noch einmal auf der 42. Sitzung des Verwaltungsrates bemängelt, ohne vorherige Vorlage an den Verwaltungsrat oder das Bundesfinanzministerium. Meist aber gilt Treuhand einig Vaterland zwischen Verwaltungsrat und Vorstand.

Treuhand-Vorständler also nur hochbezahlte Artisten unter der Deutschlandkuppel ratlos? Schnelle Einigung bei Verwaltungsräten darüber, daß Alexander Koch, zuständig für Personal, schon zwei Tage nach seinem Abgang nicht mehr vermißt wurde. Wo immer er heute sein mag, Gottes Segen über ihn. An seinen Nachfolger Horst Föhr, einen Mann der Gewerkschaften, der viel Geld verdienen wollte, erinnern sich die wenigsten. Wie hieß der? Er hatte einen guten Vertrag, ist heute Personalvorstand bei der Deutschen Bahn.

Unter die Rubrik, bessere Treuhändler waren nicht zu bekommen, fällt auch Krauses Nachfolger Heinrich Hornef, später als Präsident der BvS überfordert, weil die Probleme größer waren als sein buchhalterischer Horizont reichte. Als Finanzmann eine solide Bank, aber als BvS-Chef hätte es nicht nur eines Mannes bedurft, dessen Ehrgeiz sich darin erschöpfte, im Plan zu bleiben, und wenn es ging, ein bißchen darunter. Christdemokrat Hornef ist von Odewald verpflichtet worden, den er aus dem CDU-Wirtschaftsrat kannte. Er hat sich nach Krauses Abgang mit Hilfe des versierten Fachmanns Horst Bräuhäuser fast ausschließlich um die DM-Eröffnungsbilanz der Treuhandanstalt gekümmert, die legt er am 1. Oktober 1992 rückwirkend für den 1. Juli 1990 vor, den Tag der Währungsunion. Früher ging's nicht, weil die Bewertung der 8000 ursprünglichen Unternehmen so lange gedauert hat. Jetzt weiß man aber viel mehr als damals und kann sich deshalb in kapitalistischem Realismus üben. International wird seine Bilanz als Meisterwerk anerkannt, in Sachen Buchhaltung ist Hornefs Kompetenz unbestritten. Die vorhersehbaren Schulden in Höhe von 275 Milliarden DM überraschen keinen mehr, man hatte so etwas befürchtet und ist durch dauernde Horrorzahlen in Sachen Deutsch Ost abgestumpft. Bei der Sitzung des Verwaltungsrates am 15. Oktober 1992 steht die Bilanz erst auf Punkt 4 der Tagesordnung, im Protokoll wird der Bonner Finanz-Staatssekretär Horst Köhler zitiert, der darauf hinweist, daß die Treuhandanstalt auf 41 Prozent der Ausgaben bis Ende 1992 keinen Einfluß hatte. Altschuldentilgung, Altlasten, Zinsen sind ihr von der Politik aufgeladen worden. Das allerdings sagt er nicht. Aber es stimmt.

Der ehemalige Ministerialrat Klaus-Peter Wild ist Rohwedder schon früh aufgefallen als bester und stets nüchterner Mann des damaligen bayerischen Wirtschaftsministers Anton Jaumann. Saß in der Runde derer, die einst die Maxhütte vor dem Konkurs zu retten hatten. Da zu seinem Bereich neben der undankbaren Aufgabe Reprivatisierung auch die Verantwortung für Niederlassungen gehört, hat er viel mitzuschreiben, als dort vor allem in Halle die schlimmsten Skandale der Treuhandgeschichte bekannt werden. Wild ist korrekt und unbestechlich, wenn auch ein Mann bar jeglicher Visionen oder Strategien.

Manager mit klassischer Vergangenheit in westdeutschen Unternehmen, durch die Schule verschiedener Branchen gegangen und dadurch geprägt, sind Günter Rexrodt, Hero Brahms, Klaus Schucht, Wolf Klinz und Hans Krämer. Ihre Erfahrungen aus Stahl und Energie, Banken und Maschinenbau etc. nützen ihnen allerdings gar nichts. Denn westdeutsche Führungsqualität wurde eigentlich viele Jahrzehnte lang daran gemessen, wie gut die Steuerung von Expansion, die Eroberung neuer Märkte gelangen. Erst Anfang der achtziger Jahre gab es Erfahrungen mit Sanierungen, also Kostenmanagement, wie sie zum Beispiel Hoesch-Finanzchef Brahms erlebt hat. Wiederaufbau einst bestehender Strukturen ist deshalb auch für diese industriegestählten Treuhändler ein Lernprozeß. Für den keine Zeit war, denn *learning by doing* heißt das oberste Geschäftsprinzip der Treuhandanstalt, zu lernen, was man macht, während man es macht. Damit kamen manche besser zurecht und manche weniger gut und manche eben gar nicht.

Schrott wegräumen, damit es wieder Luft zum Atmen gibt und viele kleine Pflänzchen wachsen, umschreibt Hero Brahms die Herausforderung Ex-DDR. Gesteht allerdings ohne falsche Gutmensch-Attitüde ein, daß jeder Manager ein Stückchen Brutalität braucht, um erfolgreich zu sein, und bei seinen Entscheidungen nicht an den Menschen denken darf, den diese seine Entscheidung treffen wird. Erklärt sein Engagement nicht nur mit der historischen Chance, sondern gibt zu, daß er bei Hoesch an einem Endpunkt angelangt und im Grunde froh war über das Angebot aus Berlin.

Ein Manager, der die nötige Härte nicht hat, bestätigt Klaus Schucht, zuständiger Treuhändler für Bergbau und Energie und Chemie, der wird zerbrechen. Er ist nicht zerbrochen, auch dann nicht, als ihm die Mütter in Bischofferode ihre Kinder entgegenhielten, »als müßten die gleich verhungern«. Das schien ihm objektiv falsch, und nur für objektive Tatsachen hat er ein Gefühl. Der heutige Minister für Wirtschaft von Sachsen-Anhalt gehört zu denen, die beim Anbruch der neuen Zeiten den wohlverdienten Ruhestand zu planen begannen. Geholt auch er von Jens Odewald, der in Nordrhein-Westfalen alle Sozialdemokraten kannte, die man aufgrund ihres Handelns als solche nicht

mehr erkennen, deshalb brauchen konnte, und das sind da besonders viele.

Günter Rexrodt gehört nicht nur zur FDP, die Anrecht auf
einen Mann im Vorstand hat, obwohl mit dem als FDP-nah
geltenden Wild ja schon einer da ist, er hat als gebürtiger Ossi
sogar noch eine alte Rechnung offen mit den Westlern, also
besondere Gründe für den Wechsel nach Berlin. Die haben
Rexrodt als jungen Mann gehänselt, wenn er mit seinem leicht
thüringischen Akzent in Westberlin, wohin er vor dem Mauer-
bau geflohen war und wo er studierte, eine Currywurst verlangte. Der Mann, der schon als ehemaliger Finanzsenator von
Berlin zu den Propheten der reinen Marktwirtschaft zählte, lang-
weilt sich bei der Citibank in Frankfurt, als ihn das Angebot der
Treuhand ereilt. Dort betreut er im Vorstand die Selbstgänger
Nahrung und Genußmittel, hat aber auch solche Brocken in seinem Unternehmensbereich wie Landwirtschaft, Textilindustrie,
Sondervermögen, KoKo, also alles, was keiner haben will. Da
über ihn keiner ein gutes Wort verliert, lobt sich Rexrodt, seit
1993 Bundeswirtschaftsminister, immer dann selbst, wenn er
heute als Politiker über die erfolgreiche Arbeit der Treuhandanstalt referiert.

Wolf Klinz, eingeschult bei McKinsey, von Rohwedder über
einen Headhunter in der Schweiz aufgesammelt, hat die bei wei-
tem meisten Skandale unter den Vorstandsmitgliedern zu verzeichnen, weil in seinen Bereichen Elektrotechnik und Abwicklung am meisten passiert. Es liegt also nicht in seiner Person
begründet. An ihm bleibt von den staatsanwaltlichen Ermittlungen wegen Untreue zu Lasten der Treuhandanstalt nichts hängen,
aber da er nicht blöde ist, weiß er, daß immer etwas hängenbleibt.
Manch einer von seinen Kollegen hätte sich gewünscht, daß der
Fall Teltow bis zur letzten Instanz vor Gericht ausgefochten worden wäre, um Klarheit zu haben, wer wen wann wie warum
womit über den Tisch gezogen hat. Klinz verteidigt sich heute
noch ungefragt und fast schon resigniert: Nein, ich habe keine
krummen Geschäfte gemacht mit Roland Ernst oder Claus Wisser etc. Die Verantwortung Elektronik gibt er bei passender Gelegenheit ab an Hans Krämer, der als trockener Fachmann für Stahl
und Eisen gilt und der in der unendlichen Geschichte der Priva-

tisierung von EKO-Stahl nicht zu den Helden gehört, aber als harter Arbeiter gelobt wird.

Detlev Rohwedder war der unumschränkte Alleinherrscher, nie in Frage gestellt in der Anstalt und ungern Widerspruch hörend. Birgit Breuel ist im Führungsanspruch so knallhart wie er, bleibt allerdings im Ton verbindlicher. Ihr Vizepräsident Hero Brahms hat einen Ruf als Sanierer, gilt als erfahren in der Industrie, was man von ihr nicht behaupten kann. Sie kennt sich aus in der Politik. Die Mischung macht's, zusammen sind sie stark oder, wie Odewald meint, sogar unschlagbar. Gellert: »Ohne Brahms hätte sie es schwerlich geschafft.« Das sieht sie selbst zunächst nicht so. Denn der neue Mann gilt, obwohl er kein Sozialdemokrat ist, als einer der Vertreter der intern von den Konservativen so genannten NRW-Sozi-Mafia, die gegen die tiefschwarzen CDU-Marktwirtschaftler antritt. Anfangs hat Birgit Breuel sogar den Verdacht, daß es der ehemalige Hoesch-Finanzchef Hero Brahms vielleicht auf ihren Job abgesehen hat. Daß der an ihrem Stuhl sägen würde aufgrund seiner größeren Erfahrung in Sachen Sanierung, aber das auf diesen Managerebenen übliche Spiel hat Brahms gar nicht erst angefangen. Er ist loyal, wie es seine Art ist. Breuel gewinnt sein Vertrauen, und sie vertraut ihm.

Das Tandem an der Spitze ist bald so eingespielt, daß sie sich bei schwierigen Verhandlungen mit großen Brocken nur zunicken müssen und dann gemeinsame Entscheidungen treffen. Das verbindet, gerade dann, wenn sich Entscheidungen später als falsch herausstellen: Vulkanwerft, SKET in Magdeburg, Management KG etc. Zu zweit lassen sich die Prügel leichter ertragen. Denn sobald die Treuhändler Schwächen zeigen, werden sie vom Volk gnadenlos ausgepfiffen. Warum dauert das so verdammt lang mit dem Wirtschaftswunder, war uns doch über Nacht versprochen worden?

Da Birgit Breuel und Hero Brahms erstklassig waren, zogen sie andere Kollegen am Tisch mit. Das ergibt dann, wie beim Eiskunstlauf, für den gesamten Vorstand eine erträgliche Durchschnittsnote für Pflicht und Kür. Letztlich spielt das alles keine Rolle, denn andere als die, die dort ihre Pirouetten auf dem glatten Eis drehten, gab es nicht. Birgit Breuel: »Dieser Vorstand war ein homogenes Team, obwohl er so zusammengewürfelt war. Die Angriffe schweißten zusammen.«

Gemeinsam ist allen, daß sie durch Zufall frei waren. Gemeinsam ist allen, daß sie bei der Treuhand mehr verdienten als zuvor, Verträge mit vier Jahren Laufzeit bekamen und daß sie härter arbeiten mußten als bisher. Gemeinsam ist allen die unumschränkte Bewunderung für ihre Chefin Birgit Breuel. Madame habe es verstanden, unter ihnen nicht nur die üblichen Hahnenkämpfe zu verhindern, sondern vor allem die Anstalt so zu vertreten, daß man stolz sein durfte, dabei zu sein. Sie habe sich aufs angenehmste gewandelt, so etwa nach zwei Jahren die Sturheit der unerschütterlichen Frühkapitalistin à la Manchester abgelegt, sozusagen sich nach und nach enthäutet, verletzbar gemacht und menschliche Züge gezeigt. Sie bleibt aber eine Realistin, weil sie das Unmögliche fordert, den Erfolg. In sogenannten Feldgottesdiensten, wie Managertagungen respektlos genannt werden, predigt Madame die reine Lehre und verlangt nichts als Leistung. Entsprechend heißen die Treffen der Experten einzelner Branchen, bei denen Verbesserungsvorschläge diskutiert werden, Effizienzkränzchen – was allerdings eher ein Insiderscherz ist, über den die, die davon betroffen sind, kaum lachen können.

Birgit Breuel hat vor allem sich und ihre Anstalt geschickt in der Öffentlichkeit verkauft, als die reine Privatisierungsstrategie zugunsten einer Mischung von Sanierung und anschließender Privatisierung verwässert wurde. Industriepolitik, nennt das Roland Berger eher angewidert. Angeregt und angerührt vor allem durch die zweite Ebene der Beamten in Bonn. Die wiederum holten so ihre politische Führung aus der Schußlinie und schoben wieder die Treuhändler an die Front. Geschickt verkauft aber deshalb, weil die Treuhandanstalt für ihre wenn auch späte Einsicht, nicht nur um jeden Preis zu privatisieren, gelobt wurde von denen, die deshalb bei jeder Gelegenheit auf sie einprügelten.

Investoren sind umschwärmt, als hätten sie den Honig, der ihnen erst hingeschmiert wird, bereits am Maul. Nur Privatunternehmer, lautet das Credo der reinen Lehre, besitzen die nötige Kreativität und haben vor allem das nötige Engagement, die Vorgaben der Politik zu erfüllen, nämlich die DDR zügig zu privatisieren. In damals noch ungebrochener Breuelscher Prosa: Privatisierung ist immer noch die beste Sanierung. Das wissen wir, antworten die alternativen Skeptiker, und darunter sind solche Köpfe wie Rudolf Hickel, aber gibt es nicht irgendeinen Mittelweg? Erst zu sanieren und dann zu privatisieren, wie man es doch manches Mal im Westen auch gemacht hat? Nein, eben nicht. In Gefahr und Not bringt der Mittelweg den Tod. Stimmt auch, denn mit Emotionen ist hier nichts zu machen, da gelten andere Gesetze. Nur die des Marktes. Hickel: »Breuel war härter und kälter als Rohwedder und zog das Programm durch, bis sie dann doch auf die Realität hat reagieren müssen.«

Spätestens mit der Gründung der sogenannten Management Kommanditgesellschaften (MKG). Das nennt man in der Treuhandanstalt eine »besonders aktive Sanierungsbegleitung«, ein Etikett, mit dem die MKGs nach draußen als neue, geradezu geniale Art der Privatisierung verkauft werden. Wissenschaftler wie Charles F. Sabel vom Massachusetts Institute of Technology (MIT) nennen das eine »Privatisierung der Sanierungsaktivitäten«. Zunächst werden in der Rechtsform einer GmbH & Co. KG besonders schwere Fälle in einem Unternehmensportfolio gebündelt, die aber nach Meinung des Leitungsausschusses grundsätzlich nach einer gewissen Zeit, also mit entsprechender Geduld und sehr viel Geld, doch zu retten sind. Komplementär der KG ist eine GmbH, deren jeweiliger Manager als Geschäftsführer zwar ein festes und angemessenes Gehalt bekommt, aber erst dann richtig verdient, wenn ihm die Privatisierung gelingt. Der Bonus ist gestaffelt nach Einnahmen und je früher er es schafft, desto größer sein Verdienst bis zu höchstens sechs Millionen DM. Was wieder mal dem Bundesrechnungshof aufstößt: »Das Tantiemensystem ist wenig geeignet, den angestrebten Anreiz für erfolgreiche Privatisierungen und Sanierungen durchgängig zu entfalten. Es ist eher darauf angelegt, den Sanierungsmanagern trotz unsicherer Erfolgsaussichten eine gewisse Gesamtvergütung zu sichern.« Einziger Kommanditist ist die Treuhandanstalt, die haftet und gibt für eine begrenzte Laufzeit, innerhalb deren die Aufgabe erledigt sein sollte, genügend Kapital mit auf den Weg. Gedacht ist an längstens drei Jahre, aber als die Ende 1995 vorbei sind, muß die Frist verlängert werden. Insgesamt werden nach und nach fünf Geschäftsführer berufen, dabei als erster der bisherige Koordinator des Leitungsausschusses Horst Plaschna.

Man kann die Form der Management KG am besten vergleichen mit einer Tochtergesellschaft der Staatsholding Treuhand. Zwar unabhängig in ihren Geschäften, aber finanziell verflochten. Was war der politisch tiefere Sinn dieser Unternehmung, die ja eigentlich nur eine Sanierung unter anderem Etikett war?

Scherpenberg: »Abweichend von unserer Grundregel, schnelle Privatisierung sei besser als Sanierung, wollten wir diese Unternehmen zunächst mit Geld sanieren und sie dann auf den Markt bringen. Dahinter stand unser Bedürfnis, zu zeigen, daß wir auch sanieren können.«

Dahinter stand vor allem der Druck der Gewerkschaftsführer, die genau so etwas schon lange vorgeschlagen hatten angesichts der steigenden Arbeitslosigkeit, angesichts von immer mehr Firmenzusammenbrüchen im Osten. Allerdings hatten sie es anders genannt, als Helmut Kohl wieder mal zum Krisengipfel ins Kanzleramt bat.

Dabei unter anderen die Minister Blüm und Möllemann und Waigel, unterstützt von ihren Spitzenbeamten Eckart John von Freyend, Horst Köhler, Johannes Ludewig. Auf der anderen Seite sitzen Gewerkschafter wie Franz Steinkühler und Monika Wulf-Mathies und Hermann Rappe, wahrlich harte Brocken. Debatten mit der Regierung über den Aufbau Ost und darüber, daß es angesichts der steigenden Arbeitslosenzahlen so nicht weitergehen könne. Der Staat könne sich nicht einfach raushalten und alles dem Markt überlassen. Ja, was denn dann? Steinkühler steckt sich genüßlich eine lange Zigarre an und schlägt staatliche Sanierungsholdings für die Firmen vor, die nicht oder noch nicht zu privatisieren sind. Er nennt das Ding auch tatsächlich Sanierungsholding. Um Gottes willen, sagen die anderen, das würde aussehen wie Ende der Privatisierung, ein negatives Zeichen für alle noch möglichen Investoren. Politisch allerdings, geben die Regierenden zu, ist das gar nicht so dumm. Würde beruhigend wirken in Ostdeutschland.

Den passenden Einfall der Management KGs, die in der Umsetzung nichts anderes als staatlich finanzierte Sanierung bedeuten, hat dann Treuhand-Vize Hero Brahms. Das Wort Sanierungsholding hat seine Chefin unter Androhung persönlicher Konsequenzen in Vorstandssitzungen zum Unwort erklärt. Davon will sie nichts wissen. Birgit Breuel erkennt sofort den Effekt, mit dem sie ganz persönlich für sich und ihre Anstalt punkten kann – wie ein angeschlagener Boxer, der klammert, um sich bis zum Gong zu retten. Die Gründung der Management KGs schafft der Treuhandanstalt Luft, um ungestört weiter zu privatisieren, denn selbstverständlich haben die Treuhändler damit den ersten richtigen Sündenfall begangen, selbst wenn der politisch notwendig war.

Ein Fall für Schöde: »Die Treuhandanstalt nimmt nach ihrem Auftrag und ihrer Zielsetzung für die ihr anvertrauten Unternehmen die Rolle eines Zwischeneigentümers wahr. Dabei soll sie die unternehmerische Tätigkeit des Staates durch Privatisierung so rasch und soweit wie möglich zurückführen. Die Wettbewerbsfähigkeit möglichst vieler Unternehmen herstellen und somit Arbeitsplätze sichern und neue schaffen.« Das alles ist unstrittig und deshalb hat danach auch keiner gefragt. Wolf Schöde ist genial in der Taktik, mögliche und vor allem berechtigte Kritik an der Treuhandanstalt in einem Schwall von Worten zu ersticken. Und vor allem: seine Präsidentin aus der Schußlinie zu nehmen. Das wirkt auch diesmal.

Vergessen werden deshalb die Warnungen des Ministerialrats Fritz Homann vom Dezember 1991, als zum erstenmal in einer Experten-Runde bei Minister Wolfgang Schäuble eine mögliche Änderung der Treuhandpolitik diskutiert wird. »Eine Staatsholding löst kein einziges Problem, würde aber die Betriebe in eine Scheinsicherheit bringen, den Staat als Unternehmer erpreßbar machen, für die Unternehmen die Hängematte Treuhandanstalt durch die Hängematte Staat ersetzen.« Letztlich bleibe es sich ja gleich, wie man das Kind nenne, sowohl bei der Privatisierung wie bei der Sanierung gehe es schließlich vor allem wohl darum, »Kostenbelastung von der Personalseite her« zu bereinigen. Durchgehend und bei allen Industrieunternehmen der ehemaligen DDR habe es personelle Übersetzungen zwischen dreißig und fünfzig Prozent gegeben, was die heutigen Arbeitslosenzahlen erkläre.

Zwei Management KGs sind es 1992, ein Jahr später kommen

noch drei dazu, insgesamt 58 Firmen und über 20 000 Arbeitsplätze stehen in den Listen. Es wird sorgfältig darauf geachtet, möglichst viele verschiedene Branchen in eine KG zu mischen, damit auch tatsächlich jeder Hauch von Staatsholding vermieden wird und ja keiner auf die böse Idee kommen kann, diese Gebilde mit den einstigen Kombinaten zu vergleichen. Das macht zwar einen guten Eindruck, ist politisch so gewollt, verhindert aber mögliche Synergieeffekte innerhalb einer Holding. Letztlich hat keine von den Management KGs funktioniert. Birgit Breuel: »Sie waren mit gutem Geld ausgestattet, aber die Bereitschaft zu privatisieren war bei manchen nicht sehr ausgeprägt. Die haben sich in ihrer Situation sehr wohlgefühlt. Es ist eine Verkrustung entstanden, die so nicht angelegt war.« Der Bundesrechnungshof: »Die konzeptionelle und rechtliche Gestaltung der Management-Kommanditgesellschaften als Holdings zur Sanierung und Privatisierung ... ist mit finanziellen Belastungen in Milliardenhöhe verbunden, ohne daß ausreichende Steuerungs- und Kontrollmechanismen zur Erreichung des angestrebten Erfolges eingerichtet wurden.« Die Zweckmäßigkeit sollte also »kritisch überprüft werden«.

Horst Plaschna widerspricht grimmig: »Trotz vieler Probleme die richtige Idee, denn sonst wären die doch längst alle platt und kaputt, die ich in meinem Korb hatte.« Als die Treuhandanstalt sich offiziell verabschiedet und im Dezember 1994 ihr Türschild abschraubt, wird die Treuhand-Tochter Beteiligungs-Management-Gesellschaft Berlin (BMGB) alleinige Eigentümerin der Management KGs. Bis Ende 1996 werden etwa sechs Milliarden DM an Kosten angefallen sein, und nun ist so oder so Schluß. Die letzten drei dieser Sanierungsmodelle werden von der BMGB geschluckt, einer Behörde ohne die kreativen Freiräume der Treuhandanstalt und vor allem streng kontrolliert durch die Bundeshaushaltsordnung. Das Bundesfinanzministerium hat einer Verlängerung des Versuchs nicht zugestimmt. Politisch waren die Management KGs ein Erfolg, weil die Regierung in Bonn die Kritiker ruhigstellen und die Debatte um Privatisieren oder Sanieren beenden wollte. Also war dieser schlechte Rat zu Recht so teuer. Ob das Ganze auch wirtschaftlich klappen würde, war nicht so wichtig.

Betriebswirtschaft und Volkswirtschaft müssen nicht immer etwas miteinander zu tun haben. Betriebswirtschaftlich ist es geradezu schwachsinnig, fast 35 Milliarden DM in das berühmte und umweltversauende Chemiedreieck zu stecken, um dort einen wenn auch kümmerlichen Rest der einst fast 100 000 Arbeitsplätze bei den vier Ex-Kombinaten in Merseburg, Halle und Bitterfeld zu erhalten, und zwar nicht in Großlösungen, sondern in vielen kleinen Aggregatzuständen. Die westdeutschen Konzerne haben es angesichts ihrer vorhandenen Kapazitäten dankend abgelehnt, sich hier zu engagieren. Null Interesse. Die Wirtschaftsprüfer von Arthur D. Little und McKinsey meinten denn auch kühl, die Anlagen seien aus betriebswirtschaftlichen Gründen abzureißen. Volkswirtschaftlich gesehen mögen die Steuergelder für die Ausländer Dow Chemical und Elf Aquitaine und die modernsten, umweltfreundlichsten Anlagen der Petrochemie von Leuna und Buna genau richtig gewesen sein, denn sonst hätte es einen Aufstand gegeben. Das hat Kohl politisch entschieden und bestimmt nicht wirtschaftlich betrachtet. Klaus Schucht: »In ein paar Jahren wird bei Leuna und Buna nichts mehr an früher erinnern, sondern das Modernste stehen, was die Welt zu bieten hat.« Übrigens tauchen die 9,5 Milliarden DM für Buna-Plaste in der Schlußbilanz der Treuhandanstalt nicht auf, obwohl sie eigentlich da reingehört hätten. Die wurden einfach in den Etat der Nachfolgerin Bundesanstalt für vereinigungsbedingte Sonderaufgaben rübergeschoben. Da lagen sie auch richtig, wie der Name der Behörde schon sagt. Wer hat schon einen solchen Weltrekord zu bieten: Umgerechnet kostet jeder Arbeitsplatz 4,5 Millionen DM.

Treuhandverwaltungsrat Hermann Rappe, der fleischgewordene Kompromiß aus Hildesheim, ist in Sachen Chemie hart wie ein Gewerkschafter, der er ja ist. Erinnert sich und den für Chemie zuständigen Treuhandvorstand Klaus Schucht an die gemeinsamen sozialdemokratischen Wurzeln. Wenn dein starker Arm es will, stehen alle Räder still etc. Daß die im Osten längst auch ohne starke Arme standen, spielt bei der Drohung keine Rolle. Denn so wird Politik gemacht. Dichtmachen ist hier nicht, sonst gibt es Krach, droht der sonst so konsensfähige Rappe. Mit Rappe und Schucht kämpft als Aufsichtsratsvorsitzender der

Buna AG ein ganz besonderer deutscher Patriot, der jetzt die Landschaft Ost pflegt, Eberhard von Brauchitsch. Dieser Mischung ist selbst Kohl nicht gewachsen, er garantiert das Überleben, und solche Garantien eines Politikers kosten eben Geld. So was nennt man dann Volkswirtschaft.

Wenn gut siebzig Prozent der alten Arbeitsplätze verschwinden und nur 29,3 Prozent erhalten bleiben, immer jeweils am Beispiel rational begründbar und nicht immer gleichbedeutend mit Absturz in die Arbeitslosigkeit, denn es werden schließlich auch Hunderttausende neuer Arbeitsplätze mit Zukunft geschaffen, bleibt dies für die Betroffenen psychisch nicht ohne verheerende Folgen. Es erklärt die allgemeine ostdeutsche Verunsicherung, denn nicht nur Arbeitslosigkeit, sondern auch Herausforderungen in einem neuen Job erzeugen Druck. Es erklärt die abnehmende Begeisterung über die gewonnene Freiheit und die zunehmende DDR-Nostalgie. Es erklärt den irrationalen Haß auf die Treuhändler, die sogenannten Kolonialherren. Es erklärt die Attacken von CDU-Abgeordneten aus dem Osten auf die Treuhand, die von ihren Wählern bestürmt werden. Es erklärt die Entfremdung, denn im Gegenzug attackieren die Westler die immer jammernden nimmersatten Ossis. Wollen die etwa ihre alte Zone wiederhaben?

Wer auf die Treuhand einschlug, meinte eigentlich die Politik, und deshalb ließ die es bis auf die üblichen Spruchblasen, wie wichtig ihre Treuhändler seien, auch stillschweigend zu. Birgit Breuel: »Die Überlegung der Regierung, zwischen Volk und sich eine Treuhandanstalt zu stellen, war klug. Denn keine Regierung wäre dem Zorn der Betroffenen gewachsen gewesen. Kritik aus dem Osten bin ich bereit hinzunehmen, aber gegen die, auch aus Bonn, die sich nicht bewegt haben, da habe ich mich schon entsprechend gewehrt.« Nicht immer öffentlich. Zum Beispiel nervt sie auch die dauernde Kritik des Fachmanns Homann, der Klartext redet und den auch diktiert. Daß die Treuhandanstalt immer noch zu langsam ist, daß im Bereich Textil »bis zum 31. 7. 1991 praktisch gar nichts geschehen ist«. Und vor allem äußert Homann »erhebliche Zweifel«, ob wirklich 75 Prozent der Betriebe sanierungsfähig seien. Sämtliche Konzepte und Berechnungen hätten nämlich den Nachteil, daß sie schon längst von der tatsächlichen Situation, z. B. Zusammenbruch der Ostmärkte, überholt worden seien. Viel ändern konnte Homann nicht, denn im Arbeitsstab Deutschland, der sich einmal pro Woche unter der Leitung des damaligen Ministerialdirektors Johannes Ludewig aus dem Kanzleramt traf und bald als »Ludewig-Runde« bekannt wurde, war das Finanzministerium federführend.

Daß die PDS in Birgit Breuel mehr noch als in Rohwedder ihren Lieblingsgegner pflegt und durch Draufhauen auf die Treuhändlerin viele Wählerstimmen holt, ist nicht überraschend. Im Gegenteil: Es ist die Pflicht der Partei, die sich als Stimme des betrogenen Ostens versteht und sich so in der Marktlücke breitmacht, die von den Konkurrenten zu spät entdeckt wird. Politik hat nun mal nichts mit Moral zu tun. Das gilt selbstverständlich für alle, nicht nur für die alten Genossen.

Erst recht in der Wirtschaftspolitik zählt allein Soll und Haben. Unternehmer haben deshalb ihre eigene Firma im Auge und nicht irgendeine humane Theorie von Markt und Staat, also genau sie wären an sich die Richtigen bei dieser gewaltigen Transformation. Genau. Richtig. Was aber nicht bedeutet, daß diese idealen Unternehmer, die Mehrwert für sich und ihre Leute erzielen wollen, schon in den fünf neuen Ländern tätig sind. Man trifft kaum einen. Die einzige Aufgabe der Politik in dieser Operation Deutschland ist die Definition des Ziels, also Orientierung. Die Politiker müssen die Zeit zwischen dem unausweichlichen Zusammenbruch der alten und dem erhofften Aufblühen der neuen Wirtschaft möglichst knapp halten. Wenn sie das schaffen, sind sie gut. Wenn sie es nicht schaffen, kann man sie abschaffen und alles dem Markt überlassen. Angesichts der zahlreichen Firmenzusammenbrüche in der ehemaligen DDR darf man heute deshalb feststellen: So gut waren die Politiker wohl nicht. Rudolf Hickel spottet: »Die ostdeutsche Industrie wurde zwar transformiert, aber sie ging dabei weitgehend verloren.« Roland Berger hingegen: »Das sieht heute schlimmer aus, als es tatsächlich ist. Denken wir mal fünfzehn Jahre in die Zukunft: Der Osten Deutschlands ist doch schon sehr weit mit der Infrastruktur-Erneuerung und viel weiter mit seinen Strukturveränderungen als Westdeutschland, weil er den erstrebenswerten Zustand einer postindustriellen Gesellschaft schnell erreichen wird.«

Karl Schiller wagte sich in der Debatte über den richtigen Weg damals 1991 so weit vor, eine allgemeine Versteigerung aller Treuhand-Betriebe vorzuschlagen, quasi die Anstalt als Auktionator einzusetzen, und was dabei nicht an den Mann zu bringen war, die schrottreifen Ladenhüter, in der Tat zu verschrotten und platt zu machen. So einfach nun wirklich nicht, erwiderte Birgit Breuel und fühlte sich wieder mal in ihrer Meinung bestärkt, daß hier, in der ehemaligen DDR, keine einzige der gängigen Wirtschaftstheorien anwendbar sei. Allenfalls die von Keynes, nach der das Verbuddeln von Flaschen auch ein Konjunkturprogramm sein könne. Eins für Flaschen. Von denen hatte die Treuhandanstalt eine ganze Menge. Zwar hätte bei einer allgemeinen Versteigerung der Staat statt knapp siebzig insgesamt vielleicht hundert Milliarden DM eingenommen, gleichzeitig aber wären weitere 500 000 Arbeitsplätze verloren gewesen. Also volkswirtschaftlich ein gewaltiges Minusgeschäft durch anschließende Finanzierung von Arbeitslosigkeit, wie Eckart John von Freyend kühl vorrechnet.

Die Treuhändler haben nun mal nicht den Auftrag, Arbeitsmarktpolitik zu machen, selbst wenn immer wieder genau das von ihnen gefordert wird. »Man mußte sich wirklich Firma für Firma anschauen und sehen, was in einzelnen Fällen da zu machen sein könnte«, umschreibt Birgit Breuel die Aufgabe des Reparaturbetriebes, der auch Autos ohne Räder verkauft, falls ein Kunde vorbeischaut und die Ware unbedingt mitnehmen will. Die nötigen Unterlagen für eine Entscheidung besorgte bekanntlich der Leitungsausschuß. Berger-Partner Karl J. Kraus, einst vierter Mann in diesem Gremium, hat noch eine weitere Variante als Alternative zum tatsächlichen Kurs parat: »Den früheren Eigentümern die jeweiligen Unternehmen übergeben und nicht verkaufen. Also z. B. die Autofabrik in Zwickau an Audi. Was die von der Treuhandanstalt an Zuschüssen erhalten oder was die bezahlen müssen, wird nach einiger Zeit aufgrund der Lage verrechnet, das heißt: erst mal Schwung in den Laden bringen. Bei einer solchen Lösung hätte man automatisch in den Unternehmen das nötige Know-how bekommen, was bei der Privatisierung der gängigen Art nicht immer gegeben war.« Da wurde manchmal, ohne richtiges Ansehen der Person, alles genommen, was gerade vorbeikam. Hauptsache weg mit dem Salat.

Viele anfangs gefeierte Investoren haben höchst eigene Interessen und entwickeln eine geradezu atemberaubende Kreativität nicht in der Erschließung neuer Märkte, sondern im Austricksen der Treuhandanstalt, wie schon Birgit Breuels Vorgänger beklagt hatte. Betriebe möglichst billig kaufen, möglichst schnell aushöhlen, Arbeitsplätze abbauen und den Treuhändlern anschließend eine lange Nase machen. Denn oft ist es so, daß die erst etwas merken, wenn alles zu spät ist. Das spricht gegen die Qualität der Macher, ist aufgrund des Arbeitsaufwandes erklärbar, aber eben keineswegs entschuldbar. Um wenigstens nicht ganz so nackt in der Öffentlichkeit dazustehen, nimmt die Treuhand solche Betriebe zurück und versucht ihr Glück erneut. Ein teurer Lernprozeß. Diese Ereignisse merkt sich das Volk. Gern erzählt wird in vielen Folgen die Soap-opera vom ach so anständigen Westunternehmer, der das Beste für den Osten wollte, aber gescheitert ist an der Unbeweglichkeit der Anstalt, an verschlafenen Verwaltungen und ostdeutschen Seilschaften. Mag im Einzelfall stimmen, aber eine Serie trägt das nicht.

Birgit Breuel lobt im Gegenteil die Faszination chaotischer Zeiten: »Wir waren durch nichts gebremst, durch keine Hierarchie oder sonstige Befindlichkeiten. Wir hatten wenige Fakten, wenige Leute, und insofern ist aus dem Chaos etwas doch Bemerkenswertes entstanden.« Spekulanten, sagt sie, gibt es in Umbruchzeiten doch immer. Was nichts an der Feststellung ändere, daß sie jeden einzelnen Fall von Kriminalität als »persönliche Niederlage« empfunden habe. Ihr Kanzleichef Scherpenberg liebt es zynischer: »Wir hatten so einen rasanten Fortschritt in der Veränderung, daß die Lernkurve der Kriminellen letztlich nicht mitgekommen ist.«

Rasanter Fortschritt in der Veränderung auch auf ganz anderen Gebieten. Die Gehälter der Vorstände explodieren im Jahr der Ermordung Rohwedders geradezu auf über 900 000 DM pro Jahr, das Einkommen der Präsidentin verdoppelt sich, und auch ihr Vize Brahms überschreitet locker die Millionengrenze. Schmutzzulage für einen Job ohne Zukunft, und nach dem Attentat auch eine Art von Gefahrenzulage. Gefragt ist jetzt Teamwork statt der bislang üblichen Soloauftritte, denn dies stärkt das Wir-Gefühl in der Trutzburg, und das ist psychologisch nicht zu unterschätzen. Birgit Breuel ist fürs Ganze da und bindet sich kein spezielles Ressort mehr ans Präsidentenbein, was als erster schmerzlich Hans-Peter Gundermann erfährt, der mit seiner Energie bislang direkt bei Rohwedder angesiedelt war und nun vom neuen Vorstand Klaus Schucht für immer aus der Treuhandanstalt ausgesiedelt wird. Gundermann: »Rohwedder war der Mann mit politischen Visionen, der behutsam rangehen wollte, der wußte, daß es noch zwanzig Jahre dauern könne. Er war eine Idealbesetzung. Er wollte wo immer möglich eine schnelle Privatisierung. Zugleich wußte er aber auch um die Problembereiche, die eine phantasievolle Sanierung verlangten. Er wollte eine organische Entwicklung und erwartete keine Wunder über Nacht.«

Von allen Treuhändlern, Ost wie West, oben wie unten, erleichtert begrüßt wird der Abschied vom Alexanderplatz. Nach dem Umzug in den geschichtsträchtigen Bau an der Leipziger Straße, ins ehemalige Haus der (DDR-)Ministerien und ehemalige Luftfahrtministerium des Reichslamettaständers Göring, verfügt die Anstalt neben rund 2000 renovierten Büros endlich auch über modernste Bürotechnik, aber das hat nun auch lange genug gedauert.

Was alle Prognosen, mit den Erlösen aus der Privatisierung den Strukturumbau bezahlen zu können, über den Haufen wirft, ist der rapide Verfall der industriellen Produktion im Osten. Bis April hat sich das kommende Desaster angedeutet, je mehr Bilanzen der einzelnen Betriebe eintrafen. Im Sommer 1991 ist nicht mehr zu übersehen, daß alle schönen Versprechungen Makulatur sind. Treuhand-Präsidentin Birgit Breuel residiert mitten im Auge des Taifuns, und dabei ist es kaum ein Trost, die bleichen Gesichter der einst frohtönenden Politiker zu erleben, nachdem sie die angeblich so ertragreichen Kombinate zum erstenmal von innen gesehen haben. Fritz Homann: »Als Wirtschaftsminister Möllemann von EKO in Eisenhüttenstadt zurückkam, war er von allen Illusionen geheilt.« Und wohl auch die Idee zur Erhaltung industrieller Kerne geboren.

Schlimmer natürlich ist die Wut der Betroffenen. Ihre Ohnmacht. Ihre Enttäuschung. Nun sind sie zwar frei, aber viele eben auch freigesetzt. »Die Hauptlast der Angriffe«, meint Lothar de Maizière, »wegen steigender Arbeitslosigkeit, wegen des Zusammenbruchs ganzer Industriezweige hatte Frau Breuel zu tragen.« Dafür bewundert er sie. Das allerdings hätte Detlev Rohwedder genauso getroffen, wenn ihn die Terroristen nicht getroffen hätten. Die Debatte, was er denn im Gegensatz zu Breuel wohl anders gemacht hätte, ist deshalb allenfalls akademisch. Nichts anderes wohl, als im Osterbrief stand, und in ebendieser Reihenfolge: Schnell privatisieren, entschlossen sanieren, behutsam stillegen.

Ihre erste Schwäche zeigt Birgit Breuel bei der Wahl des Mannes ihrer Cousine für einen ganz entscheidenden Job, den des ersten Generalbevollmächtigten. Was es unter Rohwedder nicht gab, weil der so etwas selbst erledigte. Wolfgang Mueller-Stöfen, renommierter Rechtsanwalt aus Hamburg und eigenen Angaben zufolge ein Patriot, geht zunächst als Berater nach Berlin, auf ausdrücklichen Wunsch von Birgit Breuel, wie er sich erinnert. Damals, im Herbst 1990, ist sie noch zuständig für die Niederlassungen. Er findet einen einzigen Leitzordner voller Generalvollmachten aus allen ehemaligen Außenstellen, mit denen dort die Geschäfte gemacht wurden. Bei manchen fehlt das Datum, bei manchen die Unterschrift, bei manchen alles außer dem Namen des Berechtigten. Er entwickelt ein juristisch einwandfreies Formular, läßt alle zuständigen Treuhändler aus der Provinz nach Berlin kommen und erklärt denen in Anwesenheit der lieben Birgit, was künftig Sache sein wird. Juristisch gesehen.

Weil es dafür keine bundesdeutschen Dienststempel gibt, wird ein alter DDR-Stempel benutzt, bis die von Ulrich Firnhaber besorgten da sind. Da im Jahre Null plus eins allenfalls in irgendeinem alten Karteikasten ein vollständiges Firmenverzeichnis zu finden ist, sind Erfolgserlebnisse noch verhältnismäßig preiswert zu haben. Beispielsweise dann, wenn ein Mitarbeiter zu Mueller-Stöfen ins Zimmer stürmt, zurück von einer Reise ins Hinterland, und freudig verkündet, er habe gerade wieder bei Magdeburg eine Firma mit 6000 Angestellten entdeckt, die auch der Treuhand gehöre.

Ab April 1991 wird Mueller-Stöfen Generalbevollmächtigter, der Vertrag ist befristet auf ein Jahr, denn länger will ihn seine Sozietät in Hamburg nicht hergeben. Auch Birgit Breuel ist nach Ablauf des Jahres nicht traurig, denn ihr ist nicht entgangen, welchen Ruf der Mann genießt. Wer schon mal mit dem Privatflieger nach Berlin einreist, weil ihm der Weg von seinem Wohnort draußen an der Elbe zum Hamburger Flughafen Fuhlsbüttel schlicht zu weit ist, gewinnt im Osten keine Freunde. Geschweige denn Respekt. Nach diesem Jahr als Festangestellter mit den üblichen knapp 300 000 DM pro Jahr plus Dienstwagen, sieht Mueller-Stöfen selbst die Langeweile heraufziehen, weil ihm schon wieder zu viele Beamte mitmischen und wieder nur deutsche Ordnung zu regieren scheint. Sagt er. Zum anderen locken ganz neue Chancen, denn hinterm Horizont des Fliegers geht's weiter. Sagt er nicht. Als Liquidator ist er noch nützlicher als zuvor und kann vor allem dank gewonnener Erfahrung vor Ort besser verdienen. Birgit Breuel legt Wert auf die Feststellung, daß sie vom Auftrag an Mueller-Stöfen, sich um die Deutsche Maschinen- und Schiffbau AG (DMS) zu kümmern, erst nach Auftragserteilung erfahren hat. Zufällig ist der Hamburger CDU-Mann und Deutschbanker Eckart van Hooven dort Aufsichtsratsvorsitzender. Man kennt sich also untereinander.

Mueller-Stöfens Rechnung für die Liquidation der DMS beträgt 5,8 Millionen DM, was zwar der vierfache Satz des üblichen, aber noch im Rahmen der Legalität ist und außerdem selbstverständlich nicht unwichtig für seine Position in der Kanzlei, in der er arbeitet, denn die Partner werden auch nach ihren Anteilen am Gesamtumsatz bewertet. Auf sanften Druck von Fast-Cousine Birgit, die wiederum juristisch gut beraten, wird die eingereichte Rechnung allerdings auf die Hälfte reduziert, der zweifache Regelsatz ist gültig, Herr Kollege, und der Mann nicht mehr so gern als Liquidator eingesetzt. Dabei ist er nicht teurer als die anderen, rechnet für qualifizierte Mitarbeiter nur knapp 300 000 DM ab. Dem wahren Geist der Treuhand bleibt er ehrenamtlich erhalten: Der überzeugte Herrenreiter leitet den Club der ehemaligen Treuhändler, die Alumni, den TAC, das *Old Boys Network*.

In anderthalb Jahren, zwischen dem 1. Januar 1991 und dem

30. Juni 1992, werden insgesamt erst 25 688 032,46 DM an Anwälte und Notare für juristische Beratung überwiesen, die Heimat von Mueller-Stöfen, die Hamburger Kanzlei Bruckhaus/Westrick/Stegemann ist mit 1 698 921,74 DM dabei. Die darauffolgenden achtzehn Monate werden teurer: Gesamtausgabe jetzt 289 873 926,59 DM. Unter den Top ten wieder Bruckhaus/Westrick/Stegemann mit 161 379 399,23 DM. Zählt man die drei fetten Jahre zwischen Ende 1990 und Ende 1993 zusammen, bevor nach dem Untersuchungsausschuß die Bremse gezogen wird, ergibt sich die Gesamtsumme von 1 331 081 056,29 DM, also in Worten: eintausenddreihundert Millionen DM Anweisungen für Berater, darin sind nicht enthalten Millionen-Honorare der Liquidatoren, denn die überwies das Direktorat Abwicklung direkt. Manfred Balz, damals Direktor Recht, über die Einnahmen der Juristen, die Mueller-Stöfen nahestanden: »Das sind natürlich nicht nur Honorare, ich meine, mindestens 150 Millionen davon waren Wettbewerbshilfen an Unternehmen, die über das Rechtsanwaltsanderkonto liefen.« Daß die später nur durch Zufall entdeckten 1,2 Millionen DM für eine Gebäudereinigung auch bei der Aufstellung Notare und Rechtsanwälte stehen, ist laut Auskunft der Treuhändler auf einen Eingabefehler zurückzuführen. Also nur zufällig ist dieser Betrag auch in die Liste der teuren Juristen gerutscht.

Mueller-Stöfens Nachfolger als Generalbevollmächtigter wird Norman van Scherpenberg und damit ist das Treuhand-Trio an der Spitze perfekt. Er hält seiner Präsidentin den Rücken frei und übernimmt alles organisatorisch Notwendige. Sie kann sich auf die politische Führung der Anstalt beschränken und wirtschaftspolitisch auf das Wesentliche konzentrieren. Die nötigen Tore schießen, während er als Libero die Abwehr organisiert und Brahms die Steilpässe aus der Tiefe des Raums schlägt. Über das sichere Gefühl, daß es zu ihr keine Alternative mehr gibt und sie deshalb in Bonn entsprechend selbstbewußt auftreten kann, will sie nicht sprechen. Auch heute nicht.

An der Spitze dieser seltsamen Anstalt, einer Mischung aus Sündenbock, Puffer zwischen Staat und Wirtschaft, Investmentbank und vor allem Kindermädchen der notleidenden Industrie, braucht es eine dicke Haut. Die hat Birgit Breuel. Treuhand ist schon in dieser Zeit und später erst recht das schmutzigste Wort im deutschen Osten, und wer sie führt, steht in der Beliebtheitsskala ganz unten. Breuels Hoffnungen, durch Außenbüros in Tokio und New York entsprechende ausländische Investoren anzulocken, erfüllen sich nicht. Später wird sie sogar zugeben, daß diese Ideen nichts eingebracht und viel gekostet haben. Insgesamt werden kaum zehn Prozent der neuen Eigentümer alter Firmen aus dem Ausland kommen, was aber gleichzeitig den Vorwurf widerlegt, die Deutschen würden sich den Kuchen DDR untereinander aufteilen. Experten glauben, daß vor allem die Japaner und die Amerikaner kühl abwarten, bis es manchen Betrieben noch schlechter geht, als dies Ende 1996 abzusehen ist, und erst dann zuschlagen und kaufen. Die deutsch-amerikanische Handelskammer meldet Ende 1996 Investitionen in Höhe von zwölf Milliarden DM – Dow Chemical, Opel, Philip Morris – und angeblich 55 000 gesicherte Arbeitsplätze. Nur fünf Prozent der Betriebe wurden an die veräußert, die das einst für ihr Volkseigentum hielten, also an ostdeutsche Investoren, 85 Prozent sicherten sich Käufer aus dem brüderlichen Westen Deutschlands.

Wie soll sich ein Ossi einen Betrieb kaufen, wenn er kein eigenes Kapital hat und wenn sich die Bank aufgrund mangelnder Sicherheiten weigert, ihm etwas zu leihen? Gehört eh zu den Absurditäten der Vereinigung, daß westdeutsche Großverdiener durch Ost-Investitionen, vor allem im Wohnungsbau, ihre Steuern auf fast Null reduzieren dürfen. Diese Chance gilt zwar für die Ostdeutschen genauso, aber da die meisten kein Geld haben, können sie weder investieren noch Steuern sparen. Im Westen ist es üblich, daß ein Unternehmer zum Beispiel Grundstücke beleiht, aber auch dies ist in der ehemaligen DDR nicht möglich. Privatbesitz an Grundstücken gibt es nicht, war ja alles Eigentum des Volkes, und zunächst muß mühsam geklärt werden, wem sie überhaupt gehören: Einem der früher Enteigneten oder wirklich dem Volk? Da hilft, in gutem Amtsdeutsch definiert, nur ein sogenanntes »Vermögenszuordnungsverfahren«, und so etwas kann dauern.

Investitionshemmnis Nummer eins aber ist die Bestimmung des Gesetzgebers, das Prinzip Rückgabe habe Vorrang vor einer Entschädigung. Wie kompliziert das im Einzelfall, der für Millionen Anträge gilt, werden kann, zeigt das Gesetz zur Regelung offener Vermögensfragen. Das Bundesverfassungsgericht bestätigt zwar, daß die zwischen 1945 und 1949 vorgenommenen Enteignungen unter sowjetischer Besatzung unumstößlich sind und bekräftigt damit entsprechende Bedingungen, die die sowjetische Führung bei den Verhandlungen zur deutschen Einheit gestellt haben soll. Unter Historikern ist dies allerdings umstritten. Nicht nur deshalb streitet heute noch eine Gruppe von uralten Eigentümern dagegen an, die längst zu Reichtum im Westen gekommen sind, denn sonst könnten sie sich die halbseitigen Anzeigen in der FAZ gegen das »Unrecht« von damals gar nicht leisten. Aber bar jeglicher Einsicht in die Last ihrer eigenen, nämlich unserer Geschichte: Für den Vernichtungskrieg, den die Deutschen begonnen haben, muß bezahlt werden. Zunächst galt es als politisch korrekt, allerdings nur im Westen, die Teilung als Sühne für die historische Schuld Auschwitz anzusehen. Aber nur die drüben bluteten für den Krieg, den die Deutschen gemeinsam begonnen hatten. Die Wiedervereinigung war in diesem Sinne ein Geschenk. Daß ein Teil der Beschenkten anschließend die Beseitigung des Geschenkpapiers in Rechnung stellen wollte, gehört zu den zahllosen Schamlosigkeiten in der Geschichte Deutschlands nach dem Ende des Kalten Kriegs, also nach dem Fall der Mauer.

Rund drei Millionen Fälle werden es letztlich sein, um die gestritten wird. Drei Millionen Fälle um mögliche Rückgabe von enteignetem Vermögen, nicht nur um Immobilien, auch um Fabriken. Das zuständige Bundesamt wird bis über die Jahrtausendwende hinweg damit beschäftigt sein, auch wenn bis Ende 1996 schon fast zwei Millionen Fälle abgearbeitet sind, die meisten davon abschlägig beschieden. Davon hatte die Treuhandanstalt nichts, denn sie mußte mit diesem Unsicherheitsfaktor – wem gehört was? – leben und arbeiten. Der Schwarze Peter liegt beim Gesetzgeber in Bonn, aber der hat selbstverständlich nichts dagegen, daß dessen Heimat im Detlev-Rohwedder-Haus in Berlin vermutet wird.

Wenn ein ehemals Volkseigener Betrieb, nun eine Kapitalgesellschaft, von einem der Treuhändler in den Niederlassungen oder in der Zentrale veräußert werden soll, muß der Verkäufer erst einmal die nötigen Richtlinien kennen. Am Anfang gibt es keine, bald immer mehr und ab Ende 1992 liegt nach vielen Ergänzungen und Verbesserungen sogar ein Privatisierungs-Handbuch der Treuhandanstalt vor. Da stehen auf vielen, vielen Seiten die Bedingungen. Auch mögliche Musterverträge, bei denen allerdings ausdrücklich darauf hingewiesen wird, daß sie nur als Muster zu nehmen sind und daß jeder Vertrag einzeln und detailliert auszuhandeln ist. Ermitteln muß der Verkäufer im Namen des Volkes den Ertragswert, das Liquidationsergebnis, den Substanzwert, das Netto-Cash-Ergebnis. In verständlichen Worten:

Der Ertragswert ergibt sich aus Umsatz und Gewinn der Firma. Eine Größe, die angesichts der bislang geschönten Zahlen und der nicht vorliegenden DM-Eröffnungsbilanz mit Vorsicht zu genießen ist.

Das Liquidationsergebnis zählt den Wert einzelner Vermögensgegenstände auf, nachdem die Verbindlichkeiten und die Liquidationskosten (Sozialplan etc.) abgerechnet sind. Damit zu jonglieren werden die Liquidatoren lernen und Mehrwert schaffen, für sich.

Substanzwert setzt sich zusammen aus Eigenkapital und zum Betrieb gehörenden Maschinen, Produktionsstätten etc.

Netto-Cash-Ergebnis ist der Saldo aller aus einem Verkauf resultierenden Einnahmen und Ausgaben. Eigentlich die Richtsumme, mit der unter möglichen Angeboten entschieden wird. Ein Verkauf ist nur dann sinnvoll, wenn dieses Netto-Cash-Ergebnis größer ist entweder als der Ertragswert oder als das mögliche Liquidationsergebnis.

Erst wenn das alles berechnet oder begutachtet, also geschätzt ist, geht es ans eigentlich Eingemachte. Vorrang vor einem möglichst hohen Verkaufserlös haben Zusagen an Arbeitsplätzen und Investitionen. Das ist die politische Vorgabe, und eben das unterscheidet die Treuhandanstalt von irgendeiner Industrieholding. Das unterscheidet ihren Vorstand von dem einer Aktiengesellschaft. Ein Zielkonflikt also ist in der Philosophie der Treuhandanstalt, im Gesetz, bereits programmiert, und aus diesem Konflikt heraus ist erklärbar, warum mancher 1-DM-Verkauf – zum Beispiel der von den Geräte- und Reglerwerken Teltow –, weil es dem Käufer nur um die Grundstücke ging, ein Skandal war und mancher andere 1-DM-Verkauf – zum Beispiel der des Eisenhüttenwerks in Thale – die einzige Chance, wenigstens ein paar hundert Arbeitsplätze zu retten. Was die Vorschrift unterstreicht, vor allem Bonität und Seriosität der möglichen Investoren zu überprüfen. Wie soll sich in einem solchen Gestrüpp ein Ostdeutscher ohne Hilfe zurechtfinden? Selbst wenn er das nötige Geld hätte oder die Bürgschaft einer Bank vorlegen könnte? Wir taten so, sagt Graf Matuschka zynisch, als ginge die Sonne im Westen auf, und zwar täglich.

Birgit Breuel befindet sich also zwangsläufig in einem Blindflug im Nebel, wie ihre Leistung deshalb anerkennend in der britischen Wirtschaftspresse beschrieben wird, und es ist ein Wunder, daß die Pilotin nicht abstürzt. Die Märkte in Osteuropa, bisher das ideale Hinterland für die ehemaligen DDR-Betriebe, brechen zusammen, denn auch die haben keine harten Devisen mehr, die jetzt aber vom ehemaligen RGW-Partner verlangt werden. Die prognostizierten riesigen Chancen der ehemaligen DDR-Betriebe im Ostexport sind angesichts der geschichtlichen Umwälzungen Makulatur. Der Zusammenbruch des GUS-Marktes wäre die einmalige und wohl auch letzte Chance von Helmut Kohl gewesen, sich vors Volk zu stellen: Siehe, wir haben uns alle getäuscht, deshalb brauchen wir jetzt doch Steuererhöhungen. Also nach den Tränen der Freude, nach der Wiedervereinigung und der Genugtuung, daß kein Blut geflossen war, nunmehr harte Arbeit und entsprechend Schweiß zu versprechen. Diesen Zipfel vom Mantel der Geschichte ergriff er nicht.

Tausend Milliarden DM sind seit 1990 in den Osten geflossen, und dabei wird es nicht bleiben. Auf 1,4 Billionen schätzt Rudolf Hickel die Gesamtsumme der nötigen Transferleistungen. Wenn die Macher aus Bonn, vom Yuppieschwätzer Guido Westerwelle bis zur Dauerlösung Helmut Kohl, so tun, als hätte es nie eine Alternative gegeben, ist das allerdings gelogen. Sich für die Einheit feiern zu lassen und die Verantwortung für die Folgen auf andere zu schieben, mag politisch geschickt sein. Aber schamlos, denn die verantwortlichen Politiker waren nun mal die von CDU und CSU und FDP. Eine Alternative zur Treuhandanstalt gab es sicher nicht, ein Aufbauministerium Ost hätte nicht mehr geleistet. Aber Alternativen zur tatsächlichen Politik der Sanierung, der Privatisierung, der Subventionierung? Über die hätte man spätestens dann reden müssen, als bittere Erkenntnisse die optimistischen Prognosen einholten. Hickel:»Beispielsweise lieber den Firmen die Löhne, die ja politisch wegen der nötigen Kaufkraft und um die Leute im Land zu halten und leistungsgerechter Entlohnung gewollt waren, zu subventionieren, und zwar solange, bis die Betriebe selbst sie aus ihren gestiegenen Erlösen hätten bezahlen können.« Aufgrund dann gestiegener Produktivität. Späth:»Man kann doch nicht 65 Prozent der westdeutschen Produktivität mit den gleichen Löhnen wie im Westen bezahlen.« Was er in Jena einfach auch nicht gemacht hat. Da sind Produktivität und Löhne voneinander abhängig. Nach Klaus von Dohnanyis Ansicht ist die falsche Lohnpolitik das eigentliche Dilemma. Die hält er für ökonomisch falsch und für sozialpolitisch richtig.

Die Politik zwingt die Treuhandanstalt zu unpopulären Maßnahmen, so ist es gewollt. Entlassungen von Millionen Menschen sind die betriebswirtschaftliche Konsequenz der Stillegungen, zum Teil verdeckt durch sozialbegleitende und Statistiken verschönende volkswirtschaftliche Maßnahmen wie Kurzarbeit, Vorruhestand, Arbeitsbeschaffungsmaßnahmen. Kann man alles erklären mit vielen richtigen Argumenten, aber die augenscheinliche Verödung ganzer Industrielandschaften treibt gegen Birgit Breuels Männer in Ost-Deutschland die auf die Straßen, die um ihre Existenz bangen.»Vom Arbeitervolk zum Volk ohne Arbeit« ist dabei noch die freundlichste Parole.

Gegen Arbeitsbeschaffungsmaßnahmen in staatlich finanzierten sogenannten ABM-Gesellschaften wehrt sich die Marktwirtschaftlerin Birgit Breuel vehement, bis sie sich endlich breitschlagen läßt, wenigstens mit zehn Prozent die Treuhandanstalt an den Kosten der Trägergesellschaften zu beteiligen, um die Politiker und vor allem die Gewerkschafter ruhigzustellen. Schau an, die Treuhändler kümmern sich um die Arbeitslosen. War ein geschickter Schachzug, bewertet das Breuel-Adlatus van Scherpenberg, denn:»Es war schon immer Birgit Breuels besondere Fähigkeit, Siege zu erringen, die in der Öffentlichkeit als eine Niederlage dargestellt wurden.« Was stimmt. Oft wird sie belächelt, weil sie hart auftritt, scheinbar kompromißlos und fest im Glauben an die reine Lehre, und dann doch nachgibt. Sich zurückzieht auf eine Linie, die sie allerdings von Anfang an für sich gezogen hatte.

Die Treuhandanstalt entwickelt Modelle, die eigentlich Sache der Wirtschaftspolitik gewesen wären. Das Management Buy Out (MBO), in angelsächsischen Ländern gang und gäbe, wird jetzt im Osten als Modell zum Aufbau eines Mittelstandes eingesetzt. Damit soll den Ostdeutschen die Chance gegeben werden, sich in den Betrieben, in denen sie sich auskennen, fortan als Eigentümer ums Geschäft zu kümmern. Das nötige Engagement ist gegeben. Die nötigen Summen zum Kauf streckt die Treuhand vor, denn von den Banken ist nichts zu erwarten, eben weil die Interessenten keine Sicherheiten bieten können. Der Aufkauf durchs eigene Management geht nicht bei den riesigen Brocken, aber bei kleineren Betrieben wird er zu einer Chance, zumal die Alternative auf der anderen Seite meist Stillegung, Liquidation, Ende heißen würde. Bis zum Ende des Jahres 1991 sind es bereits rund 800 Mittelstandsbetriebe, die durch MBO entstanden sind, bis zum Ende der Treuhandanstalt 1994 werden es 2000 sein. Achtzig Prozent von ihnen haben schlecht und manche auch ganz recht bis heute überlebt, sich also selbst dann halten können, als Mutter Treuhand ihre schützende Hand abziehen mußte.

Was ihnen allen fehlt im Vergleich zu westdeutschen Mittelständlern, die über Jahrzehnte ein Vermögen aufbauen konnten, ist die für längere Durststrecken nötige Kapitaldecke. Selbst der böse Spruch, die Wessis haben uns Karl Marx genommen und das Kapital gebracht, stimmt ja nicht, denn auch das fehlt, das Kapital. Zumindest da, wo es hingehört hätte. Im Schatten der Cashfresser Chemie, Werften, Stahl, Energie etc. werden die Kleinen vergessen. Viele von ihnen müssen deshalb nachverhandeln, um von der Treuhand-Nachfolgerin BvS weitere Hilfen zu bekommen. Immerhin schätzen Experten die Zahl der gesicherten Arbeitsplätze durch Management Buy Outs vor allem im Dienstleistungsgewerbe auf rund 250 000. In der Bauindustrie, wo sich auch viele selbständig gemacht haben im Vertrauen auf den Boom der nächsten Jahre, wird es die meisten Pleiten geben. Das liegt zwar an der nachlassenden Konjunktur und nicht am Modell, aber in den Veröffentlichungen drüben liest sich Ende

1994 die Überschrift »Treuhand treibt MBOs in den Ruin« natürlich besser. Hätte man die Zahl von Konkursen bei Neugründungen im Westen mit denen im Osten verglichen, was zwar naheliegt, aber fern der vorgefaßten Meinung, hätte man nämlich feststellen können, daß auf diesem ganz besonderen Wirtschaftssektor statistisch gesehen Einheit herrscht.

Die MBO-Variation bekommt einen eingängigen Namen: MBI, Management Buy In. Manager von außen, möglichst aus dem Westen, sollen sich in Ost-Betriebe einkaufen können, um die gemeinsam mit dem Geschäftsführer vor Ort zu leiten. Dieses Modell bleibt eher die Ausnahme in der unendlichen Geschichte der Treuhand-Privatisierungen. Wäre aber für ganz andere, selbst große Unternehmen eine Alternative gewesen, um fähige, aber aufgrund ihrer Biographie noch nicht erfahrene ostdeutsche Manager im Learning-by-doing-Verfahren auszubilden. Nicht Geldtransfer, sondern Wissenstransfer. Lothar Späth ist mit dieser Tandem-Lösung bei Jenoptik gut gefahren, als er Abteilungen jeweils von einem West- und von einem Ostmanager führen ließ.

Klingt zwar wunderbar, nun privatisiert mal schön, ist doch genug da, und von allem etwas, aber schon zu Beginn von Birgit Breuels Amtszeit ist es eigentlich vorbei mit dem Andrang der Käufer. Konnte man sich davor noch auf Zuruf und mit Augenzwinkern unter der Hand verständigen – kaum besichtigt, schon verkauft, von der Apotheke bis zur Raffinerie, von der »Leipziger Volkszeitung« bis zum »Berliner Kurier«, vom Schrotthandel bis zur Feriensiedlung –, wird es jetzt komplizierter. »Erfolgreiche Privatisierung bedingt eine präzise Vorbereitung«, heißt es nicht von ungefähr in einem Papier der Treuhandanstalt. Da ist was dran, und immer, wenn es an der nötigen Präzision fehlt, ist das die Ursache für die künftigen Skandale. Deren Wurzeln liegen fast ausnahmslos in den Jahren 1990 und 1991, denn danach ist in den Verträgen zumindest *pro forma* juristisch abgesichert, was die Treuhandanstalt mit der Privatisierung erreichen will: Zusagen des Käufers über Investitionen, Garantien des Käufers für Arbeitsplätze ohne und Garantien zur Schaffung von Arbeitsplätzen mit Vertragsstrafen, also mit Pönalen.

Was die Menschen, die es betrifft, nicht interessiert. Wer rausfliegt, dem ist es egal, ob der Schuldige sein alter Chef ist oder sein neuer Chef, ob es das alte System war oder schon ein Managementfehler des neuen. Festgemacht werden Wut und Verzweiflung an der Treuhandanstalt. Da auch die eine anonyme Größe in einem abschreckenden grauen Gebäude an der Leipziger Straße ist, suchen sich die in ihrer Existenz Bedrohten ein Ziel mit menschlichem Antlitz. Birgit Breuel. Als die Berliner Schauspielerin Käthe Reichel beim Hungerstreik der Kumpel von Bischofferode einen Offenen Brief an die oberste Treuhändlerin richtet und sie publikumswirksam auffordert: »Geben Sie Ihren entsetzlichen Job auf, der Millionen in die Unfreiheit, in die Arbeitslosigkeit zwingt«, reagiert die aber nicht wie erwartet mit einem publizistischen Gegenschlag.

Birgit Breuel entwaffnet die andere Frau aus einer ganz anderen Welt, die ihr, der Hamburger Bankierstochter vor nicht allzu langer Zeit noch fremd gewesen war und die zu verstehen sie gelernt hat, am Schluß ihres Antwortschreibens schlicht und ohne die übliche Arroganz der Macht: »Wir lernen, wir machen Fehler, wir entscheiden, wir tragen Verantwortung. Wir sind Menschen wie Sie.«

KAPITEL
9

Maden in Germany

Man muß es wohl aus der Warte des Treuhändlers so nüchtern sehen wie Manfred Lennings, Vorsitzender des Verwaltungsrates:»Insgesamt hat die Treuhand etwa 80 000 Einzelverträge der Privatisierung unter Dach und Fach gebracht. In weniger als hundert Fällen ist das Treuhandmanagement betrügerischen Manövern aufgesessen, und das sind ohne Frage hundert Fälle zuviel.« Er meint die Maden in Germany, die sich an der deutschen Einheit fettgefressen haben und dabei geplatzt sind. Fettgefressen haben sich zwar wesentlich mehr und nicht nur ein paar Hundert Westler, aber nicht alle fielen auf. Widerliche Wesen zwar, Maden eben, doch bei so gewaltigen historischen Umwälzungen wie der Wiedervereinigung und der Transformation von Plan- zu Marktwirtschaft ist ein gewisser Bodensatz an Kriminellen unvermeidbar, also normal. Lennings hätte sogar drei Prozent für angemessen gehalten und nicht nur eine Kriminalitätsrate, die rein statistisch unter einem Promille liegt.»Ich werde eher mißtrauisch, daß es angeblich so wenige sind.«

Mit diesem Mißtrauen steht er nicht allein.

Wo liegt die Grenze zwischen unerlaubter Kriminalität und noch erlaubter Schlitzohrigkeit? Je nachdem, wie man diese Grenze definiert, gibt es knapp hundert Fälle von Untreuhändlern in der kurzen, aber ereignisreichen Geschichte der Treuhandanstalt, eher wohl ein paar hundert und möglicherweise auch weit über tausend. Vielleicht entspricht die Zahl sogar exakt jenen 2700 faulen Verträgen, um die sich die Erben der Treuhändler von der BvS Sorgen machen müssen. Sorgen deshalb, weil keiner weiß, wann eine fette Made unter öffentlicher Schuldzuweisung vor dem Haus oder gar im Haus platzt. Die pure Statistik besagt, daß bis Ende 1996 gegen 180 Treuhändler, darunter auch ehemalige, eine Strafanzeige wegen Veruntreuung gestellt wurde, nur sechs wurden bislang verurteilt. 1801 Fälle von Wirtschaftskriminalität im Bereich der Treuhandanstalt und 357 Aushöhlungsverfahren zwischen 1991 und 1994 sind registriert, aber rund 25 000 Verträge, Stand Ende 1996, müssen noch geprüft werden, und entsprechend variieren die Angaben über die Schäden zwischen 300 Millionen und rund zehn Milliarden DM. Kriminaldirektor Uwe Schmidt:»Man sollte sich hinsetzen und beschließen, welche Fälle man noch verfolgen will und welche nicht. Was also verloren ist und was noch zu holen, und darauf die Kräfte konzentrieren.« Staatsanwalt Hans Richter:»Es hat in Ostdeutschland gar keiner großen Kriminalität bedurft. Jeder bekam, was er wollte, und dies zu Konditionen, die außerordentlich günstig waren.« Sein Nachfolger Daniel Noa:»Die Kriminalität bei der Treuhand war nicht höher als in irgendeinem Kaufhaus, sowohl von den Angestellten als auch von den Kunden, sieht man einmal von den naturgemäß höheren Schäden im Einzelfall ab.« Das Kaufhaus Deutschland nämlich ist ziemlich groß, da fällt zwar prozentual gleich viel auf wie in der normalen Klitsche nebenan, aber die Summen sind ganz andere. Mindestens 1,5 Milliarden DM in den Jahren 1990 bis 1992, wie der Untersuchungsausschuß in nichtöffentlicher Sitzung erfährt.

So gesehen ist Manfred Abelein nur ein Fall von Geschäftstüchtigkeit. Typen wie er prägen allerdings im Osten das Bild vom Westen, und dabei entsteht dann die Fratze des Kapitalismus, die Karl-Eduard von Schnitzler immer auf seinem Schwarzen Kanal gezeigt hat. Für die Leistungen bei der Umstrukturierung des ehemaligen Kombinats Sachsenring Zwickau, wo er auch dem Aufsichtsrat vorsitzt, fordert Abelein gemeinsam mit einem Münchner Anwalt 5,1 Millionen DM an Honorar. Rechnung zu treuen Händen Berlin, Detlev-Rohwedder-Haus, von dort flugs überwiesen. Madenjäger Hans Richter, die Spürnase in der Treuhandanstalt, läßt bei Summen dieser Größenordnung routinemäßig prüfen, sobald er die Unterlagen auf den Tisch bekommt. Die Sache stinkt, solche Gerüche weiß er einzuordnen.

Seine Empfehlung: Strafanzeige wegen Betruges, was nach dem Legalitätsprinzip, zu dem er verpflichtet ist, auch richtig ist. Es fängt schon dabei an, daß man nicht im Aufsichtsrat der Firma sitzen darf, die man kostenpflichtig berät, falls die anderen Mitglieder dieser Beratung nicht zustimmen. Wird geregelt in Paragraph 114 des Aktiengesetzes, und ganz sicher kennt den der findige Jurist Abelein. Auch sein Versuch, einen Teil des Honorars über ein »befreundetes« Konto laufen zu lassen, um nicht als Absahner dazustehen, fliegt auf, weil der »Freund« nicht mitspielt. Abelein und sein Stellvertreter legen im Dezember 1992 ihre Ämter nieder. Daß sie sich angesichts der Summe im Vergleich zur erbrachten Leistung nicht schämen, ist allerdings jenseits strafrechtlicher Relevanz die eigentliche Unverschämtheit dieser Patrioten, die man nicht Ganoven nennen sollte.

Hero Brahms und Birgit Breuel geben Richter zwar recht, wollen auf eine gerichtliche Auseinandersetzung gleichwohl verzichten. Das liegt sicher nicht daran, daß Manfred Abelein bis 1990 für die CDU im Bundestag gesessen hat und sich rühmt, Kanzler Helmut Kohl duzen zu dürfen. Mit dem Gegengeschäft kann Richter trotz Bauchgrimmen gerade so leben, denn zwei Millionen DM werden für das Stillschweigen zurückbezahlt, das Ermittlungsverfahren in Sachen Untreue eingestellt. Man trifft sich irgendwann wieder bei einer Tagung, und nicht vor Gericht. Die Treuhand ist zufrieden, weil Millionen gespart wurden, die anderen brauchen auch nicht zu darben, denn für drei Millionen DM müßten anständige Menschen lange arbeiten. Herr Professor Manfred Abelein gehört aber nicht zu den Maden, die in einer Gesamtaufstellung von kriminellen Fällen verzeichnet sind, denn seine Bemühungen haben ihren Preis im Rahmen der Gesetze und ob sie es überhaupt wert waren, steht nie zur Debatte.

Der Bundesrechnungshof hält es für »dringend erforderlich, daß für juristische Berater schriftliche und einheitlich gestaltete Verträge abgeschlossen werden. Honorare werden zum Teil bis zu 600 DM pro Stunde bezahlt. In einem Fall, in dem ein Rechtsanwalt ohne Vertrag an einzelnen Verkaufsverhandlungen teilnahm, wurden Forderungen in Höhe von 13 Mio DM unter Berufung auf die Rechtsanwaltsgebührenordnung (BRAGO) gestellt.« Gewisse ethische Grundregeln wären auch nicht schlecht gewesen, doch wer in den fremden Osten reitet, läßt offenbar alle Scham zu Hause.

Schlechter Rat ist genauso teuer wie guter, jedoch ist der gute seltener. Der für die Niederlassungen gute kommt, wie Birgit Breuel in einer Vorstandsvorlage erklärt, von Roland Berger & Partner (zuständig für Chemnitz, Dresden, Leipzig, Berlin), Kienbaum Unternehmensberatung (Gera, Suhl, Neubrandenburg, Rostock, Schwerin), Price Waterhouse (Halle, Erfurt, Magdeburg) und Boston Consulting Group (Potsdam, Frankfurt) und soll jeweils nicht mehr als 250 000 DM pro Monat und Außenstelle kosten. Berater nennen sich im Beitrittsgebiet aber auch jene Typen, die nur bunte Hosenträger als Beweis ihrer Professionalität vorweisen können. Noch lieber drucken sie auf ihre Visitenkarten als Beruf Consultant, denn das klingt in der Grauzone nach großer weiter Welt. Die Beamten vom Bundesrechnungshof, immer auf den Spuren der Treuhändler, immer fündig und nie dafür gelobt, vielmehr von denen als Korinthenkacker verachtet und ihrerseits wiederum fassungslos, wie in Berlin mit dem Geld des Steuerzahlers umgegangen wird, verlangen vergeblich eine Definition, was Berater eigentlich tun und wofür sie zwischen 2000 und 4000 DM pro Tag bekommen. Sie können nur feststellen, daß allein im Jahre 1992 die tatsächlichen Ausgaben bereits im August den festgesetzten Etat mit rund 700 Prozent überschritten haben. Als Lothar Späth nach Jena kommt, prüft er die bislang nicht so bekannten Kosten bei Jenoptik und wird noch bleicher, als er eh schon angesichts der Zustände gewesen sein dürfte. Dann versammelt er die Berater um sich und fragt die einzeln und scheinheilig, was sie denn so tun. Das sind so etwa 25 Mann mit entsprechenden Tagesgagen. Als sich herausstellt, daß viele, ohne voneinander zu wissen, an derselben Sache arbeiten, schmiß er am nächsten Tag gleich alle auf einmal raus.

Wer dem staunenden Ostler solche Begriffe wie Akquisition oder Inventur, Rendite oder Umsatz erklären kann, nimmt 285 DM pro Stunde, und der Tag hat 24 davon. Ein Gutachten, so wertlos es auch sein mag, betrachten die Banken und die Treuhändler auf den mittleren Rängen in Ermangelung von testierten Bilanzen als Bedingung für einen Kredit. Andere Sicherheiten gibt es meist nicht. Das Wirtschaftsministerium in

Bonn zahlt zur Ankurbelung des Aufschwungs Ost bei den Beraterrechnungen immer was dazu, manchmal bis zu siebzig Prozent. Plünderer, die im Westen selbst in tiefster Provinz keine Chance hätten, weil man sie dort aus Eduard Zimmermanns XY-Sendung kennt, beuten im Osten als Berater Firma für Firma, Kommune für Kommune aus. Schließlich kostet es nur das Geld des Steuerzahlers. Wenn Hunderte von Millionen irgendwann in einer Bilanz auftauchen und nicht mehr totzuschweigen sind, werden sie halt unter Verschiedenes notiert. Als Verschiedenes gelten chaotische Umstände im wilden Osten, der stetige Zeitdruck, die Erblast des Sozialismus. Das am liebsten, denn das hört sich im Westen besonders einleuchtend an.

Außer bei den emotionslos Ungläubigen vom Bundesrechnungshof. Deren kühle Mängelliste ist denn auch überzeugender: Berater werden ohne schriftlichen Vertrag beschäftigt. Berater werden für andere als die eigentlichen Aufgaben eingesetzt. Berater machen das gleiche wie festangestellte Treuhändler. Leistungskontrollen werden nicht durchgeführt. Vom Bundesrechnungshof erfaßt sind nur die nachprüfbaren abgelegten Vorgänge, aber auf welche Finsterlinge die einzelnen Treuhandfirmen vor Ort und direkt reinfallen, ist ein noch viel finstereres Kapitel.

Die Revision der Treuhandanstalt, die etwa zehn Prüfer auf jeweils rund tausend ausgefuchste Händler draußen vor der Tür ansetzen kann, wehrt sich wortreich, aber ihre Argumente sind bekannt und werden im Laufe der Jahre gebetsmühlenartig wiederholt: Angesichts des Handlungsbedarfs und des Zeitdrucks konnte man nicht warten, bis es gültige Richtlinien gab, sondern mußte engagieren, was frei herumlief. Fehler waren deshalb unvermeidlich. Aber man habe dazugelernt, zum Beispiel würden Beraterhonorare künftig auf 2000 DM pro Tag begrenzt, bei Anwälten die Stundensätze auf 450 DM für Seniorberater und 350 DM pro Stunde für alle, die noch nicht vier Jahre in der Kanzlei sind. »In diesem Zusammenhang ist zu beachten, daß die THA 1992 ein Jahresbudget von rund 42,3 Milliarden DM verwaltete, das damit größer war als ein jeder Landeshaushalt eines der fünf Länder. Bezogen auf dieses Haushaltsvolumen machen die Personalkosten einschließlich der Beraterkosten nur 1,8 v. H. aus.«

Das stimmt, aber Mitleid und Verständnis und Vergebung sind

dennoch fehl am Platze. Wer so viel verdient wie in der freien Wirtschaft, abgesichert und von allen Regreßansprüchen entlastet, für den gelten strengere Maßstäbe. Wenn entsprechend der Bezahlung die Leistung nicht stimmt, wäre es konsequent, Konsequenzen zu ziehen. Ganz ohne Abfindung, und tschüs. So war es aber fast nie.

Manfred Balz sieht früh die Gefahr mangelnder Kontrolle. Deshalb ist er stolz auf seine Konstruktion Insiderpanel, die aufgrund immer wieder ergänzter Vorschriften verhindert, daß Geschäfte der Treuhandanstalt mit sogenannten nahestehenden Personen, und das sind nicht nur Ehefrauen oder Verwandte, sondern auch Berater, Liquidatoren oder Anwälte, abgeschlossen werden. Immer wieder wird bei den Sitzungen darauf hingewiesen, daß eingesetzte Liquidatoren sich Teile ihres Auftrags privat für zukünftige Unternehmungen kaufen. Daß Privatisierer, die im Auftrag von Mutter Treuhand unterwegs sind und von ihr honoriert werden, für Investoren West schon mal die Augen offenhalten und abends im Hotel lange Gespräche führen. Wenn das kein Insiderwissen ist! Balz über das Insiderpanel: »Damit wurde auch die Kritik von außen eingefangen.« Von 183 vorgelegten Fällen werden bis Mitte 1993 immerhin 24 abgelehnt, weil das Geschäft riecht, also zumindest 24 mögliche neue Skandale vermieden.

Als sich bei den Insidern, die lieber als verdeckte Outsider über Strohmänner ihre Deals machen wollen, aber herumspricht, daß die Treuhändler nicht mehr so einfach über den Tisch zu ziehen sind, lassen sie sich im Gegenzug was Neues einfallen. Birgit Breuel warnt in einem Rundschreiben alle Mitarbeiter: »Bitte haben Sie Verständnis dafür, daß wir bei der Bedeutung dieses Themas in der Treuhandanstalt nach wie vor eine sehr strenge Handhabung anwenden müssen. Wir stehen so sehr im Blickpunkt der Öffentlichkeit, daß bei Kaufinteresse hinsichtlich Betrieben und Grundstücken durch Treuhand-Mitarbeiter und bei ähnlichen Sachverhalten eine zweifelsfreie und korrekte Handhabung notwendig ist.«

Im Geiste dieser Anordnung wird rechtzeitig ein Insiderspiel durchschaut, bei dem ein Treuhändler ausgerechnet die Firma kaufen will, für die er gerade in den Monaten zuvor immer die großen Summen in Sachen Liquidität überwiesen hat. Bis zu drei Millionen DM pro Überweisung reichte seine Unterschrift allein. Er kannte also den Kassenstand und machte deshalb ein Angebot, bei dem für ihn nichts zu verlieren war.

Rekordhalter in Sachen Insiderpanel ist der ehemals für die Elektroindustrie zuständige Treuhand-Direktor Harald Lang. Neunmal wird über von ihm eingereichte Kaufanträge verhandelt, und achtmal bekommt er das Okay. Trotz aller Bedenken. Denn daß ausgerechnet er kein Insiderwissen haben soll, obwohl alle Firmen, die er erwerben will, aus seinem ehmaligen Berrit stammen, ist manchen im Gremium nicht vermittelbar. Zum erstenmal unliebsam aufgefallen ist er beim Verkauf der Geräte- und Reglerwerke Teltow für eine deutsche Mark an die Unternehmer Claus Wisser und Roland Ernst. Claus Wisser zählt zu seinen Freunden, denn in diesen Kreisen wird jeder Geschäftspartner gleich zu einem Freund fürs Leben. Die Grundstücke an der Spree allerdings haben einen Wert von rund 170 Millionen DM. Sture Nachverhandlungen von Knapp und Wieland bringen wenigstens noch fast 58 Millionen in die Kasse der Treuhändler, denn Lang hatte die wertvollen Immobilien gleich mitverkauft für die Mark. Im Skandal, den der damalige »Spiegel«-Redakteur Dieter Kampe 1991 aufdeckte, drohte auch Langs Chef Wolf Klinz, wie einst bei Landis & Gyr unter Vertrag – man kennt sich, lieber Wolf und lieber Harald –, mit unterzugehen, doch die Ermittlungen der Staatsanwaltschaft gegen Klinz wurden eingestellt. Keine kriminellen Absichten. Allerdings eine schwache Leistung, wie Verwaltungsrat Otto Gellert nach einem Blick in den Vertrag damals feststellte: »Den haben Laienspieler ausgehandelt.«

Laie Lang, der weinend bei Breuel auf dem Sofa immer wieder versichert, der Klinz habe doch alles gewußt, wird zunächst beurlaubt und wechselt dann als Profi auf die andere Seite des Tisches. Er braucht als Startkapital dafür nicht mal die Millionen-Abfindung, mit der ihm die Treuhand Ende 1991 den Abschied vergoldet und das Schweigen erleichtert, sondern bietet einfach dem East German Investment Trust (EGIT) sein Fachwissen und seine Erfahrung an. Die Herren von EGIT kennt er schließlich von Verhandlungen, als er noch auf dieser Seite des Tisches saß. Lang steigt als Geschäftsführer der hgs (Haushaltsgeräte Service), die an EGIT verkauft wurde, mit ein ins Geschäft. Zwar glaubt das Insiderpanel nie an Zufälle, wenn die im Namen von Harald Lang abgegebenen Angebote so ziemlich genau den internen Wertgutachten entsprechen, aber beweisen kann man ihm nichts. Im Zweifel für den Ex-Kollegen. Oder wie Norman van Scherpenberg auf einem persönlich-vertraulichen Fax, mit dem Manfred Balz um eine Entscheidung in Sachen Lang und Kauf der Elektromontage Torgau bittet, handschriftlich notiert: »Herr Lang verfolgt mit den Käufen im Bereich der Haushaltsgeräte ein in sich stimmiges unternehmerisches Konzept in Zusammenarbeit mit EGIT. Wenn die Käufe unter dem Insidergesichtspunkt unbedenklich sind und Herr Lang/EGIT die günstigsten Angebote bei ausreichendem Wettbewerb abgibt, halte ich es für unbedenklich, an ihn zu verkaufen. Bedenklich wäre dagegen, wenn allein aus persönlichen Vorbehalten gegen H. Lang ein weniger günstiges Angebot zum Zuge käme.«

Die Geschichte von EGIT und Lang & Co. auf der einen und der Treuhandanstalt auf der anderen Seite ist eine zwar merkwürdige Geschichte. Aber da es sich im seit 1994 eskalierten Streit zwischen den Erben der Treuhändler und EGIT um ein schwebendes Verfahren handelt, kann nur von erlesenen Merkwürdigkeiten erzählt werden. Wem was wann gehört und wer bei wem mitspielen durfte. Olaf Ermgassen und seine Firma sind Investmentmanager von EGIT. Sie sammelten nach der Wende weltweit das Geld derer ein, die im Osten vielversprechende Geschäftsmöglichkeiten sahen. Insgesamt werden für 153 Millionen DM neunzehn Betriebe mit rund 7000 Arbeitsplätzen erworben. Zu entsprechenden Geschäftsbedingungen, die ja üblich waren, also Treuhand entschuldet, Treuhand gibt Liquiditätshilfen, Kaufpreis niedrig und Verpflichtungen auf die Zukunft dafür hoch.

Ein Direktor bei Ermgassen in dieser Phase des Kapitalismus, als man noch an die schnelle Mark glaubte, ist Wolfgang Rauchfuß, einst stellvertretender Ministerpräsident in der DDR und als Modrows Staatssekretär bei den unerfreulichen Verhandlungen vom Februar 1990 in Bonn dabei. Rauchfuß, der von seinen Freunden als Experte für die damalige Mangelwirtschaft gerühmt wird, kennt sich da aus, wo die anderen mit ihren Investments hinwollen. Zum Beispiel im ehemaligen VEB Haushaltsgeräteservice, jetzt hgs GmbH mit Firmen wie Foron im Portfolio, die den hochgelobten FCKW-freien Kühlschrank herstellen wird und Mitte 1996 nach katastrophalen Managementfehlern nur knapp vor der totalen Pleite gerettet werden kann. Geschäftsführer bei hgs und Foron wird Harald Lang, der als Treuhändler hgs an EGIT verkauft hat. So fügt sich alles, nach Meinung von ermittelnden Staatsanwälten ein bißchen zu gut. Zum Beispiel würden die zu gerne wissen, ob Foron-Geschäftsführer Harald Lang bei einem bestimmten Geschäft mehr als das verdient hat, was ihm zustand. Da haben er und sein Kollege Eberhard Günther die alten Kompressoren der Kühlschränke an die Polen verkauft, und dies angeblich nicht zu marktüblichen Preisen.

So wie erwartet laufen die Geschäfte von EGIT im deutschen Osten nicht, seit 1994 eskalieren die Auseinandersetzungen, gespickt mit medienwirksamen Hausdurchsuchungen und öffentlichen Erklärungen des Herrn Ermgassen, bei der Treuhand seien auch schon mal Briefumschläge mit Geld gefüllt über den Tisch geschoben worden. Treuhändler Schöde verlangt Beweise und nicht nur blöde Sprüche, doch die bleiben aus. Viele Millionen der Investoren sind zwei Jahre nach dem Ende der Treuhandanstalt bereits verloren. Schuld ist nach Meinung Olaf Ermgassens die Treuhandanstalt, die ihre Versprechungen nicht eingehalten habe. Wer das behauptet, muß nicht viel begründen oder gar beweisen, solche angeblichen Fehler nimmt man inzwischen als typisch hin. Die Treuhand wartet im Gegenzug auf versprochene Investitionen, hätte auch gern mal den Kaufpreis für Foron gesehen. Gemeinsame Erklärungen von EGIT und Treuhandanstalt aus dem Sommer 1994, nach denen man sich geeinigt habe und bei Foron langfristig etwa 800 Arbeitsplätze erhalten werden sollen – »diese Regelung soll ... ostdeutschen Unternehmen einen Impuls für ihre weitere Entwicklung geben« –, sind nicht der Rede wert, weil sich keiner daran hält. EGIT ficht später die Verträge als null und nichtig an, die Treuhandnachfolgerin BvS hält dagegen und will die vereinbarten Pönalen eintreiben. Ende 1996 gibt Ermgassen die Verwaltung des EGIT-Fonds ab.

Keiner spricht mehr von den Menschen, die inzwischen auch

bei Foron ihre Arbeitsplätze verloren haben. Das sind nur Zahlen im Krieg, den man in den Wirtschaftsteilen der Zeitungen austrägt, hin und wieder kracht dabei eine Gegendarstellung ins feindliche Lager, deren Wahrheitsgehalt niemand prüfen kann. Da freuen sich die Juristen, weil das nach vielen Jahren Streit riecht und entsprechenden Honoraren. Daß die Kanzlei Bruckhaus/Westrick/Stegemann, Heimat von Mueller-Stöfen, die durch Aufträge der Treuhandanstalt so manche Million verdient hat, nunmehr EGIT gegen die Nachfolger der Treuhändler vertritt, wird von der Gegenseite nicht als die feine hanseatische Art betrachtet.

Aushöhlung, Betrug, Bilanzfälschung – das sind die Stützen der klassischen Wirtschaftskriminalität. Der Schaden zu Lasten der Treuhandanstalt wird im Osten im Laufe der Jahre auf drei Milliarden DM geschätzt, allerdings relativiert durch die ausdrückliche Feststellung der zuständigen Stabsstelle Recht, man habe 2,7 Milliarden DM sichern können, nur 300 Millionen seien für immer verloren. Zum Zeitpunkt dieser Verkündung wird beispielsweise zwar gerade die Affäre um die Vulkanwerft mit knapp einer Milliarde Mark Schiebereien von Ost nach West angerührt, stinkt aber noch nicht zum Himmel. Die Aushöhlung der Werften in Mecklenburg-Vorpommern, die dann der Bund und das Land zur Rettung der Arbeitsplätze werden ausgleichen müssen, ist also in solchen Aufstellungen von Kriminalität nicht mitgerechnet. Wenn die Rechnung mit den »nur« 300 Millionen Verlust durch Betrug stimmen würde, wäre das angesichts einer Gesamtschuldenlast von 275 Milliarden DM immer noch unerfreulich hoch, aber im Rahmen unvermeidbarer Kriminalität.

Wenn es denn so wäre.

Tatsächlich ist es in Sachen Treuhandanstalt ein wenig komplizierter: Was gilt als Betrug, was gilt nur als geschickte Taktik des Käufers, was ist noch gedeckt durch marktwirtschaftlich übliches Über-den-Tisch-Ziehen, was ist zurückzuführen auf mangelnde Kontrolle der Treuhändler, was ist halt einfach so passiert unter dem Zeitdruck? Und was ist ausschließlich ein Fall für den Staatsanwalt, vorausgesetzt, der ist nicht hoffnungslos überlastet und hat die Akten der Ermittler auch gelesen, bevor die Angelegenheit verjährt?

Der Streit zwischen der Thyssen-Handelsunion und der Treuhandanstalt und ihrer Nachfolgerin BvS ist so ein Fall. Die Manager werden angeführt von Thyssen-Chef Dieter Vogel. Ein Vorzeigeunternehmer, der eine Gegendarstellung verlangen müßte, wenn ihn jemand als Menschenfreund mit hoher sozialer Verantwortung beschreiben würde. Sie alle stellen sich als Opfer einer schmutzigen Kampagne dar, weil sie von angeblich übereifrigen Staatsanwälten als Wirtschaftskriminelle an den Pranger gestellt werden. Das schade unter anderem dem Standort Deutschland. Mark Wössner, Chef von Bertelsmann, wo Vogel dem Aufsichtsrat vorsitzt, tritt seinem Freund zur Seite und geißelt eine »Hexenjagd auf Unternehmer«. Die Jäger hingegen verweisen auf ein paar höchst merkwürdige Geschäfte und auf ihre Pflicht als Beamte der Bundesrepublik Deutschland, dem Grundgesetz zu gehorchen. Vor dem sind nämlich alle gleich, egal, wie hoch ihr Jahreseinkommen ist.

Es geht um den ehemaligen Außenhandelsbetrieb Metallurgie. Den hat die Thyssen-Handelsunion unter ihrem damaligen Vorstandsvorsitzenden Dieter Vogel von der Treuhand übernommen. Wie sich später herausstellen wird, ohne Rücksprache mit Verwaltungsrat und Bundesfinanzministerium. Das allerdings kann man nicht Vogel vorwerfen. Auf seiner 41. Sitzung am 15. Oktober 1993 bespricht der Verwaltungsrat auch diesen Fall der Mißachtung der Vorschriften. Das Protokoll verzeichnet auf Seite 31 zum Thema Thyssen-Metallurgiehandel, daß die »Vereinbarung aufgrund eines Vorstandsbeschlusses ohne Vorlage an BMF/Verwaltungsrat rechtswirksam geworden ist«.

Die Treuhändler glauben sich von Thyssen über den Tisch gezogen, weil der Geschäftsbesorger die Bilanzen selbst habe erstellen lassen und dadurch zum Beispiel schon im ersten Jahr nach der Übernahme 62 Millionen DM als Gewinnanteil verbucht hat, der laut Vertrag bei 25 Prozent festgeschrieben ist. Eine glänzende Ausgangslage für einen, der die Geschäfte besorgt. Der strengt sich aufgrund solcher Klauseln in den Verträgen natürlich an. Kein Wunder also, daß im ersten Geschäftsjahr rund 250 Millionen DM auf der positiven Seite bei den schwarzen Zahlen stehen. Im Vorjahr 1990 hat es noch einen Verlust von 188,9 Millionen DM gegeben, und es ist nicht schwer zu erraten, wer den wohl getragen hat. Richtig. Die Treuhändler vermuten weiter, daß die 150 000 Tonnen Metall, um die sich die Handelsunion und ihre Töchter zu kümmern hatten, künstlich tiefgerechnet worden sind als Schrott und in Wirklichkeit teuer verkauft wurden als Stahl. Gegenseitige Vorwürfe, Hausdurchsuchungen 1993 – damals von fünfzehn Ermittlungsverfahren dreizehn wieder eingestellt – und 1996 – Haftbefehle wegen Fluchtgefahr gegen Vogel & Co., außer Vollzug gesetzt gegen Kaution. Keiner blickt durch. Belegt ist, daß Thyssen an die BvS inzwischen freiwillig 221 Millionen DM überwiesen hat. Davon 175 aufgrund eines Vergleichs nach einem Schiedsverfahren und 56 aufgrund der Neubewertungen von Vermögen und Grundstücken des Metallurgiehandels. Die Berliner Staatsanwaltschaft, die sich bei ihrer zweiten überraschenden Aktion Rückendeckung von ganz oben holte, was angesichts des übermächtigen Gegenspielers nicht unklug war, glaubt aber belegen zu können, daß weitere 73 Millionen DM veruntreut worden sind. Die interne Treuhandrevision hat in zwei Berichten vom 24. September und 8. Dezember 1992 bereits darauf hingewiesen, daß die Düsseldorfer Stahlmanager »Grundstücke zu Niedrigstpreisen gekauft, auf Kosten der Treuhandanstalt entwickelt und dann auf eigene Rechnung zum zehnfachen Preis« weiterverkauft haben.

Thyssen hat bei der Treuhand eh nicht den besten Ruf. Beim Streit um das Stahl- und Walzwerk Brandenburg zum Beispiel sind die Düsseldorfer nach Meinung der Treuhändler in ihren Forderungen so unverschämt, daß Birgit Breuel in einem Brief an Dieter Vogel im März 1993 die Verhandlungen »für beendet« erklärt und gleichzeitig das zuständige Direktorat den Thyssen-Unterhändlern Hausverbot erteilt.

Die Treuhandanstalt und ihre Kunden sind ein Spiegelbild der Gesellschaft und der herrschenden Moral. Da wird von vielen auch nicht als Betrug empfunden, obwohl es tatsächlich Betrug ist, wenn einer auf seinem Teppich Rotwein vergießt und dann die Haftpflichtversicherung des abwesenden Freundes bemüht. Eine Abteilung mit hundert Mann hätte man gebraucht, direkt in der Treuhandanstalt, sagt Hans Richter, der selbst heute noch über Kleinigkeiten wütend werden kann, die für die Gesamteinstellung so typisch sind. Über die patriotischen Halunken beispielsweise, die nicht nur ein hohes Gehalt kassierten und dafür wenig taten, sondern auf Kosten der Anstalt auch noch die Minibar leersoffen und sich quasi auch noch den Wintermantel für den kalten Osten bezahlen ließen. Er meint dies nicht symbolisch. Allerdings: Hundert Experten in Sachen Wirtschaftskriminalität hätten manche Großstädte im Westen selbst ganz gern. Wirtschaftskriminelle sind im Westen viel zu lange und viel zu oft als nachlässige Falschparker in der Marktwirtschaft behandelt worden und nicht als Verbrecher. Diese Einstellung wird sich rächen im Osten, denn in Neufünfland finden die nicht nur ideale Bedingungen, sondern einen am Anfang fast rechtsfreien Raum vor.

Die beratenden Absahnier, die drüben angetreten sind – koste es euch, was es uns wolle –, tauchen in einer Kriminalstatistik selbstverständlich ebenso selten auf wie viertklassige Liquidatoren und drittklassige Anwälte und zweitklassige Wirtschaftsprüfer mit allerdings einer Gemeinsamkeit: erstklassigen Honoraren. Die beim letzten Ton der Nationalhymne schon mit den Hufen scharren und dann aufbrechen in den Osten, als gelte es Goldclaims abzustecken, haben sich strafrechtlich meist nichts zuschulden kommen lassen. Sie sind zwar skrupellos, aber nutzen nur die Ahnungslosigkeit ihrer Opfer aus. Gegen diese Art von Unmoral gibt es keine Paragraphen. Alle Unappetitlichkeiten, vom moralisch verwerflichen über den kriminellen bis zum kriminell hochdotierten Einsatz, werden jedoch der Treuhandanstalt angelastet. Von der mangelnden Aufsicht des Bundesfinanzministeriums ist dagegen weniger die Rede. Auch das wird in Bonn nicht ungern gesehen, bis die Beamten so ab Mitte 1993 das dringende Bedürfnis haben, in Berlin mal wieder für klare Verhältnisse zu sorgen. Der ehemalige Treuhanddirektor Ken-Peter Paulin wählte entsprechend als Unterzeile für sein Buch über die Treuhandanstalt, zu dem ihm seine Vorgesetzten nicht die Druckerlaubnis erteilten: »Schuttabladeplatz der Wiedervereinigung.«

Die Honoraraufstellungen einzelner Liquidatoren werden erst Mitte 1994 in nichtöffentlicher Sitzung des Treuhanduntersuchungsausschusses bekannt. Für das allgemein zugängliche Protokoll bleiben die jeweiligen Summen offen stehen, die dazu gehörenden Namen allerdings sind mit xxxxx unkenntlich gemacht. Dieses unverschämte Monopoly, bei dem alle übers Los gehen und selten einer ins Gefängnis, entsetzt selbst alte Fahrensleute wie SPD-Parlamentarier Horst Jungmann, erprobt in vielen Ausschüssen. So etwas hat er in achtzehn Jahren als Abgeordneter noch nicht erlebt, nicht mal im U-Boot-Untersuchungsausschuß, obwohl es da auch um ganz nette Summen ging. Vor allem die kalte Arroganz der handelnden Personen, die sich als die eigentlichen Macher der Einheit jenseits aller kleinkarierten Kritik in puncto lächerlicher Millionenbeträge wähnen, regt ihn auf. Empörung hilft nicht weiter, denn längst sind da schon Hunderte von Millionen überwiesen. Zu Recht? Nein, aber rechtens. Wer an Gerechtigkeit glaubt und eben nicht nur an Recht, dem bleibt nur die vage Hoffnung auf die Steuerfahndung, denn die Staatsanwaltschaft sieht meist keinen begründbaren Anlaß für strafrechtliche Konsequenzen. Die legalen Abzocker prägen das Bild, die anderen nur die Statistik.

Ermittlungsverfahren wegen Untreue und Betrug zu Lasten der Treuhandanstalt als Besitzerin der Betriebe, weil in allen Fällen sie die Geschädigte ist, werden naturgemäß in Berlin bearbeitet. Mehr oder weniger. Die Kapazitäten auf der sogenannten guten Seite sind denen auf der sogenannten bösen Seite nicht gewachsen. Wenn das in der Hauptstadt schon so ist, kann man sich vorstellen, wie es mit Quantität und Qualität der Staatsanwälte und Ermittler in den neuen Bundesländern aussieht. Das wissen auch die von der anderen Seite, deshalb arbeiten sie dort so gerne, in Halle und Chemnitz, in Magdeburg und Cottbus, und am liebsten gleich auf dem flachen Lande. Der Generalstaatsanwalt beim Landgericht Berlin aber hat wenigstens eine höchst interessante Liste in seinem Panzerschrank verwahrt. Da sind alle »anhängigen bzw. anhängig gewesenen« Fälle in Sachen Treuhandanstalt verzeichnet. Diese Liste ist wegen der Bestimmungen des Datenschutzes nur für den Dienstgebrauch gedacht.

Dennoch darf der Treuhanduntersuchungsausschuß mal einen Blick reinwerfen, streng vertraulich natürlich. Als die Parlamentarier im Oktober 1993 in Bonn mit ihren Sitzungen beginnen, gibt es die Treuhandanstalt seit ihrer Geburt unter Hans Modrow bereits dreieinhalb Jahre. Deshalb trifft man bei Ermittlungen in

Sachen Untreue aller Art, aber immer zu Lasten der Treuhandanstalt unter den 175 vorgelegten Fällen auf alte Bekannte wie Alpha (32,8 Mio. DM) oder auf den Holzhandel Berlin (56 Mio. DM), auf Gerlach (253 Mio. DM), Robotron (27,5 Mio. DM) oder Genex (468 Mio. DM). Insgesamt sind mehr als vier Milliarden DM aufgezählt, denen man nachforscht. Die neuen Mitglieder in der ganz besonderen Mauschler GmbH Deutschland sind viel interessanter: ELPRO und Elbo, Treuhändler von Halle und Magdeburg, Thyssen/Metallurgie und Stinnes, Geräte- und Reglerwerke Teltow und Sachsenring Zwickau, MINOL und Märkische Faser, Henning Conle und Norbert Hoess etc. Anhand ausgewählter Fälle kann man geradezu beispielhaft erfahren, mit welch besonderer Phantasie der Umbau Ost betrieben und öffentliche Mittel in die eigenen Taschen West umgeleitet wurden.

Daß es im Jahre 1993 gemessen am Gesamtschaden nur noch eine Erhöhung von drei Prozent sei, vermeldet Wolf Schöde im Namen der Treuhandanstalt mit Hinweis auf die immer wirksameren Kontrollen und der Bitte um gebührende Beachtung dieses hausgemachten Erfolges. Aber die Betrugsfälle aus den Jahren davor sind nicht vom Himmel gefallen, und die Entschuldigung, so geschickt seien sie halt gewesen, die alten Seilschaften in Umbruchszeiten, zieht bei keinem dieser Fälle mehr. Die Heimat der speziellen neuen Raubritter ist der freie Westen, ob der nun in der Bundesrepublik liegt, in Indien oder in der City von London. Die Finanzjongleure haben sich nicht etwa im Knast beim Hofgang kennengelernt, sondern in der Anwaltskammer, im Golfclub, in der Lounge am Flughafen, beim Urlaub auf den Seychellen. Sie treffen in ihren Verhandlungspartnern von der Treuhandanstalt entweder auf willige Helfer oder auf tumbe Toren oder auf gutgläubige Patrioten. Fürs Image der Treuhändler ist alles gleich schlimm.

Geradezu beispielhaft ist der »einzelne Fall« der Baugruppe Elbo, weil nach diesem Muster viele Maschen gestrickt und das Netz über den Osten gebreitet wurde. Was einst als Volkseigener Betrieb Wohnungsbau Kombinat Rostock in Günter Mittags Büchern stand, ist als Elbo Bau AG im Angebot der Treuhandanstalt. Die sucht einen Käufer für das Riesenunternehmen, an dem Tausende von Arbeitsplätzen hängen. Es bewirbt sich vor allem der Unternehmer Heinz Krahmer mit seiner Gruppe Karina. Der bietet nach eigenen Angaben einen »Kaufpreis in dreistelliger Millionenhöhe« und will für vier aus dem Kombinat ausgegliederte Betriebe immerhin 11 000 Arbeitsplätze garantieren. Klingt gut und ebenso einleuchtend wie die Beschwerden des westdeutschen Machers über die Schwerfälligkeit der Treuhandanstalt, die den Abschluß des Geschäftes immer wieder durch zusätzliche Forderungen verhindert habe. Ausgerechnet das »Neue Deutschland« druckt diesen verlogenen Schwachsinn des Kapitalisten mit dem goldenen Herzen. Schließlich habe er doch bereits seit Juni 1990 eine Option auf die Gruppe erworben und kümmere sich seitdem mit seiner Verwaltungsgesellschaft geradezu rührend um das ehemalige Kombinat. »Spiegel«-Mann Hans Leyendecker, einer der wenigen Journalisten, die da zu recherchieren beginnen, wo andere anfangen zu schreiben: »Der Bremer Kaufmann war einer jener hungrigen Wölfe, die zuschnappen, sobald sie den Geruch von Geld in der Nase haben.« Im Westen nicht ungewöhnlich, aber im Osten für die Brüder und Schwestern eine neue Erfahrung.

Der noch amtierende Verkehrsminister Krause, um ein vorschnelles Urteil nie verlegen, beschimpft denn auch ganz im Sinne des möglichen Erwerbers die Treuhändler, weil die zwischen Herbst 1990 und Herbst 1991 immer wieder neue Forderungen stellen, statt das tolle Konzept Krahmers endlich zu akzeptieren. Er kennt sich aus, denn beim ehemaligen Kombinat hat er zu DDR-Zeiten auch mal Geld verdient. Krause macht Stimmung gegen die Treuhandanstalt, die er so gerne als Superminister Ost übernommen hätte, denn das bringt Stimmen bei seinen ostdeutschen Wählern. Stellt sich vor die verunsicherte Belegschaft, lobt Krahmer und dessen hauseigene Beratungsfirma Kracon. Läßt sich im Stadion von Hansa Rostock blicken, wo der Sponsor Elbo auf Kicker-Brüsten prangt. Das kann sich Elbo locker leisten, die Treuhandanstalt überweist ja regelmäßig, damit alles läuft.

Doch selbst die Androhung einer Demonstration von Bauarbeitern in Berlin bringt die Treuhändler nicht ins Schwitzen. Zwar steht wieder mal die öffentliche Meinung gegen sie, aber diesmal wissen sie, was sie tun. Rohwedder hatte in der weisen Voraussicht, daß man die Maden am besten im eigenen Haus bekämpfen könne, im Februar 1991 den Stuttgarter Staatsanwalt Hans Richter verpflichtet, und als der zum erstenmal die Namen Krahmer und Karina hört, schrillen die Alarmglocken. Er macht sich an die Arbeit und gräbt sich durch die Akten. Für ihn, den Experten in Sachen Wirtschaftskriminalität, ist der Dschungel in der ehemaligen DDR so etwas wie für einen Biologen die Erforschung des Regenwaldes, eine Chance, die es nur einmal im Leben gibt. »Die hatten eigentlich schon die gesamte Bauindustrie der Küstenländer im Griff, und dies alles sollte sie letztlich nur 40 Millionen Mark kosten, die sie allerdings auch nicht hatten.« Allein die zur Elbo AG gehörenden Grundstücke sind nach vorsichtigen Schätzungen des Prüfers 1,7 Milliarden DM wert. Verständlich also, daß Krahmer auf Abschluß des Deals drängt, den er per Option schon im Sommer 1990 mit den ostdeutschen Leitern der damaligen Treuhand-Außenstellen ausgehandelt hatte.

Richter verdirbt das geschickt eingefädelte Geschäft und entwirrt mit der ihm eigenen Lust an komplizierten Knoten die Krahmerschen Konstruktionen von Holdings, Tochterfirmen, Beratungsunternehmen, hochdotierten Geschäftsführerverträgen. Die nötigen Bonitätsnachweise für den Kaufpreis von 170 Millionen DM und die Sanierungskosten von insgesamt gut 770 Millionen DM hat die Gruppe nie vorlegen können, was dem zuständigen Treuhandvorstand Günter Rexrodt die Vorlage gibt, die Verhandlungen abzubrechen. Wie sich spätestens nach Richters akribischer dreißigseitiger Strafanzeige im Dezember 1991 herausstellt, haben Krahmer & Co. zwar kein Eigenkapital, aber auf Kosten der Treuhandanstalt seit Herbst 1990 ihr eigenes Kapital erhöht.

Von den 120 Millionen DM Krediten, die von der Treuhand in die Elbo AG gesteckt wurden, um sie liquide zu erhalten, fehlen nach Richters Untersuchungen mehr als 110. Fast 73 Millionen sind auf Notarander-Konten »geparkt«, und 41 Millionen sind für Beraterleistungen draufgegangen. Damit sei man immer noch billiger als Roland Berger, erklärt frech Karina-Rechtsanwalt Hans-Jürgen Stieringer, denn hinter Karina, das Krahmer gehört, verbergen sich die Berater. Der klassische Versuch einer Aushöhlung scheitert: Die Beraterhonorare sind zwar weg, aber vom geparkten Geld auf Stieringers Konto holt sich die Treuhandanstalt 62 Millionen per Gerichtsbeschluß zurück. Die restlichen elf Millionen werden zuletzt in Florida gesehen, Besitzer Heinz Krahmer zuletzt in Singapur, wo er angeblich nach einer Massage im Januar 1992 das Zeitliche segnete. Begraben ist er in seiner Heimatstadt Bremen, deren Finanzsenator Ulrich Nölle ist zwar wie viele nicht ganz sicher, ob wirklich die richtige Leiche auf dem Friedhof liegt, andererseits scheut er angesichts der desolaten Finanzlage der Freien- und Hansestadt die Kosten für Exhumierung und Untersuchung.

Zumal in Sachen Vulkanwerft noch ganz andere Leichen auftauchen werden, die in verschiedenen Kellern liegen, sozusagen frei Haus geliefert, und nicht erst ausgebuddelt werden müssen. Der abgelöste Chef Friedrich Hennemann ist in seiner Schamlosigkeit zwar einzigartig, aber einzig er allein kann für diese Schiebereien nicht verantwortlich sein. Zwei Verwaltungsräte der Treuhandanstalt, Gellert und Lennings, haben schon im Dezember 1993 in Sachen Vulkanwerft dem Vorstand ihre Bedenken mitgeteilt und Überweisungen auf ein Sperrkonto angeregt. Antwort bekamen sie ein halbes Jahr später. Da war es zu spät.

Krahmers Anwalt Stieringer, nach Auffasssung des Gerichts nicht nur Rechtsberater, sondern auch zweiter Mann im Schattenreich des angeblich Toten und damit verantwortlich für die Manipulationen, ist im Februar 1994 wegen erwiesener Untreue in Sachen Elbo zu einer Haftstrafe von drei Jahren und sechs Monaten verurteilt worden. Von Krause spricht keiner mehr. Elbo wird aufgeteilt und an die Bremer Hegemann-Gruppe, die STRABAG und die französische CGE verkauft. Ein Drittel der einst knapp 15 000 Arbeitsplätze konnte bei der Privatisierung im Frühjahr 1993 gerettet werden, aber das heißt noch lange nicht Sicherheit für die Zukunft. Die Treuhandanstalt hat alle der Elbo gehörenden Grundstücke zum Verkehrswert erworben und das Geld wieder in die Betriebe gesteckt. Günter Rexrodt berichtet auf der Sitzung des Verwaltungsrates am 22. Januar 1993 über den Stand der Dinge und wird wegen seiner konsequenten Haltung gelobt. Hans Richter zählt die Aufdeckung der Elbo-Affäre zu seinen Erfolgen, verschweigt aber nicht, daß er und sein Nachfolger Daniel Noa, beide aus Stuttgart, jeweils rund dreißig Fälle, in denen es um dreistellige Millionenbeträge ging, nicht geschafft haben.

Richter und Noa, die internen Jäger der verlorenen Schätze, treffen beim Studium von Akten und Rechnungen in Berlin auf viele Bekannte, die wie sie aus Baden-Württemberg gekommen sind, allerdings von der anderen Seite der Barriere. Ach, schau da, Herr Professor Wandel. Der Volkswirtschaftler von der Universität Tübingen gilt als Experte auf seinem Gebiet, deshalb wird Dr. Eckhard Wandel auch 1993 vom Akademie Verlag gebeten, für das Standardwerk *Treuhandanstalt: Das Unmögliche wagen* einen Beitrag zu verfassen. Spezialthema Abwicklung und Liquidationen. Da kennt sich Wandel aus, denn mit insgesamt 10 081 967 DM Honorar (davon 6 309 858 DM sogenannte Kosten für qualifizierte Mitarbeiter, ein, wie sich herausstellen wird, höchst dehnbarer Begriff) steht der Wissenschaftler beim Zwischenbericht als Liquidator im Auftrag der Treuhandanstalt unter den Top ten immerhin auf Platz acht:

1.	Karl Tynek	24 980 421 DM
2.	Walter Mengeu	15 231 992 DM
3.	Jobst Wellensiek	11 943 498 DM
4.	Axel Breutigam	11 528 642 DM
5.	Werner Münder	11 240 212 DM
6.	Gregor Zinsmeister	10 579 533 DM
7.	Harald Hess	10 300 975 DM
8.	Eckhard Wandel	10 081 967 DM
9.	Hans-Peter Rechel	8 441 022 DM
10.	Gordon Rapp	7 363 178 DM

Alles erst vorläufige Summen: Zum einen sind noch nicht sämtliche Leistungen der Liquidatoren endgültig abgerechnet – die aus den Niederlassungen zum Beispiel, was allein bei Tynek noch neunzehn Fälle ausmacht – und zum anderen muß die Treuhandanstalt noch weitere Betriebe abwickeln, bevor sie offiziell selbst abgewickelt wird. Da gibt es, wie auch bei ihrer Nachfolgerin BvS, noch manche Mark zu verdienen, und dies trotz der dann ab Mitte 1994 wirksam werdenden Beschränkungen des Bundesfinanzministeriums, die angesichts allgemeiner Empörung eine Obergrenze von drei Millionen DM pro Liquidator vorschreiben. Der Zwischenstand ist deshalb eher die unterste Grenze der Honorare: 205 862 506 DM werden von der Zentrale, rund 185 Millionen DM von den Niederlassungen für ihre 2539 Unternehmen gemeldet.

Ehemalige festangestellte Mitarbeiter der Treuhandanstalt aus dem Direktorat Abwicklung, die sich angesichts der unbegrenzten Möglichkeiten in Sachen Liquidation selbständig gemacht haben und gemeinsam ein Büro im Internationalen Handelszentrum unterhalten, sind übrigens mit 41 603 407 DM dabei, aber nur drei von den insgesamt neun ehemaligen Treuhandfachkräften haben es unter die ersten Zehn geschafft: Rechel, Zinsmeister und Münder. Über ihre Arbeit sprechen sie nicht ganz freiwillig erst im Kreuzfeuer des Untersuchungsausschusses, obwohl sie ja nichts Böses getan, sondern nur Gutes eingesackt haben. Kollege Nummer acht von der Top-ten-Liste liebt es wissenschaftlicher, feiner und mag nicht seine Perlen unter normale Volksvertreter streuen.

Eckhard Wandels Ansichten über die Kunst der Abwicklung werden sogar ins Englische übersetzt, und bei einem wissenschaftlichen Kongreß Ende 1994 in Wien unter dem Titel »The Treuhandanstalt and The Winding Up of Companies Incapable of Effective Restructuring« gibt es viel Beifall dafür. Über Liquidatoren schreibt der Professor, der vom Vater eine Textilfabrik geerbt hat: »Die dafür von der Treuhandanstalt ausgewählten Personen sollen neben den fachlichen Qualifikationen vielfältige Fähigkeiten wie z. B. unternehmerisches Denken, Kreativität und sozialpolitisches Einfühlungsvermögen nachweisen. ... Bei der Durchführung eines Abwicklungsverfahrens kann eine Reihe von vielschichtigen Risiken und Problemen auftreten, die zu Beginn des Verfahrens weder von der Treuhandanstalt noch vom Liquidator in ihrer Tragweite überblickt werden können.«

Da ist was dran. Am 4. Februar 1996 wird Wandel vom Landgericht Stuttgart wegen Bankrotts, Konkursverschleppung, Betrugs, Kreditbetrugs und Untreue zu einer Haftstrafe von viereinhalb Jahren verurteilt. Das Verfahren ist 1986 eingeleitet worden, deshalb kennen Richter und Noa seinen Namen aus ihrem Fachbereich in Stuttgart. Anklage allerdings wird erst im

Jahre 1992 erhoben, aber da hat Wandel keine Zeit, sich zu den Vorwürfen zu äußern, denn er muß im Auftrag des Direktorats Abwicklung der Treuhandanstalt liquidieren. Warnungen von Noa, ausgerechnet diesen Mann zu beschäftigen, werden ignoriert. Daß er angeblich verhandlungs- und schuldunfähig war, wie aus Attesten hervorgeht, die auch in Berlin vorliegen, wird ebenfalls nicht als Hinderungsgrund für seine segensreiche Tätigkeit im Vaterland Ost gesehen. Macht nur bei Gericht einen schlechten Eindruck, wenn die zur Vernehmung angereisten Beamten in der Klinik, wo Wandel sich angeblich von seinen Depressionen erholen muß, keinen Wandel finden. Der ist gerade unterwegs in Geschäften. Ermittlungsverfahren wegen Unregelmäßigkeiten bei seinen Liquidationshonoraren in Sachen Treuhandanstalt werden eingestellt, die Verurteilung in Stuttgart reicht.

Von den Unternehmen, die nach Aufteilung und Ausgründung von der Treuhandanstalt 1990 übernommen werden, müssen im Laufe der nächsten vier Jahre ein Drittel, genau 3495, abgewickelt werden. Die Liquidation, bei der die Treuhändler Herren des Verfahrens bleiben, erfordert erfahrene Anwälte, die sich in solchen komplizierten Abwicklungen auskennen. Daß es nicht genügend Experten gibt, überrascht niemand, denn um solche Größenordnungen ging es bisher nicht im Westen. Neuland Einig Vaterland auch hier. Also wird bei den Rechtsanwaltskammern in den alten Bundesländern um Hilfe gebeten, und die schicken ihre Vorschläge nach Berlin an die Treuhandanstalt. Je mehr Firmen es werden, die in Schwierigkeiten kommen, desto mehr Liquidatoren braucht man und desto tiefer sinkt deren Qualität. Auch so ein weites Feld. Entsprechend steigen die Honorare, denn es gibt so viele Möglichkeiten, sich eine goldene Nase zu verdienen, daß jeder mitspielen will, der irgendwie das juristische Staatsexamen geschafft hat oder so jemanden kennt. Von wegen »namhafte Konkursverwalter« mit »Erfahrung in Konkursverfahren« und dem »Nachweis erfolgreicher Sanierungen«.

Hannelore Krüger-Knief, Konkursverwalterin aus Köln und mit mehr als dreißig Fällen in der ehemaligen DDR betraut: »Ich habe sehr junge Kollegen gefunden, kurz nach dem Assessorexamen, die diesen Job nicht können konnten. Ich habe auch ganz schlimme Fälle gefunden. Ich habe in der Abwicklungsabteilung der Treuhandanstalt auch Gemeinschuldner von mir gefunden, die ich in den alten Bundesländern betreut hatte. Da ist die Frage: Wie sorgfältig hätte man auswählen sollen?« Da lautet die Antwort: Auf jeden Fall sorgfältiger. Der Vorwurf mangelnder Sorgfalt gilt für vieles, nicht nur in den frühen Jahren der Treuhandanstalt. Bestärkt wird diese Luschigkeit durch das Bonussystem. Da können sich Direktoren und Abteilungsleiter leicht noch ein Drittel ihres hohen Gehaltes dazuverdienen, wenn sie sich als erfolgreiche Privatisierer profilieren. Auch diese Zahlen machen den Untersuchungsausschuß fassungs- und hilflos.

Die ehemaligen Treuhändler Hans-Peter Rechel und Gregor Zinsmeister, mit achteinhalb Millionen DM und mit zehneinhalb Millionen DM Honorar nie mehr auf Sozialhilfe angewiesen, müssen keine Wunderkinder sein. Sie haben nur schnell ihre Lektionen gelernt. Rechel ist nach seinem Examen anderthalb Jahre als Anwalt tätig, bevor er sich für vierzehn Monate in die Rechtsabteilung des Direktorats Abwicklung verpflichtet. Gehalt lächerliche 150 000 DM pro Jahr, zuzüglich 30 000 DM Bonus und ein Jahr lang freies Wohnen im Hotel. Im Oktober 1992 fühlt sich der Einunddreißigjährige erfahren genug für die Selbständigkeit auf der freien Wildbahn Ost. Kollege Zinsmeister verweist auf eine Ausbildung als Sparkassenangestellter und behauptet, sogar mal stellvertretender Leiter einer Zweigstelle auf dem flachen Land gewesen zu sein. Er lernt ebenfalls das kleine Abc der großen Liquidation in der Treuhandanstalt. In dieser Beziehung ist sie eine Schule der Nation.

Die Feinheiten der Abwicklung erlauben grobe Schätzungen über künftige Einkommen. Zinsmeister ist noch nicht mal dreißig und berechtigt zu den schönsten Hoffnungen, als er sich im Oktober 1992 als Treuhändler verabschiedet. Er und Rechel gründen die Consulting GmbH. Die kümmert sich um Liquidationen im Auftrage ihres alten Arbeitgebers. Direktor Tränkner informiert das Insiderpanel, doch die Herren haben keine Bedenken. Als Gregor Zinsmeister vor dem Untersuchungsausschuß aussagen muß, zeigt er sich wie Rechel dem niederen Abgeordnetenvolk mehr von oben herab. Mitte 1994 sind beide längst schon Millionäre. Umgerechnet auf Basis der Gebührenordnung würden ihre Einnahmen von November 1992 bis Mai 1994 selbst bei einer Siebentagewoche und sechzehn Stunden Arbeit pro Tag ohne einen einzigen Tag Urlaub etwa zehn bis dreizehn Jahren Berufstätigkeit entsprechen. Zinsmeister in der knappen Arroganz des Handy-Patrioten, der nicht mal mehr einen Ruf zu verlieren hat:»Man kann es rechnen.« Man nicht, er wohl schon. Allerdings sieht Zinsmeister noch ziemlich jung aus gegen Karl Tynek, denn bei dem würde das Honorar auf Stunden umgerechnet fünfzig Berufsjahren entsprechen.

Die Koryphäen dieser Branche wie Jobst Wellensiek, Volker Grub oder Wilhelm A. Schaaf, die im Beirat für Abwicklung der Treuhandanstalt sitzen und auch nicht schlecht verdient haben – Wellensiek in Sachen Interflug zum Beispiel sechs Millionen DM –, glauben nach ihrer Erfahrung, daß ein seriöser Liquidator etwa sechs bis sieben Firmen gleichzeitig betreuen kann. Mehr geht einfach nicht angesichts bekannt schwieriger Umstände. Laut Revisionsbericht der Treuhandanstalt vom 3. Februar 1994 hat es Rechel zu seinen besten Zeiten auf 73 laufende Liquidationen gebracht. Wahrscheinlich angespornt vom Beispiel Zinsmeister, denn laut demselben Bericht waren es bei dem gar 76. Viele Restgesellschaften dabei, beteuern beide, und für die gibt es ja nur 60 000 DM pauschal pro Firma. Um so höher müssen die Honorare bei den anderen Aufträgen gewesen sein, denn ihre Millionen haben sie ja nun mal bekommen.

Abrechnen kann man bis Mitte 1991 stundenweise, und da von der Treuhandanstalt zwischen 250 und 350 DM pro Stunde vergütet werden, kommt was zusammen. Es gibt auch die Möglichkeit, vor Arbeitsbeginn ein festes Honorar zu vereinbaren, aber es spricht sich schnell herum, daß dies nicht soviel bringt. Nach der im Westen gültigen Vergütung für Konkursverwalter bestimmt die Teilungsmasse des Unternehmens das Honorar. Ungefähr ab Herbst 1991 bestehen die Treuhändler auf dieser Form der Abrechnung. Das Problem, daß die Vergütungsmassen im Osten sehr viel höher sind als im Westen, weil dort die Grundstücke herausgerechnet werden und im Osten eben nicht, fällt zunächst keinem Prüfer auf. Die Liquidatoren nehmen Stundensätze dann nur noch für »qualifizierte Mitarbeiter« in Anspruch, und dies nicht nur in Millionenhöhe, sondern gern. Man kann ja beispielsweise einer dankbaren qualifizierten und vor allem arbeitslosen Fachkraft Ost zehn Mark fünfzig pro Stunde bezahlen, aber in Berlin im Detlev-Rohwedder-Haus beim Direktorat Abwicklung für diese Stunde 250 DM berechnen. Das ist nicht fein, doch darum geht es schließlich nicht. Aber es ist so und nicht anders tatsächlich passiert. Ludwig M. Tränkner:»Wie hätten wir das überprüfen sollen?« Kein Wunder, daß vor allem die Juristen glaubten, endlich die Blaue Blume des Kapitalismus dort gefunden zu haben, wo man sie am wenigsten vermutet hätte, in der ehemaligen DDR.

Eine Made aus Schwäbisch-Gmünd hat als Liquidator, um alle Aufträge auch erfüllen zu können, zeitweise 150 qualifizierte Mitarbeiter beschäftigt, und 2 134 655 DM will Rüdiger Mocker allein für die von der Zentrale in Berlin überwiesen bekommen. Die Niederlassungen zahlen extra. Berühmt wurde seine Geschäftstüchtigkeit als Liquidator der sächsischen Lautawerke. Knapp 100 000 DM pro Monat berechnete er für sich und seine Vertrauten. Auf die 500 000 DM monatlichen Personalkosten für die noch hundert Arbeiter bei Lauta schlug er sogenannte Handlingsgebühren in Höhe von 130 000 DM drauf, denn die haben formal keinen Job mehr, sondern sind bei ihm, dem Liquidator, angestellt. Pro Kopf und Arbeitsstunde macht das 5,75 DM. Auf die Idee muß man erst mal kommen. Gegen den fruchtbaren Juristen und tschechischen Honorarkonsul in Stuttgart wird noch ermittelt.

Die Verordnung der Vergütung nach Teilungsmasse hat ihre Tücken. Zahlen wir hier mehr als den zweifachen Regelsatz angesichts komplizierter Verhältnisse? Nein, sagen die Treuhändler, nur in Ausnahmen. Und die regeln sie anders, wie in den Fällen ehemaliger Außenhandelsbetriebe. Da geht es einfach um so viel Geld, daß ein halbes Prozent von der Teilungsmasse auf einen Schlag Millionen bringen würde, da muß also pauschal honoriert werden. Die Faustregel besagt, ein halbes Prozent der Teilungsmasse ist das Honorar des beauftragten Liquidators. Ausnahmen sehen zum Beispiel so aus: Am Beispiel Robotron: 141 177 000 DM beträgt die Teilungsmasse und das Honorar für den Liquidator 1 660 261 Millionen.

Wenn die Faustregel immer angewendet würde, dann hätten die Liquidatoren angesichts ihrer vorläufigen Gesamthonorare von rund 300 Millionen DM bereits im Mai 1994 Werte von sechzig Milliarden DM abgewickelt. In der Eröffnungsbilanz der Treuhandanstalt vom Oktober 1992 sind für Abwicklungen aber nur Rückstellungen in Höhe von 44,7 Milliarden DM notiert, davon lediglich 18,8 Milliarden DM für nicht sanierungsfähige Unternehmen. Der große Rest verteilt sich auf Kosten für Zinsen Altkredite, auf Stillegung und Entsorgung des Kernkraftwerks Nord. Und damit haben die Liquidatoren ja nichts zu tun. Wer berechnet die Teilungsmasse, denn von deren Höhe hängt ja vieles ab? Das berechnen am liebsten Anwälte mit Hilfe von Gutachtern vor Ort, das kann man so oder auch so rechnen, hoch oder tief, je nach Auftrag. Geht es nach Substanzwert, oder geht es nach Ertragswert? Rechnen wir die Maschinen als Schrott und die Grundstücke als Bauland? Wenn sich die Gutachter auch noch zufällig in einer gemeinsamen Firma diese Massen von Arbeit teilen, dann spart das Zeit, in der man Rechnungen schreiben kann. Merksatz: Je tiefer das Koma der Firma, desto höher die Zahlen vor dem Komma.

Bei den kaum nachprüfbaren Arbeitsleistungen wird die Treuhandanstalt nicht nur mit Millionenhonoraren zur Kasse gebeten, die Mehrwertsteuer von fünfzehn Prozent muß sie auch noch obendrauf bezahlen, so war es angeblich abgemacht. Es handele sich bei den bisherigen Honoraren um Netto-Vergütungen. Was auch immer man über die Qualifikationen der Herren sagen kann, die Unterschiede zwischen brutto und netto sind ihnen geläufig. Die Liquidatoren bis hinunter zu Platz 132 der Honorarliste, denn auch da läßt sich vom Konkursaufschwung Ost noch leben wie die Made im Speck, haben sich neben den Beratern und Wirtschaftsprüfern die meisten Verdienste an der deutschen Einheit erworben. Die Top ten machen zusammen 121 728 998 Millionen.

Als das Bundesfinanzministerium im Mai 1994 angesichts des parteiübergreifenden Erschreckens im Untersuchungsausschuß ein paar Änderungen und deshalb eine strengere Kontrolle verkündet, ist die Hauptmasse der Geschäfte gelaufen. Alle Maden sind schon fett. Theo Waigel versichert in Bonn, daß es in »dem einen oder dem anderen Fall auch zu Kumulierungen von Gebühren gekommen ist, die ich in der Größenordnung nicht befürworte und die, wenn ich sie vorher gewußt hätte, auch so nicht stattgefunden hätten«.

Ein Briefwechsel zwischen dem dann für Abwicklung zuständigen Treuhandvorstand Wolf Klinz und Eckart John von Freyend, für vier Jahre Leiter der Abteilung VIII des Bundesfinanzministeriums, ist unter dem üblichen »Streng Vertraulich Dienstgebrauch« etc. abgelegt und beweist, daß dem Minister offensichtlich nicht alles gesagt worden ist. Schon im Spätherbst 1992 wird ein »Vergütungsabschlag« für den Rechtsanwalt Karl Tynek, dem künftigen König der Liquidatoren, in Höhe von 3,853 Millionen DM bemängelt. »Angesichts der Höhe dieser Honorarvergütung, die zudem nur eine Abschlagszahlung ist, stellt sich die Frage, ob die Treuhandanstalt hier die Ziele der kostengünstigen Abwicklung im Auge hatte. Die Höhe der Liquidatorvergütung erscheint auch deshalb sehr hoch, weil außerhalb dieser Vergütung Liquidationskosten der Rechtsanwaltsbüros sowie alle Nebenkosten des Liquidators in Rechnung ... gestellt werden. Es besteht die Möglichkeit, daß die genannte Honorarvereinbarung zwischen Treuhandanstalt und Liquidator keinen Einzelfall darstellt.« Das Ersuchen des Bundesfinanzministeriums, gez. Bley, künftig eine Detailaufstellung über die Honorare zu bekommen, wird von Wolf Klinz in einem Brief an Eckart John von Freyend brüsk abgelehnt: »Ich bin der Auffassung, daß die gewünschten Angaben nicht mehr von der Fach- und Rechtsaufsicht des Bundesfinanzministeriums gedeckt sind, da es sich um unternehmensbezogene Einzeldaten handelt.« Von Freyend antwortet: »Die von mir erbetenen Verbesserungen des Berichtwesens halte ich für unerläßlich. Das gilt insbesondere für die vereinbarten und gezahlten Vergütungen.« Aber die Treuhändler bleiben selbst dann ungerührt, als der Bonner Beamte darauf hinweist, daß gerade die teure Abwicklung von Außenhandelsbetrieben auch aus anderen Gründen problematisch sei, da »wir politisch davon ausgehen müssen, daß der hochsensitive Bereich der Abwicklung eine lückenlose und personalintensive Begleitung erfordert ...«.

Die zweite Ebene im Bundesfinanzministerium erhöhte ab Mitte 1993 den Druck auf die Treuhändler, ungeachtet aller Erklärungen von der Spitze des Hauses. Die in Berlin regierten ganz einfach wie ein großer Konzern, ein von allen Haftungen für grobe Nachlässigkeiten freigestellter allerdings, und nicht nach den engen Vorschriften der Bundeshaushaltsordnung. Hero Brahms: »Daß wir keine steuerbare Behörde waren, stank denen in Bonn natürlich gewaltig.« Zumal es um Milliarden ging, die schließlich letztendlich vom Bundesfinanzminister bezahlt werden mußten. Von wegen, wer zahlt, der schafft auch an. Eckart John von Freyend: »Die Gemengelage mit Liquidatorenhonoraren haben wir schon 1992 kritisiert.« Änderungen allerdings wurden erst im Laufe des Treuhanduntersuchungsausschusses beschlossen. Was auch so ziemlich der einzige Erfolg dieses Ausschusses gewesen sein dürfte, dessen Bemühungen mit dem Pedal Staatsräson ausgebremst wurden. Und der dann im Jahre 1994 auch mehr und mehr resignierte, weil er mit allen Attacken gegen Gummiwände rannte. Das ging nicht nur den Abgeordneten so, auch Treuhandkritiker in Ministerien blieben unerhört.

Der zuständigen Referatsleiterin Gisela Otto fällt zum Beispiel früh auf, daß »zehn Liquidatoren praktisch die Hälfte der Masse betreuen« und daß die Honorare deutlich zu hoch sind. Sie läßt sich in Gesprächen in Berlin auch nicht davon überzeugen, daß dies gerechtfertigt ist, weil die armen Kerle immer von einem Flugzeug ins nächste steigen und zwischendurch mit Millionen jonglieren müssen. Die Ministerialrätin wechselt im September 1993 in ein anderes Referat, bevor sich der Untersuchungsausschuß mit ihren Erkenntnissen beschäftigt und sie als Zeugin vernimmt. Kollege Ministerialrat Bley, der immer unliebsame Nachfragen stellt und sich zum Beispiel vehement beschwert, daß er nicht rechtzeitig zu einer Sitzung in Sachen Abwicklung nach Berlin geladen wurde, soll wie sie versetzt werden, aber der Parlamentarische Staatssekretär Joachim Grünewald weiß das zu verhindern. Kommt gerade noch rechtzeitig von einer Reise zurück. Wir sind doch nicht die Erfüllungsgehilfen der Herrschaften in Berlin, sagt er unter Vertrauten.

Meint aber nicht Herrschaften, sondern Birgit Breuel, die wieder mal mannhaft ihre Treuhändler verteidigt, nachdem gerade der Direktor für Besondere Außenhandelsbetriebe wegen grober Fahrlässigkeit hat gehen müssen und sie die Verantwortlichkeit für seinen Abgang nicht etwa in seinen Leistungen, sondern in

Bonn ausgemacht hat. Besonders ihren Mann fürs Hoffnungslose will sie sich nicht kaputtmachen lassen. Lautstarke Diskussion zwischen ihr und Grünewald in Sachen Ludwig M. Tränkner, vor allem nach König Ludwigs Auftritt in Bonn, der selbst eingefleischte Treuhandpatrioten an der wahren Lehre hat zweifeln lassen. Wenn einer in schöner Offenheit erklärt, er lese keine Regeln und denke auch nicht daran, das in Zukunft zu ändern, erschauert jeder Beamte, ganz gleich, welches Parteibuch er im Schreibtisch hat. Birgit Breuel will keine Bekundungen von Abscheu und Empörung, sie will Beweise gegen ihren Direktor Abwicklung. Damit kann ihr keiner dienen.

Gegen Tränkner-Freund Tynek ermittelt nicht nur die Staatsanwaltschaft Berlin. Treuhandnachfolgerin BvS versucht es außerdem mit dem Zivilrecht und will zumindest 1,2 Millionen DM aus einem nicht erfüllten Auftrag zurückhaben. In einer Tynek-Aufstellung ist übrigens auch eine Anwältin verzeichnet, die 2007 Stunden à 250 DM berechnet. Das ist deutscher Rekord, und alles fürs Vaterland. Verdammt teures Vaterland.

Ludwig Max Tränkner ist seit seiner Begegnung mit Rohwedder bei der Treuhand zuständiger Direktor in Sachen Abwicklungen. Volumen der Abwicklungen insgesamt rund 45 Milliarden DM. Ein Seiteneinsteiger ohne Erfahrung, aber mit bulldozerhaftem Durchsetzungsvermögen. Für die einen das Paradebeispiel einer Made in Germany, für die anderen ein phantasievoller Macher. Für die einen der Abzocker vom Dienst, für die anderen genau der Dienstmann, der in solchen Zeiten die Lasten der anderen schleppt. Für die einen der undurchsichtige Finsterling mit dem Dreitagebart, für die anderen der Patriot, der von 346 372 verlorenen Arbeitsplätzen in 3495 Betrieben unter Einsatz wirklich aller Mittel laut einer Aufstellung der Treuhandanstalt noch über 113 635 hat retten können. Das entspricht einer Quote, so die Treuhändler, von 32,8 Prozent. In Wirklichkeit dürfte es eher die Hälfte sein, denn Datenbasis ist oft nicht etwa die Zahl der ursprünglich Beschäftigten, sondern die Zahl bei Übernahme durch die Liquidatoren.

Wenn Roland Berger von der »ungeahnten Kreativität« spricht, die im Chaos Treuhandanstalt auch gewachsen sei, fällt ihm als Beispiel der Name Tränkner ein. Rohwedders ehemaliger

Assistent Peter Bachsleitner meint, daß Tränkner vieles gerettet habe, was schon für tot erklärt worden war. SPD-Mann Horst Jungmann erinnert sich aus dem Untersuchungsausschuß an einen arroganten, widerlichen Angeber, dem er jede Schweinerei zutraut und der auch noch stolz darauf war, weder Regeln noch irgendwelche Paragraphen gelesen, geschweige denn beachtet zu haben. Uwe Schmidt merkt eher ironisch an, daß Tränkner im Vergleich zu Elbo oder GRW Teltow wohl kein bedeutender Fall sei. Manfred Balz ist sich ganz sicher: »Der ist sauber.« Hätte allerdings nicht so viele Aufträge an Freunde wie Tynek geben dürfen oder an ehemalige Mitarbeiter wie Rechel und Zinsmeister. So etwas wirkt immer peinlich und riecht nach Korruption. Günter Rexrodt: »Tränkner war ein Gewinn für die Treuhandanstalt. Einer von den Paradiesvögeln, die in festgefügten Ordnungen und Hierarchien nie eine Chance gehabt hätten.«

Tränkners letzter Chef Wolf Klinz sieht den Abschuß seines besonderen Direktors durch die Beamten in Bonn als politisches Manöver. Die Kontrolle über die Festung Treuhandanstalt war entglitten, mit diesem Fall eroberte man den ersten Vorposten zurück. Ausgerechnet Ludwig M. Tränkner, der böse Bube unter den Treuhändlern, als Sündenbock? Geahnt haben alle im Vorstand, daß mit den Liquidationshonoraren nicht alles so ganz sauber lief, aber genau wissen wollte es keiner. Man wollte Erfolgszahlen, und die brachte Tränkner.

Er selbst erzählt eine ganz andere Geschichte. Daß er schon Mitte 1993 habe gehen wollen, um sich selbständig zu machen. Zunächst habe er ein Modell für die Privatisierung der Abwicklung vorgeschlagen, das aber sei in Bonn auf Ablehnung gestoßen. Dann habe ihn seine Präsidentin immer wieder beschworen, seinen Vertrag zu verlängern, bis endlich ein Nachfolger gefunden war. Im Oktober 1993 bereits hat er öffentlich verkündet, »Anfang nächsten Jahres« gehen zu wollen, weil die »Arbeit auf der Schiene und auch nicht mehr spannend genug ist«. Von wegen also Sündenbock und abgeschossen von den Bonnern. Ein freiwilliger Rückzug war's.

Sicher ist nur so viel, daß Ludwig M. Tränkner dem Ansehen der Treuhandanstalt geschadet hat, auch wenn er letztlich mit seiner Arbeit ihre Bilanz verbesserte. Wer so aussieht wie er, den würde man sogar als Bruder Ludwig an der Klosterpforte für einen verkappten Hell's Angel halten. Alle Ermittlungsverfahren gegen ihn in Sachen Untreue zu Lasten der Treuhandanstalt sind inzwischen eingestellt, das letzte am 30. April 1996, darunter solche Brocken wie Liquidation Fortschritt Landmaschinen (1,4 Mio. DM), Liquidation Interflug (3 Mio.) und Mwst. Honorare Liquidatoren (30 Mio.). Daß es keine strafrechtlichen Anhaltspunkte gibt, weder in bezug auf heimliche Provision bei Liquidationsaufträgen noch beim Erwerb seiner in Zeuthen am See gelegenen Villa aus Treuhandbesitz, freut nur ihn und seine Frau. Sein Image als Schlimmfinger bleibt. Tränkner hat viele Feinde, die ihm alles Böse an den Hals gewünscht haben und enttäuscht sind, daß es den als brachialen Aufschneider erlebten Rambo nicht erwischt hat. Man erinnert sich an den einst als »Mann für fast alle Fälle« gefeierten »Problemlöser« und seine Ankündigung, beim Zellstoffwerk Pirna über Bartergeschäfte einen russischen Investor für 200 Millionen DM an Land zu ziehen oder für die Schmierölfabrik Addinol die russische Republik Baschkiristan und deren Staatsbank als Käufer gewinnen zu wollen. Beides blieben Spruchblasen, die bald platzten. Aber falsche Ankündigungen und Prognosen, von denen es in der Treuhand-Geschichte Hunderte im Dutzend billiger gibt, sind so wenig strafbar wie legale Abzockereien in Milliardenhöhe.

Tränkners selbstbestimmtes Ende als Wunderwaffe der Treuhandanstalt beschleunigt ein anonymer Brief, der über Umwege auf dem Tisch der Ministerialrätin Gisela Otto landet und die späteren Ermittlungen gegen ihn auslöst. Überschrieben ist er mit »Der Filz im Direktorat Abwicklung der Treuhandanstalt Berlin«. Genannt werden die Fälle Rechel und Zinsmeister und Münder, aber auch sogenannte Petitessen wie die, daß die Mitarbeiter die Geburtstagsfeier für Tränkner (gemeinsamer Flug) in Paris finanzieren mußten, daß die Liquidatoren nur dann Aufträge bekamen, wenn sie zuvor für den von Tränkner initiierten Verein »Hilfe für Osteuropa« gespendet hatten, daß Spitzenverdiener Karl Tynek seit zehn Jahren sein Freund sei und daß er plane, die gesamte Abwicklung der Treuhandanstalt unter seiner Leitung in einer Holding zu privatisieren.

Tränkner bestreitet nicht, daß er mit Tynek befreundet war, aber das ist nicht verboten. Seine Idee, die gesamte Abwicklung zu privatisieren, sei auch kein Staatsgeheimnis, sondern schon lange mit dem Vorstand besprochen, aber in Bonn abgelehnt worden. Im übrigen habe jeder in seiner Abteilung das eiserne Gesetz gekannt: Wer auch nur einen Pfennig Bestechung nimmt, fliegt raus. Das gilt selbstverständlich für ihn erst recht. Zwei Hausdurchsuchungen ergeben keine Belege für persönliche Bereicherung.

Die Villa am See, die er sich so billig unter den Nagel gerissen hat, ein ehemaliges Objekt des Ministeriums für Staatssicherheit, das dann in den Besitz der Treuhand überging, ist von ihm zunächst gemietet und dann gekauft worden. Das Direktorat Revision: »Neben Herrn Tränkner bewarb sich für das Objekt Herr ..., wobei eine gewerbliche (6 Arbeitsplätze) und private Nutzung angestrebt war. Am 28. 2. 1991 entschieden die Vorstandsmitglieder Dr. Koch, Dr. Krämer und Dr. Wild, daß das bebaute Grundstück an Herrn Tränkner verkauft wird. Da es sich offenbar um eine personalpolitische Entscheidung handelte, wurde die von Herrn ... angebotene gemischte Nutzung mit der Schaffung von sechs Arbeitsplätzen dabei nicht angesprochen. Herr Tränkner erklärte mir hierzu, daß auch seine Frau die Einrichtung eines Ateliers plane und dort bis zu neun Arbeitsplätze schaffen wolle. Die Entscheidung ist auf der Basis des eingeholten Wertgutachtens ordnungsgemäß erfolgt.«

Das sehen die Herren des Insiderpanels ein Jahr später nicht so: »Das Panel stellt fest, daß das in diesem Fall gewählte Verfahren nicht dem entspricht, was das Panel heute in gleichgelagerten Fällen für notwendig erachtet. In Anbetracht der vielfachen hochrangigen Befassung Unterzeichnungsberechtigter mit dieser Angelegenheit sieht das Panel von einer nachträglichen Empfehlung ab.«

Bezahlt hat Tränkner 500 000 DM für das Objekt, und auch die 500 000 DM Renovierungskosten könne er belegen, falls die einer sehen wolle. Will aber keiner. »Ich habe«, sagt er, »um jedes Rüchlein zu vermeiden, nach meinem Ausscheiden das Haus der Treuhandanstalt 1994 wieder angeboten, aber das wollte die nicht.« Er sieht sich als Opfer einer Verschwörung, weil die Beamten aus Bonn wieder die Einhaltung aller Paragraphen verlangten, aber: »Hat nicht Rohwedder gesagt, erst der Mensch, dann die Paragraphen?« Tränkner nimmt auf Kosten der Anstalt zwei Anwälte, die seine Ehre verteidigen sollen, denn auch die Revision widerlegt in allen Punkten den anonymen Brief, von dem er heute weiß, wer ihn verfaßt hat. Er reicht Ende April 1994, »und zwar ohne einen Pfennig Abfindung« (Tränkner), seinen Abschied ein, das wird gefeiert als Sieg der öffentlichen Meinung. Fortan lebt er mit seinem schlechten Ruf. Sein Nachfolger ist Volljurist und kennt alle Paragraphen made in Germany, die Tränkner als »formalen Scheiß« verachtet hat.

Dem Wirtschaftsteil der seriösen FAZ darf entnommen werden, daß Tränkners Firma Management Partner für Industrie (MPI), die er nach dem Abgang 1994 von der Treuhandanstalt gegründet hat, inzwischen 15 Millionen DM Jahresumsatz macht, ein paar Dutzend Leute beschäftigt und daß seine Kunden vor allem aus dem Mittelstand nicht alle bestochen sein können, sondern erbrachte Leistungen honorieren. Er bietet an, was er als Selfmademan täglich in Sachen Treuhand gelernt hat: Sanierung und Personal-Management. Im Aufsichtsrat sitzt der Ex-Treuhändler Alexander Koch, dem die Abwickler, die so gerne Sanierer genannt worden wären, zum Abschied ein schwarzes Motorrad der Ost-Marke MuZ geschenkt haben, mit dem der dann über einen der langen Flure an der Leipziger Straße gedonnert ist.

Das waren noch die Zeiten, als sich die Treuhändler zwar täglich angegriffen fühlten, aber für unangreifbar hielten. Was sich ändert, als in Bonn der Treuhanduntersuchungsausschuß zur Sache bittet. SPD-Fraktionschef Hans-Ulrich Klose hat am 6. Juni 1993 zwar noch Besuch von Birgit Breuel und Theo Waigel bekommen und ist im Namen des parteiübergreifenden Patriotismus gebeten worden, den für Herbst nach der parlamentarischen Sommerpause geplanten Ausschuß zu verhindern. Schließlich stehe doch viel mehr auf dem Spiel als ein paar mögliche Ungereimtheiten, beispielsweise könnten Investoren abgeschreckt werden, und das angesichts der eh schon so schwierigen Wirtschaftslage im Osten. Die Genossen Treuhändler Rappe und Dohnanyi und der Ministerpräsident Manfred Stolpe schließen sich dieser Meinung an, auch die vier Kollegen Stolpes aus den neuen Bundesländern bitten um Absage im Namen des Vaterlandes. Als Hamlet Klose in der Fraktion laut über den Untersuchungsausschuß im Hinblick aufs Gemeinwohl nachdenkt – laufen lassen oder sein lassen, das ist hier die Frage –, geben ihm seine anderen Genossen Zunder: Du spinnst wohl, Uli. Wir wollen endlich wissen, wofür die Treuhandanstalt soviel Geld ausgibt und ob die auch das erfüllt, was ihr Auftrag ist. Und vor allem, wie es mit der Dienstaufsicht der Regierung aussieht.

Wirtschaftsminister Günter Rexrodt kann selbst heute seine Schadenfreude darüber nicht verbergen, daß der parlamentarische Untersuchungsausschuß letztlich »ein Schuß in den Ofen« war. Das war er, in der Tat. Nicht etwa, weil die Koalitionsmitglieder im Gremium verdonnert wurden, brav zu sein und prinzipiell die Opposition ins Leere laufen zu lassen. Ein Gefühl der Gemeinsamkeit stellte sich nur in jenen Momenten in den 54 Sitzungen ein, in denen sie mit offenem Mund über die Erfolgsgeschichten der neuen Millionäre staunten, die sich strafrechtlich nichts vorzuwerfen hatten. Akten bekamen die Abgeordneten nur dann, wenn sie von der Regierung freigegeben waren, und die gab nur zwanzig Prozent aller angeforderten Unterlagen frei, darunter weder die Beschlußvorlagen des Vorstandes noch die Protokolle der Verwaltungsratssitzungen.

Beschränkungen für einen Untersuchungsausschuß gelten grundsätzlich nur in den Kernbereichen der Exekutive, beispielsweise für Kabinettsbeschlüsse oder wenn Kohl mit sich selbst zu Rate geht und das Ergebnis notiert. Sie gelten nicht für eine Bundesbehörde, denn die muß alles offen auf den Tisch legen, wenn das Parlament dies verlangt. In einem brillanten Gutachten fordert Manfred Balz, da schon nicht mehr Direktor Recht der Treuhand, aber ihr verbunden, ganz im Sinne der konservativen Blocker vom Dienst, »auch der Treuhandanstalt, die eine staatliche Aufgabe von höchstem staatspolitischem Rang mit einem einzigartigen Maße völkerrechtlich und gesetzlich gesicherter Autonomie zu erfüllen hat, einen Kernbereich exekutiver Eigenverantwortung zuzuerkennen«, und begründet das in acht überzeugenden Thesen. So geschieht es. Nicht ganz sauber, wie ein CDU-Staatssekretär zugibt, aber politisch natürlich ungeheuer praktisch für die Regierung, die Ende 1994 noch eine Wahl zu bestehen hat, in Ost und West. Deshalb fühlen sich dank Balz, der ja einst als SPD-nahes U-Boot verdächtigt wurde, alle Treuhändler gut abgesichert gegen bohrende Fragen. Sobald es kritisch wird, reden sie sich mit dem Hinweis auf diesen Kernbereich der Exekutive, von dem sie ohne Balz nie etwas gehört hätten, aus der Bredouille. Für den ist das selbstverständlich keine Frage von Ideologie, von links oder rechts, sondern die Lust an sauberer Arbeit. Sorgfältiges Handwerk. Insofern ist das Gutachten sein Meisterwerk.

Der ehemalige Direktor Recht der Treuhandanstalt, der dort 300 000 DM pro Jahr plus Bonus verdiente, was 1992 etwa 90 000 DM zusätzlich waren, ist in Sachen Treuhanduntersuchungsausschuß für seine ehemalige Dienststelle als freier Berater tätig. Für acht Monate Arbeit berechnet er 642 000 DM. Angesichts der Qualität seiner Ratschläge ein echtes Schnäppchen für die Treuhändler. Erst recht im Vergleich zu den Ratschlägen, die sie sonst bekamen und für die sie das Dreifache bezahlen mußten.

Jede Zeugenaussage wird von mindestens zehn Beamten aus Berlin und Bonn beobachtet und notiert, und wenn es mal gefährlich wird, greifen sie entsprechend ein – durch Husten, Winken, Räuspern, Wortmeldungen. Ein Treuhanddirektor läßt sich in der Mittagspause sogar dabei erwischen, als er so ganz nebenbei in den Unterlagen eines SPD-Abgeordneten stöbert, dessen Fragen auf Insiderwissen hindeuten.

Otto Schily, der den Ausschuß leitet: »Es ist nach wie vor ein Skandal, daß zwar potentielle Investoren Einblicke bekamen in die tatsächliche Situation von Firmen und sich dann mit diesem Wissen dankend zurückzogen, aber unter dem Siegel Geheim uns im Untersuchungsausschuß fast alle Akten verweigert oder nur geschwärzt übergeben wurden.« Dennoch müssen rund tausend Vorgänge, wie es in der Sprache der Juristen heißt, in Berlin für den Ausschuß vorbereitet werden, und das schaffen sie nicht selbst, das können wiederum nur auswärtige Anwälte. Dafür werden dann rund 300 000 DM an Honoraren fällig. Otto Gellert: »Der Treuhanduntersuchungsausschuß hat nichts enthüllt und leider doch was bewirkt. Denn danach schickte Bonn seine Beamten in die Anstalt, um die wieder in den Griff zu bekommen.« Er und die anderen Mitglieder des Verwaltungsrates hatten damit gedroht, unter gewaltigem und sicher weltweitem Medienecho geschlossen zurückzutreten, falls auch nur ein einziges Protokoll ihrer auf Konsens angelegten Sitzungen übergeben würde. Alles ohne Ausnahme muß geheim bleiben. Und wenn die SPD mit ihrer Organklage auf Herausgabe der Protokolle Erfolg habe, müsse die Regierung vors Bundesverfassungsgericht ziehen. Das verspricht Staatssekretär Joachim Grünewald auf der 44. Sitzung des Gremiums am 21.Januar 1994.

Hätten die Abgeordneten in Kenntnis dieser Protokolle andere oder gar neue Erkenntnisse gewonnen über die Treuhandanstalt? Hätten sie nicht die gleichen Fragen nach der mangelnden Aufsicht des Bundesfinanzministeriums gestellt? Hätten sie nicht je nach politischem Standpunkt das Tempo der Privatisierungen beklagt oder befürwortet? Hätten sie nicht genauso am Ende ihrer Sitzungen am 29. August 1994 einen Bericht der (Regierungs-) Mehrheit und einen abweichenden Bericht der (Oppositions-) Minderheit veröffentlicht?

So sensationell ist das alles nicht, was im Verwaltungsrat der Treuhandanstalt diskutiert wird – daß die Revision die Geschäfte des Professor Eckhard Wandel schon im Januar 1993 erwähnt (33. Sitzung), daß Verwaltungsrat André Leysen den Schutz ausländischer Mitbieter bei Firmenverkäufen sichergestellt sehen möchte (35. Sitzung) und Dieter von Würzen anregt, den Hinweis auf »rückläufigen Sanierungsaufwand wegen der politischen Außenwirkung« anders darzustellen, was Finanzvorstand Heinrich Hornef zwei Sitzungen später auch mit der Zahl 6,9 Milliarden DM gelingt, daß die Erlöse aus der Interflugabwicklung in Höhe von 600 Millionen DM laut Beschluß an die Länder gehen und nicht an die Treuhandanstalt (37. Sitzung), daß DGB-Chef Schulte einem Verkauf an die Gruppe Roland Ernst widerspricht, weil die beim Skandal um die Geräte- und Reglerwerke Teltow von 2600 zugesagten Arbeitsplätzen nur 500 erhalten habe (39. Sitzung) und daß die Thüringische Faser AG schon vor dem Verkauf an die Dalmia-Brüder vom Leitungsausschuß mit der Note 6.2 eingestuft war, also als unrettbar (41. Sitzung), und damit ein klarer Fall für die Gesamtvollstreckung.

Da handelt es sich um die Firmen Thüringische Faser und Sächsische Kunstseide, beide in der ehemaligen DDR ein Stolz der werktätigen Massen. Das Beispiel ihres mißglückten Verkaufs ist symptomatisch für immer wieder auftretende Fehler der Treuhandanstalt, die dann angesichts der Summen, um die es geht, zu Skandalen werden. Zu Recht. In 46 Prozent aller von ihm behandelten Fälle, so analysiert der Treuhanduntersuchungsausschuß, hat es an der Bonitätsprüfung des Käufers gemangelt. Ein Wunder, daß nicht mehr passiert ist. Die schleimige Art, mit der die Brüder Dalmia, angebliche Wundermänner aus Indien und dort mit 600 Millionen Dollar Jahresumsatz so etwas wie Krupp in Deutschland, im Osten begrüßt und umgarnt werden, ist die blanke Torheit. Denn so vergessen die handelnden Personen die Grundregeln für solche Geschäfte: Die Prüfung von Investoren. Keiner wollte die Thüringische Faser und die Sächsische Kunstseide in Pirna haben, so ist man in Berlin dankbar, als im Herbst 1991 die Dalmia-Firma Twenty First Century Oil (TFC) beide übernimmt. Wahrscheinlich hätte ein Anruf bei einer Wirtschaftsauskunft genügt, um zu erfahren, daß der auch vom Bundeskanzler Helmut Kohl gefeierte Käufer TFC – »Markstein der deutsch-indischen Wirtschaftsbeziehungen« – zwar viele Tochterfirmen auf fernen Inseln auflisten kann, aber kaum Eigenkapital besitzt. Geschweige denn in der Höhe, die von den beiden Brüdern an Investitionen versprochen wird. Die Wirtschaftsprüfer von BDO stellen in ihrem Bericht 1993, da ist aber bereits alles zu spät, lapidar fest, daß die TFC bereits im Frühjahr 1991 überschuldet war. Also ein halbes Jahr vor dem Kauf.

Die Käufer garantieren deshalb leichten Herzens übers Jahr tausend Arbeitsplätze und 150 Millionen DM Investitionen und haben selbstverständlich nichts dagegen, daß Pönalen in den Vertrag geschrieben werden für nicht eingehaltene Arbeitsplatzzusagen. Warum sollten sie auch, offiziell haben sie eh nichts zu verlieren. Kaum hat die Treuhand noch einmal vierzig Millionen als Starthilfe überwiesen und kaum haben die Brüder ihre symbolische Mark als Kaufpreis bezahlt, ist ihr Ziel auch schon erreicht. Denn die neun Millionen DM, die sie sich von der Thüringischen Faser auf ein Konto in Kuala Lumpur überweisen lassen, sind das, was sie für ihre anderen Luftgeschäfte brauchen. Es stellt sich laut BDO-Bericht heraus, daß zum Beispiel die TFC Oil, die als Käufer aufgetreten war, keinen Pfennig hatte. Daß neunzig Prozent der Anteile Thüringische Faser an eine Briefkastenfirma auf der Kanalinsel Jersey übertragen wurden. Deren

Stammkapital: hundert Dollar. Der Hauptgesellschafter dieser Tochter wiederum sitzt auf der Isle of Man, hat aber auch nicht mehr als ein englisches Pfund als Grundkapital.

Solche Flops, die in den Ankündigungen als Glücksfall der Privatisierung gefeiert werden, und zwar in schöner Regelmäßigkeit, haben etwas zu tun mit dem Auftrag der Treuhandanstalt und nicht nur mit der Unfähigkeit der Treuhändler. Der Substanzwert eines Betriebes kann zwar hoch sein, aber das bringt nichts für den Käufer. Falls der wirklich vorhat, die Firma unter den neuen Bedingungen fortzuführen und nicht nur die Grundstücke zu verscherbeln. Deshalb richtet man sich beim Verkauf in Sachen Dalmia nach dem Ertragswert, und der ist sowohl in Pirna als auch in Rudolstadt nicht mal Null. Keine Märkte, keine Aufträge, keine Zukunft. Klar, daß die Dalmias für eine Mark alles bekommen, was sie wollen. Je mehr Ertragswert und Substanzwert voneinander abweichen, desto härter müßten die Auflagen sein, desto rigoroser die Prüfungen auf Bonität. Von dieser simplen Regel, etwas für BWL-Erstsemester an der Universität, haben die Verhandlungspartner auf der anderen Seite offensichtlich noch nie etwas gehört.

Deshalb sind nicht die kriminellen Aktivitäten der herumreisenden Ganoven so schädlich für das Ansehen der Treuhandanstalt. Da hat Lennings recht, das ist eher normal in solchen Zeiten. Zorn auf Treuhändler, Wut gegen die Anstalt, kommen immer dann auf, wenn sich der steuerzahlende Bürger West getäuscht fühlt. Er fühlt sich dann getäuscht, wenn die in Berlin in ihrer Dummheit schlecht verhandeln. Und der Deutsche Ost fühlt sich kaltlächelnd abgewickelt ohne Perspektive, und wiederum aus den gleichen Gründen: Die Treuhändler haben Scheiße gebaut.

Es kann denen aber außer herber Kritik nichts passieren, selbst wenn fahrlässige Dummheiten mal öffentlich werden. Von einer Haftung sind die Einheitsmanager aufgrund einer Anordnung des Bundesfinanzministers befreit. Die vom Vorstand der Treuhandanstalt sowieso, stillschweigend gilt Theos *Law* auch für alle Direktoren in der Zentrale und in den fünfzehn Niederlassungen. Dummheit kann aber auch so schlimm sein, daß sie kriminell wird. Aus einem Urteil des Landgerichts Rostock in Sachen der skandalösen und gescheiterten Privatisierung der Bagger-Bugsier- und Bergungsreederei (BBB), wo aufgrund mangelnder

Kontrolle, mangelnder Prüfung und krimineller Machenschaften 700 Arbeitsplätze verloren wurden:»Schließlich ist auch zugunsten des Angeklagten zu berücksichtigen, daß die Treuhandanstalt mit einer fatalen Leichtgläubigkeit den Bekundungen des Angeklagten ... Glauben schenkte und durch die Veräußerung eines Unternehmens von überregionaler Bedeutung an eine de facto vermögenslose GmbH erst die Voraussetzung für die vom Angeklagten begangenen Straftaten schaffte.«

Die Brüder Dalmia werden zwar im Juni 1993, also fast zwei Jahre, nachdem sie als »Glücksfall« gepriesen worden waren, unter Betrugsvorwurf verhaftet, müssen aber nach einer Nacht wieder freigelassen werden, weil harte Beweise fehlen. In Indien regen sich ein paar Freunde der Dalmias über die angeblich rassistischen Deutschen auf, auch der bundesdeutsche Botschafter entblödet sich nicht, die Behörden in seiner Heimat zu kritisieren und vom Schaden fürs deutsche Ansehen zu faseln. Den Schaden hat allerdings ausschließlich die Treuhandanstalt zu tragen und den Spott sowieso. Beide Firmen, Thüringische Faser und Sächsische Kunstseide, gehen in die Gesamtvollstreckung. Die einst dort Arbeitenden sehen sich in ihrer Meinung über die Treuhändler bestätigt, da sieht man's mal, die wollen uns nur plattmachen. Die PDS gibt ihnen recht und holt sich so Wählerstimmen.

Selbstverständlich bleiben die neun Millionen DM verschwunden, die in Kuala Lumpur auf einem Konto liegen sollen. Ein Arrest aus Deutschland löst dort Gelächter aus. Daniel Noa schlägt seiner Präsidentin Birgit Breuel ziemlich frustriert eine Art Ombudsmann vor, der von außen berufen werden und dann gnadenlos aufräumen soll. Breuel meint, das würde ihr gerade noch fehlen, damit sei auch öffentlich die Unfähigkeit der Treuhandanstalt dokumentiert. Noa meint noch heute, daß ein Typ wie der ehemalige Generalbundesanwalt Alexander von Stahl, bei dem er zehn Jahre lang gearbeitet hat, der Richtige gewesen wäre: »Vor allem in Halle wäre das nötig gewesen, wo ganze Aktenberge verschwunden sind. Kriminelle oder auch nur nachlässige Mitarbeiter der dortigen Niederlassung vielen Gaunern leichtes Spiel boten.«

Daß alle schnell wieder aus Halle wegwollen, Treuhändler, Investoren und sogar die sonst vor keiner Wüste zurückschreckenden Berater und Liquidatoren, ist so ziemlich das einzige, was man ihnen nicht vorwerfen kann. Wer als Reisender auf den Spuren der Treuhändler in diesem nahen Osten ankommt und beispielsweise zum Stadthaus möchte, in dem auch mal die Treuhandanstalt saß, ist schon bedient, bevor er dort ankommt: Links aus dem Bahnhof raus, durch eine gekachelte Unterführung, die man abends trotz bunter Graffiti nur mit vorgehaltener Waffe passieren möchte, in die öde Fußgängerzone der Leipziger Straße. Häuser in deren Seitengassen stellen die ruinöse DDR-Wohnungsbaupolitik unter Beweis. Die Stadt, selbst auf dem historischen Marktplatz von Plattenbauten eingekreist, wirkt ausgehöhlt. Das kann man auch symbolisch sehen.

Es hatte sich früh nach der Wende im System der Glücksritter herumgesprochen, daß einem bei der Sparkasse Halle die Kredite nur so nachgeschmissen wurden. Ohne irgendwelche Sicherheiten, wie eine zu spät staunende Öffentlichkeit erfuhr, als der sogenannte Sparkassenskandal Halle mit Hunderten von verlorenen Millionen D-Mark platzte. Ein solches Biotop lockt allerlei Maden an, Konkursbetrüger, Aushöhler, Bilanzfälscher. Was es halt so gibt im Westen. Man trifft sich, und da Halle nicht eben viele Treffpunkte bietet, ist die Besetzung dieser abendlichen Runden fast immer gleich: Investoren, Liquidatoren, Terminatoren und mittendrin die Damen und Herren von der Treuhand-Niederlassung. Die wissen auch nicht, wo sie nach Dienstschluß hinsollen. Was kann man abends in Halle nach der Arbeit fürs Vaterland machen? Gemeinsam saufen und mal einen kleinen Seitensprung riskieren und *post coitum* an einer ertragreichen Zukunft basteln.

Michael Dickerhoff, mit 350 000 DM Jahresgehalt nicht schlecht gestellter Chef der Niederlassung Halle und als solcher verantwortlich für den später berühmten Selbstbedienungsladen an der Saale dunklem Strande, hat sich manchmal voller Depressionen in seinen neuen Dienstwagen gesetzt und ist eine Stunde einfach so durch die Stadt gefahren. Wenigstens hinterm Steuer wollte er einen Hauch vom fernen Westen spüren und nichts vom Osten riechen. Mit solchen Patrioten war natürlich für die andere Seite gut zu dealen.

Im Klima gegenseitiger Abhängigkeiten gedeihen seltsame

Geschäfte. Nicht alle kann man bis ins letzte Detail nachverfolgen, weil Verfahren noch nicht abgeschlossen sind. Erzählen kann man dagegen, warum von den stolz verkündeten Zahlen der Hallenser Treuhändler, die am 24. September 1992 als zweite Niederlassung nach Schwerin »Aufgabe erfüllt« melden, nicht viel übriggeblieben ist, weder von den angeblich 2,4 Milliarden DM für Investitionen noch von den 70 000 ebenso angeblich gesicherten Arbeitsplätzen. Insgesamt 75 Betriebe müssen im Laufe des nächsten Jahres zurückgenommen werden, weil Anfang 1993 das auffliegt, was in die Annalen der Treuhand eingeht als »Das Debakel von Halle«.

Der schwäbische Unternehmer Wolfgang Greiner, der mit seiner Firma Bellino im Ländle als Zulieferer von Daimler für eine Perle des Mittelstandes gehalten wird, führt die Liste an. Er hat insgesamt 21 verschiedene Firmen im Osten gekauft und dabei nicht nur seine zugesagten Investitionen nicht eingehalten, sondern laut Anklageschrift 34 Millionen DM rausgezogen und die seinen eigenen notleidenden Firmen im Westen zukommen lassen. Mit rund 53 Millionen DM steht er bei den Banken in der Kreide. Der Münchner Anwalt Norbert Hoess ist mit acht Firmen und rund 24 Millionen DM dabei. Beide werden verhaftet.

Greiners größter Coup war der Kauf der Stahl- und Maschinenbau (STAMAG), der vom Leitungsausschuß mit 4.2. (wesentliche Teile des Unternehmens sind zu retten) eingestuft wurde, für eine Million DM, was Klaus Schucht als zuständiger Vorstand in einer Vorlage für den Verwaltungsrat nur wärmstens empfehlen konnte, da die Stammfirma Bellino des Käufers zu großer Hoffnung berechtige: »Die über Bellino eingeholten Bonitätsauskünfte (Creditreform und Bürgel) zeigen eine ausgezeichnete Bonität. Der Finanzierungsplan des Käufers ist in sich schlüssig.« Das zumindest stimmt, denn Greiner hatte tatsächlich einen in sich schlüssigen Plan, zu Geld zu kommen. Die Treuhand entschuldet STAMAG mit 63 Millionen DM, was zu einem positiven Substanzwert von 51 Millionen führt. Davon kann man eine Weile leben, wenn man Zugriff auf die Konten hat.

Das vom aufgeschreckten Bundesfinanzministerium im Februar 1993 bei der KPMG bestellte Gutachten, später bestätigt von C & L Treuarbeit und von der Firma Rödel, Nürnberg, stellt in

Sachen Halle fest: »Arbeitsplatzgarantien, Investitionszusagen und entsprechende Pönalen sind in einem erheblichen Teil der 21 Verträge der Niederlassung Halle nicht enthalten. Nur in wenigen Verträgen wurden Wertanpassungs- und Spekulationsklauseln aufgenommen. Wertermittlungen für Unternehmen und Grundstücke liegen nur in einigen Fällen vor. Die Kaufpreisfindung ist häufig nur in begrenztem Umfang nachzuvollziehen. Teilweise wurde unter Wert verkauft. Bieterverfahren sind nur bei der Hälfte der Verträge durchgeführt und führten teilweise zu nicht nachvollziehbaren Ergebnissen. Maßgebliche Privatisierungsvorschriften sind in der Niederlassung Halle nicht eingehalten worden.« Vorstand Klaus-Peter Wild kommentiert trocken und treffend: »Die Sache stinkt.«

Halles oberster Treuhändler Michael Dickerhoff, abgeworben von einer Tätigkeit im fernen Brasilien, den Birgit Breuel lange Zeit für eine Lichtfigur hält, wird schon Ende 1992 in die Zentrale nach Berlin zurückbeordert. Der Jurist wird nicht etwa aufgrund grober Fahrlässigkeit entlassen, sondern als Direktor für Elektrotechnik weiter beschäftigt. Dieses Amt hat eine gewisse Tradition, siehe Harald Lang und hgs und Foron etc. Dickerhoff wird einfach aus der Schußlinie genommen, getreu dem Motto in der Trutzburg: Erst einmal ducken, Kopf einziehen und die Wellen der Empörung überstehen. Erstaunlich angesichts der spätestens Ende November 1992 erkennbaren Zustände in Halle, als drei seiner leitenden Mitarbeiter fristlos entlassen werden, ist, daß Dickerhoff zu dem Zeitpunkt auch noch einen Fünfjahresvertrag bekommt, obwohl seine Rolle in der Ganoven-GmbH von Halle nicht geklärt ist und obwohl doch die Treuhandanstalt angeblich spätestens Ende 1993 ihre Arbeit beendet haben soll, wie es damals noch offiziell heißt. Erst als die staatsanwaltlichen Ermittlungen Mitte 1993 nicht mehr zu ignorieren sind, trennt man sich. Dickerhoff bekommt sein Gehalt bis Ende 1995 und noch eine Abfindung in Höhe von 300 000 DM. Das stinkt zwar besonders dem Personalvorstand Horst Föhr, aber jeden Arbeitsgerichtsprozeß hätten die sauberen Treuhändler verloren, wie das Direktorat Recht erklärt. Welcher Idiot hat den Vertrag unterschrieben?

Vor allem stinkt so etwas denen in Halle, die von den untreuen Händen über der Stadt betroffen sind, also aufgrund der

Machenschaften und Nachlässigkeiten ihren Arbeitsplatz verloren haben. Die Verträge mit Greiner tragen nämlich sonst als seriös geltende Unterschriften, und alle leitenden Angestellten aus der Niederlassung haben unterzeichnet: Dickerhoff-Vize Klaus Klamroth, Privatisierungsdirektor Winfried Glock, Justitiarin Sylvia Birkhold. Als die Maden von Halle zu platzen beginnen, werden sie alle in Schimpf und Schande entlassen. Klamroth, Glock, Birkhold & Co. wiederum betrachten sich als Bauernopfer, denn man habe von der Zentrale aus erstens in Sachen STAMAG direkt mit Greiner verhandelt und zweitens Druck ausgeübt, in Halle möglichst schnell zu privatisieren. Wer schnell die Regale räumt, bekommt Bonuszahlungen. Die will jeder, nicht nur in Halle, wo das schon mal fünfzig Prozent des durchschnittlichen Jahreseinkommens ausmachen kann. Dabei können, ja müssen Fehler passieren. Die mafiaähnlichen Zustände, in denen sich alles unter der Hand abspielt, sind für die Hallenser Treuhändler deshalb nur ein Systemfehler, also eigentlich Schuld der auf Erfolgszahlen drängenden Treuhandspitze. Als der Liquidator Günther W. Esterhammer mit einer Million Mark verschwindet, wird das angesichts der Gesamtdimension der Durchstechereien nur noch achselzuckend zur Kenntnis genommen. Was kann man in Halle schon anderes erwarten.

Winfried Glock, laut Greiners Aussage von ihm mit einer Million DM bestochen, wartet das Ergebnis der Ermittlungen nicht ab und begibt sich auf die Flucht. Die Beamten finden bei der Durchsuchung in der Niederlassung nur noch Bruchstücke von Unterlagen und Akten, der Reißwolf gehörte zum Inventar. Der Flüchtling wird erst im März 1994 in Texas bei einer Geschwindigkeitskontrolle zufällig erwischt und ausgeliefert. Das Urteil gegen den Mann aus dem »hot house for corruption«, wie die Zeitungen drüben die Zustände in Halle definieren, lautet auf fünfeinhalb Jahre wegen Bestechung in Höhe von 5,35 Millionen DM. Sylvia Birkhold und Klaus Klamroth werden nie angeklagt, die Ermittlungen verlaufen im Sande. Pikant in dem Zusammenhang allerdings ist, daß Klamroth gegen die Treuhandnachfolgerin BvS wegen seiner fristlosen Entlassung eine Klage anstrengt.

Beim Studium der Akten keimt der leise Verdacht, daß man so genau und so direkt gar nichts über Halle erfahren wollte in Berlin: Wie die Idee der Treuhändler aus Halle gelobt worden war, eine private Beratungsgesellschaft namens MUB zu gründen. Den Aufsichtsrat übrigens sollte die Fachkraft Wolfgang Greiner schmücken. Klamroth:»Kern war, die Kompetenz der Mitarbeiter zum Wohle der Region zusammenzuhalten, die in Halle nach öffentlich bekundeter Auffassung so erfolgreich für die Treuhandanstalt gearbeitet hatten.« Das klingt nach vaterländischer Gesinnung, aber vor allem nach Geld. Vorstandsmitglied Wolf Klinz signalisierte laut Klamroth sein»persönliches Interesse an späterer Mitwirkung«, was dieser bestreitet. Dazu kam es bekanntlich nicht mehr, denn als die ganz besonderen Händler eine Firma aus ihrem Treuhand-Portfolio für eine Mark an einen Mann verkaufen wollten, der in ihrer geplanten MUB Teilhaber werden sollte, hörten die in Berlin endlich auf ihre schwäbischen Juristen und beendeten das muntere Treiben von Halle.

Von Greiners Millionen ist nichts mehr zu holen, wie Vorstand und Verwaltungsrat feststellen. Die Treuhändler müssen nicht nur das Geld abschreiben, sondern die Firmen zurücknehmen und erneut zu privatisieren versuchen. Treuherzige Erklärungen, arglistig getäuscht worden zu sein, finden angesichts der offenkundigen Schweinereien in der Öffentlichkeit kein Echo:»Die Treuhand ist immer ein bevorzugtes Angriffsobjekt diverser Spekulanten und Schieber gewesen. Wenn solche Fälle auftreten, gehen wir ihnen nach. Fehlerfrei sind wir nicht, aber relativ sicher, daß wir jeden erwischen, der uns über den Tisch zu ziehen versucht.« Fragt sich nur, wann. Die Geschichte der Paten von Halle ist verheerend fürs eh schon schlechte Image der Treuhändler vor allem im Osten. Keiner hat sie vergessen.

Die Made Glock ist für eine andere Affäre mitverantwortlich, die auch in Halle begann, dem Synonym für besonders peinliche Niederlagen der Treuhandanstalt. Wieder so ein undurchsichtiges Geschäft, bei dem das Wehklagen groß ist, als es platzt. Hätte man vielleicht doch die Bonität des von Glock empfohlenen Käufers Kurt Mayer prüfen sollen, bevor man die Maschinenfabrik Sangerhausen, spezialisiert auf Maschinen und Anlagen für die Zuckerindustrie, an ihn verramschte? Der ausgehandelte Kaufpreis von 13,7 Millionen DM: nie bezahlt. Der Liquiditätszuschuß der Treuhändler nach Übernahme der Altschulden

(29 Mio.) in Höhe von 14,8 Millionen DM: verschwunden. Die 42 Millionen DM Investitionszulage vom Land Sachsen-Anhalt: weg. Die von den Banken aufgrund solcher Bürgen gewährten Kredite von fünfzig Millionen DM: faul. Schaden insgesamt rund 140 Millionen DM, als Kurt Mayer am 8. Juni 1994, drei Jahre nach seinem Einstieg, verhaftet wird. Wieder auf freiem Fuß, denn vorsätzlicher Betrug ist ihm nicht nachzuweisen, reiht er sich bei den demonstrierenden Arbeitern ein, als SAMAG im Oktober 1996 aus der Gesamtvollstreckung heraus dicht macht. Rund tausend Arbeitsplätze sind verloren.

Da es sich um schwebende Verfahren handelt, denn auch der Vorwurf, SAMAG nur zum Zwecke der Geldwäsche von Mafia-Millionen erworben zu haben, ist noch nicht geklärt, bleibt nur die Aufzählung von Merkwürdigkeiten, die selbstverständlich rein zufällig sein können: Käufer ist die Portland Corp., London, vertreten durch den Münchner Rechtsanwalt Max Josef Strauß und den Arzt Dawid Merzel, der früh ausstieg. Strauß bestreitet, jemals Aufsichtsrat bei SAMAG gewesen zu sein, nur Berater. Das sehen die Konkursverwalter von SAMAG ganz anders und haben ihn deshalb auf Rückgabe von zwei Millionen DM Honorar verklagt. Ein Aufsichtsrat, siehe Abelein, darf nicht ohne Zustimmung der anderen Aufsichtsräte honorarpflichtig seine Firma beraten. Besitzer von Portland mit einer Einlage von hundert Pfund ist der italienische Staatsbürger Kurt Mayer aus Bozen, Besitzer von zwei Pässen, einer auf MEYER, einer auf MAYER ausgestellt. Genehmigung des Kaufvertrages Anfang Juli 1991 durch die Treuhand in Berlin, Unterschrift Klinz und Krause. Angebliche zwanzig Millionen DM Besitz der Portland in Bonds und Wertpapieren werden nie investiert, obwohl das im Kaufvertrag steht. Prüfung der Bonität durch die damalige Stuttgarter Kanzlei Rentz, Birkhold und Deffner mit dem Prädikat unbedenklich. Birkhold? Birkhold. Der Gatte von Sylvia, der Treuhändlerin aus Halle.

Eine halbe Stunde von Halle entfernt – und insofern liegt es vielleicht doch an der Landschaft? – platzt die nächste Made. Andreas Grünebaum, Anwalt aus der Nähe von Oldenburg und seit Oktober 1990 Direktor für Privatisierung in der Treuhand-Niederlassung Magdeburg, ist offensichtlich mit seinen 21 000 DM Monatsgehalt nicht ausgekommen. Der schwäbische Unternehmer Lino Vulcano gibt ihm pro Monat 9000 DM dazu und stellt ihm auch einen neuen Porsche vors Haus. Das hilft bei der Beschleunigung von Genehmigungen, die Freund Lino für Grundstückskäufe braucht. Und ergibt manchen guten Tip, denn bei der Treuhand sitzt man an der Quelle aller Informationen. Grünebaum sieht das nicht so eng, insgesamt hat er mit Lino Vulcano für seine Bemühungen ein Gesamthonorar von 300 000 DM vereinbart, da war der Porsche nur eine Art Ratenzahlung.

Da Grünebaum sich über Nacht empfohlen hatte, erfährt man solche Feinheiten erst anderthalb Jahre später, nachdem der Flüchtige sich in Magdeburg stellt, weil er kein Kapital mehr hat. Naheliegende Frage des Staatsanwalts: Wenn alles so normal und im Rahmen des üblichen war, warum ist er dann überhaupt abgehauen? Grünebaum: »Ich bin am 2. April 1992 abgetaucht. Gründe dafür: Ich war bis unter die Knochen beleidigt. Ich hatte mehrfach vergeblich versucht einen Termin bei der Staatsanwaltschaft zu bekommen, bevor der Haftbefehl erlassen würde. Durch die Presseveröffentlichungen war inzwischen eine derartige Rufschädigung eingetreten, daß ich mich aus psychischen Gründen einer Verhaftung nicht gewachsen fühlte.« Da mag man gleich mit ihm weinen. Der psychisch so gebeutelte Patriot, der nur das Beste wollte für seinen Nächsten, für sich, wird wegen Bestechlichkeit zu acht Monaten mit Bewährung verurteilt. Der Ex-Treuhändler arbeitet wieder als Rechtsanwalt im Westen.

Maden ernähren sich, wie man weiß, von lebender Substanz und von toter. Vaterland Ost ist deshalb idealer Mutterboden. Scheiß doch auf Moral, *così fan tutte*. Was sind denn schon ein paar Grundstücke oder ein Rolls-Royce von Greiner in der Garage oder ein Cabrio von Lino vor dem Haus oder ein mit 100 000 DM bezahltes Gutachten für die Gattin eines Richters angesichts der vielen hundert Millionen, die auf Nimmerwiedersehen verschwunden sind.

Dunkeldeutschland? Ach was. Dunkelzifferdeutschland.

KAPITEL
10

Made in Germany

Helden werden nicht immer durch Siege, sondern manchmal durch Zufälle geboren. Karl-Heinz Rüsberg war so ein Held. Beileibe kein Volksheld und erst recht keiner der im Sozialismus so beliebten Helden der Arbeit, aber einer der Helden der Treuhandanstalt. Kein Mann, mit dem man abends auf ein Bier gehen wollte. Er hätte eine solche Nähe in einer Kneipe schon als Verletzung seiner Intimsphäre empfunden und außerdem keine Zeit gehabt. Der Direktor der Treuhand-Niederlassung in Schwerin, Jahrgang 1932, liebte es viel mehr, nachts über Akten zu sitzen und frühestens dann seinen Fahrer zu rufen, der selbstverständlich auf ihn zu warten hatte, wenn sein Schreibtisch leer war. Das konnte manchmal bis fünf Uhr morgens dauern, doch so war das nun mal. Schließlich hatte er beschlossen, sich seiner »nationalen Pflicht« zu stellen. Also im Osten anzutreten, dort selbst jenen Rest von Sozialismus zu vertreiben, der immer noch in den Köpfen nistete.

Die erste Bewerbung des Wirtschaftsingenieurs und Maschinenbauers aus Bochum, zuletzt im Vorstand eines Getriebewerkes, ist von Detlev Rohwedder noch mit der Begründung abgelehnt worden, man benötige zwar Patrioten fürs andere Vaterland, aber Erfahrung mit Jahresumsätzen von mindestens hundert Millionen DM seien die Voraussetzung. Damit konnte das CDU-Mitglied Karl-Heinz Rüsberg nicht dienen. Aber was brauchte er zum Glück die Treuhand, die würde schon noch merken, was ihr mit ihm entgangen war. Rüsberg hatte genug zu tun, denn in seinem Geburtsort Wittstock in Brandenburg, wohin er im Sommer 1990 eigentlich gefahren war, um sich nach ehemaligem Familienbesitz aus alten Zeiten zu erkundigen, sorgte er auch ohne Amt für Wirbel. Der Manager kam, sah die Defizite und handelte. Hielt Referate über die Marktwirtschaft und lud passende Experten aus dem Westen ein. Praktizierte Produktwerbung am lebenden Subjekt und ließ die verblüfften, aber damals noch willigen Zonis ihre brandenburgischen Traditionen in Trachten und Umzügen bei entsprechend arrangierten Volksfesten zeigen. Lernziel Fremdenverkehr, Weg dorthin die Straße der Marktwirtschaft, und dies alles verkauft per Marketing unter dem Begriff Heimatstolz. Besucht bitte die Zone, solange es sie noch gibt. Rüsberg wollte westliche Reiseveranstalter mit zahlungskräftigen Gästen anlocken und seine Landsleute, denn es waren seine, für die Zukunft jenseits volkseigener Güter, die keine mehr hatten, fit machen. Sie liebten ihn nicht dafür, welcher Untertan liebt schon selbsternannte Vizekönige, aber sie bewunderten ihn und hatten Respekt vor ihm. Das reichte Rüsberg. So einfach kann die Transformation von alten in neue Zeiten sein.

Zweiter Anlauf der Treuhandanstalt 1990, im Herbst der ersten Ernüchterung nach der Währungsunion. Leiter für die fünfzehn Außenstellen werden gesucht. Gerade hat Birgit Breuel mit Hilfe des stets fröhlichen CSU-Mannes Hermann Wagner, seines Zeichens Personaldirektor, alle rausgeschmissen, die sich nicht mehr erinnern können, was sie gestern gemacht haben, oder nicht zu wissen scheinen, was sie morgen machen sollen. In den Unterlagen des Headhunters Dieter Rickert findet man die Bewerbung Rüsberg vom Sommer. Treffen am Flughafen in Düsseldorf, Suhl wäre noch frei. Da wolle er eigentlich nicht hin, eher in der Nähe des Ortes bleiben, der schon fast seiner ist. Abgesehen davon ist er schon noch ein bißchen beleidigt von der ersten Absage. Kurzer Anruf direkt aus der *Frequent Traveller Lounge* bei dem Mann, der für Schwerin vorgesehen war: Würden Sie mit mir tauschen, Herr Brändle? – Sie nach Suhl und ich nach Schwerin? Innerhalb von zehn Minuten abgemacht. Man stelle sich den Aufwand und den Formularkrieg vor, wenn heute zwei leitende Beamte einfach unter sich ausmachen würden, wo sie am besten einzusetzen sind. Wahrscheinlich würden sie beide versetzt. Es ging nicht alles im Namen der Treuhand, und es ging gewiß in ihrem Namen vieles schief, aber Ungewöhnliches ging in ihrem Namen eben auch. Am 1. Oktober fängt Rüsberg in Schwerin an. Insgeheim verzeiht er den Treuhändlern nie, daß sie nicht gleich sein Talent erkannt haben.

Der neue Mann in Schwerin sieht überall rot, sozialistisches Rot wohlgemerkt, und räumt auf. Im Aufräumen ist er stark, und das ist so recht nach dem Geschmack derer in Bonn, die schon immer die DDR für eine einzige Ostzone hielten und die sich jetzt angesichts der mehr und mehr bekannt werdenden Bilanzen rehabilitiert glauben. Nicht moralisch, das war nie eine Frage für die Kreuzritter des christlichen Abendlandes, sondern politisch. Treuhandvorstand Klaus-Peter Wild, sonst kein Dummkopf und ein unbestechlicher korrekter Mann, äußert sogar den absurden Verdacht, daß während der sozialliberalen Koalition die echten Zahlen der DDR-Planwirtschaft systematisch unterdrückt worden seien, um die Entspannungspolitik nicht zu gefährden. Kann sich aber keinen so bequemen Reim darauf machen, wieso dann ausgerechnet Franz Josef Strauß den sogenannten Verbrechern Kredite besorgte.

Rüsberg trimmt die Niederlassung Schwerin auf Effizienz und lehrt die ostdeutschen Mitarbeiter Mores, Marketing und Marktwirtschaft. Noch herumirrende Altlasten aus der einstigen Staatspartei werden sofort entsorgt, Gnadengesuche von Genossen sind zwecklos. Wenn er im Laufe des Tages die Tür zu seinem Büro öffnet, erzählt er mit Lust an solchen Szenen, fallen ihm stets Investoren in die Arme. Manchmal auch Bittsteller, also gemeines Volk. Am liebsten steht er dann hinter seinem Schreibtisch und hakt ein Gespräch nach dem anderen ab. Die morschen DDR-Stühle würden soviel Engagement ohnehin nicht aushalten, und warum sollen ausgerechnet die sitzen, die von ihm was wollen? Rührt euch. Seine Mitarbeiter lernen, daß der Tag nicht nur in Ausnahmefällen 24 Stunden hat, und wenn sie am Rande eines Nervenzusammenbruchs sind, weiß Rüsberg, die Arbeit geht voran. Er will den Erfolg mit allen Tricks des Marketing: Investorentreffen im geschmückten Schloß von Schwerin, Opernaufführung vor geladenen Gästen mit ortsansässigen Honoratioren, Auftritte von Fernsehstars und solchen, die im Osten noch als solche gelten, Referate am liebsten von Biedenkopf, aber der kann nicht überall sein, also tut es zur Not der gerade amtierende Ministerpräsident von Mecklenburg-Vorpommern. Immer mittendrin König Karl-Heinz von Treuhands Gnaden, um ein Grußwort kaum verlegen, nie gewählt, aber immer ausgewählt. Alles auf einer Videokassette und in vielen bunten Mappen festgehalten, die er auch heute noch jederzeit griffbereit hat.

Dieser Karl-Heinz Rüsberg ist in Berlin in der Zentrale wohlgelitten, denn wenn die Statistiken mit den Zwischenbilanzen bei den regelmäßigen Treffen der Provinztreuhändler an die Wand projiziert werden, liegt Schwerin im internen Wettstreit der Privatisierungen stets vorn. Na und, sagen die anderen auf den Ferner-liefen-Plätzen, der hat ja keine chemische Großindustrie und keine maroden Stahlwerke und keine verrosteten Werften in seinem Gebiet. Nur Kleinbetriebe und Landwirtschaft. Psychotrick von Birgit Breuel, die weiß, wie man manische Sieger à la Rüsberg bei der Ehre packt: Geht das nicht ein bißchen schneller? So was läßt sich der eigentümliche Wessi, der zum eigenartigen Ossi wurde, nicht zweimal sagen. Noch mehr Action, noch höheres Tempo, und nicht wegen der Bonuszahlung, die auch ihm zusteht, sondern im edlen Wettstreit um den Lorbeer, bester Treuhändler zu werden. Rüsberg möchte in die Geschichtsbücher, und seien es auch nur die regionalen.

Schwerin wird tatsächlich im Juli 1992 als erste Niederlassung der Treuhandanstalt geschlossen, wegen Geschäftsaufgabe. Was bei der Treuhand bedeutet: Aufgabe erfüllt. Dafür gibt es sogar überregionale Anerkennung. 343 Unternehmen privatisiert, von 33 000 Arbeitsplätzen 21 700 gerettet, Investitionsverpflichtungen in Höhe von 1,26 Milliarden DM in den Büchern und Einnahmen für die Treuhandanstalt von 405 Millionen DM. Kein fauler Vertrag darunter, denn hier prüft der Chef selbst, bis hin zur Bankleitzahl, vorher wird nichts unterschrieben. Selbstverständlich, daß bei allen Käufern der Betriebe samt Tausenden von Hektar landwirtschaftlicher Nutzfläche die Bonität abgeklopft wird, selbstverständlich, daß den von Berlin geschickten Liquidatoren schnelle Heimreise gewünscht wird, denn in Schwerin bestimmt auch bei solchen traurigen Fällen, wo allenfalls diese Art von Sanierung hilft, nur einer: er. Das gefällt Tränkner zwar nicht, aber der gefiel Rüsberg auch nicht. Da er fast zwei Drittel seiner Privatisierungen mit ostdeutschen Käufern und Managern durchzieht, beschäftigt Rüsberg für die juristische Abwicklung natürlich nur ortsansässige Experten. Er versteht den Aufbau Ost wörtlich: Für den Osten etwas aufzubauen und nicht für den Westen im Osten. Absahner sind ihm, egal, unter welcher Flagge sie ansegeln, körperlich zuwider.

Es ist deshalb logisch, daß die Treuhändler knapp ein Jahr später diesen Mann nach Halle schicken, das hinter Schwerin zwar Platz zwei der Best-Seller-Liste geschafft hatte, aber leider nicht so ganz sauber. Her mit dem Bonus, hieß da die Devise, dafür nehmen wir jeden Malus in Kauf, und wer uns persönlich kaufen will, möge sich bitte per Gebot in die Liste eintragen. »Das Zusammenspiel der Personen war schon atemberaubend«, erinnert sich Rüsberg mit feinem Understatement. Er soll den Augiasstall ausmisten. Vom Haus der tausend Maden, wo sich unter dem Dach der Treuhand früher die Glücksritter und Ganoven getroffen haben, zieht er ins teuer renovierte Stadthaus am Marktplatz. Dieses Prachtgebäude kommt außerdem seinem Hang zur Selbstdarstellung entgegen. Im wieder geöffneten Treuhand-Portfolio Halle liegen fünfundsiebzig Firmen, die entweder zurückgenommen werden müssen oder zurückgegeben worden sind. Nicht nur eine Frage der erneuten Investorensuche, auch eine Frage, verlorenes Vertrauen in die Institution zurückzugewinnen. Solche hoffnungslos scheinenden Aufgaben liebt Rüsberg, denn die entsprechen seiner Neigung, nicht lange zuzuhören, sondern zu handeln. Entscheidend ist er, also trifft nur er die Entscheidungen. Zum Beispiel hat er dem Anwalt Norbert Hoess, der in Untersuchungshaft sitzt, dessen acht nie bezahlte Firmen schon abgenommen und erneut bei einem seiner perfekt inszenierten Investorentreffen privatisiert, bevor der vom ersten Hofgang in die Zelle zurückgekehrt ist.

Bestechlich ist Rüsberg sowieso nicht, weil der Junggeselle reich genug ist, über Geld nicht mal nachdenken zu müssen. Das bei der Treuhand übliche Jahresgehalt ist eine Aufwandsentschädigung, doch wird er in Wahrheit entschädigt durch den ihm gemäßen Aufwand: Hat einen Kanzleichef, den er auch so nennt, hat zwei Referenten, und auch in Halle wartet der Fahrer, egal wie spät es wird, auf das Zeichen des Chefs. Wo Rüsberg einen Hauch von Korruption wittert, und den kann man hier hinter jeder maroden Ecke riechen, gibt's Strafanzeigen im Namen der Treuhand und keine Abmachungen unter der Hand. Wer erwischt wird, fliegt sofort über Nacht, manchmal erschrickt sogar der elegante Saubermann, den nichts erschüttert, über den Sumpf, der unter seinen Füßen wabert. Er muß zugeben, daß dies nichts mit ostdeutschen Seilschaften zu tun hat, sondern mit westdeutscher Kriminalität. Delegiert wird nur Zweitrangiges, aber niemals die Macht. Wer ihm nicht die nötige Ehrerbietung entgegenbringt, kann sich einen anderen Job suchen. Unterschiede zwischen Westlern und Ostlern macht er dabei nicht, was ihm wiederum die aus dem Osten hoch anrechnen. Rüsberg arbeitet wie ein Berserker, denn das gebietet die peinlich verfahrene Situation. Insofern hätte er sich etwas anderes als die Erfolgsmeldung, Halle privatisiert und zwar diesmal auf saubere Art, nicht gestattet. Die diktiert er nach einem Jahr an seine Präsidentin Birgit Breuel, die er als aufrechten Mann verehrt.

Mit Schwerin war er der erste und mit Halle der letzte in der Rangfolge der Niederlassungen, die auch aus psychologischen Gründen nach Erfüllung ihrer Aufgaben zu Geschäftsstellen der Treuhand herabgestuft werden. Aber in beiden Fällen war er einzigartig. Zwischen beiden Jobs liegt ein Jahr, und in dem Jahr ist Rüsberg natürlich nicht untätig. Setzt vielmehr eine seiner guten Ideen um und fährt mit einem Treuhandbus durch westdeutsche Lande, um in einer permanenten Werbetour für den Aufbau Ost zu werben, nach dem Motto: »Hier lernen Sie einen Begriff neu kennen – Made in Germany.« Nicht nur das Volk in den alten Bundesländern drängt sich vor Fotos und Statistiken und stellt die üblichen Fragen, am liebsten: Wer soll das alles noch bezahlen? Auch das Medienecho ist erstaunlich positiv. Mal eine andere Erfahrung für die umstrittene und stets kritisierte Treuhandanstalt. Ebenso kommt das ungewöhnliche Marketingkonzept bei den sogenannten Multiplikatoren an, denn in jeder größeren Stadt mit Industrie- und Handelskammer gibt es Referate der obersten Treuhändler, Talkshows in Sachen Aufschwung Ost und wie man den befördern kann. Bei den pressewirksamen Empfängen ist die beredte Allzweckwaffe Rüsberg stets dabei und berichtet von der Front draußen in jenem auch unserem Lande. Meßbar in konkreten Zahlen ist der Erfolg einer solchen Werbetour durch 21 deutsche Städte sowie Brüssel und Straßburg zu den subventionsfreudigen Berufseuropäern zwar nicht, aber imageverbessernd allemal. Denn die Treuhandanstalt gibt offensichtlich nicht nur schwer verdientes Westgeld an die faulen Ossis, die tut wirklich was und die tun auch was. Am wichtigsten bleibt Rüsbergs Kampagnenziel, das Interesse von Investoren zu wecken, bevor die sich in verheißungsvoll billige Länder wie Ungarn und Tschechien begeben, wo früher die ostdeutschen Unternehmen ihre garantierten Märkte hatten und wo heute die Lohnkosten tief sind und die Rendite hoch.

Hohe Lohnkosten angesichts von nach wie vor geringerer Produktivität waren neben der Unlust der Westfirmen, im Osten einzukaufen und nicht nur dorthin zu liefern, auf dem Kongreß »Made in Germany« beklagt worden, den Rüsberg im Dezember 1992 in Leipzig organisiert hatte und bei dem ihm die Idee für die Bustour im Frühling 1993 gekommen war. Im übrigen sollte beim Treffen in der früheren Handelsmetropole die Leistungsfähigkeit der ostdeutschen Industrie demonstriert werden. Die üblichen Teilnehmer und die üblichen Grußworte?

Schon gleich zu Beginn sprengt Sachsens Ministerpräsident Kurt Biedenkopf unter allgemeinem Beifall den gewohnten Rahmen gegenseitiger Schulterklopferei in Sachen Aufschwung Ost: »Ich wünsche mir, daß der Mut, der hier zum Ausdruck kommt, auch in Westdeutschland zur Kenntnis genommen wird, wo aus Gründen, die ich schlechterdings nicht nachvollziehen kann, im Augenblick eher eine Haltung der Resignation, der Unsicherheit … schon fast der Ängstlichkeit herrscht, ob wir es denn schaffen können. Was sollen dann die Polen, die Tschechen, die Ukrainer, die anderen sagen, die vor viel größeren Problemen stehen?« Da kommt Stimmung auf im Kongreßzentrum. Birgit Breuel, eigentlich nicht zur Volkstribunin geeignet, erweist sich für die gute Sache sogar als Einpeitscherin made in East Germany: »Ich sage nur, einkaufen bei uns, dann geht's schneller, und Sie helfen dabei den Firmen. Da sollten Sie klatschen, meine Damen und Herren.«

So eloquente Interessenvertreter des Ostens wie Klaus von

Dohnanyi, Aufsichtsratschef bei TAKRAF und gewiefter Ex-Politiker, wissen natürlich um die Kraft des Wortes, gesprochen vom Podium ins Mikrophon, bei dem er im übrigen bemängelt, daß es ein Westprodukt sei: »Es geht nicht, daß der östliche Teil Deutschlands, der den Krieg bezahlt hat, auch noch den Frieden bezahlen muß.« Zahlen bestätigen seine Meinung: Von den rund 3,6 Millionen Industriebeschäftigten in der früheren DDR gibt es Ende 1992 noch rund 750 000, Tendenz fallend. Heinz Dürr, Chef von Reichsbahn und Bundesbahn, sieht das nicht nur als notwendige Anpassung an die Realität: »Die großen Industriebetriebe haben auch eine entscheidende gesellschaftliche Rolle gespielt. Wenn die nun alle kippen, dann kriegen wir ein gewaltiges sozialpolitisches Problem. Und deshalb können wir nicht nur nach betriebswirtschaftlichen Kriterien handeln.« Management KG wird da von den Treuhändlern aus dem Saal gerufen, aber diese Form der teuren Sanierung, von Bonner Spitzenbeamten aus politischen Gründen durchgesetzt, ist zu Recht höchst umstritten. Patriotismus von Führungskräften wird gefordert, aber jede Führungskraft weiß, daß ihr Aufsichtsrat nur so lange fürs Vaterland zu begeistern ist, wie die Bilanzen stimmen. Marktwirtschaft heißt, frei nach Kohl, nicht was hinten rauskommt, sondern was unterm Strich steht.

Einer meldet sich bei der Diskussion in Leipzig. Einer der typischen mittelständischen Unternehmer, Rückgrat des Wirtschaftswunders West. Will er draufhauen? Nein, er lobt die vielgescholtene Treuhandanstalt. Mit der habe er im November 1990 über den Kauf eines Betriebs verhandelt, bereits im Januar den Vertrag geschlossen und im März 1991 mit der Produktion begonnen. Im Westen hätte in einem vergleichbaren Fall allein die Überwindung bürokratischer Hemmnisse bei der Erweiterung seines dortigen Betriebes drei bis vier Jahre gedauert. Er sei hier im Osten bereits in den schwarzen Zahlen, aber im internationalen Wettbewerb interessiere es keine Sau, daß sein Produkt aus dem Osten kommt, sondern nur, daß es made in Germany sei und was man dafür bezahlen müsse.

Jürgen Preiss-Daimler, auch einer aus dem westdeutschen Mittelstand, trägt manchmal zu bunte Jacketts, die ihn jünger als Mitte fünfzig aussehen lassen, arbeitet sieben Tage pro Woche sechzehn Stunden am Tag, was ihm seit dem frühen Tod seiner Frau selbstverordnetes Überlebensmittel ist, und stammt aus Minden in Westfalen. Ein bodenständiger Provinzler mit Visionen, der sein Geld als Unternehmer mit Erd-, Tief-, Wasser- und Straßenbau verdiente. Seine Firma Rathjens Tiefbau, in der er gelernt und die er nach dem Tod des Besitzers gekauft hatte, also ein früher Fall von Management Buy Out, als diesen Begriff noch keiner kannte, machte vor der Wende so ihre gesunden dreißig Millionen Jahresumsatz. Aufträge aus dem Osten nahm er immer schon gern, denn Firma Schalck & Co. zahlte in harten Devisen und pünktlich. Als er nach der Wende über die Autobahn und die nun offenen Grenzen nach Berlin Richtung Treuhandanstalt zum Einkaufen fuhr, raste er zum Teil auf besonders festem Grund. Denn ein paar hundert Kilometer Straße hat seine Mindener Firma gebaut.

Er wird bald der Treuhändler liebstes Kind, einer der Männer, die Wolf Schöde dann präsentiert, wenn ihm von zu vielen Mißerfolgen und zu wenigen Erfolgen gesprochen wird, er also positive Schlagzeilen braucht. So eine Art Vorzeigewessi. Preiss-Daimler hat das überhaupt nicht gern, er wirkt lieber im stillen, aber um der Sache willen läßt er sich breitschlagen. Vielleicht deshalb lieber im stillen, weil er ahnt, daß bei öffentlichen Auftritten gezielte Fragen kommen werden, wie er es denn bei seiner Firma in Minden mit den Themen Betriebsrat, Gewerkschaften und Tariflöhnen halte. Da weicht er lieber aus.

Jetzt gehe es doch ausschließlich darum, etwas zu unternehmen. *Go east* heißt die Devise. Die verkrusteten Strukturen der westdeutschen Wirtschaft ließ Preiss-Daimler hinter sich zurück, als er gen Osten aufbrach. Er ist keinesfalls ein Genie, aber immerhin eine Ausnahme und auf seine Art auch eine Art Held. Er wartet nicht wie andere nur auf gebratene Schnäppchen, die ihm von der Treuhand ins offene Maul gesteckt werden – also Liquiditätskredite, Investitionshilfen, Übernahme der Altschulden etc. –, er nimmt die »weltgeschichtlich einmalige Chance« der deutschen Einheit strategisch wahr. Was kann ich, was die nicht können? Und was können die, was ich nicht kann? Also kein blinder Aktionismus nach dem Motto, erst einmal alles aufzukaufen, möglichst billig, um anschließend zu sehen, was man damit machen kann. Statt dessen gründet Jürgen Preiss-Daimler eine Holding, prüft anhand des von der Treuhandanstalt erstellten Verzeichnisses die Möglichkeiten unter den als sanierungsfähig eingestuften Firmen und kauft nach und nach vierzig Betriebe zusammen, aus denen nach seiner Meinung und nach seinen Untersuchungen etwas zu machen ist. Die trimmt er dann fit für die Marktwirtschaft, selbst wenn es Jahre dauert, denn über Nacht geht es auch da nicht, wo er beginnt.

Er führt seine Firmen wie eine Familie, nimmt keinen Pfennig von Banken, denn die würden dann mitbestimmen können und so was mag er überhaupt nicht. Jürgen Preiss-Daimler ist der Patriarch, der morgens um vier Uhr bei der Nachtschicht vorbeischaut und fragt, wie es geht und ob alles läuft. Der Patriarch auch, der die Familienmitglieder, vom Management-Consulting bis zum Ferienpark, von der Umwelttechnik bis zu den Feuerfestwerken, im Überblick behält. Wenn einem mal Geld fehlt, hilft der andere, der gerade mehr verdient. Wie es in einer Familie sein sollte. Er beteiligt die ostdeutschen Macher am Erfolg, bewährtes Prinzip zur Leistungssteigerung, und die strengen sich für PD, wie sich Preiss-Daimler im Anklang an JR auch in seiner Firmenzeitschrift gern nennen läßt, besonders an. Er bietet Know-how, fünfzigprozentige Beteiligungen und vor allem Vertrauen. Das überrascht seine Partner, denn andere Wessis haben ihnen eigentlich nichts weiter zugetraut, als zu jammern oder mit geschickt geflochtenen Seilschaften die Firmen auszuhöhlen oder eben Anweisungen entgegenzunehmen.

Der größte Coup, entsprechend gefeiert, ist im September 1993 zum Beispiel die Übernahme von gleich sechs Industriebetrieben im Paket, und das wird von der Treuhandanstalt nicht nur als beispielhaft gelobt, sondern geradezu zum Höhepunkt ihrer bisherigen Tätigkeit stilisiert. Preiss-Daimler ist der Prototyp des Unternehmers, von dem man ausging, als es drüben losging. Er verspricht bis zum Jahr 1998 fast sechzig Millionen DM an eigenen Investitionen und bietet schon zwei Jahre davor über 2000 Arbeitern in seinen Betrieben einen Job. Mehr als fünfzig Firmen will er nicht unter seinem Dach versammeln, dann könnte er sein Reich nicht mehr überschauen, das so auch ohne die üblichen Hierarchien und Verwaltungsmonster auskommt. Sogar in

Lettland hat er günstig die Mehrheit an einer Fabrik gekauft, und selbstverständlich unterhält er in Moskau ein Büro. Investitionen in die Zukunft, denn selbst wenn es im noch wilderen Osten zehn weitere Jahre bis zum Aufschwung dauert: Ernten wird nur der, der früh gesät hat. PD, dessen Visitenkarte selbstverständlich ein Foto des Meisters ziert, ist der Stratege, er hat den Durchblick, er entscheidet, und siehe, es ist gut für alle.

Klingt alles nach Nachkriegszeit West und den Legenden von Grundig oder Neckermann. Klingt zu schön, um wahr zu sein. Daß damals alle gleichzeitig mit jeweils vierzig Mark auf der Hand angefangen haben, ist ja auch nur Legende. Wo ist der Haken? Wo ist das eigentliche Geheimnis dieses Erfolgs? Was konnte er, was andere nicht konnten? Wie hat Jürgen Preiss-Daimler im allgemeinen Abbruch Ost entgegen den Trends diesen Aufschwung geschafft? Halten die Bilanzen, die seine Erzählungen untermauern, wirklich über den Tag hinaus? Oder gibt es ein böses Erwachen? Wäre ja nicht das erstemal in der ehemaligen DDR.

Es ist doch ganz simpel, meint der Unternehmer, der sich von seinen Leuten gern feiern läßt und keineswegs den Stolz auf die eigene Leistung – »Kohl hat mir einen Brief geschrieben« – unterdrückt. Alles eine Frage der inneren Einstellung und der Planung und vor allem der inneren Logik aus Lebenserfahrung. Es können zum Beispiel nicht alle Ossis nur blöd sein und faul, die haben Erfahrung in ihren Fachgebieten, haben gute Kontakte vor allem in Osteuropa, kennen sich auf den Märkten dort aus. Sie müssen nur trainiert werden in Marketing, Controlling, strategischem Denken und nicht als zweitklassige Zonis behandelt werden. Anständiger Umgang motiviert sie zu ganz überraschenden Leistungen, aber das ist, sagt er, nun wirklich keine bahnbrechende Erkenntnis. Das kann man sich ausrechnen. Wo finde ich denn hier im Westen hundert Manager, die Russisch können? Im Osten hat er die hundert, und er schickt die auch los auf Kundenjagd.

Das ehemalige Wunderkind Graf Matuschka teilt diesen Glauben in die Kraft der Ostler und beklagt, wie wenig darauf gebaut wurde: »Denen hätte man die Wohnungen günstig geben und sie selbst renovieren lassen sollen. Da hätten die sich weder um die

35-Stunden gekümmert, noch um ihr Volksvermögen gesorgt, sondern sich selbst Eigentum, und damit Realwert, geschaffen.« Natürlich konnten die drüben nicht so gute Autos bauen wie die hier, also hätte man in Alternativen denken müssen – siehe Preiss-Daimlers Ostkontakte mit russisch sprechenden ehemaligen Genossen – und nicht versuchen, dem Westen auf den Gebieten Konkurrenz zu machen, auf denen der unschlagbar ist. Boris Becker würde man auf dem Tennisplatz nie besiegen, also lohne es sich gar nicht erst, Geld für einen Trainer auszugeben und es doch zu versuchen. Aber vielleicht sei der Champion im Schach zu schlagen?

Wie es da drüben aussah, hat Jürgen Preiss-Daimler erfahren, als er begann, vom Westen her im Osten seine Geschäfte zu machen. So gut wie steuerfrei. Er wußte bald, wieviel Schrott da lag und wie, nicht mal sehr geschickt, vor Ort ein Bühnenbild blühender Landschaften aufgebaut wurde. Warum haben das die bedeutenden Strategen der Großfirmen eigentlich nicht gesehen, obwohl die bei den DDR-Aufführungen in Leipzig doch immer in der ersten Reihe saßen? fragt er rhetorisch. Warum haben die Politiker so von oben herab getönt, statt bescheiden vor Ort zu sagen, wir versuchen es mal mit dem Umbau und in ein paar Jahren werden wir sehen, ob es geklappt hat und wie teuer es war? Hinschauen, was hinter der Kulisse zu finden ist, und die altmodische Tugend, sich als Unternehmer für seine Leute verantwortlich zu fühlen, was gleichzeitig beinhaltet, an Widerspruch nicht sonderlich interessiert zu sein, das ist seine simple Antwort auf die Herausforderungen in der ehemaligen DDR. Ein anderes Geheimnis verbirgt sich nicht in Preiss-Daimlers Kopf.

Verbunden ist seine hausgemachte Motivation mit der Strategie, sich nicht dort zu engagieren, wo schon andere um Märkte streiten, sondern sich zu spezialisieren, in seinem Fall unter anderem auf die Entseuchung verseuchter Böden und auf Gewässerreinigung. Da die gesamte DDR umwelttechnisch gesehen eine einzige Altlast ist, ein Dorado für Firmen mit entsprechendem Know-how, sind seine Auftragsbücher auf Jahre hinaus gefüllt, wie er erzählt. Preiss-Daimler bietet mit seinen ostdeutschen Firmen jetzt zu günstigen Preisen, und bei Bedarf auch im Westen, die Dienstleistungen, die drüben besonders gefragt sind, und das ist nun mal nicht ein flächendeckender Pizzaservice. Ganz legal auch das Ausnützen aller staatlichen Vergünstigungen, der Härteklauseln in den Tarifverträgen, Steuerabschreibungen etc., denn die Preiss-Daimler-Holding hat ihren Stammsitz in Bitterfeld, wo freiwillig sonst keiner hinzieht und wo auch die Gewerkschafter samstags arbeiten und in drei Schichten sowieso. Importiertes kleines Wirtschaftswunder ausgerechnet in Bitterfeld, dem Symbol für die verstunkene DDR, die man vielerorts wieder Zone nennt und die von den üblichen hochsensiblen Zynikern angesichts der immer neuen teuren Schwierigkeiten schon fünf, sechs Jahre nach der Einheit am liebsten im Paket an einen Investor abgegeben würde. So wie Alaska von Rußland an die Amerikaner. Was, wie man weiß, für die Käufer ein gutes Geschäft war.

Jürgen Preiss-Daimler, der Biedermann aus Minden, relativiert das scheinbare Wunder seines Aufstiegs:»Meine Erfolgsgeschichte aus den frühen Treuhandjahren wäre heute nicht mehr wiederholbar.« Damals ging vieles über Nacht, auch Genehmigungen, auf die er jetzt angesichts wieder fester bürokratischer Strukturen, was Verkrustung wie im Westen bedeutet, jahrelang warten müßte. Spätestens im Jahre 2000 will PD an die Börse gehen, bis dahin wird marktwirtschaftliche Kondition trainiert und vielleicht mitunter sogar gebetet, daß die Konjunktur nicht ihren schwachen Geist aufgibt. In Oschatz, wo ihm die Mehrheit am Glasseidewerk gehört, ist er von seinen Ossis, die auf ihn bauen, 1996 zum Investor des Jahres gewählt worden. So viele kennen die drüben nicht, die wirklich was für sie getan und sie nicht nur über den Tisch gezogen haben. Der CDU-Bundestagsabgeordnete Manfred Kolbe, in dessen Wahlkreis Oschatz liegt, bestätigt diesen guten Ruf. Von meiner Sorte, meint Jürgen Preiss-Daimler, hätte es mehr gebraucht. Verzichten können hätte man auf die hartgekochten Weicheier von Beratern, die Eunuchen der Einheit, die sich dafür bezahlen ließen, daß sie die Entlassung von tausend Leuten vorschlugen, weil das die Kosten reduziert.

Genauso unkompliziert wie mit ihm haben sich die damals blauäugigen Manager der Einheit ihre Aufgabe anfangs in der Tat vorgestellt. Made in Germany Ost ist mit unseren Mitteln doch machbar, Herr Nachbar West. Auflisten, was man so alles im Angebot hat, meistbietend versteigern und einfach abhaken, was privatisiert wird. Von wegen, wie man weiß. Viel zu viele Ladenhüter statt schwarzrotgoldener Renner lagen in den Regalen. Die Erkenntnis, auf Kunden nicht warten zu können, sondern sie umschmeicheln zu müssen, hatte deshalb schon Rohwedder. Seine Nachfolger machten eine Strategie daraus, eine von vielen Strategien im Überlebenskampf, in dem alles erlaubt war. Werbung für den Schlußverkauf Ost. Als Klaus von Dohnanyi, ehemals in Hamburg populärer Bürgermeister, frei ist, greift Birgit Breuel zu. Sonderbeauftragter in Sachen Treuhand ist für sie eine PR-Maßnahme höchster Qualität und für ihn eine patriotische Pflicht, nebenbei erfreulich gut bezahlt. Seine Aufgabe als TAKRAF-Aufsichtsratschef hat er beendet, wenn auch nicht gelöst, wie Kritiker ihm vorwerfen. Zu lange habe er versucht, das ehemalige Kombinat mit den drei Betriebsstätten für Schaufelbagger, Hafentechnik und Kräne als Ganzes zu verkaufen statt in einzelnen Teilen, die man ihm abgenommen hätte. Bis ihn der Markt zur Änderung dieser Strategie gezwungen hat. Was er anders sieht, denn er hält das Ergebnis immer noch für gelungen. Mehr Arbeitsplätze waren nicht zu retten. Die von Ex-Kollegin Breuel offerierte Aufgabe als Werber für den Osten entspricht den politischen und wirtschaftlichen und vor allem rhetorischen Fähigkeiten des nicht in der Wolle, sondern in Kaschmir gefärbten Sozialdemokraten, der sich für was Besseres hält und dies auch von Fall zu Fall stichhaltig begründen kann. Es entspricht vor allem seiner Lust, dem Vaterland zu dienen.

Dohnanyi mischt geschickt und überzeugend die politische Erfahrung des ausgebufften Profis mit einem leidenschaftlichen Bekenntnis zu diesem neuen Vaterland. Das kann er besser als der andere Hamburger, Ex-Finanzminister Hans Apel, der im Aufsichtsrat von EKO glücklos, wenn auch redlich operiert. Dohnanyi nimmt man sogar ab, daß er jederzeit Ministerpräsident in einem der fünf neuen Bundesländer hätte werden können. Falls die SPD, zu der er schließlich trotz aller bekundeten Distanz doch gehört, noch außerhalb von Manfred Stolpes Dunstkreis nach oben gekommen wäre. Dohnanyi ist mit seiner Art Ostpolitik näher beim Kanzler als beim Kandidaten. Er ist

Feuer und Flamme für diesen Staat, gerade er, der mit den Vertretern dieses Slogans an der Hamburger Hafenstraße einen politischen Burgfrieden schloß, den ihm die rechten Genossen nicht verziehen. Den andererseits aufrechte Bürger der Hansestadt respektvoll als eine seiner großen Leistungen in Erinnerung behalten.

Klaus von Dohnanyi ist zu klug, um ein Besserwessi zu werden, denn so einen hätte die Treuhandanstalt als Sonderbeauftragten für die fünf neuen Länder nicht verkaufen können. Trotzdem weiß er vieles besser als die meisten der selbsternannten Fachleute Ost, die aus dem Westen kommen und von denen die Zonis bald die Schnauze voll haben, weil sie sich von ihnen verkauft fühlen. Spitzenschwätzer in dieser Hinsicht und entsprechend charakterisiert als Windmaschine ist FDP-Generalsekretär Guido Westerwelle. Er gehört genau zu den Typen, vor denen einst die Eltern schon warnten, und wer als PDS solche Gegner hat, braucht tatsächlich kein Programm mehr.

Historische Zusammenhänge und damit Erklärungen für den nicht so erfreulichen Ist-Zustand im deutschen Osten kann Dohnanyi so formulieren, daß seinen kleingläubigen Kontrahenten nichts mehr einfällt. Am wenigsten seinen Parteifreunden. Der Mann weiß, wovon er sprechen wird, bevor er spricht. Das kann und muß und soll auch arrogant wirken. Auf diese gekonnt arrogante Art macht Dohnanyi deshalb im Westen klar, für wen sein Herz schlägt. Trommelt im Osten für mehr Selbstbewußtsein: Ihr seid doch mal der Nabel der industriellen Welt in Mitteleuropa gewesen. Audi ist doch in Zwickau erfunden worden und nicht in Ingolstadt. Sachsen war doch so stark wie das Ruhrgebiet. Es ist nicht eure Schuld, sondern euer Schicksal, daß all dies durch Hitlers verbrecherischen Krieg und die Teilung kaputtgemacht wurde. Er kämpft für Gerechtigkeit, nicht für die abstrakte, sondern für die den ostdeutschen Firmen zustehende Gerechtigkeit auf dem freien Markt. Beim Golf bekommt der schlechtere Spieler schließlich auch eine Vorgabe, um das bessere Handicap des anderen auszugleichen.

Staatliche Auftraggeber in den alten Bundesländern greift Dohnanyi am liebsten an. Das ist eines seiner überzeugenden Beispiele bei allen Auftritten, die er süchtig sucht: Die kommen noch nicht mal auf die Idee, bei ihren Großprojekten Angebote aus dem Osten einzuholen. In ihren Listen steht nämlich keine Firma aus der ehemaligen DDR. Wenn er darauf hinweist, denn wenigstens schlechtes Gewissen will er denen machen, hört er Sprüche wie: ach verdammt, stimmt, der Osten gehört jetzt uns. Nächstes Mal denken wir daran. Als ob die Einheit schon wieder vergessen wäre. Nein, sagt dann Dohnanyi, der gehört nicht uns, der gehört zu uns, das ist ein Unterschied.

Zwanzig Prozent mindestens müßte der Anteil Ost an den öffentlichen Aufträgen sein, das entspricht etwa dem Anteil an der Gesamtbevölkerung. Und was ist mit den strengen Kriterien der öffentlichen Ausschreibungen, die aus guten Gründen nach Geheimhaltung verlangen? Die interessieren Dohnanyi nicht, er fordert ausgleichende Gerechtigkeit, die Quote. Er wettert gegen die Einstellung der Politiker, die Treuhandanstalt als »Tochter des Bundesrechnungshofes« zu betrachten, was bedeutet, sie nur an dem zu messen, was sie für die Betriebe erzielt und was sie ausgibt. Statt sie bei der Sanierung zu begleiten. Wenn er solche Sätze spricht, freuen sich die Ostbürger. Die Absatzförderung ostdeutscher Produkte im Westen könnte zum Beispiel beschleunigt werden durch Mehrwertsteuerpräferenz, und diese Idee findet im Verwaltungsrat (40. Sitzung) vor allem bei den Vertretern der Gewerkschaften Zustimmung. Dohnanyi verlangt Einkaufsoffensiven und meint damit nicht, daß die Ostler die Bilanzen der westlichen Konzerne durch ungehemmten Konsum mehren, also nach allem grabschen, was die ihnen anbieten. Ganz im Gegenteil: Kauft ostdeutsch, Leute.

Daraus wird die Aktion »Einkaufsoffensive Neue Bundesländer«, was grauenvoll und typisch deutsch nach einem Feldzug klingt und wegen der Art von Teilnehmern allenfalls ein kleiner innerdeutscher Handelskrieg werden kann. Angekurbelt von Birgit Breuel, patriotisch und öffentlich unterstützt von westdeutschen Industrie- und Handelsverbänden, sollen die läppischen 25 Prozent am Gesamtvolumen erhöht werden, für die westdeutsche Konzerne auf der verlängerten Werkbank Ost Späne hinterlassen, also dort einkaufen. Operation Deutschland wieder einmal, aber wieder einmal große Worte und kleine Taten. Übers Jahr politisch als Erfolg bezeichnet und mit Zahlen unterfüttert, die den zynischen Scherz belegen, daß man nur selbstgefälschten Statistiken glauben sollte. Etwa so überzeugend im Ergebnis wie jene Umfragen deutscher Handelsverbände West, die feststellen, der Osten käme wacker voran und hätte seine Marktposition verbessert. Denn achtzig Prozent aller Befragten im Westen hätten überhaupt nichts dagegen, daß in den Regalen ihrer Supermärkte auch ostdeutsche Produkte angeboten werden. Warum sollten sie auch was dagegen haben, es ist ja nicht gefragt worden, ob sie die auch kaufen. Und es ist auch nie untersucht worden, wie teuer, nämlich zu teuer, es für ostdeutsche Betriebe ist, überhaupt in diese Regale zu kommen. Wer da griffbereit und günstig liegen will, muß nämlich dafür eine sogenannte Listungsgebühr bezahlen, und das können sich die meisten ostdeutschen Produzenten ohne westdeutsche Partner nicht leisten.

Solche Umfragen sind ein Beweis für die Tatsache, daß die Mauer nach ihrem Zusammenbruch wieder in den Köpfen der Deutschen auferstanden ist. Das wäre, sagt Lothar de Maizière zynisch, nicht so schlimm, aber sie sitzt viel tiefer, nämlich in den Herzen. In die Köpfe wenigstens müssen wir sie wieder bringen. Die demoskopisch erforschte Zustimmung scheint dieser Feststellung zu widersprechen, denn danach ißt der politisch korrekte Wessi sogar ostdeutsche Produkte, man denke nur. Lassen sich die Ossis immer noch so leicht täuschen? Schließlich sind nur Qualität, Marketing und Preis entscheidend und nicht die Herkunft eines Produkts. Keiner im Westen würde auf die Idee kommen, die Verbraucher zu fragen, ob sie was gegen italienische Nudeln haben oder nicht. Nur der Osten riecht noch so nach Sättigungsbeilagen aller Art, daß er im Verhältnis zum Westen ausgeforscht werden muß. Paßt doch alles wunderbar in den gesamtdeutschen Rahmen, legt der letzte DDR-Ministerpräsident noch einen drauf und zitiert sich selbst mit einem treffenden Bonmot, das inzwischen aktive Politiker benutzen, als hätten sie es erfunden und nicht von ihm geklaut: »Baut der Bund in Bayern eine Autobahn, ist es eine Bundesaufgabe. Baut er in Sachsen eine, ist es eine Transferleistung.«

Um den Osten besser zu verkaufen, verkauft sich die Treuhandanstalt. Manchmal gut, manchmal schlecht. Zu den guten

Einfällen gehört die Idee des Bürgertelefons, das ein anderer Ullmann verwaltet, Leopold Ullmann. Jeder darf anrufen, der was von den Treuhändlern will, der Anregungen hat. Denen ist es zwar angesichts ihrer Aufgabe am liebsten, wenn sie gleich beim ersten Anruf einen kleinen Betrieb verkaufen können. Doch solche konkreten Anfragen bleiben unter den insgesamt 75 000 Gesprächen zwischen Oktober 1990 und Dezember 1992 in der Minderheit. Da geht es meist um Fragen nach Immobilien und darum, wo man die billig erwerben kann, wo man Aufträge herkriegt für das gerade gegründete Unternehmen in der Provinz, wo es eventuell Fördermittel gibt, wer bei Rechtsansprüchen auf enteignetes Vermögen hilft, ob eine alte rote Socke schon wieder öffentlich stinken und ob ein Treuhändler vor Ort sich wie ein Besatzungsoffizier aus dem Westen aufführen darf.

Das ist Statistik made in Germany, einzelne Beispiele aber spiegeln die Vielfalt des Lebens, und das ist bunt wie Deutschlands gar nicht so grauer Osten. Finden wir auf dem Flohmarkt in der Magdalenenstraße, denn auch so etwas machen die Treuhändler, um Restbestände aus Stasibesitz loszuwerden, noch Bilder von Marx und Honecker? Meine Telefonrechnung ist zu hoch, hiermit lege ich bei der Treuhand Einspruch ein. Nein, wir sind nicht zuständig für die Erteilung von Ehekrediten. Die Fußballoberliga Nord ist abgeschafft, und ich bleibe auf meinen Vereinswimpeln sitzen. Zahlt das die Treuhand? Meine Großtante wohnte mal in Berlin. Lebt die noch und falls nicht: Hatte sie Vermögen? Ein Anhalter hat mir in einer Pinkelpause das Auto geklaut. Angeblich arbeitet er bei einem Vertrieb in Naumburg. Wie heißt der Vertrieb, und kommt die Treuhand für den Schaden auf? Wie lange braucht ein Taxi vom Flughafen Tegel zur Treuhandanstalt, und wie fährt man am besten? Können wir ein Schilderhäuschen der ehemaligen Grenztruppen für unseren Garten haben? Leopold Ullmann: »Anhand dieser Beispiele kann man erkennen, was für eine Erwartungshaltung die Bevölkerung gegenüber der Treuhandanstalt hatte: Eine Institution zur Lösung aller einheitsbedingten Probleme und darüber hinaus.«

Schlecht dagegen läuft die Treuhand-Aktion Osteuropa. Zu voll der Mund vor dem Diner und zu leer der Magen danach. Denn trotz aller verzweifelten Kreativität sind die Folgen der zusammengebrochenen Ostmärkte nicht zu lösen. Ein paar Zahlen dokumentieren die Verluste, die es in Ostdeutschland zu kompensieren gilt: Neunzig Prozent der Reise- und Kühlwagen, die von der Deutschen Waggonbau hergestellt wurden, ein Spitzenprodukt made in Germany, gingen in die UdSSR, fünfundachtzig Prozent der Mikroelektronik-Ausrüstungen (Carl Zeiss Jena) und siebzig Prozent der Fischereifahrzeuge (Volkswerft Stralsund) ebenfalls. Die Abnehmer von früher sind mittlerweile pleite, mit harten Devisen wie jetzt marktüblich können sie nicht dienen. Machen wir halt Tauschgeschäfte. Klingt nach einer guten Idee, und durch die Hermes-Bürgschaften des Bundes, von denen in diesen Zeiten pro Jahr zehn Milliarden DM den Treuhandunternehmen für mögliche Geschäfte zugesagt werden, scheinen diese Geschäfte auch abgesichert.

Aber kein einziges der groß angekündigten Barterprojekte zwischen Russen und Deutschen hat geklappt, obwohl das Konzept nicht so dumm war: Die einen wären beschäftigt gewesen, und die anderen hätten mit dem bezahlen können, was sie hatten. Das Notkonzept Ost funktionierte weder beim Tausch Maschinen gegen Erdgas nach Tjumen, wo es um ein Volumen von einer Milliarde DM ging, noch klappte es bei den maroden Zellstoffwerken in Pirna. Da hat die Moskauer Papierfabrik Sokolniki die übliche symbolische Mark bezahlt, das Land Sachsen und der Bund haben hundert von den 300 Millionen DM bereitgestellt, die für die Sanierung nötig waren. Die restlichen 200 sollten durch den Export russischer Kohle finanziert werden, und eben daran scheiterte das groß angekündigte »Highlight in der Geschichte der Treuhandanstalt« (Schöde). Die Auftritte des russischen Investors als Retter in den Rathäusern der Region waren zwar perfekt inszeniert, aber leider fehlte das passende Stück für eine erfolgreiche Aufführung.

Und auch beim einstmals stolzen Schmierölfabrikanten Addinol in Lützkendorf ging das schief. Zunächst sprangen bei dem die Baschkiren ab, weil die bösen Russen in Moskau der abtrünnigen Republik angeblich den Transport über die auf ihrem Gebiet liegenden Pipelines untersagt hatten. Dann zog sich ein russischer Großkunde zurück, der sogar richtig Geld hatte ausgeben wollen, weil angeblich ein Gutachten belegte, daß Addinol mit hundert Millionen DM Schulden belastet ist. Wobei diese Begründung ziemlich schwach ist, denn die Treuhändler haben den berechtigten Ruf, auf Teufel komm raus zu entschulden, wenn dadurch ein Käufer überzeugt werden kann. Die Idee, durch geldwerte Tauschgeschäfte noch irgend etwas aus dem Ostexport und damit Arbeitsplätze West zu retten, ist zwar richtig. Die graue Realität aber über angebliche Lieferungen seltsamer ehemaliger GUS-Republiken, deren Namen hierzulande noch nie einer gehört hat und deren Staatsbank laut Auskunft von Experten auch eine Parkbank vor dem Regierungssitz dort sein könnte, erstickt die optimistischen Presseerklärungen der Treuhändler, kaum daß sie veröffentlicht sind.

Alles nicht so schlimm, sagen tapfer und unerschrocken die Visionäre von der schönen neuen Ost-Welt. Was jetzt zusammenbricht, ist eh nur eine Industrie, die ihre Zukunft bereits hinter sich hat. Braucht doch keiner mehr eine Raffinerie in Merseburg angesichts der Globalisierung der Märkte. Das hören die Betroffenen mit Staunen, denn von einer Globalisierung haben sie nichts, sie haben nur das gelernt, was jetzt regional nicht mehr gefragt ist. Datenautobahnen und High-Tech und Multimedia ist ihnen Hekuba. Osttrommler Klaus von Dohnanyi steht ihnen bei. Er hält nichts von der Vision einer postindustriellen Dienstleistungsgesellschaft. Wen sollen die Dienstleistenden denn bedienen, da vierzig Prozent der Industriearbeiter ihren Job verloren haben und von dieser Begegnung mit dem Kapitalismus bedient sind, sich mühsam mit Arbeitsbeschaffungsmaßnahmen über Wasser halten oder sich unter Tarif bei denen engagieren, die in der Marktwirtschaft noch überleben?

Der Sonderbeauftragte der Treuhandanstalt kann die Notwendigkeit, mehr Markt für die Ostdeutschen zu schaffen, eindrucksvoll belegen: Nur sieben Prozent der gesamtdeutschen Industrieprodukte kommen aus den fünf neuen Bundesländern. Vom Gesamtbeschaffungsvolumen aller Länder und Kommunen in Höhe von knapp 200 Milliarden DM entfallen nur knapp zwei Milliarden auf Ostunternehmen. Aber selbst mit solchen Zahlen kämpft Dohnanyi meist vergebens gegen einen nicht zu bezwingenden Gegner, der sich seinen rationalen und nationalen Argumenten verschließt, das Bewußtsein West. Übersetzt etwa so: Die bei Wartburg haben zwar keine Arbeit mehr, aber wir können wieder auf unsere Wartburg fahren.

Dagegen muß getreu den Gesetzen des Marktes Propaganda gemacht werden, aber die Ideen kommen, woher wohl, aus dem Westen. Unter dem von Roland Beuk entworfenen und noch von Rohwedder abgesegneten Logo der Treuhandanstalt, in dem die Buchstaben T und A einen nach oben zielenden Pfeil bilden, werden Imagekampagnen geplant. Die Sieger des Wettbewerbs haben Anzeigenentwürfe präsentiert, in denen Beispiele gelungener Sanierungen und Privatisierungen in Form von Artikeln – Motto: So geht's. Weiter – gepriesen werden. Neun Millionen DM sind 1992 dafür im Etat der Treuhandanstalt vorgesehen, und die werden ausgegeben für Erfolgsgeschichten mit Überschriften wie »Thüringen gibt Gas« (Opel in Zwickau), »Babelsberg spielt wieder mit« (Verkauf der DEFA-Studios), »Sachsen unternehmen was« (Florena-Kosmetik), »Berlin hält die Spur« (Modelleisenbahnen) oder den aus heutiger Sicht eher tragisch anmutenden Spruch »Leinen los in Mecklenburg-Vorpommern« (Ostseewerften). Zwei ganz bestimmte Wessis helfen bei der Auswahl, und beide sind bekannt. Dafür, daß sie fast alles mitmachen, solange nur ihr Name richtig geschrieben wird: Peter Boenisch, ehemals »Bild«-Chef, und Peter Glotz, Sinn-Sucher der SPD.

Was haben die mit dem Osten zu tun? Waren schon mal da. Warum sind keine ostdeutsche Agenturen genommen worden? Die müssen so etwas noch lernen. Wie erklärt das Dohnanyi seinen Ossis, wo er doch immer für Aufträge an sie trommelt? Am besten gar nicht. Aber wie soll man überhaupt eine Einrichtung verkaufen, deren Schicksal »der permanente Wandel« (Schöde) ist?

Denn die Treuhandanstalt ist nicht Fisch und nicht Fleisch, aber von allem etwas: teils Behörde, teils Konzern, teils Sonderkommission, teils Geldinstitut, teils Grundstücksverwaltung, teils PR-Agentur, teils Notariat, teils Erblasser, teils Ramschladen, teils Spezialitätenrestaurant. Die Treuhand hat eine eigene Staatsanwaltschaft, die sich um Betrugsfälle und Korruption im Hause ebenso zu kümmern hat wie um Altlasten in ihren Betrieben, und sie hat eine eigene Rechtsabteilung, die bei komplizierten Verträgen die Fallen erkennen soll, die ihr andere stellen. Was nicht immer gelingt, aber immer öfter. Die Treuhandanstalt beschäftigt Umweltexperten und Finanzfachleute, Agrarwissenschaftler und Immobilienmakler, EDV-Künstler und Verwaltungsprofis. Die Revisoren müssen gegen ihre natürlichen Kollegen des Bundesrechnungshofes in die Schlacht ziehen, *wright or wrong, my Treuhand*, obwohl sie deren Unbehagen an vielen Geschäften teilen. Lobbyisten in Bonn sind nicht nach Parteien einzuordnen, manche hauen sich im Namen der Treuhand am liebsten mit denen, deren Überzeugungen sonst die ihren sind. Korrespondenten an den größten Finanzplätzen der Welt dürfen nicht repräsentieren, nur präsentieren: das Verzeichnis aller verkäuflichen Firmen, auf CD-Rom und als Broschüre.

Selbst die Personalabteilung ist nicht vergleichbar mit der in normalen Betrieben. Sie muß nicht nur pünktlich das Geld überweisen für eine stets wachsende Schar von Treuhändlern, sondern bei einer durchschnittlichen Fluktuation von rund zwanzig Prozent immer wieder neue Listen anlegen und Nachschub ranschaffen für die niederen Ränge. Dadurch wird die Treuhandanstalt so ganz nebenbei zu einem gewaltigen Schulungscenter für ostdeutsche Bürger. Daß die Gehälter der 280 westdeutschen Spitzenmanager über eine Filiale der Wirtschaftsprüfergesellschaft KPMG laufen, angeblich, um Indiskretionen zu verhindern, entlastet zwar die hauseigene Lohnbuchhaltung, kostet aber auch eine Million DM pro Jahr Bearbeitungsgebühr. Da bleibt wieder mal dem Bundesrechnungshof die Spucke weg. Die Abteilung Spesen hat einen Umsatz, von dem ein mittelständischer Betrieb nur träumen kann: Heimfahrten, Hotels, Fernreisen. Da die Treuhandanstalt auf Endlichkeit angelegt ist, keine Perspektiven hat und die Zukunft gerade dann Vergangenheit ist, wenn sie erfolgreich gemeistert wird, muß jeder Versuch scheitern, so etwas wie *Corporate Identity* herzustellen.

Wolf Schöde, der als Direktor Kommunikation für die Anzeigenkampagne verantwortlich ist, macht deshalb auf der einen Seite den Ausputzer im Treuhändler-Team, auf der anderen Seite prägt er die Taktik. Treter und Denker zugleich, eine Mischung aus Augenthaler und Netzer. Am feinsten gedacht hat er in seiner Beamtenlaufbahn einst an der Seite ebenjenes Peter Glotz, dem er mal als persönlicher Referent diente. Das waren die Zeiten, als alles möglich schien, und diese Zeiten schienen für immer verloren. Durch den Zufall Wiedervereinigung hat Schöde wie andere auch plötzlich wieder die Chance, ein Stück der eigenen Vergangenheit noch einmal zu leben, die Träume von der Veränderbarkeit der Welt erneut zu versuchen. Das Haar zwar dünner als früher, aber mit größerer Nähe zur Realität. Denn in diesen unmöglichen Zeiten hier im Osten finden Abenteuer nicht mehr im Kopf statt, sondern in der Wirklichkeit. Wenn er den seinen aus der Deckung streckt, bekommt Schöde sofort einen drauf, verhaßt wie die Treuhandanstalt nun mal ist. Also steht er meist mit dem Rücken zur Wand und kann sich manchmal nur mit Befreiungsschlägen vor dem Ansturm retten. »Soviel Handlungsfreiheit gab es nie wieder, und soviel aufs Haupt, und zwar täglich, gab es auch nie wieder«, sagt Schöde und lächelt dabei selig.

Die Zahl seiner Presseerklärungen und Pressekonferenzen füllt in der Treuhandbilanz viele Seiten und dokumentiert, wie oft er im Namen des Vaterlandes gefordert war. Er gilt als Fighter mit offenem Visier, aber genau das ist seine kühl gestrickte Masche. An ihm persönlich bleibt nie etwas hängen. Angesichts immer neuer Skandale und angesichts wechselnder Treuhändler im Zwielicht von Ermittlungen, über deren Einstellung oft Jahre später entschieden wird, hält er jeden Trick für erlaubt, das Image der Anstalt zu pflegen. Seine Kunst, mit langen Erklärungen Fragen zu beantworten, die entweder gar nicht oder ganz anders gestellt worden sind, kann Journalisten zur Verzweiflung treiben. Das sieht er auch als Erfolg.

Wenn er vom schlimmsten Moment in seiner Zeit bei der Treuhandanstalt spricht, braucht er nicht viele Worte. Das war die Nachricht von der Ermordung Detlev Rohwedders, des Mannes, der ihn geholt hat. Das war der Schmerz über einen großen Verlust, das plötzliche Wissen, mit dem kannst du jetzt nie mehr reden.

Eindeutig made in Germany, denn in westdeutschen Strukturen haben sie Karriere gemacht, sind Beamte wie Wolf Schöde und Manfred Balz, wie Hans Richter und Daniel Noa, wie Norman van Scherpenberg und Klaus-Peter Wild. Nicht vergleichbar vom Temperament – Feuerköpfe, Spurensucher, Paragraphenschnitzer –, aber alle geprägt von dem, was deutsches

Berufsbeamtentum jenseits üblicher Sturheit und Behäbigkeit auszeichnet: innere Unabhängigkeit im Wissen, unkündbar zu sein. Nach dem ersten Schock, auf den Fluren der Firma Treuhand beamtenuntypische bunte Paradiesvögel zu treffen, die Herr Kollege zu ihnen sagen, sind sie engagiert dabei und vor allem voller Neugier. Endlich ist was los, staatstragend waren wir lange genug.

Dabei ändert sich laufend alles, und laufend sind alle bereit, sich ebenfalls zu ändern. Das geht sogar so weit, daß Birgit Breuel nach diskreten Hinweisen ein Pepitakostüm à la Hamburg Blankenese allenfalls noch beim Laubharken im Garten anzieht und ihre Frisur auflockert. Denn auch solche eher subtilen Korrekturen prägen das Image der Treuhandanstalt, die nun mal durch die Präsidentin repräsentiert wird. Sie gehören zur Unternehmenskultur, und die wird bestimmt durch die oberste Treuhändlerin, sozusagen die Mutter der seltsamen Kompanie.

Birgit Breuels liebste Kinder im Osten sind die Manager, die sich per Management Buy Out ihren Betrieb kaufen, in dem sie unter früheren Voraussetzungen zum Einheitslohn gearbeitet haben. Was viele verächtlich als die »Ostquote« der Treuhandanstalt bezeichnen, ist vor Ort oft die einzige Hoffnung, der Arbeitslosigkeit zu entkommen. Nicht warten auf den großen Investor aus dem Westen, sondern selbst was tun. Oder auch: selbst was tun müssen, bevor man arbeitslos wird und die Fabrik, in der man Jahrzehnte tätig war, ganz zusammenkracht.

Im sächsischen Waldheim, elftausend Einwohner, ein nach Pisse und Abbruch Ost riechender Bahnhof, der jeden Westbesucher zur sofortigen Umkehr einlädt, mindestens zwanzig Prozent Arbeitslosigkeit, heißt diese Hoffnung Florena. Sie stellt die berühmte Kosmetik her, die im Osten etwa so bekannt ist wie Rotkäppchensekt oder die Automarke Trabi. Die Manager waren schon zu DDR-Übergangszeiten durch ihren Austritt aus dem Kombinat Kosmetik aufgefallen. Selbst unter den üblichen Konditionen der Planwirtschaft hat das Werk immer Gewinn gemacht, 200 Millionen Mark Ost im letzten Geschäftsjahr des Sozialismus, allein in die Bruderstaaten des RGW wurden pro Jahr fünfzehn Millionen Flaschen Haarwasser geliefert. Im Bartergeschäft, denn als Bezahlung gab es Erdöl für Vater Staat DDR.

Die drei Florena-Manager Heiner Hellfritzsch, Reinhard Hübner und Günter Haferkorn erleben nach der Wende einen richtigen Kulturschock, denn ums reine Geschäft machen sie sich zunächst noch keine Sorgen, als sie bei ihrer ersten Reise ins früher unerreichbare westliche Ausland, heute nur ein paar Autostunden entfernt, in Hamburg den Nivea-Fabrikanten Beiersdorf besichtigen. Die drei, die seit zwanzig Jahren in der Kosmetikbranche arbeiten, haben so etwas noch nie gesehen. Das also ist die Marktwirtschaft. Das wollen wir auch. Folge dieser Entscheidung war die bekannte schriftliche Abmeldung beim Genossen Modrow. Das wäre es wahrscheinlich denn auch gewesen, aber die drei aus dem Osten haben durch ihren Besuch in Hamburg im Gegensatz zu anderen das Glück, einen echten westdeutschen Patrioten zu treffen, den Beiersdorf-Chef Hans-Otto Wöbke. Der überlegt nicht, wie er mit seinen Produkten die von drüben am besten einseifen kann, der übernimmt eine Art Patenschaft für die aus dem Sozialismus entlassenen Brüder. Florena-Leute werden in Hamburg geschult, bis sie auf eigenen Beinen stehen können, vor allem in Produktionsabläufen, in Marketing, in Controlling, also in allem, was sie bislang nicht brauchten. Wöbke besorgt den Anwalt, der die in Waldheim ebenfalls aufgetauchten windigen Berater so unter Druck setzt, daß sie ihre Honorare an den Ostbetrieb freiwillig zurückzahlen. Er bürgt bei Banken und durch Fertigungsaufträge, als die ehemaligen Geschäftsführer des KoKo-Außenhandelsbetriebs Nr. 7046 sich bei der Treuhand in Berlin per MBO in die Marktwirtschaft verabschieden. Kaufpreis: 5,5 Millionen DM.

Heiner Hellfritzsch ist ein Mann, den nichts umwirft, nicht einmal die Unfähigkeit der Treuhändler, mit denen er sich monatelang herumschlagen muß. Die einen wissen nicht, was ein MBO ist, gibt es so etwas bei uns? Die anderen wollen erst einmal wissen, ob die neuen Manager nicht alle drei bei der Stasi waren, was laut Auskunft des Vertrauensbevollmächtigten nicht der Fall ist. »Wenn man endlich einen von unserem Plan überzeugt hatte, war beim nächsten Termin ein ganz anderer da, der alles noch einmal hören wollte«, erinnert sich Hellfritzsch. Bis er eines Tages die Geduld verliert, weil er den inzwischen neuen westlichen Herren zum sechstenmal ein Unternehmenskonzept zur Genehmigung einreichen soll, und nur noch brüllt, was das für eine Sauerei sei, wie man hier in Berlin die Ossis fertigmache.

Das hilft. Florena ist die erste ostdeutsche Firma, die aus dem Modell MBO entsteht. Zurück im Tal der ziemlich Ahnungslosen in Waldheim machen Hellfritzsch & Co. ihren Arbeitern klar, daß sie 700 Arbeitsplätze wie bisher nicht werden halten können, wahrscheinlich brauchen sie nur 150, aber wenn sie es schaffen, Florena auf dem Markt zu etablieren, dann stellen sie wieder ein. Versprochen. Die Leute glauben ihnen, weil sie erstens keine Alternative haben in dieser Gegend, sondern nur Hoffnung, und zweitens merken, die wollen uns nicht verarschen, die können einfach nicht anders. Geld für Werbung hat Florena nicht, also wird aus dieser Not gleich eine Tugend gemacht, gar nicht erst versucht, im Westen Fuß zu fassen, lieber baut man die alten Absatzmärkte in den neuen Bundesländern und in Osteuropa aus. Denn da kennt man Florena so wie drüben Nivea. Diese Strategie ist trotz des zusammenbrechenden Marktes in der ehemaligen UdSSR, der den tapferen Drei zunächst fünfzehn Millionen DM Defizit beschert, schon nach einem Jahr erfolgreich. 1991 schaffen sie mit ihrem Unternehmen, dessen modernes Fabrikgebäude wie ein Leuchtfeuer den dunklen Wäldern der Umgebung trotzt, was die Experten *turnaround* nennen, also aus der Verlust- in die Gewinnzone zu rutschen. Drei Jahre später sind es schon fünfzig Millionen und 1996 bereits siebzig Millionen DM Jahresumsatz mit Produkten wie Hautcreme, Rasiercreme, Rasierwasser etc. Die Zahl der Beschäftigten ist wieder auf 230 geklettert, dazu dreißig, vierzig Teilzeitkräfte, und die im Osten üblichen Tariflöhne können sie auch bezahlen. In Waldheim arbeitet man in drei Schichten.

Ärgerlich sind die 1,8 Millionen DM jährlich, mit denen Hellfritzsch, Hübner und Haferkorn Florenas Altschulden abzahlen müssen. Ärgerlich aus verschiedenen Gründen. Zum einen hatten sie zwar das Glück, sich als Teil des KoKo-Reiches im August 1989 einen Fabrikneubau leisten zu können. Die Kosten von zehn Millionen DM Valutamark, denn die Anlage stammt von drüben, wurden wie üblich mit dem Richtwertkoeffizienten 4,4 multipliziert und folgerichtig mit 44 Millionen Ostmark Schulden in die

Bücher geschrieben. Na und? Schulden halt, Papier ist geduldig. Ein Dreivierteljahr später allerdings, nach der Währungsunion, sind durch den beschlossenen Umtausch 1:2 daraus 22 Millionen DM geworden, die Schulden haben sich also über Nacht verdoppelt und gelten trotzdem als sozialistische Altschuld. Was im winzigen Beispiel die Absurdität der Regelung beleuchtet, denn ist es auch Schwachsinn, so hat er doch Methode. Im kleinen Rahmen wie hier bei Florena, im großen Rahmen wie später bei EKO-Stahl oder bei Jenoptik in Jena.

Noch ärgerlicher aber ist der Rest dieser kleinen deutschen Geschichte, weil Politiker so spruchblasig von Arbeitsplätzen reden, die es zu schaffen gilt, und von der bis zur Jahrtausendwende zu halbierenden Arbeitslosigkeit. Die Florena-Manager bieten der Treuhandnachfolgerin BvS ein Geschäft an. Ihr erlaßt uns die Altschulden, die eigentlich keine sind, und wir stellen für das Geld dreißig neue Leute ein, investieren also in die Zukunft, statt jährlich die Vergangenheit abzubezahlen. Gute Idee, sagen die in Berlin, aber für solche Fälle gibt es keine Paragraphen. Euch geht es doch gut in Waldheim. Falls es euch mal schlechtgeht oder ihr vor dem Konkurs steht, dann können wir selbstverständlich darüber reden, die Schulden zu übernehmen, um den Laden zu retten. Daß die gerade dann bestimmt keine neuen Arbeitsplätze schaffen können, ist zwar logisch, aber die herrschenden Verordnungen sind mit Logik nicht zu besiegen.

So etwas erzählt Hellfritzsch mit erstaunlicher Gelassenheit, denn er spricht lieber von den eigenen Fehlern als von denen der anderen. Sonst ginge es nicht weiter, sonst würde man verkrampfen und nachts noch schlechter schlafen. Er und seine beiden Kompagnons haben im Kapitalismus nämlich schnell gelernt, daß man hart im Nehmen sein muß und nicht nur hart im Austeilen. Sie waren nicht so blöde wie viele andere, ihre Forschungsabteilung aufzulösen, denn das spart nur kurzfristig und nicht auf Dauer Kosten, weil Fremdeinkäufe und Lizenzgebühren für Patente viel teurer wären als selbstentwickelte Produkte. Von einst 86 000 Forschungsabteilungen in den ehemaligen DDR-Betrieben haben nur knapp 16 000 überlebt, im Westen gibt es genau zwölfmal so viele. Auch ein Grund für den traurigen Zustand der ostdeutschen Wirtschaft. Florena blüht, die hundert

Millionen DM Jahresumsatz sind vorstellbar noch vor dem Jahr 2000. Dann allerdings werden die ostdeutschen Macher ihre Firma verkaufen, weil sie den nächsten Umsatzsprung ohne gewaltige Investitionen alleine nicht mehr schaffen können. Aber das ist Zukunftsmusik.

Bis nicht nur Florena, sondern die ganze Landschaft Ost blühen wird, schätzt Hellfritzsch, vergehen bestimmt noch zwanzig Jahre. Dann wird die Generation am Ruder sein, die den Sozialismus nicht mehr als bewußtseinsprägend erlebt hat. Ob man sich darauf freuen soll, weiß er nicht. Denn Ostmanager wie Hellfritzsch haben aus den frühen Jahren etwas hinübergerettet in die neue Zeit, einfach die innere Verpflichtung, mit dem anderen anständig umzugehen. Das Stück aus ihrer Vergangenheit ist deshalb ein Stück Menschlichkeit im Kapitalismus. Über solche altmodischen Verhaltensweisen werden ihre Nachfolger nur lächeln können. Für so etwas werden den *global players* mal schlicht die Worte fehlen.

Das Bundeswirtschaftsministerium, das in Sachen Treuhand nur eine Nebenrolle auf der politischen Bühne besetzt, hat in einer wissenschaftlichen Untersuchung erforschen lassen, was denn bei Management Buy Out oder Management Buy In die Hauptmotive in den neuen Bundesländern sind. Ergebnis: Die Käufer sind in der Mehrheit »Unternehmer aus Zwang« und nicht aus Neigung, ganz im Gegensatz zu den Jungunternehmern im alten Bundesgebiet. Die wollen ihr eigener Herr werden, haben die Schnauze voll vom Chef, trauen sich was zu. Im Osten wollen dreiviertel aller Erwerber nicht unbedingt selbständig werden, sondern sie müssen es, der Not gehorchend, falls kein Investor auftaucht, um irgendwie ihre eigenen Arbeitsplätze und die ihrer Kollegen zu erhalten.

Einen anderen DDR-Klassiker rettet Gunter Heise in Freyburg an der Unstrut: Rotkäppchensekt, im Westen über Jahrzehnte das Synonym für grauenvoll süß schmeckendes Ostgesöff, ohne daß die sich vor Ekel schüttelnden Kritiker es jemals versucht hätten. Ein Teil der Ostkultur, etwa so bekannt wie die Fistelstimme von Ulbricht, das Grinsen von Krenz und die gereckte Faust von Honecker. Die Geschichte der anderen Flaschen mit den roten Kappen ist eine Erfolgsgeschichte made in Germany, aber kein

Ruhmesblatt für die Treuhandanstalt. Denn die Sachsen haben ihre Firma eigentlich trotz Unterstützung der Treuhändler gerettet.

Als ehemals Volkseigener Betrieb gehört die im vorigen Jahrhundert gegründete Sektkellerei, ein Klinkersteindenkmal klassischer Industriearchitektur mit einem riesigen Lichthof, einer Jugendstilvilla für die Verwaltung und einem faßgeschmückten Keller, der einer Katakombe für verfolgte Schlucker gleicht, nach der Wende und den üblichen Wirrungen zum Portfolio der Treuhandanstalt. Diplomingenieur Gunter Heise, der seit 1973 bei Rotkäppchen arbeitet, wird als Geschäftsführer angestellt. Zu DDR-Zeiten hat er 900 Mark pro Monat verdient und sein Einkommen in der geduldeten privaten Schattenwirtschaft aufgebessert. Hat ab nachmittags sechzehn Uhr, also nach Dienstschluß, denn im Osten steht man früh auf, auch heute noch, Gurken in selbstgebauten Gewächshäusern gezüchtet, pro Jahr bis zu zwanzig Zentner verkauft. Sein Gehalt ist nach der Währungsunion gestiegen, aber die Lebensfreude gesunken, denn seine erste Aufgabe war, die Belegschaft zu reduzieren. Das war furchtbar und ist es in der Erinnerung heute noch, denn er entließ in dem kleinen Ort ja praktisch nur Nachbarn, Leute, die er gut kannte, und da half es nichts zu wissen, daß es für den Betrieb keine Alternative gab, um zu überleben. Viele von denen, die er mit von der Treuhand finanzierten Sozialplänen in eine graue Zukunft verabschiedet hat, grüßen Gunter Heise bis heute nicht mehr, wenn sie ihn auf der Straße treffen. Darüber kommt er nicht hinweg. Dem anderen Mittvierziger, Hellfritzsch bei Florena, der ebenfalls gute Bekannte »freisetzen« mußte, geht es übrigens ähnlich.

Die von der Treuhand an die ferne Unstrut geschickten möglichen Investoren, immer wieder neue Limousinen voller Glücksritter und Handy-Patrioten und Vertreter großer Sektkellereien aus dem Westen, behandeln die ostdeutschen Rotkäppchen am Anfang wie die letzten Flaschen. Versuchen mit allen Tricks, die im Westen zum allseits akzeptierten Alltagsgeschäft gehören, sie über den schweren alten Tisch im intarsiengeschmückten Konferenzraum zu ziehen. Sie wollen selbstverständlich alle Bilanzen und alle Zahlen sehen und versichern den Verunsicherten gleichzeitig, den Namen Rotkäppchen könnt ihr euch in die Haare schmieren, das ist vorbei. Am besten wäre es eh, man würde diesen ganzen verrotteten Laden plattmachen, alles abreißen. Sieht aus wie bei uns nach dem Krieg. Nach dem ersten Schock, denn auch die im abgelegenen Freyburg hatten den Westler an sich für einen guten Menschen gehalten, wird Heise trotzig, zeigt nicht mehr alle Zahlen und rechnet sich selbst eine Zukunft aus.

Es war vielerorts im Osten gern gestrickte patriotische Masche der Westkapitalisten, sich per vorgeblicher Verhandlung über den Zustand des angebotenen Werkes in Dingsda kundig zu machen und dann dieses Insiderwissen gnadenlos für die eigene Strategie zu nutzen. In solchen Fällen hätten die Treuhändler nie auf Treu und Glauben handeln, sondern streng kontrollieren müssen. Versäumnisse dieser Art prägen das Image der Treuhandanstalt hüben und drüben genauso wie die bekannten Skandale, es wird nicht unterschieden nach einzelnen Managern oder Branchen, es ist immer die Mutter selbst schuld, und die heißt Treuhand. Eins der wenigen Urteile jenseits gegenseitiger Vorurteile, in denen sich Ost und West einig sind. Für die im Westen ein Moloch, der unser Geld frißt. Für die im Osten ein Monster, das ihre Kinder frißt.

Gunter Heise stellt mit zwei Kollegen aus der ehemaligen VEB-Führung und einem Geschäftsführer aus dem Westen, der was von Marketing versteht, wovon sie nichts verstehen, einen hauseigenen Sanierungsplan auf, den er in Berlin präsentiert. Okay, versucht es mal. Bis wir selbst einen Investor finden, könnt ihr weitermachen. Den reichen Käufer findet die Treuhand nicht, und Heise & Co. planen die MBO. Beleihen alles, was sie besitzen, was nicht viel ist, doch findet Heise einen gewissen Trost in der Gewißheit, meine Frau ist Zahnärztin und wenn alles platzt, können wir davon leben, denn faule Zähne werden immer gezogen. Die Bank sagt aufgrund des Konzepts der Viererbande eine Million DM zu, aber was ist das schon, sie brauchen mindestens zwölf. So wie Wöbke im Fall Florena geholfen hat, findet Heise mit einem anderen westdeutschen Patrioten sein Glück, mit dem Spirituosenerben Harald Eckes, der das nötige Kapital gibt und mit vierzig Prozent als Teilhaber ins MBO-Modell Rotkäppchen einsteigt. Ende Februar 1992 kommt endlich die Zusage von der

Treuhandanstalt, der Vertrag wird unterschrieben, der Laden gehört hiermit euch, und nun viel Glück. Sie machen gemeinsam eine Flasche leer und gehen an die Arbeit. Sechstagewoche, klar, vierzehn Stunden pro Tag und mit sechzig statt wie früher mit 360 Leuten. »Bei uns gibt es unterhalb der Geschäftsführung nur eine weitere Ebene und dann kommen die übrigen Mitarbeiter. Was wir um neun Uhr morgens entscheiden, wird um viertel nach neun bereits gemacht.« Das klingt nach modischem *lean management*, aber wenn der Geschäftsführer von den schlaflosen Nächten erzählt, weil er in der Buchhaltung eine von den beiden Frauen, die sich da seit zwanzig Jahren die Arbeit teilen, entlassen mußte, spürt man, daß für ihn der Mensch nicht Mittel, sondern Mittelpunkt ist. »Viele sind zwar arbeitslos, und gerade die Älteren haben kaum eine Perspektive, aber die alten Zustände will wirklich keiner wiederhaben.«

Sie haben es bereits im ersten Geschäftsjahr geschafft, verkaufen inzwischen auch im Westen und nicht nur im Osten, wo sie den Markt dank Nostalgie und Image sowieso beherrschen, rund dreißig Millionen Flaschen pro Jahr, nicht mehr nur das süße Gebräu, sondern herben Rieslingsekt made in East-Germany. Zum erstenmal Gewinn 1994, und das beste Ergebnis in der 140jährigen Firmengeschichte ein Jahr danach. Verscherbeln getreu der Marketingstrategie, daß ihr Name einen Substanzwert hat, Mützen und T-Shirts mit dem Rotkäppchen-Signet, bieten Musikern wie Justus Frantz in ihrer renovierten alten Fabrikhalle einen akustisch eindrucksvollen Konzertsaal, füllen gern auch Tagesausflügler ab, denen die Gewölbe und Riesenfässer gezeigt werden. Aktivitäten, die immerhin die Zahl der Festangestellten auf 74 wachsen läßt, und deshalb ist alles erlaubt.

Die oberen Rotkappen beschäftigen für die nötigen Dienstleistungen und baulichen Investitionen nach Möglichkeit nur ostdeutsche Firmen, was nicht immer funktioniert, weil denen manche der entsprechenden Maschinen mangels Eigenkapital fehlen, deshalb geht der Auftrag für die Planierung der riesigen Lagerhalle doch nach drüben in den Westen. Mit dem über Jahrzehnte gewachsenen Betriebsvermögen der Westfirmen und ihrem Know-how können die Mittelständler im Osten nicht mal dann konkurrieren, wenn sie mit ihren Löhnen noch weiter unter Tarif gehen. Doch hat der Freyburger Spediteur, der früher in der DDR schon Rotkäppchen auslieferte, statt einem heute dreizehn Lastwagen und statt zwei Angestellten wie nach der Wende nunmehr fünfundzwanzig.

Ost-Rotkäppchens Erfolg über die gierigen West-Wölfe ist für die ganze Gegend ein Sieg, wo ohne ABM-Maßnahmen die Arbeitslosigkeit vierzig Prozent betragen würde, denn außer der Hoffnung auf Tourismus gibt es in der Idylle nicht viele Alternativen. Die üblichen Videotheken und Sonnenstudios, die nach der Einheit in jedem Kaff gegründet wurden, auch hier, sind längst wieder pleite. Soviel Bräune braucht kein Mensch. Deshalb ist Rotkäppchens kleiner Sieg in der Marktwirtschaft ein großer Sieg fürs Selbstbewußtsein. Manche Ossis überspringen ganz einfach die Zeiten und sind heute schon da, wo die Westler erst noch hinmüssen.

Die Treuhandanstalt, sagen viele von denen, die sich mit Management Buy Out ins Risiko stürzten, hat den entscheidenden Fehler gemacht, den Großen viele Milliarden in den Rachen zu werfen und zu wenig für uns zu tun, die Kleinen. Die Treuhändler haben zwar immer wieder betont, wie wichtig ein eigener ostdeutscher Mittelstand sein würde, aber eigentlich wollten die in Berlin ruck, zuck und schnell positive Schlagzeilen, und die gab es natürlich bei 2000 oder so erhaltenen Arbeitsplätzen, um die es bei Leuna oder Buna oder EKO ging, eher als bei unseren paar Dutzend. Im Prinzip war das schon richtig mit der Treuhand, bestätigt Heise, aber es waren zu viele schwache Figuren aktiv, die einfach keine Ahnung hatten vom Osten. Insofern ist seine Erfolgsstory – 24 Millionen DM in neue Hallen und Abfüllmaschinen allein 1996 investiert, Umsatz auf hundert Millionen gesteigert, Tendenz zweistellige Zuwachsraten mit bis zu 180 000 Flaschen pro Tag und Produktion rund um die Uhr in drei Schichten zur Vorweihnachtszeit – leider keine typische Geschichte. Der Mann, der sich eher getrieben als freiwillig seinen Lebenstraum erfüllt hat, spricht aber voller Mitleid von der Konkurrenz in den alten Bundesländern. Die haben alle Umwälzungen, die er gerade hinter sich hat, noch vor sich. So verfettet, wie die sind, wird es dabei bestimmt Tote geben.

Kein Mitleid mit Wessis, sagen andere. Denn die hatten mit

den Ostdeutschen, als die es mangels passender Produkte, mangels ausreichenden Kapitals, mangels erreichbarer Märkte und mangels erfahrener Manager erwischte, auch keins. Haben die etwa nicht Foron sofort mit eigenen Produkten und einer PR-Kampagne unterlaufen, als die 1993 den ersten FCKW-freien Kühlschrank der Welt vorstellten und dafür mit dem deutschen Umweltpreis, dem alternativen Marketingpreis und dem Innovationspreis des Freistaats Sachsen gefeiert wurden? Das von Foron statt Fluorchlorkohlenwasserstoff benutzte Propan-Butan-Kühlgemisch sei eine »Gefahrenquelle«, teilten zum Beispiel mit freundlichen Grüßen allen Elekrohändlern die Firmen AEG, Siemens, Bauknecht, Bosch, Miele, Electrolux und Liebherr mit, eine Art Bombe in der Küche, ein Stromfresser, und außerdem habe Foron sechs Monate lange Lieferzeiten. Die Ansicht, daß Westler schlimmere Besatzer sind als Russen, ist deshalb in Niederschmiedeberg, der kalten Heimat von Foron im Erzgebirge, mehrheitsfähig. Auch der ehemalige Geschäftsführer, Ex-Treuhändler Harald Lang, hat dort keine Fangemeinde. Die entlassenen Arbeiter würden ihn zum Beispiel gern fragen, ob er aus dem schon maroden Betrieb die zwei Millionen DM Gewinnbeteiligung, die ihm vertraglich für die kommenden Jahre zustanden, im Vorwege herausgezogen hat.

Die chlorreichen Sieben aus dem Westen bestätigen nicht nur den gesamtdeutschen Hit der ostdeutschen Gruppe »Die Prinzen«, daß man ein Schwein sein müsse, um in diesem System erfolgreich zu sein, sie nutzen selbstverständlich die objektiven Schwächen der Amateure von drüben für eigene Zwecke. Foron hat seine Erfindungen zu früh angekündigt und kann sie erst zu spät liefern. Der hochgelobte umweltfreundliche Kühlschrank und auch die Design-Idee eines kühlenden Rundlings im Gegensatz zu den alten rechteckigen Formen helfen nicht. Foron schlittert deshalb, teils durch äußere Einflüsse, teils durch eigene Managementschwäche, in die Krise, kann aber mit allerlei Zusagen der BvS gerade noch aus der Gesamtvollstreckung herausgerettet werden, weil der holländische Konzern Atag das dann wieder mal entschuldete, aber auf 250 Arbeitsplätze abgemagerte Gerippe unmade in Germany kauft. Vor der Wende haben dreitausend Menschen bei Foron gearbeitet.

Kleine Fluchten aus den prognostizierten Pleiten. Wer es ans rettende Ufer schaffte? Die Fliesenwerke in der kleinen Stadt Boizenburg zum Beispiel, deren anderer, größerer Arbeitgeber Elbewerft täglich ums Überleben und gegen westdeutsche Aushöhler kämpft, haben sich trotz weltweiter Konkurrenz durchgesetzt und sind im Osten Marktführer geblieben. Arbeitsplätze noch 300 statt der einstigen 1800, aber dreifache Produktivität im Vergleich zu früher. Die Deutsche Binnenreederei in Berlin, zu DDR-Zeiten einst Monopolist mit über tausend eigenen Schiffen, ist von einem Westdeutschen mit Hilfe verschiedener Investoren in einen vorerst sicheren Hafen gesteuert worden. Die Uhrenindustrie in Glashütte hat mit ihren Spitzenprodukten den kapitalistischen Luxusmarkt gestürmt und seitdem volle Auftragsbücher. Die Deutsche Waggonbau, vor der Wende mit 23 000 Beschäftigten in zwanzig Betrieben eines der ehernen Monumente made in DDR, trägt besonders stolz die Marke Made in Germany, mit der die dort hergestellten Eisenbahnwaggons gekennzeichnet werden, denn das ehemalige Kombinat hat trotz zusammengebrochener Ostmärkte als Konzern überlebt. Als »das Flaggschiff der Treuhandanstalt« bezeichnet der ehemals zuständige Direktor Ken-Peter Paulin das Werk, das heute bei den Nutzfahrzeugen Mercedes Benz in Ludwigsfelde schwarze Zahlen leitet und nicht mehr leidet unter den roten.

Eisenhüttenstadt gehört nicht zu den vierzig, fünfzig schönsten Städten in den neuen Bundesländern, aber die Fahrt hin zum ehemaligen Eisenhüttenkombinat Ost (EKO) durch das Oderbruch ist eine der Reisen im fremden Land, die man nicht mehr aus dem Kopf bekommt. Bilder bleiben. Storchnestige grünwiesige Idylle, längst geschlossene Betriebe mit vernagelten Toren neben ausgestorbenen Bahnhöfen, die ein Jahrhundert überlebt haben, jetzt aber nur noch Triebwagen auf Bestellung halten. Ein postsozialistisches Biotop für Pflanzen und Tiere, aber davon kann kein Mensch leben. Verfallendes Symbol für die Vergänglichkeit der Träume von industriellem Fortschritt und der Ideologie, daß alles machbar sei. Mezzogiorno in einem anderen Klima. Dort wärmt die Sonne gnädig die Resignierten und gibt der Armut einen Schein von Würde. Hier dagegen schlägt Ohnmacht um in Demonstrationen widerlicher Dumpfheit, in die hirnverbrannten Lieder von jugendlichen Arbeitslosen, die in ihrer Perspektivlosigkeit weitermarschieren wollen, bis der Rest auch noch in Scherben fällt.

Dem ersten ernsthaften Interessenten für das von Voest in Linz 1985 für fünf Milliarden Valutamark erbaute Eisenhüttenkombinat Ost, das seit Juni 1990 eine Aktiengesellschaft ist, gibt die Treuhandanstalt im Februar 1992 den vorläufigen Zuschlag: Krupp aus Essen. Bis dahin hat der ostdeutsche Stahlriese mit seinem ehemaligen Generaldirektor Karl Döring an der Spitze, dank vieler Treuhandmillionen und dem Abbau von einst 16 000 auf knapp 6000 Arbeitsplätze, schlecht und recht überlebt. Bartergeschäfte mit der Sowjetunion waren früher schon üblich gewesen – eine Tradition, an die jetzt hier an der polnischen Grenze, wo man an klaren Tagen den Ural sehen kann, in neuen Zeiten anknüpft. Was angesichts fehlender Fertigungstiefe von EKO – es gibt keine Warmbreitbandstraße, um den erzeugten Stahl kundengerecht zu formen – auch die einzige Chance ist. Döring ist ehemaliger Genosse, was zu bedauern er ablehnt, und gilt als rote Socke, die dringend entfernt werden muß. Da er die letzte Figur aus der ehemaligen wirtschaftlichen Nomenklatura der DDR ist, die noch einen großen Betrieb leitet, sind die Attacken aus Bonn und aus dem Vorstand der Treuhandanstalt immer zielgerichtet, denn andere Ziele als ihn gibt es nicht mehr.

Allerdings haben die üblichen Heckenschützen nicht damit gerechnet, daß sich Otto Gellert vor Döring stellt und sie damit einen Gegner haben, der ihre Tricks alle kennt, weil er sie selbst oft genug verwendet hat. Der unabhängige, ehrbare und parteilose Hamburger wollte eigentlich in seiner Jugend als Dramaturg zum Theater. Hanseatische Väter sagen in solchen Fällen stets nein. Otto fügte sich. Seine Lust an gepflegten Verwicklungen in klugen Stücken, an der Lösung der Knoten nicht nur mit Lessing, sondern auch mit Lennings rührt von dieser frühen, ungebrochenen Theaterliebe her. Er hat sich beim ersten Anblick von Eisenhüttenstadt zwar schaudernd hinter den Kulissen geschüttelt, die von EKO haben ja weder Kostüme noch ein Textbuch, aber sich dann unerschrocken auf der Bühne dort aufgebaut, wo er vom Vaterland hingestellt worden war. Vom Vaterland? Na gut, von der Treuhandanstalt. Gellert ist von Beginn an stellvertretender Vorsitzender im Verwaltungsrat, aber noch auf Wunsch von Detlev Rohwedder auch Vorsitzender im Aufsichtsrat von EKO. Eigentlich dürfen Treuhändler nichts mit den Firmen zu tun haben, die zum Portfolio der Anstalt gehören. Das könnte Interessenskonflikte ergeben, in diesem Fall noch potenziert aufgrund von Gellerts Verbindungen in die oberen Etagen der westdeutschen Industrie

Otto Gellert, nach wie vor ein glühendes Kind der Musen, inzwischen erfolgreicher Wirtschaftsprüfer aus Passion, kann zwar verbindlich sein, aber auch knallhart, das hat er bei seinen erfolgreichen Sanierungen im Westen bewiesen. Eine richtige Berufsbezeichnung für ihn wäre *Troubleshooter*, aber wie soll man das denen hier übersetzen. Karl Döring hat er schon im Januar 1990 in Berlin kennengelernt, als den versammelten Ossis im Schnelldurchgang von den Wessis die Grundregeln der Marktwirtschaft beigebracht wurden. Hat dem Mann aus Eisenhüttenstadt ein wenig leichtsinnig, überwältigt wohl auch von patriotischen Gefühlen, ein paar Arbeitstage als Geschenk gemacht. Geschenk deshalb, weil Gellerts Beratungen sonst so richtig ins Geld gehen. Döring nimmt an, und Gellert muß hin.

Das hat zwei Folgen: Die eine heißt Krupp, denn dort sitzt Gellert ebenfalls im Aufsichtsrat, was seine vielen Feinde von Gohlke bis Rexrodt nie zu erwähnen vergessen, und die zweite schützt Döring, der für EKO unentbehrlich war. Immer, wenn es dem an den Kragen gehen soll, mit zwar naheliegenden, aber unbewiesenen Vorwürfen wie Stasi-Mitarbeit, fragt Gellert kühl: Habt ihr Akten, die das belegen? Nein. Hat er durch Denunziation einen nach Bautzen gebracht? Nein. Dann bleibt der Mann da, wo er ist.

Krupp-Stahl verliert schlagartig das Interesse an EKO-Stahl, als nach dem Kauf von Hoesch die eigene Kasse leer ist und zudem die Krise der Branche im Herbst 1992 jedwede Lust erstickt, sich im Osten zu engagieren. Der Treuhandverwaltungsrat diskutiert auf seiner Sitzung am 15. Oktober 1992 die Situation, wobei offenbleibt, ob Krupp nicht mehr kann oder nicht mehr will. Gebraucht hätte man das Ding in Eisenhüttenstadt, das vor fünfzig Jahren aus einem kleinen Fischerdorf entstanden und heute ein Museum des sozialistischen Realismus ist, eigentlich nie. Darüber sind sich die westdeutschen Stahlkonzerne längst einig, und falls EKO in Gesamtvollstreckung gehen sollte, um so besser, ein Konkurrent weniger. Das Land Brandenburg und die Treuhand sind laut Sitzungsprotokoll bereit, noch einmal 350 Millionen DM draufzulegen, aber es wird auch ernsthaft die Alternative diskutiert, einen eigenen Weg der Sanierung zu gehen und sich mit der Privatisierung mehr Zeit zu lassen. Was in die geänderte politische Landschaft passen würde, denn in Bonn ist der Schwenk von totaler und radikaler und schneller Privatisierung hin zu vorsichtigem Erhalt industrieller Kerne, also Sanierung, gerade vollzogen. Eine Art Staatsholding hält der Kölner Universitätsprofessor Günter Kohlmann in einem Gutachten für den THA-Vorstand für rechtlich unbedenklich: »Soweit eine ... Sanierung zum Zweck der Unternehmensfortführung in betriebs- und volkswirtschaftlicher Hinsicht sinnvoll erscheint, hat die Treuhandanstalt im Fall ansonsten nicht vorhandener Investoren oder unverhältnismäßig hoher Privatisierungskosten die Möglichkeit, das Unternehmen in eigener Verantwortung als Staatsbetrieb fortzuführen ...« Es stelle sich überhaupt die Frage, ob angesichts der von Krupp geforderten finanziellen Beteiligung von ca. einer Milliarde DM für eine »lediglich vage in Aussicht gestellte Gesamtsanierung« nicht sogar die »Fortführung des Stahlwerks als Staatsbetrieb in eigener Regie kostengünstiger ist und vor allem in Hinblick auf ein Gelingen der Sanierung sowie einen weitgehenden Erhalt der Arbeitsplätze vorzugswürdiger erscheint.«

Aber überraschend betritt ein weiterer potentieller Käufer die Bühne. Der taucht im Januar 1993 auf und heißt Emilio Riva, eine Art Stahlbaron aus Oberitalien und bereits Besitzer der abgemagerten ostdeutschen Stahlwerke Brandenburg und Hennigsdorf. Die Verhandlungen mit den Treuhändlern ziehen sich hin, denn trotz aller optimistischer Prognosen in der Öffentlichkeit bemängeln die Verwaltungsräte intern sogar ein Jahr später, daß von Riva noch immer »kein konsolidierter Status vorliegt, um die Bonität abzusichern«. Obwohl der für die Privatisierung des Riesen zuständige Treuhandvorstand Hans Krämer die letzte noch zu verantwortende Mark für den Hoffnungsträger lockermachen will, obwohl das notleidende Land Brandenburg jede Garantie gibt, denn wenn EKO stirbt, könnte man gleich auch Eisenhüttenstadt abreißen, obwohl der inzwischen als Wirtschaftsminister amtierende Treuhändler Günter Rexrodt in Brüssel die Zustimmung der EU zu weiteren Beihilfen der Treuhand besorgt, springt im Mai 1994 auch der Mann aus Italien ab. Vorgeblich, weil ihn die nach Dauerfrust und Sorge um ihre Zukunft nicht mehr so pflegeleichten Ossis bei seinen Besuchen in Eisenhüttenstadt schlecht behandelt haben, der Betriebsrat ebenso wie Aufsichtsrat und Vorstand – »Ich bin in meinem ganzen Leben nicht so gedemütigt worden« –, eher aber deshalb, weil er in seiner Heimat vom gerade regierenden Gesinnungsgenossen Silvio Berlusconi noch mehr Staatsknete für die Privatisierung von Stahlunternehmen angeboten bekommt, als die Deutschen schon zugesagt haben. Birgit Breuel: »Wir hätten Riva sehr gern als Investor in Eisenhüttenstadt gesehen. Zu Rivas Rückzug hat sicherlich die von ihm als ablehnend empfundene Atmosphäre in Eisenhüttenstadt beigetragen, aber natürlich auch, daß er die Möglichkeit sah, sich gemeinsam mit Krupp am italienischen Staatskonzern Ilva zu beteiligen.«

Und jetzt? Subventionieren und Partner suchen. Per Kleinanzeige? Nein, mit Rexrodts Hilfe, der eh stocksauer ist über das angeblich so unmögliche Verhalten von Aufsichtsrat, sprich Gellert, und Vorstand, sprich Döring, seinem Favoriten Emilio Riva gegenüber. Gefunden wird Ende 1994 der belgische Stahlkonzern Cockerill Sambre, der in Eisenhüttenstadt als Investor einsteigt, aber rund vierzig Prozent Anteile bleiben bei der BvS. Insgesamt wurden bis dahin drei Milliarden DM von der Treuhandanstalt in EKO-Stahl gesteckt, was ungefähr der Investition von einer Million DM pro Arbeitsplatz entspricht. In dieser Rechnung sind allerdings 1,3 Milliarden DM an Altschulden enthalten, die im Fall EKO nicht weniger absurd sind als in anderen Betrieben. Karl Döring, ungebrochen auf eine Zukunft in schwarzen Zahlen hoffend, ist zwar nicht mehr Vorsitzender des Vorstandes, das ist einer aus dem Westen geworden, aber als dessen Stellvertreter verantwortlich im Vorstand für Technik.

Dörings Vergangenheit sichert ihm Mitte der neunziger Jahre plötzlich seine Zukunft, denn die verlorenen Ostmärkte können mühsam und Land für Land nur von denen zurückgewonnen werden, die sich jenseits der nahen Grenze zu Polen auskennen und eine Sprache sprechen, die dort verstanden wird. Nur regional hat der Betrieb eine Chance, und ganz bestimmt nicht auf den westlichen Märkten. EKO-Stahl ist zwar Ende 1996 in »trockenen Tüchern« (Döring), aber allenfalls 2500 Arbeiter haben eine sichere Stelle. Es gibt keinen von EKO-Stahl unterstützten Sportverein mehr in Eisenhüttenstadt wie früher, keine Theatergruppe, keine Kindergärten, keinen Chor. Ein Stück sozialer Identität ist durch die Einheit verloren und nicht allein der meßbare menschliche Faktor Arbeit.

Das Bewußtsein, füreinander da sein zu müssen, lebt jedoch trotz oder gerade wegen aller wirtschaftlichen Zwänge und trotz Resignation fort. Die jährliche Quote der Lehrlinge hat man bei EKO nicht gesenkt, sondern das ehemalige Kasino der besseren Genossen zu einer Großküche umgebaut. Nun werden die Jugendlichen nicht als Stahlkocher ausgebildet, sondern in Gastronomie. Das könnte im Oderbruch eine Chance sein, wenn wanderlustige Öko-Touristen diesen Teil Deutschlands erst mal richtig entdeckt haben werden. »Was eigentlich war so schlecht daran«, fragt Döring nicht nur rhetorisch, »daß man nicht alles nach Kosten und Effizienz beurteilte, also Kindergärten zum Beispiel oder die ärztliche Versorgung?« Quatsch, sagt da der Wessi an sich, erst müssen die Erträge stimmen und dann kann man über alles andere nachdenken. Es wird noch mindestens eine Generation dauern, bis der Umgang miteinander normal sein wird. Noch interessieren sich die im Osten und im Westen nicht wirklich füreinander.

Rohwedder hatte übrigens zugesagt, mal zu kommen und mit Döring und den anderen im Oderbruch zu wandern. Die Einladung mit Vorschlägen möglicher Termine war gerade im Briefkasten, als Döring die Nachricht von der Ermordung bekam.

Manchmal ärgert sich Otto Gellert heute noch, daß sein Engagement in Eisenhüttenstadt an seinem Ruf gekratzt hat. Dann ist er versucht, aber er läßt es, von denen zu erzählen, die nicht wie er für Gotteslohn und allerdings unbezahlbare neue Kontakte gearbeitet, sondern ihren ganz speziellen Reibach mit der deutschen Einheit gemacht haben. Er hat sie doch alle hautnah erlebt, als er bis Mitte 1991 rund drei Milliarden DM Privatisierungserlöse für die Treuhand erzielte: Die Bosse der Zigarettenindustrie, die einmal tief inhalierten und damit die Angelegenheit Ost schon erledigt hatten. Die Topmanager der Kaufhäuser, mit denen er verhandeln mußte, weil Verwaltungratschef Jens Odewald aus naheliegenden Gründen da nicht mitmischen wollte. Das ging schnell, denn die hatten sich bereits untereinander über den neuen Markt geeinigt, und, schwups, saßen sie in den Innenstädten Ost hinter den Verkaufstischen. Westdeutsche Verleger, in deren Zeitungen und Magazinen man vor lauter Patriotismus und Vaterlandsliebe und Solidaritätsaufrufen mit den endlich freien Brüdern und Schwestern kaum Atem holen konnte – Die Stunde der Deutschen. Nun packen wir es an. Wir bauen auf etc. –, zeigten sich bei den Verhandlungen über den Kauf ostdeutscher Verlage gut erholt vom nationalen Freudentanz und wieder kühl bis ans Herz hinan.

Denn dort sitzt ihr Scheckbuch, und mehr als 150 DM pro Abonnent der Zeitung XY will zum Beispiel der Händler von Gruner + Jahr nicht bieten. Allgemein üblich ist im Westen bei Verkäufen ein Abonnentenrichtwert von 600 DM. Gut, wir sind im Osten, viel zu viele Beschäftigte bei jedem Verlag und veraltete Maschinen sowieso, das kostet Sozialpläne und Investitionen. Aber ein bißchen mehr möcht schon sein, denn wir reden hier über Regionalzeitungen mit sicheren Märkten. Gellert setzt die Marge deshalb auf 200 DM. Bauers Landsleute glauben mit fünfzehn Millionen dabei sein zu können, Otto Gellert sagt, prima, uns trennen nur noch hundert Millionen. Günter Wille, Chef des Springer-Verlages, geht für die »Sächsische Zeitung« auf 400 DM pro Abonnent, doch es gewinnt die Versteigerung eine Allianz von Bertelsmann und SPD. Hundert Millionen DM streicht die Treuhandanstalt dafür ein, insgesamt werden es anderthalb Milliarden DM Erlöse durch das Pressegeschäft. Darüber sind die Treuhändler angesichts sonstiger Zahlen ziemlich glücklich, und die Verluste mit ihren ostdeutschen Sorgenkindern, die auf westdeutsche Großverlage in den nächsten Jahren zukommen werden, sind nicht ihr Problem.

Einem ganz anderen Patrioten, auf seine schwäbische Art nicht weniger clever als der hanseatische Gellert, bauen die drüben zwar keine Bühne, aber vielleicht in zehn Jahren ein Denkmal.

Noch muß Lothar Späth in Jena nicht nur symbolisch, sondern in Person ein ganz anderes Denkmal verteidigen, die von Frank Stella auf dem Ernst-Abbe-Platz aufgestellte Skulptur namens »Newburgh«: achteinhalb Tonnen zerdrückte Metallcontainer, Stahlplatten, Eisengitter, Drahtgeflechte. Ist doch Schrott, schimpfen Bürger von Jena auf die Plastik, die Lothar Späth im Namen der Firma Jenoptik erworben hat. Und ausgerechnet auf dem Platz, der nach Ernst Abbe benannt ist, dem zweiten legendären Gründervater nach Carl Zeiss. Eben, antwortet der größte Arbeitgeber der Stadt, welche Art von Denkmal würde denn heute besser passen als ein Gebilde aus Schrott? Das macht Kritiker stumm, und dann hören die auch noch mit wachsender Hochachtung, wie das Cleverle nur einmal bezahlt und doch gleich fünfmal Stella nach Jena gezogen hat: Eine Plastik gekauft, eine geschenkt bekommen, weil der Amerikaner zum Ehrendoktor der Universität Jena ernannt wurde, drei als Leihgabe zu treuen Händen. Die bleiben nur, wenn sich private Sponsoren finden, also Kunst für Jena privatisiert wird.

Ganz andere Sorgen hatte der als Ministerpräsident von Baden-Württemberg gerade abgestürzte Lothar Späth im Sommer 1991, als er die Trümmer des Kombinats Carl Zeiss Jena übernahm, die vom einstigen DDR-Riesen, der in 25 Betrieben fast 70 000 Menschen beschäftigte, übriggeblieben waren. Zunächst hatte es Ausgründungen gegeben, zum Beispiel Pentacon in Dresden, betriebsnotwendige Absplitterungen, das übliche Monopoly mit Kombinaten im Osten, gespeist von den Träumen, nunmehr die Marktwirtschaft per Außenposten Richtung Osten auszudehnen. Träume, die bald platzen sollten, und dies im dreckigen Dutzend und täglich.

Mühsam und voller Ost-West-Ost-Emotionen die Verhandlungen mit der Westfirma Carl Zeiss Oberkochem, die sich über ein Jahr hinzogen. Es bestanden zwei Zeiss-Stiftungen, eine in Jena und eine in Heidenheim, und nicht eine kleine Freundlichkeit zwischen den beiden Brüdern Ost und West. Von wegen Wiedervereinigung. Die aus Heidenheim beharrten stur darauf, es gebe nur ein Zeiss und das sei selbstverständlich in Heidenheim. Sitz der Stiftung sei eindeutig Jena, sagten die anderen und zitierten den ermordeten Treuhand-Präsidenten Detlev Rohwedder:

»Wie die Nofretete auf die Museumsinsel gehört, so gehört Zeiss nach Jena.« Am 25. Juni 1991 endlich die Schlußverhandlung bei der Treuhandanstalt in Berlin, und im Protokoll wird wieder mal ein frommer Wunsch als Vater des Gedankens festgehalten: Die Jenoptik AG in Jena solle eine »Keimzelle für die künftige Ansiedlung von innovativen High-Tech-Betrieben« werden.

Alles nicht so rosig für den Mann, der ausgerechnet aus dem Land kommt, mit dem die Thüringer so heftig gestritten haben, aus Baden-Württemberg. Ein Umsatz, der nicht mal die Verluste erreicht, also nicht mal den ostdeutschen *break-even*. Viel zu viele Arbeitskräfte, keine Perspektiven, denn die nahe liegenden Ostmärkte von früher gibt es nicht mehr, und die Nähe zur Universität, aus der früher die klügsten Köpfe zu Carl Zeiss gingen, ist deshalb auch nichts mehr wert. Haben sie Lothar Späth vorgeschickt aus Berlin, um das ganze abzuwickeln? Stillschweigend unterstützt aus dem Bonner Kanzleramt, wo Späth keine Freunde hat, nur Parteifreunde?

Daß der aber ein Profi ist und besser verhandeln kann als die auf der anderen Seite des Tisches, stellt sich schon beim Einsammeln der Überlebensmittel heraus: Insgesamt holt er sich drei Milliarden DM vom Land Thüringen und der Treuhandanstalt. Wir haben bis zum Schluß noch versucht, ihn um 500 Millionen herunterzuhandeln, sagt der zuständige Treuhändler, aber der Späth blieb einfach stur. Zu diesen drei Milliarden gehört übrigens auch eine, die unter dem Stichwort Altschulden läuft, wie üblich.

Aus den 600 Millionen, die ihm verbleiben nach Ausgleich der Schulden und nach Erfüllung der Sozialpläne, denn innerhalb einer Woche muß er 16000 Arbeitsplätze streichen, schafft Lothar Späth Mehrwert, weil er das Geld so geschickt in Devisengeschäften anlegt, daß er eine Rendite von zwanzig Prozent erzielt. Vor allem mit spanischen Peseten. Die verrotteten Immobilien läßt er plattmachen. Typisch? Untypisch. Jenoptik baut neu, was die lokale Wirtschaft ankurbelt. Verkauft und vermietet anschließend, was die Kassen füllt. Ein Drittel der Immobilien sind günstig verkauft, der Rest gut vermietet, die Verträge wasserdicht geschlossen, bevor der ostdeutsche Immobilienmarkt zusammenbricht und die ganz anderen Denkmale des Kapitalismus, die leeren Bürotürme, wie tote Riesen mit dunklen Augen in den Städten stehen. So steigert Späth den Substanzwert. Er kauft als einziger Ostbetrieb Firmen im Westen dazu, weil der eigene Vertrieb für die entwickelten High-Tech-Produkte nicht der Rede wert ist, jagt so den Umsatz bis Ende 1996 auf fast zwei Milliarden und meldet zum erstenmal, wenn auch mit Glück, einen Ertragswert von knapp 2,5 Millionen DM. Der ist zwar minimal, schafft aber schwarze Zahlen statt rosaroter Illusionen. »Wenn ich nicht im Westen dazugekauft hätte, dann wären wir kaputt.« Die Gelder der Treuhand waren eigentlich nur dafür gedacht, die Verluste abzudecken, aber er hat einfach mit den Milliarden ein paar Finanzgeschäfte gemacht.

Doch das sind nur Zahlen. Wichtiger ist Späths unternehmerische Strategie, sein Gespür für das, was ankommt, denn er ist sein eigenes PR-Gesamtkunstwerk, und die in vielen Jahren entwickelte Kunst, Menschen für seine Visionen zu begeistern, wird tägliches Handwerk des engagierten Neu-Unternehmers. Früher sollten sie ihn wählen, was sie im Schwabenland taten, heute sollen sie sich für ihn zerreißen, was sie in Thüringen tun. Erst einmal alle hochbezahlten Berater aus dem Westen, engagiert von seinen Vorgängern, über Nacht raus. In allen Abteilungen von Jenoptik die Verbindung von Ostlern und Westlern in der Führung, was zunächst wie bei Rüden mißtrauisches gegenseitiges Umrunden und Beäugen erzeugt, Abstecken der Claims durch abwechselnd erhobenes Bein, bis nichts mehr da ist für die Markierung, schließlich Beschnuppern mit ersten freundlichen Gesten und dann endlich, nach der Gewöhnungsphase, die Einigung, fortan gemeinsam zu jagen. Das funktioniert bis heute, die Tandems von Jenoptik treten vor allem im internationalen Halbleitergeschäft von Peking bis Singapur erfolgreich auf. Die Forschungsabteilung wird nicht wie bei kurzsichtigen Kostenmanagern ostdeutscher Betriebe eingespart, sondern weitsichtig ausgebaut. Das fördert die Lust auf Innovation, und das braucht der Betrieb: viele neue Produkte. Hierarchie nach dem Vorbild erfolgreichen schwäbischen Mittelstandes bedeutet: möglichst gar keine, was Lothar Späths Selbstverständnis entspricht. Einer ganz oben entscheidet: er.

Daß hundert Prozent des Späth-Werks mit knapp 6000 ziemlich sicheren Arbeitsplätzen dem Land Thüringen gehören, es also wie früher ein Staatsbetrieb ist, merkt keiner mehr. Eher nebenbei, weil es für ihn in einer solchen Situation einfach logisch ist, erzählt Lothar Späth, daß er sich mit dem Betriebsrat auf einen Haustarif geeinigt hat, der selbstverständlich unter dem Flächentarif liegt. Falls es gut läuft, bekommen die Arbeiter einen Zuschlag. Genauso selbstverständlich ist der wichtigste Arbeitgeber von Jena aus dem Arbeitgeberverband ausgetreten, Späth läßt sich durch dessen Kriegsgeschrei nicht die Arbeitsplätze seiner Leute gefährden. Nächstes Ziel des unermüdlichen Schwabenpfeils, der bei Veranstaltungen im Westen ganz eindeutig als Ostler auftritt, ist der Gang mit Jenoptik an die Börse. Daß die Holding sich aufgrund der horrenden Verlustvorträge dabei um Steuern keine Gedanken machen muß, ist bei diesem ehrgeizigen Plan hilfreich.

Die kleinen Könige im neuen Reich, aber auch alle Geladenen und Verladenen, nennen einen einzigen Namen, wenn sie nach dem Wessi gefragt werden, der ihnen selbstlos geholfen hat, der immer Zeit hatte, der immer kam, wenn sie ihn brauchten: Johannes Ludewig. Der Staatssekretär aus dem Bonner Wirtschaftsministerium ist im Osten das beste am Kanzler. Da Ludewig offen als der eigentliche Wirtschaftsminister der Regierung Kohl bezeichnet wird, freut sich der Wirtschaftsminister eigentlich nicht so recht über seinen Spitzen-Mann. Deshalb macht Ludewigs pflichtbewußte Passion, sich mindestens zwei Tage pro Woche vor Ort im Osten um die Probleme zu kümmern, sie selbst zu erfahren, selbst wenn er nun wirklich nicht immer helfen kann, sogar machtpolitischen Sinn. Das erspart dem Christdemokraten Reibereien mit dem FDP-Mann Günter Rexrodt, dessen beamteter Staatssekretär er seit 1994 ist. Wenn er jeden Dienstag in Bonn die Aktivitäten aller Ministerien in Sachen Aufbau Ost koordiniert, dann beginnt er morgens um sieben Uhr, so früh gibt es keine Kompetenzstreitigkeiten, weil andere da erst aufstehen.

Der Mann mag keine Aufmerksamkeit und ist nicht traurig, wenn ihn bei seinen Betriebsbesichtigungen im Osten keine Journalisten begleiten. Diese Masche der Politiker ist ihm immer schon zu durchsichtig gewesen. Er kommt mit der Frühschicht, nicht so fröhlich bei SKET, aber verläßlich selbst da, und stellt sich mit den Arbeitern in der Kantine an. Er hört zu und quatscht nicht von dem, was in Bonn gerade wieder mal beschlossen wurde. Er schreibt die Partitur, das ist spannender als das Solo des ersten Geigers. Der spielt nach seinen Noten, und falls ihm das nicht bewußt ist, um so besser. Nach der Wiedervereinigung hat Helmut Kohl den hanseatischen Jesuitenschüler, Ministerialdirektor im Kanzleramt und seit 1983 als Wirtschaftsfachmann stets am Ohr des Regierungschefs, offiziell zum Koordinator für die neuen Länder ernannt. Mitgemischt von Währungsunion bis Umtauschkurs, von Bestellung des Treuhandpräsidenten bis Analyse der Schalck-Zahlen hatte Ludewig schon zuvor, aber das war keinem aufgefallen.

Das politische Gremium, das den Aufbau Ost koordinieren soll, heißt schon nach seiner ersten Sitzung am 13. Mai 1991 intern nur noch die »Ludewig-Runde«. Man tagt fast wöchentlich in Berlin, und hier, in der Außenstelle des Bundeskanzleramts, wird begleitet, was in Bonn beschlossen wurde. Am Tisch sitzen die ganz besonderen Treuhändler, die nur eines im Sinn haben: Effizienz. Dabei ist es egal, ob es um Absicherung der Ostgeschäfte durch Hermeskredite geht, um Arbeitsbeschaffungsmaßnahmen, um Abwicklung, um das subtile Umschwenken von Privatisierung auf teilweise Sanierung, so etwa ab Herbst 1991 diskutiert, oder um schwarze Schafe unter den Investoren. Man versteht sich jenseits möglicher Parteipräferenzen auf professioneller Ebene, also genau unterhalb der obersten: Die Chefs der Staatskanzleien aus den fünf neuen Ländern, der Generalbevollmächtigte der Treuhandanstalt und Johannes Ludewig basteln sich ihr Deutschland Ost.

Eigentlich ist Johannes Ludewig der Aufbauminister Ost. Aber was für einer. Er läßt die anderen reden und beschränkt sich aufs Handeln. Einer von den Beamten, die mehr können, als sie bisher zeigen durften. Einer dieser Zufallshelden der deutschen Einheit. Daß es nicht so schnell klappt mit der Anpassung an den West-Standard, betrübt ihn gar nicht mal so sehr. Daraus baut er eine geschickte Taktik, die Fensterredner von der FDP bloßzustellen. Es muß nicht jeder begreifen, daß aufgrund des gestiegenen Grundniveaus zweistellige Wachstumsraten gar nicht mehr möglich sind und zweiprozentige auf dem erreichten Sockel auch ganz nett sind, im Vergleich zu dem, was war. Daß die lauthals beklagte Lohnpolitik in der Realität Ost längst schon flächendeckend unterlaufen worden ist, still und leise und mit Zustimmung der Betriebsräte im Gegengeschäft für Arbeitsplätze, braucht ebenfalls nicht unbedingt an die große Glocke gehängt zu werden. Das sieht die Gewerkschaft wie er.

Die Prognosen allerdings, die Johannes Ludewig in Brüssel bei der EU in Sachen Deutschland Ost abgibt, sind bewußt düster, damit Karel van Miert und seine Leute nicht etwa auf die Idee kommen, bei der Planung für die Regionalförderung der Jahre 2000 bis 2005 Subventionen zu streichen, weil die Deutschen es auch alleine schaffen. Die fünf ostdeutschen Länder gehören immer noch zu den 25 Regionen der EU, Mecklenburg-Vorpommern sogar zu den zehn Gebieten, die als die ärmsten in Europa gelten. Daß Ludewig selbst ähnlich traurig wirkt wie seine Analysen, ist allerdings keine Taktik. Ein Mann, der sich im Namen des Vaters und des Vaterlandes die Lasten der Brüder und Schwestern Ost aufladen läßt, kann nicht anders aussehen: erschöpft, müde, angespannt. Selbst sein grauer Schnauzbart hängt schlapp auf Halbmast, weil er lange nicht richtig ausgeschlafen hat. So einen mögen sie im Osten. In dem erkennen sie sich wieder, und es ist ihnen völlig wurscht, zu welcher Partei der gehört. Karl Döring: »Einer, der weiß, wie es wirklich hier aussieht. Einer, der außerordentlich viel für uns getan hat.«

Kein Held, wie er in den Büchern der Treuhand steht.

KAPITEL
11

Unverstanden auf Ruinen

Wilde Blumen in den Ruinen der Bergwerke: Blühendes Leben
in toten Gemäuern. Die ächzende Bimmelbahn hält noch dort,
wo früher die Waggons mit Kalisalz aus Bischofferode losfuhren,
aber bald ist auch diese Strecke abgewickelt. Niemandsland. Hier
wird keiner mehr aussteigen und keiner mehr einsteigen, und der
Bahnhof wirkt schon jetzt wie ein Denkmal seiner selbst. Die
Grube »Thomas Müntzer« ist tot, plattgemacht, die ersten Stollen sind verfüllt, die Schornsteine gesprengt, der Rest wird geflu-
tet. Drohende rötliche Abräumberge über den Eingängen der
Schächte werden das einzige bleiben, was von der früheren
Bedeutung des 1911 gegründeten Bergwerks zeugt. Die freie
Marktwirtschaft hat sich von den Kalikumpeln aus Bischoffe-
rode befreit. Man fand für die Arbeiter irgendwann nach der
Wende keine Verwendung, und heute braucht man sie erst recht
nicht mehr.

Den Bergleuten ist nur Haß geblieben, gewachsen aus ihrer
ohnmächtigen Wut. Die aber ist ungebrochen trotz der Resignation, in der nach Protesten und Demonstrationen Ende Dezember 1993 ihr Widerstand zunächst untergegangen war. Ihr Haß
richtet sich gegen die Treuhandanstalt, und ihr Haß ist unabhängig von Parteien, und den zumindest wird ihnen keiner nehmen. Die Treuhändler haben das Leben der Kumpel von Bischofferode zerstört. So wenigstens sehen sie es. Leben hieß Arbeit,
und Arbeit hieß Kalisalz abbauen hier in Thüringen, und zwar in
einer Qualität, die allen westlichen Bedürfnissen entsprach, in
Bleicherode, in Sondershausen, in Roßleben, in Merkers. Was

sollte ihnen schon passieren: Drittgrößter Produzent der Welt, Exporte in kapitalistische Staaten, also Devisenbringer, und als Bergmann ganz oben in der Rangliste sozialistischer Helden der Arbeit. Davon gab es in der DDR allein im Kalibergbau 27000. Es passierte ihnen die Einheit, denn die hat nicht nur die oben kalt erwischt, sondern auch die unten im Südharz überrascht. Die trennende Werra war plötzlich gesamtdeutsch verschmutzt. Es passierte ihnen nach den üblichen Freudentagen vaterländischer Gesänge etwas, was sie nur aus dem Westfernsehen kannten, die Arbeitslosigkeit. In ihrem Fall Abbau von Arbeit statt Abbau von Kali, denn die gar nicht so soziale Marktwirtschaft kam über sie. Unterirdisch war hier im Eichsfeld jahrzehntelang alles gleichgeblieben trotz waffenstarrender Trennung an der Grenze, denn die Bodenschätze waren von Gott gegeben, an den sie glaubten, egal, wer da oben gerade an der Macht war. Doch jetzt entstand ein Kampf auf gleicher Ebene. Die Kumpel aus dem Westen bangten ebenso um ihre Arbeitsplätze wie sie, und in solchen Nöten gilt, daß jeder sich selbst der Nächste ist. Die Lobby drüben war stärker und die Maschinen moderner und die Manager ausgeschlafen. Wenn zwei fusionieren, in dem Fall die BASF-Tochter Kali und Salz in Kassel und die Mitteldeutsche Kali AG, die der Treuhand gehört, bleibt mittelfristig mancher halt auf der Strecke, und es interessiert für die Bilanz keinen, ob das volkswirtschaftlich tödlich ist für eine Gegend, in der es keine Ersatzindustrie gibt, ob das nur betriebswirtschaftlich sinnvoll ist und eine Region dabei stirbt.

In einer sogenannten »Treppendarstellung« für den Vorstand der Treuhandanstalt waren streng nach betriebswirtschaftlichen Gesichtspunkten alle Bergwerke im Osten wie im Westen verzeichnet, die Grenze zwischen roten und schwarzen Zahlen verlief aber nicht wie üblich zwischen den ehemaligen beiden deutschen Staaten. Gewinner und Verlierer waren bunt gemischt. Geschlossen werden mußte hüben wie drüben, stellte das Gutachten fest. Daß man im Osten damit anfing, war eine politische Dummheit. Daß beim Ausgleich der Verluste die Treuhandanstalt mit 1,044 Milliarden DM dabei war und so nach der Fusion indirekt auf Steuerzahlers Kosten den Westbetrieb mitsanierte, war nicht nur dumm, sondern unverschämt.

In Bischofferode war es nicht einmal betriebswirtschaftlich einsehbar, dichtzumachen, hier wurde ein möglicher Konkurrent vom Markt gehauen, denn der im Vergleich zu anderen ehemaligen DDR-Betrieben eher niedrige Verlust von zwanzig Millionen DM pro Jahr kann es angesichts stabiler und bald sogar steigender Weltmarktpreise für Kalisalz nicht gewesen sein. Die gewundenen Erklärungen über zu aufwendige Investitionen, mangelnde Marktakzeptanz und die DDR-übliche Überbeschäftigung als Ursachen der unvermeidlichen Stillegung waren damals nicht überzeugend und sind es heute nicht. Sie waren vielmehr ein durchsichtiges Manöver von undurchsichtigen Herren, denen von der Ruhr bis an die Saar, nur eben nicht von der Werra bis zur Saale, staatliche Subventionen auf Dauer lieb und teuer waren. Als die um ihr Werk kämpfenden ostdeutschen Bergleute, die bis nach Bonn vors Kanzleramt zogen, die in ihrer Wut sogar versuchten, die Zentrale der Treuhandanstalt in Berlin zu stürmen, deshalb einen potenten Käufer für die Grube »Thomas Müntzer« anschleppten, zeigten sich weder ihr Heimatland Thüringen noch die Treuhandanstalt davon beeindruckt. Gerhard Jüttemann, beim berühmten Hungerstreik 1993 einer der Anführer des Widerstands in der Kaligrube und heute für die PDS im Bundestag kaum weniger laut, kommentiert: »Die wollten uns einfach loswerden, basta.« Sein Kollege Heiner Brodhun, damals Betriebsratschef und einer der Kämpfer, denen selbst der solidarische Segen des Papstes nichts half, nickt zustimmend. Ja, genau so war es wohl.

Jüttemann würde deshalb einem Mann wie Klaus Schucht nie mehr die Hand geben. Das ist für ihn der Henker gewesen, der Terminator, der Vollstrecker. Schucht war als Treuhand-Vorstand zuständig für die Abwicklung von Bischofferode, die selbst optisch zur Plattmacherei geriet. Der rechte Sozialdemokrat, der auf dem Golfplatz eine gute Figur macht, bezeichnet ohne Zögern als schlimmsten Moment seiner Treuhandzeit die Stillegung von Bischofferode. Behauptet aber, wirtschaftlich sei sie nötig gewesen. Bitter spricht Schucht über Politiker in leitenden Positionen, die ihn bedrängten, bloß nicht in ihrem Bundesland mit den selbstverständlich notwendigen Schließungen von Bergwerken anzufangen, die nach Beginn der Demonstrationen und Solidaritätskundgebungen in Sachen Bischofferode dann aber öffentlich auf ihn und die Treuhand einschlugen. In den Etagen der Macht wird zunächst die Devise ausgegeben, das Feuer ausbrennen zu lassen und das Problem nach bewährter westdeutscher Manier auszusitzen. Daß die »Solidarität« rufenden alten Linken aus ganz Europa nach Bischofferode pilgern und vor dem Werkstor von »Thomas Müntzer« die Bücherstände mit den Schriften längst gescheiterter Revolutionäre aufgebaut werden, bestärkt die Konservativen in ihrer Sturheit.

Nicht nur im Fall Bischofferode ist selbstverständlich die Berliner Mammutbehörde an allem schuld, was im Osten schiefgeht. Hat sie etwa nicht genügend Mittel? Sie bekommt doch allein durch die Bundesgarantie im Kreditrahmengesetz jährlich dreißig Milliarden. Hat sie denn keine Einnahmen? Sie verkauft doch jede Menge Firmen, wie man lesen kann. Also unfähiges Management? Zwischen Ende 1990 und Ende 1993, so rechnet es Treuhandfinanzchef Heinrich Hornef den nachhakenden Verwaltungsräten auf ihrer 46. Sitzung einmal ziemlich plastisch vor, habe man täglich 170 Millionen ausgegeben und 25 Millionen eingenommen. Was ein Defizit von 145 Millionen DM pro Tag bedeute. Also nicht machbar die Alternative, in Ruhe zu sanieren und nicht so schnell zu privatisieren, wie es vor allem ostdeutsche Abgeordnete mit Hinweis auf westdeutsche Beispiele wie VEBA, Salzgitter etc. fordern. Bei durchschnittlichen Kosten für einen zukunftsträchtigen neuen Arbeitsplatz von 400 000 DM könnte man rund 50 000 Menschen beschäftigen, statt ein halbes Jahr länger mit unsicherem Ausgang, aber sicheren Ausgaben von rund zwanzig Milliarden DM Monolithe aus der Vergangenheit zu sanieren.

Weg von Milliarden, hin zu vorstellbaren Details am konkreten Beispiel: Das Unternehmen Grypswald-Moden in Grimmen, Mecklenburg-Vorpommern, produzierte zu DDR-Zeiten Herrenwintermäntel und Jacken, fast ausschließlich für den Export in die UdSSR. Vor der Währungsunion am 1. Juli 1990 waren in der strukturschwachen Gegend in dem Betrieb 868 Menschen beschäftigt, hauptsächlich Frauen. Ende 1991 beträgt der Umsatz 2 773 000 DM, der Verlust 6 013 000 DM, was allerdings nicht untypisch ist im Osten. Die Treuhand steckt 9,5 Millionen in die

Fabrik, kann aber trotzdem nicht verhindern, daß zum 31. Dezember 1992 nur noch 93 Mitarbeiter eine feste Arbeit haben. Angesichts des Zusammenbruchs des Ostmarktes und der gesamten Textilindustrie in den neuen Bundesländern – in der westdeutschen Textilbranche sieht es genauso aus – ist das zwar nicht verwunderlich, aber für die Betroffenen kein Trost.

Typisch Treuhand, typisch Wessi? In diesem Fall nicht, denn versucht haben sie wirklich alles: Annahme von nicht kostendeckenden Lohnaufträgen, um Leute zu beschäftigen. Kurzarbeit Null. Rationalisierung der Fertigung. Neuorganisation der Verwaltung. Einführung von EDV. Schulung aller Mitarbeiter. Erwerb einer westlichen Marke für Damenhosen. Hat alles nichts gebracht. Also Millionen abschreiben und Einstellung des Betriebes, weitere Sanierung ist betriebswirtschaftlich nicht zu verantworten. Sagt der Leitungsausschuß. Geht nicht, sagen die Treuhändler vor Ort, geht einfach aus volkswirtschaftlichen Gründen nicht. Wir sanieren nach dem Prinzip Hoffnung weiter, denn »diese Entscheidung ist darüber hinaus als eine strukturpolitische Maßnahme zu verstehen, um in der Region Grimmen, die unter einer hohen Arbeitslosigkeit leidet (offizielle Arbeitslosigkeit 18,6 Prozent, unter Hinzuziehung von ABM, Umschulung, Altersübergang und Kurzarbeit: 44,3 Prozent) einen Frauenbetrieb zu erhalten«.

Der Markt jedoch ist stärker als der beste Wille, heute befindet sich Grypswald-Moden in Liquidation, und nur wenn alles gut läuft, wird ein westlicher Aufkäufer eine Filiale seiner Firma daraus machen und vielleicht noch sechzig Leute beschäftigen. Das sind zwar die Gesetze des Marktes, und die treffen in ihrer Härte inzwischen alle, im Osten wie im Westen, sind aber viel zu kompliziert, um gegen simple Antworten und Schuldzuweisungen bestehen zu können. Schon hören die Völker lieber wieder Signale wie das von Sahra Wagenknecht, Sprecherin der Kommunistischen Plattform der PDS: »Ich finde es wirklich zynisch angesichts von real sechs Millionen Arbeitslosen im Land davon zu reden, daß diese Gesellschaft demokratischer ist als die DDR-Gesellschaft.«

Die Anstalt, geführt wie ein Wirtschaftsunternehmen unter anfangs nicht so strenger staatlicher Aufsicht, wird für viele

solcher Fälle verantwortlich gemacht und deshalb als eine Art eis-
kalte Knochenhand des kapitalistischen Sensenmannes beschimpft. Sie schließlich entscheidet über Leben und über Tod.
Daß es so etwas wie die Treuhandanstalt geben muß, bestreitet
jedoch nicht einmal die PDS: »Sie war und ist unter den gegebenen Bedingungen der Wirtschafts- und Währungsunion von
DDR und BRD und später der staatlichen Einheit eine notwendige Einrichtung zur Überführung einer zentralistisch geleiteten
Planwirtschaft in eine marktwirtschaftlich organisierte Gesellschaft. Kritik ist vielmehr am Inhalt, der Zielsetzung und der Art
und Weise der Arbeit der THA zu üben.« Mit anderen Kritikern
wie den Wirtschaftswissenschaftlern Jan Priewe und Rudolf
Hickel ist man sich nicht nur darüber einig, daß ein klarer gesetzlicher Auftrag fehlte, da das Treuhandgesetz nach der Währungsunion obsolet geworden sei, sondern auch darüber, daß die Sanierung vernachlässigt wurde, daß zu wenig Geld in Innovationen
gesteckt wurde und vor allem, daß zu lässig kontrolliert wurde,
was im Kleingedruckten der Verträge stand. Oder wirklich auf
dem Konto derer lag, die sie unterschrieben.

Das latente Unbehagen braucht einen Auslöser, bis endlich
Wut wird, was lange schon überall in Neufünfland gärt. Das
plötzliche Erwachen der kleinen Leute von Bischofferode wird
deshalb in den ostdeutschen Bundesländern zum Symbol des
Widerstandes, das Mut macht und den Politikern kalte Füße. Spä-
ter zum Symbol der Niederlage, was Haß erzeugt und bei den
Regierenden Angst vor einer Fortsetzung unter oder über Tage.
Große und kleine Bischofferodes, Abwicklungen aller Art, häu-
fen sich unter Treuhandbetrieben in den Jahren 1993 und 1994,
weil der durch die Einheit erzeugte Konjunkturaufschwung im
Westen erstirbt und damit die wirschaftlichen Probleme im
Osten nicht mehr verdeckt werden können durch den schönen
Schein des künstlichen Booms.

Hat aber wohl auch noch andere Gründe, sagt Ex-Bundes-
kanzler Helmut Schmidt, wie immer von oben herab und ohne
falsche Rücksicht auf andere Meinungen: »Es ist völlig undenkbar, daß selbst mit den besten Managern der Vereinigten Staaten
von Amerika ein solch riesenhafter Konzern, der von den Radies-
chen bis zu den kompliziertesten elektronischen Geräten alles zu

bieten hat und infolgedessen nirgendwo wirklich Bescheid wissen kann, erfolgreich geführt werden kann. Ich achte die Tapferkeit von Leuten wie Rohwedder und Breuel sehr hoch. Sie stellten sich aber einer Aufgabe, die mit diesen Instrumenten nicht lösbar ist.« In Richtung seines ungeliebten Nachfolgers rechnet er grundsätzlich ab mit dem Managen der deutschen Einheit: »Die Konstruktion der Treuhand ist einer von den vielen Fehlern, die gemacht worden sind.« Westsicht des Weltökonomen, der dabei aber vergißt, daß die Treuhand von den westlichen Machern nicht als Staatsholding, sondern als Privatisierungsagentur gedacht war.

Karl Döring, für den es im Prinzip keine Alternative zur Treuhandanstalt gab, nennt ganz präzise aus der Sicht des Ostens »sechs Probleme der Treuhand: Das operative Geschäft 1994 zu früh beendet. Der gewaltige Zeitdruck, der vieles verhinderte, was man vielleicht in Ruhe hätte lösen können. Das mangelnde Interesse der Westfirmen, die Absatzmärkte und Konsumenten wollten, aber keine Konkurrenten. Die Rolle der Banken, die sich bis zum letzten Komma absicherten, aber nie ins Risiko gingen und am meisten an der Einheit verdienten. Die tolle Idee MBO mit zu wenig Kapital ausgerüstet. Und sechstens: Alle Ossis aus dem Verwaltungsrat schnell abgewickelt.«

Dort im Verwaltungsrat sitzen auch die Ministerpräsidenten der neuen Länder und üben sich im Konsens fürs Vaterland. Stimmen den Entscheidungen zu, von denen alle wissen, daß sie nicht populär sein können, weil es um industrielle Kerne und deren Stillegung und damit um den Zusammenbruch klassischer DDR-Monumente wie Stahl, Werften, Maschinenbau, Chemie geht. Deren rote Zahlen mögen noch so fürchterlich sein, deren Zukunft noch so schwarz – für die Betroffenen ist eine Stillegung dennoch mehr als irgendein weiterer Bankrott, an den man sich im Laufe der Jahre gewöhnt. Vorherrschend ist das Gefühl, mit dem Ende eines industriellen Kernbetriebs heimatlos zu werden und die Wurzeln zu verlieren. Ihren Staat losgeworden zu sein, so miefig er gewesen sein mag, war trotz allem auch ein Verlust, denn gerade im Mief herrscht bekanntlich Stallwärme, und auch die haben sie jetzt nicht mehr. Da fühlten sie sich aufgehoben, auch wenn sie den Stall DDR nie verlassen durften.

Industrielle Kerne sind drüben mehr als nur ein paar Großunternehmen, deren Zeit vorbei ist, so wie halt irgendwann die Dinosaurier verschwunden sind.

Industrielle Kerne sind ein Teil der ostdeutschen Identität, das kann einer aus dem Westen nur dann verstehen, wenn er ähnliches aus eigenem Empfinden kennt und damit nachempfinden kann. Das Daimler-Gefühl in Untertürkheim oder der Krupp-Stolz in Essen drücken ja auch mehr aus als nur die Zugehörigkeit zu einem Betrieb, in dem man sein Geld verdient. Das soziale Geflecht in der Umgebung solcher Riesen bis zum kleinsten Zulieferer prägt das Bewußtsein und über Jahrzehnte das Selbstverständnis der Menschen, die dort arbeiten. Es ist also keineswegs im Osten die Sehnsucht nach dem alten System, das die Wut nährt.

Jener Strukturwandel, der im Westen über zwanzig Jahre lang behutsam betrieben wurde, der Not gehorchend und der Einsicht, daß die Zeit der Monster halt vorbei ist, geschieht im Osten bei EKO, bei SKET, bei Narva etc. über Nacht. Das tut weh. Erzeugt einen Schmerz, den die westlichen Manager nicht nachvollziehen können, woher auch, denn vor Ort kennen sie sich nicht aus. Sie lassen sich nur von den ihnen vorliegenden Zahlen und Gutachten leiten und nicht von Gefühlen. Daumen rauf oder Daumen runter. Die auf der anderen Seite gereckten Fäuste halten sie für die letzten Zuckungen des alten Systems, doch das will trotz wachsender Nostalgie keiner von denen wiederhaben, die wütend demonstrieren. DAG-Chef Roland Issen: »Da rächte es sich, daß wir zu wenige Ostdeutsche im Verwaltungsrat hatten. Keiner von uns Westdeutschen konnte doch selbst beim besten Willen begreifen, was es psychologisch bedeutete, wenn solche gewachsenen Kerne zerstört wurden.« Auch dieser Mangel an Erkenntnis gehört dazu, wenn vom Versagen der Politik die Rede ist.

Die Politiker riechen aber bei Ortsterminen in aufgeheizter Stimmung sofort die Chance, sich als Retter des Vaterlandes Ost zu profilieren. Kaum sind die Regierungschefs nach dem Abstecher in die vertraulichen Treuhandsitzungen wieder zu Hause bei ihrem Wahlvolk, das aufgrund der eben einstimmig beschlossenen Maßnahmen um seine Arbeitsplätze bangt, wechseln sie flugs die Straßenseite und deuten mit dem populistischen Zeige-finger auf die bösewichtigen Treuhändler. Detlev Rohwedder regt sich in den ersten Monaten über Biedenkopf auf, weil der zu denen gehört, die innen hui klatschen und außen pfui schreien. Sachsenkönig Kurt aber ändert sich, wie einer aus dem Verwaltungsrat zu erzählen weiß, und trägt dann nicht nur dort die Beschlüsse mit, sondern verteidigt sie auch nach außen.

Für Bonner Politiker ist die Treuhandanstalt von Anfang an der Blitzableiter, damit es bloß nie bei ihnen, also in der Wahlurne einschlägt, sondern der Zorn der Zonis immer eine andere feste Adresse hat. Die Provinzfürsten, gewählt im Osten und nur dessen Interessen verpflichtet, werden zwar aus dem Westen subventioniert und können deshalb nicht allzu frech bei Kohl auftreten, aber auch sie erkennen schnell, wie der Goldesel, auf dem sie reiten und den sie schlagen, falls er nicht genügend Taler wirft, sich geradezu ideal für ihre höchst eigenen Interessen gebrauchen läßt. Was immer die Treuhand macht, es ist falsch. Erfüllt sie ihren Auftrag, so schnell wie möglich zu privatisieren, ist sie jener gnadenlose Sensenmann, für den man sie sowieso schon hält, weil es, wie vorausgesagt, dreißig Prozent der Betriebe dabei erwischt. Bei der Abwicklung stehen die Treuhändler allein im Sturm, dürfen sich nicht einmal mit dem Hinweis auf ihre politischen Aufsichtsgremien wehren, weil die Opposition in Bonn auf solche Konflikte nur wartet. Scheint mal die Sonne bei Grundsteinlegungen oder Eröffnungen neuer Betriebe, drängen sich Politiker in die erste Reihe, wo die Fotografen den Aufschwung Ost ablichten wollen, und von den Treuhändlern will keiner was wissen. Aus der gemeinsamen Bilanz des Treuhandvorstandes: »Zu politischen Diskussionen hat die Treuhandanstalt geschwiegen, wo sie von der Politik angegriffen wurde, hat sie sich nicht oder kaum geäußert.« Das ist zwar ehrenwert, fördert aber nicht gerade das öffentliche Ansehen.

Bei der Operation Deutschland sterben immer mehr Patienten. In den Jahren 1992 und 1993 steigt die Arbeitslosigkeit dramatisch, und die für sozialistische Ewigkeit gedachten Industrieregionen veröden zu Brachlandschaften. Von den vier Millionen alter Arbeitsplätze in Treuhandbetrieben werden nicht mal mehr die Hälfte übrigbleiben. Die Hälfte? In einer internen Bilanz des

THA-Direktorats Arbeitsmarkt und Soziales liest sich das trotz taktischer Wortwahl realistisch deprimierend: »Der Bestand Anfang 1990 der Mitarbeiter in Treuhandunternehmen betrug vier Millionen Arbeitnehmer. Zum 1.1.1993 waren noch 450000 Mitarbeiter in Treuhandunternehmen beschäftigt. Über 60% des bisherigen Mitarbeiterabbaus erfolgte durch die Privatisierung, Reprivatisierung u.a. sowie Übergang in arbeitsmarktpolitische Maßnahmen. 10% der Arbeitnehmer wurden durch die Regelung des Rentenrechts aufgefangen, und für ca. 25% der Mitarbeiter konnten keine arbeitsmarktpolitischen Flankierungsmaßnahmen initiiert werden.«

Übersetzt: Nur wenig mehr als zehn Prozent der ursprünglichen Arbeitsplätze in den Betrieben, die zur Treuhand gehörten, sind Anfang 1993 noch erhalten. Sicher, neue Arbeitsplätze sind gleichzeitig entstanden, doch 35 Prozent der einstigen Werktätigen haben ihren Job verloren. Die in der Bilanz genannten »Regelungen des Rentenrechts« sind nicht immer freiwilliger Rückzug in den Vorruhestand. Der aber macht sich gut für die Statistik. Ist außerdem verbunden mit gewaltigen Kosten der Bundesanstalt für Arbeit – 1993 zum Beispiel waren es 46 Milliarden DM – und der Rentenkassen. Über 9,5 Millionen Arbeitsplätze standen in der DDR-Statistik, aber in der ostdeutschen Planwirtschaft waren rund zwölf Prozent aller Werktätigen, also rund eine Million Menschen, nur damit beschäftigt, Maschinen zu reparieren und instand zu halten, umgerechnet mehr als doppelt so viel wie im Westen. Laufende Produktion war im sozialistischen System überhaupt nur möglich, wenn dabei ebenso laufend die völlig veralteten Anlagen repariert wurden.

Was macht der an stetigen Aufschwung gewöhnte Westdeutsche in solchen überraschenden Notfällen? Zunächst einmal Pläne, dann Verordnungen, dann Gesetze. Modelle gegen die Arbeitslosigkeit werden kurzfristig beschlossen und hektisch verkündet: Zum Beispiel zusätzliche Arbeitsbeschaffungsmaßnahmen, die im Grunde nichts anderes als ein staatlich finanzierter zweiter Arbeitsmarkt sind, zwar 400000 sonst Arbeitslosen eine sinnvolle Beschäftigung wie Bereinigung von Umweltsünden oder Abbruch alter Schrottanlagen bieten, aber gleichzeitig den ebenso schwer kämpfenden privaten Betrieben

Aufträge wegnehmen. Zum Beispiel Planung – in diesem Fall gemeinsame »Wirtschaftskabinette« mit den fünf neuen Ländern und den Gewerkschaften, was nichts anderes bedeutet als den Versuch einer regionalen Industriepolitik. Da melden die einzelnen Länderministerien alle Betriebe an die geehrte Frau Präsidentin, die nach ihrer Auffassung von »regionaler Bedeutung« sind, also gerettet werden müßten. Daß jedes Bundesland seine Sorgenkinder für die wichtigsten hält, versteht sich. Zum Beispiel Aufbau eines Frühwarnsystems für Arbeitsämter, Länder und Kommunen bei drohenden Pleiten, ein im Westen nach den ersten Strukturkrisen Anfang der siebziger Jahre eingeführtes Verfahren, damit sich die Politiker auf Problemfälle vorbereiten und rechtzeitig staatliche Millionen bereitstellen können. Zum Beispiel der allseits gefeierte Solidarpakt für den Osten im März 1993, Stichwort Solidaritätszuschlag. Die Freude der schon nicht mehr so solidarischen Steuerzahler West hält sich allerdings in Grenzen. Genau die wünschen sich manche leise wieder.

Alle Modelle bringen ein paar wohlwollende Artikel, aber nur wenig Entspannung, denn letztlich verwaltet man den Mangel, das ist noch nie populär gewesen. Deshalb braucht es wieder einen, der schuld ist. Die Planwirtschaft der roten Socken allein kann es nicht mehr sein, außerdem kennt man das Argument inzwischen zur Genüge. So ist die Treuhandanstalt in ihrem dritten Jahr erst recht zum Sack geworden, auf den alle eindreschen. Obwohl eigentlich die Esel in Bonn gemeint sind.

Typisch für diese Strategie sind zum Beispiel die Attacken des CDU-Bundestagsabgeordneten Manfred Kolbe aus dem sächsischen Döbeln-Oschatz. Er hält die »Privatisierungspolitik für grundfalsch, weil sie lediglich auf den Verkauf ausgerichtet war und nichts dafür getan hat, ein eigenständiges, ortsansässiges Unternehmertum auch im Osten Deutschlands zu entwickeln. Es gibt im Osten Deutschlands kein einziges größeres Unternehmen, das dort seinen Hauptsitz hat, wir haben vielmehr eine reine Filialwirtschaft.« Das ist richtig beobachtet, aber er greift den falschen Gegner an. Wer hätte die westdeutschen Konzerne zwingen sollen, nicht nur zwecks Eroberung neuer Märkte gen Osten zu reiten, sondern auch etwas für blühende Landschaften und nicht nur für blühende Bilanzen zu tun? Solche Zusammenhänge zwischen Politik und Wirtschaft aber sind viel zu kompliziert für schlagkräftige Überschriften, die werden nach ähnlich simplen Regeln gestrickt wie Wahlkampfparolen. Kolbe: »Die Treuhandanstalt war die beste Wahlkampflokomotive der PDS.«

Arbeitslose sind Wähler, die zu radikalen Positionen neigen, weil sie das Gefühl haben, eh nichts mehr verlieren zu können. Deshalb verwandeln sich auch die sonst so zahmen Ost-CDUler vor Ort zu wackeren Streitern, denn sonst holt sich der politische Gegner beim nächsten Urnengang ihren Wahlkreis. Kaum sind sie wieder in Bonn im Zwang ihrer Fraktion, erlischt das rebellische Feuer, auf dem sie ihr Süppchen gekocht haben, schnell unter des Kanzlers prüfendem Blick. Im Tale grünt doch Hoffnungsglück. Also Schluß mit dem Defätismus, daß geglückte Privatisierungen die Ausnahme und nicht die Regel sind. Wird schon, dauert halt länger als gedacht.

Immerhin hört Helmut Kohl hin, als die Parteifreunde von drüben für die Erhaltung industrieller Kerne plädieren, eine »vorübergehende Industriepolitik« fordern, bis wieder einigermaßen normale Verhältnisse herrschen. Das klingt nach Abkehr von bisher gültigen Prinzipien, das klingt nach Eingehen auf die Kritik des politischen Gegners. Ist es tatsächlich auch. Aber für solche Fälle hat man Kohl, und in solchen Fällen ist er unschlagbar. Alles eine Frage der Formulierung. Strategisches Ziel, so der Kanzler bei Besuchen in gefährdeten Betrieben, sei neben der Privatisierung, die »industriellen Kerne zu beschützen«, man werde »über die bisherige Praxis hinauswachsen«. Da wächst einer über sich hinaus, weil er spürt, wie er den Boden verliert.

Schlagzeilen wie »Bonn greift ein« bringen den erwünschten politischen Erfolg: Wie gut, daß die in Bonn uns vor dem eiskalten Händchen der Birgit Breuel schützen. Roland Issen: »Dabei ist in den sogenannten Kanzlerrunden von Kohl und Waigel immer wieder gedrängt worden, unkonventionelle Entscheidungen zu treffen, man würde alles mittragen.« Birgit Breuel bleibt loyal, selbst wenn es ihr die Sprache verschlägt, weicht von ihrer dogmatischen Überzeugung, die reine Marktwirtschaft sei die Lösung, nur zentimeterweise ab. Die SPD sagt, das habe sie immer schon gesagt, aber was die sagt, sagt denen im Osten nichts. Soll doch der Oskar erst einmal seinen Koch entlassen und ein halbes Jahr in Bitterfeld essen, bevor er sich wieder bei uns blicken läßt.

Die Ministerpräsidenten der neuen Bundesländer kämpfen zwar an der Seite der Treuhändler und der Bonner Regierung in einer ziemlich großen Koalition gegen den Untersuchungsausschuß, als der die Protokolle der Verwaltungsratssitzungen sehen will. Aber aus ganz eigenem Interesse. In denen hätte man ja feststellen können, wer intern das Gegenteil von dem sagte, was er außen versprach. Gegen die berechtigte Lust der oppositionellen Parlamentarier, mehr über die nicht gewählte Nebenregierung namens Treuhandanstalt zu erfahren, mußten die anderen noch einmal die Reihen schließen, um wenigstens nach außen hin Geschlossenheit zu demonstrieren und nicht der SPD Wahlkampfmunition zu liefern. Ein Konzept, das aufging. Die Koalitionsmehrheit stellte im Sommer 1994 nach 150 Zeugenauftritten in ihrem Fazit fest, daß bei der Treuhand alles hervorragend laufe, die Opposition beklagte im Minderheitsvotum verheerende Auswirkungen dieser Tätigkeit.

Selten kommt es im Untersuchungsausschuß überhaupt zu Aussagen, die Antworten auf die entscheidenden Fragen geben, was genau eigentlich die Treuhandanstalt macht, wofür sie eigentlich gedacht ist, was von ihr erwartet wird und wofür sie soviel Geld ausgibt. Eine dieser wenigen Ausnahmen ist der kurze Dialog am 14. April 1994 zwischen Otto Schily, dem Vorsitzenden des Untersuchungsausschusses, und Dr. Eckart John von Freyend, Chef der aufsichtsführenden Abteilung VIII des Bundesfinanzministeriums:

»John von Freyend: Es hat ja von Anfang an, wie ich versucht habe darzustellen, von Oktober 90 an, nie in unserer Denkkategorie gestanden zu sagen: Wir machen, ich sage mal, Börse pur, die Unternehmen werden verkauft zu dem Preis, der sich bietet.

Otto Schily: Also dann müßte man sagen: Es war eigentlich eine Art Subvention von Arbeitsplätzen.

John von Freyend: Das wird man so sehen können.«

Die ostdeutschen Politiker wiederum marschieren in einer nicht ganz so großen Koalition an der Seite der Bundesregierung pikanterweise gegen die Treuhändler, als es um die grundsätzliche Änderung der Geschäftspolitik geht, eben um die Rettung industrieller Kerne durch vorsichtige Sanierung. Bei den ex-sozialistischen Mammutkonzernen ist die Arbeitslosigkeit am größten, weil gegen die über Jahrzehnte gewachsene übermächtige Konkurrenz aus dem Westen nicht mal abgemagerte Großbetriebe auf dem Weltmarkt eine Chance haben, was die Konsequenz hat, daß keiner diese technisch meist veralteten Betriebe kaufen möchte. Was wird dabei aus der immer wieder gegen Kritiker verteidigten Treuhand-Philosophie, daß der Staat sich rauszuhalten habe aus der Wirtschaft? Daß der Staat allenfalls die Folgen der Transformation sozialverträglich abzufedern habe?

So ganz genau darf man es angesichts der Horrorzahlen auf dem Arbeitsmarkt nicht mehr nehmen mit der reinen Lehre, nur den Kräften des Marktes das Spiel zu überlassen. Mit Millionen oder gar Milliarden wird eben doch saniert, aus politischem Kalkül – SKET, Deutsche Waggonbau, EKO, Werften, Chemiedreieck –, und wie man diese Sündenfälle dann nennt, ist nicht mehr der Rede wert. Manche Problemfälle sind dennoch nicht zu retten, und die Milliarden wären besser in neuer Industrie angelegt gewesen.

Viel zu spät, bemängelt der Experte Rudolf Hickel, wurde die politische Vorgabe bedingungsloser Privatisierung verändert, weder im Finanzministerium in Bonn noch bei der Treuhandanstalt sei offenbar jemals über alternative Strategien nachgedacht worden. Eigentlich hätte man nämlich früher erkennen müssen, daß die schwer privatisierbaren Kinder der Kombinate aufgepäppelt gehörten und nicht von der Mutter Treuhandanstalt in die Sandkiste geschickt, wo die Flegel aus dem Westen längst die Rutschen besetzt hielten und das Spielzeug unter sich aufgeteilt hatten. Hickel:»Sie hat die öffentliche Aufgabe der Privatisierung einer ehemaligen Volkswirtschaft so bearbeitet, wie ein lokales Maklerbüro in einem Provinzstädtchen den Verkauf von Immobilien bearbeitet.« Kolbe sieht sogar unter rein marktwirtschaftlichen Gesichtspunkten wenig Sinn in dieser Politik, weil das gewaltige Angebot die Preise auf dem Markt verdorben habe.

Was macht die überzeugte Prophetin der Marktwirtschaft angesichts der wankelmütigen Männer um sie herum? Birgit

Breuel, der alle selbsternannten staatlichen Treuhändler ein Greuel sind, weil die nach ihrer Meinung nichts besser machen, sondern nur das Sterben der maroden Betriebe verlängern, hat sich intern gegen den stetig wachsenden Druck aus Bonn gewehrt, denn eigentlich wollen die schon seit Herbst 1992 eine Art von Industriepolitik. Unter welchem Begriff auch immer. Breuel wußte schon lange, daß ein Umschwenken auf Sanierung und Rettung industrieller Kerne eine echte Alternative zum bisherigen Handeln gewesen wäre. Aber daß es nach Rohwedders Ermordung nie eine Alternative zu ihr gab. Das machte sie stark und sicher in ihrer Sturheit.

Um so schmerzhafter das Erwachen: Im ostelbischen Winter steht Birgit Breuel allein und frierend und ziemlich bloß in der Kälte, schaut sich um, aber findet außerhalb ihres engsten Treuhändler-Kreises keinen mehr, der ihr einen wärmenden Mantel reichen würde. Dabei waren die Zahlen der Treuhändler Ende 1992 doch gar nicht schlecht: Bereits 11 043 Unternehmen und Unternehmensteile an private Investoren nicht immer verkauft, aber übergeben. Verbunden mit entsprechenden Zusagen für neue Arbeitsplätze. Unterstützt von den konservativen Parteifreunden hat Birgit Breuel Marktwirtschaft pur betrieben, mit allen Konsequenzen, aber, wie sie immer wieder betont, auch mit allen Chancen auf Zukunft und vor allem sozial. Nun ändert sich plötzlich die Geschäftsgrundlage, weil es die Politik so will, obwohl Bundesfinanzminister Theo Waigel fast beschwörend versichert:»Es wird jedoch weder eine Bestandszusage noch ein Entlassungsstopp garantiert, eine Industrieholding gibt es nicht. Die Formel vom industriellen Kern darf nicht zum Synonym für einen neuen dauerhaften Subventionsbestand werden.« Die Treuhandanstalt verliert durch den Untersuchungsausschuß, der nichts enthüllt, aber selbst Konservative aufgrund vieler Aussagen der selbstbewußten Einheitsmacher zutiefst verstört, ihren Freiraum. Vor allem das Bonussystem, das zu wilden Vertragsabschlüssen führte, Hauptsache es ging schnell, stößt denen in Bonn übel auf. Im Verwaltungsrat hatte es dagegen ebenfalls Widerstände gegeben, doch die blieben im Protokoll verborgen. Die Treuhandanstalt degeneriert mehr und mehr zur Behörde, die sie als öffentlich-rechtliche Anstalt nie sein wollte.

Hätten sie bloß nicht so schnell privatisiert und lieber genauer hingeschaut. Hat das keiner gemerkt, oder wollte das keiner merken? Es war ja nicht per Datum gottgegeben, sondern politisch gewollt, daß die Treuhandanstalt möglichst schnell ihre Aufgabe beendet. Das Risiko, dabei Fehler zu machen, die mit einem längeren Atem vermeidbar gewesen wären, wird bewußt in Kauf genommen. Man hat ja einen Sündenbock, und wenn das nicht mehr reichen sollte, kann man es auf den Markt an sich schieben. Drei Beispiele aus internen Papieren verschiedener Ministerien in Bonn beweisen, daß die Beamten der zweiten Ebene sehr wohl erkannt haben, was ihre Vorgesetzten mit Blick auf jeweils anstehende Wahlen für sich behielten.

Aus einem Vermerk der Abteilung VIII des Bundesfinanzministeriums vom 24. Juni 1993: »In diesem Zusammenhang sollte auch nicht übersehen werden, daß die jetzt aufgetretenen Mängel der Privatisierungsvorgänge von allgemeinen politischen Forderungen an die THA nach einem möglichst hohen Privatisierungstempo in einem gewissen Maße begünstigt worden sind.«

Aus einer Vorlage an den damaligen Staatssekretär Dieter von Würzen, Bundeswirtschaftsministerium, vom 8. Oktober 1993: »Es zeigt sich, daß die schnelle Privatisierung auch mit überproportionalen Fehlern behaftet war, es kann nicht sein, daß wir jetzt nach der Privatisierung die strengen Maßstäbe der Bundeshaushaltsordnung anlegen, während wir vorher bei der schnellen Privatisierung nicht so genau hingesehen haben.«

Aus einem weiteren Vermerk vom 14. Januar 1994: »Der Bundesregierung war angesichts der drängenden Probleme in den neuen Bundesländern an einer sehr raschen Privatisierung gelegen, wobei Mängel in der Qualität der Verträge bewußt in Kauf genommen und mit einer späteren Nachbesserungsphase gerechnet wurde.«

Ex-Ministerpräsident Hans Modrow, der zwar keine Alternative zur Treuhandanstalt sieht, aber als überzeugter Sozialist natürlich andere Schwerpunkte in ihrer Politik gesetzt hätte, kann heute noch nicht begreifen, warum die Treuhändler so spät auf die absehbare und geradezu zwangsläufige Misere reagiert haben. Man hätte nicht nur Strukturen zerschlagen dürfen, die ja in der Tat vielfach verrottet waren, kein Widerspruch, sondern hätte gleichzeitig in bestimmten Industriezweigen Strukturpolitik machen müssen und nicht nur Marktwirtschaft als Ordnungspolitik begreifen dürfen. Zumindest ein paar Jahre lang. Und die im noch ferneren Osten erfahrenen Ossis nicht nur als Altlasten entsorgen, sondern ins neue System integrieren müssen, um mit ihnen gemeinsam Geschäfte in den vielen neuen Republiken der ehemaligen Sowjetunion zu machen. Da gibt ihm seine ehemalige Ministerin Christa Luft recht. Sie spricht vor allem von regionaler Strukturpolitik in überschaubaren Märkten, vergißt dabei aber, daß es die neuen Bundesländer und damit überhaupt Möglichkeiten der Steuerung erst Ende 1991 gab und daß die Beamten bis dahin schwer beschäftigt waren, eine Verwaltungsstruktur aufzubauen, vom Grundbuchamt bis zur Schulbehörde, vom Amtsgericht bis zum Städtischen Verkehrsbetrieb etc. Dezentralisierung des Treuhandauftrages in Sachen Privatisierung des Volksvermögens ging nicht, solange die Länder selbst noch im Entstehen waren.

Drei Jahre nach der Nacht, in der die Deutschen Ost sich die D-Mark wie ein Brett vor dem Kopf als Hundertmarkschein auf die Stirn geklebt haben, liegt Schneewittchen DDR im Sarg. Ob es den vergifteten Apfel wieder ausspuckt und vom totenähnlichen Schlaf erwacht, weiß keiner. Ein rettender Prinz weit und breit nicht in Sicht, nur Gaukler hie und da. Irgendwo im Wald weint das Volk, doch murrt es bereits unter Tränen. Geschickt tun die vormaligen Riesen der Einheit so, als seien sie eigentlich sieben soziale Zwerge: Kohl und Waigel und Rexrodt und Biedenkopf und Tietmeyer und Genscher und Blüm sowieso. Der obersten Treuhändlerin bleibt in diesem wie abgekartet wirkenden Spiel nur die Rolle der bösen Stiefmutter. Birgit Breuel: »Ich habe mich immer als Anwalt des Ostens positioniert, daß dies die Ostdeutschen nicht akzeptiert haben, verstehe ich gut, weil wir ihnen ja Schreckliches zugemutet haben. Aber aus der Überzeugung heraus, zu tun, was zu tun war, habe ich auch Kraft geschöpft.«

Dennoch traut sie sich nicht, nach Bischofferode zu kommen, als der Betriebsrat sie zu einem Aktionstag einlädt. Die Schließung des Werkes sei unter wirtschaftlichen Aspekten unvermeidlich, antwortet sie in einem Brief: »Ich bin mir sehr wohl bewußt, daß dies für die Menschen in Bischofferode eine schwere Belastung ist. Aber solche Entscheidungen müssen im Westen wie im Osten ... immer wieder getroffen und verantwortet werden, so schwer dies im Einzelfall auch fällt.« In Wirklichkeit aber hat die Absage, verbunden mit der Aufforderung, doch im kleinen Kreis in Berlin über alles zu reden, nichts mit Feigheit zu tun, denn feige ist Birgit Breuel schon aufgrund ihrer Erziehung nie gewesen, und an der Spitze der Treuhandanstalt kann sie sich das erst recht nicht erlauben. Sie weiß längst, daß man in diesem Amt nicht gewinnen, allenfalls mit Anstand überleben kann, aber das läßt sie sich nicht anmerken. Nein, ihre Bodyguards vom Bundeskriminalamt haben ihr streng verboten, als oberste Treuhänderin ausgerechnet dorthin zu reisen, wo das Volk zum letztenmal den Aufstand probt.

Die Bergleute von Bischofferode verlieren ihren Kampf, unterschreiben am 31. Dezember 1993 die Kapitulationsurkunde, weil sie begreifen müssen, mehr als jetzt würden sie für die Aufgabe ihrer Arbeitsplätze nie bekommen. Wer zahlt ihnen denn was dafür, ein Mythos geworden zu sein? Geschenkt außerdem die Zusage ihres Ministerpräsidenten, er werde neue Jobs für sie besorgen. Daraus wird nichts. Das liegt nicht an Bernhard Vogel, der seinen Parteifreund Kohl eindringlich beschworen hatte, den anderen Bruder Johannes vom Rhein, den aus dem Kanzleramt, für Verhandlungen nach Thüringen zu schicken, sondern an den Verhältnissen, und die sind nun mal nicht steuerbar von anständigen Politikern wie ihm. Ludewig erreicht eine Art Waffenstillstand, dann einen Vertrag, der beinhaltet: Selbstaufgabe gegen Geld, und dann ist es vorbei mit dem unterirdischen Abbau Ost. Nun kann in Ruhe sozialverträglich über der Erde abgebaut werden. Menschen statt Kalisalz.

Es stirbt zwar keiner in diesem Krieg der Welten, aber es stirbt wieder ein Stück Glaubwürdigkeit der Westler und es wächst wieder ein Stück Sehnsucht nach alten Verhältnissen, in denen es keine Arbeitslosigkeit gab. Viele Kumpel haben nichts mehr zu tun hier im Eichsfeld, sie sehen aus wie alte Männer und sind noch nicht mal fünfzig, aber eines haben wir bis zum Schluß behalten, sagt Heiner Brodhun, die Würde. Was bedeutet: Sich ein Jahr lang zwischen Dezember 1992 und Dezember 1993 gewehrt und nicht alles nur klaglos hingenommen zu haben. Die 690 Arbeiter, die unter weltweiter Anteilnahme aller Kameraträger und Mikrophonhalter und Solidaritätskomitees und Spruchblasenprofis mit einem Hungerstreik ihre Grube besetzt hielten, sind entweder bis Ende 1995 zu den alten Löhnen bei der Gesellschaft zur Verwahrung von stillgelegten Bergwerksbetrieben (GVV) untergebracht worden oder mit großzügiger Abfindung in Vorruhestand gegangen.

Die GVV gehört der Treuhandtochter Beteiligungs-Management-Gesellschaft Berlin (BMBG) und kümmert sich um die insgesamt siebzehn stillgelegten Bergwerke in der ehemaligen DDR. Da ist durch Privatisierung einzelner Teile nicht viel zu holen, aber viel zu bezahlen, insgesamt 1,6 Milliarden DM wird es bis zur Jahrhundertwende kosten, die toten Anlagen so zu beerdigen, daß sie weder für Mensch noch für Natur eine Gefahr bedeuten. »Freigesetzte« Bergleute bekommen wie einst Grubenpferde bei der GVV eine Art Gnadenbrot, weil sie von Staats wegen das plattmachen dürfen, was sie früher als ihre Arbeitsstelle verteidigten. Diese GVV hat sich die Treuhandanstalt ebenso aus den Rippen geschnitten wie ihre anderen Töchter, eine Art Zellteilung zur Beseitigung der Teilungsfolgen: Treuhandliegenschaft Gesellschaft (TLG) und Bodenverwertungs- und Verwaltungs GmbH (BVVG).

Einige Kumpel aus Bischofferode arbeiten bei der Entwicklungsgesellschaft Südharz Kyffhäuser (ESK) im nahe gelegenen Worbis. Eine echte Nullnummer nicht nur, weil im Kyffhäuser der Legende folgend immer noch einer sitzt und auf Erlösung hofft. ESK wird von einem hilflosen Einwanderer aus dem Westen geleitet, und der kann sich keine Arbeitsplätze schnitzen, es gibt einfach keine. Falls der und seine paar Angestellten, ehemalige Grubenkämpfer und jetzt durch einen festen Arbeitsplatz domestiziert, einen möglichen Ansiedler für einen Kleinstbetrieb gefunden haben und mit dem aufs Gelände der geschlossenen Grube fahren, dann fällt dem doch schon bei der Anfahrt das Gebiß raus. Nicht beim Anblick der toten Industrie, daran hat man sich gewöhnen müssen im Osten, sondern aufgrund der

Schlaglöcher in der Schotterstraße. Wer will, trotz aller verzweifelt angebotener Subventionen, da schon freiwillig hin?

Aus Angst vor einem durch den medienwirksamen Aufstand der Bergleute aus Bischofferode ausgelösten Flächenbrand, diesem Beispiel also folgenden Taten, haben Treuhandvorstand und Treuhandverwaltungsrat nach der Einigung mit den Kalikumpeln im Dezember 1993 so manchen marktwirtschaftlichen Sündenfall begangen. Kohl hat es doch vorgemacht, als er einer Delegation aus dem Südharz Beschäftigung zu den alten Bezügen bis Ende 1995 garantierte. Eckart John von Freyend: »Ein zweites Bischofferode wäre für die Politik schwer verkraftbar gewesen.« In den Sitzungen der Treuhändler danach reichte oft das Stichwort Bischofferode, und schon war eine an sich nicht unbedingt sinnvolle Sanierung mehrheitsfähig. Das schlechte Gewissen derer, die das Ende von Bischofferode zu verantworten haben, ist entscheidend gewesen für großzügige Abfindungen und Vorruhestandsregelungen.

Das analysiert Heiner Brodhun, einer der Stärksten in den Zeiten der Besetzung, heute ohne Zorn. Er hat sich resigniert damit abgefunden, daß sie abgefunden wurden mit dem, was am Ende zählt: Geld. Daß der Vorstandsvorsitzende des Siegers Kali und Salz aus dem Westen ein halbes Jahr nach ihrer Kapitulation vor dem Kapital die Millionenverluste durch den Streik in Bischofferode beklagt, gleichzeitig aber einen höheren Gewinn ankündigt, paßt ins Bild, das sie sich jenseits der Werra vom Kapitalismus gemacht haben. Auch Gewerkschaftsfunktionäre können sich die Reise nach Bischofferode und Umgebung sparen, von denen will ebenfalls keiner mehr was wissen.

Und Politiker, die am Präzedenzfall Bischofferode unter Beweis stellten, daß die Treuhandanstalt eben doch nicht alleine entscheiden kann? »Die taten alle, als könnten sie vor Mitleid mit uns die Tränen nicht halten«, erinnert sich Brodhun, aber das war's dann auch. Was ebenfalls bei den Kumpeln einen Lernprozeß in Gang setzte. Heute würden sie einen falschen Fuffziger mit der »Fratze des Kapitalismus« (CDU-Ministerpräsident Bernhard Vogel) sofort erkennen, heute könnte sie keiner mehr verarschen, aber nicht mal das wird noch versucht. Welche

Geschäfte, und seien sie noch so dunkel, sollte man hier denn noch machen wollen?

Die Ereignisse von Bischofferode werden von vielen im Osten als symptomatisch dafür gesehen, wie die Sieger mit den Besiegten umgingen. Das Menschenrecht auf Arbeit genommen, denn für die Ossis ist Arbeit aufgrund ihrer Geschichte ein Menschenrecht, ihr Recht auf Glück, ihr *pursuit of happiness*. Jeder dritte Ostdeutsche hat vorübergehend oder für immer seinen Arbeitsplatz verloren. Eine traumatische Erfahrung, weil man Arbeitslosigkeit im vorigen System nicht kannte und deshalb nie gelernt hat, sich aus eigener Initiative um einen neuen Arbeitsplatz zu bemühen. Soviel Freizeit, wie sie jetzt haben, wollten sie nie. Manchmal allerdings leuchten die Augen von Brodhun auf, immer dann nämlich, wenn er sich an das Gesicht von Schucht erinnert, als dem während einer lautstarken Sitzung ein Flugblatt reingereicht wurde mit dem Geheimprotokoll des Treuhandverwaltungsrates in Sachen Bischofferode. Ach, war das schön.

Aus dem Volkszorn hat die selbsternannte Partei der Entrechteten, Geknechteten und Enterbten, die PDS, trotzdem nur sieben Prozent Stimmenanteil machen können, die CDU liegt mit sechzig Prozent immer noch ganz vorn. Denn hier im Eichsfeld ist man zuerst katholisch, und dann kommt alles andere. Erstaunlich, daß ausgerechnet treue Kirchgänger demonstrierend auf die Straße gingen, die das sonst nur einmal pro Jahr bei Fronleichnamsprozessionen im Namen des Herrn tun. Der Herr hat's gegeben, der Herr hat's genommen, der Name des Herrn sei trotzdem gelobt.

Heute sieht jeder selbst zu, wo er bleibt. Die meisten sind arbeitslos oder im Vorruhestand. Manche pendeln in den nahen Westen, andere nehmen vor Ort, was selten genug so kommt. Zwölf Mark Stundenlohn sind nicht die Ausnahme, und mit solchen Löhnen stehen sie in den neuen Ländern nicht allein. Das Thema Lohnpolitik, zum eigentlichen Problem des stockenden Aufschwungs Ost erklärt, hat sich vor Ort sozusagen von selbst erledigt. Ein Thema für Politiker, die sich wie üblich auf dem Rücken der Betroffenen die Argumente um die Ohren schlagen. Kapitalistische Preise kann man nicht mit sozialistischen Löhnen bezahlen. Das war nach der Wende unumstritten. Also wurde zwischen den Tarifpartnern unter den drängenden und schubsenden treuen Händen der Politik im Stufentarifvertrag 1991 eine mähliche Angleichung der Ostlöhne an die Westlöhne beschlossen. Theoretisch eine feine Sache.

Praktisch natürlich undurchführbar, solange die Produktivität im Vergleich zum Westen durchschnittlich immer noch um die 54 Prozent beträgt, das Lohnniveau aber 72 Prozent der in den alten Bundesländern gezahlten Löhne erreicht, wie das Wirtschaftsforschungsinstitut in Halle Ende 1996 berechnet. Da klafft die Schere so weit auseinander, daß ausgerechnet im Osten die Arbeitgeber recht haben, wenn sie die hohen Lohnkosten beklagen und darauf hinweisen, daß die Arbeitsplätze allenfalls mit Bezahlung unter Tarif zu erhalten sein werden. Die Hallenser liefern gleich einen Vergleich Ost-West mit, der die Produktivitätslücke einzelner Branchen beinhaltet: 72 Prozent des Weststandards bei Land- und Forstwirtschaft, 77 Prozent im Baugewerbe, 60 Prozent im Handel und 61 Prozent in Energie- und Wasserwirtschaft. Nur bei Banken und Versicherungen, wen wundert's, hat man fast die Einheit, da sind es 88,7 Prozent.

Die sogenannten Härteklauseln, mit denen einzelne Unternehmen aus betriebswirtschaftlichen Gründen aus den Flächentarifverträgen aussteigen können, weil sie andernfalls untergehen, sind im Osten Mitte der neunziger Jahre stillschweigende Regel und nicht die Ausnahme. Gern vergessen die einzelnen Arbeitgeber bei den Klagen über die Löhne, daß die entsprechenden Abschlüsse nicht vom Himmel gefallen sind, sondern daß ihre Verbände sie gemeinsam mit den Tarifpartnern von den Gewerkschaften unterschrieben haben.

Daß der Export in andere osteuropäische Länder nicht mehr der gesicherte Markt ist wie früher, daran hat man sich gewöhnt, das haben sie begriffen. Aber jetzt wird anstelle der ostdeutschen Produkte ausgerechnet und wohl kalkuliert die Arbeit exportiert, denn die Konkurrenz aus dem näheren Osten, aus Polen und Tschechien vor allem, ist nicht zu schlagen, wenn es um Löhne und Lohnnebenkosten geht. Was Albrecht Graf Matuschka, einst Liebling Ost, als einen weiteren großen Fehler der Politik bemängelt: »Warum ist an der Grenze zu Polen nicht wirtschaftsstra-

tegisch geplant und gehandelt, also ein ganz neuer Wirtschafts-
gürtel aufgebaut worden, unschlagbar in Europa, mit westlichem
Know-how der Endfertigung hier und der günstigen Zulieferer-
arbeit fünf Kilometer weiter im anderen Land? Beiden Seiten
wäre so geholfen gewesen.«

Klaus von Dohnanyi hat schon früh eine langsame Angleichung der Löhne über viele Jahre hinweg vorgeschlagen, damit
wäre die ehemalige DDR ein ähnlich attraktives Leichtlohnland
geworden wie die anderen. Vor allem für ausländische Investoren. Klang doch gut: Modernste Maschinen, von der Treuhandanstalt spendiert, umweltfreundlich, frei von Altschulden, günstige Löhne, und das alles mitten in Europa. Aber es mußte ja
alles auf einmal gehen und gleich und schnell, und die warnen-
den Stimmen wurden geflissentlich überhört. Schuld aber sind
sie alle, denn die Politiker haben mit Blick auf ihre Wähler selbstverständlich mitgedreht an der Lohnschraube.

Ein simpler Vergleich im Westland hätte vollauf genügt, denn
dort sind die Unterschiede zwischen den einzelnen Ländern,
beispielsweise zwischen dem armen Saarland und dem reichen Bayern, offenkundig, und keiner erwartet hinter Saar-
brücken die Gehälter, die in München gezahlt werden. Hero
Brahms: »Die ostdeutschen Arbeitnehmer hätten Verständnis
dafür gehabt, daß man mit den Löhnen in einer solchen
Umbruchsphase behutsamer umgehen muß.« Investivlohn ist
so ein Stichwort der Kritiker, also niedrige Löhne als Arbeit-
nehmer-Investition auf die Zukunft. Solange es schlechtgeht,
werden die Lohnabschlüsse auf das gerade noch akzeptable
Niveau reduziert, und sobald es dem Betrieb bessergeht, steigen
die Löhne den Gewinnen entsprechend prozentual an. Ex-
Treuhändler Günter Rexrodt will ein Gesetz zur Förderung des
Investivlohns, und vor allem will er, schließlich ist er Wirtschaftsminister bei der FDP, wieder mal ein neues Konzept für
Investoren vorlegen. Das wievielte es sein wird, zählt schon keiner mehr.

Lothar Späth hat bei Jenoptik die Produktivität an die Löhne
gekoppelt, ohne den Begriff Investivlohn zu verwenden. Er sagt
seinen Leuten einfach, was geht und was nicht, und lügt sie dabei
nicht an. Das wirkt. Er befürchtet, die Hauptursache für viele

Pleiten, die in den nächsten Jahren noch passieren werden, ist in jenen zu rasanten Lohnangleichungen zwischen Ost und West begründet:»Die Tarifparteien haben künstlich hohe Löhne ausgehandelt, die uns umbringen.« Wirtschaftsprofessor Hans-Werner Sinn:»Leider führt die utopische Tarifpolitik, mit der sich Westgewerkschaften und westdeutsche Unternehmensverbände die unliebsame Ostkonkurrenz vom Leib halten wollten, in eine Katastrophe.« Manfred Lennings:»Bei den ersten Tarifverträgen saß die Euphorie mit am Tisch. Ich halte sie daher für entschuldbar, schließlich hatten wir alle damals viel Optimismus im Tornister. Was sich jedoch im Frühjahr 1993 abgespielt hat, als es um die Revision eines tarifpolitischen Fehlers ging, verdient diese Entschuldigung nicht mehr.«

Dafür zumindest können die Treuhändler nicht verantwortlich gemacht werden, denn es war eine Entscheidung, die eindeutig von den Politikern getroffen wurde. Aber die wissen aus Erfahrung, was in solchen Fällen gut ist: Man spielt den Ball in ein anderes Feld. Birgit Breuel:»Die Politik wünscht sich von der Treuhand Entscheidungen, die oft der Quadratur des Kreises gleichkämen.« Ein Rundschreiben von Birgit Breuel an ihre Mitarbeiter, in dem sie das beklagt, wird allerdings als Eigentor betrachtet, denn sie erklärt in dem Zusammenhang noch einmal die Endlichkeit der gemeinsamen Aufgabe, und das wird von vielen als deutliche Aufforderung verstanden, sich umzuschauen nach neuen Jobs. Die Präsidentin:»Wir haben nie einen Hehl daraus gemacht, daß wir uns selbst überflüssig machen wollen. Das paßt denen nicht, die sich daran gewöhnt haben, auf die Treuhand die Schuld an allen ungelösten und konfliktreichen Problemen zu schieben. Und das ist für viele Mitarbeiter belastend, weil es ihre Lebensplanung berührt und unsicher macht.«

Da machen sich die besten unter den Treuhändlern postwendend auf die Suche nach einer besseren Zukunft. Die liegt für viele von ihnen im Osten. Sie wechseln nur die Seiten und nutzen ihre legal erworbenen Insiderkenntnisse dann im Auftrag irgendeines Investors für beinharte Verhandlungen mit den alten Kollegen in Berlin.

Der Rückgang des Personalbedarfs von 4000 auf 2800 Leute bis Ende 1994 immerhin ist kein Fall für die Sozialämter:»In den

Mittelpunkt treten Aufgaben, die mehr Kontrolle und Verwaltung verlangen«, schreibt Birgit Breuel. Das klingt nach einfacher Beamtenarbeit, aber diese Einschätzung ist eher durch hanseatisches Understatement als durch postsozialistischen Realismus geprägt.

Was zum Beispiel nützen Kontrolle und Verwaltung bei der Treuhand-Tochter BVVG? Die ist seit April 1992 zuständig für Verkauf und Verpachtung der land- und forstwirtschaftlichen Flächen im Treuhandbesitz, außerdem für Jagdverpachtung und Fischereirechte. Aber: Wer weiß denn da überhaupt, was verwaltet werden soll, und was, bitte schön, sollen wir angesichts der wirren Eigentumsverhältnisse kontrollieren? Denn fast zwei Millionen Hektar landwirtschaftliche Nutzfläche, das sind immerhin dreißig Prozent der gesamten ostdeutschen Fläche, gehören zum Besitz der Treuhandanstalt, davon sind nur 300 000 Hektar unumstritten, die gehen als ehemals enteignetes Vermögen an die Länder und Gemeinden. Alles andere muß verkauft, verpachtet oder an Alteigentümer zurückgegeben werden. Von solchen Geschäften haben die meisten Treuhändler, die aus der Industrie kommen, keine Ahnung – Birgit Breuel lapidar: »Forstwirtschaft paßte nicht zu uns, Wohnungen hätten wir lösen können, wenn wir sie früher bekommen hätten.«

Bei all den industriellen Giganten, die es zu retten oder zu schleifen gilt, wird vergessen, welcher Sprengstoff in diesem so friedlich grün klingenden Geschäft liegt. Für die Wälder gibt es kaum Interessenten, denn die Holzwirtschaft geht auch im Westen längst am Stock. Alles aus dem BVVG-Besitz schnell zu verkaufen, würde einen Zusammenbruch des Marktes bewirken und die Preise ins Bodenlose fallen lassen. Außerdem haben die interessierten ostdeutschen Bauern kein Geld, um da mithalten zu können. Nicht nur die Agrarflächen der BVVG bleiben heftig umstritten zwischen den alten Besitzern, deren Anträge auf Rückgabe die BVVG überschwemmen, sowie ehemaligen LPG-Genossen, die sich um das Land bewerben, das sie einst bewirtschaftet haben und längst als ihr Land betrachten. Um die anderen vier Millionen Hektar, auf denen die Treuhand nicht die Hand hat, wird ebenso gnadenlos gefeilscht.

Der Streit um die letzte Ackerkrume macht deutlich, daß der

Grundsatz Rückgabe vor Entschädigung zwar das unverletzliche Grundrecht auf Eigentum schützt – im Prinzip also richtig ist –, aber bei der Transformation gerade dieses Teils der DDR-Wirtschaft insgesamt zum größten Problem wird. Noch schlimmer als in allen anderen Bereichen der Volkswirtschaft ist der Verlust an Arbeitsplätzen – insgesamt werden rund 75 Prozent der Beschäftigten auf dem Land nicht mehr gebraucht. Die überlebenden Bauern kriegen von den Banken selten die nötigen Kredite für Investitionen und Maschinen, weil sie ja nur gepachteten Grund und Boden als Sicherheit vorweisen können. Andere, die unter der Hand kaufen können, bauen eine schlagkräftige Agrarindustrie auf, wie auch immer ihnen das gelingt. Die notleidenden Kleinbauern aus dem Westen wiederum schicken ihre Lobbyisten an die Ostfront, als sie merken, wie effektiv drüben die 2000 Hektar großen ehemaligen Volksgüter arbeiten, nicht zuletzt durch Preisausgleichszahlungen der EU, die sich bei der Berechnung nur an der Fläche orientieren. Junkerland in Bauernhand, sagen die einen, wie früher. Die roten Bonzen klauen schon wieder unser Land, sagen die anderen, auch wie früher.

Die BVVG, in deren Aufsichtsrat der ehemalige Treuhändler Jens Odewald den Vorsitz hat und der als König der Lobbyisten geltende Bauernfunktionär Constantin Freiherr Heeremann sein Stellvertreter ist, gehört nach einem Zwischenspiel mit drei Banken als Partnern seit Ende 1995 wieder zu hundert Prozent dem Staat, also der Treuhandnachfolgerin BvS. Geld soll verdient werden, und zwar möglichst schnell. Mißtrauen im Osten. Die wollen sich doch an unseren Äckern bereichern und nur an Wessis verscherbeln. Auch dieses Bauernland umwandeln in Bauland. Da ist was dran, denn falls endlich verkauft werden kann, weil alle Rechte geklärt sind, bekommt der Meistbietende den Zuschlag. Wer am meisten bietet, logisch, muß das meiste Geld haben. Geld ist im Osten eher weniger verbreitet als im Westen, ebenfalls logisch aufgrund historischer Entwicklungen. Wer auf dem Land etwas aufbaut, und sei es auch nur den üblichen Feld-, Wald- und Wiesen-Baumarkt, also investiert, beschäftigt Leute. Angesichts des allgemeinen Abbaus von Arbeitsplätzen hat Aufbau also stets den Vorrang vor Anbau.

Mindestens noch zwanzig Jahre wird es dauern, bis die BVVG

ihre Geschäfte erledigt hat. Sind die da so faul? Nein, ein Blick in ihr Portfolio genügt, und man weiß, warum das nicht schneller gehen kann. Denn auch diese Erblasten, die der Treuhand aufgeladen wurden, sind zwar längst schon vergessen, aber deshalb noch lange nicht erledigt. Es handelte sich nach der Einheit um einen so gewaltigen Brocken, wie er zuletzt wohl 1803 bei der Säkularisierung des Kirchenbesitzes frei geworden ist. Ausgedrückt in Zahlen: 1,95 Millionen Hektar von insgesamt sechs Millionen Hektar landwirtschaftlicher Nutzfläche, alles nach der sogenannten Bodenreform zwischen 1945 und 1949 enteignetes Land, 1,96 Millionen Hektar Forstflächen, 500 Holz- und Sägewerke, 200 Baumschulen, 600 Forsttechnikanlagen, 450 ehemals Volkseigene Güter, fünfzehn Binnenfischereibetriebe, dreizehn Gestüte und Rennbetriebe. Wie üblich, geht es auch hier um viele Arbeitsplätze, die ein privater Investor als Kostenfaktor betrachtet und nicht als *human factor*, aber das ist ja nichts Neues.

Manche Geschäfte überläßt die BVVG wiederum einer Schwester, die Vermarktung der zu den Gütern gehörenden Wohnungen zum Beispiel, rund 30 000 sind das. Die Treuhandliegenschaft Gesellschaft (TLG) gibt es als zweite Tochter der deutschen Mutter Treuhand schon seit Herbst 1991, und die wird noch lange rund 950 kleine emsige Treuhändler beschäftigen. Zuständig für alle aus dem Treuhandbesitz zum Verkauf stehenden Grundstücke, zuständig für die Rückübertragung kommunalen Eigentums. Insgesamt gehören dazu 120 000 Wohnungen aus dem Bestand der ehemaligen Volkseigenen Betriebe (VEB), Landwirtschaftlichen Produktionsgenossenschaften (LPG) und Volkseigenen Güter (VEG), die vielen Grundstücke, die nicht als betriebsbedingt eingestuft sind und deshalb zum Verkauf freigegeben werden, falls nicht ein Alteigentümer Ansprüche anmeldet. Zum Teil gehen diese Grundstücke bis zu achtzig Prozent unter dem Verkehrswert weg, um private Investoren anzulocken und Arbeitsplätze zu schaffen – angeblich haben neue Eigentümer rund vierzig Milliarden an Investitionen zugesagt und 250 000 Arbeitsplätze versprochen, aber wer soll das nachprüfen? – oder den Ländern und Gemeinden den Bau von Altersheimen, Schulen etc. leichter zu machen. In den ersten drei Jahren ihres Bestehens liefert die TLG zwölf Milliarden DM an Erlösen beim Bundesfinanzministerium ab, bis Ende 1996 sind es fünfzehn Milliarden DM. Nur die Schlösser, Herrenhäuser und wenigen Burgen erweisen sich als echte Ladenhüter, die will kaum einer haben. Was nicht am gewachsenen republikanischen Geist der Deutschen liegt, sondern am Zustand der Objekte.

Rohwedder hat schon früh, im Sommer 1990, in der DDR-Volkskammer einem SPD-Vorschlag zugestimmt, für die gesamten Liegenschaften und Grundstücke und vor allem für die Landwirtschaft regionale Ableger der Treuhandanstalt zu gründen. Daran erinnert sich Til Backhaus, damals Parlamentarier in Berlin, heute für die SPD als Abgeordneter im Schweriner Landtag. »Damit es mehr Gerechtigkeit bei der anstehenden Privatisierung von Grund und Boden, insbesondere auch im Interesse der Einheimischen geben könnte, forderten wir eine eigene Treuhandanstalt Landwirtschaft. Rohwedder fand unseren SPD-Vorschlag in der Volkskammer damals gut, ist dann aber aus Bonn zurückgepfiffen worden.«

Ganz besonders übel, fügt Backhaus bitter hinzu, die oft peinlichen Verhandlungen der Alteigentümer, die nicht nur unmoralisch lange dauerten, sondern auch wirtschaftlich zur Farce gerieten. Viele hätten, sagt der Landwirt aus der Nähe von Boizenburg, ihren Besitz im Osten doch verrotten lassen und dann nach der Einheit an Westler verkauft. Das nennt Til Backhaus eine Art warme Sanierung. »Was unterm Tisch gemauschelt wurde, ist geradezu abenteuerlich, das hätte man nur vor Ort verhindern können, wo man sich kannte. Berlin war wie zu Honeckers Sozialismus weit weg, wollte aber auch nach der Wende noch alles zentral leiten. Wenn es bei der Privatisierung der Güter zu Problemen kam, fühlte sich die Treuhandanstalt plötzlich nicht mehr verantwortlich.«

Die TLG, inzwischen vollständig in Bundesbesitz und mit der Zentrale in der Hauptstadt, wird es noch lange geben, selbst wenn Ende 1997 zumindest die Privatisierung des Wohnungsbestands beendet sein sollte. Sie hat inzwischen aus der Pflicht eine Passion entwickelt, verringert zwar täglich ihren Bestand von immer noch 60 000 Objekten, deren Wert auf rund fünf Milliarden DM geschätzt wird, aber kauft auch dazu, um die so erworbenen Immobilien nach erfolgter Sanierung wieder zu veräußern. Wie ein privates Unternehmen, das Gewinn machen will. Die Objekte gingen nicht immer an westliche Kapitalisten, schwören die staatlichen Immobilienmakler, aber fast immer, denn entscheidend ist auch hier ein Höchstgebot. Wie es halt so üblich ist in der Marktwirtschaft. Wer aber im Osten ein richtiges kleines Unternehmen gründen wolle und nicht nur einen Ableger irgendeiner Firma von drüben, wer Arbeitsplätze garantiere, der bekomme richtig spürbaren Nachlaß auf den Verkehrswert der Grundstücke.

Die gesamtdeutsche Rezession hat der TLG die ostdeutsche Ernte verhagelt, die Filetstücke in den Großstädten sind weg und in den Provinzen die Preise so flach wie das Land. Da wollen vor allem Baumärkte hin, von denen der typische Do-it-yourself-Ossi offensichtlich nicht genug kriegen kann, oder Auslieferungslager irgendwelcher Möbel- und Getränkefirmen. Die zahlen angesichts des Massenangebots nicht viel. Aber wenn die Treuhandliegenschaft irgendwann im nächsten Jahrtausend ihre Bücher schließt, soll bei diesem Teil der Treuhandanstalt die Bilanz wenigstens ausgeglichen sein. An Gewinn mag eh keiner mehr denken. »Wir haben den Ehrgeiz, keine roten Zahlen zu hinterlassen«, umschreibt ihr Chef Günter Himstedt sein Ziel, bevor er Ende 1996 zum Präsidenten der BvS berufen wird.

Diese Bundesanstalt für vereinigungsbedingte Sonderaufgaben (BvS) klingt nicht nur nach Behörde, sie ist auch eine. Sie ist die Nachfolgerin der Treuhandanstalt. Der Name wird gefunden bei einer Klausurtagung des Vorstandes am 22. August 1992 im Haus am See bei Lindow. Das gehörte mal Hjalmar Schacht, dem Reichsbankpräsidenten und Hitler-Finanzier, und war zu DDR-Zeiten ein Schulungscenter der SED. So was dürfte ein aufrechter Konservativer wie Norman van Scherpenberg eigentlich nie betreten haben, dennoch scheint ihm die Gegend vage vertraut. Abends beim Bier erzählt er ein Stück seiner deutschen Geschichte aus der Froschperspektive, und da wird dann klar, warum ihm Lindow nicht so ganz fremd ist. Des kleinen Norman Großvater hieß Hjalmar Schacht, und als Dreijähriger hat er ihn mal hier am See besuchen dürfen.

Aus dem frühen Scherz, die Nachfolgerin solle schlichtweg im Namen schon ausdrücken, worum es geht, also Anstalt für offengebliebene Treuhandfragen heißen, wird an diesem Abend, an dem Scherpenberg in Kindheitserinnerungen kramt, dann schließlich der Begriff vereinigungsbedingte Sonderaufgaben gefunden.

Aber wenn die Treuhandanstalt zumindest spannend war, nach Geheimnissen und nach Skandalen und nach Schlachtengetümmel roch, und manchmal sogar nach Geschichte, so wirkt die Erbin im Vergleich dazu wie die Außenstelle eines Katasteramtes. Also wie ein Schnarchladen. Die grauen Mauern passen. Was als eine Art Mahlstrom der Geschichte begann, die Treuhand, läppert in einem Rinnsal bürokratischer Geschichten seinem Ende zu. Nun wird es wieder so richtig deutsch und damit langweilig. Die BvS sitzt zwar in denselben Räumen wie die Treuhandanstalt – erst Mitte 1996 zieht sie an den Alexanderplatz, wo einst die Urtreuhändler begonnen haben –, aber der *Company Spirit* hat sich verflüchtigt. Über diese Flure fährt nachts nicht mehr auf Rollschuhen ein ruheloser Präsident, um Fonty auf der Couch zu besuchen und übers Vaterland zu reden. Hier lockt am Paternoster keine langbeinige Versuchung mehr, die nicht nur mit Gedanken an Deutschland in der Nacht schlafen möchte. Hier ertönt kein Freudengeheul mehr, wenn eine Pleite hat verhindert werden können. Und kein Personalchef donnert mit dem Motorrad um die Ecken. Hier ruhen Akten. Was zu den Verwaltern paßt.

Allerdings ruht in vielen Akten auch Sprengstoff.

Wie sich zeigen wird, hätte man zur Bewältigung kommender Affären die Typen gebraucht, vor denen der Haushaltsausschuß bisher vergebens gewarnt und die er jetzt endlich unter Kontrolle hat. Den politischen Beamten in Bonn war das Ding in Berlin, das halbstaatliche Kind der unblutigen Revolution, viele Jahre bequemer Prellbock, zu mächtig geworden, zu selbstbewußt, nicht mehr steuerbar. Die Nachfolgerin sollte von Anfang an unter Kontrolle bleiben. Hero Brahms: »Es war ein entscheidender Fehler, die alte Treuhand nicht als Anstalt fortbestehen zu lassen, obwohl sie eigentlich erwachsen geworden war und sich hätte verabschieden können. Als Behörde, die den Regeln der Bürokratie unterworfen war, machte sie keinen Sinn, sondern nur so frei in der Gestaltung, wie wir mal waren. Insofern ist die Gründung der BvS konsequent, denn der Druck der Beamten war zu stark geworden, und dennoch falsch, weil daraus eine richtige Behörde geworden ist mit allen Nachteilen, wie sich herausstellte. Der wachsende Einfluß der Ministerialbürokratie war das Ende, nicht das abgeschraubte Schild.« Selbst ein so einflußreicher Mann wie Kohls bester Mann Johannes Ludewig, der vehement für die Fortsetzung der Treuhandanstalt plädiert hatte, konnte sich nicht durchsetzen. Klaus von Dohnanyi: »Natürlich war es eine Selbsttäuschung, daß die Treuhandanstalt geschlossen wurde. Denn die Arbeit mußte ja weitergehen. Aber die BvS ist nicht mit denselben Leuten besetzt, folglich oft überfordert bei der Überprüfung der Verträge. Vor allem kann sie nicht, wie noch die Treuhandanstalt, unbürokratisch hilfreich einspringen, wenn ein Betrieb eine Kapitalspritze braucht, um sich vor der Gesamtvollstreckung zu retten.«

Die Bürokratie hat für die Nachfolgeorganisation der Treuhandanstalt im Gegenteil einen engen Käfig gezimmert und damit ein Jahr vor dem prognostizierten Ende der richtigen Treuhand 1994 begonnen. Nur in diesem Rahmen darf sie sich bewegen, immer, wie es sich gehört, die Bundeshaushaltsordnung unterm Arm und kontrolliert vom Bundesfinanzministerium. Angeblich gehe es eh nur noch um ein paar Restgeschäfte, die eigentliche Privatisierung der DDR sei viereinhalb Jahre nach Arbeitsbeginn größtenteils geschafft, nur noch rund 65 Betriebe übrig. Was erstens eine psychologisch geschickt gestreute Lüge ist, um das Problem Treuhandanstalt vor den Bundestagswahlen 1994 aus den Schlagzeilen zu holen, und sich zweitens einreihen wird in die vielen Fehlprognosen der Politik in Sachen Ex-DDR. Roland Issen: »Die BvS ist überfordert mit dem, was noch auf sie zukommt. Vulkan ist ja sicher kein Einzelfall.« Die Asche des Vulkan-Ausbruchs fällt zum Beispiel auf die Häupter der BvS-Führung, rieselt zufällig sogar auf die richtigen, denn sowohl der erste BvS-Präsident Heinrich Hornef als auch sein Generalbevollmächtigter Klaus-Peter Wild saßen im Vorstand der Treuhandanstalt, als der Werftendeal beschlossen wurde. Persönlich frei von Schuld, aber in der Runde des damals obersten Treuhandgremiums mitverantwortlich.

So etwas wie die Freibeuter aus dem Detlev-Rohwedder-Haus soll es also nicht mehr geben: Paradiesvögel, selbst in revolutionären Zeiten für die Kontrolleure nur schwer zu verkraften. Nun gilt wieder Beamtenrecht pur, die Einheit wird verwaltet, nicht mehr gestaltet. Ausstattung der BvS: Ein Jahresetat von 500 Millionen DM und ein Heer von 2800 Mitarbeitern, die meisten davon pflegeleicht, und nicht nur, weil siebzig Prozent aus dem Osten kommen. Joachim Grünewald, Vorsitzender des Verwaltungsrates dieser Bundesanstalt, gibt zwanzig Monate nach ihrer Gründung zu, daß man sich gewaltig verschätzt habe, was die Probleme mit dem Vertragsmanagement betrifft. Das ehrt den Mann, weil er sich untypisch für Politiker verhält, und es trifft die Realität.

Die BvS muß sich nämlich darum kümmern, ob alles, was in rund 38000 Verträgen von ihren Vorgängern ausgehandelt worden war, von Investitionen bis zu Arbeitsplätzen, auch erfüllt wurde und bei wem man die Pönale, die Strafgebühren für gestrichene Arbeitsplätze, einfordern muß, wenn die Zusagen nicht eingehalten worden sind. Wobei die Standardantwort, falls ihr von mir ein Pönale wollt, muß ich Konkurs anmelden, sie sehr schnell zum Stillhalten zwingt. Prinzip also nur Hoffnung. Der Bundesrechnungshof nennt die Zahl von dreizehn Prozent unwirksamer Verkaufsverträge, weil es in denen an Genehmigungen, Dokumentationen, Daten und Überwachung fehlte. Das operative Geschäft hätten die BvS-Vorgänger bis auf ein paar Dutzend Firmen erledigt.

Schön wär's. Und überhaupt: Vorgänger?

Eigentlich sind manche Vorgänger ihre eigenen Nachfolger, weil von den 5235 Treuhändlern nah und fern gleich 2800 in die BvS wechseln. Nur die obersten Treuhändler sagen zum Abschied fast alle leise Servus und tschüs, lieb Vaterland. Manche können voneinander nicht lassen: Birgit Breuel wird sich um die Weltausstellung EXPO 2000 in Hannover kümmern und angesichts der dortigen Probleme Sehnsucht bekommen nach dem Treuhand-Chaos, ihrer schönsten Zeit. Norman van Scherpenberg weicht nicht mehr von ihrer Seite, geht mit ihr, und auch Wolf Schöde gibt im Kommissariat EXPO 2000 ein Gastspiel, bevor er kurzfristig als Sprecher in die BvS zurückberufen wird. Denn die hatte Ende 1996 einen wie ihn bitter nötig, der eine gewaltige Niederlage als taktischen Rückzug verkaufen kann. Hero Brahms, der neben Breuel stärkste Mann im Vorstand, wechselt zum Kaufhof, aber dort wird er nicht lange bleiben, und landet schließlich in der Führung von Linde. Günter Rexrodt hat zumindest bis zur nächsten Wahl einen Job. Wolf Klinz findet über Umwege auch einen, Hans Krämer macht Karriere bei einer Versicherung, Klaus Schucht wird Wirtschaftsminister im Armenhaus Sachsen-Anhalt, das sich nicht wie die Treuhandstalt seine liebsten teuren Gutachter von Goldman Sachs leisten kann, Horst Föhr zieht es zur Deutschen Bahn, da kann man was bewegen.

Die Führungskräfte der BvS sollen nicht mehr so hoch dotiert werden wie zuvor die der Treuhand, verlangt in Bonn der Haushaltsausschuß und bezieht sich dabei auf Forderungen des Bundesrechnungshofes, Schluß mit privatwirtschaftlichen Gehältern, ab jetzt gilt wieder BAT. Aber Verträge müssen eingehalten, die Sünden der Vergangenheit bezahlt werden. Das trifft insbesondere für Heinrich Hornef und Klaus-Peter Wild zu, die beide aus dem Treuhand-Vorstand in die BvS-Spitze wechseln. Also im Haus bleiben.

Es sind eher kleine Sünder tätig, die am Abend vor dem als historischer Moment angekündigten Demontage des Schildes namens Treuhandanstalt in der Leipziger Straße vorsichtshalber die Schrauben gelockert haben, damit am Tag danach, am 30. Dezember 1994, Birgit Breuel nicht etwa mitten im Drehen steckenbleibt und das live vor allen Kameras. Viele vaterländische Reden werden gehalten, der Vorstand verabschiedet sich zum Jahreswechsel bescheiden mit »Dank für die Geduld und die Toleranz, die man dem Gebilde Treuhandanstalt und den Mitarbeitern entgegengebracht hat. Dies ist vielen Menschen oft sehr schwer gefallen. Wir können dies verstehen.« Müde sehen sie aus, und mit grauen Gesichtern blicken die Treuhändler auf die vorgeführten Bilanzen. Die haben natürlich den Glanz von Prospekten, und siehe, alles ist gut: Die letzte Ausgabe der *Treuhand-Informationen* nennt 13 816 Privatisierungen, 206 Milliarden DM Investitionszusagen und 1,5 Millionen Beschäftigungszusagen. Also, hoch die Tassen? Nein, lieber ein Stück Kuchen. Denn in den Tassen ist eh nur Kaffee, wie immer.

Ein Spektakel unter dem Titel »Stabwechsel« soll vierzehn Tage vor dem endgültigen Aus den letzten ungläubigen Zonis klarmachen, daß die Treuhändler sie wirklich verlassen und das Urteil über ihre Leistungen der Geschichte überlassen. Im Berliner Abgeordnetenhaus gibt es einen der üblichen staatstragenden Kongresse, diesmal unter dem naheliegenden Titel »Von der Treuhandanstalt zur Marktwirtschaft«, in der Anstalt selbst eine Art Leistungsschau des Ostens – »Test the East, Marken aus Ostdeutschland« – und dabei auch an verschiedenen Ständen immer was zu essen und als Nachtisch einen klugen Satz von Dohnanyi. Der Schlußdialog zwischen Birgit Breuel und dem ehemaligen ostdeutschen SPD-Minister Richard Schröder wird vom populären ORB-Moderator Lutz Bertram moderiert. Dabei treffen symbolisch geradezu drei Archetypen des vereinten Deutschland aufeinander, wie sich allerdings erst später herausstellen wird, denn noch gilt der blinde Moderator als Stevie Wonder des Ostens: Bertram war für die Stasi tätig, Schröder der aufmüpfige evangelische Professor, Breuel die harte Kapitalistin aus dem siegreichen Westen.

Stabwechsel im Detlev-Rohwedder-Haus. Die Staffel läuft weiter, und zwar ganz vorne, aber es ist doch nur ein symbolischer Ausstand, denn viele Treuhändler fahren Ende 1994 nach Hause und kommen am 2. Januar wieder in ihr altes Büro zurück. Dort begrüßen sie die Kollegen von vorgestern, nur heißt ihre Firma jetzt anders. Um die strengen Vorschriften des Bundesfinanzministeriums über die Zahl der Mitarbeiter einzuhalten, verabschieden sich ehemalige Planstelleninhaber von derselben und unterschreiben eine Tür weiter einen Vertrag als freie Berater. Besser honoriert selbstverständlich.

An der Spitze steht jetzt Heinrich Hornef, der ehemalige Finanzvorstand. Einen Besseren fand man nicht. Brauchte man auch nicht, wie man dachte. Ein Trugschluß. Hornef, ein begabter Buchhalter der Einheit, aber ein Mann, dem keiner nachsagen soll, daß er zu unvermittelten kreativen Ausbrüchen neigt, und insofern die Idealbesetzung. Erster Satz einer Rede vor seinen künftigen Untergebenen der BvS: »Mit Riesenschritten gehen wir auf das Jahresende 1994 zu, an dem die Treuhandanstalt ihre Arbeit beenden wird.« Sachlich völlig korrekt, denn die Tagung beginnt am 19. Oktober 1994. Zwei Jahre leidet er. Kurz vor seinem Abschied in den Ruhestand 1996 ist Heinrich Hornef, auch braver Heinrich genannt, zwar persönlich getroffen durch die Skandale, die man ihm und seiner Behörde anlastet – SKET, EGIT, Foron, Vulkan –, aber er legt Wert auf zwei Feststellungen: daß man im Plansoll der Ausgaben geblieben und auch bei der Überprüfung der Verträge im grünen Bereich sei. Daß es länger dauert mit den Nachverhandlungen, sei halt begründet in der schlechten Konjunktur, aber immerhin seien die Zusagen für Arbeitsplätze mit 116 Prozent weit über der versprochenen Norm. Ach ja?

Birgit Breuel hätte es für sinnvoller gehalten, wenn »es eine kleine BvS-Behörde in jedem neuen Bundesland gegeben hätte, denn eine große Anstalt paßt eigentlich nicht in unser föderales System, aber das ist von der Politik anders entschieden worden«. Außerdem bedankten sich die entsprechenden fünf Länder recht herzlich beim Haushaltsausschuß im Bonner Bundestag, der dies verhindert hat, denn eines war sicher: Bei einer solchen Lösung hätten sie sich den künftigen Ärger ins eigene Haus geholt. Ein Modell, das notwendige Management der abgeschlossenen Verträge zu privatisieren, gegen entsprechendes Honorar auf drei Jahre einer privaten Wirtschaftsprüferfirma zu überlassen, wie es zum Beispiel Roland Berger und Otto Gellert favorisiert haben, scheiterte ebenfalls am Widerstand der Parlamentarier, die sich wiederum auf entsprechende Mahnungen des Bundesrechnungshofes beziehen, endlich müßten wieder klare staatliche Hoheitsgebiete geschaffen werden.

Die Treuhandanstalt starb zu früh, beklagen sogar die im Osten, die sie immer schon töten wollten. Die Schuld wird nach Bonn geschoben, zu den Bürokraten, den unbeweglichen, denn die beweglichen wie Eckart John von Freyend oder Fritz Homann oder Horst Köhler sitzen längst in anderen Jobs und haben mit den klassischen Vertretern der Ministerialbürokratie nichts mehr zu tun. Nicht alle im Amt verbliebenen staatlichen Macher von damals allerdings haben vergessen, daß im Leitungsstab Neue Bundesländer, der Ludewig-Runde, die Ministerpräsidenten nur dann bei einer eigenen kleinen Treuhandanstalt zugegriffen hätten, wenn die Bundesregierung für alle kommenden Geldforderungen garantiert hätte. Also sollen die Ministerpräsidenten jetzt nicht so tun, als sei ihnen die BvS aufgezwungen worden.

Die Beamten Wolf-Dieter Plessing und Eike Röhling aus dem Wirtschaftsministerium, beide in ihren heutigen Funktionen engagiert in den neuen Bundesländern und mit allen Problemen vertraut, sind sich ebenfalls mit den Kritikern darüber einig, daß die symbolische Demontage der Treuhandanstalt nicht etwa ein genialer Schachzug war – schaut her, wir schrauben das Schild ab, wir haben es geschafft –, sondern im Gegenteil ein psychologischer Fehler. Denn dadurch wurde in der Öffentlichkeit der Eindruck erweckt, daß der Aufbau Ost vollendet sei.

Daß es also keinen Grund mehr für die Ossis gab, weiterhin noch zu jammern, unverstanden auf Ruinen. Wäre nicht mal ein bißchen Dankbarkeit angebracht? Insgesamt sind in den ersten sieben Jahren der Einheit doch tausend Milliarden und mehr rübergeschoben worden, um blühende Landschaften mit glücklichen Menschen zu schaffen. Eine ganze Generation wird dieses Defizit in ihrer Lebensarbeitszeit abzutragen haben. Die Treuhandanstalt hat rund 270 Milliarden DM Schulden hinterlassen, die den Bundeshaushalt belasten. Alles zur Rettung der Wirtschaft und zum Aufbau neuer Industrie in die ehemalige DDR gesteckt.

Ist doch wahnsinnig viel Geld, und dennoch langt es euch noch nicht? Nein, es langt noch lange nicht. Verdeckte Arbeitslosigkeit etwa 25 Prozent. Ost-Anteil an der gesamtdeutschen Industrieproduktion fünf Prozent, Anteil am gesamtdeutschen Export zwei Prozent, und vom Bruttoinlandsprodukt, auch BIP genannt, erwirtschaften die dem Westen so teuren Ossis gerade mal 10,4 Prozent. Unter den hundert größten deutschen Unternehmen ist keines aus dem Osten. Die Zusagen der Käufer auf Investitionen sind nur zur Hälfte verbindliche Zusagen, aber selbst die sind noch nicht auf dem Konto, Mitte 1996 fehlen noch rund achtzig Milliarden, wie die Treuhand-Nachfolgerin BvS verschämt zugeben muß. Roland Berger vermutet, daß etwa im Jahre 2005 das ostdeutsche Bruttoinlandsprodukt knapp drei Viertel des westdeutschen erreichen wird, was aber nicht weiter schlimm sei – das Gefälle zwischen Niedersachsen zum Beispiel und Hessen sei ähnlich und gelte im Westen auch nicht als dramatisch.

Sicher sind nur die Schulden der Treuhandanstalt, die sie ab 1. Januar 1995 dem Erblastentilgungsfonds hinterläßt und deren Tilgung samt Zinsen jährlich siebzehn Milliarden DM kosten wird:

die bekannten 270 Milliarden von insgesamt 345 Milliarden Ausgaben. Eigentlich sind davon nur 136 Milliarden DM für Sanierung, Privatisierung, Stillegung ausgegeben worden, also für die eigentliche Aufgabe der Treuhandanstalt. Achtzig Milliarden DM ihrer bilanzierten Verluste sind Altschulden gewesen, die man mit einer Mark hätte im Orkus des Vergessens, in der Bilanz der Staatsbank, hätte versenken müssen, denn werthaltig waren die nicht, aber es war politisch anders gewollt und die Treuhand hatte die Milliarden in ihren Büchern. 46 Milliarden DM mußten allein dafür und für neue Kredite an Zinsen bezahlt werden, denn die Treuhändler holten sich ihr Geld weltweit, weil im Bonner Haushalt soviel für sie nicht vorgesehen war. Auf 44 Milliarden DM belaufen sich die Ausgaben für die Beseitigung ökologischer Altlasten, darunter auch gefährlicher Kernkraftwerke, denn das ist rein betriebswirtschaftlich gesehen die Bewertung dessen, was die DDR an Dreck hinterlassen hat. Selbst in der Schlußbilanz wird die Treuhandanstalt also für das verantwortlich gemacht, was nicht in ihre Zuständigkeit gehört. Genau 68 Milliarden DM haben die Treuhändler eingenommen und sich 275 von den 345 Milliarden, die sie insgesamt brauchen, woanders holen müssen.

Mit pauschalen und konkreten Vorwürfen leben die Treuhändler schon lange: Zu schnell privatisiert und zu lasch. Zu wenige gute Manager geholt und zu wenige aus dem Osten beschäftigt. Zu spät auf Sanierung umgeschaltet. Zu viel Geld ausgespuckt, und dies oft ohne Kontrolle. Zu hastig die Währungsunion und vor allem mit falschem Kurs. Ach, hakt da Wolf Schöde sarkastisch ein, haben wir in der Treuhandanstalt etwa die Währungsunion erfunden und den Umtauschkurs festgelegt? Haben wir den Kommunismus beerdigt und die Ostmärkte zusammenkrachen lassen? Haben wir die Tarifabschlüsse unterschrieben? Gibt statt dessen zu: »Imageverlust durch Kriminelle, stimmt. Mangelnde Erfahrung und deshalb sicher falsche Entscheidungen, ja, weil es so etwas wie den Umbau eines ganzen Staates noch nie gab. Wir lernten, während wir Fehler machten.« Der Konstanzer Verwaltungswissenschaftler Wolfgang Seibel: »Die Desillusionierung führte zu politischem Lernen, und in diesem Lernprozeß spielte ein neuer Akteur eine Schlüsselrolle, nämlich die Treuhandanstalt selbst.«

Wir haben, stellt Birgit Breuel in ihrer Bilanz fest, den »Menschen in den neuen Ländern sehr viel zumuten müssen«. Aber irgendeiner mußte es tun, denn einen anderen Weg der Umstrukturierung gab es nicht. Und »mit unseren Entscheidungen intensiv in das Leben vieler Menschen eingegriffen. Wo sollten sie denn hin mit ihrem Zorn und ihrem Haß? Sie konnten nur zu uns gehen, und das ist auch in Ordnung so gewesen«. Die Treuhändler haben tatsächlich bis zum Schluß für die falschen Vorstellungen bezahlt, die kurz nach der Wende alle hatten. Rohwedder hat sogar mit dem Leben bezahlt, und es ist kein Zufall, daß ein Treuhändler starb und kein Politiker.

Die Treuhändler mußten büßen für die falschen Prognosen, man würde einfach sechzehn Millionen Menschen aus dem Osten an die Brust des Westen drücken, bei den armen Verwandten dort, wo nötig, die alten Strukturen modernisieren, die richtige Währung einführen und dann gestärkt zwar, aber im Prinzip unverändert als Großfamilie so weitermachen wie bisher. So war es denen hier kostengünstig versprochen und denen dort wertsteigernd verheißen worden.

An diesen Verheißungen messen die Ostdeutschen die Wirklichkeit, die von Bischofferode und von anderswo, aber siehe, es kam alles ganz anders. Aus Frust und Enttäuschung wird Wut. Die Erwartungen, die Zauberlehrling Kohl weckte, sind die eigentlichen Geister, die der Sündenbock Treuhand nicht mehr los wird. Daß aus dem zweiten deutschen Wirtschaftswunder so schnell nichts wurde, ist nämlich kein Wunder, sondern aufgrund der Umstände normal. Es wird an den Grenzen nicht mehr geschossen, aber auf beiden Seiten des Grabens gemeckert. Es gibt keine Mauer mehr, aber Klagemauern: Ossis sind faul, dumm, gierig und jammern nur; Wessis sind arrogant, unsensibel, gierig und jammern auch nur. Eine jämmerliche Einheit.

Der Mann, der einst im November 1989 bei Detlev Rohwedder in Dortmund saß und von der Wirklichkeit DDR erzählte, hat seitdem nie Zeit gehabt zu jammern. Albert Jugel gelang es nicht nur in seiner Heimat Dresden, die FUBA-Werke zu sanieren, er wurde vom Besitzer sogar als Geschäftsführer in den Westen gerufen, um dort den Stammsitz des Leitplattenwerks auf Vordermann zu bringen. Die Westler in Gittelde empfingen den

Mann aus dem Osten von oben herab: Was soll der uns schon beibringen können? Arbeiten, zum Beispiel, meinte er trocken. Daß sie ihn, als ihnen das Lachen verging, hinter seinem Rücken Stalin nannten, der persönlich die Fehler des Einheitsmanagements an jedem einzelnen von ihnen rächte und sie gnadenlos zur Leistung trieb, störte ihn nicht. Er verhielt sich wie ein Kapitalist – na und? –, und das genau nahmen sie ihm übel.

Im Osten ist Jugel viel weiter als im Westen, denn »da wollen sie wirklich noch arbeiten«. Den Standortvorteil mit modernen Maschinen, niedrigeren Löhnen und vor allem enormem Einsatz der Beschäftigten nutzte er für den Wettbewerb im Markt. »Die Spielregel war klar: Besser zu sein als die anderen. Nicht nur besser als die anderen in Frankfurt und Stuttgart, sondern besser als die anderen in Hongkong, England, Korea, Italien, Holland und zukünftig auch Ungarn, Tschechien, Polen.« Geschäftsführung, Belegschaft und Betriebsrat einigten sich schnell auf längere Laufzeiten der Maschinen, Samstage und Sonntage als Arbeitstage. Gemeinsam war ihnen der nackte Existenzdruck, denn ringsum erloschen die Leuchtfeuer. Gemeinsam war ihnen der Wille, in der Marktwirtschaft nicht nur zu überleben, sondern die anderen zu schlagen, ordentlich Geld zu verdienen. Das machte sie flexibel. Revolutionär anmutende Innovationen, gerade bei den Arbeitsabläufen, haben das Werk gerettet, denn, sagt Jugel, »das elektrische Licht wurde nicht durch die Verbesserung der Kerze erfunden«. FUBA Ost schafft inzwischen 185 Prozent der vergleichbaren westlichen Produktivität, FUBA West hat gewaltige Schwierigkeiten.

Jugel und seine Leute in Dresden haben die Chance der Wiedervereinigung so begriffen, daß sie nicht nur ihre bisherigen Methoden in Frage stellten, was logisch war, sondern gleich auch noch die der Sieger. Und siehe da, deren hochgelobte Strukturen waren für normale Zeiten gedacht und nicht für solche wie jetzt. Manchmal fragt er sich sogar, wie die Westdeutschen es eigentlich so lange geschafft haben, der Krise zu entkommen. Der Konjunkturschub, den wir euch gegeben haben, sagt der Ossi Albert Jugel deshalb trocken, der ist nun aufgebraucht.

Nun seht mal zu, wie ihr es ohne uns schafft.

448

Reiner Maria Gohlke
Treuhand-Präsident

Detlev Rohwedder
Treuhand-Präsident

Birgit Breuel
Treuhand-Präsidentin

Hero Brahms
Treuhandvorstand

449

Wolfram Krause
Treuhandvorstand

Otto Gellert
Treuhand-Verwaltungsrat

Manfred Lennings
Treuhand-Verwaltungsrat

Jens Odewald
Treuhand-Verwaltungsrat

Karl Döring
EKO-Stahl-Vorstand

Regine Hildebrandt
Treuhand-Kritikerin

Klaus von Dohnanyi
Treuhand-Berater

Lothar Späth
Jenoptik-Chef

Kurt Biedenkopf
Ministerpräsident Sachsen

Theo Waigel
Bundesfinanzminister

Horst Köhler
Ex-Staatssekretär

Johannes Ludewig
Staatssekretär

Christa Luft
Ex-DDR-Wirtschaftsministerin

Lothar de Maizière
Ex-DDR-Ministerpräsident

Hans Modrow
Ex-DDR-Ministerpräsident

Wolfgang Berghofer
Ex-Bürgermeister von Dresden

Günter Rexrodt
Ex-Treuhandvorstand

Wolf Schöde
Treuhand-Sprecher

Ludwig M. Tränkner
Treuhand-Direktor

Wolfgang Ullmann
Ex-DDR-Minister

ANHANG

Chronik der Treuhandanstalt
1990–1994

12.2.1990: Im Namen des »Freien Forschungskollegium Selbstorganisation«, zu dem außer ihm die Naturwissenschaftler Gerd Gebhardt, Matthias Artzt, Janos Wolf, Rainer Schönfelder, Hans Blüher und Hans Lehmann gehören, schlägt der Vertreter von »Demokratie Jetzt« und Minister ohne Geschäftsbereich, Wolfgang Ullmann, am Runden Tisch in Ostberlin die »umgehende Bildung einer Treuhandgesellschaft (Holding) zur Wahrung der Anteilsrechte der Bürger mit DDR-Staatsbürgerschaft am Volkseigentum der DDR« vor.

13.2.1990: Nach einer gemeinsamen Sitzung der Regierungsdelegationen von Helmut Kohl und Hans Modrow in Bonn wird eine Expertengruppe zur Vorbereitung einer Währungsunion zwischen Bundesrepublik und DDR installiert.

1.3.1990: Verordnung zur »Umwandlung von volkseigenen Kombinaten, Betrieben und Einrichtungen in Kapitalgesellschaften« im DDR-Ministerrat verabschiedet und die Gründung einer Anstalt zur treuhänderischen Verwaltung des Volkseigentums (Treuhandanstalt) beschlossen. Wortlaut siehe Seite 54. Modrow-Stellvertreter Dr. Peter Moreth (LDPD) wird als Präsident eingesetzt (abgelöst am 15.6.1990).

15.3.1990: DDR-Ministerrat verkündet Statut der Treuhandanstalt.

18.3.1990: Die ersten freien Wahlen in der DDR gewinnt Lothar de Maizière, CDU, der vier Wochen darauf Ministerpräsident einer Großen Koalition wird.

16.5.1990: Fonds »Deutsche Einheit« zur Unterstützung der zu sanierenden DDR-Wirtschaft, getragen von Bund und Ländern, wird gegründet. Volumen: 115 Milliarden DM.

18.5.1990: Unterzeichnung des sogenannten 1. Staatsvertrages über

Währungs-, Wirtschafts- und Sozialunion zwischen der Bundesrepublik und der DDR.

8.6.1990: De Maizière läßt als Termin für die – per Gesetz vorgeschriebene – Umwandlung aller DDR-Unternehmen in GmbHs oder AGs den 1. Juli 1990 verkünden.

15.6.1990: Wolfram Krause übernimmt nach der Ablösung Moreths kommissarisch Präsidentschaft der Treuhandanstalt (bis 15.7.1990).

17. 6. 1990: Die Volkskammer beschließt das Treuhandgesetz zur Privatisierung des volkseigenen Vermögens. Wortlaut siehe Seite 455.

1.7.1990: Vertrag über Währungs-, Wirtschafts- und Sozialunion tritt in Kraft, die D-Mark wird gültige Währung in beiden deutschen Staaten.

4.7.1990: Der DDR-Ministerrat beruft Hoesch-Vorstandschef Dr. Detlev Rohwedder zum Vorsitzenden des Verwaltungsrats der Treuhandanstalt.

15.7.1990: Der DDR-Ministerrat ernennt Bundesbahnchef Dr. Reiner Maria Gohlke zum neuen Präsidenten der Treuhandanstalt.

20.8.1990: Nach Gohlkes Rücktritt am 20.8. wird Rohwedder am 29.8. neuer Präsident der Treuhandanstalt, zum Nachfolger als Vorsitzender des Verwaltungsrates beruft die DDR-Regierung den Kaufhof-Chef Dr. Jens Odewald (ebenfalls 29. 8. 1990).

31.8.1990: Unterzeichnung des deutsch-deutschen Einigungsvertrags (Zweiter Staatsvertrag). Das Treuhandgesetz wird Bundesrecht, die DDR-Institution Treuhandanstalt soll laut Paragraph 25 dieses Vertrages auch nach der Wiedervereinigung fortbestehen.

13.9.1990: Mit dem Satz »Erst kommen die Menschen, dann die Paragraphen« begründet Treuhandpräsident Detlev Rohwedder vor der Volkskammer seine Absicht, gegen das Treuhandgesetz zu verstoßen und keine branchenübergreifenden Aktiengesellschaften in den kommenden fünf neuen Bundesländern aufzubauen. Seine erste Zwischenbilanz: 8000 VEBs sind umgewandelt in AGs und GmbHs.

3.10.1990: Die DDR tritt dem Geltungsbereich des Grundgesetzes bei, Deutschland ist wieder vereinigt.

6.10.1990: Gründung der Treuhand-Tochtergesellschaft »Gesellschaft zur Privatisierung des Handels« (GPH) für die Umwandlung der ehemaligen staatlichen HO-Läden.

2.12.1990: Helmut Kohl (CDU) gewinnt die ersten gesamtdeutschen freien Wahlen.

3.1.1991: Nach einer ersten Aufstellung sind 1990 von der Treuhand rund 500 Betriebe privatisiert worden.

18.3.1991: Treuhand gründet die Treuhandliegenschaft Gesellschaft

456

(TLG), die sich um die Vermarktung der nicht landwirtschaftlich genutzten Treuhandimmobilien kümmern soll.

22.3.1991: Demonstrationen gegen Massenarbeitslosigkeit vor der Treuhandanstalt in Berlin.

27.3.1991: In einem von Rohwedder unterzeichneten Rundbrief an alle Mitarbeiter über die Politik der Treuhandanstalt heißt es: »Schnelle Privatisierung, entschlossene Sanierung, behutsame Stillegung.«

1.4.1991: Detlev Rohwedder wird in seinem Haus bei Düsseldorf ermordet, seine Frau Hergard schwer verletzt. Die Rote Armee Fraktion (RAF) bekennt sich zu dem Attentat.

13.4.1991: Birgit Breuel wird als Nachfolgerin Rohwedders neue Präsidentin der Treuhandanstalt.

30.4.1991: Letzter Trabant (Trabi) in Zwickau hergestellt, wenige Wochen zuvor war es auch vorbei mit der Wartburg-Produktion (10.4.1991).

17.7.1991: Vereinbarung über Gesellschaften zur Beschaffung von Arbeitsmaßnahmen (ABM) zwischen Treuhand, Gewerkschaften, Bundesländern und Arbeitgeberverbänden.

30.7.1991: Die Privatisierung der Staatlichen Handelsorganisation (HO) ist abgeschlossen, 22 300 Läden gehören neuen Besitzern.

1.8.1991: Birgit Breuel begründet Entlassung von insgesamt 1400 Ostmanagern in den letzten zwölf Monaten mit fachlichen Schwächen (400), politischen Belastungen wie z. B. Spitzel für die Staatssicherheit (400), Straftaten (100) und betriebsbedingten Kündigungen (500).

13.8.1991: Der Vorstand der Treuhandanstalt verkündet Insiderregeln, nach denen Treuhandmitarbeiter oder deren Verwandte nur unter ganz bestimmten strengen Bedingungen Objekte kaufen dürfen, die zum Besitz der Treuhand gehören.

6.11.1991: Erste Auswertung der Unternehmenskonzepte belegt, daß angeblich siebzig Prozent aller Treuhandbetriebe sanierungsfähig sind.

22.11.1991: Interhotels für 2,1 Milliarden DM verkauft.

31.12.1991: Privatisierungsbilanz belegt 5210 verkaufte Unternehmen, die TLG meldet 6052 verkaufte Immobilien.

16.1.1992: Der Sitz der Treuhandanstalt in Berlin heißt ab heute Detlev-Rohwedder-Haus.

1.2.1992: Stand der Beschäftigung in Treuhandunternehmen wird mit 1,65 Millionen Menschen angegeben (statt 4,1 im Jahre 1990), in privatisierten Betrieben arbeitet rund eine Million Menschen, knapp 460 000 gingen in Vorruhestand oder bekamen ABM-Stellen, etwa 340 000 sind arbeitslos.

24.4.1992: Für die Privatisierung von land- und forstwirtschaftlichen Flächen in der ehemaligen DDR ist jetzt die BVVG (Bodenverwertungs- und Verwaltungsgesellschaft) zuständig. Beteiligt an ihr sind zu je einem Viertel die Treuhandanstalt und drei Banken.

1.5.1992: Treuhand gründet die ersten beiden (von später fünf) Management Kommanditgesellschaften (MKGs), in denen verschiedene Betriebe aus unterschiedlichen Branchen zusammmengefaßt sind, die zunächst saniert und dann erst verkauft werden sollen.

26.5.1992: Der letzte ostdeutsche Manager im Treuhandvorstand, Finanzchef Wolfram Krause, ehemaliger stellvertretender Chef der DDR-Planungskommission, tritt nach Vorwürfen wegen seiner angeblichen Stasi-Vergangenheit zurück.

30.6.1992: Als erste Treuhandniederlassung beendet die Niederlassung Schwerin ihre Privatisierungsaufgabe.

1.10.1992: Als erstes Direktorat der Zentrale beendet die Abteilung Nahrungs- und Genußmittel die Privatisierungstätigkeit.

15.10.1992: DM-Eröffnungsbilanz der Treuhandanstalt nennt als voraussichtliches Defizit insgesamt 250 Milliarden DM (es werden 275 Milliarden), was aber nur »ein Teil der finanziellen Erblast der DDR« (Waigel) ist.

3.12.1992: In Leipzig beginnt Treuhand-Vermarktungskongreß unter dem Titel »Made in Germany«.

31.12.1992: Neue Zwischenbilanz in Sachen Privatisierung nennt 11 043 Unternehmen, 10 311 Immobilien und 27 807 Hektar landwirtschaftlicher Nutzfläche.

11.1.1993: Deutsche Kreditwirtschaft verspricht eine Milliarde DM (Bankenmilliarde) für die Sanierung von ehemaligen DDR-Betrieben.

8.4.1993: Kommunalisierung der Wasser- und Abwasserunternehmen beendet.

15.4.93: Jens Odewald tritt als Vorsitzender des Verwaltungsrats der Treuhandanstalt zurück, Nachfolger wird sein bisheriger Stellvertreter Manfred Lennings.

3.6.1993: In Bonn wird unter dem Druck der Ministerpräsidenten der fünf neuen Bundesländer ein neues Konzept zum »Erhalt industrieller Kerne in Ostdeutschland« beschlossen.

30.9.1993: Der Bundestag beschließt auf Antrag der SPD einen parlamentarischen Untersuchungsausschuß in Sachen Treuhandanstalt, den sogenannten Treuhanduntersuchungsausschuß, der am 20. Oktober zum ersten Mal tagen wird.

2.12.1993: Bergleute im Kalibergwerk Bischofferode protestieren mit einem Hungerstreik gegen die Schließung ihrer Grube. Ihr Protest hat keinen Erfolg.

29.4.1994: Im Bundestag wird das Gesetz über die Zukunft der Treuhandanstalt verabschiedet. Eine Bundesanstalt für vereinigungsbedingte Sonderaufgaben (BvS) soll ab 1.1.1995 die verbleibenden Tätigkeiten übernehmen, vor allem die Kontrolle der abgeschlossenen Privatisierungsverträge.

1.10.1994: Gründung der Beteiligungs-Management-Gesellschaft Berlin (BMGB), die sich um die restlichen Unternehmen der Treuhandanstalt kümmern soll, wenn die zum Jahresende ihre operative Tätigkeit beendet.

30.12.1994: Treuhandanstalt beendet unter dem Motto »Stabwechsel« in Berlin ihre Tätigkeit und übergibt das restliche Geschäft an die Nachfolgeorganisation BvS.

DIE TREUHANDVERORDNUNG
VOM 1. MÄRZ 1990

Beschluß zur Gründung der Anstalt zur treuhänderischen Verwaltung des Volkseigentums (Treuhandanstalt) vom 1. März 1990:

1. Zur Wahrung des Volkseigentums wird mit Wirkung vom 1. März 1990 die Anstalt zur treuhänderischen Verwaltung des Volkseigentums gegründet. Bis zur Annahme einer neuen Verfassung wird die Treuhandanstalt der Regierung unterstellt. Sie ist Anstalt öffentlichen Rechts und territorial gegliedert.

2. Mit der Gründung übernimmt die Treuhandanstalt die Treuhandschaft über das volkseigene Vermögen, das sich in Fondsinhaberschaft von Betrieben, Einrichtungen, Kombinaten sowie wirtschaftsleitenden Organen und sonstigen im Register der volkseigenen Wirtschaft eingetragenen Wirtschaftseinheiten befindet. Diese Vermögenswerte sind nach Rechtsträgern (Fondsinhabern) gegliedert von der Staatlichen Zentralverwaltung für Statistik in Zusammenarbeit mit dem Ministerium für Finanzen und Preise und auf Bezirks- und Kreisebene in Zusammenarbeit mit den Abteilungen Finanzen mit dem Stand vom 31. 12. 1989 festzustellen.

3. Die Treuhandanstalt ist berechtigt, juristische oder natürliche Personen zu beauftragen, als Gründer und Gesellschafter von Kapitalgesellschaften zu fungieren oder die sich aus den Beteiligungen ergebenden Rechte und Pflichten wahrzunehmen.

4. Die Treuhandanstalt ist berechtigt, Wertpapiere zu emittieren.

5. Die Rechte und Pflichten der Treuhandanstalt werden in einem Statut festgelegt. Das Statut ist zu veröffentlichen. Die Treuhandanstalt übt keine wirtschaftsleitenden Funktionen aus.

6. Der Verantwortungsbereich der Anstalt umfaßt nicht das volkseigene Vermögen, das sich in Rechtsträgerschaft der den Städten und Gemeinden unterstellten Betriebe und Einrichtungen befindet sowie das volkseigene Vermögen der als Staatsunternehmen zu organisierenden Bereiche und durch LPG genutzten Volkseigentums.

Berlin, den 1. März 1990
Der Ministerrat der Deutschen Demokratischen Republik
Hans Modrow, Vorsitzender

DAS TREUHANDGESETZ
VOM 17. JUNI 1990

Gesetz zur Privatisierung und Reorganisation des volkseigenen Vermögens (Treuhandgesetz) vom
17. Juni 1990

Getragen von der Absicht
– die unternehmerische Tätigkeit des Staates durch Privatisierung so rasch und so weit wie möglich zurückzuführen,
– die Wettbewerbsfähigkeit möglichst vieler Unternehmen herzustellen und somit Arbeitsplätze zu sichern und neue zu schaffen,
– Grund und Boden für wirtschaftliche Zwecke bereitzustellen,
– daß nach einer Bestandsaufnahme des volkseigenen Vermögens und seiner Ertragsfähigkeit sowie nach seiner vorrangigen Nutzung für Strukturanpassung der Wirtschaft und die Sanierung des Staatshaushaltes den Sparern zu einem späteren Zeitpunkt für den bei der Währungsumstellung am 2. Juli 1990 reduzierten Betrag ein verbrieftes Anteilsrecht an volkseigenem Vermögen eingeräumt werden kann, wird folgendes Gesetz erlassen:

§ 1
Vermögensübertragung

(1) Das volkseigene Vermögen ist zu privatisieren. Volkseigenes Vermögen kann auch in durch Gesetz bestimmten Fällen Gemeinden, Städten, Kreisen und Ländern sowie der öffentlichen Hand als Eigentum übertragen werden. Volkseigenes Vermögen, das kommunalen Aufgaben und kommunalen Dienstleistungen dient, ist durch Gesetz den Gemeinden und Städten zu übertragen.

(2) Der Ministerrat trägt für die Privatisierung und Reorganisation des volkseigenen Vermögens die Verantwortung und ist der Volkskammer rechenschaftspflichtig.

(3) Der Ministerrat beauftragt mit der Durchführung der entsprechenden Maßnahmen die Treuhandanstalt.

(4) Die Treuhandanstalt wird nach Maßgabe dieses Gesetzes Inhaber der Anteile der Kapitalgesellschaften, die durch Umwandlung der im Register der volkseigenen Wirtschaft eingetragenen volkseigenen Kombinate, Betriebe, Einrichtungen und sonstigen juristisch selbständigen Wirtschaftseinheiten (nachfolgend Wirtschaftseinheiten genannt) entstehen oder zum Inkrafttreten dieses Gesetzes bereits entstanden sind.

(5) Die Vorschriften dieses Paragraphen finden nicht für volkseigenes Vermögen Anwendung, soweit dessen Rechtsträger
– der Staat
– die Deutsche Post mit ihren Generaldirektionen, die Deutsche Reichsbahn, die Verwaltung von Wasserstraßen, die Verwaltung des öffentlichen Straßennetzes und andere Staatsunternehmen
– Gemeinden, Städten, Kreisen und Ländern unterstellte Betriebe und Einrichtungen
– eine Wirtschaftseinheit, für die bis zum Inkrafttreten dieses Gesetzes ein Liquidationsvermerk im Register der volkseigenen Wirtschaft eingetragen wurde,
sind.

(6) Für die Privatisierung und Reorganisation des volkseigenen Vermögens in der Land- und Forstwirtschaft ist die Treuhandanstalt so zu gestalten, daß den ökonomischen, ökologischen, strukturellen und eigentumsrechtlichen Besonderheiten dieses Bereichs Rechnung getragen wird.

§ 2
Stellung und Aufgaben der Treuhandanstalt

(1) Die Treuhandanstalt ist eine Anstalt öffentlichen Rechts. Sie dient der Privatisierung und Verwertung volkseigenen Vermögens nach den Prinzipien der sozialen Marktwirtschaft.

(2) Die Treuhandanstalt unterliegt der Aufsicht des Ministerpräsidenten.

(3) Die Satzung der Treuhandanstalt ist durch den Ministerpräsidenten der Volkskammer zur Bestätigung vorzulegen.

(4) Die Geschäftsordnung der Treuhandanstalt bedarf der Bestätigung durch den Ministerrat.

(5) Auf die Treuhandanstalt sind die Regelungen gemäß § 96 Absätze 2 und 3 der Haushaltsordnung der Republik über die Verwaltung von Unternehmen in der Rechtsform einer republikunmittelbaren juristischen Person des öffentlichen Rechts und über die Verwaltung ihrer Beteiligungen anzuwenden.

(6) Die Treuhandanstalt hat die Strukturanpassung der Wirtschaft an die Erfordernisse des Marktes zu fördern, indem sie insbesondere auf die Entwicklung sanierungsfähiger Betriebe zu wettbewerbsfähigen Unternehmen und deren Privatisierung Einfluß nimmt. Sie wirkt darauf hin, daß sich durch zweckmäßige Entflechtung von Unternehmensstrukturen marktfähige Unternehmen herausbilden und eine effiziente Wirtschaftsstruktur entsteht.

(7) Im Vorgriff auf künftige Privatisierungserlöse kann die Treuhandanstalt im Rahmen und nach Maßgabe des Artikels 27 des zwischen der Bundesrepublik Deutschland und der Deutschen Demokratischen Republik abgeschlossenen Staatsvertrages zu Sanierungszwecken Kredite aufnehmen und Schuldverschreibungen begeben.

(8) Der Sitz der Treuhandanstalt ist Berlin.

§ 3
Vorstand der Treuhandanstalt

(1) Die Treuhandanstalt wird durch einen Vorstand geleitet und durch die Mitglieder des Vorstandes im Rechtsverkehr vertreten.

(2) Der Vorstand setzt sich aus dem Präsidenten der Treuhandanstalt und mindestens 4 weiteren Vorstandsmitgliedern zusammen. Der Präsident und die Mitglieder des Vorstandes werden durch den Verwaltungsrat berufen und abberufen.

(3) Der Vorstand ist dem Ministerrat berichtspflichtig. Er hat in vom Ministerrat festzulegenden Fristen Berichte über den Fortgang der Privatisierung zu veröffentlichen.

§ 4
Verwaltungsrat

(1) Der Verwaltungsrat hat die Geschäftstätigkeit des Vorstandes zu überwachen und zu unterstützen. Zu diesem Zweck nimmt er regelmäßig Berichte des Vorstandes entgegen. Der Präsident des Vorstandes hat den Vorsitzenden des Verwaltungsrates über alle wichtigen Geschäftsangelegenheiten zu unterrichten. Der Verwaltungsrat berät den Vorstand der Treuhandanstalt in allen Grundfragen insbesondere der Privatisierung und Verwertung volkseigenen Vermögens nach den Prinzipien der sozialen Marktwirtschaft sowie in allen Aufgaben gemäß § 2. In der Satzung der Treuhandanstalt ist zu bestimmen, welche Geschäfte der Zustimmung des Verwaltungsrates bedürfen.

(2) Der Verwaltungsrat besteht aus einem Vorsitzenden und 16 Mit-

gliedern. Der Vorsitzende und 7 weitere Mitglieder werden vom Ministerrat berufen. Die Volkskammer wählt 2 Mitglieder aus ihrer Mitte, davon ein Mitglied auf Vorschlag der Opposition. 7 weitere Mitglieder beruft die Volkskammer auf Vorschlag des Ministerpräsidenten. In den Verwaltungsrat sind vorrangig Persönlichkeiten zu berufen, die insbesondere über eine hohe fachliche Kompetenz und umfangreiche Erfahrungen bei der Führung und Sanierung von Unternehmen sowie bei der Tätigkeit am Kapitalmarkt verfügen.

§ 5
Einnahmen und ihre Verwendung

(1) Die Einnahmen der Treuhandanstalt werden vorrangig für die Strukturanpassung der Unternehmen – auch im Rahmen eines horizontalen Finanzausgleichs –, in zweiter Linie für Beiträge zum Staatshaushalt und zur Deckung der laufenden Ausgaben der Treuhandanstalt verwendet. Die Verwendung der Einnahmen erfolgt im Einvernehmen mit dem Ministerrat.

(2) Nach einer Bestandsaufnahme des volkseigenen Vermögens und seiner Ertragsfähigkeit sowie nach seiner vorrangigen Nutzung für die Strukturanpassung der Wirtschaft und für die Sanierung des Staatshaushalts wird nach Möglichkeit vorgesehen, daß den Sparern zu einem späteren Zeitpunkt für den bei der Umstellung von Mark der DDR auf DM 2 zu 1 reduzierten Betrag ein verbrieftes Anteilsrecht am volkseigenen Vermögen eingeräumt werden kann.

§ 6
Jahresabschluß und Lagebericht

Der Vorstand der Treuhandanstalt hat einen Jahresabschluß und einen Lagebericht aufzustellen. Für ihren Inhalt, für ihre Prüfung durch unabhängige Wirtschaftsprüfer und für ihre Bekanntmachung gelten die Vorschriften für Kapitalgesellschaften. Der Jahresabschluß und der Lagebericht sind dem Verwaltungsrat zur Bestätigung vorzulegen.

§ 7
Treuhand-Aktiengesellschaften

(1) Die Treuhandanstalt verwirklicht ihre Aufgaben in dezentraler Organisationsstruktur über Treuhand-Aktiengesellschaften, die nach Anzahl und Zweckbestimmung mit den Aufgaben der Treuhandanstalt

die Privatisierung und Verwertung des volkseigenen Vermögens nach unternehmerischen Grundsätzen sichern.

(2) Die Treuhandanstalt wird beauftragt, unverzüglich, spätestens innerhalb von zwei Monaten nach Inkrafttreten dieses Gesetzes, im Wege der Bargründung Treuhand-Aktiengesellschaften zu gründen. Die Aktien der Treuhand-Aktiengesellschaften sind nicht übertragbar. Die Satzungen der Treuhand-Aktiengesellschaften sind durch den Verwaltungsrat der Treuhandanstalt zu bestätigen.

(3) Den Treuhand-Aktiengesellschaften werden durch Verordnung des Ministerrats unverzüglich die der Treuhandanstalt gehörenden Anteile an Aktiengesellschaften und Gesellschaften mit beschränkter Haftung übertragen. Der Verwaltungsrat der Treuhandanstalt ordnet dabei nach Zweckmäßigkeitsgesichtspunkten den einzelnen Treuhand-Aktiengesellschaften die von ihnen zu haltenden Beteiligungen zu.

§ 8
Aufgaben der Treuhand-Aktiengesellschaften

(1) Die Treuhand-Aktiengesellschaften haben unter Hinzuziehung von Unternehmensberatungs- und Verkaufsgesellschaften sowie Banken und anderen geeigneten Unternehmen zu gewährleisten, daß in ihrem Bereich folgende Aufgaben unternehmerisch und weitestgehend dezentral gelöst werden:
– Privatisierung durch Veräußerung von Geschäftsanteilen oder Vermögensanteilen
– Sicherung der Effizienz- und Wettbewerbsfähigkeit der Unternehmen
– Stillegung und Verwertung des Vermögens von nicht sanierungsfähigen Unternehmen oder Unternehmensteilen.

(2) Die Treuhand-Aktiengesellschaften haben der Treuhandanstalt über den Fortgang der Privatisierung zu berichten.

§ 9

(1) Zur Sicherung der Effizienz- und Wettbewerbsfähigkeit haben die Treuhand-Aktiengesellschaften in den Unternehmen ihres Bereiches solche Strukturen zu schaffen, die den Bedingungen des Marktes und den Zielsetzungen der sozialen Marktwirtschaft entsprechen.

(2) Die Treuhand-Aktiengesellschaften haben dafür zu sorgen, daß die Unternehmen ihres Bereiches möglichst zügig in die Lage versetzt werden, sich über Geld- und Kapitalmärkte selbst zu finanzieren.

(3) Zur Verbesserung der Ertragslage von Unternehmen sowie für Sanierungsprogramme sind in geeigneten Fällen externe Berater heranzuziehen.

(4) Die Treuhand-Aktiengesellschaften können zur Stärkung der Unternehmen ihres Bereiches insbesondere im Zusammenhang mit Sanierungsmaßnahmen alle marktmäßigen Möglichkeiten nutzen, z. B. Kredite aufnehmen oder Bürgschaften gewähren.

§ 10
Organe der Treuhand-Aktiengesellschaften

(1) Die Aufsichtsratsmitglieder, die die Treuhandanstalt in der Treuhand-Aktiengesellschaft vertreten, werden vom Vorstand der Treuhandanstalt benannt. Für sie gilt § 4 Abs. 2 entsprechend.

(2) Für die Vertreter der Arbeitnehmer in den Aufsichtsräten der Treuhand-Aktiengesellschaften werden die Vorschriften des Gesetzes über die Mitbestimmung der Arbeitnehmer nach Maßgabe des Gesetzes über die Inkraftsetzung von Rechtsvorschriften der Bundesrepublik Deutschland in der Deutschen Demokratischen Republik hinsichtlich des Wahlverfahrens für die Arbeitnehmervertreter bis zum 31. März 1991 ausgesetzt. Die in den Kapitalgesellschaften, an denen die Treuhand-Aktiengesellschaften die Anteile halten, vertretenen Gewerkschaften nehmen anstelle dessen das Vorschlagsrecht für die Arbeitnehmervertreter gemeinsam wahr. Sie können sich hierbei auch durch Bevollmächtigte vertreten lassen.

(3) Die Vorstände der Treuhand-Aktiengesellschaften sollen über Erfahrungen bei der Leitung von Unternehmen, insbesondere bei der Sanierung und der Veräußerung von Geschäftsanteilen verfügen.

§ 11
Umwandlung der Wirtschaftseinheiten in Kapitalgesellschaften

(1) Die in § 1 Abs. 4 bezeichneten Wirtschaftseinheiten, die bis zum 1. Juli 1990 noch nicht in Kapitalgesellschaften umgewandelt sind, werden nach den folgenden Vorschriften in Kapitalgesellschaften umgewandelt. Volkseigene Kombinate werden in Aktiengesellschaften, Kombinatsbetriebe und andere Wirtschaftseinheiten in Kapitalgesellschaften, vorzugsweise in Gesellschaften mit beschränkter Haftung umgewandelt.

(2) Vom 1. Juli 1990 an sind die in Abs. 1 bezeichneten Wirtschaftseinheiten Aktiengesellschaften oder Gesellschaften mit be-

schränkter Haftung. Die Umwandlung bewirkt gleichzeitig den Übergang des Vermögens aus der Fondsinhaberschaft der bisherigen Wirtschaftseinheit sowie des in Rechtsträgerschaft befindlichen Grund und Bodens in das Eigentum der Kapitalgesellschaft.

(3) Der Umwandlung gemäß Abs. 1 unterliegen nicht
– Wirtschaftseinheiten, für die bis zum Inkrafttreten dieses Gesetzes ein Liquidationsvermerk im Register der Volkseigenen Wirtschaft eingetragen wurde
– Die Deutsche Post mit ihren Generaldirektionen, die Deutsche Reichsbahn, die Verwaltung von Wasserstraßen, die Verwaltung des öffentlichen Straßennetzes und anderer Staatsunternehmen
– Gemeinden, Städten, Kreisen und Ländern unterstellte Betriebe oder Einrichtungen
– Außenhandelsbetriebe in Abwicklung, die gemäß Anlage Artikel 8 § 4 Abs. 1 des Vertrages über die Schaffung einer Währungs-, Wirtschafts- und Sozialunion zwischen der Deutschen Demokratischen Republik und der Bundesrepublik Deutschland Forderungen und Verbindlichkeiten westlicher Währungen abzuwickeln haben.
– volkseigene Güter und staatliche Forstwirtschaftsbetriebe.

§ 12

(1) Die Treuhand-Aktiengesellschaften werden Inhaber der Aktien der aus den Kombinaten entstandenen Aktiengesellschaften ihres Bereiches sowie der Geschäftsanteile der Gesellschaften mit beschränkter Haftung, die aus juristisch selbständigen Wirtschaftseinheiten entstanden sind oder derjenigen, die bis zum Inkrafttreten dieses Gesetzes wirksame Erklärungen über den Austritt aus dem Kombinat abgegeben haben.

(2) Die aus den Kombinaten entstandenen Aktiengesellschaften werden Inhaber der Geschäftsanteile der Gesellschaften mit beschränkter Haftung, die den Kombinaten vor dem 1. Juli 1990 unterstellt waren.

(3) Eine Aktiengesellschaft im Sinne des Abs. 2 hat ihre Anteile an einer Gesellschaft mit beschränkter Haftung der zuständigen Treuhand-Aktiengesellschaft gegen angemessenes Entgelt anzubieten, wenn die Geschäftsleitung der Gesellschaft mit beschränkter Haftung dies verlangt.

§ 13

Die Umwandlung einer Wirtschaftseinheit in eine Kapitalgesellschaft ist von Amts wegen unter Bezugnahme auf dieses Gesetz in das Register einzutragen, in dem diese Wirtschaftseinheit bisher eingetragen war.

§ 14

Die Firma der gemäß § 11 Abs. 2 entstandenen Kapitalgesellschaft muß die Bezeichnung »Aktiengesellschaft im Aufbau« oder »Gesellschaft mit beschränkter Haftung im Aufbau« enthalten.

§ 15

(1) Die Kapitalgesellschaft ist von Amts wegen unter Bezugnahme auf dieses Gesetz in das Handelsregister einzutragen.

(2) Für die Eintragung in das Handelsregister sind dem Registergericht durch die Kapitalgesellschaft bis spätestens 16. Juli 1990 mitzuteilen:

1. Name der bisherigen Wirtschaftseinheit;
2. Firma und Sitz der Gesellschaft;
3. Gegenstand des Unternehmens;
4. Name jedes Mitglieds des vorläufigen Vorstandes oder der vorläufigen Geschäftsführer.

(3) Der Treuhandanstalt und der zuständigen Treuhand-Aktiengesellschaft sind zeitgleich die Angaben nach Abs. 2 mitzuteilen. Bis zum 31. Juli 1990 sind ihnen darüber hinaus eine Aufstellung über das Vermögen der Kapitalgesellschaft zum Zeitpunkt der Umwandlung sowie eine vorläufige Konzeption für die Geschäftstätigkeit zu übergeben. Bei Vermögensposten, deren Bestandsmengen kurzfristigen Veränderungen unterliegen, ist auf den 1. Juli 1990 eine körperliche Bestandsaufnahme vorzunehmen.

(4) Bis zur Bestimmung des Stammkapitals oder Grundkapitals im Gesellschaftsvertrag oder in der Satzung beträgt das Stammkapital einer Gesellschaft mit beschränkter Haftung 50 000 Deutsche Mark, das Grundkapital einer Aktiengesellschaft 100 000 Deutsche Mark.

§ 16

(1) Bis zum 31. Juli 1990 werden von der Treuhandanstalt Personen als vorläufige Mitglieder des Vorstandes oder vorläufige Geschäftsführer bestellt. Bis zu ihrer Bestellung sind die Aufgaben des Vorstandes

oder der Geschäftsführung durch die geschäftsführenden Generaldirektoren oder Betriebsdirektoren wahrzunehmen.

(2) Die Vorschriften des Aktiengesetzes oder des Gesetzes über die Gesellschaften mit beschränkter Haftung über die Stellung und Verantwortlichkeit der Mitglieder des Vorstandes oder der Geschäftsführer sind auf die in Abs. 1 genannten Personen anzuwenden. Die Treuhandanstalt haftet für Schäden aus Pflichtverletzung dieser Personen an deren Stelle. Regreßansprüche der Treuhandanstalt gegen diese Personen aufgrund anderer Rechtsvorschriften bleiben unberührt.

§ 17

(1) Bis zur endgültigen Feststellung der Satzung einer gemäß § 11 Abs. 2 entstandenen Aktiengesellschaft lauten deren Aktien auf den Inhaber. Der Nennbetrag der Aktien beträgt 50 Deutsche Mark.

(2) Bis zum endgültigen Abschluß des Gesellschaftsvertrages einer gemäß § 11 Abs. 2 entstandenen Gesellschaft mit beschränkter Haftung beträgt die Stammeinlage eintausend Deutsche Mark.

§ 18

Geschäftsjahr der gemäß § 11 Abs. 2 entstandenen Kapitalgesellschaften ist das Kalenderjahr.

§ 19

Unverzüglich nach der Eintragung der Aktiengesellschaft im Aufbau oder der Gesellschaft mit beschränkter Haftung im Aufbau in das Handelsregister hat deren vorläufiges Leitungsorgan die für die Gründung einer Aktiengesellschaft oder einer Gesellschaft mit beschränkter Haftung gesetzlich erforderlichen Maßnahmen für die Gründung einzuleiten.

§ 20

(1) Die Kapitalgesellschaften haben der Treuhandanstalt bis zum 31. Oktober 1990 zu übergeben:

1. Entwurf eines Gesellschaftsvertrages oder einer Satzung entsprechend den gesetzlichen Bestimmungen unter Angabe des Stammkapitals oder Grundkapitals und einer gegebenenfalls beabsichtigten oder erforderlichen Kapitalerhöhung.

2. Schlußbilanz der Wirtschaftseinheit und Eröffnungsbilanz zum Stichtag der Umwandlung sowie eine Aufstellung über alle Rechte und Pflichten, Forderungen und Verbindlichkeiten, die mit den Banken getroffenen Vereinbarungen und bei beabsichtigter Gründung weiterer Gesellschaften eine Regelung über die Rechtsnachfolge. Die Bilanzen sind durch den Rechnungshof oder Wirtschaftsprüfer oder Wirtschaftsprüfergesellschaften zu prüfen.

3. Gründungsbericht und Lagebericht, in dem auch der Geschäftsverlauf und die Lage der Wirtschaftseinheit für das letzte Geschäftsjahr darzustellen sind.

4. Angaben über Bodenflächen der Kapitalgesellschaften.

(2) Für Wirtschaftseinheiten, die einen Antrag auf die Umwandlung und die dazu erforderlichen Unterlagen ordnungsgemäß bei der Treuhandanstalt vor Inkrafttreten dieses Gesetzes eingereicht haben, gelten die Anforderungen gemäß Abs. 1 als erfüllt.

(3) Nach dem 31. Oktober 1990 kann der Abschluß des Gesellschaftsvertrages oder die Feststellung der Satzung durch die Treuhandanstalt unter Mitwirkung der Kapitalgesellschaften erfolgen. Die Treuhandanstalt kann nach Ablauf dieses Termins Wirtschaftsprüfer oder Wirtschaftsprüfergesellschaften beauftragen, auf Kosten der Kapitalgesellschaft den Gründungsbericht und den Lagebericht sowie die Eröffnungsbilanz zu erstellen.

§ 21

(1) Das vorläufige Leitungsorgan hat die Durchführung der Maßnahmen nach § 19 bei dem Handelsregister anzumelden. Der Anmeldung sind beizufügen:

1. der Gesellschaftsvertrag oder die Satzung;
2. die Eröffnungsbilanz;
3. der Gründungsbericht;
4. der Prüfungsbericht.

(2) Im Falle des § 20, Abs. 3 veranlaßt die Treuhandanstalt die Anmeldung.

(3) Liegen die gesetzlichen Voraussetzungen für die Eintragung der Kapitalgesellschaften vor, so löscht das Registergericht den Zusatz »im Aufbau« in der bisherigen Firma der Kapitalgesellschaft.

Kapitalgesellschaften, die nach § 11 Abs. 2 entstanden sind, sind mit Ablauf des 30. Juni 1991 aufgelöst, wenn die nach den §§ 19 und 21 erforderlichen Maßnahmen bis zu diesem Tag nicht durchgeführt worden sind.

§ 23

§ 11 Abs. 2 sowie § 15 Abs 3 gelten auch für Umwandlungen, die auf Grund der Verordnung vom 1. März 1990 zur Umwandlung von volkseigenen Kombinaten, Betrieben und Einrichtungen in Kapitalgesellschaften vorgenommen worden sind.

§ 24
Übergangs- und Schlußbestimmungen

(1) Vorschriften dieses Gesetzes berühren nicht etwaige Ansprüche auf Restitution oder Entschädigung wegen unrechtmäßiger Enteignung oder enteignungsgleichen Eingriffen.

(2) Dieses Gesetz tritt am 1. Juli 1990 in Kraft.

(3) Gleichzeitig treten außer Kraft:
– Beschluß vom 1. März 1990 zur Gründung der Anstalt zur treuhänderischen Verwaltung des Volkseigentums
– Beschluß des Ministerrats vom 15. März 1990
– Statut der Anstalt zur treuhänderischen Verwaltung des Volkseigentums.

(4) Durchführungsverordnungen zu diesem Gesetz erläßt der Ministerrat.

Das vorstehende, von der Volkskammer der Deutschen Demokratischen Republik am siebzehnten Juni neunzehnhundertneunzig beschlossene Gesetz wird hiermit verkündet.

Berlin, den siebzehnten Juni neunzehnhundertneunzig

Die Präsidentin der Volkskammer der
Deutschen Demokratischen Republik
Bergmann-Pohl

BIBLIOGRAPHIE

Altenhof, Ralf, und Jesse, Eckhard (Hrsg), *Das wiedervereinigte Deutschland*, Droste Verlag, Düsseldorf 1995.

Ardenne, Manfred von, *Die Erinnerungen*, Herbig, Frankfurt 1990.

Bender, Peter, *Episode oder Epoche? Zur Geschichte des geteilten Deutschland*, dtv, München 1996.

Blutke, Günter, *Obskure Geschäfte mit Kunst und Antiquitäten*, Links, Berlin 1990.

Breuel, Birgit (Hrsg.), *Treuhand intern. Tagebuch*, Ullstein, Berlin 1993.

Christ, Peter, und Neubauer, Ralf, *Kolonie im eigenen Land*, Rowohlt, Berlin 1991.

Dahn, Daniela, *Westwärts und nicht vergessen*, Rowohlt, Berlin 1996.

Dahn, Daniela, *Wir bleiben hier oder Wem gehört der Osten*, Rowohlt, Berlin 1994.

Die Wirtschaft (Hrsg.), *Privatisierte. Was aus ihnen wird*, Verlag Die Wirtschaft, Berlin/München 1994.

Die Wirtschaft (Hrsg.), *Kombinate. Was aus ihnen geworden ist*, Verlag Die Wirtschaft, Berlin/München 1993.

Ditfurth, Christian von, *Blockflöten. Wie die CDU ihre realsozialistische Vergangenheit verdrängt*, Kiepenheuer & Witsch, Köln 1991.

Dohnanyi, Klaus von, *Das deutsche Wagnis*, Droemer Knaur, München 1990.

Fischer, Wolfram, und Hax, Herbert, und Schneider Hans, *Die Treuhandanstalt. Das Unmögliche wagen*, Akademie Verlag, Berlin 1993.

Flug, Martin, *Treuhand-Poker. Die Mechanismen des Ausverkaufs*, Links, Berlin 1992.

Freese, Christopher, *Die Privatisierungstätigkeit der Treuhandanstalt*, Campus, Frankfurt 1995.

Hankel, Wilhelm, *Die sieben Todsünden der Vereinigung*, Siedler, Berlin 1993.

Hertle, Hans Hermann, *Chronik des Mauerfalls*, Links, Berlin 1996.

Hickel, Rudolf, und Priewe, Jan, *Der Preis der Einheit – Bilanz und Perspektiven der deutschen Vereinigung*, Fischer, Frankfurt 1991.

Hickel, Rudolf, und Priewe, Jan, *Nach dem Fehlstart. Ökonomische Perspektiven der deutschen Einigung*, Fischer, Frankfurt 1994.

Kampe, Dieter, »*Wer uns kennenlernt, gewinnt uns lieb.« Nachruf auf die Treuhand*, Rotbuch, Hamburg 1993.

Kemmler, Marc, *Die Entstehung der Treuhandanstalt*, Campus, Frankfurt 1994.

Kohl, Helmut, *Ich wollte Deutschlands Einheit*, Propyläen, Berlin 1996.

Köhler, Otto, *Die große Enteignung*, Droemer Knaur, München 1994.

Kramer, Jane, *The Politics of Memory: Looking for Germany in the New Germany*, Random House, New York 1996 (zum Teil identisch: Kramer, Jane, *Unter Deutschen. Briefe aus einem kleinen Land in Europa*, Edition Tiamat, Berlin 1996).

Leyendecker, Hans, *Mafia im Staat*, Steidl, Göttingen 1992.

Liedtke, Rüdiger (Hrsg.), *Die Treuhand und die zweite Enteignung der Ostdeutschen*, Edition Spangenberg, München 1993.

Luft, Christa, *Die Lust am Eigentum*, Orell Füssli, Zürich 1996.

Luft, Christa, *Treuhandreport*, Aufbau, Berlin 1992.

Maizière, Lothar de, *Anwalt der Einheit*, Argon, Berlin 1996.

Marissal, Matthias J., *Der politische Handlungsrahmen der Treuhandanstalt*, Peter Lang, Frankfurt 1993.

Mathiopoulos, Margarita, *Rendezvous mit der DDR. Politische Mythen und ihre Aufklärung*, Econ, Düsseldorf 1994.

Mayr, Robert, *Die Privatisierungspolitik der Treuhandanstalt*, Schäffer-Poeschel, Stuttgart 1995.

Michel, Karl M., und Spengler, Tilman, *In Sachen Erich Honecker* (Kursbuch 111), Rowohlt, Berlin 1993.

Modrow, Hans, *Aufbruch und Ende*, Konkret Literatur Verlag, Hamburg 1991.

Nakath, Detlef, und Stephan, Gerd Rüdiger, *Countdown zur deutschen Einheit. Eine dokumentierte Geschichte der deutsch-deutschen Beziehungen 1987–1990*, Dietz, Berlin 1996.

PDS/Linke Liste (Hrsg.), *Blickpunkt Treuhandanstalt. Die THA – Auftrag, Tätigkeit, Folgen, Wiedergutmachung*, Matthias Kirchner, Eggersdorf 1991.

Richter, Michael, *Die Staatssicherheit im letzten Jahr der DDR*, Böhlau, Köln 1996.

Schäuble, Wolfgang, *Der Vertrag. Wie ich über die deutsche Einheit verhandelte*, Deutsche Verlagsanstalt, Stuttgart 1991.

Schmidt, Helmut, *Handeln für Deutschland*, Rowohlt, Berlin 1993.

Schürer, Gerhard, *Gewagt und verloren*, Frankfurter Oder Editionen, Frankfurt 1996.

Seibel, Wolfgang, und Benz, Arthur (Hrsg.), *Regierungssystem und Verwaltungspolitik: Beiträge zu Ehren von Thomas Ellwein*, Westdeutscher Verlag, Opladen 1995.

Sinn, Gerlinde, und Sinn, Hans-Werner, *Kaltstart. Volkswirtschaftliche Aspekte der deutschen Vereinigung*, Mohr, Tübingen 1993.

Smith, Roy C., *Privatization Programs of the 1980s. Lessons for the Treuhandanstalt*, Institut für Weltwirtschaft an der Universität Kiel, Kiel 1991.

Spoerr, Wolfgang, *Treuhandanstalt und Treuhandunternehmen zwischen Verfassungs-, Verwaltungs- und Gesellschaftsrecht*, Kommunikationsforum, Köln 1993.

Staritz, Dietrich, *Geschichte der DDR 1949–1989*, Neue Historische Bibliothek, Edition Suhrkamp, Frankfurt 1996.

Suhr, Heinz, *Der Treuhandskandal. Wie Ostdeutschland geschlachtet wurde*, Eichborn, Frankfurt 1991.

Teltschik, Horst, *329 Tage. Innenansichten der Einigung*, Siedler, Berlin 1991.

QUELLENVERZEICHNIS

I. Das Medienarchiv der Treuhandanstalt, das auf zehn CD-Roms alle Artikel dokumentiert, die jemals über die Treuhandanstalt gedruckt worden sind und insgesamt über 150 000 Blatt Material umfassen. Im einzelnen:

CD 1: Allgemeines

CD 2: Arbeitsmarkt/Privatisierung/Sondervermögen

CD 3: Niederlassungen/Regionales

CD 4: Handel/Liegenschaften/Land und Forst/Umwelt/Sanierungsbegleitung

CD 5: Wirtschaftspolitik/Osteuropa/Energie/Bergbau

CD 6: Chemie/Fahrzeugbau/Elektrotechnik

CD 7: Textil/EBM/Maschinenbau/Holz und Möbel/Glas und Keramik/Feinmechanik und Optik/Eisen und NE-Metall

CD 8: Personen

CD 9: Banken und Kreditwesen/Medien/Nahrungs- und Genußmittel/Papier/Tourismus/Verkehr

CD 10: Pressearbeit der THA/Rechtsfragen

II. Die fünfzehnbändige *Dokumentation 1990–1994* der Treuhandanstalt (Redaktion: Robert Drewnicki, Christopher Freese, Christian Hoßbach, Hilmar Schmidt, Wolf Schöde, Andreas Wandersleben), die in hervorragender Weise alles belegt, was in den Jahren 1990–1994 die Arbeit der Treuhandanstalt bestimmt und begleitet hat – politisch, wirtschaftlich, wissenschaftlich.

III. Die Protokolle des Treuhanduntersuchungsausschusses aus dessen öffentlichen und aus dessen nicht öffentlichen Sitzungen.

IV. Die öffentlich zugänglichen Berichte des Bundesrechnungshofes in Sachen Treuhandanstalt und seine vertraulichen Vorlagen für den Haushaltsausschuß des Deutschen Bundestages.

V. Als Primärquellen achtzig Interviews mit ehemaligen und amtierenden Politikern und Managern, Verantwortlichen der Treuhandanstalt und der Nachfolgeorganisation Bundesanstalt für vereinigungsbedingte Sonderaufgaben, ehemaligen und amtierenden Leitern von Betrieben in den fünf neuen Bundesländern etc.

Bildnachweis

Bernd Heinz, Bilderdienst Süddeutscher Verlag/München: Seite 450, oben links
Christian Jungeblodt, Ropi/Freiburg: Seite 451, oben links
Keystone/Hamburg: Seite 452, unten rechts
dpa/Frankfurt am Main: alle anderen Fotos

PERSONENREGISTER

Abelein, Manfred 320 f., 362
Albrecht, Ernst 97, 223 f., 270
Ardenne, Manfred von 16 f.

Bachsleitner, Peter 258 f., 277, 347
Balz, Manfred 191 f., 196, 204,
248, 259, 283, 286, 310, 324,
326, 347, 351 f., 386
Beil, Gerhard 22, 27, 30 f., 35,
39 f., 44, 49 f., 54, 67, 71, 74 f.,
85, 105, 107, 123–125, 135 f.
Berger, Roland 14, 83 f., 150,
154, 181, 184, 254, 256, 270 f.,
286, 289 f., 297, 304, 322, 335,
346, 444 f.
Berghofer, Wolfgang 12, 14 f.,
17, 22–24, 30, 34, 36 f., 39,
62 f., 82, 87, 104, 132
Biedenkopf, Kurt 87, 160, 173,
243, 292, 366 f., 370, 418, 426
Birkhold, Sylvia 360, 362
Brahms, Hero 223, 250, 266, 282,
285, 291, 294, 296, 299, 306,
310, 321, 345, 432, 439, 441
Brauchitsch, Eberhard von 273,
303
Breuel, Birgit 80, 82, 130, 148,
184, 191 f., 198, 200 f., 206,
212, 218, 223, 243, 249 f., 252,
255, 266–273, 275–280, 282,
284–289, 291, 296–298, 300 f.,
303–311, 314 f., 317 f., 321 f.,

324 f., 330, 345 f., 350, 356,
359, 365, 367, 369 f., 377, 379,
387, 401, 416, 421, 423 f.,
426 f., 433 f., 441–444, 447
Brodhun, Heiner 412, 427, 429 f.

Dahn, Daniela 34, 154
Dickerhoff, Michael 357, 359 f.
Dohnanyi, Klaus von 87, 97, 149,
153, 224–226, 228, 274, 279,
315, 350, 370 f., 377–379,
383 f., 432, 440, 443
Döring, Karl 163, 188, 213, 220 f.,
264, 281, 398 f., 401 f., 409, 416

Ermgassen, Olaf 326 f.

Firnhaber, Ulrich 203 f., 264, 308
Föhr, Horst 292, 359, 442
Forgber, Günther 128 f.

Gellert, Otto 98, 163, 181, 183,
186, 188, 204, 220, 222, 228,
232, 243, 257 f., 263, 272, 292,
296, 325, 336, 352, 398 f.,
401–403, 444
Glock, Winfried 360 f.
Gohlke, Reiner Maria 40, 42, 76,
98 f., 151, 163–166, 177, 179,
184–189, 192, 207, 218, 226,
230, 233, 242, 252, 279, 399
Greiner, Wolfgang 358, 360 f., 363